아루나찰라 별서 1

바가반의 말씀을 따른 삶

〔 개역판 〕

데이비드 가드먼 지음
대성(大晟) 옮김

탐구사

Living by the Words of Bhagavan

by David Godman

Published by Sri Annamalai Swami Ashram Trust, Annamalai Swami Ashram, Palakottu, Sri Ramanasramam P.O., Tiruvannamalai 606603, Tamil Nadu, India.
(First edition, 1994 / Second edition, 1995)

Copyright © 1994 Sri Annamalai Swami Ashram Trust
Korean translation copyright © 2000 Tamgusa Publishing
All rights reserved.

이 책의 한국어판 저작권은 Sri Annamalai Swami Ashram Trust와의 계약에 의하여 탐구사에 있습니다.
저작권법에 의하여 한국 내에서 보호받는 저작물이므로 무단 전재와 복사를 금합니다.

바가반의 말씀을 따른 삶

데이비드 가드먼 지음

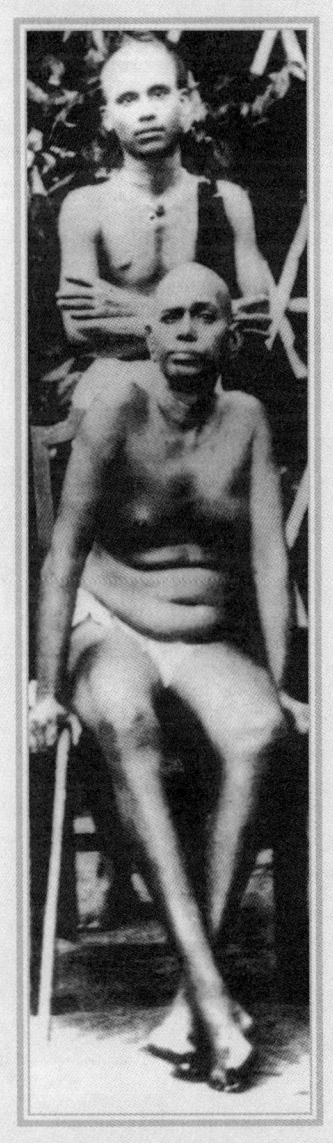

지은이 ● 데이비드 가드먼(David Godman)

영국인으로 1976년 인도에 건너가 주로 남인도 아루나찰라의 스리 라마나 아쉬람에 거주하면서 바가반의 가르침을 공부하며 수행했음. 나중에는 바가반의 제자인 락슈마나 스와미(Lakshmana Swami)와 안나말라이 스와미, 그리고 빠빠지(Papaji) 밑에서도 배웠다. 몇 권의 책을 썼는데, 주요한 편저로는 『Be As You Are : The Teachings of Bhagavan Sri Ramana Maharshi』와 『The Power of the Presence』(Ⅰ, Ⅱ, Ⅲ)가 있다.

옮긴이 ● 대성(大晟)

1989년 순천 송광사로 출가함. 1997년 이후로 라마나 마하르쉬 관련 서적을 집중 번역하고 있으며, 지금까지 '아루나찰라 총서' 10여권을 출간했다. 그 밖에도 니사르가닷따 마하라지의 『아이 앰 댓』과, 중국 허운 선사의 『참선요지』와 『방편개시』, 그리고 감산대사의 『감산자전』 등을 우리말로 옮겼다.

아루나찰라 별서 1
바가반의 말씀을 따른 삶

제2판 1쇄 발행 2003년 12월 1일

지은이 │ 데이비드 가드먼
옮긴이 │ 대성(大晟)
펴낸이 │ 옥영보
펴낸곳 │ 탐구사
       110-190 서울 종로구 사간동 24-1
       출판 등록 1999년 12월 21일 제8-290호
       전화 02-725-9355 팩스 725-9356
       e-mail : tamgusa@korea.com

값 15,000원

* 잘못된 책은 바꾸어 드립니다.

ISBN 89-951146-2-2
ISBN 89-951146-0-6(세트)

바가반 스리 라마나 마하르쉬

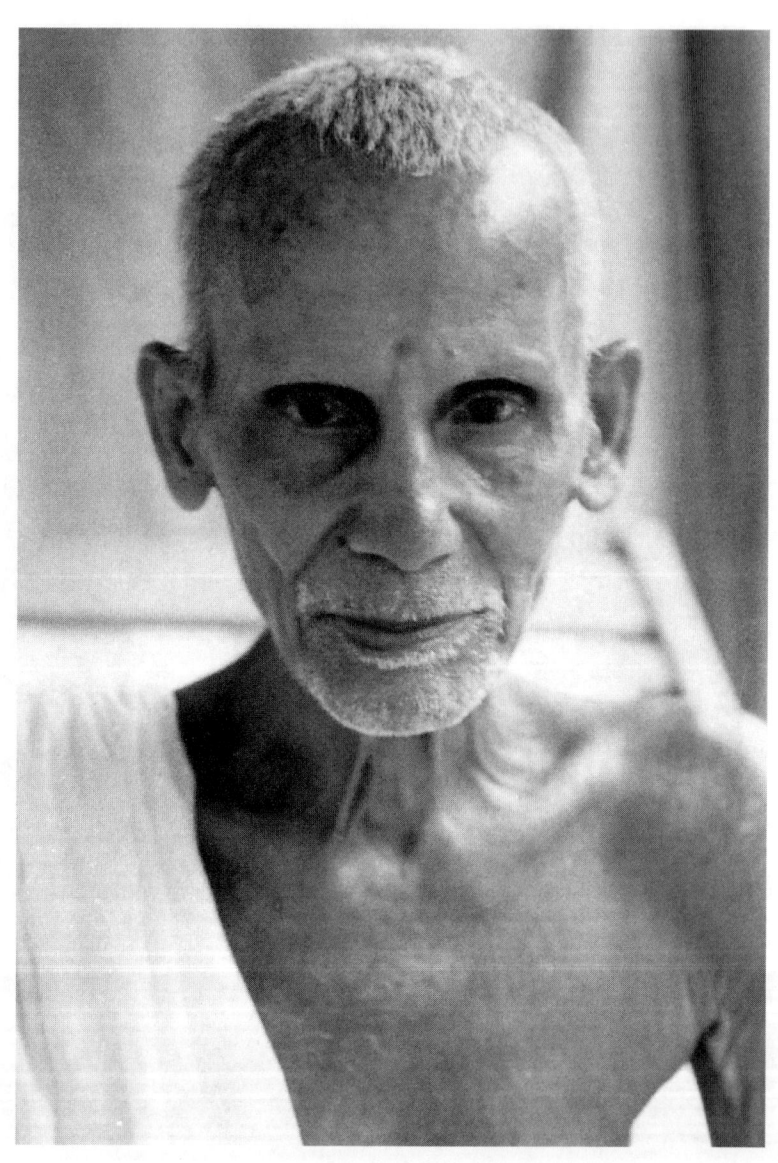

스리 안나말라이 스와미

차 례

머리말　7

제1장 ● 바가반의 곁으로 …………………… 15
제2장 ● 건축공사 ― I ……………………… 53
제3장 ● 아쉬람의 음식 ……………………… 99
제4장 ● 아쉬람의 동물들 …………………… 113
제5장 ● 아쉬람의 생활 ……………………… 133
제6장 ● 감원監院과 감원 지망자들 ………… 169
제7장 ● 건축공사 ― II ……………………… 203
제8장 ● 빨라꼬뚜 …………………………… 259
제9장 ● 일기초抄 …………………………… 301
제10장 ● 대화對話 …………………………… 361

참고 문헌　503
용어 해설　507
낱말 풀이　514
색인　516
역자 후기　523

개역판을 내면서

　이 한국어판의 초판이 나온 뒤에 한 동안 이 책은 절판 상태에 있었다. 그 사이에 바가반에 대한 다른 책들이 계속 출간되었는데, 그 중에는 이 책 제10장의 후속편이라 할 수 있는 『마음은 없다』가 포함되어 있어 『바가반의 말씀을 따른 삶』이 없는 자리를 다소나마 메울 수 있었다. 절판되었던 이 책을 이번에 다시 내면서 역자는 책 전반을 원문과 대조하며 다시 꼼꼼히 검토하여 많은 부분을 고쳤다. 그 동안 여러 권의 책을 옮기면서 바뀌게 된 용어나 표기법을 새 기준에 따라 바로잡았으며, 번역상의 오류를 시정하고 표현이 미흡한 곳들을 개선하였다. 결과적으로 책의 총 면수는 초판보다 약간 줄어들었다. 그러나 그 외에 책의 전체적인 체재는 초판과 거의 다를 것이 없다. 참고로 안나말라이 스와미님이 입적하신 지 여러 해가 지났지만 스와미님이 아직 생존 중인 것으로 묘사된 부분은, 저자가 원서를 아직 개정하지 않았으므로 그대로 두었다.

2003년 11월
역자

머리말

바가반 스리 라마나 마하르쉬(Bhagavan Sri Ramana Maharshi)는 현대 인도의 걸출한 스승(Guru)의 한 사람으로 널리 인정받고 있다. 1896년, 아직 16세의 학생이던 그는 약 20분 동안 지속된 극적인 죽음의 체험을 하면서 진아眞我(the Self)를 깨달았다. 당시에 그는 영적인 사고思考나 수행修行이 어떤 것인지 한 번도 접해 보지 못했기 때문에, 처음에는 그 체험이 상당히 당혹스러웠다. 그 깨달음 후 처음 몇 주 동안 그는 자기가 어떤 영靈에 사로잡힌 것이라고 생각하기도 했고, 이상하기는 하지만 상당히 즐거운 어떤 병에 걸린 것이라고 생각하기도 했다. 그는 자신의 체험을 누구한테도 말하지 않고 정상적인 남인도 학생의 생활을 계속하려고 노력했다. 그 다음 얼마 동안은 그렇게 가장된 생활을 하는 데 성공했다. 그러나 6주쯤 지나자 그는 학교와 집에서의 자질구레한 세속사에 아주 환멸을 느껴, 달갑지 않은 방해나 주의를 산란하게 하는 것이 전혀 없이 진아의 체험 속에 고요히 안주安住할 수 있을 곳을 찾아서 출가하기로 마음먹었다.

그는 마드라스에서 남서쪽으로 120마일(약 190킬로미터)쯤 떨어진 곳에 위치한 유명한 성산聖山 아루나찰라(Arunachala)로 가기로 했다. 그것은 결코 아무렇게나 한 선택은 아니었다. 어린 시절 그는 아루나찰라라는 이름만 들어도 항상 어떤 경외감을 느꼈다. 사실 그는 어떤 친척이 자신의 오해를 바로잡아 주기 전까지는, 아루나찰라가 대중교통을 이용해서 가볼 수 있는 지상의 순례지이리라는 생각은 하지 못하고 어떤 천상세계일 것이라고 생각하고 있었다. 훗날 그는 사람들에게 아루나찰라가 그의 스승이라고 곧잘 이야기했는데, 때로는 말하기를 그의 깨달음을 일으켜 준 바로 그 아루나찰라의 힘이 그것의 물리적 형상(산의 형상을 한 아루나찰라)이 있는 곳으로 그를 이끌었다고도 했다.

소년 라마나 마하르쉬는 그의 가족이 자기가 어디로 가는지 아무도 모르게 하기 위해 대단히 노력했다. 그는 몰래 집을 나와, 상당히 모험스러운 여행 끝에 사흘 뒤에 아루나찰라에 도착했다. 그 후 54년간의 여생 동안 그는 이 성스러운 산 위나 산 가까이에 머무르면서 단 하루도 이 산을 떠나려고 하지 않았다.

그곳에 도착한 첫날 그는 샅가리개(loincloth) 하나 외에는 가진 돈과 소지품을 모두 내버렸고, 출가의 표시로 머리를 삭발했으며, 아루나찰라 큰 사원(읍내에 있는 아루나찰레스와라 사원)의 경내에서 방해받지 않고 앉을 수 있는 조용한 곳을 발견했다. 그 후 4, 5년간 그는 여러 사원과 사당祠堂(shrine)으로 자리를 옮겨가며 거의 하루 종일 눈을 감고 앉아 엄청나게 압도적인 진아의 자각(awareness of the Self) 안으로 완전히 몰입했다. 이따금 호의적인 방문객이나 순례자가 음식을 주기도 했고, 나중에는 일정한 시자侍者가 생겨 음식을 날라주기도 했다. 그러나 그는 한때 탁발을 나가던 짧은 기간을 제외하고는, 자기 몸의 건강이나 자신의 주위에서 벌어지는 세간적 일들에 아무런 관심도 표하지 않았다.

1901년 그는 큰 사원 뒤쪽 산 중턱 300피트(90미터)쯤 높은 곳에 있는 비루팍샤 산굴山窟(Virupaksha Cave)로 옮겨가서 그곳에서 그 다음 14년간의 대부분을 머물렀다. 시간이 가면서 그는 자신을 찾아온 방문객들에게 조금씩 관심을 보였지만, 말을 하는 경우는 드물었다. 그는 여전히 하루의 대부분을 침묵 속에 앉아 있거나 아니면 아루나찰라의 산자락을 돌아다녔다. 그가 큰 사원에서 요지부동으로 앉아 있을 때부터 헌신자들이 생겨나기 시작했는데, 비루팍샤 산굴로 옮겨갈 무렵에는 이미 추종자들이 한 무리를 이루었으며, 여기에 아루나찰라를 찾아오는 순례자들이 이따금 가세했다.

따빠스(*tapas*)라고 하는 산스크리트 말이 있는데, 이것은 육체적인 극기 혹은 심지어 육체적인 고행을 수반하는 치열한 수행으로서, 그것을 통해 그 수행자의 영적인 불순물을 하나하나 남김없이 태워 없애는 과정을 뜻한다. 어떤 사람들은 그가 그렇게 치열한 따빠스를 하는 사람이라면(큰 사원에 있던 초기에 그는 종종 전혀 움직이지 않고 며칠씩 앉아 있기도 했다), 대단한 영적인 힘을 얻었을 것이 틀림없다고 생각하고 그에게 이끌렸다. 또 어떤 사람들은 그의 육체적 형상에서 사랑과 기쁨의 기운이 뿜어져 나오는 것을 뚜렷이 감지할 수 있었기 때문에 그에게 이끌렸다.

라마나 마하르쉬는 후년에, 자신은 아루나찰라에 온 초기에 아무런 따빠스나 명상(meditation)도 하지 않았다는 것을 분명히 했다. 그 점에 대해 누가 물어보면 그는 이렇게 말하곤 했다. 즉, 자신의 진아 깨달음(Self-realisation)은 1896년 그의 집에서 죽음의 체험을 할 때 일어났으며, 그 뒤 몇 년간 침묵하면서 움직이지 않고 앉아 있었던 것은 단지 진아의 체험 안에 완전히 몰입해 있고 싶은 내적인 충동에 대한 하나의 반응이었을 뿐이었다고.

비루팍샤 산굴에서 살던 마지막 몇 년 동안은 그가 방문객들과 이야기도 나누고 그들의 영적인 질문에 답변도 하기 시작했다. 그는 완전히 묵언(默言)을 한 적은 한 번도 없었지만, 아루나찰라에 온 초기에는 말이 거의 없었고 말하는 사이도 떴다. 그가 내놓은 가르침은 내적인 진아 체험에서 나온 것이지, 비이원적 베단타(*Advaita Vedānta*), 즉 진아[아뜨만] 혹은 브라만(*Brahman*)이 유일한 실재이며 모든 현상은 그것 안의 나눌 수 없는 나툼(顯現) 또는 겉모습이라고 하는, 오래되고 존경받는 한 인도 철학파의 가르침에서 따온 것이라고 할 수는 없다. 라마나 마하르쉬와 초기의 비이원론 스승들에 따르면, 삶의 궁극적 목적은 우리가 서로 별개의 상호 작용하는 대상들로 이루어진 현상계 안에 있는, 하나의 육체와 마음을 통해서 기능하는 개인이라는 환상을 초월하는 것이다. 일단 이것을 성취하면 우리는 자기의 진정한 모습, 즉 내재적이며 형상 없는 의식인 진아를 자각하게 된다.

라마나 마하르쉬의 가족은 1890년대에 그가 있는 곳을 알아내어 찾아왔지만, 그는 집으로 돌아가기를 거부했다. 1914년 그의 어머니는 아루나찰라의 아들 곁으로 와서 여생을 아들과 함께 보내기로 결심했다. 1915년 비루팍샤 산굴에 살고 있던 그와 어머니, 그리고 일단一團의 헌신자들은 산의 더 위쪽에 있는 스깐다쉬람(Skandashram)으로 옮겨갔는데, 이것은 그의 초기 헌신자 중의 한 사람이 특별히 그를 위해 지은 작은 아쉬람(ashram)이었다.

그 전에 라마나 마하르쉬와 함께 살고 있던 헌신자들은 음식을 탁발하러 가까운 읍내로 내려가곤 했다. 사두(sādhus)나 산야신(sannyāsins)이라고 하는 힌두교의 출가 수행자들은 종종 이렇게 해서 먹고 살아간다. 탁발승들은 늘 힌두 전통 중의 일부였으며, 종교적인 이유로 음식을 구걸하는 것이 그들에게는 전혀 수치스러운 일이 아니었다. 바가반(Bhagavan)(나는 앞으로 그를 주로 이 칭호로 부르겠다. 왜냐하면 거의 모든 그의 헌신자들이 그를 이렇게 부르기 때문이다)이 스깐다쉬람으로 옮겨갔을 때, 그의 어머니는 그곳에 사는 사람들 전원을 위해 매 끼니의 식사 준비를 하기 시작했다. 그녀는 곧 아들의 열렬한 헌신자가 되었다. 그리고 바가반의 은총과 힘의 도움 하에 아주 빠른 영적 진보를 이루어, 1922년 타계하는 순간에는 진아를 깨달을 수 있었다.

어머니의 시신은 아루나찰라의 남쪽 기슭 가장자리의 평지에 묻혔다. 몇 달 뒤에 바가반은 나중에 당신이 '신의 뜻'이라고 한 것에 이끌려 스깐다쉬람을 떠나, 그녀의 시신이 묻힌 자리에 건립된 작은 묘사廟祠 곁으로 이주하였다. 그 후로 그의 주위에 하나의 큰 아쉬람이 생겨났다. 인도의 각지에서 온 방문객들과 나중에는 외국에서 온 사람들까지, 그의 조언을 구하거나 은총을 얻기 위해서, 혹은 단지 그에게서 방사되는 평안의 기운 안에 잠겨 보고자 그를 찾아왔다. 1950년 70세의 나이로 타계할 때까지 그는 하나의 국민적 기관 같은 존재가 되었다. 즉, 그는 수천 년을 거슬러 올라가는 힌두 전통의 온갖 세부 사항들을 육신으로 구현한 존재였던 것이다.

  그의 명성과 사람을 끌어당기는 힘은 그가 행한 어떤 기적에서도 온 것이 아니었다. 그는 어떠한 특수한 능력도 과시하지 않았고, 그런 것을 과시하는 사람들을 경멸했다. 그렇다고 그의 명성이 그의 가르침에서 많은 부분 온 것도 아니었다. 그전까지는 잘 알려지지 않았던 어떤 수행법의 장점을 그가 높이 평가한 것은 사실이지만, 그의 가르침이 갖는 다른 측면들은 대부분 이전의 많은 스승들이 가르쳐 왔던 것이라는 점 또한 사실이다. 그를 찾아온 사람들의 마음을 사로잡은 것은 그의 친존親存(presence)에서 누구나 즉시 느낄 수 있는 성자다운 면모였다. 그는 단순하고 검소한 생활을 했으며, 그의 도움을 얻기 위해 찾아오는 모든 헌신자들을 평등하게 존중하고 배려하였다. 그리고 아마도 가장 중요한 점으로, 그는 그의 곁에 있는 사람 누구나가 평안이나 행복의 느낌으로 감지할 수 있는 어떤 힘을 자연스럽게 방사했다는 점이다. 바가반의 친존에서는 자기가 한 사람의 개인이라는 자각이 내재적인 진아의 완전한 자각으로 대치되는 일도 종종 있었다.

  바가반은 이 에너지를 발생시키려는 어떠한 시도도 하지 않았으며, 주위의 사람들을 변환시키려는 어떠한 의식적인 노력도 하지 않았다. 그 힘의 전달은 저절로 이루어졌고, 애씀 없이 자연스러웠으며, 또한 지속적이었다. 만약 그 힘 때문에 어떤 변환(transformation)이 일어난다면, 그것은 그것을 받는 사람의 마음의 상태 때문에 일어나는 것이지, 바가반의 결심이나 욕구 혹은 행위를 통해서 일어나는 것이 아니었다.

  바가반은 이러한 (힘의) 방사를 완전히 자각하고 있었는데, 이 에너지의 전달이야말로 자기 가르침의 가장 중요하고 또 가장 직접적인 부분이라고 그는 빈번히 말했다. 그의 말에 따르면, 그가 말로 하거나 글로 써서 내놓은 가르침과 그가 찬성한 여러 가지 명상 기법들은 모두, 그로부터 끊임없이 방출되는 은총의 흐름에 마음을 맞추지 못하는 사람들만을 위한 것이었다.

많은 사람들이 바가반의 생애와 그의 가르침 그리고 여러 헌신자들이 그와 함께 있으면서 체험한 것들에 관해 책을 썼다. 이제 바가반이 타계한지도 40년이 넘었으므로, 그에 관한 중요한 이야기들은 사실상 모두 어떤 형태로건 이미 출판되었다고 생각해도 잘못이 없을 것이다. 나도 안나말라이 스와미라고 하는 바가반의 한 원로 헌신자를 면담하러 가기 전까지는 그러한 견해 쪽으로 기울어져 있었다. 그러나 나는 곧 내 견해를 수정하지 않으면 안 되었다. 몇 주일 간에 걸쳐 그는 나에게 바가반 및 그와 함께 살았던 헌신자들에 관한 재미있는―그러나 책으로 출판되지 않은―이야기를 워낙 많이 들려주었으므로, 나는 그 이야기들을 1인칭 서술의 형태로 기록하여 출판하기로 결심했다. 안나말라이 스와미도 그것을 허락했으며, 그런 다음 그는 자신의 모든 이야기가 정확하게 기록되었는지 확인하기 위해 내가 쓴 것을 읽어보았다. 나는 그의 이야기에 나 자신의 설명으로 주석을 달았다. 그 대부분은 본문 중의 애매한 점들을 설명하는 것이지만, 어떤 것은 안나말라이 스와미가 알지 못한 배경 정보나 관련 있는 보충적 이야기들을 담고 있다.

나를 위해 통역자 역할을 해 준 스리 순다람 스와미(Sri S. Sundaram Swami)와, 안나말라이 스와미의 일기를 영어로 번역해준 꾸마라 스와미(Kumara Swami), 마지막 장章에 나오는 대화의 녹음 내용을 모두 글로 옮겨 준 사띠야(Satya), 보유하고 있는 사진 기록에서 자료를 이용할 수 있도록 허락해 준 스리 라마나스라맘, 전반적인 편집상의 도움을 준 나디아 수따라(Nadhia Sutara), 그리고 최종 원고를 타자해서 준비해 준 럭나우 삿상회관(Satsang Bhavan)의 자그루띠(Jagruti)와 다른 멤버들에게 감사드리고 싶다.

1994년 3월 인도 럭나우에서
데이비드 가드먼

이탤릭체 단어들에 관하여

이 책의 말미에는 본문에 나오는 많은 타밀어와 산스크리트 단어들을 정의하는 용어 해설이 있다. 나는 표준적인 발음 구분기호(diacritical marks)를 사용하지 않았는데, 그것이 이러한 기호를 잘 모르는 사람들을 혼란시키는 경우가 많기 때문이다. 그러나 나는 다음과 같이 장모음은 지적하였다.

$\bar{a}$: 'father'의 'a'처럼 발음된다.
$\bar{e}$: 'able'의 'a'처럼 발음된다.
$\bar{i}$: 'eel'의 'ee'처럼 발음된다.
$\bar{u}$: 'coo'의 'oo'처럼 발음된다.
$\bar{o}$: 'so'의 'o'처럼 발음된다.

결합자음 sh와 ch은 영어식으로 발음된다. 그러나 다른 h 자들은 대기음 帶氣音(aspirates)이다. 예를 들어,

dh : 'hard hat'의 'd h'처럼 발음된다.
th : 'fast horse'의 't h'처럼 발음된다.

일러두기

1. 본문의 둥근괄호(…) 안에 있는 말 중 본문과 같은 크기의 글자로 된 것은 원문에 있는 것이고, 본문보다 작은 글자로 된 것은 역자가 보충한 것이다. 꺾쇠괄호[…] 안에 있는 말은 작은 글자로 된 한자 표기를 제외하고는 모두 원문에 있는 것이다.
2. 따옴표 중 보통형('…')은 원문에 있는 것이고, 막대형('…')은 원서에는 없지만 그 어구를 강조하기 위해서나, 전후의 의미 구분을 명료히 하기 위해 역자가 부가한 것이다.
3. 원서에서 대문자로 시작하는 단어들 중 신, 자기(진아), 심장 기타 중요한 단어들 중 일부는 굵은 글씨로 표기했다.
4. 산스크리트 용어나 인도의 지명, 인명에서 경음에 가깝게 발음되는 것은 외래어 표기법의 원칙에도 불구하고 경음으로 표기했다.
5. 어려운 낱말이나 생소한 번역어, 그리고 전문용어들은 책 뒤의 낱말풀이에서 설명해 두었다.

제1장

바가반의 곁으로

나는 1906년, 200가구 정도가 사는 작은 마을인 똔다꾸리찌(Tonda-kurichi)에서 태어났다. 아버지는 다재다능한 사람으로서 마을에서는 중요한 인물이었다. 그는 농부요 점성가요 화가며 건축가였을 뿐 아니라, 신상神像을 조성하고 고뿌람(gōpurams)[사탑寺塔]을 만들 줄도 알았다. 내가 태어난 직후에 아버지는 다른 한 사람의 점성가와 만나서 나의 천궁도天宮圖를 검토하였다. 두 사람은 내가 산야신(sannyāsin)[가족, 세간과의 모든 인연을 끊고 출가한 힌두 승려]이 될 것 같다는 결론에 도달했다. 이러한 예견이 나오자 기분이 좋지 않았던 아버지는, 그렇게 될 가능성을 없애기 위해 나에게 적절한 교육을 받지 못하게 하려고 마음먹었다. 그는 내가 제대로 읽고 쓰는 교육을 전혀 받지 못하면, 경전을 아예 읽지 못할 것이므로 신神에 대한 관심을 전혀 배양하지 못할 것이라고 생각했다. (나의 장래에 대한) 이러한 예견을 아버지가 믿고 있었기 때문에, 나는 시골 학교에서 아주 초보적인 교육밖에 받지 못했다. 나는 겨우 글자를 떼자마자 학교를 그만두고 들에 나가 아버지를 거들지 않으면 안 되었다.

아버지는 내가 당신 모르게나 당신 허락 없이 학교로 돌아갈까 봐서, 나를 사실상 문맹으로 남아 있도록 하려고 어머니에게 이렇게 말했다. "저 녀석이 다시 학교에 가는 일이 있으면 밥을 아예 주지 마오."

나는 학교를 중퇴하고 얼마 안 되어 베뿌르(Vepur)라는 이웃 마을을 지나가다가, 외지에서 온 어떤 학자가 강연하는 것을 들었다.

그는 마을 사람들에게 이렇게 말하는 것이었다. "교육을 받는 것이 좋습니다. 비록 공부하는 동안에 밥을 빌어먹는 한이 있어도, 가능한 한 공부를 많이 해야 합니다. 교육을 통해서만 우리는 인생의 신비에 대해 알 수 있습니다."

집에 돌아오자 나는 아버지에게 가서 불평을 했다. "오늘 베뿌르에서 어떤 학자가 그러는데, 공부를 많이 해야 된대요. 아버지는 저를 왜 학교에 안 보내 줘요?"

아버지는 내 항의를 묵살하면서 이렇게 말했다. "아, 우리는 어디까지나 농부야. 자기 이름만 잘 쓸 수 있으면 돼."

나는 아버지의 이런 태도나 답변이 마음에 차지 않았기 때문에 나 혼자서 공부하기로 마음먹었다. 나는 책 두 권을 구해 읽기 공부를 해 보려고 했는데, 하나는 비끄라마디띠야(Vikramaditya)[1] 왕의 이야기였고, 또 하나는 빠띠나따르(Pattinatar)[9세기의 타밀 시인이자 성자]의 시詩였다. 묘한 우연의 일치였겠지만, 내가 근근이 읽어 낸 빠띠나따르의 시들 중 첫 수는 내가 평생의 대부분을 살아가려고 한 영적인 길을 예언적으로 요약해 주는 것이었다.

집을 버리는 사람(출가자)은 재가자로 살면서 많은 공덕功德(punyas)을 짓고 다르마(dharmas-계급에 따른 규범 행위)를 행하는 사람보다 천만 (crores) 배나 위대하네. 마음을 버리는 사람은 집을 버리는 사람보다 천만 배나 위대하네. 마음과 모든 이원성二元性(duality)을 초월한 이라면, 그런 사람의 위대성을 어떻게 말로 표현하리오?

나는 이런 말을 전에 한 번도 접해 본 적은 없었지만, 영적인 삶을 향한 타고난 성향을 항상 가지고 있었다. 종교적인 문제들에 관해 나에게 이야기해 주는 사람은 아무도 없었으나, 어떻든 나는 이미 신이라고 하는 어떤 더 높은 힘이 존재한다는 것과, 인생의 목적은 이 신에 도달하는 것임을 알고 있었다. 누가 말해 주지 않아도 나는 본능적으로, 내가 보는 모든 것이 어쨌든 환幻이며 실재하지 않는다는 것을 감지했다. 이런 생각들은, 이 세간의 어떤 것에도 집착되어서는 안 되겠다는 생각

---

1) [역주] 까르나따까(Karnataka) 지방의 옛 왕국이던 짤루끼야(Chalukya)의 비끄라마디띠야 6세(11세기). 모든 면을 겸비한 이상적인 군주였다.

과 함께 아주 어린 시절부터 내 의식의 한 부분을 이루고 있었다.

내가 겨우 여섯 살 때 일어났던 한 사건이 생각난다. 나는 어머니와 함께 마을 근처를 걸어가고 있었는데, 오렌지색 승복을 입은 어떤 사두(sādhu)[힌두 승려]가 곁을 지나갔다.

나는 어머니한테 이렇게 물었다. "나는 언제 저런 출가승이 돼요?" 그리고 대답도 듣기 전에 나는 그 사두의 뒤를 따라 걷기 시작했다.

걸어가면서 나는 어머니가 마을 아낙네들에게 이렇게 말하는 것을 들었다. "저 아무 짝에도 쓸모없을 녀석 좀 봐요. 저렇게 어린것이 벌써 사두가 되겠다니!"

문자적으로 '사두'란 '귀인貴人'을 뜻한다. 그러나 이 말은 보통, 전업적專業的으로 힌두교의 영적인 길을 걷는 사람, 특히 그렇게 하고자 출가한 사람을 가리키는 말로 사용된다. 영적인 탐구를 위해 세간과의 모든 인연을 공식적으로 포기한 출가수행자(sannyāsins)들을 종종 사두라 한다.

불행하게도 아버지는 나의 종교적 성향에 찬동하지 않았다. 그는 매일 30분씩 정성 들여 예공禮供(pūja)[힌두 신에 대한 예배 의식]을 올리기는 했지만, 그 동기는 전적으로 물질적인 것이었다.

한 번은 내가 아직 어린 소년일 때 아버지에게 물었다. "아버지는 왜 매일 이런 예공을 올려요?"

아버지는 이렇게 답변했다. "나는 부자가 되고 싶다. 땅도 사고, 금도 생기고, 돈도 많이 벌고 싶다."

내가 말했다. "그런 것들은 있다가도 없어져요. 왜 있다가 없어지는 그런 것들을 달라고 기원하세요?"

아버지는 내가 그 어린 나이에 그런 것을 다 이해하고 있다는 것을 알고 몹시 놀랐다.

"그런 것들이 있다가도 없어진다는 걸 너는 어떻게 아느냐?"

"저는 알아요. 그러니까 그런 말을 하지요" 하고 나는 대답했다.

마음속으로 그것을 알고 있었지만 어떻게 그런 것을 알았는지는 도무지 나도 설명할 수 없었다.

아버지는 내가 영적인 문제들에 관심을 갖기 시작했다는 것을 알자 내가 그렇게 하지 못하도록 하려고 애썼다. 그는 내가 가는 길에 많은 장애를 설치했는데, 여러 해가 지난 뒤에야 결국 내가 사두가 되기로 정해져 있었다는 것을 인정했다.

내가 아직 어릴 때, 마을 사람들은 나를 일종의 행운의 마스코트로 삼았다. 누가 새 집을 지을 때마다, 그들은 나를 불러 첫 골조를 놓도록 했다. 밭에서 김을 맬 때는 나더러 첫 잡초를 뽑게 했고, 결혼식 때는 식의 첫머리에 내가 가나빠띠(Ganapati)[2] 신상神像에 손을 대도록 했다. 그러나 그 중에서 가장 즐거운 일은 과자를 먹는 일이었다. 잔치가 있어서 마을 사람들이 과자를 만들 때마다 사람들은 나를 오라고 해서 같이 먹게 하고는 했다. 내가 행운을 가져다 줄 것이라고 마을 사람들이 언제부터 믿기 시작했는지, 그리고 어떻게 해서 그들이 그렇게 단정하게 되었는지는 알 수 없지만, 내가 대략 열세 살이 될 때까지 그런 관행이 계속되었다.

어떤 사람들은 엄청난 운運을 타고난 것처럼 보이는데, 워낙 운이 많이 따르기 때문에 그들이 하는 모든 일이 번창하거나 성공한다. 타밀 나두(Tamil Nadu) 지방에서는 이런 사람에게 곧잘 '금손이'(Golden Hand)라는 별명을 붙여준다. 축제나 행사가 있을 때는 사람들이 이런 이들을 서로 와 달라고 하는데, 왜냐하면 그들이 처음 손을 대는 일은 뭐든지 성공한다고 사람들이 믿었기 때문이다.

라마나 마하르쉬도 '금손이'라는 별명을 갖고 있었다. 소년 시절 그는 자주 친구들과 축구를 하며 놀았는데, 사람들은 그가 속한 편이 언제나 이긴다는 것을 발견했다. 안나말라이 스와미도 마을의 마스코트로 뽑힌 것을 보면 그와 비슷한 행운을 과시했음에 틀림없다.

---

2) [역주] 시바신의 아들. 액난을 없애주는 신으로 간주된다.

나는 여럿이 어울리는 것을 좋아하는 아이가 아니었다. 동네에서 다른 사람들과 어울리는 대신에, 나는 홀로 앉아 내적인 고요함을 연습할 수 있는, 사람 없는 곳을 찾았다. 내가 즐겨 찾던 곳은 마을 근처의 숲 속에 있던 한 비나야까 사원(Vinayaka temple)이었다. 나는 종종 거기 가서 신에게 기도를 드렸다. 그 당시 나는 종교적인 의식에 대해서 워낙 무지했기 때문에, 신 앞에 제대로 오체투지五體投地 하는 법도 몰랐다. 나는 한 작은 소녀가 그 사원에 와서 사원의 신 앞에서 8체정례八體頂禮 (ashtānga namaskāram)를 아주 정성스럽게 하는 것을 흉내 내어 겨우 그것을 배웠을 뿐이었다.

이것은 몸의 여덟 군데가 땅에 닿도록 하는 완전 오체투지이다.

나는 우리 마을 근처의 시바파派(Saivite) 순례지의 하나인 브릿다짤람(Vriddhachalam)을 가보고 종교적 의식에 좀더 친숙해졌다. 나는 몇 명의 브라민(brahmins-브라만 계급의 사람)들이 거기서 아누쉬따나(anushtānas)를 하고 있는 것을 보고, 그들에게 그것을 나에게도 가르쳐달라고 하였다. 그들은 슈드라(sudras)[카스트의 최하층 사람]들이 그런 의식을 하는 것은 허용되지 않는다는 이유로 거절했다.

아누쉬따나(anushtānas)는 보통 브라민들만이 행하는 의식으로, 아주 다양한 형태를 포함하고 있다. 그 중의 어떤 것들은 종교적인 것이지만, 어떤 것들은 단지 개인 위생과 관련되는 것도 있다.

그 후 얼마 안 되어 나는 브라민 아닌 시바파 교도들이 같은 의식을 행하는 것을 보았다. 그들은 분명, 제반 의식들을 상세히 설명하고 있는 책에서 그것을 하는 법을 배웠던 것이다. 나는 이 사람들로부터 이들 아누쉬따나를 배워, 우리 마을로 돌아오자 그것을 규칙적으로 봉행했다. 내 아버지는 종교에 대해 다소 냉소적인 태도를 가지고 있기는 했지만, 그전에 나에게 태양경배법(Surya Namaskāram)을 가르쳐 준 적이 있었다. 그것은 일련의 진언眞言(mantras)을 암송한 뒤에 떠오르는 해를 향해 오체투지를 하는, 잘 알려진 의식이었다. 나는 아버지가 가르쳐 준 그 의식에다가 이 새로운 의식들을 추가했다.

나는 또 한 가지 행법行法을 해보기로 했는데, 그것은 매월 열 하룻날 (ekādasi day)[매월 음력 보름 기간의 열 하루째 날]에 잠자지 않고 철야 정진 徹夜精進을 하기로 한 것이다. 이윽고 나는 좌선하면서 정진하면 잠에 떨어진다는 것을 알았다. 그래서 걸으면서 정진했는데, 그래도 소용이 없었다. 걸으면서 잠이 들었기 때문이다. 약간의 실험 끝에 나는 인근 강에서 목욕을 하고 허벅지에 모래를 문질러 아프게 하면 잠을 쫓을 수 있다는 것을 알았다. 나는 또 한 토막의 담배를 씹기도 했는데, 이렇게 하면 마음을 라조구나(rajoguna-활동성 기질)로 유지할 수 있다고 들었기 때문이었다.

힌두 철학에 따르면 모든 창조물은 구나(gunas)라고 하는 세 가지 번갈아 나타나는 성질들을 가지고 있는데, 사뜨와(sattva-조화성), 라자스(rajas-활동성), 따마스(tamas-비활동성)가 그것이다. 이 세 가지 기질은 마음 안에서도 번갈아 나타난다. 담배를 씹는 것은 라자스 기질을 자극하여, 마음이 깨어서 활동하게 한다.

소년 시절에 나는 종교적 삶에 대한 내 열정을 과시하기 위해 겉으로 경건함을 드러내고 다니는 데 아주 열심이었다. 흰색 도띠(dhōti)[치마처럼 입는 천]를 걸쳤고, 머리는 라마링가 스와미(Ramalinga Swami)[19세기의 타밀 성자]를 흉내 내어 가렸으며, 이마와 몸에는 비부띠(vibhūti-聖灰)[힌두교도들이 몸에 바르는 성스러운 재]를 잔뜩 바르고 다녔다. 나는 그 당시 라마링가 스와미에게 아주 애착이 많았다. 나는 마을에서 그의 사진을 보고 큰 인상을 받아, 그의 삼매지三昧地[묘소]가 있는 바달루르(Vadalur)를 가보기도 했다.

10대 초반 무렵에 나는 『범아합일梵我合一의 베단타 요체』(*Jiva Brahma Aikya Vedānta Rahasya*)라는 책의 제10장 사본 한 부를 얻었다. 나는 이 책에서 조식調息(prāṇāyāma)[요가적인 호흡 수련] 기법을 배워 숲 속의 사원에서 그것을 수련했다. 이 책을 읽고 나자 경전을 더 깊이 공부해야겠다는 욕망이 일어났다. 보통의 경우라면 나 같은 입장에 있는 소년에게는 그것이 아주 어려운 일이었겠지만, 상황이 특이하게 전개되어 나는 곧 그 욕망을 충족할 수 있게 되었다. 우리 마을의 회계사(karnam)[회계 공무원]는 선친으로부터 물려받은 많은 종교 서적들을 가지고 있었다. 그는 세 마을의 회계사를 겸하고 있었기 때문에 그 책들을 읽을 겨를이 없었다. 그는 워낙 바쁜 생활을 하고 있어서 여러 날 동안 집에 들어오지 못하는 경우도 많았다. 그의 부인은 띠루바루르(Tiruvarur) 출신의 신심 깊은 여성이었는데, 나더러 자기 집에 와서 그 책들을 읽으라고 하였다. 그녀는 매일 음식을 만들어 집 안에 있는 가나빠띠 상像에 공양을 올리고 나서 나에게 주었다. 그녀는 내가 먹고 난 뒤에야 먹곤 했다. 나는 결국 이 회계사의 집으로 입주해서 회계사의 부인이 만들어 주는 이 공양 음식을 먹으며 지내게 되었다. 부모님은 나의 종교적 열정을 달가워하지 않았기 때문에, 나는 우리 집에 가는 것을 아예 그만두어 버렸다. 3년 동안 계속된 이 별거 기간 동안 나는 한 번도 집에 가지 않았다.

나는 그 책들을 읽을 때 크게 소리 내어 읽는 습관을 들였다. 골라서 볼 만한 책들이 많이 있었지만, 내가 즐겨 본 것은 『해탈정수』(Kaivalya Navanītam), 라마끄리슈나 빠라마한사(Ramakrishna Paramahamsa)에 관한 책들, 아빠르(Appar)와 냐나삼반다르(Jnanasambandhar)의 『떼바람』(Tevārams), 『띠루바짜감』(Tiruvāchagam)3)과 『박따 비자얌』(Bhakta Vijayam)이었다.

---

3) [역주] 『띠루바짜감』은 9세기의 타밀 성자 마니까바짜가르(Manikkavachagar)의 작품으로, 힌두교 시바파의 네 갈래 중 하나인 샤이바 싯단타(Saiva Siddhanta)의 정전正典의 하나이다.

『해탈정수解脫精髓』는 비이원론(advaita) 철학에 관한 타밀어 저작이며, 라마끄리슈나 빠라마한사는 19세기의 벵갈 성자이다. 아빠르와 냐나삼반다르는 6세기의 타밀 성자들로서 그들의 시바 찬가집을 『떼바람』이라 한다. 『박따 비자얌』은 유명한 마라티(Marathi―마하라쉬트라 지방) 성자들의 이야기를 모은 책이다.

나의 책읽기는 곧 영적인 성향을 가진 몇몇 마을 사람들의 관심을 끌었다. 몇 주일 되지 않아서 열 명 가량의 사람들이 내 책 읽는 것을 듣기 위해 그 집을 정기적으로 찾아왔다. 매일 저녁 대략 6시부터 10시까지 나는 이런 책들의 대목을 골라 읽곤 했다. 한 대목씩 읽고 나면 우리는 그 글의 의미와 내용에 관해 이야기를 나누기도 했다.

마을 사람들 중 몇 사람이 내 아버지한테 가서, 내가 경전 공부를 하면서 그것을 사람들에게 설명해 주고 있다고 이야기했다. 아버지는 이 말을 듣고 깜짝 놀랐다. 당신은 내가 아직도 거의 까막눈일 거라고 생각하고 있었기 때문이다. 어떻게 된 일인지 알아보리라고 마음먹은 그는, 어느 날 저녁 몰래 우리의 모임에 와서 엿들었다.

그 뒤에 당신은 남이 듣는 데서 말하기를, "저 애를 더 이상 내 말에 복종시킬 수가 없군. 그러니 그냥 신에게 바쳐 버려야겠다"고 하였다.

회계사의 부인은 우리의 모임에 거의 다 참석했다. 그녀는 우리가 독경하던 책들에 강한 관심을 갖게 되었고, 채식가가 되었으며, 세속적인 일들에 대해 모든 흥미를 잃어버렸다. 불행하게도 그녀는 남편에 대한 흥미마저 잃어버렸다.

어느 날 저녁 회계사가 나를 한 쪽으로 불러내더니 다소 화난 투로 말했다. "네가 우리 집사람과 어울린 뒤로 그녀는 스와미같이 되어 버렸어. 더 이상 아무 욕망이 없다니까. 너를 더 이상 우리 집에 데리고 있을 수 없다. 다른 데 어디 있을 데를 찾아 봐."

다른 헌신자들이 그가 하는 말을 엿들었다.

그 중의 한 사람이 나에게 이렇게 말했다. "우리 여기서 독경할 필요가 없어. 어디 다른 데를 쉽게 찾을 수 있을 게다."

처음에 우리는 우리의 모임을 위해 코코넛 잎을 덮은 간단한 움막을 하나 지어야겠다고 생각했다가, 그날 저녁 끝 무렵에는 어엿한 정사精舍(math)를 하나 짓기로 결정했다.

정사(math-'마트'로 발음)는 어떤 성자를 기념하여 예배하거나 헌가獻歌를 부르거나 명상을 하는 등의 특정한 목적을 위해 지은 힌두교의 도량道場이다. 큰 정사들은 보통 상주하는 일군一群의 사두들이 있으며, 수도원이나 아쉬람과 유사하다.

우리는 각자 그 일을 위한 기금을 추렴했고, 얼마 되지 않아 시바람 헌가 정사(Sivaram Bhajan Math)가 탄생했다. 정사가 완성되자마자 나는 그리로 이사 가서 헌가(bhajans)도 부르고 여러 성인들의 가르침을 소리 내어 읽기도 하는 내 수행修行(sādhanā)을 계속해 나갔다.

정사가 완공되자 나는 우리 마을을 지나가는 큰길가에 급식소給食所(tannūr pandal)[여행자나 극빈자들에게 음식과 음료를 대접하는 곳]를 하나 지었다. 그리고 몇몇 헌신자들의 도움으로 자금을 마련하여, 우리 마을을 지나가는 사두와 여행자들에게 매일 쌀죽(kanji)을 대접할 수 있게 했다.

내가 정사에 자리잡고 나자 곧 내 부모님들은 나를 영적인 삶에서 떼어내 보려고 마지막 한 번의 시도를 하셨다.

그때 나는 열일곱 살쯤 되었으므로, 부모님은 이런 생각을 하셨다. '만약 우리가 지금 조치를 취하지 않으면 이 애는 출가승이 될 것이 거의 확실하다. 그러나 처녀를 하나 물색해서 결혼을 시키면 평범한 재가자가 되어 이런 모든 영적인 활동을 포기할지 모른다. 그러면 이 애도 아마 다른 사람들과 같이 될 것이다.'

나와는 그 문제를 한 마디도 상의하지 않은 채, 부모님은 한 처녀를 골라서 그녀의 가족들과 모든 약속을 한 다음, 결혼식을 치르는 데 필요한 일체의 음식 재료 등을 사오셨다. 나는 우리의 헌가 정사에 자주 오던 어느 여자 헌신자를 통해서 그 소식을 들었다. 무슨 일이 벌어지고 있는지를 알자마자 나는 부모님에게, 내가 누구와도 결혼할 생각이 없으니 결혼식 준비를 당장 그만두시라고 통지했다.

그런 중요한 일에 내가 이렇게 딱 잘라 부모님의 뜻에 따르기를 거부하자, 마을에서는 일대 소동이 벌어졌다. 많은 마을 사람들은 내가 미쳤다고 단정했다. 그것은 한편으로 내가 결혼하지 않겠다고 했기 때문이기도 하고, 또 한편으로는 내가 신을 생각하고 헌가를 부르는 데 모든 시간을 바치겠다고 고집했기 때문이었다. 그 중의 여러 분들(내 부모님은 그 중에 포함되지 않았다)이 회의를 열어, 나의 미친 증세를 과격한 방법을 써서 고치기로 의견을 모았다. 그들은 나를 정사에서 끄집어내어 인근의 호수로 데려가더니, 내 머리 정수리를 넓게 삭발하고 거기에 레몬 즙을 문질러 대기 시작했다. 그것은 누가 보아도 미친병에 대한 요법이었다. 그런 다음 그들은 내 머리 위에 찬물을 여러 통 뒤집어씌우기로 했다. 내 생각으로는 그들이 아마 족히 50통은 나한테 뒤집어씌웠을 것이 틀림없다. 그들이 이렇게 나를 목욕시키고 있는 동안 나는 침묵을 지키면서 그 추위를 마음에서 떨쳐 버리려고 조식 수련을 계속했다. 저항해 봐야 소용없다는 것을 나는 알고 있었다. 마을 사람들은 내가 그 치료에 아무런 반응도 보이지 않자, 내가 미쳤다는 것을 더욱 확신했다. 마침내 치료가 끝나자 그들은 나를 마을의 한 집으로 데리고 갔다. 거기서 그들은 쓴 조롱박(bitter gourd)으로 삼바르(sambar)[매콤한 소스]를 만들어 나에게 그것을 먹도록 했다. 쓴 조롱박이 미친 증세에는 또 다른 치료약이라고 생각했던 것이다. 100명쯤 되는 사람들이 모여 이 광경을 지켜보았다.

내가 삼바르를 먹고 있을 때 한 사람이 나에게 이렇게 말했다. "너는 좋은 가문에 태어난 좋은 아이인데, 미쳐 버렸구나."

이제 내 인내력이 마침내 한계에 도달했다.

"저는 미치지 않았어요" 하고 나는 사뭇 퉁명스럽게 대답했다. "저를 제발 혼자 내버려두세요. 이분들이 내 주위에 모여 있지 못하게 말 좀 해 주거나, 아니면 내가 혼자 있을 수 있는 다른 방을 하나 주세요."

나는 또 다른 '치료'를 하려 드는 것 외에는 별다른 반응을 기대하지 않았는데, 뜻밖에 그들은 내 요청을 받아들여 나를 그 집의 한 방에 들어가서 쉬게 해 주었다. 나는 그들의 마음이 혹시 변하기 전에 얼른 문을 걸어 잠그고 방바닥에 드러누웠다. 휴식하면서 내가 겪은 시련에서 회복되기 위해서였다.

조금 뒤 나는 일어나 앉아 명상을 하려고 했다. 앉아 있을 때 나는 마을의 촌장이 문 밖에서 내 문제를 이야기하고 있는 것을 들었다.

"만약 여러분이 저에게 허락해 주면, 제가 저 애한테서, 결혼해서 정상적인 생활을 하겠다는 약속을 받아내겠습니다. 이런 치료들을 했기 때문에 이제 어쩌면 미친 증세가 사라졌을지도 모릅니다."

그가 문을 노크하자 나는 그를 들어오게 했다.

그는 내 앞에 서서 아주 엄격하게 말했다. "이제 네가 더 이상 미쳐 있지 않으니, 제발 나에게 약속을 해 다오. 네가 다른 사람들처럼 결혼을 해서 정상적인 재가자의 생활을 하겠다고."

내가 대답했다. "그 대신 저는 출가수행자가 되겠다는 것을 약속드립니다." 나는 그 약속을 하면서 내가 얼마나 진지한지를 보여주는 동시에 그 약속을 인증하는 의미에서 손뼉을 쳤다. 그 사람은 아무 다른 말 없이 방을 나갔다.

나는 그가 밖에서 이렇게 외치는 것을 들었다. "아요, 아요(Ayō, Ayō)! [놀람이나 충격을 나타내는 남인도의 감탄사] 내가 한 가지 약속하라고 했더니, 저 애가 그 반대로 약속을 하네!"

내 가족들은 나의 약속에 전혀 주의를 기울이지 않았다. 나는 나를 찾아온 어느 여자로부터, 아버지가 아직도 그 결혼을 성사시키기 위해 은밀히 계획을 꾸미고 있다는 것을 들었다. 그래서 나는 내가 오히려 몇 가지 은밀한 계획을 꾸밀 때가 되었다고 판단했다. 나는 먼저 나와 결혼하기로 되어 있던 처녀에게 쪽지를 하나 써 보냈다.

"내 계획은 출가수행자가 되는 것입니다. 나는 재가자의 삶에 얽혀들고 싶은 생각이 없습니다. 그러니 그대는 나와 결혼할 것이라는 생각은 하지 마십시오. 그렇게 생각하면 그대만 고통 받을 것입니다."

나는 어떤 사람에게 부탁해서 쪽지를 그녀의 집으로 갖다 주게 했다. 그런 다음 바로 그날로 나는 집을 빠져나와 찌담바람(Chidambaram)[남인도의 유명한 한 종교적 중심지]으로 갔다.

나는 거기서 출가할 작정이었다. 그러나 어떤 공식적인 방법으로 그렇게 하지는 않았다. 다른 사람이 나를 출가시켜 주는 것을 원치 않았기 때문에, 나는 모두 내 스스로 해 버렸다.

출가수행(*sannyāsa*)은 정통 힌두교적 삶의 네 번째이자 마지막 단계이다. 이 단계에서는 자기 가족 및 세상과의 모든 인연을 포기하고, 자신의 모든 시간을 신과의 합일 또는 깨달음을 위해 바친다. 엄밀히 말해서, 누구든지 자기 스승이나 기존의 여러 출가자 단체의 장튽의 한 사람에 의해 제대로 절차를 밟아 입문하지 않으면 출가자가 될 수 없다. 그러나 이런 규칙은 종종 무시되기도 한다.

나는 강에 들어가서 목욕을 했고, 머리를 삭발했으며, 루드락샤 열매(rudraksha seeds-동그랗고 표면이 오돌토돌한 밤색 열매)로 만든 염주 하나를 목에 걸고, 짧은 도띠(*dhōti*)와 수건 하나를 몸에 둘렀다. 나는 이 새로운 의상을 입고 마을로 돌아가 이제는 내가 한 사람의 출가수행자라고 선언했다. 나의 새로운 모습을 보자 우리 가족은 결국 내가 한 말이 진담이었으며, 결혼할 의사가 전혀 없다는 것을 납득했다. 그들은 출가수행자들이 평생 동안 독신으로 살아간다는 것을 알고 있었기 때문에, 그 동안 준비해 온 내 결혼 계획을 정말 마지못해 포기했다.

나는 전에 하던 일과日課 수행을 재개했으며, 내 정사의 관수식灌水式(*kumbhābhishēkam*)[헌당식] 계획을 세우기 시작했다. 나는 이웃 마을들로부터 몇 팀의 헌가단(獻歌團)을 초청하고, 부모님까지 설득하여 내 결혼식을 위해 준비했던 음식 재료를 다 시주하게 했다. 부모님이 시주한 음식으로 대략 400명의 사람들에게 식사 대접을 할 수 있었다. 헌가 정사를 짓는 데 시주했던 다른 헌신자들은 버터밀크(buttermilk), 라기(ragi) [기장(黍)의 일종] 그리고 쌀죽을 그날 온 사람들에게 제공했다. 관수식 날, 초청받아 온 헌가단들은 우리 마을로 행진해 들어가, 골목마다 누비며 노래를 불렀다. 관수식이 마침내 다 끝나자, 나는 나 혼자만의 의식을 하나 거행했다. 나는 부모님에게 봉족예공을 올리고, 내가 사두가 되는 것을 허락해 달라고 공식적으로 청했다.

봉족예공(奉足禮供)(pāda pūjā)은 다른 사람의 두 발을 예경(禮敬)으로 숭배하는 하나의 의식이다. 보통 봉족예공은 스승(Guru)이나 스와미에게 큰 존경의 표시로서 하는 것이다. 자기 부모나 가족 중의 윗사람에게도 할 수 있지만, 이런 경우는 훨씬 드물다.

나는 또 부모님에게 내 영적인 생애가 성공적인 것이 되도록 축복해 주시기를 청했다. 부모님 두 분 다 나의 출가를 허락했고, 나를 축복해 주셨다. 어느 한 분도 다시는 내가 영적인 길로 가는 것을 말리려고 하지 않으셨다.

몇 주일 뒤에 나는 깐치뿌람(Kanchipuram)의 샹까라짜리야(Sankaracharya)가 여행 도중 우리 마을을 지나가기로 했다는 말을 들었다. 이 분은 폴 브런튼을 바가반께로 보낸 바로 그 분이었다.

라마나 마하르쉬는, 1930년대에 영국인 저널리스트이던 폴 브런튼(Paul Brunton)이 인도의 성자와 스승들에 관해서 쓴 베스트셀러 책인 『비밀 인도에서의 탐색』(A Search in Secret India)이 나온 후로 인도 밖으로도 잘 알려졌다. 브런튼은 1930년에 깐치뿌람의 샹까라짜리야의 조언을 듣고 마하르쉬를 찾아갔다. 이 샹까라짜리야는 1994년 1월, 내가 이 책의 최종 원고를 준비하고 있을 때 아흔 아홉의 나이로 입적했다.

9세기에 비이원론(*advaita*)을 대중화하는 데 앞장 선 샹까라짜리야 바가바뜨빠다(Sankaracharya Bhagavatpada-상까라)는 그의 가르침을 전파하고 힌두교의 정통을 유지하기 위하여 다섯 군데의 정사를 건립하였다. 그 중의 하나는 남인도의 깐치뿌람이라는 읍에 있다. 이들 각 정사는 원조原祖인 샹까라짜리야까지 거슬러 올라가는 스승들의 연속되는 계보를 가지고 있다. 이들 각 정사의 우두머리는 그 직의 임기를 개시할 때부터 샹까라짜리야라는 칭호를 갖는다. 안나말라이 스와미가 만난 분은 현대 인도의 성자 중 한 분으로 널리 간주되고 있다.

이 소식을 듣자 나는 샹까라짜리야를 우리 마을에 잠시 머무르시게 하여 내가 그를 친견할 수 있도록 해 보기로 마음먹었다.

친견親見(*darshan*)이란 '바라봄'이란 뜻이다. 종교적인 문맥에서 '친견하다'는 말은 사원의 신이나 성인을 보는 것, 혹은 그가 바라보아 주는 것을 뜻한다.

그의 행렬에는 많은 사람과 동물들이 따라올 것이라는 것을 알고, 나는 그들 모두에게 음식과 물을 공급하는 것이 가장 좋은 방안이 될 것이라고 생각했다. 그렇게 하면 그들은 모두 내 공양물을 드는 동안 잠시 멈추지 않을 수 없을 것이었다.

예정된 날 나는 그를 따라올 브라민들을 위해 많은 양의 버터밀크와 쌀죽을 준비했다. 또한 말과 코끼리들을 먹이기 위한 푸른 잎을 비축해 두었다. 그 행렬이 마을로 다가오자, 나는 행렬의 앞뒤를 분주히 오가며 푸른 잎들을 나누어주었다. 샹까라짜리야는 가마를 타고 있었는데, 커튼이 드리워져 있었기 때문에 그를 볼 수 없었다. 내가 가마를 메고 가던 사람들에게 쌀죽을 권하자 그들은 멈추어서 내 공양물을 들기로 하였다. 그러자 샹까라짜리야가 커튼을 열고 왜 멈추는지 알아보려고 했다. 나는 즉시 그에게 오체투지를 하였다.

그는 몇 초 동안 말없이 나를 바라보더니 이렇게 말했다. "1마일 간 뒤에 나는 잠시 휴식합니다. 그대는 거기 와서 나를 보아도 좋습니다."

우리 마을에서 1마일쯤 떨어진 곳에 베뿌르라는 작은 읍이 있었다.

나는 일행 중의 한 명으로부터 그곳에서 대중공양大衆供養(bhikshā)이 준비되어 있고, 샹까라짜리야는 베뿌르 여행자 숙소(Traveller's Bungalow)에 머무를 것이라는 것을 알아냈다.

우리 마을에는 경찰관 한 사람이 있었는데, 아주 좋은 헌신자였다. 우리는 샹까라짜리야가 인근에 머무른다는 말을 듣자 함께 걸어서 베뿌르로 갔다. 우리가 당도했을 때 많은 사람들이 그를 에워싸고 북적대고 있었지만, 나는 그래도 그의 곁으로 가서 그의 두 발을 만질 수 있었다.

브라민인 그의 시자侍者가 불평하면서 이렇게 말했다. "브라민 아닌 사람은 접촉하면 안 됩니다." 그러나 샹까라짜리야가 "그는 범행자梵行者(brahmachāri)이고 사두이니 아무 상관없다"고 말하자, 시자는 더 말을 못했다.

범행자는 영적인 공부에 전념하는 독신 학생이다. 범행기梵行期(brahmacharya)는 힌두교의 전통적인 인생의 네 단계['아쉬라마'āsramas라 함] 중의 하나다. 그 공부가 끝난 학생들은 보통 인생의 제2단계—결혼한 새가장의 단계—로 돌아간다. 더러 진지한 영적인 구도자들은 이 단계를 건너뛰어 독신 사두로 평생을 살아간다.

샹까라짜리야의 제1차적 임무 중의 하나는 정통 힌두교의 전통적 교리를 유지하고 집행하는 것이다. 1920년대에 이렇게 하자면, 카스트 규칙을 엄격히 고수해야 했다. 이 규칙에 의하면 브라민과 하층 계급 사람들 사이의 신체적 접촉은 영적인 오염을 가져온다는 것이었다. 그러나 사두와 산야신들은 많은 사람들이 생각하기에 이러한 카스트의 위계질서를 벗어난 사람들이었으므로, 그들에게는 이 오염 원칙이 적용되지 않았다.

샹까라짜리야가 나에게 상당히 호의적인 것 같았으므로, 나는 당신에게 수행법을 좀 일러주시고 우빠데샤(upadesa)[영적인 가르침]를 주시라고 청했다. 그는 나에게 '시바야 나마하'(Sivāya Namah)라는 진언(mantra)을 암송하라고 하면서 그것을 10만(1 lakh) 번 쓰라고 했다. 내 임무가 성공하자 나는 마을로 돌아가서 그가 일러준 대로 하기 시작했다. 나는 몇 권의 공책을 사서 거기에 그 진언을 가득 적었다. 그런 다음 그 진언의 염송念誦(japa)을 하면서 그것에 대해 명상하기 시작했다.

내가 스물세 살이던 1928년의 어느 날, 행각行脚하는 사두 한 사람이 우리 마을을 지나갔다. 그는 『우빠데샤 운디야르』(Upadēsa Undiyār) 한 권을 나에게 주었는데, 그 안에 스리 라마나 마하르쉬의 사진 한 장이 들어 있었다. 나는 그 사진을 보는 순간, 이분이 내 스승이라는 느낌이 들었다. 동시에, 그를 만나보러 가야겠다는 강렬한 욕망이 내면에서 일어났다.

『우빠데샤 운디야르』는 라마나 마하르쉬가 타밀어로 지은 30절의 시詩다. 이것은 1927년, 그러니까 안나말라이 스와미가 그것을 보기 1년 전에 초판이 나왔다. 『우빠데샤 사람』(Upadēsa Sāram-『가르침의 핵심』)은 같은 작품을 스리 라마나가 산스크리트로 번역한 것이다. 『우빠데샤 사람』이라는 제목으로 나온 영어 번역본 중의 어떤 것들은 실제로는 타밀어 원본인 『우빠데샤 운디야르』를 번역한 것이다.

그날 밤 나는 꿈에서 라마나 마하르쉬님이 아루나찰라의 기슭을 내려와 구회딩舊會堂(the old hall)으로 들어가시는 것을 보았다. 회당의 분턱에서 당신은 물주전자에 든 물로 발을 씻으셨다. 나는 그에게 다가가 당신의 발 앞에 오체투지를 했다. 그러고는 일종의 기절을 해 버렸다. 친견의 충격이 나에게 너무나 컸기 때문이다. 내가 땅바닥에 드러누워 입을 벌리고 있자, 바가반이 물주전자로 입안에 물을 부어주셨다. 물이 입안에 부어지는 동안 나는 "마하데바, 마하데바"(Mahadeva, Mahadeva)[시바의 이름의 하나]라는 말을 중얼거리고 있었던 것을 기억한다. 바가반은 몇 초 동안 나를 바라보시더니 돌아서서 방 안으로 들어가셨다.

'회당'(hall) 또는 '구회당'이라고 하는 것은 1928년부터 1940년대 말까지 스리 라마나가 기거하면서 사람들을 가르친 건물을 말한다. 바가반(Bhagavan)은 '주主'(Lord)를 뜻하는 산스크리트 말이다. 대부분의 헌신자들은 스리 라마나를 '바가반'이라고 불렀다. 그들은 또한 제3인칭으로 그를 말할 때에도 이 호칭을 사용했다.

다음날 아침에 일어나자 나는 즉시 바가반을 친견하러 가야겠다고 결심했다. 부모님에게 내가 마을을 떠날 것이라고 알린 다음, 나는 헌가 정사(精舍)의 모든 사람들에게 작별을 고하기 위해 정사로 갔다. 그 중의 몇 사람은 내가 돌아오지 않을 것이라는 강한 의구심을 느꼈기 때문에 울기 시작했다. 나는 그들에게 내가 떠나는 것을 허락해 달라고 청하여 허락을 받고, 그날 저녁에 마을을 떠났다. 그리고 나는 다시는 돌아가지 않았다. 헌신자들 중 몇 명은 내가 여비가 없다는 것을 알고, 얼마간의 돈을 거두어 이별의 선물로 내게 주었다.

나는 울룬데르뻬따이(Ullunderpettai)라는 가까운 읍까지 25마일(40km)을 걸어가기로 했다. 왜냐하면 거기서 라마나 마하르쉬님이 살고 계신 띠루반나말라이(Tiruvannamalai) 읍까지 가는 기차가 있다고 들었기 때문이었다. 그러나 내가 여행을 시작하기 전에, 울룬데르뻬따이로 가는 열두 대의 황소 달구지가 우리 마을을 지나갔다. 마을의 헌신자들이 달구지를 모는 사람 중의 하나에게 이야기하여 내가 그의 달구지를 타고 갈 수 있게 해 주었다. 그 여행은 하룻밤이 꼬박 걸렸지만, 나는 너무 흥분이 되어 잠을 잘 수 없었다. 나는 온 밤을 그 달구지 위에 앉아서 가며 바가반을 생각했다.

울룬데르뻬따이에서 나는 내 음식을 달구지꾼들과 나누어 먹은 뒤에 띠루반나말라이로 가는 기차를 탔다. 나는 원래 바로 거기로 갈 생각이었다. 그러나 승객 중의 한 사람으로부터, 샹까라짜리야가 철도 노선상의 한 읍 가까이에 잠시 머무르고 계신다는 말을 듣자 먼저 그를 만나뵙고 그의 축복을 얻기로 했다. 나는 띠루꼬일루르(Tirukoilur)[띠루반나말라이의 남쪽 15마일]에서 내려 샹까라짜리야가 머무르고 계신 뿌두빨라얌(Pudupalayam)이라는 마을로 갔다. 나는 샹까라짜리야를 발견하자 그에게 절(namaskāram)을 하고, 내가 당신을 베뿌르에서 친견한 적이 있노라고 말씀드렸다.

이 책에 나오는 남인도의 주요지명

절拜(namaskāram)은 오체투지, 혹은 존경의 몸짓으로 엄지손가락을 가슴 쪽으로 향하게 하고 두 손의 손바닥을 마주 대고 하는 절(합장 배례)이다. 이 책에서 이 말이 나올 때에는 항상 전자의 의미로 쓰인 것이다.

샹까라짜리야는 나를 몇 초 동안 응시했다. 그러더니 알아본다는 미소를 지으며 말했다. "예, 그대를 기억합니다."

"저는 라마나 바가반을 만나 뵈러 가는 길입니다. 부디 저에게 당신의 축복을 내려 주십시오." 내가 그에게 말했다.

샹까라짜리야는 그 소식을 듣자 아주 즐거워하는 것 같았다. "아주 좋습니다!" 하고 그가 소리쳤다.

그는 시자 한 사람을 돌아보더니 나에게 음식을 좀 주라고 말했다. 내가 먹고 나자, 샹까라짜리야는 비부띠聖灰(vibhūti)를 쟁반에 좀 담아서 당신의 손바닥을 거기 얹고 축복을 했다. 그러고는 코코넛 반 개와 열한 개의 동전을 그 쟁반에 담아 나에게 주었다. 나는 그 돈과 비부띠와 코코넛을 집은 뒤 쟁반을 당신에게 돌려드렸다. 이제 내가 구하던 축복을 얻었다고 생각한 나는 그에게 오체투지를 한 다음, 그 마을을 떠나서 띠루반나말라이로 여행을 계속했다.

띠루반나말라이에 도착하자, 나는 세샤드리 스와미(Seshadri Swami)라고 하는 또 한 사람의 대단한 성자가 그곳에 있다는 것과, 내가 라마나 마하르쉬님이 사시는 아쉬람인 스리 라마나스라맘(Sri Ramanasramam)으로 가기 전에 그를 친견할 수 있으면 대단히 상서로울 것이라는 말을 들었다.

세샤드리 스와미도 라마나 마하르쉬와 같이, 젊을 때 아루나찰라로 와서 입적할 때까지 거기 살았다. 그가 띠루반나말라이 읍내를 돌아다닐 때는 대개 아주 괴팍하게 행동했기 때문에 많은 사람들은 그가 미쳤다고 생각했다. 그러나 그는 자신이 공공연히 과시했듯이, 놀라운 초능력들을 보유하고 있어서 지역 주민들로부터 존경받기도 했다. 비록 그의 능력의 일부는 기적적인 치유와 같은 전통적인 방식으로 사용되었지만, 그는 그것을 보다 괴상하고 예측 불가능한 방식으로 드러내는 것을 좋아하는 편이었다. 예를 들어, 그는 이따금 띠루반나말라이 시장의 가게에 들어가 축복의 행위로써 가게 물건들을 마구 부숴 버리기도 했다. 가게 주인들은 그의 파괴적 행동을 환영했다. 왜냐하면 그들의 경험상, 몇 주 안에 수익이 엄청나게 는다든지 아니면 오래 잊어먹고 있던 대부금을 상환 받는다든지 해서, 그 손해가 만회되고도 남는다는 것을 알고 있었기 때문이다.

라마나 마하르쉬가 1896년에 띠루반나말라이로 왔을 때, 세샤드리 스와미는 그의 위대함을 알아본 최초의 사람들 중 하나였다. 그는 반갑지 않은 훼방으로부터 바가반을 지켜주려고 했으며, 때때로 그를 자기 동생이라고 부르기도 했다.

바가반은 세샤드리 스와미를 높게 평가했다. 안나말라이 스와미가 바가반에게 세샤드리 스와미를 만났다는 이야기를 하자(그를 만나는 이야기는 나중에 나오는 몇 문단에서 기술된다), 바가반은 이렇게 말했다. "이 읍내에서 세샤드리 스와미의 발길이 미치지 않은 장소는 단 한 군데도 없지. 그러나 그는 결코 환幻(māyā)에 사로잡혔던 적이 없네."

세샤드리 스와미는 1929년, 안나말라이 스와미가 띠루반나말라이에 도착한 지 몇 달 뒤에 죽었다. 그의 삼매지(samādhi)는 아직도 많은 사람들이 찾아오는데, 스리 리미니스리맘에서 400미디쯤 떨어져 있다.

그와 만난 이야기를 하는 가운데 안나말라이 스와미는 자기가 세샤드리 스와미를 어느 만다빰(mandapam)에서 만났다고 말한다. 만다빰은 하나의 힌두 건축물로서, 보통 돌기둥들이 받치고 있는 전당(hall)을 말한다. 만다빰은 천장은 있지만 벽은 트여 있는 것이 일반적이다.

세샤드리 스와미는 어느 특정한 장소에 머무르지 않았지만, 나는 곧 큰 사원(아루나찰레스와라 사원)에 가까운 어느 만다빰에서 그를 찾아낼 수 있었다. 그는 찾기 쉬웠다. 왜냐하면 40~50명의 사람들이 만다빰 밖에 모여 그가 나오기를 기다리고 있었기 때문이다. 그는 밖에서 보기에 그 안에 틀어박힌 것 같았다. 내가 창문 하나를 통해 들여다보니 그는 안에 있는 기둥 하나를 계속 돌고 있었다. 이렇게 하기를 약 10분쯤 한 뒤에 그는 밖으로 나와 바위 위에 앉더니 가부좌를 하였다. 나는 그에게 드리려고 랏두(laddu)[크고 둥근 과자]를 가지고 갔지만, 그것을 어떻게 해야 할지 자신이 없었다. 세샤드리 스와미는 내가 우물쭈물하고 있음을 감지했음이 틀림없었다. 그가 나를 보더니 손짓으로 랏두를 자기 앞의 땅바닥에 놓으라고 했기 때문이다.

세샤드리 스와미는 분명히 한 동안 빈랑 열매를 씹고 있었다.

빈랑檳榔(betel)은 단단한 암적색의 견과堅果인데, 그 즙은 소화를 돕는다고 생각된다. 이것은 종종 라임(lime-레몬 비슷한 과일)을 입힌 푸른 잎과 함께 먹기도 한다. 이렇게 합쳐서 먹는 것이 '빤'(pān)이라 하는 것이다.

붉은 즙과 그의 침이 섞인 것이 그의 입가로 질질 흘러나와 그의 수염을 적시고 땅바닥에도 떨어졌다. 세샤드리 스와미는 나의 랏두를 집더니, 그것을 그의 수염을 더럽히던 침과 빈랑 즙을 묻혀서 근처의 길 위로 던졌다. 그것이 땅바닥에 떨어져 깨지자, 사람들이 우르르 몰려가서 그 조각들을 은사물로서 집어가졌다. 나도 한 조각을 집어먹었다.

신이나 성인에게 바친 것으로서 그것을 바친 사람이나 일반 대중에게 되돌려준 것을 은사물恩賜物(prasād)이라 한다. 은사물의 가장 일반적인 형태는 음식이다.

일단一團의 현지 주민들은 세샤드리 스와미에 대해 화를 내고 있는 듯했다. 그러자 그는 그들 쪽을 향해 돌멩이들을 집어던져 그들의 입을 다물게 했다. 이 돌멩이들은 정상적인 궤도를 그리지 않고, 그들의 머리 위에서 나비들처럼 통통 튀어 오르며 춤을 추었다. 그가 돌멩이를 집어던진 대상인 사내들은 기겁을 하고 도망가 버렸다. 그들은 분명 이러한 초능력을 지닌 사람과 시비하고 싶지 않았던 것이다.

내가 다시 돌아와서 세샤드리 스와미 앞에 섰을 때, 그는 나에게 사뭇 욕설조로 소리치기 시작했다.

"이런 바보 같은 놈이 따루반나말라이에 오다니! 얼빠진 놈! 여기는 뭐 하러 왔어?"

그는 내가 띠루반나말라이에 와서 시간을 허비하고 있다는 식으로, 한 동안 계속 이렇게 해댔다. 나는 큰 성인이 이렇게 나를 모욕하는 것으로 보아, 내가 어떤 큰 죄를 지은 것에 틀림없다고 생각했다. 나는 저주를 받았다고 생각되어 울기 시작했다.

마침내 세샤드리 스와미의 시자인 마니까 스와미(Manikka Swami)라고 하는 사람이 오더니, 나를 위로하며 이렇게 말했다. "당신이 띠루반나말라이에 온 일은 성공할 거요. 당신이 얻고자 하는 뭐든지 얻게 될 거요. 이것이 세샤드리 스와미께서 당신을 축복하는 방식이라오. 사람들에게 이렇게 욕을 하는 것은 사실은 그들을 축복하는 거요."

그러고 나서 마니까 스와미는 세샤드리 스와미의 한 헌신자가 소유한 어느 식당(hotel)[4]으로 나를 데리고 갔다.

그는 그 주인에게 말했다. "세샤드리 스와미께서 방금 이 사람한테 축복을 쏟아 부었습니다. 돈 받지 말고 그에게 음식을 좀 주십시오."

나는 딱히 배가 고프지는 않았지만, 식당 주인이 자꾸 권하기에 앉아서 그가 준 음식을 조금 먹었다. 그가 만족해 할 만큼 먹고 나자, 나는 일어나서 스리 라마나스라맘을 향해 남은 거리를 마저 걸어갔다.

나는 거기에 오후 1시경에 도착했다. 내가 회당會堂 가까이 다가갔을 때, 우리 마을에서 내가 꾸었던 꿈의 일부가 현실 속에서 되풀이되었다. 나는 바가반이 산을 내려와 아쉬람을 가로질러 오시더니, 회당 밖에서 멈추어 당신의 까만달루(kamandalu)[물주전자]에서 물을 부어 당신의 발을 씻으시는 것을 보았다. 그러고 나서 당신은 안으로 들어가셨다. 나는 그 물을 내 머리에 좀 뿌리고 약간은 마신 다음, 당신을 만나기 위해 안으로 들어갔다. 바가반은 침상에 앉아 계시고 마다바 스와미(Madhava Swami)라는 시자가 천으로 당신의 발을 닦아드리고 있었다. 마다바 스와미는 몇 분 뒤 바가반과 나만 회당에 남겨두고 밖으로 나가 버렸다.

---

4) [역주] 남인도에서 'hotel'이란 보통 식당을 말한다.

나는 건포도 봉지 작은 것 하나와 얼마간의 사탕을 당신께 드리려고 사 가지고 갔었다. 나는 그것을 바가반의 소파 옆에 있는 작은 탁자 위에 놓고 당신께 오체투지를 했다. 일어섰을 때 나는 바가반께서 내 공양물을 조금 들고 계신 것을 보았다. 당신이 그것을 삼키시는 것을 보고 있을 때, 내 공양물이 시바(Siva)의 뱃속으로 바로 들어가고 있다는 생각이 들었다.

나는 자리에 앉았고 바가반은 10~15분가량 말없이 나를 응시하셨다. 바가반께서 나를 바라보시는 동안 커다란 신체적 안도감과 편안함이 느껴졌다. 나는 황홀한 시원함이 내 몸에 두루 퍼져 가는 것을 느꼈다. 그것은 마치 뜨거운 햇볕 아래 있다가 시원한 웅덩이 속에 몸을 담그는 것과 같았다.

나는 머물러 있어도 좋은지를 여쭈었고 쉽게 허락을 받았다. 작은 오두막이 나에게 배정되었고, 처음 일 주일 동안 나는 아쉬람의 객으로서 거기 머물렀다. 그 처음 며칠간 나는 아쉬람의 예공(pūjā)에 쓸 꽃들을 모아 오거나, 아니면 그저 회당에서 바가반 곁에 앉아 있었다.

날이 갈수록 나는 바가반이 나의 스승이라는 것을 더욱 더 확신하게 되었다. 아쉬람에 아주 눌러 살고 싶은 강한 충동을 느낀 나는, 바가반의 아우인 찐나스와미(Chinnaswami)에게 내가 아쉬람에서 일을 해도 되겠는지 물어 보았다. 찐나스와미는 내 청을 받아들이고 내가 바가반의 시자를 해도 된다고 말했다. 그 당시에 마다바 스와미 혼자서 그 일을 하고 있었다.

찐나스와미는 이렇게 말했다. "지금 마다바 스와미 혼자서 시자를 하고 있다네. 그가 회당을 나가거나 쉬러 갔을 때는 자네가 바가반 곁에 있으면서 그분의 모든 시중을 들게."

내가 오고 나서 열흘쯤 지난 뒤에 나는 바가반께 이렇게 여쭈었다. "불행을 어떻게 피할 수 있습니까?"

이것이 내가 당신께 여쭌 최초의 영적인 질문이었다.

바가반이 대답하셨다. "진아(자기, the Self)를 알고 항상 진아를 착파著把하게. 몸과 마음을 돌아보지 말게. (자기를) 그것들과 동일시하는 것이 불행이네. 존재와 평안(peace)의 근원인 심장心藏(the Heart) 속으로 깊이 뛰어들어, 거기에 그대 자신을 확립하게."

그러자 나는 어떻게 하면 진아 깨달음(Self-realisation)을 성취할 수 있는지 여쭈었고, 당신은 비슷한 답변을 해 주었다. "만약 자네 자신을 육신과 동일시하는 것을 포기하고, 이미 자네가 그것인 진아에 대해서 명상하면 진아 깨달음을 성취할 수 있네."

이 말씀들을 곰곰이 생각하고 있는데 바가반이 이런 말씀을 해서 나를 놀라게 하셨다. "자네를 기다렸네. 나는 자네가 언제나 오나 했지."

새로 온 사람으로서 나는 아직 바가반을 어려워했기 때문에, 당신이 그것을 어떻게 아셨고 얼마나 오래 기다리고 계셨는지 등을 계속 묻지 못했다. 그러나 나는 당신이 이런 말씀을 하시는 것을 듣고 즐거웠다. 왜냐하면 그것은 내가 당신의 곁에 머무르는 것이 운명으로 정해졌다는 것을 말해주는 것 같았기 때문이다.

며칠 후 나는 다른 질문을 했다. "과학자들은 하늘을 엄청나게 빠른 속도로 여행할 수 있는 비행기를 발명하고 제작했습니다. 당신께서도 저희들이 윤회(samsāra)의 바다를 빠르고 쉽게 건너갈 수 있을 그런 영적인 비행기를 만들어주지 않으시겠습니까?"

윤회輪廻(samsāra)란 계속 다른 몸을 받으면서 돌고 도는, 끝이 없는 듯이 보이는 탄생과 죽음의 순환이다. 이 말은 또한 세간적인 환幻(윤회계) 또는 세간사에 얽매임(세간연世間緣)이라는 의미로도 이해될 수 있다.

바가반이 대답하셨다. "자기탐구自己探究(self-enquiry)의 길이 자네가 필요로 하는 비행기라네. 그것은 직접적이고, 빠르고, 이용하기 쉽지. 자네는 이미 깨달음을 향해 빠르게 여행하고 있네. 자네가 움직이지 않고 있는 것처럼 보이는 것은 자네의 마음 때문이네. 예전에 사람들이 처음 기차로 여행할 때, 어떤 사람들은 나무나 들판이 움직이고 기차는 가만히 있는 줄 알았지. 지금 자네도 그와 같네. 자네의 마음이 자네로 하여금 진아 깨달음을 향해 움직여 가지 않는다고 믿게 만드는 거지."

철학적으로, 바가반의 가르침은 아드와이타 베단타(*Advaita Vedānta*-비이원적 베단타)로 알려진 인도 사상의 한 학파에 속한다. (그러나 그 자신은, 그의 가르침은 그가 들었거나 책에서 읽은 것에서 온 것이라기보다는 그의 직접적인 체험에서 온 것이라고 말하곤 했다.) 바가반이나 다른 비이원론 스승들은 진아(*Ātman*) 혹은 브라만(*Brahman*)이 유일한 실재이며, 모든 현상들은 그 안에서 일어나는 불가분의 나툼(manifestations) 혹은 겉모습이라고 가르친다. 바가반이나 다른 비이원론 스승들에 따르면 인생의 궁극적 목적은, 우리가 별개의 상호 작용하는 대상들로 이루어진 세계 안에서 하나의 몸과 마음을 통해 기능하는 개인이라는 환상을 초월하는 것이다. 일단 이것을 성취하면 우리는 자신의 참모습, 즉 내재적이며 형상 없는 의식意識(consciousness)을 자각하게 된다. 진아 깨달음이라고 알려진 이러한 최종적인 자각의 상태는, 그가 자기탐구(self-enquiry)라고 부르는 기법을 우리가 수행함으로써 성취할 수 있다는 것이 바가반의 견해이다.

이 기법은 안나말라이 스와미의 이야기 중에서 몇 번이나 언급되기 때문에 좀 자세히 설명할 필요가 있다. 다음의 설명은 그 바탕이 되는 이론과 그 실제를 요약한 것이다. 이것은 『무심無心―나는 진아다』(*No Mind―I am the Self*), 39-40쪽에서 가져왔다.

개인적 자아(individual self)란 하나의 생각 혹은 관념에 지나지 않는다는 것이 스리 라마나의 기본 주제였다. '나'라는 생각('I'-thought-'我相')이라고 그가 지칭한 이 생각은, 사람 몸의 가슴 오른쪽에 있는 심장중심心臟中心(the Heart-centre)이라고 하는 곳에서 시발한다고 그는 말했다. '나'라는 생각은 여기서 일어나 뇌로 올라가서, 그 자신을 육신과 동일시하여 '나는 이 몸이다'라고 하는 것이다. 그런 다음 그것은, 그 육신 안에 거주하는 하나의 마음 혹은 개인적 자아가 있고, 그것이 자기의 모든 생각과 행위들을 지배한다는 환상을 만들어낸다. 이러한 과정은 '나'라는 생각이 그 자신을 몸 안에서 일어나는 모든 생각 및 지각들과 동일시함으로써 이루어진다. 예를 들어, '나' (즉, '나'라는 생각)는 이것을 한다, '나'는 이것을 생각한다, '나'는 행복을 느낀다 하는 식이다. 이렇게 하여 '나'라는 생각과, 일어나는 모든 생각에 그 자신을 끊임없이 결부시키는 습習에 의해, 자기가 한 사람의 개인이라는 관념이 만들어지고 유지되는 것이다. 스리 라마나는 '나'라는 생각으로부터, 그것이 보통 동일시하는 모든 생각과 지각들을 빼앗아 버림으로써 이러한 과정을 뒤집어 놓을 수 있다고 주장했다. 스리 라마나는 이 '나'라는 생각은 실제로는 하나의 비실재물이며, 그것이 다른 생각들과 자신을 동일시할 때에만 존재하는 것처럼 보인다고 가르쳤다. 그는 만약 우리가 이 '나'라는 생각과 그것이 동일시하는 생각들과의 연관을 단절할 수 있으면, '나'라는 생각은 가라앉아서 마침내 사라질 것이라고 했다. 스리 라마나는 우리가 마음속으로 '나'라는 생각, 즉 '나' 또는 '내가 있다'라는 내면의 느낌을 착파着把하면서 다른 모든 생각을 배제하면 이러한 연관을 단절할 수 있다고 하였다. 자신의 주의를 '나'라고 하는 이 내면의 느낌에 고정하기 위한 보조수단으로 그는 우리더러 자기 자신에게 '나는 누구인가?' 또는 '이 나는 어디서 오는가?'라고 끊임없이 질문하라고 권장했다. 그가 말하기를, 만일 우리가 주의를 이 '나'라는 느낌에 획고히 고정할 수 있게 되어 다른 모든 생긱을 물리칠 수 있게 되면, '나'라는 생각이 심장중심으로 가라앉기 시작할 것이라고 했다.

    라마나 마하르쉬에 따르면 이것은 헌신자가 혼자서 할 수 있는 최대한이다. 헌신자가 '나'라는 생각을 제외한 모든 생각들로부터 자기 마음을 해방시키면, 진아의 힘이 '나'라는 생각을 심장중심으로 도로 끌어당겨 그것을 완전히 파괴하여 그것이 다시는 일어나지 않게 한다. 이것이 진아 깨달음의 순간이다. 이러한 일이 일어나면, 마음과 개인적 자아(이 두 가지를 스리 라마나는 '나'라는 생각과 같은 것으로 보았다)는 영원히 파괴되고, 결국 아뜨만, 즉 진아만이 남게 된다.

    다음에 나오는 실제적인 조언은 바가반 자신이 1920년대에 글로 쓴 것이다. 이것은 『존재하는 그대로 존재하라』(*Be As You Are*, 1992, 56쪽)에서 가져왔는데, 이 주제에 관한 그의 기본적 가르침의 핵심을 보여준다. (아쉬람에) 새로 온 모든 방문객들은 이 인용문이 들어있는 에세이(『나는 누구인가?』)를 읽어보라는 권유를 받았다. 그것은 소책자로 출판되었는데, 바가반은 아쉬람의 감원監院(manager)에게, 그것을 여러 언어로 준비하여 값싸게 판매해서 새로 오는 모든 사람들이 그의 실제적인 가르침에 관한 권위 있는 요약본을 사볼 수 있게 하라고 하였다.

마음은 '나는 누구인가?' 하는 탐구에 의해서만 가라앉습니다. '나는 누구인가?' 하는 생각은 다른 모든 생각들을 소멸시킨 뒤에, 화장터의 장작불을 뒤집는 막대기처럼 마지막에는 그 자체도 소멸됩니다. 만약 다른 생각이 일어나면 그 생각을 완성하려 하지 말고, '이 생각이 누구에게 일어났는가?' 하고 물으십시오. 아무리 많은 생각이 일어난다 한들 무슨 상관 있겠습니까? 생각이 일어나는 바로 그 순간에 바짝 정신을 차리고, '이 생각이 누구에게 일어났는가?' 하고 물으면 그 답은 '나에게'라는 것을 알 것입니다. 그때 다시 '나는 누구인가?' 하고 탐구해 들어가면, 마음은 그 근원으로 돌아가고 일어났던 생각도 가라앉을 것입니다. 이런 식으로 반복해서 수행해 나가면 마음이 그 근원에 머무르는 힘이 증가합니다.

그 후 몇 년 동안 바가반과 나는 다른 많은 영적인 대화를 나누었지만, 당신의 기본적인 메시지는 전혀 변하지 않았다. 그것은 항상 '자기탐구를 하라, 육신과 동일시하기를 그만두고 자네의 참된 성품인 진아를 자각하려고 노력하라'는 것이었다.

나는 이런 초기의 대화를 나누기 전에는 정성스런 예공(pūjās)과 아누쉬따나(anushtānas)를 하느라고 매일 몇 시간씩 소비하곤 했다.

이런 것을 계속해야 하는지 여쭈어 보았을 때 바가반은 이렇게 답변하셨다. "자네는 그런 예공을 더 이상 할 필요가 없네. 자기탐구를 하면 그것만으로 충분하니까."

시자로서의 내 임무는 아주 단순한 것이었으므로 나는 내가 할 일을 금방 배웠다. 헌신자들이 공양물을 가져오면 나는 그 중의 얼마를 은사물(prasād)로서 되돌려 주어야 했다. 또한 회당에서는 남자들을 한쪽으로 앉히고 여자들은 다른 한쪽으로 앉혀야 했다. 바가반께서 밖으로 나가시면 시자 한 사람은 당신과 동행하고, 한 사람은 뒤에 남아 회당을 청소했다. 우리는 당신의 소파 천을 깨끗하게 관리해야 했고, 당신의 옷을 세탁해야 했으며, 이른 아침에는 당신이 목욕하실 물을 데워야 했다. 그리고 만약 당신이 낮에 포행布行을 나가시면 우리 중의 하나는 항상 당신을 동행해야 했다.

바가반의 옷이란 과편勝片(kaupina)과 도띠(dhōti)들을 말한다. 대부분의 시간 동안 그는 생식기와 엉덩이 한가운데를 가리는 과편(샅가리개) 하나만 항상 차고 있었다. 과편은 허리에 두르는 다른 한 조각의 천으로 고정했다. 때때로 추울 때에는 도띠를 몸에 두르기도 했다. 도띠는 보통 치마같이 두르는 천을 말한다. 바가반은 겨드랑이에서부터 허벅지까지 오게 도띠를 두르는 것을 좋아했다.

1896년에 띠루반나말라이로 왔을 때, 바가반은 의복을 포함한 모든 개인 소유물을 내버렸고, 그 뒤로 다시는 보통의 옷을 입지 않았다.

바가반은 보통 하루에 세 번 잠깐씩 포행하러 나가셨다. 가끔씩 당신은 헌신자가 몇 명 살고 있는 스리 라마나스라맘 인근 지역인 빨라꼬뚜(Palakottu)에 가시기도 하고, 때로는 아루나찰라의 낮은 경사지대를 걷기도 하셨다. 당신은 1926년에 산 오른돌이(giri pradakshina)를 그만두셨지만, 그래도 여전히 가끔은 멀리 걷기도 하셨다.

숭모崇慕나 숭배의 행위로서 사람이나 사물을 시계 방향으로 도는 것을 오른돌이(pradakshina)라 한다. Giri는 산이나 야산(hill)이란 뜻이다. 여기서 산 오른돌이는 아루나찰라를 걸어 도는 것을 뜻한다. 이 산 기슭 둘레로 8마일(약 13km)의 길이 나 있다. 수천 명의 헌신자들이 정기적으로 이 길을 이용하여 산 오른돌이를 한다.

나는 당신과 함께 아쉬람에서 남서쪽으로 1마일쯤 떨어진 사무드람 호수(Samudram Lake)에 두 번 갔던 것을 기억한다. 한 번은 호수가 범람할 때였고, 한 번은 근처의 양수소揚水所(pumping station)가 개원할 때였다. 나는 또한 당신을 동행하여 아쉬람에서 2마일쯤 떨어진 까뚜 시바 아쉬람(Kattu Siva Ashram-아루나찰라 서쪽 기슭에 있던 작은 암자) 근처의 숲에도 가 보았다. 그날은 가나빠띠 무니(Ganapati Muni)[5]도 같이 갔는데, 왜냐하면 바가반이 그에게 거기서 자라는 특별한 나무 한 그루를 보여 주시고 싶어 했기 때문이다. 거기를 가기 위해 우리는, 다들 점심 식사 후 낮잠을 자고 있을 때 아쉬람을 살짝 빠져 나왔다. 만약 누가 우리를 보면 아쉬람 사람들 누구나 우리와 같이 가려고 했을 것이기 때문이다. 바가반은 언제나 포행을 좋아하셨다. 당신은 만약 하루에 적어도 한 번 산 위를 걷지 않으면, 당신의 다리가 굳어 통증이 올 것이라는 말씀을 하시곤 했다.

바가반은 하루에 4~5시간 정도 주무셨다. 이것은 시자들이 일하는 시간이 많다는 것을 의미했다. 우리 중의 한 사람은 당신이 깨어있는 동안 항상 시중을 들어야 했기 때문이다. 당신은 점심 후에 절대 낮잠을 주무시지 않았다. 반면에 헌신자들은 대부분 낮잠을 잤다. 바가반은 종종 이 조용한 시간을 이용하여 아쉬람의 동물들에게 먹이를 주시거나, 아니면 아쉬람을 둘러보면서 진행 중인 건축공사 같은 것을 점검하시곤 했다.

바가반은 대개 밤 10시에 잠자리에 드셨지만, 보통 1시에 일어나서 소변을 보러 나가시곤 했다. 그리고 돌아오면 30분에서 한 시간 정도 앉아 있다가 다시 주무시곤 했다. 그러다가 3시와 4시 사이에 일어나서, 주방으로 가서 야채를 썰곤 하셨다.

이 밤 소변 외출은 바가반과 우리 시자들의 정해진 의례 같은 것이 되었다. 당신이 일어나시면 시자는 바가반의 까만달루(kamandalu)를 가져다가 뜨거운 물을 채워 당신에게 갖다 드려야 했다. 그 물은 바가반의 침상 곁에 항상 마련되어 있는 화덕(kumutti)[숯불 화로]에서 데웠다. 그런 다음 시자는 당신의 지팡이와 손전등을 건네 드리고 당신이 나가시도록 문을 열어 드린 다음, 당신을 따라 어둠 속으로 나갔다. 바가반

---

5) [역주] 바가반의 제자(1878~1936). 산스크리트 시문詩文의 달인이었다.

은 지금은 무루가나르(Muruganar)[6]의 삼매지[무덤과 묘사廟舍]가 있는 곳으로 보통 가셨는데, 그 당시에는 마땅한 화장실이 없었기 때문이다. 바가반이 돌아오시면 시자는 천으로 당신의 발을 닦아드렸다.

바가반은 시자들을 깨우시는 법이 결코 없었다. 깨어 있다가 새벽 1시에 대령하는 것은 시자들의 임무였다. 어느 날 새벽 나는 꿈을 꾸느라고 일어나지 못했는데, 그 꿈에서 나는 1시에 일어나서 앞에서 말한 모든 임무를 다 했다. 그 꿈의 끝에서 나는 내 일을 다 했으므로 만족하여 다시 잠이 들었다. 나는 좀 있다가 바가반께서 나가셨다가 혼자 회당으로 들어오시는 바람에 깨어났다. 나는 늦잠 잔 것을 사죄드리고, 바가반께 내가 당신께 늘 하던 시봉侍奉(services)을 다 하는 꿈을 꾼 뒤에 다시 잠이 들었다고 말했다.

바가반은 웃으시더니, "자네가 그 꿈속의 스와미에게 한 시봉은 나한테만 하게 되어 있는 것이지" 하셨다.

내가 처음 아쉬람에 왔을 때에는 그 지역에 아직도 몇 마리의 표범이 있었다. 그들은 좀처럼 아쉬람 안으로 들어오지 않았는데, 밤에는 종종 바가반이 소변보시던 곳에 나타나곤 했다. 나는 당신이 한 번은 밤 소변 행차 시에 한 마리를 만나신 것을 기억한다. 당신은 조금도 두려워하시지 않았다. 당신은 표범을 그저 바라보시더니 "저리 가!"(Pōdā!) 하셨다. 그러자 표범은 그냥 가 버렸다.

내가 오고 나서 곧 나는 바가반으로부터 새 이름을 하나 받았다. 내 본명은 쎌라뻬루말(Sellaperumal)이었다. 하루는 바가반이 무심코, 나를 보면 한때 스깐다쉬람(Skandashram)에서 당신의 시자를 했던 안나말라이 스와미(Annamalai Swami)라는 사람이 생각난다고 말씀하셨다. 당신은 이 이름을 내 별명으로 사용하시기 시작했다. 헌신자들은 이것을 듣고

---

6) [역주] 바가반의 충실한 제자(1890~1973). 타밀시詩의 대가로, 바가반을 찬양하는 많은 시를 지었다.

모두 따라 했고, 며칠 안에 나의 새 신원은 확실하게 굳어졌다.

바가반은 아루나찰라의 동쪽 기슭에 있는 스깐다쉬람에 1916년부터 1922년까지 살았다. (스깐다쉬람의) 안나말라이 스와미는 1922년 전염병이 돌았을 때 거기서 죽었다.

내가 시자를 2주일쯤 했을 때 벨로르(Vellore)의 수세관收稅官(Collector) [군청에서 나온 최고위 공무원]이 바가반을 친견하러 왔다. 그는 랑가나탄(Ranganathan)이라고 하는 사람이었는데, 바가반께 드릴 공양물로 과자를 큰 쟁반 하나 되게 사왔다. 바가반은 나한테 그 과자를, 그때 회당 안에 없는 사람들까지 포함해서 아쉬람의 모든 사람들에게 나누어주라고 하셨다. 나는 과자를 회당 밖의 사람들에게 나누어주다가, 아무도 안 보는 곳으로 가서 몰래 다른 사람들에게 나누어주던 양의 두 배를 먹었다. 분배가 끝난 뒤 나는 회당으로 돌아가서 과자 쟁반을 바가반의 소파 밑에 넣었다.

바가반은 나를 바라보면서 이렇게 말씀하셨다. "다른 사람들 먹는 것보다 두 배를 먹었어?"

나는 내가 먹는 것을 아무도 보지 못했다고 확신하고 있었기 때문에 충격을 받았다.

"저는 아무도 안 볼 때 먹었습니다. 바가반께서는 어떻게 아십니까?"

바가반은 아무 대답도 하지 않으셨다. 이 사건은 나에게, 바가반께는 무엇을 숨긴다는 것이 불가능하다는 것을 깨닫게 해 주었다. 그때부터 나는 자동적으로 바가반께서 내가 무엇을 하고 있는지 항상 알고 계시다고 생각하게 되었다. 이것을 새로 알게 되자 나는 더욱 긴장하고 내 일에 더욱 주의를 기울이게 되었다. 왜냐하면 그런 실수를 다시는 저지르고 싶지 않았기 때문이다.

이상한 행동을 하거나 그릇된 생각을 가진 헌신자들로부터 바가반을 보호하는 것도 시자들이 할 일이었다. 이런 종류의 사건 하나를 나는 아주 또렷이 기억한다. 스무 살쯤 되는 청년 하나가 샅가리개(loincloth) 하나만 걸치고 회당에 나타났다. 그는 자기도 진인眞人(jnāni)이라고 모든 사람에게 선언한 다음, 바가반의 소파로 가서 바로 그의 곁에 앉았다. 바가반은 이에 대해 아무 말씀도 하지 않으셨지만, 금방 일어나서 밖으로 나가 버리셨다. 당신이 안 계신 동안, 나는 그 기회를 이용하여 이 사기꾼을 쫓아냈다. 회당 안에 있던 우리는 모두 그의 오만방자함에 화를 냈으며, 나는 그를 쫓아낼 때 상당히 거칠게 그를 다루었다는 것을 시인해야겠다. 나는 또한 그에게 다시는 회당에 오지 말라고 했다. 다시 평온을 되찾았을 때 바가반이 회당으로 돌아오셔서 늘 앉으시는 소파에 앉으셨다.

나는 바가반같이 이렇게 대단한 스승을 발견한 것이 정말 기뻤다. 당신을 보자마자 나는 신神을 직접 보고 있다고 느꼈다. 그러나 처음에는 아쉬람이나, 당신 주위에 모여 있던 헌신자들에 대해 별로 좋은 인상을 받지 못했다. 아쉬람 집행부(the management)는 매우 귀족적으로 보였고, 대부분의 헌신자들도 영적인 삶에 큰 관심을 가지고 있지 않는 것 같았다. 내가 보는 한에서, 그들은 잡담을 나누는 데에 일차적으로 관심이 있었다. 이런 초기의 인상이 내 마음을 어지럽혔다.

나는 혼자 생각했다. '바가반은 대단히 위대하시다. 그러나 내가 이런 사람들과 한데 어울리다가는 내가 애당초 가지고 있던 신심信心을 잃어버릴지 모른다.'

나는 별로 신심이 없어 보이는 사람들과 교제해 봐야 내게 영적으로 별 이익이 없을 것이라는 결론에 이르렀다. 나는 지금은 이것이 매우 오만한 태도였다는 것을 안다. 그러나 당시에는 그것이 내 솔직한 심정이었다. 이런 생각들이 마음을 하도 어지럽혀 나는 사나흘 간 잠을 잘 수 없었다. 나는 마침내, 바가반을 내 스승으로 모시되 나는 어디 다른 데 가서 살아야겠다는 결론에 이르렀다.

나는 이렇게 생각했던 것으로 기억한다. '어디 다른 데 가서 진아에 대한 명상을 해야겠다. 주의를 흩트리는 어떤 사람과도 사귀지 않고, 남들 모르는 곳에 가서 신에 대해 명상해야지. 탁발托鉢(bhikshā)을 하면서 혼자 살아야겠다.'

아쉬람에 온지 3주쯤 지난 뒤에 나는 새로운 생활을 시작하기 위해 아쉬람을 떠났다. 아무에게도 내 결심을 말하지 않았고, 심지어 바가반께도 말씀드리지 않았다. 나는 보름날 밤 1시에 읍으로 걸어 내려갔다. 나는 읍을 곧장 통과하여 이사니야 정사(Easanya Math)[띠루반나말라이 북서쪽에 있는 수도원]를 지나, 뽈루르(Polur) 쪽을 향해 걸어갔다. 어디 특별한 목적지를 염두에 두고 있지는 않았고, 단지 아쉬람으로부터 벗어나고만 싶었다. 나는 그 밤을 꼬박 걸어서, 막 해가 뜬 직후에 뽈루르[띠루반나말라이에서 북쪽으로 20마일 거리]에 도착했다. 오래 걸었더니 배가 몹시 고파서 읍내에 들어가 탁발을 하기로 했다. 그러나 그것은 제대로 되지 않았다. 500집 가량이나 다니며 탁발을 했으나 아무도 음식을 주지 않는 것이었다. 어떤 사람은 나에게 띠루반나말라이로 돌아가라고 했고, 또 어떤 사람은 내가 다가갔을 때 식사를 하고 있다가 나를 보자 저리 가라고 소리쳤다. 결국 나는 포기하고 읍의 교외로 나갔다. 들에서 우물 하나를 발견한 나는 그 안에 들어가 목까지 물에 잠긴 채 서서, 물의 차가움이 내 허기의 고통을 가시게 해 주기를 바라며 반시간 가량을 보냈다. 그것도 소용이 없었다. 그러다가 나는 비또바(Vitthoba)의 삼매지[사당]로 가서 거기 한 동안 앉아 있었다.

비또바는 세샤드리 스와미와 유사한 괴팍한 성자였는데, 20세기의 처음 1, 20년 동안(1900~1920년대)에 뽈루르에서 살았다. 그는 안나말라이 스와미가 거기 가기 몇 해 전에 죽었다.

어느 나이든 여사女士가 예공을 드리러 왔을 때, 나는 마침내 먹을 것을 얻었다.

그녀는 나를 보더니 이렇게 말했다. "배가 몹시 고프신 것 같네요. 눈이 얼굴 속으로 움푹 꺼지기 시작했어요. 많지는 않지만 당신에게 기장죽(ragi gruel)은 좀 드릴 수 있어요."

이렇게 말하면서 그녀는 나에게 기장죽 한 컵 반을 마시게 주었다. 그것이 허기의 고통을 많이 면하게 하지는 못했지만, 그래도 그것을 얻어먹어서 나는 아주 기분이 좋았다.

오래 걸은 데다가 음식을 제대로 못 먹어서 몹시 피로했다. 나는 거기 앉아 있으면서 내가 바가반 곁을 떠난 것이 잘한 짓인지를 자문自問하기 시작했다. 일이 내가 기대한 대로 풀리지 않았음이 분명했다. 이것은 그 결정이 잘못된 것일 수도 있음을 나에게 가리켜 주는 것이었다. 나는 내 결정이 옳았는지 아닌지를 시험할 하나의 방안을 강구해 냈다. 나는 꽃을 잔뜩 한 움큼 꺾어서 비또바의 삼매지 위에 올려놓고 그것을 한 번에 두 개씩 들어냈다. 그리고 미리 정하기를 만약 꽃이 홀수가 남으면 바가반께로 돌아가고, 짝수가 남으면 내 원래 계획대로 추진하는 것으로 했다. 그 결과가 바가반께로 돌아가야 한다고 나왔을 때, 나는 즉시 그 결정을 받아들이고 띠루반나말라이를 향해 걷기 시작했다.

일단 나의 발현업發現業(prārabdha)[운명]이 바가반과 함께 있는 것이라는 것을 받아들이자 내 운이 바뀌기 시작했다. 내가 읍내로 들어가자, 한 식당 주인이 나를 자기 식당으로 초청하더니 돈을 받지 않고 음식을 대접하고 얼마간의 돈도 주었다. 그는 나에게 오체투지까지 하였다. 나는 가능한 한 빨리 바가반께로 돌아가고 싶었기 때문에 띠루반나말라이까지 기차를 타려고 했다. 그러나 내가 역에 당도하기 전에 또 몇 사람이 나를 자기네 집으로 초청하여 음식을 권하는 것이었다. 나는 거기서 음식을 조금 먹고 나서, 방금 많이 먹고 왔기 때문에 이만 가야겠다고 했다. 나는 아까 받은 돈이 여비 하기에 부족할 줄로 잘못 짐작하고서 표를 끊지 않고 차를 타 보기로 했다. 내 행운은 기차 안에서도 계속되었다. 띠루반나말라이를 향해 중간쯤 와서 검표원이 표를 검사하러 왔는데, 그 사람에게는 내가 보이지 않는 모양이었다. 그가 표를 보여 달라고 하지 않은 사람은 그 칸에서 나뿐이었기 때문이다.

여행이 끝날 무렵 비슷한 일이 또 일어났다. 내가 역의 승강장에서 집표원 앞에 섰을 때, 그는 이렇게 말하는 것이었다. "당신은 이미 표를 냈으니까, 가시오! 당신 때문에 다른 사람들이 밀려요!" 이렇게 해서 바가반의 은총으로 나는 두 번 다 곤경에서 벗어났던 것이다.

나는 나머지 거리를 걸어서 아쉬람으로 갔다. 도착하자마자 나는 바가반께 바로 가서 당신께 오체투지하고, 일어났던 일을 모두 말씀드렸다. 그러자 바가반은 내가 라마나스라맘에 머무르는 것이 나의 운명임을 확인해 주셨다.

당신은 나를 보면서 이렇게 말씀하셨다. "자네는 여기서 할 일이 있어. 자네에게 운명지워진 그 일들을 하지 않고 떠나려고 한들, 자네가 어디로 갈 수 있겠나?"

이 말씀을 하신 뒤 바가반은 약 15분 동안 나를 뚫어지게 바라보셨다. 당신이 나를 바라보시자 나는 내 내면에서 시 한 구절이 반복해서 울리는 것을 들었다. 워낙 크고 분명하게 들렸기 때문에 그것은 마치 누가 거기에 라디오를 하나 넣어둔 것 같았다. 나는 이 구절을 전에 들어본 적이 없었다. 나중에야 나는 그것이 「실재사십송 증보實在四十頌增補」(*Ulladu Nārpadu Anubandham*)[실재의 본질을 다루고 있는 바가반의 철학적인 시]의 시구들 중의 하나라는 것을 알았다. 그 시구는 이러하다.

  또렷한 자기탐구에 의해 여기 이 생에서 성취되며, 사두와의 친교(association with a *sādhu*)를 이룰 때 심장心藏 안에서 일어나는 그 찬양받는 지고의 상태는, 설교자의 강의를 듣거나, 경전의 의미를 공부하고 배우거나, 착한 행위를 하는 등의 다른 방법으로는 성취할 수 없다.

'사두'(*sādhu*)라는 말은 일반적으로, 전업적으로 영적인 삶을 추구하는 사람을 가리키지만 여기서는 진아를 깨달은 사람을 의미한다.

그 의미는 아주 분명했다. 즉, 바가반 곁에 있는 것이 다른 데서 혼자 수행하는 것보다 나에게 더 이익이 될 거라는 것이었다.

그 15분이 끝나자 나는 바가반께 절을 하고 나서 이렇게 말했다. "저는 당신께서 하라고 하시는 무슨 일이든지 하겠습니다. 그러나 부디 저에게 해탈(*mōksha*)도 주십시오. 저는 마야(*māyā*)[환幻]의 노예가 되고 싶지 않습니다."

바가반은 아무 대답도 하지 않으셨지만, 나는 당신의 침묵에 개의치 않았다. 어쨌든 그 질문을 여쭌 것만으로도 내 마음은 평안해졌다. 그러자 바가반은 나에게 가서 뭘 좀 먹으라고 하셨다. 나는 조금 전에 먹고 왔기 때문에 배가 고프지 않다고 대답했다.

그리고 이렇게 덧붙였다. "저는 음식을 원하지 않습니다. 제가 원하는 것은 해탈이 전부입니다. 슬픔으로부터의 자유 말입니다."

이때 바가반은 나를 보시더니 고개를 끄덕이고 이렇게 말씀하셨다. "그래, 그래."

진아를 깨달은 존재와 친교하는 것이 대단히 중요하다고 하는 「실재사십송 증보」의 이 구절은, 이 주제에 관해 바가반이 이 시에 포함시킨 다섯 시편 중의 하나이다. 그는 그 산스크리트 원문을 어떤 과자를 쌌던 종이에서 발견했다. 그는 이 시들이 전달하는 의미를 아주 좋아한 나머지, 이 시편들을 손수 타밀어로 번역하여 「실재사십송 증보」의 앞머리에 넣었다. 나머지 네 시편은 다음과 같다.

> 삿상(*satsang*)[실재와의 친교, 혹은 보다 일반적으로 깨달은 존재와의 친교]에 의해서 세간 대상들과의 연결이 끊어질 것이다. 세간적 연결이 끊어지면 집착, 즉 마음의 습習이 소멸될 것이다. 마음에 집착이 없는 사람은 '움직이지 않는 것' 속에서 사라질 것이다. 이렇게 하여 그들은 생존해탈(*jivan mukti*)[육신으로 살아 있는 동안의 해탈]을 성취한다. 그들과의 삿상을 소중히 여기라.

만약 우리가 사두들과의 친교를 얻는다면, 그 모든 종교적 규율이 무슨 소용 있으랴? 더할 나위 없는 시원한 남풍이 불어오는데, 부채는 부쳐서 무엇 하랴?

무더움은 시원한 달이 걷어가고, 가난은 천상의 소원성취수(wish-fulfilling tree)가 없애주며, 죄는 갠지스 강이 씻어준다. 그러나 무더움을 위시한 이 모두가, 비할 바 없는 스승의 친견親見을 얻음으로써 다 소멸되리.

물이 있는 신성한 목욕장과, 돌과 흙으로 만들어진 신상神像들도 저 큰 성인들(mahātmās)에는 비할 수 없어라. 아, 얼마나 놀라운가! 목욕장과 신상들은 수많은 날들이 지난 뒤에야 마음의 순수함을 내려 주지만, 깨달은 스승이 당신의 눈으로 바라보아 주는 사람들에게는 한 순간에 그러한 순수함이 하사된다네.

이 일이 있고 난 몇 년 뒤 안나말라이 스와미는 바가반에게 이들 시편 중의 하나에 대해 이렇게 질문했다.

"달이 어디 있는지는 우리가 알고, 갠지스 강이 어디 있는지도 우리가 압니다. 그러나 이 소원성취수는 어디에 있습니까?"

바가반은 이렇게 대답하셨다. "만약 그것이 어디 있다고 내가 말해주면, 자네는 그것을 가만히 내버려둘 수 있겠나?"

나는 이 특이한 답변에 어리둥절했지만 그 문제를 더 이상 추구하지는 않았다. 몇 분 뒤에 나는 바가반의 옆에 놓여 있던 『요가 바쉬슈타』(Yōga Vāsishta)를 펼쳤다. 내가 본 첫 페이지에 이런 글귀가 씌어져 있었다. "진인眞人이 소원성취수이다." 나는 내 질문에 대한 바가반의 이상한 답변을 즉시 이해했다. 내가 이것을 바가반께 미처 말씀드리기도 전에 당신이 나를 바라보며 웃음을 지으셨다. 당신은 내가 정답을 찾아낸 것을 아시는 것 같았다. 나는 바가반께 그 구절을 이야기했지만, 당신은 아무 말씀도 하지 않고 나에게 그냥 웃음을 지어 보이실 뿐이었다.

제2장

건축공사 · I

시자로서의 내 일은 약 한 달 만에 끝나고 말았다. 한 달쯤 되었을 때 바가반은 내가 아쉬람 내의 건축 공사들을 감독하는 것이 더 좋겠다고 판단하셨다. 바가반이 나에게 이 일을 맡기려고 하신다는 첫 암시는 내가 회당 안에서 일상적인 소임을 보고 있을 때였다.

바가반이 갑자기 나를 돌아보더니 말씀하셨다. "어떤 사람이 저수지 근처에서 담벼락을 쌓고 있네. 가서 그가 어떻게 하고 있는지 보게."

그것은 상당히 애매한 지시였지만, 나는 내가 할 수 있는 최선을 다해서 그 임무를 완수했다. 나는 그 석공石工을 몇 분간 지켜보고 나서 그에게 뭘 하고 있는지 물어보았다.

그가 대답했다. "라마스와미 삘라이(Ramaswami Pillai)[1] 님이 나에게 여기다 담벼락을 하나 쌓으라 했습니다. 그래서 담벼락을 쌓고 있지요."

인도 영어에서 '석공'(mason)은 돌이나 벽돌로 무엇을 짓는 사람을 뜻하는 말로 사용된다. 돌을 자르고, 새기고, 다듬는 사람을 뜻하는 말이 아니다.

나는 회당으로 돌아와서 바가반께 석공이 한 말을 말씀드리고, 그 작업이 어떻게 진행되고 있는지를 간략히 보고했다.

몇 분 후에 바가반은 다시 나를 보더니 처음의 지시를 되풀이하셨다. "가서 그가 어떻게 하고 있는지 보게."

약간 어리둥절했지만, 나는 밖으로 나가서 다시 그 석공에게 뭘 하느냐고 물어보았다.

석공이 대답했다. "이미 말했습니다. 담벼락을 하나 쌓고 있다고."

담벼락에 아무 이상이 없었고, 그것을 쌓는 방식에도 문제가 없었기 때문에, 나는 바가반이 왜 나에게 그가 하는 일을 점검해 보라고 그렇

---

1) [역주] 아쉬람에 오래 살았던 상주 헌신자의 한 사람(1895~1995).

게 자꾸 말씀하셨는지 이해할 수 없었다. 나는 다시 바가반께 가서 일이 어떻게 더 진행되고 있는지 보고했다.

몇 분 후에 바가반은 세 번째로 같은 지시를 내리셨다. "가서 그가 어떻게 하고 있는지 보게."

당연히 이해할 수 있는 바였지만, 석공은 내가 다시 가서 세 번째로 그에게 뭘 하는지 물어보자 약간 화를 냈다.

"미쳤어요? 담벼락을 쌓고 있다고 이미 말했습니다. 내가 뭘 하는지 당신 눈에는 안 보입니까?" 그가 말했다.

그가 나를 정말로 미쳤다고 생각한다 해도 나는 놀라지 않았을 것이다. 누가 보더라도 그는 상당히 능숙한 솜씨로 담을 쌓고 있었기 때문이다. 내가 같은 질문을 반복할 정말 아무런 명분이 없었다. 나는 단지 바가반이 그 일이 어떻게 되어가고 있는지를 알고 싶어 하신 것 같았기 때문에 물어볼 수밖에 없었던 것이다. 세 번째로 나는 회당으로 돌아가서 바가반께 석공이 한 말을 말씀드렸다.

바가반은 몇 분간 아무 말씀이 없더니 나를 돌아보고 이렇게 말씀하셨다. "지금부터는 누구 다른 사람이 자네의 회당 일을 맡을 수 있네. 가서 이 석공을 감독하게. 그가 일을 제대로 하도록 단속하게."

이 새로운 임무를 받자 나는 처음에 이렇게 생각했다. '왜 바가반께서는 처음부터 이런 지시를 하지 않으셨을까? 왜 나를 세 번이나 왔다 갔다 하게 하신 뒤에야 당신의 실제 의도를 말씀하신 걸까?'

나중에야 나는 바가반이 나를 훈련시켰다는 것을 이해했다. 당신이 일을 감독하는 방식을 내가 이해할 수 있도록 하기 위해서 말이다. 당신은 때때로 상세한 지시를 내리기도 했지만, 당신이 나에게 맡긴 많은 일들의 경우에 당신은 자신이 원하는 것이 무엇이라는 아주 간략한 힌트만 주실 뿐이었다. 그러면 나는 바가반이 실제로 의도하는 바가 무엇인지를 판단하고 그에 따라 그 일을 진행했다.

이 첫 과제는 시간이 얼마 걸리지 않았다. 그것이 끝나자 바가반은 나에게 아쉬람 북쪽 편에 큰 담벽을 구축하는 일을 감독하라고 하셨다.

스리 라마나스라맘이 생기고 처음 몇 해 동안, 지금은 뒷담벽 뒤로 흐르는 개울이 아쉬람의 한가운데를 통과하곤 했다. 바가반은 이 개울이 아쉬람으로 들어오지 못하도록 나에게 이 담벽을 쌓으라고 하신 것이다. 우기에 산에서 쏟아져 내려오는 홍수로부터 우리가 보호받도록 하기 위해서였다. 아쉬람의 북쪽 편을 보호하는 작은 흙제방이 있기는 했지만, 바가반은 그것으로는 큰 홍수를 막기에 부족하다고 생각하신 듯했다. 그 일을 대략 설명하면서 바가반은 과거에 아쉬람이 겪었던 몇 가지 문제들을 말씀해 주셨다.

바가반이 말씀하셨다. "우리가 여기 처음 왔을 때는, 큰비가 오고 나면 아쉬람을 통과하는 수로를 통해 5~6피트(1.5~1.8미터) 높이의 물살이 지나가곤 했지."

지금 아쉬람에 있는 건물들과 관련하여 이 수로의 위치를 설명하자면, 그것은 식당의 서쪽 편을 지난 뒤 동쪽으로 휘어져서 지금 바가반의 삼매전三昧殿(samādhi hall)의 뒷부분을 통과하고, 다끄쉬나무르띠 사당(Dakshinamurti shrine) 옆의 다리 근처에서 아쉬람을 빠져나갔다. 그 코스는 59쪽의 지도에 나와 있다.

바가반은 길이 100야드(90여 미터)쯤 되는, 흙과 돌로 된 큰 담벽을 쌓고 싶어 하셨다. 그러면 물길은 영구히 돌려져서 아쉬람의 동쪽 300야드쯤에 있는 인공 저수지 아그니 띠르탐(Agni Teertham)으로 들어갈 수 있을 것이었다.

나는 그러한 건축물의 정확한 영어 이름은 '방축防築'(revetment)이라고 들었다. 바가반 자신은 락샤나이(rakshanai)라는 단어를 쓰셨는데, 그것은 '보호벽'을 뜻한다. 당신은 이 방축이 장래의 모든 홍수로부터 아쉬람을 보호해 줄 것이라고 나에게 몇 번이나 말씀하셨다.

내가 바가반에게서 받은 지시는, 돌로 두 담벽을 평행하게 쌓되 서로 마주보고 약간 기울어지게 하라는 것이었다. 이 담벽들은 6피트(1.8미터) 높이에 위 폭이 8피트(2.4미터)가 되어야 했다.

"이 담벽을 쌓을 때는 담벽 사이를 진흙으로 채우게. 흙과 물을 섞어서 압축하면 아주 튼튼해질 걸세." 바가반이 조언하셨다.

내가 이 지시를 수행하고 있을 때, 몇 무리의 헌신자들이 구경하러 왔다. 담벽의 크기와 두께를 보더니 그 중의 어떤 사람들은 내가 철도 방죽을 만들고 있다고 농담을 했다. 또 어떤 사람들은 내가 혹시 댐이나 성城을 쌓는 거 아니냐고 익살스럽게 묻기도 했다. 그들은 모두 내가 그런 크고 튼튼한 담벽을 쌓는 것은 돈을 낭비하는 짓이라고 생각했다(당시에 아쉬람은 돈이 별로 없었다). 나는 그들이 뭐라고 말하고, 비평하고, 농담하든 개의치 않았다. 나는 단지 바가반의 지시를 따르고 있을 뿐이었으니까 말이다.

하루는 내가 이 담벽 일을 하고 있는데, 띠루반나말라이의 수세관收稅官(munsif)이 내가 일하는 것을 보러 왔다.

몇 분 뒤에 그가 말했다. "왜 그렇게 큰 담벽을 쌓고 있소? 어떤 비보가 그렇게 하라고 했소?"

나는 바가반이 이런 식으로 모욕당하는 것을 듣고 싶지 않았으므로 몹시 화를 내며 그에게 말했다. "찐나스와미님 사무실에 가서 커피나 드십시오. 여기 와서 제가 하는 일에 간섭하지 마십시오. 다시 와서 그런 말을 하면 샌들로 당신을 패 버리겠습니다."

내가 이렇게 말한 것은 라마끄리슈나 빠라마한사(Ramakrishna Paramahamsa)[2]가 이런 말을 한 것을 어디선가 읽은 적이 있기 때문이다. '만약 누가 당신의 스승을 모욕하면 그를 때려 주어야 한다'고.

수세관은 찐나스와미에게 가서 내가 자기를 위협했다고 불평했다. 찐나스와미는 수세관을 데리고 와서 나에게, 왜 그런 말을 그에게 했느냐

---

[2] [역주] 현대 힌두교의 부흥에 큰 영향을 미친, 벵갈 출신의 성자(1836~1886).

고 물었다.

나는 그에게 말했다. "이 양반이 저한테 와서 '어떤 바보가 이 일을 시켰느냐?'고 하더군요. 저는 바가반께서 시키신 일을 하고 있습니다. 자기가 누군데 스승님을 모욕합니까?"

찐나스와미는 내 해명을 받아들이는 것 같았다. 왜냐하면 그는 수세관을 데리고 가 버렸고, 다시는 그 문제를 거론하지 않았기 때문이다. 나의 그런 유별난 행동에 대하여 나는, 당시에 내가 상당히 성질이 급했던 데다가, 바가반의 위신과 명예를 지키려고 아주 열성이었기 때문이었다고 설명해야 되겠다.

그 일이 거의 끝났을 때 나는 담벽에 돌계단을 두 군데 설치했는데, 하나는 서쪽 끝에, 그리고 또 하나는 중간쯤에 마련하여 바가반과 헌신자들이 아루나찰라로 올라갈 때 담벽을 쉽게 넘어갈 수 있게 하였다.

바가반의 판단과 선견지명은 결국 옳았다는 것이 증명되었다. 그 담벽이 완공된 다음에 찾아온 우기 때, 아쉬람 뒤쪽의 저빙이 터지면서 홍수가 담벽의 4분의 3 높이까지 차올랐다. 다행히도 담벽은 그 수압을 견딜 만큼 튼튼하여, 물이 모두 아쉬람을 비켜가게 하였다.

담벽이 완공된 후 라마스와미 삘라이가 예전의 개천 하상河床을 메웠다. 그 무렵 그는 아쉬람의 대지를 평평하게 하고 단段을 만드는 일을 많이 하였다. 바가반이 1922년에 처음 라마나스라맘으로 이주해 왔을 때, 대지는 온통 팬 구멍과 구덩이 투성이였다. 그것은 주로 지역 주민들이 자기들 집 짓는 데 쓰는 진흙을 이기려고 흙을 파 갔기 때문이었다. 몇 년에 걸쳐 라마스와미 삘라이는 이 구덩이들을 다 메우고 대지를 평평하게 골랐다. 그는 이 일을 하는 것을 아주 좋아하여 심지어는 밤에도 일을 하곤 했다.

이제 담벽은 더 이상 6피트 높이가 아니다. 그것이 완공되고 얼마 후에 담벽의 양쪽을 돋우고 평평하게 해서, 지금은 원래의 담벽이 땅에서 5피트 정도만 솟아 있다. 이 이야기에 하나 더 덧붙이자면, 헌신자들

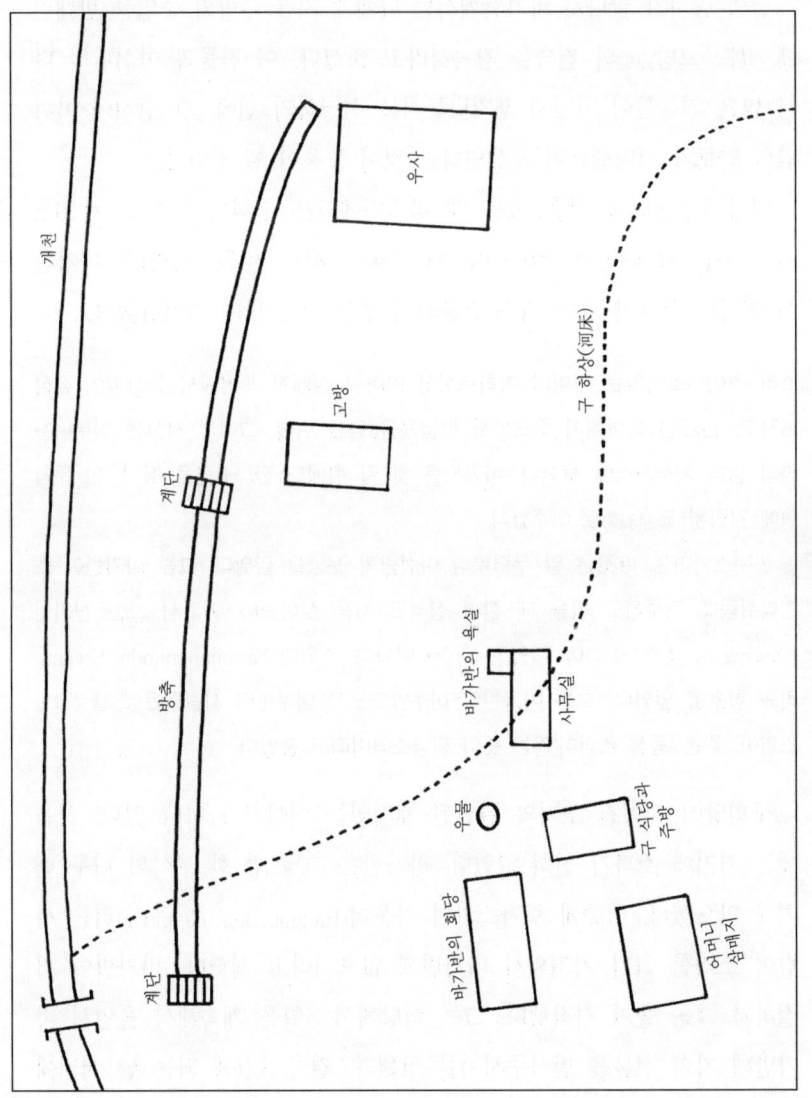

스리 라마나스라맘 : 1928-35년경의 주요 건물과 지형

중의 몇 사람이 이 방축의 꼭대기에 담을 한 층 더 올릴 계획을 세웠다. 그러나 그 일을 추진할 돈이 없었기 때문에 그 안案은 무산되었다.

담벽 공사가 끝나자 바가반께서는 나에게 지금 주방의 출입문 반대편에 있는 고방庫房의 건축을 감독하라고 하셨다. 이 건물과 아쉬람의 다른 많은 건물들이 어떻게 생겨났는지를 설명하기 전에, 그 당시에 아쉬람의 면모가 어떠했는지를 설명하는 것이 도움이 될 것이다.

내가 1928년에 처음 왔을 때 바가반께서는 구회당에 살고 계셨다. 이 건물은 막 완공된 것이었다. 이 건물을 짓기 전 5, 6년간은 바가반이 어머니 삼매지 위에 지은 건물의 일부인 작은 방에 기거하셨다.

스리 라마나스라맘은 라마나 마하르쉬의 어머니 삼매지 주변에서 형성되어 점점 커졌다. 1922년 어머니가 죽으면서 깨달음을 얻은 뒤에, 그녀의 시신은 아루나찰라의 남쪽 가장자리에 묻혔다. 바가반은 몇 달 뒤에 스깐다쉬람을 떠나, 이 무덤 위에 건립된 묘사廟祠로 이주했다.

찐나스와미는 1928년 말 무렵부터 아쉬람의 운영을 맡았다. 그는 바가반이 스깐다쉬람에 거주하고 있을 때 함께 살려고 처음 찾아왔다. 거기서 그는 산야신(sannyāsin-출가수행자)이 되었고 니란자나난다 스와미(Niranjanananda Swami)라는 칭호를 얻었다. 그는 바가반의 아우였으므로 대부분의 사람들은 그를 '작은 스와미' 혹은 '동생 스와미'라는 뜻의 찐나스와미라고 불렀다.

구회당이 지어진 초기와 관련된 재미있는 이야기가 하나 있다. 처음에는 거기에 소파가 전혀 없었다. 바가반은 그냥 방 한 구석의 나무 벤치에 앉으셨다. 나중에 랑가스와미 가운더(Rangaswami Gounder)라는 사람이 소파를 하나 가져와서 바가반께 앉으시라고 청했다. 바가반이 거절하자 그는 울기 시작했다. 그는 회당에서 3일을 계속해서 울면서 바가반께 자기 선물을 받아주시기를 청했다. 결국 3일째 되는 날 저녁에 바가반은 벤치를 버리고 소파 위에서 잠자리에 드셨다. 그날 이후로 당신은 대부분의 시간을 이 소파 위에서 앉아 있거나 주무셨다.

어머니의 삼매지 위에 지은 건물에 관한, 잘 알려지지 않은 다른 이야기도 하나 있다. 원래는 링감(lingam)이, 코코넛 잎으로 만든 작은 움막으로 덮여 있었다.

링감은 수직의 원통형 돌인데 꼭대기를 둥글게 한 것이다. 이것은 드러나지 않은 시바(unmanifest Siva)를 상징하며, 모든 시바 사원에서 이것을 숭배한다. 링감은 종종 시바파 성자들의 무덤 위에도 안치된다.

1920년대의 어느 때 일단一團의 벽돌공들이 아쉬람 근처에서 벽돌을 좀 구우려고 했다. 벽돌에 불길이 잘 닿지 않자 벽돌공들은 벽돌을 버리고 가버렸다. 별 쓸모가 없는 물건도 낭비하려 들지 않는 바가반은 이 벽돌로 어머니의 삼매지 주위에 담벽을 하나 쌓기로 하셨다. 며칠 후 한밤중에 바가반과 상주常住 헌신자(resident devotees)들은 벽돌 가마와 삼매지 사이에 한 줄로 서서 벽돌을 전달하여, 그날 밤 안으로 벽돌들을 전부 아쉬람으로 옮겨올 수 있었다. 다음날 삼매지 주위에 담벽 하나를 쌓았다. 바가반 자신은 담벽 안의 일을 다 하시고 밖에서는 전문 석공이 일을 했다. 그 새 건물은 담벽 위에 초가지붕을 올림으로써 완성되었다.

이 건물과 구회당 사이, 지금 바가반의 삼매전三昧殿이 있는 곳에는 타일 지붕의 긴 건물이 있었는데, 원래의 식당과 주방이 여기 있었다. 바가반은 당신 전용의 목욕실이 완공되기 전에는 이 건물의 한 귀퉁이에서 아침 목욕을 하셨다.

이 세 건물―어머니 삼매지, 구舊식당 및 구회당―은 내가 아쉬람에 온 1928년까지 건립된 주요한 건축물의 전부였다. 이 외에도 상주 헌신자들이 거처하는 코코넛 잎으로 지은 움막 몇 채와, 약간의 초가지붕 헛간들이 있었다.

바가반이 나에게 고방의 건축을 감독하라고 하실 때의 아쉬람의 상태가 이러했다. 소파를 기증했던 랑가스와미 가운더는 아쉬람에 돈을 시주하면서 그것을 우사牛舍를 짓는 데 써달라고 했다. 그는 또 그 우사가 완공되면 소도 몇 마리 시주하겠다고 약속했다. 쩐나스와미는 아쉬람에는 고방이 더 쓸모 있을 것이라고 생각했다. 그는 자기 계획대로 추진하면서, 다만 랑가스와미 가운더를 만족시키기 위해 우사 형태의 건물 하나를 지었다. 그러나 그것이 완공되자마자 그는 그 건물을 고방으로 전용轉用했다. 그러나 그 전용은 단지 부분적이었다. 소를 매도록 한 금속 고리들이 지금도 여전히 안쪽 벽에 매달려 있는 것을 볼 수 있다. 당연히 랑가스와미 가운더는 이러한 계획 변경에 화를 냈다. 그는 찾아와서 쩐나스와미에게 자기 돈을 낭비한다며 노골적으로 욕을 해댔다. 그러나 쩐나스와미는 그냥 침묵을 지키며 그것을 다 참아냈다.

이 고방은 내가 처음 맡은 큰 건축 공사였다. 나는 건물을 지어본 경험이 전혀 없었기 때문에 그 일을 맡는 것에 대해 좀 걱정이 되었다. 내 아버지는 집 짓는 데 뛰어난 분이었지만, 집 짓는 기술을 나에게 전혀 가르쳐 주지 않았다. 바가반은 내가 경험 부족 때문에 걱정하는 것을 아시고, 내가 그 일을 하는 것을 도와주셨다. 일꾼들은 내가 애당초 건축 일에 전혀 무지하지 않나 하고 의심했지만, 눈치 있는 사람들이어서 그에 대해 아무 말도 하지 않았다. 그러나 일단 내가 바가반으로부터 얼마간의 지식을 흡수하자, 나는 거뜬히 용기를 내어 일꾼들에게 간단한 도면 몇 개를 그려 보였다. 그 도면들에는 그런 대로 훌륭한 점이 있었던 것이 분명했다. 내가 일꾼들에게 그 도면들을 설명하자 나를 보는 그들의 눈이 좀 달라지기 시작했기 때문이다.

작업이 진행되는 동안 석공들과 여자 인부들은 항상 세속적인 일들에 대해 잡담을 했다. 석공의 우두머리는 아주 막된 농담을 하면서 그러한 행동을 부추기는 것 같았다. 나는 그때까지 상당히 보호 받는 생활을 해 왔기 때문에 그들의 행동에 꽤나 충격을 받았다.

마침내 나는 바가반께 가서 말씀을 드렸다. "저는 석공들과 여자 인부들을 감독하기 위해 그들 곁에 있어야 합니다만, 그들은 항상 막되게 세속사에 관한 이야기를 합니다. 그들이 하는 이야기 때문에 제 마음이 좀 어지러워지고 있습니다."

바가반은 고개를 끄덕였으나 아무 답변도 하지 않으셨다. 얼마 후 나는 석공의 우두머리가 꾸뿌스와미(Kuppuswami)라는 사람으로 교체된 것을 알고 기뻤다. 그는 전임자보다 월등히 나은 사람이었다. 그는 『해탈정수』(Kaivalya Navanītam)와 『리부 기타』(Ribhu Gītā)[비이원론 철학에 관한 타밀어 저작들]를 읽고 공부했으며, 이사니야 정사(Easanya Math)에서 베단타 강좌에 나가기도 했던 것이다. 우리는 서로 아주 사이좋게 지냈다.

바가반은 건축 일에 관하여 당신의 경험 부족을 보완하고도 남을 정도의 타고난 감각을 가지고 계셨다. 당신은 항상 적시에 적절한 결정을 내릴 줄 아시는 것 같았다. 예를 들어, 고방 안에는 세 개의 아주 큰 아치(arches)가 있는데, 원래 그것을 축조한 석공들이 일을 어설프게 하여 각 아치 위의 벽에 금이 갔다. 바가반은 나에게 회반죽으로 그 금을 메우는 법과, 아치들을 보강하기 위해 각 아치의 꼭대기에 쐐깃돌을 박는 법을 자세히 가르쳐 주셨다. 당신이 그런 것들을 어떻게 아셨는지 모르겠다. 나는 당신이 전에 석조 아치를 지어본 적이 전혀 없었다는 것을 확신한다. 이 쐐깃돌들은 벽의 양쪽으로 1.5인치 가량 튀어나와 있기 때문에 지금도 볼 수 있다.

내가 찐나스와미와 최초로 충돌한 것은 이 고방 건축을 하고 있을 때였다. 그는 자기 나름대로 그 건물에 대한 구상이 있었으며 나더러 그렇게 일을 하라고 계속 요구했다. 나는 이미 바가반으로부터 그와 상반되는 명령을 받아놓고 있었기 때문에 거부하지 않을 수 없었다. 바가반의 명령이 그의 명령보다 항상 우선해야 한다는 사실을 나는 그에게 도저히 납득시킬 수 없었다. 내가 한 번도 그의 지시에 따르겠다고 하지 않았기 때문에 우리는 많이 다투었다. 내가 완강히 버티자 찐나스와미가 몹시 화를 냈다. 그는 내가 의도적으로 자신의 권위를 비웃는다고 생각했기 때문이다. 나는 그가 승인하건 않건 전혀 상관하지 않았다. 바가반의 뜻을 거스르는 것은 옳지 않다는 것을 알고 있었으므로, 나는 내 입장을 고수했다. 그 당시에는 몰랐지만, 우리는 그 후에도 내가 짓는 거의 모든 건물에 관하여 비슷한 언쟁을 하게 운명지어져 있었다.

여전히 어떻게 일을 해야 할 것인지를 배워 가는 동안, 나는 이따금 몹시 스트레스를 받았다. 극복해야 할 문제들이 많이 있었다. 또 여름이었고 그늘이 전혀 없어, 견딜 수 없을 정도의 더위에 종종 시달렸다.

몇 번이나 나는 이런 생각이 떠올랐다. '왜 바가반께서는 이 여름 해의 직사광선 아래서 이렇게 일을 시켜 나를 고생시키실까?'

한 번은 그런 생각들이 마음을 지나가고 있을 때, 바가반이 내 작업 진도를 보러 오셨다.

당신은 내 기분을 알아차리시고 이렇게 말씀하셨다. "내가 어떤 일을 하라고 하면 자네는 서슴지 않고 기꺼이 할 거라고 생각했네. 자네라면 그것을 해낼 수 있을 거라고 여겼지. 만약 못 하겠거나 어렵다고 생각되면 그만두게."

바가반께서는 나에게 포기할 기회를 주신 것이었다. 그러나 나는 그러기를 거부했다. 바가반이 오시기 전 몇 분 동안 나는 반란적인 생각들을 하고 있었다. 그러나 이제 바가반의 말씀을 듣자 커다란 결의가 내면에서 솟구쳤다.

나는 생각했다. '바가반을 위해 봉사하느라고 이 몸뚱이가 다 부서지는 한이 있더라도, 나는 당신의 말씀을 준수하고 당신이 나에게 요구하시는 무슨 일이든지 하리라.' 그리고 나는 바가반께 일을 계속 해 내겠다고 말씀드렸다.

고방이 완공되자 바가반은 그 출입구 위에 아루나찰라 산의 부조浮彫를 새겨 보라고 하셨다. 당신은 그것을 회반죽으로 만들었으면 하셨다.

당신은 이미 나에게 회(lime)를 어떻게 하면 잘 만드는지 가르쳐 주셨지만, 나는 거기에 어떻게 3차원의 그림을 새겨야 할지 전혀 구상이 떠오르지 않았다.

"저는 이런 부조 작업을 어떻게 시작해야 할지 모르겠습니다. 어떻게 해야 합니까?" 내가 바가반께 여쭈었다.

바가반은 종이 한 장을 가져오더니 그 위에 아루나찰라의 그림을 그리셨다. 산 정상과는 별도로 세 개의 낮은 봉우리들이 하늘을 배경으로 대략 그려졌다. 당신은 그림을 다 그리자 나에게 말씀하시기를, 주봉主峰은 시바를 나타내고 세 개의 딸린 봉우리는 암발(Ambal), 비나야까(Vinayaka) 그리고 수브라마니아(Subramania)를 나타낸다고 하셨다. 바가반은 이 그림을 나에게 주면서, 그것에 상응하는 그림을 회반죽으로 만들어 보라고 하셨다.

암발은 시바의 반려伴侶인 빠르바띠(Parvati)이고, 비나야까[가나빠띠(Ganapati)라고도 알려져 있다]와 수브라마니아는 시바의 아들들이다.

"하지만 바가반, 저는 회를 가지고 이와 같은 형태를 어떻게 만들어야 할지 전혀 모르겠습니다. 어떻게 해야 합니까?" 내가 여쭈었다. 그러나 이번에는 바가반이 아무런 힌트도 주지 않으셨다.

"이 산은 안나말라이고, 자네도 안나말라이야. 내가 말해주지 않아도 그것을 어떻게 해야 할지 알아야지." 당신이 말씀하셨다.

안나말라이(Annamalai)는 아루나찰라에 대한 타밀 이름의 하나이다. 그것은 '도달할 수 없는, 혹은 접근할 수 없는 산'이란 뜻이다.

나는 그 임무를 받아들이고, 그것을 해내려고 애쓰기 시작했다. 나는 그것을 제대로 해낼 만한 능력이 없다고 생각되어 몹시 걱정이 되었지만, 바가반께서 나에게 시키신 일이므로 그 일을 못한다고 할 수가 없었다.

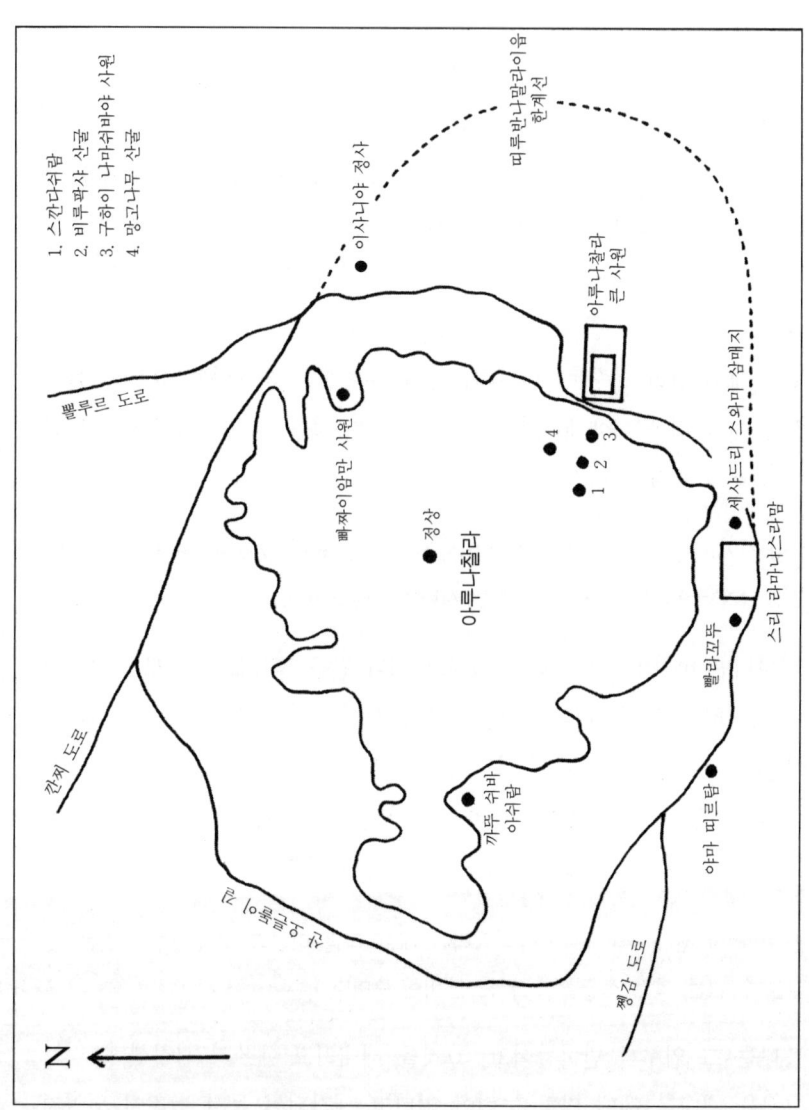

아루나찰라, 산 오르는이 길 그리고 본문에 나오는 주요 지명

나는 비계飛階를 설치하여 내가 벽 앞에 올라앉을 수 있도록 했다. 사흘 동안이나 나는 그 앞에 앉아서 회를 주무르며 아루나찰라 비슷한 모양을 만들어 보려고 애썼다. 그러나 아무리 노력해 봐도 되지 않았다.

꼭 해 내야지 하고 결의를 다졌지만, 불행하게도 그것이 내 기술과 경험의 부족을 메워주지는 못했다. 3일째 낮에 바가반이 내가 전혀 진척이 없는 것을 보시고, 사다리를 올라와서 내 옆에 앉으셨다. 당신은 일을 어떻게 해야 하는지 설명하면서 몇 덩어리의 회반죽으로 올바른 기술을 시범 보이셨다. 바가반의 말씀을 들으면서 몇 분간 당신이 일하시는 것을 지켜보다가 나는 문득 작업 전체를 어떻게 해야 할 것인지를 이해했다. 바가반은 내가 그 기술을 터득한 것에 만족하여 나 혼자서 그 일을 마무리하도록 해 주셨다. 나는 그 3일째 날의 밤이 되기 전에 일을 전부 끝냈다. 다음날은 바가반의 지시에 따라 출입문 안쪽에 같은 부조를 새겼다. 이 두 부조 그림은 아직도 그대로 있다. 요즘은 그것을 푸른색으로 칠하여 주변의 하얀 회벽으로부터 두드러져 보이도록 해 놓았다는 이야기를 들었다.

건축 공사를 감독하는 데 필요한 온갖 기술들을 내가 얼마나 쉽게 습득하는지 나도 놀랐다. 상주 헌신자들도 대부분 내가 얼마나 빨리 배우는지 놀라워했다. 아쉬람의 공양주供養主 중의 한 사람인 떼남마 빠띠(Tenamma Patti)가 한 번은 이 점에 관해 바가반께 여쭈었다.

"안나말라이 스와미는 바가반께 많은 신심을 가지고 있습니다. 그것은 쉽게 이해됩니다. 그러나 그는 또 별다른 공부도 하지 않고 훈련도 받지 않은 것 같은데, 건물 짓는 데도 전문가가 되었습니다. 어떻게 그럴 수 있습니까?" 그녀가 말했다.

바가반의 답변은 그녀를 놀라게 했다. "그는 마지막 전생前生에 기사(engineer)였지요."

당신이 하신 여러 가지 암시와 간접적인 언급들로부터 판단해 볼 때,

바가반이 당신의 헌신자들 중 적어도 몇 사람의 전생을 알고 계셨다는 것은 분명하다. 보통 그런 것은 당신만 알고 계시지 입 밖에 내지는 않으셨다. 이렇게 분명한 말씀, 즉 어떤 헌신자가 전생에 정확히 무엇을 하던 사람이었는지 밝혀 말씀하시는 경우는 아주 드물었다.

나의 그 다음 큰 과제는 우사의 건축을 감독하는 일이었다. 찐나스와미는 현지의 한 석공과 건축비가 500루피를 넘지 않는 작은 우사 하나를 짓기로 계약해 둔 것이 있었다. 찐나스와미는 작은 우사로도 충분할 것으로 생각했다. 당시에는 아쉬람에 소가 락슈미(Lakshmi) 한 마리뿐이었기 때문이다. 바가반은 더 큰 우사를 원했지만 어떤 이유에선지 찐나스와미에게 그런 말을 하지 않기로 작정하셨다.

어느 날 오전 10시 경, 그 공사를 시작하기에 앞서 찐나스와미는 그가 짓기로 한 우사 부지에서 조촐한 기공식(muhurtam)을 가졌다. 모두가 떠난 뒤에 바가반은 나를 옆으로 데려가시더니 그 건축 계획은 변경되어야 한다고 말씀하셨다.

"몇 년 안에 많은 소들이 여기 올 것인데, 설사 우리가 큰 우사를 짓는다 해도 소들이 너무 많아 몇 마리는 바깥에 매어 둬야 할 거야. 우리는 더 큰 우사를 지어야 하고, 저 석공이 아니라 자네가 그 건축을 감독해야 하네." 당신이 말씀하셨다.

당신은 나를 지금 우사가 서 있는 아쉬람의 한쪽 구석으로 데려가서 땅에 선을 그어 내가 우사를 지어야 하는 곳을 가리켜 주셨다. 우리는 선의 길이를 재지는 않았지만, 바가반은 우사의 네 벽이 모두 48피트(14.4미터)가 되었으면 좋겠다고 말씀하셨다.

내가 해야 할 일을 이해했다는 것에 만족한 바가반은 특이한 단서 하나를 덧붙이셨다. "설사 찐나스와미가 와서 이 계획을 가지고 자네와 다투더라도, 내가 자네더러 이렇게 일하라고 했다고 말하지 말게. 자네 독자적인 권한으로 그렇게 하는 것처럼 하게."

1. 1920년대의 라마나스라맘. 오른쪽의 타일 지붕 건물이 바가반의 회당이다. 회당과 90도 각도를 이루고 나란히 서 있는 가운데 두 채의 초가집은 식당과 주방이며, 회당과 나란히 선 왼쪽의 초가집은 바가반의 어머니 삼매지 위에 지어진 건물이다.

2. 빨리 띠르탐 건너편에서 본 아쉬람. 왼쪽의 건물이 바가반의 회당이고, 가운데가 주방, 그리고 오른쪽이 어머니 삼매지(사당)이다.

3. 우사(牛舍)의 내부. 근년의 사진이다. 1930년대에는 소가 훨씬 적었다.

4. 바가반의 뒤에 팔짱을 끼고 서 있는 안나말라이 스와미. 앞줄 오른쪽에 찐나스와미가 앉아 있다.

5. 산 위를 포행하고 돌아가는 바가반. 안나말라이 스와미가 축조한 방축으로 다가가고 있다.

6. 고방의 안쪽에 새긴 아루나찰라의 부조(浮彫). 전면의 아치는 바가반과 안나말라이 스와미가 보수한 것이다.

7-8. 위: 우사(牛舍). 아래: 사무실과 서점. 이 두 사진은 건축 공사가 끝나고 얼마 되지 않아 찍은 것이다.

나는 왜 바가반이 이 일에 있어서는 당신의 역할을 비밀로 해 두려고 하시는지 결코 여쭈어보지 않았다. 지금까지도 그것은 내가 도저히 알 수 없는 일로 남아 있다.

나는 즉시 몇 사람의 인부를 고용하여 기초를 놓기 위한 호壕를 파도록 했다. 쩐나스와미는 사무실로 돌아갔으므로 우리는 그가 모르게 새 계획에 따라 일에 착수할 수 있었다. 오후 1시경, 일이 잘 진행되고 있을 때 그는 우리의 작업이 어떻게 진척되고 있는지 보러 왔다.

그의 최초의 반응은 무언의 충격이었다. 그러나 내가 하고 있는 일이 무엇을 의미하는지 알고 나자, 그는 나를 돌아보고 상당히 비꼬는 투로 물었다. "오, 자네가 계획을 바꿨구먼. 이제 아주 큰 공사가 되는군. 누가 자네에게 이 모든 일을 할 권한을 주셨나?"

나는 내가 독자적인 권한으로 일을 하고 있노라고 대답했다. 쩐나스와미는 원래의 계획으로 바꾸라고 나에게 명령했지만 나는 거부했다. 나는 그에게 보다 큰 우사가 필요하며, 나는 내 계획대로 진행하겠다고 말했다.

쩐나스와미는 내가 그에게 복종하지 않자 당연히 몹시 화를 냈다.

"왜 자네는 나한테 의논하지 않고 계획을 변경했나?" 그가 다그쳤다. "나는 이 아쉬람의 도감都監(sarvādhikārī)이야."

내가 물러서지 않자 그는 나에게 소리를 지르고 욕을 해댔다. 그러나 그의 어떤 말이나 위협도 나를 그의 명령에 따르게 하지는 못했다. 그가 마지막으로 내뱉은 말은 분노라기보다는 좌절감에서 나온 것이었다.

"나는 아쉬람을 발전시키기 시작했어. 만약 자네가 내 지시에 복종하지 않는다면 내가 어떻게 일을 할 수 있겠나? 자네가 도감을 하게. 나는 다른 곳으로 가겠네."

쩐나스와미는 내가 마음을 바꾸지 않을 것이라는 것을 깨닫자, 저쪽으로 가더니 아쉬람의 정문 밖에 있는 바위 위에 앉았다. 그로서는 몹시 당혹스러운 상황이었다. 그는 아직까지 일꾼들이 그렇게 노골적으로 자신에게 불복종하는 일은 겪어본 적이 없었다. 헌신자 몇 사람이 나에게 와서 그가 분을 삭이지 못한 채 정문 옆에서 오랜 시간 앉아 있다고 말했다. 나는 작업을 감독하러 돌아갔으므로 그 다음에 무슨 일이 있었는지는 다른 헌신자들의 목격담을 통해서 안 것이다.

쩐나스와미는 자기 말에 귀를 기울이는 사람이면 누구한테나 나에 대해 비난하는 말을 하면서 몇 시간 동안 정문 밖에 앉아 있었다.

"나는 아쉬람을 떠나겠습니다. 이 사람이 내 모든 계획을 거스르고 있거든요. 자기가 아쉬람을 운영하라지요. 나는 쩽감(Chengam)[15마일쯤 떨어진 읍]이나 어디 다른 데 가서 살겠습니다" 하고 그는 계속 불평을 했다.

세 명의 헌신자─순다레샤 아이어(T.K. Sundaresa Iyer), 라마끄리슈나 스와미(Ramakrishna Swami), 그리고 무나갈라 벤까따라마이아(Munagala Venkataramiah)─가 쩐나스와미가 무슨 일로 그렇게 화가 났는지 알아보러 갔다.

쩐나스와미는 그들에게 말했다. "나는 아쉬람을 떠나야겠습니다. 왜냐하면 안나말라이 스와미가 내 모든 계획을 거스르고 있기 때문입니다. 나를 어디 다른 데로 가게 해 주십시오. 나는 안나말라이 스와미가 아쉬람에서 쫓겨난 뒤라야 돌아오겠습니다."

이 세 헌신자가 바가반에게 가서 말했다. "쩐나스와미가 화가 많이 났습니다. 그는 아쉬람을 떠나고 싶어 합니다. 안나말라이 스와미가 쫓겨난 뒤라야 돌아오겠다고 합니다."

바가반은 보통 쩐나스와미가 일꾼들을 해고하거나 헌신자들로 하여금 아쉬람을 떠나라고 할 때 전혀 간섭하지 않았는데, 이 경우에는 나를 지지하면서 이렇게 말씀하셨다. "만약 안나말라이 스와미가 떠난다면 나도 떠나겠네."

찐나스와미는 아쉬람을 떠나겠다는 위협을 철회하고 내가 아쉬람에 머물러야 한다는 사실을 받아들였지만, '나의' 우사 계획에는 여전히 계속 반대했다. 그날 저녁 찐나스와미는 모든 상주 헌신자들을 회당에 모아놓고 자기의 계획과 나의 계획 중 어느 것이 더 나은지 토론을 벌이게 했다. 바가반은 이 토론에 전혀 끼어들지 않으셨다. 당신은 단지 앉아서 듣기만 하셨다. 발언한 헌신자들은 모두 작은 우사 쪽을 찬성했다. 큰 우사를 찬성하는 사람은 나뿐이었지만, 나는 토론 도중 내내 침묵을 지켰다. 모두 한 마디씩 발언하고 난 다음 찐나스와미는 토론을 종결시켰다.

"자, 이제 모두 투표를 합시다." 그가 말했다. "제 계획을 따르는 것이 좋습니까, 안나말라이 스와미의 계획을 따르는 것이 좋습니까?"

모든 사람이 찐나스와미의 계획에 찬성했지만, 나는 그것이 무엇보다도 그들이 그를 두려워했기 때문이 아니었는가 싶다. 나는 아예 투표를 하지 않았다.

바가반은 내가 개입하지 않는 것을 보고 물으셨다. "자네의 의견은 어떤가?"

나는 당신께 말씀드렸다. "저는 우리가 오늘 아침 제가 기초를 놓은 자리에 아주 큰 우사를 지어야 한다고 생각합니다."

바가반은 당신이 어느 편을 선호하는지에 대해 조금도 암시를 주지 않으셨다. 토론 도중에 헌신자 중의 한 사람이 내가 바가반으로부터 비밀리에 부여받은 어떤 계획을 수행하고 있는지도 모른다고 말했을 때, 바가반은 그러한 생각을 긍정하지도 않고 부정하지도 않으셨다. 당신은 끝까지 중립을 지키며 공정한 입장을 유지하셨다.

내가 그 문제에 관한 의견을 말씀드린 뒤, 바가반이 말씀하셨다. "이제 여기 모인 사람들은 두 편으로 갈린 듯합니다. 두 계획 중 어느 것이 결국 실현되는지 두고 보기로 합시다."

이것이 그 문제에 관한 당신의 마지막 말씀이었다. 말씀을 하신 뒤 당신은 일어나서 회당을 나가셨다.

그 토론은 비록 결론이 나지 않았지만, 바가반은 나에게 움직일 수 있는 약간의 여유 공간을 주셨던 것이다. 찐나스와미가 나를 해고하는 것을 허락하지 않음으로써, 그리고 찐나스와미의 계획을 지지하지 않으심으로써, 당신은 큰 우사 계획을 암묵적으로 승인하신 것으로 나에게는 보였다. 나는 이러한 가정에 근거하여 그 기초를 놓을 호를 계속 파 나갔다. 찐나스와미는 내가 작업하는 것을 막지는 않았으나, 주로 그 계획의 비용에 대하여 나에게 끊임없이 불평을 쏟아놓았다.

그것은 찐나스와미에게는 매우 이례적인 상황이었다. 그는 절대 권력을 행사하는 데 익숙해져 있었으므로, 바가반이 나에게 유리한 쪽으로 개입했다는 것은 뭔가 아주 특이한 일이었다. 찐나스와미는 바가반의 이러한 이례적 반응에 내포된 의미를 놓치지 않았다. 그는 바가반과 나 사이에 그 우사 계획에 관한 어떤 비밀 협약이 있었음에 틀림없다는 결론을 내렸는데, 물론 그것이 옳았다. 이 결론이야말로 두 가지 이례적인 사건, 즉 내가 호락호락 복종하지 않은 것과 바가반이 나에게 유리한 쪽으로 개입하신 것을 설명해 주는 유일한 해답이었던 것이다.

찐나스와미는 자신의 추리를 확증할 수는 없었다. 그는 바가반께 직접 접근하는 것을 너무 겁내고 있었다. 그가 회당에서 무슨 불평을 하려 들면 바가반은 보통 "저리 가게!"(*Pōdā!*) 하는 간단한 한 마디로 그를 물리쳤기 때문이다. 그는 나한테서도 아무런 정보를 얻지 못했다. 나는 바가반의 말씀을 지켜, 누구든지 물어보는 사람에게는 그 계획은 전적으로 나의 구상이라고 말했던 것이다.

3일째 되는 날 저녁에 나는 일꾼들의 품삯을 타기 위해 찐나스와미에게 갔다. 보통 나는 그에게 각 일꾼에게 지급할 액수를 적은 목록을 건네주곤 했다.

그날 저녁에는 내가 목록을 건네주기도 전에 그가 몹시 성을 내며 나에게 소리를 질렀다. "돈 없어! 자네가 계획을 변경했기 때문에 오늘은 일꾼들 품삯을 못 주네! 우리가 어떻게 이렇게 큰 건물을 지을 돈을 댈 수 있겠나?"

그러더니 그 목록은 보려고도 하지 않고, 품삯이 든 동전 자루를 내 쪽으로 집어던졌다. 그는 이 마지막 동작에 많은 폭력과 격앙된 분노를 담았다. 다행히도 그의 겨냥이 좋지 않아서, 자루는 내 머리를 두어 치 차이로 빗나갔다.

이것은 내가 더 이상 참을 수 없는 것이었다. 나는 바로 바가반께 가서 쩐나스와미가 나에게 동전 자루를 내던졌다고 말씀드렸다. 바가반은 내 이야기를 경청하더니 한 동안 침묵을 지키셨다. 내가 비록 당신의 지시를 따르고 있기는 했으나, 당신은 헌신자들이 당신에게 와서 불평하는 것을 승인하지 않으셨다. 마침내 당신은 나에게 말씀을 하셨다. 그리고 나에게 식품을 포함한 여러 물품들의 긴 목록을 하나 주셨는데, 당신에게는 필요 없는 것들이라고 말씀하셨다. 직접 그렇게 말씀하시지는 않았지만, 이런 온갖 품목들에 돈을 낭비하지 않았으면 아쉬람은 그 우사를 지을 충분한 돈이 있었을 거라는 것을 암시하셨던 것이다. 몇 분 뒤에 마다바 스와미가 바가반의 다리에 잠박(*jambak*)[진통 향유鎭痛香油]을 발라 드리려고 했다.

바가반은 화를 내며 말씀하셨다. "나는 잠박 같은 것이 필요하지 않아. 이런 것들은 모두 불필요한 지출이야. 나는 이런 것을 원하지도 않고 필요로 하지도 않아." 조금 지난 뒤에 바가반은 같은 이유로 빈랑 열매(betel nut)도 받기를 거부하셨다.

회당 안에 있던 헌신자들은 이렇게 주고받는 언동을 지켜보았다. 그날 일을 한 인부들에게 지급할 충분한 임금이 아쉬람에 없다는 것이 분명해지자, 회당에 있던 사람들은 그 부족액을 메우도록 각자 얼마씩 돈을 시주했다. 모아진 금액은 그날 일꾼들의 품삯을 지불하고도 그들을 이틀 더 고용할 수 있을 만큼 충분한 액수였다.

이 돈이 바닥나게 되어 있던 날, 바가반의 우사를 지을 자금이 거의 기적적인 상황에서 나타났다. 몇 주일 전에 마드라스에서 나오는 신문인 「더 선데이 타임즈」(The Sunday Times)의 편집장이 바가반을 친견하러 왔다. 그는 대단히 감명을 받고 가서 바가반을 찬양하는 긴 글을 신문에 실었다. 이 글은 북인도의 어느 왕공王公(prince)의 관심을 끌었다. 이 왕공도 바가반으로부터 감명을 받았지만, 그때에는 이렇다 할 아무런 행동도 취하지 않았다. 몇 주일 뒤에 이 왕공은 자기 소유의 어느 숲 속에서 호랑이 사냥을 나가기로 했다. 그는 호랑이 한 마리를 겨우 찾아냈는데, 총을 쏘려고 들어올리는 순간 갑작스럽고도 예기치 못한 공포감의 물결이 엄습하여 몸이 마비되고 말았다. 그의 내면에는 만약 자기가 쏘지 않으면 호랑이가 달려들어 자기를 죽일 것이라는 강한 자각이 있었지만, 그의 마비된 근육들은 어떤 행동도 취하지 못했다.

홀연히 그는 바가반에 대한 그 글을 기억해 내고 그에게 기도의 말을 중얼거리기 시작했다. "만약 제가 이 사냥에서 성공한다면 저는 당신께 1,000루피(Rs.)의 송금환을 보내드릴 뿐만 아니라, 이 호랑이의 머리와 가죽도 보내드리겠습니다."

Rs.는 인도의 통화인 루피(rupee)의 약자이다. 지금의 환율은 달러당 31루피 정도이다(2000년 현재 45루피 정도이다 - 역자). 이 이야기 당시의 루피의 구매력은 물론 훨씬 높았다. 그 당시에 비숙련공은 일당으로 약 4분의 1루피를 받았는데, 이 돈이면 그의 생활에 기본적으로 필요한 모든 것을 살 수 있었다.

그 기도를 말하자마자 그의 마비 증세는 사라졌고, 그는 호랑이를 첫 방에 쏘아 죽였다.

왕공은 자신의 약속을 지켰다. 우사를 둘러싼 그 온갖 언쟁이 있은 이틀 뒤, 우체부가 1,000루피를 들고 나타났다. 이상한 운명의 장난으로 그는 그 돈을 찐나스와미에게 주지 않고 나에게 주었다.

내가 그것을 바가반께 가져갔더니 당신은 전혀 아무렇지도 않게 말씀하셨다. "그래, 나는 이 송금환이 올 것으로 예상하고 있었지. 그것을 사무실의 찐나스와미에게 갖다 주게."

내가 그 돈을 건네주자 찐나스와미는 금세 우리의 다툼을 잊어버리고 나에게 함박웃음을 지어 보였다. 약속된 호랑이 가죽은 1주일 뒤에 도착했다. 바가반은 그 위에 몇 분간 앉아 계셨는데, 이때 지역 사진사가 당신의 사진을 몇 장 찍었다.

나중에 찐나스와미는 나에게 말했다. "자네는 바가반께서 이 계획을 추진하라고 해서 그런 용기를 냈군. 바가반은 당신의 계획을 그 당시에 말씀하시지 않았고, 자네도 그게 뭔지 이야기하지 않으려고 하는 것 같았지. 내가 자네에 대해 가지고 있는 어려움은 그것뿐이네. 그런 상황에서는 약간의 언쟁과 싸움이 벌어지는 것이 불가피하지. 나는 내 소임을 다하려고 했던 것이니까, 자네는 나에게 감정을 갖지 말게."

나는 그 돈을 우사를 짓는 데 필요한 시멘트와 목재, 그리고 철근을 사는 데 썼다. 4일이 지난 뒤 돈이 다 떨어지자, 찐나스와미는 건축비가 자꾸 늘어난다고 다시 나에게 불평을 하기 시작했다. 방문객 헌신자 한 사람이 우리가 하는 이야기를 듣고는 우리가 왜 언쟁하는지 알고 싶어 했다. 나는 그에게 우리가 큰 우사를 지을 돈이 없는데도 내가 그것을 지으려고 한다고 찐나스와미가 나를 비난하고 있다고 말했다.

바가반을 뵙기 위해 마드라스에서 온 그 헌신자는 이렇게 말했다. "그 외에 당신은 무엇이 필요합니까? 어쩌면 제가 당신을 도와드릴 수도 있습니다."

나는 그에게 우리가 가장 급히 필요로 하는 것은 4~5톤의 티크 목재라고 말했다. 나는 그것을 사는 데 많은 돈이 들 거라는 것을 알고 있었지만 그 헌신자는 태연했다.

"아무 문제 없습니다. 그 정도 양은 제가 마드라스에서 쉽게 보내드릴 수 있습니다." 그가 말했다.

찐나스와미는 이 말을 듣고 기뻐했다. 왜냐하면 이 목재가 마지막으로 들 비용의 주된 부분이라는 것을 알고 있었기 때문이다. 그는 그 헌신자에게 목재가 긴급히 필요하다면서 그에게 즉시 마드라스로 가서 모든 조치를 취해 달라고 요청했다. 그 헌신자는 찐나스와미의 긴박감에 감명을 받은 듯했다. 그는 회당으로 가서 바가반을 친견한 다음, 우리의 일을 봐주기 위해 마드라스로 돌아갔다.

티크 목재는 며칠 뒤 철도 화차 편으로 도착했다. 그것과 함께 예상치 않은 3,000루피의 청구서가 왔다. 그 헌신자가 목재를 보내주겠다고 제의했을 때 우리는 모두 당연히 그가 그것을 아쉬람에 시주하려는 줄로 생각했다. 찐나스와미는 그 청구서를 보자 거의 분통을 터뜨렸다. 청구 금액이 그때 우리가 가지고 있던 돈을 다 합친 것보다 훨씬 많았기 때문이다. 다행히도 돈 많은 헌신자 몇 사람이 우리의 처지를 전해 들었다. 그들은 한데 모여 돈을 모아 그 청구서의 금액을 지불했다. 만약 티크 목재와 청구서가 아쉬람에 도착하지 않았더라면 그들은 그 돈을 시주할 생각을 하지 못했을 것이다.

우리가 아쉬람 내에 큰 건물을 지을 때마다 우리의 재정은 언제나 위태로운 상태에 놓였다. 다행히도 그 건물들은 바가반의 명에 따라 세워졌으므로, 우리는 결코 실질적인 재정적 난국에 봉착하지는 않았다. 작업이 진행되고 있는 중에, 그 경비를 모두 충당할 만큼 충분한 시주가 들어오곤 했다. 만약 아무 건물도 짓지 않고 있으면 시주도 전혀 들어오지 않는 것이었다. 내가 바가반의 건축 계획에 따른 공사를 감독하던 그 여러 해 동안, 돈이 없어서 일을 못한 날은 단 하루도 없었다. 찐나스와미는 마침내 어떤 계획이든 바가반의 축복을 받은 일은 돈 걱정을 할 필요가 없다는 것을 깨닫게 되었다.

우사가 완성되어 갈 무렵, 그가 나에게 와서 말했다. "이 건물은 바가반의 계획 때문에 성공하게 되었네. 우리가 그 경비를 조달할 수 있었던 것은 오로지 당신의 은총 때문이지. 이제 나는 자네를 믿네."

바가반은 종종 우사에 와서 지시도 하고, 얼마나 진척되었는지 살펴보기도 하셨다. 심지어 밤에 현장에 와 보시기도 했다.

한 번은 우리가 함께 작업을 감독하고 있을 때, 바가반께서 나에게 이렇게 말씀하셨다. "자네가 락슈미를 위해서 이 건물을 지으면 우리는 서점 하나, 식당 하나, 그리고 어머니 사당 하나를 짓는 데 필요한 공덕 功德(punya)을 다 얻게 될 걸세. 때가 되면 이 일들이 다 이루어질 거라네. 이 부근은 결국 하나의 동네가 될 걸세."

락슈미도 우리가 자기의 새 집을 얼마나 지어 가는지 보려고 종종 찾아왔다. 바가반이 거기 계실 때는 종종 락슈미의 머리를 두드리며 말씀하시는 것이었다. "며칠만 더 기다려. 공사가 아직 다 안 끝났으니까."

그 무렵 락슈미는 어디든 가고 싶은 곳을 어슬렁거릴 수 있었다. 가끔 누군가 그에게 풀을 뜯기기 위해 사무드람 호수(Samudram Lake) 근처로 데려가곤 했으나, 락슈미는 주로 아쉬람 안에 머물렀다.

공사가 막바지 단계일 때 바가반이 와서 나에게 말씀하시기를, 소들을 위해 목화씨 깻묵을 갈아 줄 수 있는 돌절구 하나와 절굿공이를 비치하면 좋을 거라고 하셨다. 당신은 그것을 어디에 설치할 것인지까지 말씀해 주셨다. 내가 찐나스와미에게 이 절구를 설치할 생각이라고 말하자, 그는 그 위치를 바꾸어 우사의 다른 귀퉁이에 두어야 한다고 상당히 성깔 있게 주장했다. 나는 그가 가자마자 그의 명령을 무시하고 그것을 바가반이 가리키신 곳에 설치했다. 바가반은 찐나스와미가 우사에 다시 올 때 그를 뒤따라오심으로써, 내가 또 한 번의 무익한 언쟁을 하지 않아도 되게 해 주셨다.

찐나스와미가 뭐라고 불평하기 전에 바가반이 나타나더니 말씀하셨다. "어디에 놓을지 찐나스와미에게 물어 보게. 자기 안案이 나은지, 자네 안이 나은지?"

바가반은 그 아이디어가 당신의 것이라는 말씀을 하지 않았지만, 찐나스와미는 이 빗대어 하시는 말씀이 곧 바가반 자신이 나에게 그 일을 지시했다는 것을 뜻하는 것으로 올바르게 해석했다. 찐나스와미는 그 암시를 받아들여 내 아이디어를 채택하는 데 동의했다.

바가반은 찐나스와미가 나에게 많은 문제를 야기하고 있다는 것을 알고 계셨지만, 내가 무슨 불평을 하지는 못하게 하셨다. 동전 자루 사건 외에는 나는 찐나스와미에 대해서 당신에게 딱 두 번 불평했을 뿐이다. 두 번 다 바가반은 내가 당신에게 그런 불평을 하는 것을 질책하셨다. 한 번은 찐나스와미가 나더러 개 한 마리에게 돌을 던져 아쉬람에서 쫓아내라고 했다.

나는 남을 해치지 않는 개한테 벌을 주고 싶지 않아서 바가반께 가서 말씀드렸다. "찐나스와미는 저더러 이 죄 없는 개한테 돌을 던지라고 합니다."

바가반은 놀랍게도 당신의 아우 편을 들어 주셨다. "자네가 음식을 요리해서 자네 집에 두고 있는데 개가 가까이 오면, 개가 음식을 훔쳐 먹기 전에 그 개를 쫓아버려야 하지 않겠나?"

바가반은 동물들에게 항상 친절하셨다. 만약 어떤 헌신자가 남을 해치지 않는 개한테 돌을 던지는 것을 보셨다면 아마 그 사람을 꾸짖으셨을 것이다. 당신이 나에게 이런 답변을 하신 것은, 단지 헌신자들이 당신에게 와서 불평하는 것을 허락하지 않는다는 것을 나에게 보여주시기 위해서였던 것이다.

헌신자들이 와서 불평을 하면, 당신은 보통 그들이 그렇게 하는 것을 나무라셨다. 이것은 당신이 그 불평을 야기한 어떤 사람의 행위를 승인하셨다는 뜻은 아니다. 단지 당신은 헌신자들이 다른 사람들을 비난하는 것을 허락하지 않으셨다는 뜻이다.

내가 세 번째이자 마지막으로 한 불평이 무엇이었는지는 기억할 수 없지만, 그때 바가반이 하신 답변은 불평과 불평하는 사람에 대한 당신의 태도를 명확히 보여주었다.

당신은 이렇게 말씀을 시작하셨다. "실무적인 문제에 있어서 의견 차이가 생기는 것은 불가피하지. 그런 것에 개의치 말게."

그러고 나서 나에게 물으셨다. "자네는 이 아쉬람에 왜 왔나?"

"저는『바가바드 기타』(Bhagavad Gītā)에 대한 어느 주석서에서, 마음이 순수하면 진아가 된다고 한 구절을 읽었습니다. 저는 제 마음을 깨끗이 해서 진아를 깨닫고 싶습니다. 저는 오로지 이 목적 때문에 여기 왔습니다." 내가 대답했다.

"다른 사람들의 결점을 보는 것은 마음을 살찌우는 것 아닌가?" 바가반이 반문하셨다.

나는 바가반의 비판을 받아들여 앞으로는 다른 사람들의 결점을 보지 않도록 노력하겠노라고 말씀드렸다.

끝으로 참회의 표시로서 바가반께 오체투지 하고 나서 나는 이렇게 말했다. "지금부터 다시는 누구에 대해서도 불평하지 않겠습니다."

나는 내 약속을 지켰다. 그 이후로 나는 한 번도 다른 사람에 대한 불평을 바가반께 가져가지 않았다.

비록 바가반은 불평을 듣는 것을 일반적으로 좋아하시지 않았지만, 나는 한 번 당신이 불평하는 방문객에게 놀라울 정도의 관용을 보이신 것을 기억한다. 그것은 몇 년 뒤 바가반과 내가 아쉬람의 뒷문 쪽으로 걸어가고 있을 때였다. 점심 식사가 막 끝났으므로 우리는 빨라꼬뚜로 포행을 나가려던 참이었다. 조금 전에 온 행각하는 사두 한 사람이 바가반께 다가오더니 아쉬람에 대해 불평을 했다.

"당신의 제자들(sishyas)은 마치 자기들이 스승 같습니다. 저는 음식을 좀 얻을까 해서 당신 아쉬람에 왔는데, 아무도 저에게 뭘 주지 않습니다. 스와미 비베카난다(Swami Vivekananda-라마끄리슈나의 제자)는 음식 보시(anna dāna)[여행자나 순례자들에게 음식을 제공하는 것]에 대해 많이 이야기했고 그것을 칭찬했습니다. 그는 베단타(Vedānta)와 싯단타(Siddhānta)[철학]에 대해서 많이 이야기했지만, 음식 보시의 중요성도 강조했습니다.”

바가반과 아쉬람에 대한 이 불평을 들으면 들을수록 나는 점점 더 화가 났다.

마침내 나는 그의 말을 중단시키고 그에게 말했다. “왜 당신은 바가반을 이렇게 귀찮게 하십니까? 저리 가십시오!”

바가반은 성난 얼굴로 나를 보아 내 입을 다물게 하고는 그 사두가 불평을 계속하게 허용하셨다. 사두는 누가 말을 막거나 자기를 돌려보내지 않을 것이라는 것을 알자, 아쉬람과 거기서 일하는 사람들의 결점에 긴 반시간 가량이나 바가반께 훈계를 했다. 마침내 그가 더 이상 할 불평이 없어 이야기를 그치자 바가반은 그에게 더 말씀하실 것이 없느냐고 아주 조용하고 공손하게 물으셨다. 사두는 대답이 없었다.

그러자 바가반이 말씀하셨다. “저는 여기서 거저 얻어먹지 않습니다. 매일 저는 채소도 썰고, 소도 돌보고, 헌신자들에게 친견을 베풀고, 그들이 묻는 모든 의문과 질문에 답변을 합니다. 그래서 아쉬람에서 저에게 밥을 주는 것입니다.”

그러고는 바가반은 좀 누그러지셨다. 당신은 나를 돌아보고 말씀하셨다. “어떡하지? 이 분을 주방으로 모시고 가서 음식을 좀 드리지.”

사두는 식사를 하고 아쉬람을 떠났는데, 다시는 오지 않았다.

찐나스와미의 아쉬람 운영방식은 많은 헌신자들의 등을 돌리게 만들었지만, 그와 헌신자들 간에 분쟁이 생기면 바가반은 원칙적으로 거의 언제나 그를 지지하셨다. 이 점을 잘 보여주는 사건 하나가 생각난다. 어떤 여사女士(lady)가 바가반을 친견하러 왔다. 그녀는 수줍음을 아주 많이 타는 여자였기 때문에, 남자들 사이에서 식사하기를 꺼려 식당 근처의 따로 떨어진 오두막에서 식사를 했다. 찐나스와미는 삼뿌르남말(Sampurnammal) 같은 여자 헌신자를 보내어 음식을 주도록 하지 않고, 자기가 직접 그녀에게 음식을 가져가서 떠먹여 주었다.

이 광경을 보시자 바가반은 사람들 듣는 데서 그를 힐난했다. "왜 여사를 한 사람 보내어 배식하게 하지 않나? 왜 자네가 그녀에게 음식을 갖다 주나? 그녀는 아주 수줍어하는 사람이라 낯선 남자를 상대하는 데 익숙하지 않아요."

이 광경을 지켜본 몇몇 헌신자들은 이렇게 생각했다. '바가반께서 찐나스와미를 이렇게 대하시는데, 우린들 그를 존경해야 할 까닭이 있나?'

그 이후 며칠간 이들 헌신자들은 찐나스와미를 좀 나쁘게 상대하였다. 바가반은 며칠 동안 말없이 이를 지켜보셨다.

그러다가 당신은 자신이 개입하지 않으면 이 불만스러워 하는 헌신자들이 그들의 태도를 바꾸지 않을 거라는 것을 아시고, 이전의 상태를 회복하기 위하여 그들에게 이렇게 말씀하셨다. "여러분은 찐나스와미가 낄루끼라이(Killukkīrai)[손톱으로 뽑아서 던져버릴 수 있는 작은 풀]라고 생각합니까? 찐나스와미는 이곳의 도감(sarvādhikārī)입니다. 여러분은 그의 지위를 존중하고 그의 지시를 따라야 합니다."

우사를 짓는 일이 드디어 끝나자 찐나스와미는 고방庫房으로 변해버린 우사를 지으라고 돈을 시주했던 랑가스와미 가운더에게 편지를 냈다.

'우리는 큰 우사를 하나 지었습니다. 한 번 오셔서 직접 보시지요. 그리고 더 이상 우리한테 감정을 갖지 말아 주시기 바랍니다.'

랑가스와미 가운더는 그 초청을 받아들였고, 우리가 지은 큰 우사를 보자 기뻐했다. 그는 자신이 한 원래의 약속을 지켜 아쉬람에 소를 몇 마리 시주했다.

그에게 우사를 구경시키는 동안 그는 이렇게 말했다. "내가 먼저 시주한 돈을 우사를 짓는 데 쓰지 않고 고방 짓는 데 쓴 것을 알았을 때, 당연히 나는 찐나스와미에게 아주 화가 났지. 나는 그가 내 시주금을 전부 낭비했다고 생각했네. 이제 내가 계획했던 것보다 훨씬 큰 이 새 우사가 지어졌으니 기쁘고 만족스럽군. 결국 모든 일이 잘 되었어."

찐나스와미 역시 기분이 좋았다. 공사의 마무리 단계에서 아쉬람은 우사를 짓는 데 쓰라고 너무 많은 시주를 받아서, 그 공사가 최종적으로 끝났을 때는 돈이 많이 남았다. 이 때문에 찐나스와미는 전에 없이 의기양양한 기분이었던 것이다.

"앞으로 자네가 아쉬람을 위해 일을 할 때는, 돈이 필요하면 얼마가 들든지 그 일을 하게. 필요한 것은 바가반께서 뭐든지 공급해 주실 테니까." 그가 나에게 말했다.

이제 아쉬람에는 여유 자금이 많았으므로, 찐나스와미는 바가반의 허락을 얻은 뒤에 몇 건의 다른 건축 공사를 시작하기로 했다.

그는 나에게 오더니 이렇게 말했다. "나는 여기에 큰 식당과 주방을 지을 티크 목재를 넉넉히 구하기 위해 한 1주일간 버마(미얀마)에 가네. 내가 없는 동안 자네는 바가반의 욕실과 사무실 그리고 서점을 짓는 일을 시작해야 하네. 나는 자네가 잘 하리라고 믿네. 왜냐하면 자네는 바가반의 계획에 따라 일한다는 것을 내 경험으로 알고 있으니까."

마이소르(Mysore)의 마하라자(Maharaja - 토후국의 세습 군주에 대한 한 호칭)가 바가반의 욕실을 지으라고 이미 시주를 한 것이 있었으므로, 나는 거의 즉시 그 작업에 착수할 수 있었다.

이 새 공사들의 작업은 아주 순조롭게 진행되었으며, 나는 별 곤란한 사건 없이 공사를 모두 마칠 수 있었다. 아쉬람을 찾아와 본 방문객들을 위해, 지금 아쉬람 사무실과 서점이 들어 있는 건물은 바가반의 사후에 건축되었다는 것을 말해두고 싶다. 바가반의 생전에 사용되던 구 사무실과 서점은 지금 바가반의 삼매전 북동쪽 귀퉁이에 붙어있는 건물들 안에 있었다. 그 방들은 이제 아쉬람의 출판물들을 보관하고 발송하는 장소로 사용된다. 바가반의 욕실은 옛날 사무실의 북쪽에 붙어있는 작은 방이다[59쪽의 지도 참조]. 이 방에는 산 쪽으로 난 작은 문이 있다.

찐나스와미가 버마에 가 있는 동안 일꾼들에게 노임을 지급하는 일을 내가 맡게 되었다. 나는 경전을 읽기 위해서 독학으로 글공부를 하기는 했지만, 기본적인 산수는 공부해 본 일이 없었다. 그래서 돈을 잘 맞추어 둘 수 없었다. 나는 회계를 하면서 빈번히 실수를 했다. 며칠이 지난 뒤 나는 내가 그 일을 감당할 능력이 없다고 판단했다.

나는 바가반께 가서 말씀드렸다. "석공이든지 다른 일꾼들을 지시하는 것은 별 문제가 없는데, 이 회계를 맞추고 정확한 임금을 지급하는 일은 아주 어렵습니다. 저는 너무 실수를 많이 하기 때문에 이 일을 제대로 못할 것 같습니다. 우리가 돈이 모자랄 때는 제가 실수할까봐 너무 걱정이 됩니다."

바가반은 아무 대답도 하지 않으셨지만, 그때 회당에 앉아 있던 라가벤드라 라오(Raghavendra Rao)라는 헌신자가 나서서 나를 위해 모든 회계 업무를 봐주겠노라고 자원했다. 이 라가벤드라 라오라는 사람은 은퇴한 기사技師로서, 남는 시간 대부분을 『바가바드 기타』를 읽고 공부하는 데 바치고 있었다. 그는 회계를 도와주는 것 외에도, 건축 공사를 감독하는 일도 도와주겠다고 자원했다. 그는 기사이기 때문에 나보다는 건물에 대해서 훨씬 많이 알고 있을 것이 틀림없었지만, 내 계획에 대해서 전혀 시비하지 않았다. 그는 내 조수로서 일하는 것에 만족했다. 왜냐하면 내가 단지 바가반으로부터 받은 지시를 이행하고 있을 뿐이라는 것을 알고 있었기 때문이다.

바가반은 아쉬람의 일꾼들에게 일을 맡기면, 항상 그들이 일을 제대로 해 주기를 기대하셨다. 일을 대충 하는 것을 당신은 결코 용납하지 않으셨다. 만약 아쉬람 상주자常住者들이 당신이 만족할 정도로 일을 하지 못했을 때는, 그들을 그 일에서 손떼게 하거나 아니면 그 일을 다시 하라고 하셨다. 어떤 때에는 특정한 일이 당신이 원하는 식으로 되지 않았을 경우에 당신이 몸소 개입하여 그 일을 하시기도 했다.

당신은 비록 아쉬람 일꾼들이 하는 일에 대해 기준을 만족시키도록 요구하기는 했지만, 외부인들이 와서 하는 일에는 개입하려고 하지 않으셨다. 만약 외부인들이 일을 잘못 했으면 당신은 보통 상주 헌신자 중의 한 사람을 시켜, 그 결함을 보수하게 하든지 아니면 그 일을 다시 하게 하셨다. 나는 아쉬람에 사는 동안 그런 종류의 일을 몇 번 했다.

한 번은 바가반의 화덕(kumutti)에서 숯을 끄집어 낼 부집게가 좀 필요했다. 그 일을 맡은 대장장이는 훌륭한 집게 하나를 만들었지만, 그 금속 손잡이의 표면이 아주 거칠고 울퉁불퉁했다. 바가반은 아무 불평 없이 그 집게를 받으셨지만, 대장장이가 가고 나자 나를 돌아보시더니 그 손잡이를 사포와 줄로 매끈하게 다듬어 집게를 완성시키라고 하셨다.

다음번에 그 대장장이가 왔을 때 바가반은 그에게 새로 다듬은 집게를 건네주며 말씀하셨다. "이것이 자네가 만든 그 연장인지 어디 알아 보는가 보세."

대장장이는 그 말에 함축된 비난을 미소로써 받아들이고는 우리에게 자기의 작품을 더 낫게 아주 잘 다듬었다고 칭찬했다.

때때로 이 화덕에서 작은 숯덩이들이 터지면서 바닥으로 뛰어나왔다. 우리에게 영적인 교훈을 주실 만한 기회를 결코 놓치시는 법이 없었던 바가반은, 한 번은 이러한 자연 현상을 이용하여 마음과 진아의 관계를 설명하셨다.

"진아에서 마음이 나오는 것도 이와 같지. 불 속에서 불똥이 튀어나오듯이 말이야. 불똥이 불에서 떨어져 나오면 열기가 없어지는 것과 마찬가지로, 마음은 자기가 진아와 떨어져 있다고 생각하는 한, 그 자신의 힘 혹은 에너지를 갖지 못하지."

그런 다음 집게로 그 숯을 집어서 불 속에 도로 넣으면서 말씀하시는 것이었다. "이것은 개아個我(jiva)[개인적 자아]야. 진아인 시바한테로 돌아가게 해야 돼."

나는 몇 명의 외부 인부들이 아쉬람의 우물 주위에 벽을 쌓는 작업을 아주 날림으로 하고 난 뒤에, 그것을 수리하는 일도 했다. 그 일은 하도 급하게 그리고 엉터리로 해치워서 어떤 돌은 그 벽면에서 튀어나왔는가 하면 어떤 돌은 쑥 들어가 있었다. 그 일꾼들은 돌과 시멘트 사이의 틈조차 메우지 않고 그대로 두었다. 바가반은 이 벽을 보시고는, 나에게 그 표면을 평평하게 하고 틈을 메우라고 하셨다. 나는 그 벽을 완전히 매끈하게 다듬을 수는 없었지만, 내가 할 수 있는 한 큰 구멍은 작은 돌과 시멘트로, 작은 구멍과 갈라진 금은 시멘트로 메웠다. 그렇게 엉터리로 일을 한 석공들이 다시 아쉬람에 나타났을 때, 바가반은 대장장이한테 사용한 것과 똑같은 전법을 쓰셨다.

직접적인 비난은 하지 않고, 그 벽을 그들에게 보여주면서 당신은 이렇게 말씀하셨다. "자네들이 쌓은 이 벽을 안나말라이 스와미가 얼마나 잘 수리해 놓았는지 보시게."

여러 해가 지난 뒤 바가반은 나에게 어머니 사원(Mother's Temple)에서도 비슷한 일을 하라고 하셨다. 몇 번 둘러보러 오신 중에 한 번은 바가반이 내전內殿 주위의 판석板石(바닥에 까는 평평한 돌)들 사이에 더러 틈새가 있는 것을 발견하셨다. 그 구멍들 중의 어떤 것은 지름이 1인치나 되는 것도 있었다. 당신은 또 벽의 돌 중의 어떤 것 사이에 몇 군데 틈이 있는 것도 지적하면서 나에게 그것을 메우라고 하셨다. 1940년대의 어느 때에 한 이 일은 내가 아쉬람을 위해서 한 석공 일의 마지막 일거리 중의 하나였다.

처음에 내가 아쉬람의 건축 공사들을 감독하기 시작했을 때, 나는 이렇게 생각하곤 했다. '이 일은 곧 끝날 것이다. 이것이 끝나면 나는 회당으로 돌아가 바가반과 함께 앉을 수 있겠지.'

바가반은 '이제부터 자네는 이런 건축 일을 전업적專業的으로 해야 하네'라고는 한 번도 말씀하신 적이 없었다. 단지 나는 내가 할 일이 전혀 없는 때가 오면 회당으로 돌아가서 바가반과 함께 앉을 수 있겠거니 하고 생각했던 것이다. 이러한 생각이 잘못임을 일깨워 주신 것은 바로 바가반이셨다. 내가 한 가지 일을 끝내기가 무섭게 어김없이 내가 할 어떤 일을 찾아내곤 하시는 것이었다. 내가 당신을 위해 일하던 그 모든 기간 동안, 업무 시간 중에 내가 당신과 함께 앉을 수 있었던 날은 거의 하루도 없었다.

나는 이러한 손해를 그다지 크게 느끼지는 않았다. 왜냐하면 몇 가지 작은 특권들로써 보상을 받았기 때문이다. 건축 공사가 시작되기 전 이른 아침에 마다바 스와미와 나는 바가반이 목욕하시는 것을 도와드리곤 했다. 우리 둘 중의 한 사람이 당신이 목욕을 하시기 전에 당신의 등과 다리에 기름 안마(oil massage)를 해 드리곤 했던 것이다. 저녁 8시에서 9시 30분 사이에는 내가 바가반의 발에 기름으로 안마를 해 드릴 수 있었다. 당신의 발을 안마하는 동안 나는 영적인 문제에 관해서 당신과 이야기를 나누거나 혹은 건축 계획을 당신과 의논하기도 했다. 저녁에 내가 안마를 끝내고 나면, 바가반은 또한 내가 몇 분간 내 머리를 당신 발에 얹고 쉬는 것을 허락하셨다.

다른 이야기를 더 계속하기 전에 나는 스리 라마나스라맘에 있던 사실상 모든 남자들이 왜 '스와미'(Swami)라고 불렸는지를 간단하게 설명하고 싶다. 엄밀히 말해서 '스와미'라는 칭호는 전통적인 출가자 단체의 어느 하나에 정식으로 입문한 사람만이 사용할 수 있는 것이다. 아쉬람에 있던 어떤 '스와미'도 정식으로 입문한 것이 아니었다. 그들 대부분은 단지 바가반이 그들을 그렇게 부르기 시작했기 때문에 그 칭호를 얻은 것이다. 바가반은 항상 사람들을 대단히 존경하는 방식으로 말씀하셨다. 당신이 아쉬람 내에서 어느 사두를 부르고 싶을 때에는 종종 그들의 이름을 말하고 나서 '스와미'라는 접미사를 존경의 표시로서 덧붙이곤 하셨다. 당신이 워낙 자주 이렇게 하셨기 때문에 아쉬람의 사두들은 결국 '스와미'라는 단어를 그들의 이름에 포함시키게 된 것이다. 보통 누가 출가수행자가 되면 그는 '스와미'라는 칭호가 앞에 붙는 새 이름을 받는다. 아쉬람의 사두들 대부분은 그들의 원래 이름을 그대로 유지한 채 '스와미'라는 단어만 뒤에다 붙였다.

많은 헌신자들은 바가반이 그들을 입문시켜서 정식으로 출가시켜 주기를 바랐지만, 내가 아는 한에서 당신은 그들의 어떤 요청에도 양보하지 않으셨다. 어떤 끈덕진 헌신자들은 가사袈裟(kāshāyam)[출가자들이 입는 오렌시색 법복]를 회당으로 가지고 와서 바가반이 그것을 하사해 주시거나 아니면 단지 축복의 행위로서 그것에 손만 대 주시라고 요청하기도 했지만, 바가반은 이런 제한적인 재가裁可조차 해 주지 않으셨다.

『우빠데샤 만자리』(Upadeśa Manjari)[『영적인 가르침』(Spiritual Instruction)]의 편자編者인 사두 나따나난다(Sadhu Natanananda)는 바가반에게서 가사를 하사받으려고 한 헌신자 중의 한 사람이다.

바가반은 거절하면서 이렇게 말씀하셨다. "누구한테 가사를 하사하는 것은 내가 익히 하는 일이 아니네."

그러자 나따나난다는 가사를 바가반의 침상 앞에 있는, 헌신자들이 공양물을 올려놓는 데 쓰는 받침대 위에 올려놓았다. 그러나 바가반은 그 옷에 손대기를 거절하셨고, 몇 분 뒤에 나따나난다는 그것을 가지고 나가버렸다.

사두 나따나난다는 자기 고집대로 출가수행자가 되었지만, 곧 그 생활 방식에 불만을 느꼈다. 몇 달 뒤 그는 아쉬람으로 돌아와서 오렌지색 법복을 내버리고 보통 옷을 다시 입기 시작했다.

나는 매일 저녁 바가반께 건축 일에 관한 보고를 드려야 했다. 무슨 일을 다 했고 무슨 일을 아직 더 해야 하는지를 나는 당신께 말씀드리곤 했다. 가끔 바가반은 다음날 할 일을 나에게 지시해 주기도 하셨다. 어떤 때는 내 나름의 계획을 말씀드려서 당신의 승인을 얻기도 했다. 이렇게 하여 나는 매일 저녁 바가반과 상당히 장시간 친밀한 대화를 나눌 수 있는, 남들이 부러워할 입장에 놓여 있었다. 바가반의 위엄과 기상에 눌려 당신에게 이야기하는 것을 겁내는 다른 헌신자들은 나를 중개인으로 이용했다. 내가 매일 바가반과 자유롭게 이야기한다는 것을 알고 그들은 나에게 자기들의 문제를 이야기한 뒤에, 나더러 바가반께 말씀드려 해결책을 얻어날라고 부탁하곤 했다.

또 다른 작은 특권 하나가 있었는데, 이것이 내가 대단히 소중하게 생각한 것이다. 점심과 저녁 식사 때에는 두 번씩의 착좌着坐(sittings)가 있었는데, 바가반은 항상 첫 번째 착좌로 드셨고, 나는 보통 두 번째 착좌로 먹었다. 내가 식사하기 위해 식당으로 들어설 때 바가반은 보통 당신의 식사를 끝내시는 중이었다. 만약 내가 들어갔을 때 당신이 아직 음식을 들고 계시면 나는 당신의 반대편에 앉아서 기대하며 기다리곤 했다. 종종 기다린 보람이 있었다. 많은 경우에 바가반은 당신이 드신 엽반葉盤(leaf plate)3)을 내 쪽으로 밀어주어 내가 거기에 음식을 배식 받아도 좋다는 표시를 해 주셨다. 배식하는 여사들은 그 의미를 알고는 그 잎을 내 앞에 놓고 음식을 놓아주곤 했다.

---

3) [역주] 스리 라마나스라맘의 식당에서는 큰 나뭇잎(보통은 바나나 잎을 자른 것)에 음식을 받아놓고 손으로 집어먹는다. 이 나뭇잎은 한 번 쓰고 버리는 것이 원칙이다.

엽반에 붙어 있는 약간의 음식은 스승의 은사물(prasād)로 여겨졌다. 그래서 종종 바가반의 엽반을 얻으려는 치열한 경쟁이 있었다.

바가반이 남긴 음식을 먹고 싶어 하는 욕구 때문에 한 번은 내가 몹시 혼이 났다. 그것은 수백 년 전에 아루나찰라에 살았던 구루 나마시바야(Guru Namasivaya)[4]라고 하는 어느 요기의 이야기를 듣고 내가 감명을 받았기 때문이었다. 하루는 이 요기의 스승이 자기가 먹은 것을 토해 놓고는 그 지저분한 것을 그에게 치우라고 했다.

그는 제자에게 이렇게 말했다. "이것을 우리가 다니지 않는 곳, 그것이 우리 발에 묻지 않을 곳에 갖다 버려라."

구루 나마시바야는 그것을 스승의 은사물이라고 줄곧 생각하면서 그것을 먹어버렸다. 스승은 몹시 기뻐하면서 그의 신심을 치하했다.

나는 언젠가 바가반이 치통을 심하게 앓으실 때 이 이야기를 기억했다. 바가반은 통증을 가라앉히기 위해 몇 분간 치아 사이에 담배 한 토막을 집어넣었다가 뱉어내셨다. 정말 어리석게도, 나는 구루 나마시바야를 흉내 내어 내 신심을 보이려고 했다. 나는 그 담배가 바가반의 은사물이라고 확신하고, 그것을 내 치아 사이에 넣고 씹은 다음 삼켜버렸던 것이다. 그러고 나서 거의 즉시, 나는 엄청난 복통과 심한 구역질을 일으켰다. 몇 번이나 토할 것 같았는데, 많은 양의 물을 들이켜서 가까스로 참아냈다.

담배에 들어 있는 여러 화학 물질들은 아주 유독하다. 담배를 피우면 이런 많은 화학 물질들이 연소되거나 아니면 폐 속의 섬모纖毛에 의해 걸러진다. 만약 담배를 먹으면 독이 모두 몸 안으로 들어가는 것이다.

내가 건축 공사를 감독할 때마다 바가반은 종종 나에게 이렇게 말씀

---

[4] [역주] 15세기에 아루나찰라에 살면서 아루나찰라를 찬양하는 시를 많이 지었던 성자 구하이 나마시바야(Guhai Namasivaya)의 제자. 이 제자 역시 아루나찰라의 위대함을 노래한 시들을 지었다(147쪽 참조).

하셨다. "자네는 한낮의 무더위 아래 힘들게 일을 하고 있네. 뭐든지 먹고 싶은 것 있으면 먹게나."

배식하는 여사들은 바가반이 나를 염려하시는 것을 알고 항상 나에게 더위를 견딜 수 있도록 응유凝乳(curd)와 기이(ghee)[정제한 버터]를 듬뿍 주곤 했다. 나는 또한 내 나름대로의 요법이 있었다. 여름에 더위가 거의 참을 수 없을 정도가 되면, 생 양파를 썰어서 내 음식에 섞어 먹는 것이 몸을 서늘하게 유지하는 데 도움이 된다는 것을 알았다. 어느 여름에는 내가 하도 생 양파를 많이 먹어서 사람들이 나를 '양파 스와미' 라고 부르기 시작했다.

초년에 아쉬람에 사람들이 많이 몰려오기 전에는, 바가반이 식당에서 식사하시는 중에 우리가 당신에게 이야기를 하는 것이 가능할 때가 많았다. 한 번은 바가반이 조반으로 이들리를 들고 계실 때 내가 당신 옆에 앉아 있었다.

이들리(iddly)란 쌀과 검정콩의 반죽을 발효시켜 찌는 작은 떡이다. 이들리는 아쉬람의 조반에 가장 흔히 나오는 품목이다.

나는 몇 가지 영적인 질문들을 했으나 당신이 답변을 미처 끝내기도 전에 찐나스와미가 끼어들어 우리의 이야기를 중단시켰다. "왜 자네는 바가반께서 식사하시는 중에 질문을 하나? 좀 더 적당한 시간에 질문을 하게."

답변을 계속하기 전에 바가반은 찐나스와미를 돌아보고 이렇게 말씀 하셨다. "진지眞知(jñāna-깨달음)는 이들리를 먹는 것보다 더 중요하다네. 이 순간은 다시는 오지 않아. 만약 우리가 지금 이야기를 그만두면 다시는 적당한 때가 오지 않을 수도 있거든."

워낙 많은 사람들이 바가반의 엽반으로 식사를 하고 싶어 했기 때문에, 결국 일종의 순번제가 확립되었다. 우리가 아직 구舊식당을 쓰던 초기에는 아무런 공식적인 제도가 없었다. 나는 의도적으로 바가반이 식사를 다 해 가실 때 식당에 들어가서 당신 가까이 앉았으므로, 빈번히 그 잎을 얻을 수 있었다. 가끔 다른 헌신자들은 내가 엽반을 거의 독점하다시피 한다고 나에게 불평했다.

"당신은 바가반의 잎을 거의 매일 가져가네요. 당신은 공덕(punya)을 너무 많이 짓습니다. 당신은 바가반의 잎을 얻는 기회가 너무 많으니까, 단 하루라도 내가 그 잎으로 먹을 수 있게 좀 해 주세요."

만약 누구든지 이런 식으로 불평을 하면 나는 잎을 그에게 넘겨주었다. 새 식당이 완성된 뒤에는 나는 겨우 몇 번밖에는 그 잎을 얻지 못했다. 후년에는 바가반이 당신의 잎을 주는 것을 그만두셨다. 매 식사의 끝 무렵마다 많은 사람들이 당신의 잎을 얻기 위해 주위에 서성거리는 것을 보시고는, 앞으로는 누구도 그것으로 식사하는 것을 허락하지 않겠다고 하심으로써 그 관행에 종지부를 찍으셨다.

식당에는 또 다른 형태의 은사물들이 있었다. 식사를 마칠 때마다 바가반은 당신의 엽반 가까이 놓아둔 작은 그릇에서 손을 씻으셨다. 나는 거의 매일 그 물을 마시곤 했다. 이뿐만 아니라 나는 바가반께 올리고 남은 물까지 마셨다. 배식하는 여사들은 항상 한 컵의 뜨거운 물을 바가반의 엽반 곁에 놓아드렸다. 당신은 보통 그 물의 절반만 마시고 나머지 절반은 컵에 남겨두셨다. 당신이 그렇게 하실 때마다 나는 남은 물을 마시곤 했던 것이다. 나중에 내가 빨라꼬뚜에 살면서 내 손으로 음식을 지어먹을 때에도 가끔 이 물을 마실 수 있었다. 바가반께 매일 음식을 갖다드리던 여사 중 한 사람인 무달라이아 빠띠(Mudaliar Patti-무달라이아 '할머니')가 가끔 그 남은 물을 식당에서 가져와 내게 주었다. 그녀는 내가 그것을 얼마나 중히 여기는지 알고 있었기 때문이다.

바가반은 나를 매우 열심히 일하게 하셨지만, 동시에 나한테 언제나 아주 친절하셨고 자상하게 배려해 주셨다. 식당에서 있었던 한 사건이 당신의 이런 면을 아주 잘 보여준다. 나는 그날 오전 내내 시약소施藥所

(dispensary - 아쉬람 내의 건물의 하나) 근처에서 계단을 축조하는 일꾼들을 감독하고 있었다. 만약 내가 없었다면 아마도 그들은 계단 돌 밑에 담밥(돌담의 뒤를 메우는 자갈이나 흙)을 충분히 채워 넣지 않거나 돌 자체를 잘못 놓거나 했을 것이다. 그 일이 워낙 오래 걸리는 바람에 나는 점심 식사 시간에 너무 늦어버렸다. 식당에 가보니 내 식반食盤에 놓인 음식은 다 식어버렸고 말벌 몇 마리가 그 위에 앉아 있었다. 배식자들 중의 한 사람이 내가 어찌 그리 늦게 왔느냐고 나무랐다.

"당신도 일을 하지만 우리도 일을 하고 있어요. 이렇게 늦게 나타나시면 안 돼요. 제 시간에 오셔야 해요." 그녀가 말했다.

그때 밖에서 양치질을 하시던 바가반이 그들이 하는 말을 들으셨다.

당신은 큰 소리로 외치셨다. "안나말라이 스와미는 게으름 피우는 게 아니라오. 만약 더 일찍 왔으면 그가 감독하던 일은 제대로 되지 않았을 거요. 당신들이 휴식이 필요하다면 가서 좀 쉬어요. 내가 가서 안나말라이 스와미에게 직접 배식할 테니까."

이 개입에 여사들은 너무 놀라, 먼저 차려놓았던 내 음식을 가져가고 새 식반에 따뜻한 새 음식을 놓아주었다.

나는 바가반이 나에게 보여주셨던 그러한 배려를 말해주는 다른 사건 두 가지를 생각할 수 있다. 첫 번째는 내가 발가락 위에 큰 화강암을 떨어뜨려 다치고 난 뒤의 일이다. 나는 발이 너무 아파 걸을 수 없었기 때문에 그날은 내 방에서 쉬기로 했다. 아쉬람에 있던 많은 사람들은 내가 다쳤다는 것을 알고 있었지만, 아무도 나에게 음식이나 약을 갖다 줄 생각을 하지 못했다. 바가반은 점심을 드시던 중 내가 없는 것을 알아차리고 사람들에게 나에 대해 몇 가지 물어보셨다. 그리고 내가 방에서 아무도 음식이나 약을 갖다 주며 돌봐주지 않는 가운데 신음하고 있다는 것을 아시고는, 거기 있던 모든 사람들에게 몹시 화를 내셨다.

"여러분은 이 사람에게 그렇게 많은 일을 하게 하고, 이 새 건물들이 완성되면 얼마나 좋을까 하는 말들을 다들 하지만, 이제 그가 아픈데도 누구 하나 돌봐주는 사람이 없어요." 바가반이 말씀하셨다.

바가반은 이런 어조로 제법 한참 말씀을 하신 모양이었다. 결국 점심 식사 후, 상당히 부끄러워하는 얼굴을 한 일단의 헌신자들이 음식과 약을 선물로 들고 온 것을 보고 나는 깜짝 놀랐다. 그들은 아까 소홀히 해서 미안하다고 사과하고, 바가반이 그에 대해 어떻게 반응하셨는지를 내게 이야기해 주었다.

두 번째 사건은 자얀띠 축제가 있은 직후에 일어났다.

'자얀띠'(*jayanti*)는 '승리'를 뜻한다. 이 책 전체에 걸쳐 자얀띠란 말은 바가반의 생신을 축하하는 날(탄신일)을 가리킨다.

많은 양의 채소가 아쉬람에 시주로 들어왔다. 만약 어떤 식으로든 그것을 보존하지 않으면 그 대부분은 채 소비하기도 전에 썩어버릴 것이 분명했다. 최선의 방법은 그 채소를 썰어서 햇볕에 말리는 것이라고 바가반은 판단하셨다. 그러면 그것이 몇 주일은 갈 것이었다. 그것은 큰 작업이었으므로 바가반은 씬나스와미에게 모든 헌신자들을 불러서 그 써는 작업을 거들게 하라고 했다. 나는 건축 작업을 멈추고 다른 사람들과 같이 갔다.

바가반은 내가 일하러 온 것을 보시자 이렇게 말씀하셨다. "이 규칙은 자네한테는 해당되지 않네. 자네는 이미 조금도 쉬지 않고 하루 종일 일하고 있지 않나."

바가반은 내가 아프거나 다쳤다고 해서 항상 나를 쉬라고 하지는 않으셨다. 한 번은 내가 발 하나가 엄청나게 아팠던 적이 있는데, 그것은 마치 누가 쇠꼬챙이로 계속 발을 찔러대는 것 같았다. 겉으로 볼 때 그 통증을 유발하는 원인이 전혀 없었기 때문에 나는 그에 대해 아무런 조치도 취할 수 없었다. 그날 바가반은 나에게 할 일을 많이 주셨다. 나는 아쉬람을 절뚝거리고 다니면서 할 수 있는 최대한으로 많은 일을 했다.

그러나 시간이 없어 그 중의 한 가지 일만은 내버려두었다. 그 한 가지 일을 제외한 모든 일을 다 마쳤을 때, 나는 바가반께 가서 발이 몹시 아프다고 말씀드렸다. 바가반은 내 말을 무시한 채, 내가 하지 못했던 그 한 가지 일을 했느냐고 물으셨다. 나는 발의 통증 때문에 그 일을 하지 못했다고 말씀드렸다.

바가반이 말씀하셨다. "가서 이 마지막 한 가지 일을 하게. 그러면 통증이 가실 걸세. 그 일을 하는 동안 통증은 사라질 것이니까."

바가반의 예언은 늘 그랬듯이, 정확했다.

나는 열심히 일하는 것을 즐겼다고 말할 수는 없다. 이따금 하루씩 쉬는 날이 있는 것이 좋았다. 한 번은 내가 잠시 휴식을 가져보려고 했지만 그것이 낭패스러운 결과를 초래했기 때문에, 다시는 그런 시도를 하지 않았다. 그것은 내가 전혀 쉬지 못하고 장기간 일을 한 때문에 너무 피곤하다고 느꼈을 때 일어난 일이었다. 나는 바가반께 가서, 내가 일을 잠시 쉬고 산 오른돌이(giriniahakshinn)를 하면 안 되겠느냐고 여쭈었다. 나는 당신에게 내가 이 오른돌이를 그전부터 하고 싶었다고 말씀드렸다. 바가반은 내가 당장 해야 할 일이 많은 것을 알고 계셨으므로 처음에는 허락하지 않으셨다. 당신은 실제로 '안 된다'고 말하지는 않았지만 그냥 침묵을 지키셨다. 나는 당신의 침묵을 하나의 대답으로 받아들였어야 하는데, 사뭇 어리석게도 내 청을 계속했다.

마침내 바가반은 긍정적인 답변을 주셨다. "자네는 시간을 내서 명상을 좀 하고 싶다는 말을 종종 하는군. 산 오른돌이를 하게. 그리고 걷는 동안 명상을 하게."

나는 산을 걸어 돌았지만 마음이 너무 조바심이 나서 명상이 되지 않았다. 바가반이 마지못해 그렇게 하라고 허락해 주시기는 했지만, 나는 내 일을 팽개치고 온 데 대해 죄책감을 느꼈다. 아쉬람의 뒤쪽에 도착했을 때는 내 죄책감이 엄청나게 커졌다. 많은 헌신자들은 나를 맞으면서 모두 내가 어디 있었느냐고 묻는 것이었다. 그들의 말로는, 내가 아쉬람을 떠나자마자 바가반이 당신의 소파를 버리고 내가 내버려 둔 그 일을 감독하기 시작하셨다는 것이다. 당신은 내가 없는 동안 내내 뙤약볕 아래서 그 일을 감독하고 계셨던 것이다. 안으로 들어가시라고 아무리 말해도 소용이 없었다. 당신을 친견하러 온 헌신자들은 당신의 발 주변에 널린 진흙과 횟가루 위에서 절을 해야만 했다. 찐나스와미와 다른 헌신자들은 내가 바가반으로 하여금 이 모든 불편함을 감수하시게 한 데 대해 당연히 나에게 화를 냈다. 바가반 자신은 아무 말씀도 하지 않으셨지만, 나는 당신의 침묵의 교훈을 쉽사리 이해할 수 있었다. 즉, 바가반이 맡기신 일을 돌보는 것이, 시간을 내어 명상이나 산 오른돌이를 하는 것보다 더 중요하다는 것이었다.

아쉬람에 감독해야 할 일이 아무것도 없을 때에는 바가반도 청을 잘 들어주셨다. 한 번은 그런 한가한 때에 내가 산 정상을 한번 갔다 오기로 마음먹었다. 나는 바가반을 찾아가서 허락을 얻고, 정상에 도달하는 가장 빠른 길을 가르쳐 달라고 했다. 바가반은 나를 아쉬람의 뒤로 데리고 가시더니, 정상에서부터 거의 아쉬람 뒤쪽까지 뻗어 내린 울퉁불퉁한 능선을 가리켜 보이셨다.

그 능선을 가리키면서 바가반은 이렇게 말씀하셨다. "이 능선에는 세 개의 봉우리가 있지. 올라가면 자네도 볼 걸세. 이 봉우리들을 하나씩 주시하면서 항상 그것을 향해 올라가야 하네. 그리고 세 번째 봉우리에 올라서면 정상은 일직선으로 갈 수가 없다는 것을 알 것이네. 한 쪽으로 약간 비켜서 걸어가다가 큰 봉우리로 곧장 올라가게."

라마스와미 삘라이가 이 지시를 듣고 있었다. 바가반이 말씀을 끝내자 그가 말했다. "이 네 봉우리는 행위(karma), 요가(yōga), 헌신(bhakti) 그리고 지知(jnāna)의 봉우리나 마찬가지라네. 이 봉우리들은 하나씩 차례로 넘어야 하네."5)

나는 바가반이 일러주신 대로 따라가서 아주 쉽게 정상에 도달했다. 나는 도중에 허기가 져서 기운이 다 빠지면 어쩌나 걱정이 되었기 때문에, 가방 하나에 이들리, 땅콩, 달(dhal-콩 음식의 일종), 바나나, 코코넛과 물을 넣어 갔다. 나는 일정한 구간마다 간식을 먹었으며, 전혀 배가 고프거나 기운이 빠지지 않았다.

돌아오자 나는 상당히 자랑스럽게 바가반께 선언했다. "저는 낮 동안 내내 배가 고프지 않았습니다."

바가반은 웃더니 나를 놀리셨다. "어떻게 자네가 배가 고플 수 있겠나? 하루 종일 먹었으면서."

바가반 자신은 1920년대의 어느 땐가 정상에 오르는 것을 그만두셨다. 당신은 산 위를 걷는 것을 즐기기는 하셨지만, 만약 당신이 정상 쪽으로 올라가면 아쉬람 사람들이 모두 당신을 따라 나서리라는 것을 알고 계셨다.

1938년에 살렘(Salem)에서 온 라자고빨라 아이어(Rajagopala Iyer)라는 헌신자가 스리 바가반께 산의 정상으로 오르는 여러 갈래의 길에 대해 여쭈었다.

바가반은 가장 좋은 코스를 설명한 다음 이렇게 말씀하셨다. "만약 천천히 올라간다면 누구한테도 전혀 어렵지 않을 거요."

바가반이 이 이야기를 하시는 것을 우연히 들은 수브라마니암 아이어(Subramaniam Iyer)가 바가반을 자신의 등산 팀에 동참시키려고 이렇게 말했다. "만약 바가반께서 저희들과 동행하신다면 저희들은 누구도 아무 문제가 없을 겁니다."

바가반은 농담조로 이렇게 말씀하셨다. "만일 내가 가면 아쉬람 사람

---

5) [역주] 행위, 요가, 헌신, 지知는 전통적으로 깨달음을 추구하는 네 가지 길이다. '행위'의 길은 남을 위한 봉사 행위에 주안을 두는 것이고, '요가'는 라자 요가(raja yoga)를 말하며, '헌신'의 길은 신이나 스승에 대한 순복順服(surrender), '지知'의 길은 진아에 대한 명상을 말한다.

들이 다 가담할 걸세. 건물들까지 우리랑 같이 가려고 할 걸!"

우리의 이야기를 듣고 있던 한 여사가 바가반께 여쭈었다. "바가반께서는 아직도 이 산을 오르실 수 있습니까?"

바가반은 웃으면서 이렇게 대답하셨다. "아직 이 산을 오를 수 있지요. 그리고 다른 어떤 산도 오를 수 있습니다!"

아루나찰라의 높이는 약 2,600피트이다.[6] 이 일이 있을 당시 바가반은 55세쯤 되었다. 그는 더 젊었던 시절에는 종종 산 중턱 600피트(180미터)쯤[7] 위에 있는 스깐다쉬람(Skandashram)에서 출발해서 정상까지 갔다가 돌아오는 데 대략 한 시간 걸렸다. 정상적인 건강한 성인이 같은 거리를 다녀오려면 이보다 최소한 두 배쯤은 시간이 더 걸릴 것이다. 바가반의 등산 실력은 그가 결코 신발이나 샌들을 신지 않았다는 사실을 고려할 때 놀라운 것이다.

초년 시절 바가반이 비루팍샤 산굴(Virupaksha Cave)에 사실 때에는 당신 혼자서 자주 정상에 올라 한 동안 거기 머물러 있다가 산굴로 돌아오시곤 했다. 당신이 나에게 말씀하시기를, 한 번은 당신 혼자서 정상에 올랐는데 꾸뜨랄람 스와미(Coutrallam Swami)라는 헌신자가 몰래 당신을 따라왔다고 한다. 바가반이 정상에 도착하고 10분이 지나자 꾸뜨랄람 스와미가 물을 담은 질그릇 단지를 들고 나타났다. 그는 바가반이 장시간의 등산으로 목이 마르지 않도록 하기 위해 이 단지를 등에 지고 정상까지 바가반을 따라왔던 것이다.

시바야 스와미(Sivaya Swami) 혹은 마우니 스와미(Mauni Swami)라고도 알려졌던 꾸뜨랄람 스와미는 결국 바가반을 떠나 그 나름대로 한 사람의 유명한 영적인 인물이 되었다. 그는 몇 군데 정사精舍들의 장長이 되었고, 많은 추종자를 거느렸다. 그리고 큰 자동차까지 하나 소유하고 있었는데, 당시로서는 매우 드문 일이었다.

---

6) [역주] 다른 자료에는 산의 높이가 2,668피트(약 813미터)로 나온다.
7) [역주] 이것은 고도의 차이를 말하며, 아쉬람에서 스깐다쉬람까지의 실제 거리는 대략 2킬로미터쯤 될 것이다.

어떤 사람들은 그가 상당히 거만한 사람이라고 생각했지만, 바가반은 언젠가 그를 격찬하면서 이렇게 말씀하셨다. "그는 훌륭한 헌신자였지만 자신의 헌신(devotion-신심)을 겉으로 드러내지 않았지. 그 헌신은 모두 내면에 있었네. 그는 그것을 워낙 잘 감추었기 때문에 대부분의 사람들은 그가 좋은 헌신자가 아니라고 생각한 거지. 나는 이런 종류의 헌신을 대단히 좋아한다네."

제3장

아쉬람의 음식

바가반은 보통 3시에서 4시 사이에 일어나면, 주방으로 가서 그날 아침에 요리해야 할 야채들을 썰기 시작하시곤 했다. 다른 주방 소임자들은 좀 더 늦게 일어나서 나중에 당신에게 가담하는 것이었다. 그 일을 시작하기 전에 바가반은 보통 생강 하나를 잘게 썰어 약간의 소금을 쳐서 드시기도 했는데, 이것은 만성 소화불량 증세에 대한 당신의 자가 요법이었다.

바가반은 얼른 보기에 아주 민주적인 공양주供養主(head cook)였다. 당신은 언제나 주방 소임자들에게 점심은 뭐로 할 것이냐고 묻는 것으로써 그날 하루를 시작하시는 것이었다. 각자 어떤 것을 생각하고 계획하고 있는지 물어보고 여러 가지 대안들을 의논한 뒤에 일종의 합의를 도출해 내시곤 했다. 그리고 나서 의논한 대로 야채를 썰었는데, 막상 요리가 시작되고 나면 바가반은 누구와도 상의하지 않고 조리법을 바꾸시는 일이 종종 있었다.

아침의 끝 무렵에 요리가 거의 끝나 가면 바가반은 아주 천진하게 이렇게 말씀하시는 것이었다. "우리는 이러이러하게 요리를 하려고 했는데, 좀 다르게 나온 것 같군."

당신 곁에서 일하는 우리 식구들은 이러한 이른 아침의 의논들이 단지 우리가 그 일에 관심을 갖도록 하기 위한 바가반의 배려라는 느낌을 종종 받았다. 도중에 조리법이 바뀌는 것에 대해서는 누구도 결코 불평하지 않았다. 우리는 모두 바가반의 절대적인 권위를 받아들였으며, 당신이 중간에 어떻게 바꾸거나 이리저리 하자고 하시는 것을 따라하는 것이 늘 즐거웠다.

주방에는 바가반이 보통 가장 먼저 들어갔으므로, 불을 지피는 것은 당신의 일이었다. 랑가 라오(Ranga Rao)라는 사람 역시 일찍 일어나는 사람으로, 때때로 바가반의 이 번거로운 일을 덜어드리려고 해보았지만 거의 성공하지 못했다. 다른 사람들도 당신의 맷돌 가시는 일을 덜어드리려고 했으나, 조금밖에는 성공을 거두지 못했다. 야채 썰기가 끝나면, 바가반은 머리에 수건을 두르고 맷돌 중의 하나에다 처트니(chutney-인도 양념의 하나)를 넣어서 가시곤 했다. 당신은 그 작업에 온 힘과 기력을 투입했는데, 누군가 힘세고 경험 많은 헌신자가 자기가 하겠노라고 나설 때에만 그 일을 넘겨주시는 것이었다. 처트니 갈기가 끝나면, 당신은 손을 씻고 아침 빠라야나(pārāyana)[경전 암송]에 가시기도 했다.

바가반은 회당에 앉아 계실 때도 주방 일 돌아가는 것을 점검하시곤 했다. 삼뿌르남말(Sampurnammal)이나 다른 요리자들 중 한 사람이 삼바르(sambar)와 야채들이 요리되는 대로 맛보기를 곧잘 가져왔는데, 바가반은 그것을 맛본 다음 잘 되었다고 하시거나 아니면 "소금을 더 넣어요"와 같은 새로운 지시를 하시곤 했다. 만일 요리자들이 맛보기를 가져오는 것을 잊어버리면, 바가반은 아침 중간에 회당을 나가 주방으로 가서 그 음식이 제대로 준비되고 있는지 몸소 확인하시기도 했다.

보통은 다들 바가반의 지시를 즐겨 따랐지만, 간혹 당신이 권위를 행사해야 하는 경우도 있었다. 특히 한 번은 당신이 요리자들에게 아비얄(aviyal)을 제대로 만드는 법을 가르치시던 것을 나는 기억한다. 아비얄은 여러 가지 야채와 코코넛, 그리고 응유(凝乳)가 들어가는 매콤한 야채 요리이다. 바가반은 번번이 고추와 다른 양념들은 반죽이 될 때까지 갈아서 지글지글 끓는 야채에다 넣어야 한다고 말씀하셨다. 이것은 아주 힘들고 시간이 많이 걸리는 일이라, 요리자들은 한 번은 손으로 간 반죽 대신에 가루로 빻은 것을 음식에 넣었다. 바가반은 어떻게 해서인가 그것을 아셨다. 다음번에 아비얄을 준비할 때는 바가반이 주방으로 가서 몸소 그 양념을 가셨다. 내가 우연히 주방에 들어갔더니 당신이 그 일을 하고 계셨다.

당신 혼자 일을 하시고 다른 여자들은 모두 둘러서서 바라보고만 있기에, 내가 말했다. "주방에 일하는 사람이 많습니다. 왜 바가반 혼자 이 일을 하고 계십니까?"

바가반은 그 연유를 설명하셨다. "고추로 반죽을 만드라고 했더니 내가 시킨 대로 하지를 않아. 그래서 그것이 제대로 되도록 하기 위해 내가 이 일을 하고 있네. 전혀 힘들지 않아. 손과 팔에 좋은 운동이 되니까."

나는 여자들을 돌아보고 그들을 약간 꾸짖었다. "여기 이렇게 사람이 많은데 바가반께서 힘든 일을 다 하시게 내버려 두다니요. 왜 그렇게 하릴없이 서 있기만 합니까?"

바가반은 아무 말씀 없이 계속 가시기만 했다. 당신이 침묵하는 것을 보고 여자들은 당신이 그 일을 다른 누군가에게 넘겨주실 마음이 있다는 것으로 받아들였다.

그들은 모두 "제가 할게요." "제가 하겠습니다." "제가 하게 주십시오" 하며 나서기 시작했다.

바가반은 웃으며 말씀하셨다. "이제야 자기들이 하겠다는군. 왜 진작 그러지 않았지?" 당신은 누구에게도 맷돌을 넘겨주지 않고 일을 끝내셨다. 그리고 나서 그 반죽을 아비얄에 보태어 숟가락으로 저은 뒤에, 맷돌의 두 짝을 손수 씻으셨다. 그것은 모든 사람들에게 좋은 교훈이었다. 그 후로 다시는 가루 양념이 아비얄에 들어가지 않았다.

또 한 번은 바가반이 몸소 일을 하심으로써 우리에게 교훈을 가르치셨다. 주방 옆에는 청소를 거의 하지 않는 방이 하나 있었다. 그 방은 먼지가 앉고 지저분했으며 바닥은 보통 오래된 바나나 잎과 채소 썬 것들로 어질러져 있었다. 많은 사람들이 이 방을 지나갔지만 아무도 그 방을 치우지 않자, 바가반이 몸소 비를 들고 그 방 전체를 완전히 청소하셨다.

바가반이 그 일을 하고 있을 때 몇 사람의 헌신자들이 말리면서 "제발 바가반, 제가 하게 주십시오. 제가 이 방을 치우겠습니다" 하였다. 그러나 바가반은 빗자루를 넘겨주지 않으셨다.

그렇게 나서는 이에게는 누구에게나 똑같은 대답을 하셨다. "이제야 당신 눈이 이걸 보았군. 그 전에는 이렇게 어질러진 것을 못 보았소?"

바가반은 쓰레기를 커다란 종이에 쓸어 담아 밖으로 가져나가서 버리셨다. 그날부터 그 방은 정기적으로 청소가 되었다.

바가반이 아쉬람의 건축 활동에 어떻게 개입하셨는지를 설명할 때 내가 이야기했듯이, 당신은 가끔 건물을 완공할 돈이 아쉬람에 전혀 없을 때 공사에 착수하셨다. 나는 한 번 당신이 비슷한 전략을 주방에서도 쓰시는 것을 보았다. 하루아침은 아쉬람에 먹을 것이 사실상 아무것도 없었는데, 당신이 얼마 안 되는 재료를 가지고 음식을 만들기 시작하시는 것이었다. 당신은 그 요리가 끝나기 전에 신이 음식을 더 보내 줄 것이라는 것을 충분히 믿었기 때문에 시작하신 것이었다. 바가반이 남은 쌀 한 줌을 씻기 시작하신 것은 아침 5시 30분경이었다. 당신은 쌀을 솥 안에 넣고 씻어 돌을 가려낸 뒤, 그것을 화덕(kumutti)[숯불 화로] 위에 얹어 삶기 시작했다. 이렇게 하고 계신 것을 나는 상당히 의아하게 생각했다.

'이 쌀로는 나 혼자 먹기도 부족하지 않은가? 어떻게 이 많은 사람들이 다 먹지?' 하고 나는 생각했다.

쌀이 끓기 시작할 때 한 헌신자가 2리터의 우유를 가지고 나타났다. 밥이 다 되자 바가반은 더 큰 솥을 화덕 위에 얹고 밥과 우유를 한데 삶기 시작하셨다. 몇 분 뒤에 다른 헌신자가 건포도와 사탕을 공양물로 가지고 왔다. 바가반은 공양물을 씻어서 솥 안에 넣으셨다. 6시 30분쯤에 조리가 거의 끝났을 때, 일단의 헌신자들이 꿈바꼬남(Kumbakonam)에서 도착했다. 그들은 큰 단지 안에 이들리, 바다이(vadai-튀김의 일종),

처트니, 특별한 고산지대 바나나(hill banana), 그리고 바나나 잎으로 만들어진 컵 몇 개를 가지고 왔다. 이 바나나 잎 컵(tonnai)들은 바가반이 당신 식으로 만드신 빠야삼(payasam)을 담기 위해 우리가 필요로 하던 바로 그것이었다.

빠야삼은 달고 걸쭉한 죽인데, 보통 곡류, 우유, 설탕, 그리고 때로는 과일을 넣어 만들지만, 바가반의 재료는 아주 비전통적인 것이었다.

바가반이 목욕을 하시고 난 뒤인 7시쯤에 우리는 모두 앉아서 호화로운 아침 식사를 했다.

바가반이 뭐든지 낭비하는 것을 싫어하신다는 이야기를 많은 사람들이 책에 썼다. 이런 습관은 주방에서도 종종 발휘되었다. 한 번은 점심 식사를 준비하고 있을 때, 약간의 겨자씨가 땅바닥에 떨어졌다. 공양주들은 보고도 무시했지만 바가반은 그것을 손톱으로 하나하나 집어서 작은 솥에 넣으셨다.

주방에서 일하는 브라민 중의 한 사람인 사마 아이어(Sama Iyer)가 말했다. "바가반께서는 이 얼마 안 되는 겨자씨를 주워서 모아 두시네요. 바가반은 돈을 아끼시는 데도 아주 구두쇠 같으세요. 누구를 위해 이런 것을 아끼십니까?"

바가반이 대답하셨다. "이것은 모두 신이 창조한 거라네. 아무리 작은 것이라도 낭비하면 안 되네. 그것이 누군가에게 쓸모가 있다면 간수해 두는 것이 좋지."

바가반은 우리의 많은 잘못을 종종 눈감아 주셨지만, 만약 헌신자들이 무엇을 낭비하는 것을 보면 가만히 계시지 않았다. 1939년 6월, 바가반이 산에 올라갔다가 돌아오실 때, 나는 당신이 순다레샤 아이어(Sundaresa Iyer)[8]의 아들에게 다가가 엄하게 훈계하시는 것을 보았다.

---

8) [역주] 바가반의 헌신자(1897~1965). 띠루반나말라이에서 교사로 오래 근무했다.

"네 아버지가 내게 그러더군. 네가 쓸데없는 것을 많이 산다고." 바가반이 말씀하셨다. "네 수입을 초과해서 소비하지 말아라. 검약해야 돼. 불, 빚(채무), 감각 대상(sense-objects) 그리고 독毒, 이 중의 어느 하나가 한 방울만 있어도 우리를 망칠 수 있어."

내가 새 식당 건축을 감독하고 있을 때 바가반은 한 번 나에게도 비슷한 훈계를 하셨다. 당신은 나에게 녹슬고 구부러진 1.5인치 못 하나를 주시고는 그것을 닦고 바루어 식당 안에 사용하라고 하셨다.

"그렇지만 바가반, 우리는 여러 근이나 되는 많은 새 못을 방금 받았습니다. 이런 헌 못을 쓸 필요가 없습니다." 내가 항의했다.

바가반은 동의하지 않으셨다. 쓸모가 있는 것은 뭐든지 사용해야 한다고 말씀하신 다음, 못을 다시 쓸 수 있게 만들라는 지시를 되풀이하셨다.

이처럼 근검절약을 고집하고 낭비를 혐오하셨기 때문에 바가반은 인근 지역에서 구할 수 있는 재료를 가지고 많은 도구와 연장을 만드셨다. 당신이 스깐다쉬람에 사실 때, 한 번은 사방 2피트 반쯤 되는 큰 화강암을 가지고 여러 날 동안 그 표면을 모래와 물로 비벼서 매끄럽게 다듬으셨다. 끝날 때가 되자 그 돌의 표면은 워낙 매끄럽고 윤이 나서 누가 거기에 얼굴을 비출 수 있을 정도가 되었다. 이 돌은 밥을 한 뒤에 식히는 데 사용되었다. 1930년대 후반에, 바가반이 그것을 만드셨다는 것을 알고 있던 네댓 명의 헌신자들이 이 돌을 가져오려고 스깐다쉬람으로 갔다. 그들은 그것을 산 아래로 운반하여 새 주방 안에 설치했다. 몇 명의 헌신자들은 바가반이 하신 것을 본받아 사방 10피트쯤 되는 새 돌들을 갈아서 같은 목적으로 사용했다.

바가반은 아쉬람의 음식이 제대로 조리되도록 하기 위해 매일 몇 시간씩 기꺼이 소비하시기는 했지만, 가짓수가 많은 진수성찬은 싫어하셨다. 당신은 쌀밥과 삼바르(sambar), 그리고 야채 한 가지로도 아주 만족하셨다. 께랄라(Kerala-인도 서남부의 주)에서 온 한 여사는 매 끼니에 찬을 많이 준비해서 먹는 데 익숙한 사람이었는데, 언젠가 바가반을 친견하러 와서 자기가 모든 대중을 위해 식사 준비를 하겠다고 고집했다. 많은 시간과 노력을 들인 끝에 그녀는 32가지의 찬이 나오는 식사를 준비하는 데 성공했다. 바가반은 그녀가 각 찬마다 따로 해서 당신의 바나나 잎에 놓는 것을 허락하셨다. 그러나 배식이 끝나자 당신의 음식을 다 섞어서 균일한 한 덩어리로 만들어 버리셨다.

당신은 그 이유를 그녀에게 이렇게 설명했다. "당신은 이 음식들을 다 만드느라고 많은 기력을 써야 했습니다. 재료를 구하는 데만도 꽤 시간이 많이 걸렸겠지요. 야채 한 가지면 족합니다. 그거면 뱃속을 깨끗이 하고 변비를 없애주기 충분합니다. 왜 이걸 다 만듭니까? 그리고 또 다른 문제가 있습니다. 만약 당신이 32가지의 찬을 준비하면 우리의 마음은 내내 '이걸 먹을까, 저걸 먹을까?' 하는 생각을 합니다. 그래서 먹을 때 미음도 흩어집니다. 찬 하나라도 아무 문제가 없습니다. 우리는 그것을 아주 단순하게 먹을 수 있습니다. 또, 이런 식사는 먹을 것이 없는 사람들에게 나쁜 모범이 됩니다. 가난한 사람들은 우리가 호사스런 음식을 먹고 있다는 이야기를 들으면 이렇게 생각하겠지요. '우리는 배가 몹시 고픈데, 가진 것 없는 사두라고 하는 이 사람들은 그렇게 많은 찬을 먹고 있다니.' 이런 생각은 불필요한 질투심을 야기할 겁니다."

나중에 당신은 이렇게 덧붙이셨다. "만약 바가반이 어느 찬을 먼저 먹으면, 배식하는 여자는 이렇게 생각하겠지요. '아, 바가반은 이걸 아주 좋아하시는구나.' 그리고 그녀는 제 식반에 그것을 더 얹어주겠지요. 제가 모두 섞어서 한 덩어리로 만든 것은 그 때문입니다."

바가반이 산 위에 사시던 초기에 대부분의 음식은 무달리아 빠띠(Mudaliar Patti)와 에짬말(Echammal) 같은 여자 헌신자들이 대주었다. 그들은 자기 집에서 음식을 준비하여 그것을 비루팍샤 산굴이나 스깐다쉬람으로 가져왔다. 아쉬람에서 직접 음식을 만들기 시작했을 때도 두 여사는 계속해서 매일 음식을 보내왔다. 무달라이아 빠띠는 보통 네 사람 분의 음식을 가져왔고, 에짬말은 두 사람 분을 가져왔다. 두 사람 다 점심 식사 때 그들의 공양 음식을 가져와서 그것을 바가반과 헌신자들에게 직접 배식해 드리곤 했다. 이 여사들이 나이가 많아지고 아쉬람의 주방 시설이 확장되자 바가반은 그들에게 음식을 가져오지 말도록 권했지만, 어느 한 사람도 자신이 매일 바가반께 직접 공양을 배식해 드리는 그 어렵게 얻은 특권을 선뜻 포기하려 하지 않았다.

바가반이 에짬말에게 음식을 그만 가져오라고 몇 번 부탁하기는 했지만, 공식적으로 금지하는 것은 찬성하지 않았다. 찐나스와미가 한때 바가반의 건강을 염려하여 그녀가 음식을 가져오는 것을 금지하자, 바가반은 점심 식사 종이 울렸는데도 식당에 들어가지 않았다. 그는 그 이유를 전혀 말하지 않았지만, 헌신자들은 이내 그가 에짬말에 대한 금지령에 항의하는 것이라고 짐작했다. 이때는 에짬말이 벌써 읍내로 돌아갔으므로, 헌신자 몇 사람을 보내어 그녀를 데려오게 하였다. 아쉬람 집행부에 대한 화가 아직 풀리지 않았던 그녀는 처음에는 오지 않으려고 했지만, 만약 그녀가 직접 오지 않으면 아마 바가반이 굶으실 거라고 이야기하자 다시 와서 그 상황을 타개하는 데 동의했다. 그녀가 바가반에게 식당에 오셔서 식사하시라고 하자, 바가반은 일어나서 식사하러 갔다. 그 전까지는 아무도 그를 설득해서 회당을 나오게 하지 못했다. 이 사건이 있고 난 뒤에는 누구도 에짬말의 배식 권리를 시비하지 않았다.

바가반이 무달라이아 빠띠가 오는 것을 보실 때마다, 당신의 얼굴에는 웃음이 활짝 피어나곤 했다. 그녀가 음식을 배식하고 나서 당신이 그녀에게 더 달라고 청할 때도 자주 있었다. 어떤 때는 그녀가 배식을 다 끝내고 난 뒤에 다시 불러서, 그녀의 광주리에 남아 있는 음식을 더 드시기까지 했다. 이런 일은 아주 이례적이었다. 바가반은 배식자들이 당신의 식반食盤에 음식을 너무 많이 놓는다고 자주 나무랐으며, 무달라이아 빠띠가 있을 때 외에는 한 번 더 드시는 일이 거의 없었다. 우리는 무달라이아 빠띠가 바가반으로부터 이러한 자애로운 반응을 얻어내는 것은 그녀의 사랑과 헌신 때문이라고 느꼈다.

나는 브라민이 아니었기 때문에 어떤 요리도 할 수 없었다. 어쩌다 드물게 주방 일을 돕는 경우에도 나는 채소를 써는 것이 고작이었다. 그러나 한 번은 바가반이 그 규칙을 깨고 나에게 요리를 좀 하게 하신 적이 있었다. 그것은 자얀띠(jayanti) 잔치가 있고 난 다음날 아침이었다. 주방 식구들은 그 전날 하루 종일 수천 명을 해 먹이느라고 완전히 녹초가 되어 다 자고 있었다. 바가반은 나와 마다바 스와미, 그리고 라마 끄리슈나 스와미를 데리고 주방으로 가서서 웁뿌마(uppuma)를 만드셨다. 왜냐하면 요리자들이 제 시간에 일어나서 아침 식사 준비를 하지 못할 것이 분명했기 때문이다. 바가반의 감독 하에 우리는 야채를 썰고 코코넛을 얇게 잘라, 큰 솥 하나로 라바 웁뿌마(rava uppuma)를 쑤었다.

웁뿌마는 밀로 쑤는 된 죽으로, 약간의 튀긴 야채와 양념을 넣는다. 그 주된 재료인 라바(rava)는 밀알을 잘게 갈아서 만든다.

그것이 다 되자 바가반은 나에게 맛보기를 조금 주셨다. 처음에 나는 먹지 않겠다고 했다. 그날 아침에는 이를 닦을 시간이 없었기 때문이다. 바가반이 나를 내 방에서 주방으로 바로 데려가셨던 것이다.

바가반은 내 입의 상태는 개의치 않으셨다. "먹어 보라니까. 이는 나중에 닦아도 돼" 하고 말씀하셨다.

조금 후 바가반은 이렇게 덧붙이셨다. "다른 사람 누구한테도 우리가 이것을 쑤었다고 말하지 말게. 브라민들은 자네가 음식을 만들었다고 하면 안 먹으려고 할 것이니까."

이것은 브라민의 정통 관행에 대한 바가반의 태도를 보여주는 좋은 예이다. 당신은 정통 브라민들의 정서를 건드리지 않으려고 무척 애쓰셨는데, 그런 모습은 브라민들만이 아쉬람의 음식을 요리하도록 하는 데서 주로 나타났다. 그러나 아주 엄격하게 그러지는 않으셨고, 그것이

9. 구 식당. 앞에 나온 사진에 보이던 원래의 초가집이 벽돌과 타일 지붕의 건축물로 개축되었다. 1938년까지는 아쉬람의 모든 사람이 여기서 식사를 했다.

10. 무달라이아 할머니. 아루나찰레스와라 사원의 뜰에 서 있다.

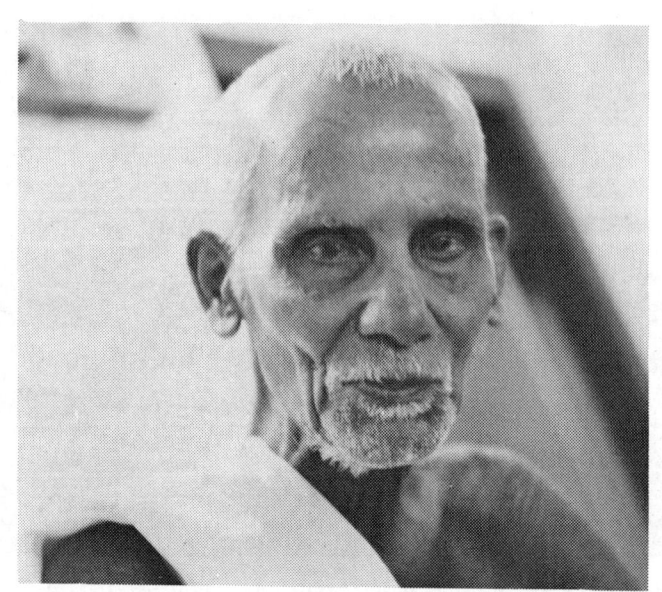

11. 안나말라이 스와미(1995년)

12. 에짬말

13. 샨땀말. 1930년대와 40년대의 대부분의 기간 동안 공양주였다.

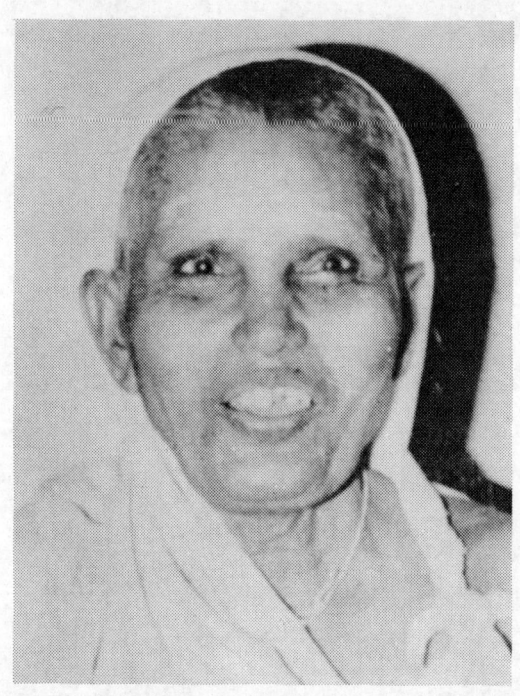

14. 삼뿌르남말

15. 이 사진과 뒤에 나오는 모든 단체 사진에서는 본문 중에 나오는 사람들만 지적한다.

맨 줄 오른쪽에서 왼쪽으로, 세 번째 때남마, 네 번째 숨바다수미 암말, 다섯 번째 산땀말.

가운뎃줄 오른쪽에서 왼쪽으로, 두 번째 수브라마니얌, 세 번째 라마스와미 빨라이, 여섯 번째 라마나타 브라마차리, 일곱 번째 안나말라이 스와미, 아홉 번째 시마 다다(사마 아이아).

앞줄 오른쪽에서 왼쪽으로, 첫 번째 마다바 스와미, 두 번째 T.K. 순다레샤 아이어, 세 번째 첫나스와미, 네 번째 바가반, 다섯 번째 T.P. 라마찬드라 아이어.

좋은 일을 위한 경우라면 가끔씩 그 원칙을 수정하기도 하셨다. 당신의 태도는 카스트 규범의 문자에 집착하려고 한 것이 아니라, 불평과 불화를 피하고 싶어 하는 마음이 주로 지배했다.

당신이 아쉬람 브라민들의 감정을 얼마나 건드리고 싶어 하지 않았는지를 보여주는—주방과는 관계없는—다른 사건이 하나 있었다. 내가 바가반과 함께 우사 쪽으로 가고 있을 때, 우리는 몇 명의 여자들이 한 객실 근처에서 쌀을 씻고 있는 것을 보았다. 그 중의 한 사람이 우리가 걷고 있던 길바닥에다 조금 전에 빈랑 즙(betel juice)을 뱉어 놓은 것이 있었다. 바가반은 맨발로 그것을 덮어서 작은 흙더미 아래 묻으셨다.

나는 바가반의 발에 침이 묻는 것을 원하지 않았기 때문에, 당신을 말리려고 이렇게 말했다. "왜 바가반께서 이런 일을 하십니까? 제가 하겠습니다."

바가반은 나의 제안을 무시하셨다. "'당신'과 '나' 사이에 무슨 차이가 있지?" 하고 당신이 반문했다. "많은 브라민들이 이 길로 해서 학당學堂(pāthasālā-아쉬람 내에 있는 베다 학당) 쪽으로 가네. 그들이 만일 길 위에 이런 것이 있는 것을 보면 아주 기분 나빠하겠지. 나는 그들의 감정을 상하게 하고 싶지 않아서 파묻을 뿐이네."

나는 앞에서 몇몇 아쉬람 일꾼들은 바가반께 바로 이야기하기를 겁내어 가끔 나를 중개자로 이용했다는 것을 이야기했다. 공양주 샨땀말이 한 번은 나에게 바가반께 메시지를 전해 달라고 했다.

1920년대 후반까지는 찐니스와미가 아쉬람의 공양주였다. 그가 아쉬람의 운영을 맡고 나서는, 대부분의 요리를 일단—團의 브라민 과부들이 도맡아 했다. 샨땀말(Santammal), 삼뿌르남말(Sampurnammal), 떼남마 빠띠(Tenamma Patti), 로깜말(Lokammal) 그리고 숩바락슈미 암말(Subbalakshmi Ammal)이 그들이다.

그녀는 주방에서 장시간 일을 한 결과로 몸이 아주 약해졌다.

"당신은 늘 바가반과 이야기를 하죠." 그녀가 말했다. "제가 그 동안

이 일을 다 하느라고 몸이 많이 아프다고 바가반께 말씀 좀 드려주세요. 제가 어떻게 해야 할지 좀 여쭈어 봐 줘요."

내가 이 메시지를 바가반께 전했을 때 당신은 그다지 동정적이지 않으셨다.

"그녀는 자신의 에고를 위해서 일하고 있어. '내가 이 일을 전부 다 하고 있다. 나는 주방의 모든 일을 책임지고 있다'라는 생각을 가지고 있는 거지. 그녀는 자기가 그 일을 다 하고 있다는 것을 사람들에게 과시하고 그렇게 해서 명예를 얻으려고 하네. 그렇게 불평을 하는 것은 자기가 얼마나 힘들게 일하고 있는지 사람들이 알아주기를 바라는 거지. 그녀에게 일을 좀 적게 하라고 하게. 다른 여사들을 감독하기만 하라고 말해 주게. 주방에는 웬만한 힘든 일도 다 해 낼 만큼 사람이 많으니 자기가 그런 식으로 과시할 필요가 없어. 만약 내 지시를 받아들이면 아픈 것은 사라질 것이야."

그런데 내가 그 메시지를 미처 전달하기 전에 바가반이 주방에 들어가더니 그녀에게 말씀하시는 것이었다. "지금부터는 다른 여사들을 감독하세요. 힘든 일은 다 그들이 하라고 해요."

나떼샤 아이어(Natesa Iyer)라는 사람이 있었는데, 그 역시 그 당시에 주방에서 일하고 있었다. 그는 아주 겸손한 사람으로서 자기 고집이라고는 없는 사람이었다. 여자 공양주들은 이 점을 이용해서 그에게 아주 힘들게 일을 시켰다. 그는 그들이 무슨 일을 시키든 군말 없이 기꺼이 했다. 몹시 피곤한 적이 많았는데도 말이다. 그가 얼마나 군말이 없고 고분고분한가를 알고 나자, 여자들은 힘든 일을 다 그에게 맡겨버렸다.

얼마쯤 지나서 자기 건강이 나빠지자, 그가 나한테 와서 이렇게 말했다. "여사님들이 나한테 일을 너무 시켜 먹어. 바가반께 이걸 좀 말씀드려 줘. 내가 이 일을 다 하느라고 몸에 통증이 많이 온다고. 자네는 바가반과 자주 이야기하니까 이런 이야기 쉽게 할 수 있잖아."

이번에는 바가반이 아무 반응이 없으셨다. 당신이 왜 이 문제에 분명하게 개입해서 나떼샤 아이어의 일 부담을 덜어주든지, 아니면 그에게 뭐라고 말씀을 하시지 않았는지는 알 수 없지만, 그것은 당신이 아주 비슷한 두 사건을 어떻게 다르게 처리하는지를 보여주신 전형적인 경우였다. 바가반은 항상 헌신자들이 처해 있는 상황보다는 그들의 마음의 상태에 반응하셨다. 이 사안의 경우에 내가 추측해 본다면, 바가반은 다른 어떤 덕목보다도 겸손을 중시하셨기 때문에, 나떼샤 아이어도 여자 공양주들이 아무리 끊임없이 그를 괴롭혀도 계속 겸손하게 받아들이는 것이 그에게 좋을 거라고 당신은 생각하셨는지 모른다.

자얀띠 기간[바가반의 생신을 축하하는 기간]에는 수천 명의 방문객들을 동시에 먹일 수가 없었다. 식당에서는 몇 번의 착좌着坐가 있었고, 바가반은 항상 첫 번째 무리와 함께 드셨다. 첫 착좌가 끝나고 나면 바가반은 산 위를 잠시 포행하신 다음 구회당으로 돌아가셨다. 정오 무렵부터 대략 2시 30분까지 바가반은 회당 안에 혼자 계시곤 했다. 이 시간에는 회당의 문들을 잠가서 바가반으로 하여금 그 모든 방문객들에게 에워싸이지 않도록 했다. 자얀띠 날에 아쉬람에 나타나는 모든 사람에게 음식을 대접하는 것이 아쉬람의 관습이었다. 그래서 항상 많은 사람들이 와서 무질서하게 굴었기 때문에 이들과 옥신각신하지 않으면 안 되었다. 많은 방문객들은 단지 한 끼를 거저먹고 싶어서 찾아왔다. 방문객들을 먹이고 나서 군중이 흩어진 뒤에 바가반은 다시 친견(darshan)을 베푸시는 것이었다.

당신을 보고 싶어 하는 사람의 숫자가 워낙 많았기 때문에, 당신은 평소같이 회당 한 구석의 당신 자리에서 친견을 베풀 수가 없었다. 그래서 그 대신 시자들이 당신의 침상을 문 바로 안쪽으로 옮겨놓곤 했다. 그러면 방문객과 헌신자들은 문간에 와서 당신의 친견을 받고 나서 떠났다.

어느 자얀띠 날에는 점심 식사 직전에 바가반이 찐나스와미가 큰 소리로 이렇게 외치는 것을 들으셨다. "빠라데시(*paradēsīs*)[출가수행자]분들은 첫 무리에 식사하지 마십시오!"

식당을 향해 가던 바가반은 돌아서서 구회당으로 도로 들어가셨다. 당신은 분명히 자신을 한 사람의 빠라데시로 간주하고 식당에서 식사하는 것이 금지되었다고 느끼셨던 것이다. 이것은 큰 문제를 야기했다. 왜냐하면 바가반이 음식을 드시기 전에는 누구도 먼저 먹어서는 안 되는 것이 오래 전부터 확립된 관행이었기 때문이다. 찐나스와미는 회당으로 가서 그러한 차별적인 명령을 내린 점을 사죄드리고, 바가반이 오셔서 첫 착좌로 식사하시라고 청했다. 몇 명의 오랜 헌신자들도 가서 같이 간청했다. 바가반은 모든 빠라데시들이 당신과 같이 식사하는 것이 허락되지 않으면 당신도 들지 않겠다고 대답하셨다. 찐나스와미는 이 조건에 쉽게 동의했다. 바가반이 식당에 착석하기 전에는, 수천 명을 먹여야 하는 급식 계획 전체가 진행될 수 없었기 때문이다.

바가반은 자얀띠 날에 친견을 베푸실 때는 시자나 헌신자들과 나누던 모든 일상적인 대화를 보통 끊어 버리셨다. 왜냐하면 당신은 새로 온 방문객들이 다들 자기들도 당신에게 이야기를 해야겠다고 생각하는 것을 원치 않으셨기 때문이다. 당신은 하루 중 대부분을 침상 위에 석상같이 앉아 계셨는데, 눈을 뜨고 있었지만 어느 특정한 대상에 집중하지는 않으셨다. 당신이 워낙 고요하게 계셨기 때문에, 당신의 호흡에 따라 부드럽게 일어났다 꺼졌다 해야 할 배와 가슴도 전혀 움직이는 표시가 나지 않았다. 나를 포함해서 많은 헌신자들은 당신이 자얀띠 날에는 평소 때보다 더 많은 힘과 은총(grace)을 방사하신다고 느꼈다. 우리는 모두 바가반이 이러한 삼매三昧 같은 상태로 꼼짝 않고 앉아 계실 때, 이 힘을 아주 강하게 느꼈다.

제4장

아쉬람의 동물들

어떤 헌신자들이 한 번은 아기 사슴 한 마리를 가지고 와서 아쉬람에 두고 갔다. 처음에 바가반은 그것을 받기를 꺼리셨다.

"왜 우리가 아쉬람에 사슴을 두어야 하나? 누가 그걸 돌본단 말인가?" 하고 말씀하셨다.

바가반의 시자인 마다바 스와미가 자기가 돌보겠노라고 나섰을 때야 당신은 그 사슴을 두는 것을 허락하셨다. 발리(Valli)라고 불린 그 암사슴은 아쉬람의 애완동물로 자라났다. 바가반은 발리가 좋아하는 쌀, 달(dhal) 그리고 캐슈너트(cashew nuts)의 혼합물을 규칙적으로 먹여주셨다. 몇 사람의 헌신자들도 발리에게 뻥튀긴 쌀과 달을 이따금 먹여주었다. 발리는 뻥튀긴 쌀에는 전혀 관심이 없었다. 달만 하나하나 골라먹고 나머지는 그대로 두었다.

발리는 종종 회당에 들어와서 이마를 바가반의 발바닥에 갖다댔다. 어떤 때는 발리가 그렇게 하고 있으면 바가반도 당신의 발로 그의 머리를 세게 밀어서 장난을 치곤 하셨다. 그러면 발리도 장난스럽게 바가반의 발을 머리로 떠받아 응수하곤 했다. 어떤 때는 발리가 뒷발로 서서 춤을 출라치면 바가반도 그의 곁에 서서 그의 동작을 흉내 내어 발로 춤추고 두 팔을 흔드시곤 했다.

하루는 발리가 몇 마리의 염소들과 함께 풀을 뜯어먹으러 나갔다. 그들이 2마일쯤 떨어진 이사니야 정사(Easanya Math)에 도착했을 때, 누군가가 발리를 공격해서 다리를 너무 심하게 다쳐놓아 그는 아쉬람에 돌아오지 못했다. 발리는 거기 누워 아무도 돌보지 않은 채 하루가 지나도록 있었다. 발리가 그날 밤 아쉬람에 돌아오지 않자 바가반은 나와 랑가스와미(Rangaswami)를 내보내 찾도록 했다. 어떤 이가 읍내의 회교도 거리에 사슴이 있는 것을 보았다는 잘못된 정보를 우리에게 일러주었다. 우리는 발리가 솥에 삶겨 버려지는 않았을까 걱정하면서 거기로 갔으나, 아무도 그를 보았다는 사람이 없었다.

발리는 다음날 이사니야 정사 근처를 포행하던 일단의 헌신자들에 의해 발견되었다. 그들은 발리의 다리에 붕대를 감고 그를 아쉬람으로 데리고 왔다. 헌신자의 한 사람인 읍내 수의사가 그를 살펴보고 다리가 부러졌다고 말했다. 그는 발리의 다리에 붕대를 싸매고는 그를 어떻게 돌봐야 하는지 우리에게 몇 마디 일러주었다. 우리는 발리를 구식당의 한 구석에 두었지만, 그는 그 부상에서 회복되지 못했다. 한 달쯤 지난 뒤 발리가 곧 죽을 것임을 감지한 바가반은 그가 누워 있는 둥우리로 가셨다. 그때는 4시경의 꼭두새벽이었다. 당신은 발리 곁에 앉아서 한 손은 그의 머리에, 그리고 한 손은 그의 심장중심心藏中心(Heart-centre)에 대셨다.

바가반은 죽어 가는 헌신자들에 대해 이따금 이렇게 하셨다. 당신의 목적은 마음을 심장心藏 속으로 돌아가게 하여 거기서 죽게끔 하려는 것이었다. 이 방법을 시행하여 성공하면 그 복 많은 헌신자는 진아 깨달음을 성취하게 된다. 당신은 초기 시자들 중의 한 사람인 빨라니스와미(Palaniswami)에게 이것을 처음으로 시도했지만 성공하지 못하셨다. 후년에 당신의 어머니와 암소 락슈미(Cow Lakshmi)에 대해서는, 그들이 죽어갈 때 이런 식으로 손을 대고 있으면서 그들이 진아 깨달음을 얻게 하는 데 성공하셨다.

바가반은 한 시간 가량 이 자세로 손을 유지하고 계셨다. 그러는 동안 발리가 한 번 당신에게 오줌을 쌌지만 당신은 개의치 않으셨다. 당신은 발리 곁에서 그의 머리와 심장중심에 손을 계속 대고 계셨고, 마침내 발리는 5시경에 숨을 거두었다. 나는 바가반이 그에게 진아 깨달음을 얻게 하셨다고는 생각하지 않는다. 왜냐하면 그 사건에 관해 당신이 아무 말씀도 하지 않으셨기 때문이다. 만약 당신이 성공하셨더라면 그에 관해 우리에게 말씀하셨으리라고 나는 확신한다.

나는 바가반이 이런 식으로 손을 대고 있었던 또 한 번의 경우에 관해 최근 이야기를 들었다. 내가 아는 한, 이 사건은 완전하게 기록된 적이 결코 없었다.

1939년에 사띠야 나라야나 라오(Sathya Narayana Rao)라는 사람이 아쉬람의 어느 방에서 죽어가고 있었다. 그는 누가 보더라도 굉장한 고통을 받고 있었다. 한 헌신자가 그 소식을 회당에 전했다. 바가반은 처음에 그 문제에 대해 무관심한 것처럼 보였다.

"내가 어떻게 할 수 있나?" 그는 이렇게 반문했다. "내가 의사란 말인가?" 그러나 몇 분 후에 그는 일어나더니 끄리슈나스와미(Krishnaswami)와 함께 그 사람이 죽어가는 방으로 갔다. 사띠야 나라야나 라오는 고방 옆의 작은 방 안에 있는 침대에 누워 있었다. 바가반은 그의 곁에 앉아 한 손을 그의 머리에, 그리고 다른 한 손을 그의 심장중심에 댔다. 사띠야 나라야나 라오는 조금 전까지 침대에서 고통을 못 이겨 뒹굴고 있었지만, 바가반이 그에게 손을 댄 몇 초 뒤부터는 진정되어 눈을 감고 침대에 조용히 누워 있었다.

30분쯤 지난 뒤 바가반이 말했다. "여기서는 끝났어. 우리는 가서 식사를 하세."
바가반은 사띠야 나라야나 라오에게 하던 일을 끝내고 싶었기 때문에 점심 식사하러 가는 것을 늦추고 있었던 것이다. 바가반이 식사를 하고 있는 동안, 한 헌신자가 와서 사띠야 나라야나 라오가 죽었다고 그에게 알려주었다. 그러나 죽기 전에 그는 눈을 뜨고 웃으면서 손을 뻗어 그의 두 누이에게 접촉했다고 했다.

이 말을 듣자 바가반은 탄식했다. "아! 그 도둑이 도로 왔구나. 나는 그의 마음이 완전히 가라앉았다고 생각했지. 그의 원습原習(*vāsanās*)[마음의 습과 경향성]이 다시 일어난 거야. 자기 누이들에 대한 집착 때문에 손을 뻗쳐 그들을 접촉한 거지."

바가반은 빨라니스와미의 경우에는 '나'라는 생각이 죽음의 순간에 두 눈을 통해 빠져나가서 다른 생生을 받았다고 말했다. 이 경우에도 그와 유사한 일이 일어났던 것이라고 추측해 볼 수 있다.

이 이야기는 이 사건을 다 목격한 끄리슈나스와미가 나에게 들려준 것이다. 나는 또한 많은 정황적인 세부사항들이 사띠야 나라야나 라오의 형제인 나라싱하 라오(Narasimha Rao)가 쓴, 출판되지 않은 원고에서 확인된다는 것도 알았다.

그날 오전 늦게 바가반은 나에게 아쉬람의 뒷문 근처에 작은 삼매지[사당]를 하나 만들라고 하셨다.

"우리는 아쉬람 안에 발리의 삼매지를 하나 만들어야 하네. 석공은 부를 필요 없고, 우리 둘이서 그걸 만들어 보세." 당신이 말씀하셨다.

나는 석공 일을 하고 바가반은 나에게 벽돌을 건네주시기만 했다. 삼매지의 주요 골격이 완성되자, 당신은 나에게 그 안에 링감(lingam) 하나를 안치하고 거기에 예공(pūjā)을 하라고 하셨다. 나는 그 두 가지 일을 했고, 바가반은 내 옆에 서 계셨다. 모두 몇 시간이 좋이 걸렸다. 삼매지를 만들고 장례식을 치르는 동안 바가반은 회당에 들어가지 않으셨다. 친견하러 온 헌신자들은 모두 우리가 일을 하고 있는 곳으로 오지 않으면 안 되었다.

발리의 삼매지 옆에는 다른 삼매지가 두 개 있다. 하나는 견공犬公 재키(Jackie)의 것이고, 또 하나는 이름 없는 까마귀의 것이다. 이 까마귀에 대해서는 별로 이야기할 것이 없다. 하루는 이 까마귀가 정신을 잃고 회당 앞의 마당에 누워 있는 것을 마다바 스와미가 발견했다. 그가 바가반께 까마귀를 드렸더니 당신은 그 머리를 두드리고 한 동안 까마귀를 쓰다듬으셨다. 까마귀가 바가반의 손 안에서 삼매를 이루었을 때(죽었을 때), 당신은 발리의 묘 옆에 두 번째 묘를 지으라고 하셨다.

삼매(samādhi)란 단어는 종종 '죽음'의 미화어美化語로 쓰인다. 이 단어는 두 가지 통상적인 의미가 있다. 1) 묘사廟祠(burial shrine-무덤 위에 지은 사당. '삼매지') 2) '진아를 직접 체험하는 황홀경 같은 상태'가 그것이다.

스리 라마나스라맘에 지어진 동물 묘사들 외에도, 바가반은 그가 아직 산 위에 살고 있을 때, 두 개의 동물 묘사를 지었다. 처음 것은 스깐다쉬람에 살고 있던 애완용 공작의 무덤 위에 지었고, 두 번째 것은 한 앵무새의 무덤 위에 지었다. 에짬말이 산을 올라가고 있을 때 그녀는 이 앵무새가 까마귀의 공격을 받고 있는 것을 보았다. 그녀는 부상당한 이 앵무새를 가지고 가서 그 당시 스깐다쉬람에 살고 있던 바가반에게 드렸다. 바가반이 닷새를 돌본 뒤에 앵무새는 죽었다.

그는 그것을 산에 묻고 나서 말했다. "여기에 건물이 하나 들어설 것이다."

그 예언은 실현되었다. 얼마 지나지 않아서 그 삼매지 부지에 건물 하나가 생겼다. 그 건물 옆에 있던 산굴은 마침내 '낄리 구하'(Kili Guha), 즉 앵무새 산굴이라고 알려지게 되었다.

내가 아는 한 이 앵무새의 삼매지 이야기는 이전에 출판된 적이 없다. 나는 끄리슈나 빅슈(Krishna Bhikshu)가 쓴, 출판되지 않은 에짬말의 생애담에 이 이야기가 들어 있는 것을 발견했다.

견공 재키는 나중에 사슴과 까마귀 곁에 묻혔지만, 아쉬람에 온 것은 그가 아주 어릴 때였다. 그는 다른 개들과 결코 어울리지 않았고, 많이 놀지도 않았다. 대신에 그는 사두의 삶을 살았다. 그는 바가반의 앞에, 어느 헌신자가 가져온 오렌지색 천 위에 앉아서 바가반의 눈을 뚫어지게 바라보곤 했다. 바가반이 그를 아주 사랑했고 그도 늘 매우 모범적으로 행동했기 때문에, 사람들이 항상 그를 극진히 돌봐주었다. 라마스와미 삘라이가 특히 그를 잘 보살펴주었는데, 그는 매일 비눗물로 재키를 씻겨주고 몸에 들러붙은 벌레들을 없애주었다. 은사물(prasād)을 나누어 줄 때 재키는 바가반이 드시기 전에는 자기 몫을 먼저 먹지 않았다. 그럴 때 재키는 바가반의 얼굴을 뚫어지게 지켜보곤 했다. 그리고 바가반이 한 움큼 입에 집어넣자마자 재키도 자기 몫을 먹기 시작하는 것이었다.

나는 재키와 관계되는 사건 하나를 기억하는데, 그것은 바가반이 우물 곁에서 헌신자들에 둘러싸여 계실 때 일어났다. 재키가 헌신자들과 함께 앉아서 바가반을 뚫어지게 바라보고 있는데, 돌아다니는 개 한 마리가 뒷문으로 해서 아쉬람에 들어왔다. 재키는 이 새로 온 개 때문에 마음이 흐트러지자 짖어대기 시작했다.

바가반은 부드럽게 그를 나무라셨다. "너 그냥 눈을 감아라. 너 그냥 눈을 감아라. 너 그냥 눈을 감아라. 그러면 그 개를 보지 않을 수 있어."

재키는 즉시 그 말에 따랐지만, 우리는 계속 그 돌아다니는 개를 보고 있었다.

벌어지는 상황을 보고 내가 웃으면서 이렇게 말했다. "이것은 좋은 가르침입니다. 재키한테 뿐만 아니라 우리 모두한테 말입니다."

재키는 아쉬람에서 여러 해를 살았다. 그러나 나는 그가 마지막에 어떻게 죽었는지 기억할 수 없다. 그것은 필시 내가 건축 공사를 감독하고 있던 1930년대의 어느 때였을 것이다. 내가 바가반의 부탁으로 그의 시신을 묻은 곳 위에 작은 묘사廟祠를 지은 기억이 있기 때문이다.

나는 나라싱하 라오의 출판되지 않은 이야기에서 재키의 죽음에 관한 다음과 같은 이야기를 발견했다.

"우리가 아쉬람에 다니던 초기[1930년대 초]에 잭(Jack)이라는 이름의 개가 한 마리 있었다. 그때 그 개는 병이 들었다. 바가반은 그를 위해 부드러운 침대 하나를 마련해주고, 그의 시중을 들면서 아주 자애롭게 돌봐주셨다. 며칠이 지난 뒤 그는 더 약해졌고 악취를 풍겼다. 그래도 바가반은 전혀 상관하지 않으셨다. 당신은 개를 당신의 팔에 들어올려 꼭 껴안아 주고, 사랑스럽게 쓰다듬어 주곤 하셨다. 마침내 개는 당신의 손 안에서 숨을 거두었다. 그는 아쉬람 경내에 묻혔고, 그 위에 기념비 하나가 세워졌다. 그 개는 아파하는 어떤 내색도 하지 않고 그것을 용감하게 견뎌냈다."

그 줄에 서 있는 다른 삼매지는 락슈미의 것이다. 이 암소의 이야기는 여러 책에서 언급되고 있으므로, 여기서 나는 그것을 굳이 되풀이하지 않겠다. 그 대신 다른 데 기록된 적이 없다고 생각되는, 락슈미에 관한 사건 한두 가지만 언급하겠다.

락슈미는 바가반을 친견하러 올 때 누가 자기 앞길을 막고 있거나 상관하지 않고 아주 빨리 걸어왔다. 헌신자들은 길을 비켜주든지 아니면 소에게 밟히든지 두 가지 중에서 선택해야 했다. 락슈미는 바가반의 침상 가까이 가면 바가반의 앞에 서서 머리를 당신의 두 발에 갖다댔다.

만약 락슈미가 조금 더 가까이 다가가면 당신이 그의 머리와 목을 쓰다듬어 주시곤 했다. 종종 그들은 너무 가까워서 락슈미의 침이 바가반의 몸에 떨어지기도 했다. 만일 어떤 특별한 음식이 아쉬람에서 요리되면 바가반은 회당 안에서 그것을 락슈미에게 주시기도 했다. 나는 당신이 이들리와 빠야삼, 그리고 바다이를 모두 바나나 잎에 담아서, 마치 락슈미가 사람이기라도 한 듯이 그에게 주시는 것을 본 적이 있다. 가끔 당신은 음식을 바로 우사로 가지고 가서 주시기도 했다.

한 번은 아쉬람에 생초生草가 거의 없을 때, 바가반은 락슈미가 충분히 먹지 못하고 있다는 것을 발견하셨다. 그날 당신은 식당에 들어갔을 때 당신에게 배식된 음식을 들지 않으셨다. 그 대신 배식하던 사람에게 그것을 락슈미에게 갖다 주라고 말씀하셨다. 이 이상한 언동이 우사에 전해지자, 거기서 일하던 일꾼들은 그들이 락슈미를 소홀히 돌보는 것을 당신이 간접적으로 항의하고 계시다는 것을 깨달았다. 그리하여 시장에서 꼴을 좀 사왔고, 바가반과 락슈미는 정상적인 식사를 할 수 있게 되었다.

락슈미는 더러 바가반의 탄신일에 송아지를 낳았다고 널리 알려져 있다. 나는 한 번 이 송아지들 중에서 순백색의 하얀 놈 한 마리가 회당 안에서 바가반 앞에 앉아 있는 것을 보았다. 색깔도 희고 앉아 있는 자세도 그렇고 해서 그것은 꼭 난디(Nandi)[바하나(vāhana-탈것), 즉 시바가 타고 다니는 소]처럼 보였다.1) 그때 바가반은 호랑이 가죽 위에 앉아 계셨다. 사슴 발리가 근처에 앉아 있었고, 화덕이 소파 앞에서 이글거리고 있었으며, 그 옆에는 향꽂이로 쓰이던 은제 코브라도 있었다. 전설적인 시바신이 이 모든 장엄구莊嚴具(위엄을 돋보이게 하는 것)를 증인으로 갖추고 실제로 앉아 있는 듯한 그 모습은 마치 카일라스산(Mount Kailas)[시바가 살고 있다는 히말라야의 산]에서의 한 장면처럼 보였다.

---

1) [역주] 힌두 사원에서 난디는 시바를 마주 바라보고 앉아 있는 모습을 하고 있다.

이 장면은, 동물들과는 전혀 관계가 없지만 회당 안에서 일어난 또 다른 작은 사건 하나를 생각나게 한다. 어느 헌신자가 종교적 그림들을 담은 앨범 하나를 가지고 왔는데, 그 그림들은 모두 위대한 화가 라비 바르마(Ravi Varma)가 그린 것이었다. 바가반은 그것을 우리에게 하나하나 보여주셨다. 그러다가 눈을 감고 명상하고 있는 주主 시바의 그림 하나에 이르렀을 때, 나는 그것이 아주 멋진 그림이라고 말했다.

바가반은 이 한 마디만 하셨다. "시바라! 만약 여러분이 이렇게 눈을 감고 앉아 있으면 세상의 온갖 일들은 누가 돌보나?"

많은 헌신자들은 락슈미를, 바가반이 산 위에 살고 계실 때 음식을 공양 올리던 끼라이빠띠(Keeraipatti-'푸성귀 할머니')라는 여자의 후신後身이라고 믿었다. 바가반은 그것을 결코 확인해 주지는 않았지만, 그렇다고 결코 부인도 하지 않으셨다. 많은 헌신자들은 또한 1940년대에 바가반과 함께 살았던 흰 공작을, 여러 해 동안 바가반을 시봉侍奉했던 마다바 스와미의 후신이라고 믿었다. 이 경우에 바가반은 당신의 헌신자 중 한 사람이 동물의 몸을 받았다는 것을 좀더 기꺼이 시인하셨다.

내가 회당에 있을 때 어떤 사람이 한 번은 바가반께 여쭈었다. "마다바 스와미는 어떻게 해서 흰 공작이 되어 돌아왔습니까?"

바가반은 그 질문에 내포된 가정을 부인하거나 회피하려고 하지 않고 이렇게 대답하셨다. "꿈속에서 새로운 몸들이 만들어지는 것과 같이 그렇게 된 것이지요."

마다바 스와미는 여러 해 동안 바가반의 시자였다. 그는 1920년대 후반부터 바가반을 시봉하기 시작해서 1940년대 초까지 계속했다. 그는 키, 몸집 그리고 얼굴 모습이 나와 아주 비슷했다. 그는 또 신령스럽게 통하는 데가 있어서, 만약 바가반이 무엇을 원하시면 마다바 스와미가 그 생각을 알아채고 그 원하시는 물건을 대령하곤 했다.

그는 늘 바가반의 친존親存에 있기는 했지만, 그의 마음은 많이 헤매었다. 그는 명상하기가 어려웠고, 자기가 회당에서 바가반을 시봉하느라고 시간을 다 보낸다는 사실에 화를 냈다. 그는 아쉬람에 처음 왔을 때 모든 시간을 명상하면서 보낼 수 있으리라고 생각했다. 그러나 나처럼 그도 온 지 일 주일도 되지 않아서 바가반의 시자로 종일 일하게 되었던 것이다.

마다바 스와미는 자신의 일을 즐기지 않았으며, 하루 종일 자유롭게 명상할 수 있는 헌신자들을 항상 질투했다. 나마저도 바가반의 허락을 받고 종일 명상에 전념하기 위해 아쉬람을 떠난 뒤, 마다바 스와미는 나에게 와서 자기 운명에 대해 불평했다.

"나는 자네가 오기 전부터 바가반과 같이 있었어." 그가 말했다. "바가반은 자네한테는 자유를 주셨는데, 나는 아직 일을 해야 돼. 바가반이 나에게는 은총을 주시지 않으니, 내가 아직 일을 할 수밖에 더 있나."

대부분의 헌신자들은 그가 이런 식으로 이야기하는 것을 들었다면 놀랐을 것이다. 그는 시자로서 하루 종일 바가반 곁에 있을 수 있는 특권을 가지고 있었다. 바가반은 영적인 문제들에 관해서 그에게 자주 이야기하셨고, 그는 바가반의 몸에 손을 대거나 안마를 해 드릴 수 있는 몇 안 되는 사람 중의 하나였다. 마다바 스와미는 이런 것에서 아무런 만족을 느끼지 못했다.

그는 한 번 나에게 이렇게 말했다. "바가반의 회당에 오는 헌신자들은 거기를 하나의 천국이라고 생각해. 그렇지만 나에게는 바가반의 회당이 지옥이나 마찬가지야."

마다바 스와미는 여자들, 특히 아름다운 여자들에 대해 깊은 혐오감을 공공연하게 드러냈다. 그런 사람들이 친견하러 오면 그는 큰 소리로 이렇게 말하곤 했다. "왜 이런 여자들이 바가반을 친견하러 오지?"

그가 이런 말을 할라치면 그때마다 바가반은 그를 이렇게 꾸짖으시는 것이었다. "왜 그들을 여자로 보나? 자네 진아만 보게."

그가 아쉬람에 있던 마지막 무렵, 그는 남자고 여자고 간에 모든 방문객들을 경멸하기 시작했다.

그는 한 번 바가반께 말했다. "사두가 된다는 것이 동굴 안에 살면서 항상 명상을 해야 하는 것을 의미한다면, 왜 이 많은 사람들이 다들 바가반을 뵈려고 옵니까?" 그는 모든 사람이 자기 집에서 명상을 하고 있어야 한다는 생각을 가지고 있었던 것이다.

바가반이 그에게 말씀하셨다. "왜 자네는 이 사람들을 '다른 사람들'이라고 보고 분별을 하나? 자네의 시봉 소임을 잘 하고 자네 자신의 진아를 보게. 다른 사람들을 신의 형상으로 보거나 아니면 다른 모든 이를 진아의 형상들로 보게."

바가반을 모시고 살던 초년 시절 그는 아주 평온하고 만족해 있었다. 그의 마음이 문제를 야기하기 시작한 것은 1930년대 후반에 들어와서였다. 그는 마침내 너무 어지러워져서 미치기 시작했다. 한 번은 그가 정원 일꾼들이 퇴비를 만들려고 구덩이를 파고 있는 것을 보고 아쉬람의 어떤 사람들이 자기를 죽여 그 구덩이에 묻으려고 한다고 확신했다. 누가 그에게 그것은 퇴비 구덩이일 뿐이라고 말해주자 그는 소리를 질렀다. "아니야! 아니야! 이 사람들은 나를 파묻으려고 구덩이를 파는 거야!"

마다바 스와미는 결국 시자 소임을 그만두고 아쉬람을 떠났다. 가끔 몇 번 돌아오기는 했지만 대부분의 시간은 마음의 평화를 좀 찾을 수 없을까 하고 여기저기를 순례하면서 보냈다. 그러나 결코 마음의 평화를 찾지 못했다. 해가 갈수록 그의 조바심과 불안정이 심해졌다. 1940년대 중반에 아쉬람은 마다바 스와미가 꿈바꼬남(Kumbakonam)에 머물고 있는데 도움이 필요한 상태에 있다는 전갈을 받았다. 바가반은 꾼주 스와미(Kunju Swami)[2]를 보내서 그에게 무엇을 해 줄 수 있을지 살펴

---

2) [역주] 바가반을 늘 가까이서 모신 충실한 제자의 한 사람(1897~1992).

보고 오라고 하셨다. 꾼주 스와미는 그가 정신적으로나 육체적으로나 너무 황폐해져 있는 데에 충격을 받았다.

그는 바가반이 그에게 준 이러한 메시지를 전달했다. "자네는 여러 해 동안 바가반을 시봉했다. 자네는 항상 그의 친존에 있었다. 자네는 왜 여기에 와 있나? 왜 아쉬람으로 돌아오지 않나?"

마다바 스와미는 돌아와서 바가반을 뵙기가 너무 두려웠다. 그는 자신의 정신적 문제가 바가반의 친존에서 더 심해질 거라고 생각했던 것이다.

그는 꾼주 스와미에게 이렇게 말했다. "바가반의 영광과 은총은 말로 표현할 수 없을 정도지요. 그러나 제 업業(karma)이 너무 심한가 봅니다. 제가 어떻게 합니까? 저는 바가반의 은총에 의해서만 제 업을 감당하고 있습니다. 업이 너무 심합니다. 저는 이렇게 고통을 받아야 합니다."

몇 달 뒤에 그는 독이 있는 무슨 씨를 먹고 자살했다. 꾼주 스와미는 바가반의 지시에 따라 꿈바꼬남으로 가서 모든 장례 절차를 주관했다. 마다바 스와미로서는 다행하게도, 그것으로 그의 이야기가 끝나지는 않았다. 바가반에 대한 헌신 덕분에 그는 바가반의 흰 공작으로 다시 태어날 수 있었던 것이다.

마다바 스와미가 실제로 이 공작으로 환생했다는 것을 많은 사람들이 확신하게 된 한두 가지 정황 증거들이 있었다. 이 공작은 회당에 올 때마다 서가의 책들을 꼭 점검해 보는 것이었다. 거기 있는 장서를 돌보는 것은 마다바 스와미의 일과 중의 하나였다. 그는 또한 손상된 모든 책들을 수선하고 재장정再裝幀했다. 공작은 책을 점검하러 가면, 마다바 스와미가 다시 장정했던 책들을 종종 쪼아보곤 했지만 다른 책들은 건드리지 않았다. 또 다른 정황 증거들은 마다바 스와미가 여자혐오가였다는 사실에서 나타났다. 그는 워낙 여자를 싫어했으므로 여자들이 회당에 들어오면 종종 거친 말을 해대곤 했다. 이 공작도 그런 기질이 있

16. 바가반과 흰 공작.

17. 동물 삼매지. 왼쪽에서 오른쪽으로 사슴 발리, 까마귀, 견공 재키, 그리고 암소 락슈미의 삼매지이다.

18. 1920년대에 찍은 다소 희미한 사진. 견공 재키가 앞에 앉아 있다.

19. 바가반과 함께 한 암소 락슈미.

20. 스깐다쉬람. 라마나스라맘으로 가는 길이 왼쪽에 보인다.

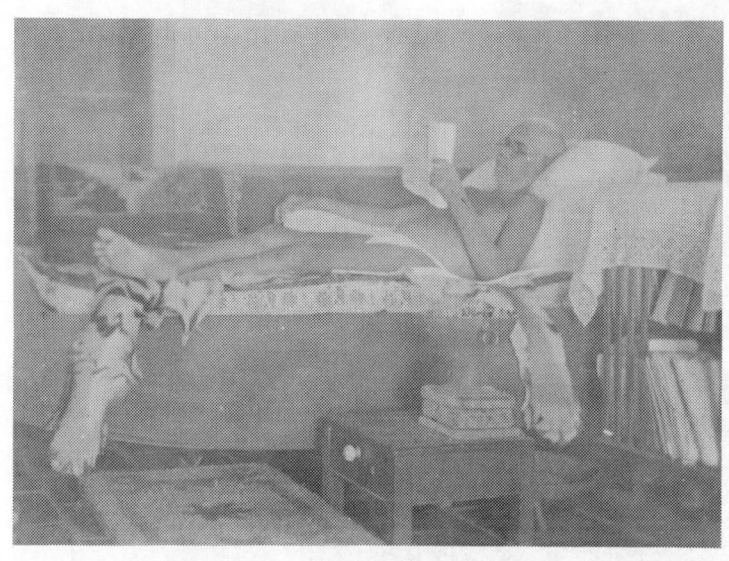

21. 소파에 누워서 잡지를 읽고 있는 바가반. 그의 옆에 있는 탁자 위에는 화덕이 놓여 있다.

22. 맨 뒷줄 오른쪽에서 왼쪽으로, 첫 번째 마다바 스와미, 두 번째 안나말라이 스와미, 여섯 번째 수브라마니암, 일곱 번째 라마끄리슈나 스와미, 여덟 번째(딸장을 끼고 힘 있는 사람) 라마스와미 삘라이, 열 번째 당가스와미(뚤장 킨 사람). 가운뎃줄 오른쪽에서 왼쪽으로, 두 번째 T.K. 순다레사이이어, 네 번째 가네빠띠 샤스뜨리, 벤치에 첫 번째 그란트 다프, 두 번째 바가반, 땅바닥에 앉은 사람, 오른쪽에서 첫 번째 나라야나 아이어, 두 번째 무나갈라 벤까따라마이아, 세 번째 요기 라마이아, 네 번째 전나스와미.

어서 아쉬람에 같이 살고 있는 다른 암공작들과 전혀 사귀려 들지 않았다. 나는 그 증거에 나 자신의 사소한 이야기 하나를 첨가하겠다. 마다바 스와미가 내 집에 올 때는 문간의 콘크리트 벤치에 항상 앉곤 했다. 후년에 흰 공작도 이따금 나를 찾아왔는데, 올 때마다 벤치의 그 마다바 스와미가 앉던 곳에 앉는 것이었다.

이 이야기에서 얻을 수 있는 교훈이 하나 있다면, 나는 그것이 아쉬람에서 내가 목격한 한 짤막한 사건에서 발견될 수 있다고 생각한다. 바가반은 당신이 아쉬람에서 흰 공작을 위해 손수 만드신 둥지 안에 공작을 앉게 하려고 애쓰셨지만 성공하지 못했다.

공작이 말을 안 듣자 바가반이 말씀하셨다. "너는 거의 언제나 내 말을 무시하는군."

새 동물이 아쉬람에 오면 바가반은 보통 어떤 헌신자가 그것을 돌보겠노라고 자원하지 않는 한 받기를 거절하셨다. 바가반은 락슈미와 흰 공작까지도 처음에는 받지 않으려고 하셨다. 헌신자들이 그들을 잘 돌보겠노라고 다짐하고 나서야 당신은 그들을 아쉬람에 머무르게 하는 데 동의하셨다. 어느 한 사람의 눈에도 들지 않은 동물들은 시주자들에게 돌려보내졌다. 나는 호랑이 새끼 한 마리가 그런 범주에 들었던 것을 기억한다. 북인도에서 온 어느 헌신자가 그 짐승을 바가반께 데리고 왔다. 비록 작기는 해도 그것은 벌써 제법 사나워서, 바가반을 제외하고는 자기에게 다가가는 모든 사람에게 으르렁거렸다. 바가반은 그것을 무릎 위에 올려놓고 사진을 한 장 찍게 하셨지만, 다른 사람은 아무도 그것을 다룰 수 없었다. 1주일이 지나도 그 호랑이가 가라앉지 않을 것이 분명해지자 바가반은 주인에게 그를 데려가라고 하셨다.

아쉬람의 애완동물과 암소들 외에도 바가반을 친견하러 온 야생 동물들이 더러 있었다. 원숭이들의 이야기는 잘 알려져 있지만, 아무도 기록하지 않았다고 생각되는 참새 두 마리에 관한 사건도 있었다.

하루는 참새 두 마리가 와서 그 당시 회당의 남쪽 편에 나 있던 양쪽으로 여는 문 위에 올라앉았다. 그들은 각기 문 한 짝 위에 앉아서 하루 종일 바가반을 뚫어지게 쳐다보았다. 방문객인 헌신자들이 문간을 드나들어도 어느 놈도 전혀 두려워하지 않았다. 밤에는 보통 회당의 문들을 닫았지만, 어두워지고 난 뒤에도 참새들이 떠나려고 하지 않았기 때문에 바가반은 그 문들을 열린 채로 두라고 말씀하셨다. 참새들은 밤새 거기 있다가 다음날 아침 일찍 떠났다. 그들이 날아간 다음 바가반은 두 명의 성취존자成就尊者(siddha purushas)[통달한 존재]들이 당신을 친견하기 위해 참새의 모습으로 왔던 것이라고 말씀하셨다.

띠루반나말라이에는, 보이지 않는 몸을 가진 싯다(siddhas)라고 불리는 통달한 존재들(perfected beings)이 아루나찰라산 위에 더 살고 있다는 전설이 있다. 이런 존재들 중의 몇몇이 당신을 친견하기 위해 동물의 모습을 하고 나서 당신을 찾아왔다고, 바가반이 이야기한 경우가 더 있었던 것으로 알려지고 있다.

그보다는 좀 덜 고상한 다른 참새들도 근처에 살았다. 그 참새들 중의 한 마리가 바가반의 소파 위에 둥지를 지으려고 거듭 애를 썼지만, 결코 많이 지어보지 못했다. 마다바 스와미가 긴 막대기로 계속 그 둥지를 헐어버렸기 때문이다. 몇 번 시도했다가 실패하자 그 참새는 출입문 꼭대기로 날아가 바가반을 바라보면서 당신에게 계속 지저귀는 것이었다. 회당에 있는 사람들에게는 그것이 보통의 시끄러운 새 울음소리로 들렸지만 바가반은 그 새가 불평을 하고 있다는 것을 알아차리셨다.

당신은 마다바 스와미를 돌아보고 물으셨다. "누가 저 참새의 둥지를 헐었지? 참새가 그것 때문에 나한테 불평을 하는군."

"제가 헐었습니다." 마다바 스와미가 대답했다. "저것이 다른 들보 위에다 둥지를 짓는다면 아무 문제가 없겠지만, 소파 바로 위에 짓는다면 항상 골칫거리가 될 겁니다. 풀이 바가반의 머리 위로 계속 떨어질 테니까요."

바가반은 수긍하시고는 회당의 다른 쪽 구석의 들보에 나무판자 두 개를 못을 박아서 달아주도록 했다. 그 참새는 어떻게 만족했는지 이 새 판자들 위에다 둥지를 다시 지었다. 그 이상 아무도 방해하지 않자 참새는 거기서 알을 몇 개 낳아 새끼를 쳤다. 이 이야기에 마지막으로 덧붙인다면, 그 새끼 참새 한 마리가 한 번 둥지에서 떨어졌다는 것이다. 바가반은 그에게 우유를 좀 먹이시고는 헌신자의 한 사람에게 제자리에 도로 얹어주라고 하셨다. 어미 참새는 거기에 한두 달쯤 더 있다가, 새끼들이 다 자라서 날 수 있게 되자 어느 날 날아가더니 다시는 돌아오지 않았다.

바가반은 당신 주변의 동물들이 행여라도 다치거나 당황해하지 않을까 항상 염려하셨다. 내가 한 번은 바가반과 함께 아침 일찍 산 위를 포행하고 있는데 비둘기 한 마리가 우리 앞에 떨어져 있었다. 그것은 더 큰 새한테 공격당하여 머리에 심한 부상을 입고 있었다. 바가반은 나에게 그것을 집어서 아쉬람으로 가지고 가자 하셨다. 우리가 회당에 돌아오자 바가반은 비둘기를 당신 무릎 위에 놓고 아주까리기름을 상처에 바르면서 마사지해 주셨다. 이따금 당신은 상처 위를 후-하고 부드럽게 불어 주시기도 했다. 새는 이렇게 해도 가만히 있었는데, 그것은 새가 쇼크를 받았거나 아니면 무의식 상태에 있었기 때문이다. 바가반의 치료를 받고 나자 비둘기는 거의 기적적일 정도로 빠른 회복세를 보였다. 다음날 우리는 그것을 산으로 도로 데려다 놓아주었다. 그것은 얼마 전에 중상을 입었다는 기색을 조금도 보이지 않고 날아가 버렸다.

바가반은 종종 점심 식사 후 30분쯤 지난 뒤에 대부분의 헌신자들이 낮잠을 잘 때 아쉬람의 동물들에게 먹이를 주셨다. 다람쥐들은 회당 안에서 먹이셨는데, 왜냐하면 대부분의 다람쥐들이 회당 안에 살고 있었기 때문이다. 그러나 다른 동물들은 보통 바깥에서 먹이셨다. 다들 상당히 공격적인 원숭이들은 언제나 바깥에서 먹이를 받았다. 바가반은 원숭이들이 음식을 받아먹기 위해 회당 안으로 들어오는 버릇이 드는 것을 바라지 않으셨다. 원숭이들이 회당 안에 있으면 많은 헌신자들을 번거롭게 할 것이기 때문이었다.

바가반은 매일 오후 1시경에 회당 안에서 다람쥐들을 먹이셨다. 회당의 안팎에 살고 있는 10~15 마리의 다람쥐들은 항상 이때쯤 나타나서 바가반이 먹이를 주시기를 기다렸다. 다람쥐들은 또 다른 시간에도, 특히 바가반이 당신 소파 곁에 보관하던 견과堅果(nuts) 깡통을 따는 소리를 들을 때에는 나타나곤 했다. 다람쥐들은 바가반과 함께 있을 때 전혀 겁내거나 두려워하는 기색이 없었다. 야생동물인데도 그들은 바가반이 먹이를 줄 때까지 기다리는 동안 당신의 팔다리와 머리 위로 즐겁게 달음박질을 하고 다녔다. 이렇게 겁 없이 굴다가 한 번은 사고가 났다. 바가반의 베개 밑으로 들어간 다람쥐 한 마리가 바가반이 무심코 베개를 기대는 통에 질식되었거나 아니면 깔려서 죽었다. 다행히도 이런 사고는 아주 드물었다.

동물들에 대한 바가반의 자비는 곤충들의 모든 부류에까지 다 미치지는 않았다. 왜냐하면 당신은 곤충들이 귀찮은 방해 요인이 될 때에는 그것을 죽이는 것도 즐거이 허락하셨기 때문이다.

예를 들어 어느 날 점심시간 조금 전에 바가반은 검은 개미의 거대한 무리가 배수구를 통해 회당 안으로 들어오는 것을 발견하셨다.

인도의 돌 바닥이나 시멘트 바닥은 물로 정기적으로 씻어낸다. 그런 방에는 벽 하나와 바닥이 마주치는 곳에 직경 1인치 정도의 배수구가 있게 마련이다. 많은 바닥들은 약간 물매가 져 있으므로 물은 자연히 이 배수구로 빠져나간다.

바가반은 나를 돌아보더니 말씀하셨다. "이 개미들이 어디서 나오는지 찾아보게. 만약 그 안에 집이 있으면 출구를 막아서 개미들이 회당 안으로 못 들어오게 하게. 헌신자들이 오후 3시면 다 돌아올 거니까 빨리 해야 하네."

나는 배수구가 있는 바닥의 판석板石을 들어올렸다. 내가 그 돌을 벽에서 빼내고 보니(그 돌은 몇 인치 가량 거기 박혀 있었다) 거대한 검은 개미의 무리가 그 뒤의 구멍 안에 살고 있는 것이었다. 개미들은 발견되자 회당 안으로 우르르 쏟아져 나왔다. 그 중의 어떤 놈들은 바가반의 소파 위로 몰려들기까지 했다. 내 발 주위의 바닥에는 너무 많은 개미들이 있어서 나는 그들을 죽이지 않고는 한 발짝도 움직일 수 없게 되었다. 바가반은 내가 불필요하게 개미들을 죽이는 것을 겁내어 그 자리에 꼼짝 못하고 있는 것을 보셨다.

"왜 거기 그냥 서서 바라보고만 있지?" 바가반이 물으셨다. "헌신자들이 돌아오기 전에 그 구멍을 막아야지. 그 일을 제대로 하려면 뭐가 필요한지 말하게. 진흙이든 물이든 벽돌이든, 필요한 거 뭐든지 말하면 내가 갖다 줄 테니까."

내가 개미들을 죽이는 것을 너무 염려하여 바가반께 대답을 못하고 있자, 바가반은 다시 재촉하시는 것이었다. "뭐가 필요한지 말하게. 내가 가서 가져올 테니까. 깨진 벽돌과 시멘트를 조금 가져올까?"

그러자 나는 내가 아무것도 할 수 없다는 것을 설명 드렸다.

"개미가 없는 곳이 없습니다, 바가반. 개미를 더러 죽이지 않고는 움직이거나 일을 할 수 없습니다."

바가반은 내 변명을 묵살하셨다. "죄라는 것이 뭔가?" 당신께서 물으셨다. "이 일을 하는 것이 자네란 말인가? 자네는 모든 사람의 이익을 위해서 이 일을 하는 것이네. '내가 이 일을 한다' 하는 생각을 포기하면 자네에게는 아무 문제도 없네. 이것은 자네 자신이 하겠다고 결정한 문제가 아니네. 내가 그렇게 하라고 하니까 하는 거지."

바가반은 내가 여전히 개미들을 밟는 것을 주저하고 있다는 것을 감지하시고는 다른 접근 방법을 시도하셨다.

"『바가바드 기타』에서 끄리슈나는 아르쥬나에게 그의 적들을 죽이라고 말했지. 아르쥬나가 주저하자 끄리슈나는 그 사람들이 죽어야 하는 것으로 당신이 이미 정해 놓았다고 설명했네. 아르쥬나는 신의 의지를 실행하는 도구가 될 뿐이었지. 마찬가지로 내가 자네에게 이 일을 하라고 했기 때문에, 자네에게는 아무 죄업(*pāpam*)[비도덕적 행위에 대한 업보]도 붙지 않네."

바가반이 이렇게 보증해 주시자 나는 벽돌과 시멘트로 그 구멍을 메웠다. 그 과정에서 많은 개미들이 죽었다.

나중에 내가 알게 된 사실은, 바가반은 통상 곤충들이 사람이나 동물들에게 해를 끼치거나 괴롭힐 때, 또는 그렇게 하려고 할 때가 아니면 헌신자들이 곤충을 죽이지 못하게 하신다는 것이었다. 그러나 만약 곤충들이 문제를 야기할 경우에는, 당신은 그것들을 죽이는 데 대해 전혀 양심의 가책을 느끼지 않으셨다. 나는 한 번 바가반이 아쉬람의 어느 개에 붙어 있는 운니(unni)[진드기]를 잡아내어 당신 화덕 안의 이글거리는 숯불 속으로 던져버리는 것을 보았다.

그것을 지켜보던 어느 헌신자가 여쭈었다. "곤충들을 그런 식으로 죽이는 것은 죄 아닙니까?"

그런 식으로 곧잘 개들에 붙어 있는 곤충들을 잡아내어 죽이곤 하던 라마스와미 삘라이가, 라마끄리슈나 빠라마한사에 대한 이야기를 하면서 그러한 행위를 정당화했다.

그는 말했다. "스리 라마끄리슈나 빠라마한사의 헌신자들 중 한 사람은 빈대를 죽이는 것이 죄인지 아닌지 의심하고 있었던 모양입니다. 그는 그것에 대해 스리 라마끄리슈나에게 여쭈어 보러 갔는데, 스리 라마끄리슈나는 당신의 침대에서 빈대를 죽이고 있더랍니다. 그 헌신자의 질문은 이렇게 해서 직접 시범에 의한 대답을 얻었던 것입니다."

바가반은 질문자에게 스스로 답변하지는 않았지만, 라마스와미 삘라이가 그 이야기를 끝내자 머리를 끄덕이면서 "그렇지" 하고 말씀하셨다.

또 한 번은 어느 방문객이 어떠한 곤충도 죽여서는 안 된다고 주장하자, 바가반이 이렇게 답변하셨다. "만일 당신이 요리를 하고 채소를 썰면 몇 마리의 곤충을 죽일 수밖에 없지요. 벌레 죽이는 것을 죄라고 생각한다면 당신은 채소를 먹을 수 없습니다."

만약 사람들이 고의로 무해한 곤충을 죽이는 것을 보시면 바가반은 보통 그것을 승인하지 않는다는 표시를 하셨다. 하루는 예를 들어, 한 브라민 사내아이가 회당에 와서 단지 재미로 파리들을 잡아서 죽이기 시작했다. 그 아이는 두 손을 마주쳐서 파리들을 손바닥 사이에서 짓눌러 죽였다.

바가반이 아이에게 말씀하셨다. "파리를 그런 식으로 잡지 마라. 그것은 죄니라."

아이는 그에 개의치 않고, 자기 생각에 멋진 응수랍시고 이렇게 대답했다. "스승님께서는 6피트나 되는 호랑이를 죽여서 그 가죽 위에 앉아 계신데, 그것도 죄 아니에요?"

바가반은 웃음을 터뜨리더니 그 문제를 더 이상 거론하지 않으셨다.

다른 사람들은 가끔 바가반에게 왜 호랑이 가죽 위에 앉으시느냐고 물었다. 그들 대부분은 당신이 호랑이 가죽 위에 앉음으로써 호랑이 사냥을 너그럽게 봐주고 있다고 생각했다. 바가반은 그 가죽들은 청하지 않은 선물로 아쉬람에 온 것이며, 당신은 어떤 호랑이도 당신을 위해 죽여 달라고 하지 않았다고 보통 대답했다.

바가반은 일체의 고등 생물을 살해하는 데는 강력히 반대했다. 그는 아쉬람 내에서는 심지어 뱀이나 전갈조차도 죽여서는 안 된다는 지시를 내렸다. 결국 일반적 원칙은 이런 것이었다. 즉, 곤충들은 만약 그것이 고통을 주거나 잠재적으로 해로운 경우에는 죽여도 되지만, 일체의 고등 생물들은 위험하거나 유해하거나를 막론하고 해치지 말라는 것이었다.

대부분의 헌신자들에게는 모기가 항상 골칫거리였다. 바가반은 헌신자들이 자기를 무는 모기를 때려잡는 것을 결코 비난하지 않으셨다.

1940년대에는 심지어, 무는 벌레들 때문에 소들이 괴로움을 겪지 않게 하려고 우사에 살충제를 뿌리는 것도 허락하셨다. 그러나 만약 누가 모기를 죽이는 것의 도덕적 측면에 관해 질문할라치면 당신은 으레, 모기에 물리고 있는 그 몸과 자기를 동일시하지 말아야 한다고 답변하셨다.

   이 점에 관해 당신께 질문했던 어느 헌신자는 다음과 같은 대답을 들었다. "만약 당신이 모기에 대해 법정에 소송을 제기한다면, 모기들이 승소하겠지요. 그들의 다르마(dharma)[그들이 살아가면서 지켜야 할 규범]는 물고 쏘는 것이니까 말입니다. 그들은 당신이 그 몸뚱이가 아니라는 것을 가르쳐주고 있습니다. 당신은 자신을 몸과 동일시하기 때문에 모기가 쏘는 것을 반대하는 겁니다."

제5장

아쉬람의 생활

시자와 일꾼들을 꾸짖으심

바가반의 시자들은 항상 찐나스와미가 물색하고 선정했다. 내가 아는 한 바가반은 누구에게도 당신의 시자가 되어달라고 하신 적이 없고, 당신에게 배치된 어떤 시자도 떼어버리려고 하지 않았다. 가끔 사람들이 그 일을 하겠노라고 자원하기도 했지만, 그들의 시봉은 결코 받아들여지지 않았다. 아쉬람에서는 바가반의 시자는 젊은 독신 남자가 맡는 것이 전통이 되었다.

한 번은 북인도에서 온 유자격 간호사인 한 여성이 시자를 하겠다고 자원했으나, 바가반은 이렇게 대답했다. "회당 안에 있는 사람들에게 물어보시오."

수석 시자이던 끄리슈나스와미(Krishnaswami)와 회당 안에 있던 다른 사람 몇이 반대했다. "아니, 안 됩니다. 여자들은 바가반을 시봉할 수 없습니다. 그것은 적합하지 않습니다."

바가반은 그 여자를 돌아보더니 말했다. "이 사람들이 다 이렇게 생각하니, 내가 어떻게 하겠소?"

바가반은 엄한 감독자여서 우리가 아쉬람의 제반 업무를 제대로, 정확히 제 시간에 해야 한다고 강조하셨다. 그래서 늘 당신의 감독을 받으며 일하던 시자들은 빈번히 바가반의 질책을 듣는 입장에 처하곤 했다. 바가반은 누구에게도 거의 화를 내시지 않았으나, 화를 내셨다고 하면 그것은 보통 시자들 중 한 사람이 일을 게을리 한 경우였다.

끄리슈나스와미가 아쉬람에 와서 살던 초기에 한 번은 바가반이 그에게 몹시 화를 내셨는데, 그것은 그가 회당 안에서 원숭이들을 내쫓지 않았기 때문이다. 부근에 사는 원숭이들은 많은 사람들이 과일 공양물을 가지고 회당에 온다는 것을 알고, 근처에 와서 앉아 있다가 경계심 없는 방문객들로부터 과일을 훔쳐가곤 했다. 바가반은 방문객들에게 회당 근처에서 원숭이들에게 먹을 것을 주지 말라고 하셨다. 원숭이들이 거기서 음식을 기다리는 버릇이 드는 것을 원치 않으셨기 때문이다. 바가반은 원숭이들이 바나나 망고를 용케 훔쳐가면 가끔 웃으시기는 했지만, 또한 당신은 원숭이들이 회당에서 공양물을 훔치는 데 성공하면 시자들에게 화를 내셨다. 바가반은 끄리슈나스와미가 원숭이들을 쫓아버리지 않고 회당 안에 들어오게 한다고 빈번히 질책하셨다.

마침내 바가반은 그에게 말씀하셨다. "자네는 내가 하는 무슨 말을 들을 준비가 안 되어 있는 것 같군. 자네는 쩐나스와미가 와서 자네한테 소리를 질러야 자네 일을 제대로 할 모양일세."

그러고 나서 바가반은 그 문제를 쩐나스와미에게 말씀하셨고, 그는 끄리슈나스와미에게 자신의 소임을 제대로 해야 할 필요성에 관해 엄중히 훈계했다. 그 후로 끄리슈나스와미는 원숭이만 보았다 하면 열심히 쫓아냈다. 그는 회당 안에 새총을 두고 있다가 원숭이가 침입하는 낌새만 있어도 쫓아냈다.

랑가스와미(Rangaswami)라고 하는 시자도 한때 자기 일에 주의가 소홀했던 적이 있었다. 그는 회당 안에서 시봉을 하게 된 뒤로 한 동안 자기 소임에 주의를 기울이지 않고 그 대신 명상을 하기 시작했다. 그는 원숭이에 대해서도 상관하지 않았다. 방문객들이 각자 가지고 온 과일 공양물들을 바가반 곁에 두면 원숭이들은 아무 겁 없이 그것을 훔쳐갈 수 있었다. 과일을 지켜야 할 랑가스와미가 눈을 감고 바닥에 앉아 있곤 했기 때문이다.

바가반은 며칠간 이런 행동을 관용하셨으나, 드디어 그를 나무라셨다. "자네가 이런 식으로 명상을 하고 싶으면 어디 다른 데로 가게. 자네가 여기 살고 싶으면 다른 사람이 하듯이 시봉을 해야지. 명상은 스승에 대한 시봉 안에 포함되어 있네."

랑가스와미는 자신의 실수를 깨닫고 다시 자신의 소임을 정상적으로 수행하기 시작했다.

또 한 번은 바가반이 그가 거짓말을 한다고 몹시 화를 내셨다. 랑가스와미가 회당 안에서 라디오를 돌리다가 스위치를 너무 세게 돌려 라디오가 고장 나 버렸다.

자기가 그것을 고장 냈다고 바가반께 자백하지 않고 그는 이렇게 당신께 말했던 것이다. "누군가가 라디오를 고장 낸 것 같습니다."

그날 나중에 랑가스와미는 나에게 몰래 실토하기를 자기가 라디오를 고장 냈고 바가반께 거짓말을 했다고 했다. 나는 바가반께서 진실을 알려드려야 한다는 강한 느낌을 가졌으므로, 회당으로 가서 랑가스와미가 나에게 한 말을 바가반께 말씀드렸다.

바가반은 화를 내어 소리치셨다. "나한테조차 거짓말을 하다니! 그 친구 얼굴도 안 보겠어!"

바가반은 당신이 말씀하신 대로, 그날 종일 이 불운한 랑가스와미를 본 척도 하지 않으셨다.

바가반은 또한 가끔 당신의 시자들이 아주 부주의할 때에도 화를 내셨다. 후기의 시자들 중 한 사람인 바이꾼타 바스(Vaikuntha Vas)가 한 번은 부주의하게 당신의 다리를 데게 하여 바가반의 분노를 샀다. 저녁 9시경이었는데 바이꾼타 바스는 저녁밥을 너무 많이 먹어서 좀 졸렸다. 그는 뜨거운 물병을 물의 온도도 살펴보지 않고 바가반의 다리에 멍하게 갖다댔던 것이다. 병 안의 물은 너무 뜨거웠다. 바가반은 고통에 움찔하고는 그에게 화를 내고 회당을 나가라고 명령했다. 바이꾼타 바스는 자신의 실수에 너무 상심한 나머지 곧 아쉬람을 떠나 뽄디체리 근처의 자기 고향으로 돌아가 버렸다.

바가반의 엄격함과 절대적 복종에 대한 고집은 아쉬람에 상주하면서 일하는 사람들에게만 그러했다. 방문객들은 실수를 해도 당신이 거의 나무라지 않으셨다. 마드라스에서 온 스리니바사 라오(Srinivasa Rao)라는 의사가 한 번은 바가반의 발과 다리를 마사지하는 것을 허락받았다. 보통은 시자들만이 그 일을 할 수 있었지만, 어떤 경우에는 몇몇 나이든 헌신자들도 그렇게 하는 것을 허락받았다.

바가반이 이 의사에게 말씀하셨다. "무릎에서 발목까지 만져 내려가야지 밑에서 올라오면 안 되네." 그러나 의사는 당신의 지시를 무시했다.

자신의 의학 지식이 바가반보다 낫다고 생각한 그는 반대 방향으로 하는 것이 옳다고 우기면서 마사지를 했다. 바가반은 아무 이의를 제기하지 않다가 몇 분 뒤에 "자, 그만!" 하고 말씀하셨다.

의사가 회당을 떠난 뒤 바가반이 말씀하셨다. "자기가 의사라고 내 충고를 들으려고 하지 않는군. 그러나 그가 한 이야기나 마사지 방법은 옳지 않아."

바가반은 이 사람이 외부인이었기 때문에 마사지를 계속하는 것을 내버려두었던 것이다. 만약 당신 시자 중의 한 사람이 당신의 뜻에 반해 그런 식으로 행동하려고 했다면, 바가반으로부터 즉시 질책을 받았을 것이다.

바가반은 또한 이따금 아쉬람의 일꾼들이 고의로 당신에게 불복종하면 그들에게 화를 내시곤 했다. 사무실에서 일하던 마우니 스리니바사 라오(Mauni Srinivasa Rao)라는 사람은 한 번 바가반의 지시를 무시하고 자기 뜻대로 하려고 하다가 바가반의 심기를 불편하게 했다. 마우니 스리니바사 라오의 소임 중의 하나는 아쉬람에 우편으로 온 모든 영적인 질문들에 대한 답장 초안을 쓰는 것이었다. 그는 이 초안들을 바가반께 보여드렸고, 그러면 당신은 그것을 면밀히 검토한 후 필요한 수정을 가하시는 것이었다. 한 번은 마우니 스리니바사 라오가 바가반이 수정한 것을 최종안으로 받아들이지 않았다. 그는 바가반의 수정을 다시 고쳐서 회당으로 도로 보냈다. 바가반은 그 편지를 두 번째로 훑어보신 후 마우니 스리니바사 라오가 고친 것을 다 삭제하셨다. 그 편지가 사무실에 돌아오자, 마우니 스리니바사 라오는 바가반의 수정 중에서 몇 군데를 다시 고쳤다. 그는 그 초안을 회당으로 가지고 가서 바가반께 그것을 읽어보시게 하려고 했다. 그러나 바가반은 그것을 쳐다보려고도 하지 않으셨다.

대신 당신은 그 편지를 마우니 스리니바사 라오에게 집어던지면서 대단히 화난 어투로 말씀하셨다. "자네 좋을 대로 다 하게!"

가끔 바가반은 보다 은밀한 방식으로 당신의 불만을 표시하셨다. 어느 날 밤에는 저녁 식사 후에 식당에서 큰 언쟁이 벌어져서 수브라마니암 스와미(Subramaniam Swami)가 끄리슈나스와미의 뺨을 때렸다. 끄리슈나스와미는 즉시 바가반께 가서 불평을 했으나, 바가반은 그 문제에 전혀 관심이 없으신 듯했다.

어떤 사람이 그 다음날 큰 대중공양大衆供養(bhikchā)을 하도록 돈을 냈었다. 그것은 주방에서 일하는 사람들 모두에게 일거리가 많다는 것을 의미했다. 보통 바가반은 수브라마니암이 채소를 써는 것을 도와주러 새벽 3시에 주방에 가셨는데, 그날 새벽에는 가지 않고 회당에 계시면서 수브라마니암 혼자서 그 일을 다 하게 하셨다. 수브라마니암은 처음 두 시간 동안은 왜 바가반이 늦으시나 하고 의아하게 생각하다가 결국 자기가 끄리슈나스와미를 쳤던 일에 대해 벌을 받고 있다는 것을 깨달았다. 바가반은 그날 종일 그에게 말도 하지 않고, 그를 쳐다보지도 않으심으로써 그의 추측이 옳았음을 뒷받침하셨다.

라마끄리슈나 스와미(Ramakrishna Swami)

아쉬람의 일꾼의 한 사람인 라마끄리슈나 스와미는 아쉬람을 위해 읍내에 장을 보러 다녔다. 그는 읍내를 하도 정기적으로 다녀서 석공石工

거리 중의 한 곳에 사는 어느 여자와 정분이 나기에 이르렀다. 그 여자도 아쉬람의 일꾼이었고 그래서 그는 낮 동안에 그녀를 볼 수 있었다. 이런 일을 비밀로 유지한다는 것은 불가능했으므로, 그 여자의 가족들은 곧 무슨 일이 벌어지고 있는지를 알았다. 그들은 라마끄리슈나 스와미에게 만약 그들에게 1,000루피를 내놓지 않으면 패 주겠다고 말했다. 그 협박은 이행되지 않았지만, 라마끄리슈나 스와미는 워낙 오명을 얻어서 읍내를 떠나 꿈바꼬남으로 살러 갔다. 몇 달 뒤에 그는 그 여자의 가족들의 화가 많이 풀렸으리라고 생각되자 띠루반나말라이로 살짝 돌아왔다. 그는 여전히 그 여자의 가족들을 겁냈기 때문에, 읍의 외곽에 왔을 때 읍내를 통과하지 않기 위해 산 오른돌이 길을 시계 반대 방향으로 걸어갔다. 그는 아쉬람으로 곧장 가기가 여전히 쑥스러웠다. 그래서 그는 대신에 빨라꼬뚜에 있는 꾼주 스와미의 오두막으로 가서 머물렀다.

산 오른돌이(*giri pradakshina*)를 하는 순례자들은 항상 시계 방향으로 산을 돈다. 8마일(약 13킬로미터)의 오른돌이 길 중 일부분은 띠루반나말라이 읍내를 통과한다. 라마끄리슈나 스와미는 읍내를 통과하는 2마일을 피하기 위해 시계 반대 방향으로 6마일을 돌았던 것이다.

그는 거기서 며칠 있으면서 바가반을 찾아뵈러 갈 용기를 내보려 했으나 도저히 용기가 나지 않았다. 결국 바가반이 몸소 그 오두막까지 오셔서 라마끄리슈나 스와미에게 아쉬람으로 같이 가자고 하셨다. 아쉬람으로 돌아가자 놀랍게도 바가반은 그를 나무라는 대신, 회당에서 한동안 당신 시자의 한 사람으로 일하라고 하셨다.

라마끄리슈나 스와미가 아쉬람에 오명을 얻게 했다고 생각한 몇몇 헌신자들은 그가 시자로 임명된 것을 승인하지 않았다. 그들이 감정을 내색하지는 않았으나, 바가반은 그들이 내심 승인하지 않고 있다는 것을 감지하셨다. 당신은 그들을 무마하기 위해 당신의 조치에 대해 이렇게 해명하셨다.

"전에 그가 여기서 일하고 있을 때는 아쉬람의 일로 많은 시간을 아쉬람 밖에서 보냈습니다. 그는 빠라야나(pārāyana)에도 전혀 참석하지 않았고, 회당에서 가르침을 들은 적도 없습니다. 명상을 하지 않고 있었기 때문에 그의 마음은 늘 바깥으로 쏠려 있었습니다. 만약 그를 한 동안 회당 안에 있게 하면 그의 마음이 한결 나아지겠지요."

바가반은 잠시 멈추었다가 한 마디를 덧붙이셨다. "그의 사안은 드러났습니다. 그러나 다른 사람들이 한 소행과 지금도 하고 있는 소행은 이번 경우처럼 드러나지 않고 있습니다."

간디의 방문

1930년대에 마하트마 간디(Mahatma Gandhi)가 정치 연설을 하기 위해 띠루반나말라이에 왔다. 집회 주최자들이 아쉬람에서 400야드(360미터) 떨어진 곳의 공터를 집회 장소로 선성했으므로, 아쉬람의 많은 사람들은 마하트마가 바가반도 방문할 것이라는 희망을 가지고 있었다. 연설하는 날이 오자 나는 다른 많은 헌신자들과 함께 아쉬람의 정문 앞에서 간디가 차로 지나가는 것을 한 번이라도 보려고 기다리고 있었다. 마침내 그가 우리 앞을 지나갈 때, 그는 무개차無蓋車에 타고 있었기 때문에 아주 쉽게 알아볼 수 있었다. 이번의 남인도 연설 여행을 기획한 라자고빨라짜리(Rajagopalachari)는 지도적인 국민의회파 정치가의 한 사람이었는데, 간디 옆자리에 동석하고 있었다. 차가 아주 천천히 움직이고 있었기 때문에 나는 그 옆으로 나란히 뛰어가면서 머리 위로 두 손을 합장하여 간디에게 인사했다. 놀랍고 기쁘게도, 간디도 같은 동작으로 내 인사에 답례했다. 차는 아쉬람 정문 근처에서 잠시 멈추었지만, 라자고빨라짜리가 운전사에게 계속 몰고 가야 아쉬람에 들어가면 안 된다는 몸짓을 하자, 다시 출발했다.

라자고빨라짜리는 나중에 남인도 대부분을 포함한 지역인 마드라스 관구(Madras Presidency)의 총리가 되었다. 인도가 독립한 뒤에 그는 총독의 직을 맡은 최초의 인도인이 되었다.

아쉬람 상주자의 한 사람인 T.K. 순다레샤 아이어는 그 집회에 가서 간디에게 『문자혼인화만文字婚姻華鬘』(Aksharamanamālai)과 『라마나 친존 예경親存禮敬』(Ramana Sannidhi Murai)이라는 책 두 권을 증정했다. 그는 책들을 증정하면서 『문자혼인화만』에 나오는 다음 시 한 수를 인용했다. '오 아루나찰라! 높고 낮은 모든 중생들 안에서 빛나시는 자각의 보석이시여, 제 심장 속의 비천함을 소멸하셔요(제18연).' 간디는 그 책들을 경매에 붙여 수익금을 하리잔(harijan-불가촉천민) 복지기금에 기부했다.

『문자혼인화만』은 바가반이 아루나찰라를 찬양한 긴 시詩이고,『라마나 친존 예경』 은 무루가나르(Muruganar)가 바가반을 찬양하여 지은 시 모음집이다.

그 집회가 끝나자 나는 회당으로 돌아와서 바가반께 간디가 노상에서 나에게 답례하더라는 이야기를 해 드렸다. 나는 또 라자고빨라짜리가 운전사에게 집회장으로 바로 가라고 하는 바람에 간디가 아쉬람을 잠시 방문할 기회를 갖지 못했다는 것도 말씀드렸다. 바가반은 아주 흥미로운 말씀을 한 마디 하셨다.

"간디는 여기 오고 싶으셨지만 라자고빨라짜리가 그 결과를 두려워했어. 그는 간디가 진보된 영혼이라는 것을 알고 있었기 때문에, 그가 여기서 삼매에 들어 정치에 관한 모든 것을 잊어버릴지 모른다고 생각했던 거야. 그래서 운전사한테 계속 가라고 신호한 거지."

며칠 후 간디가 마드라스에 있을 때, 끄리슈나스와미가 그를 만나러 가서 용케 그와 면담을 하게 되었다. 그가 간디에게 자신을 스리 라마나스라맘의 상주자라고 소개하자 간디가 말했다. "나는 바가반을 찾아뵙고 싶은 마음이 굴뚝같지만, 그 때가 언제나 올지 모르겠소."

이런저런 시구들

나는 한 번 바가반께 여쭈었다. "『해탈정수』(Kaivalya Navanītam)에서 가장 중요한 시구들은 어떤 것입니까?" 나는 가지고 있던 『해탈정수』 한 권을 바가반께 드렸고, 당신은 즉석에서 제1장의 제12, 13연을 골라내셨다.

내 아들아, 여기를 보아라! 자신의 참된 성품을 잊어버린 사람은 거듭 태어나고 죽으면서, 마치 회오리바람에 나부끼는 깃털처럼, 진아의 참된 성품을 깨달을 때까지, 시간의 끝없는 바퀴 속에서 구르고 또 구른다. 만약 그가 개인적 자아와 그 바탕인 진아를 보게 되면, 그는 그 바탕 곧 브라만이 될 것이니, 그러면 탄생에서 벗어날 것이다. 네가 너 자신을 알면 어떤 해書도 너에게 닥쳐오지 못할 것이다. 네가 물었기에 내가 이것을 너에게 말해주었다.

이 구절들을 읽어주신 뒤 바가반이 말씀하셨다. "『해탈정수』에 있는 다른 시구들은 이 두 구절에 대한 부연 설명이며 주석일 뿐이야."

스리 라마나스라맘에서 간행된 이 책의 영역본에서는 시구들의 번호가 다르게 매겨져 있다. 이 시구들은 그 제1장의 18, 19연에 나온다.

바가반은 다른 사람들에게도 비슷한 말을 했음에 틀림없다. 라마나스라맘 판版의 편집자이자 번역자인 무나갈라 벤까따라마이아(Munagala Venkataramiah)도 이 시구들 아래에 이런 주註를 달아놓았다. 즉, '가르침은 여기서 완료되었다'라고.

또 한번은 내가 읽어 볼만한 책을 좀 뽑아달라고 바가반께 부탁드리자, 당신은 여섯 권의 책을 적은 짧은 목록을 주셨다. 거기 적힌 책은, 『해탈정수』(Kaivalya Navanītam), 『리부 기타』(Ribhu Gītā), 『아쉬따바끄라 기타』(Ashtāvakra Gītā), 『엘람 온드레』(Ellām Ondre), 『스와루빠 사람』(Swarūpa Sāram), 그리고 『요가 바쉬슈타』(Yoga Vāsishta)였다.

당신은 특히 『엘람 온드레』를 강조하면서 이렇게 말씀하셨다. "만약 자네가 해탈을 원한다면 『엘람 온드레』의 가르침을 쓰고, 읽고, 실천하게."

『리부 기타』는 『시바 라하시야』(Siva Rahasya)라는 저작에 나오는 산스크리트 교본이다. 헌신자들이 스리 라마나스라맘에서 읽고 공부한 책은 이 책의 타밀어 번역본이었다. 『아쉬따바끄라 기타』는 진인 아쉬따바끄라(Ashtavakra)가 지었다고 하는 베단타 교본인데, 후기 우파니샤드와 거의 같은 시기에 편찬되었다. 『스와루빠 사람』은 17세기의 타밀 스승인 스와루빠난다(Swarupananda)의 가르침을 담고 있다. 『엘람 온드레』는 비이원론에 관한 잘 알려지지 않은 19세기 타밀 교본인데, 『리부 기타』와 문체가 비슷하다. 그리고 『요가 바쉬슈타』는 진인 바쉬슈타가 주± 라마에게 그의 비이원적 가르침을 전하는 내용의 산스크리트 저작이다.

1938년 2월, 나는 바가반을 설득하여 비이원론(advaita)에 관한 짤막한 타밀어 시 한 수를 쓰시게 했다. 나는 바가반이 회당에서 하신 다음 이야기를 듣고 그런 요청을 했던 것이다.

"비이원론을 일상 행위 속에서 적용해서는 안 됩니다. 마음에 아무런 분별이 없으면 그것으로 충분합니다. 그러나 만약 우리가 내면에 분별심을 잔뜩 가지고 있다면, 바깥으로 모든 것이 하나인 척해서는 안 됩니다."

"서양인들은 계급 구분 없는 결혼을 하고 모든 사람과 평등하게 식사를 합니다. 이렇게 한다고 해서 무슨 소용이 있습니까? 결과적으로 전쟁만 벌이고 있습니다. 이런 모든 행위들 속에서 누가 어떤 행복을 얻기는 했습니까?"

"이 세상은 하나의 거대한 극장입니다. 각자가 그에게 부여된 한 가지 역을 해야 합니다. 구분되는 것은 우주의 본성입니다. 그러나 각자의 내면에서는 아무런 구분의 느낌이 없어야 합니다."

나는 이 짧은 말씀에 아주 감동을 받아 바가반께 이러한 사상을 한 수의 타밀어 시로 요약해 달라고 부탁드렸던 것이다. 바가반은 동의하시고, 그와 비슷한 사상을 표현하고 있는 『따뜨오빠데샤』에 나오는 시 한 수[제87연]를 골라서 그것을 타밀어 벤바(venbā) 운으로 번역하셨다.

『따뜨오빠데샤』(Tattvōpadēsa)는 아디-샹까라짜리야(Adi-Sankaracharya-9세기의 샹까라)가 지었다고 하는 철학적 저작이다. 벤바(venbā)는 네 개의 운韻이 들어가는 3행과 세 개의 운이 들어가는 1행으로 구성되는 타밀시의 하나이다.

당신이 번역하신 것이 마음에 드셨을 때, 나는 또 당신을 어떻게 설득해서 내 일기장에 첫 필사본을 써 주시도록 했다. 아래에 나오는 그 시는 결국 『실재사십송 증보』의 제39송으로 출판되었다.

오 아들아, 항상 심장 안에서 비이원성(advaita)을 체험하라. 그러나 어떤 경우에도 비이원성을 실제 행동으로 옮기지는 말아라. 비이원성은 [브라마, 비슈누 및 시바의] 삼계三界 안에서는 [표출해도] 되지만, 스승(Guru)에게는 [표출해서는] 안 되는 것이다.

같은 작품의 제29송도 나의 요청에 의해 씌어진 것이다. 하루는 내가 바가반께 "가령 누가 진지眞知(jnāna)를 성취했다 할 때, 그가 영적인 목표에 도달했다는 어떤 증거가 있겠습니까?" 하고 질문했다. 바가반은 그 답변으로 다음과 같은 시를 지으셨다.

실재實在(reality)를 안 사람들에게는 지성과 광명의 힘이 자동적으로 증가할 것이라는 것을 알라. 마치 봄이 오면 이 땅 위의 나무들이 아름다움과 같은 일체의 특질을 발휘하며 빛을 발하듯이.

이것은 독창적인 작품은 아니다. 그것은 『요가 바쉬슈타』에 나오는 어느 시구(제5권, 제76장 20절)를 타밀어로 번역한 것이다.

몇 년 뒤 내가 바가반을 뵈러 가고 있는데 마우니 스리니바사 라오가 나를 부르더니, "『바가바드 기타 요지』(Bhagavad Gītā Sāram) 몇 부가 방금 인쇄되어 나왔더군요" 하는 것이었다.

찐나스와미가 증정본 한 권을 주기에 나는 그것을 회당으로 가지고 가서 바가반께 보여드렸다. 바가반은 그 소책자를 훑어보다가 마지막 시구가 부주의로 빠진 것을 발견하셨다. 당신은 적당한 자리에 마지막 시구를 써넣으신 다음, 그 소책자를 나에게 돌려주셨다. 내가 회당에 앉아서 그 시들을 읽고 있는데, 에짬말의 동생인 베남마(Venamma)라는 여자가 바가반이 내 책에 이 누락된 시를 써넣으신 것을 보았다. 그녀는 자기도 그 책 한 권을 얻어와 바가반께 가서, 자기 책에도 그 시를 써달라고 부탁드렸다.

바가반은 엄한 얼굴을 하고는 나에게 화를 내는 척하셨다.

"나는 시바처럼 가만히 앉아 있었어. 왜 이 책을 나한테 줘서 그걸 써넣게 했지? 이건 자네 잘못이야. 만약 내가 이 사람한테 써주면 회당 안에 있는 여자들이 다 써달라고 할 것 아닌가. 자네가 나에게 그걸 쓰게 하는 바람에 이 모든 일이 벌어졌어." 당신이 말씀하셨다.

내가 당신더러 내 책에 그것을 쓰게 했다고 하는 바가반의 이야기는 사실과 너무 달랐으므로, 나는 당신이 단지 결함이 있는 수백 권의 책에 그 시를 다 쓰는 일을 피하기 위해 화를 내는 척하신다는 것을 알았다. 당신이 화내는 척하신 것은 소기의 성과가 있었다. 회당 안의 다른 헌신자들은 아무도 감히 당신께 책을 들고 가지 않았기 때문이다.

아루나찰라(Arunachala)

바가반은 가끔 아루나찰라를 '약산藥山'(Medicine Mountain)이라고 부르셨다. 당신은 곧잘 이렇게 말씀하셨다. "몸과 마음의 모든 병에는 산 오른돌이(giri pradakshina)가 좋은 약이다."

사람들이 이 약을 맛보도록 하기 위해 당신은 종종, 앉아서 명상하는 데 대부분의 시간을 바친 사두들에게 매일 오른돌이를 해 보라고 하셨다. 당신은 그들에게 하루에 한 번 오른돌이를 하는 것은 마음을 사뜨와 구나(sattva guna)[고요하고 조화로운 상태]로 유지하는 좋은 방법이라고 말씀하셨다.

바가반은 언젠가 아루나찰라를 『라마야나』(Rāmāyana)에 나오는 유명한 산에 비교하면서, 아루나찰라의 위대함에 대해 설명하셨다.

"라마(Rama), 락슈마나(Lakshmana) 등과 그들의 군대가 랑카(Lanka)에 들어갔을 때, 라바나(Ravana)의 아들인 인드라지뜨(Indrajit)는 그들에게 대단히 강력한 화살 하나를 날렸습니다.3) 그 화살에 라마와 락슈마나조차도 의식을 잃었습니다. 하누만(Hanuman-라마를 돕는 원숭이 왕)을 제외한 그 군대의 모든 사람이 의식을 잃었지요. 하누만은 인도로 돌아가서 산지비니(sanjivini)라는 약초가 자라는 산 하나를 통째로 들고 돌아왔습니다. 이 약초에 닿았던 공기가 라마, 락슈마나 그리고 그들의 군대에 닿자, 그들은 모두 깨어나서 치유되었습니다."

바가반은 이 이야기를 이렇게 끝맺으셨다. "이 아루나찰라산은 그 산보다 더 강력합니다."

이따금 헌신자들이 바가반께 이 산의 위대함에 대해 여쭈어 보면 당신은 침묵하며 앉아 계시곤 했다. 이러한 묵언(mauna)[침묵]을 보여줌이 그런 질문에 대한 당신의 답변이었던 것이다. 또 어떤 때에는 기꺼이 말씀을 하실 때도 있었다. 1938년 3월, 어느 방문객의 질문에 답변하면서 당신은 아루나찰라에 대한 경전에 나오는 이야기들을 다음과 같이 간단하게 요약해 주셨다.

"이 산의 위대함에 대해서는 많은 사람들이 여러 가지로 다르게 이야기해 왔습니다. 뿌라나(Purānas)[주로 신화를 다루고 있는 경전들]에서는 이 아루나찰라의 내부가 하나의 동굴 형태를 하고 있다고 합니다. 또 거기에는 많은 싯다(siddhas)[수행을 완성한 요기]들과 고행자들이 살고 있다고

---

3) [역주] 랑카(스리랑카)의 나찰왕羅刹王 라바나는 라마의 아내인 시따(Sita)를 랑카로 납치해 갔고, 라마 등은 시따를 구출하러 가서 라바나와 전쟁을 했다.

합니다. 구루 나마시바야(Guru Namasivaya)는 이 산의 위대함을 노래했습니다. 어느 시에서 그는, 이 산은 지知 따빠스(jñāna-tapas)를 열심히 닦는 사람들을 부른다고 했습니다. 시바의 반려인 암발(Ambal-빠르바띠)이 안나말라이(아루나찰라)에서 고행을 하고 있을 때, 물소 머리의 악마인 마히샤아슈라(Mahishasura)가 와서 그녀에게 말했습니다.

"'그대는 나와 결혼하지 않겠소? 고행을 해서 그대는 무슨 행복을 발견했소?'"

"암발이 그를 물리치자 그는 거칠게 나왔습니다. 암발은 즉시 그녀의 무서운 형상인 두르가(Durga)로 변신했는데, 단지 그런 변신이 일어나기를 바라는 것만으로도 그렇게 되었습니다. 이 변한 모습에 너무 겁을 먹은 마히샤아슈라는 집으로 돌아가서 자기 군대를 소집하여 싸움을 벌여야겠다고 마음먹었습니다. 그의 계획을 안 암발은 사루가 무니(Saruga Muni)를 통해서 그에게 『히또빠데샤』를 보냈습니다."

『히또빠데샤』(Hitōpadēsa)는 마히샤아슈라를 위한 충고를 담고 있는 작은 논서論書이다. 이 말은 '좋은 충고'라는 뜻이다.

이 히또빠데샤는 산스크리트로 된 것밖에 없어서 나는 바가반께 그것을 타밀어로 써달라고 하였다. 바가반은 자비롭게도 다음과 같은 시구를 지음으로써 부분적인 번역을 해 주셨다.

> 이 신성한 곳[아루나찰라]은 언제나 정직한 사람들과 헌신자들의 거주지로다. 여기서는 남을 해치고자 하는 천박한 사람들은 많은 질병에 걸려 죽을 것이니, 사악한 자들의 힘은 한 순간에 흔적도 없이 사라지리라. 그러니 당신의 형상이 불의 산인, 주主 아루나찰라(Lord Arunachala)의 진노의 불 속에 떨어지지 말지니라.4)

---

4) [역주] 이것은 『아루나찰라 뿌라남』(Arunachala Puranam)의 일부인 「아루나찰라 마하뜨미얌」에 나오는 말이다.

바가반은 당신의 교훈을 이렇게 끝맺으셨다. "아루나찰라의 위대함을 누가 실로 말할 수 있겠습니까?"

수년간에 걸쳐 바가반은 「아루나찰라 마하뜨미얌」(Sri Arunāchala Māhātmyam)['아루나찰라의 위대함']에서 도합 7연을 번역했다. 이것은 아루나찰라에 대한 이야기들의 주된 경전적 출처인 산스크리트 저작이다. 이 7연은 『아루나찰라에 바치는 다섯 찬가』(Five Hymns to Arunachala)(원서) 18-19쪽에 모두 수록되어 있다.

몇 달 뒤 바가반은 다시 아루나찰라의 위대함에 대해 이야기하셨다. "이 산은 특정한 때에 만들어졌고 어느 땐가 파괴될 산이 아닙니다. 이 산은 스와얌부 링감(swayambū lingam)[스스로 나타나는 링감]입니다. 링감(lingam)이란 말은 나누어 볼 수 있는데, '링'(ling)은 '결합'을, '감'(gam)은 '형성하는 것'을 의미합니다. 이 말에는 신, 아뜨만(Ātman), 형상, 시바 등의 여러 가지 다른 의미도 있습니다."

스와얌부 링감들은 신의 행위로서 저절로 나타난다. 그것은 인간의 행위나 지질학적으로 자연적인 활동에 의해 만들어지거나 생겨나는 것이 아니다.

"이 산은 실제로 지구상에 있는 것이 아닙니다. 모든 천체天體들이 여기에 붙어있습니다. 일어나고 가라앉는 것 둘 다의 근원인 그것의 이름이 바로 링감입니다."

바가반은 이렇게 말씀하시면서 다른 뿌라나의 이야기들에 대해서도 언급하셨다.

"뿌라나(Purānas)에 나오는 이야기들을 보면, 신神이 자기 헌신자들의 발에 묻은 먼지를 모아서 상자에 넣고, 이 먼지 상자를 비단으로 싸서 당신이 그것에 예공(pūjā)을 한다고 합니다. 그렇게 하는 것은 당신이 그의 헌신자들에 대한 헌신자임을 보여주기 위해서입니다. 그는 이렇게 말합니다. '나는 이 세상에서 나를 찬양하는 이를 찬양한다.'"

락슈마나 샤르마(Lakshmana Sharma)

1920년대 말에 바가반은 학자 헌신자인 락슈마나 샤르마에게 『실재사십송』을 연구해 보았느냐고 물었다. 락슈마나 샤르마는 "아뇨 바가반, 그 타밀어는 저에게 너무 어렵습니다" 하고 대답했다.

『실재사십송實在四十頌』(Ulladu Nārpadu)은 바가반이 타밀어로 지은 42연의 시詩인데, 실재의 본질과 그것을 발견하는 수단을 설명하고 있다.

락슈마나 샤르마는 그 자신 타밀 사람이었지만, 문학적 타밀어의 문법적 규칙들에는 친숙하지 않았다. 따밀어 구어口語와 문어文語는 서로 다른 문법 구조를 가지고 있다. 그 차이가 너무 현격해서, 교육받은 타밀인들도 고전古典 문장 타밀어의 규칙을 공부하지 않은 사람은 문학적 텍스트들을 이해하기가 어려웠다.

바가반은 락슈마나 샤르마가 그 작품을 알아야 한다고 생각하셨으므로, 당신이 그것을 그에게 한 행 한 행 설명해주겠노라고 제안하셨다. 그리하여 그 다음부터 매일 락슈마나 샤르마는 바가반으로부터 개인 교수를 받는 드문 특권을 가졌다. 그는 바가반이 각 시구의 의미를 설명하면 그것을 필기했다가, 나중에 바가반이 전해주신 그 정보를 이용해서 그 작품에 대한 타밀어 주석을 썼다.

락슈마나 샤르마는 자신이 그 의미를 정확하게 이해했다는 것을 확실히 하기 위해, 각 시구를 산스크리트로 번역했다. 바가반은 이 번역문을 아주 철저하게 검토했기 때문에 종종 락슈마나 샤르마로 하여금 그것을 대여섯 번씩 다시 쓰게 하기도 했다. 이 산스크리트 시와 그 영어 번역은 나중에 『현교顯教』(Revelation)란 제목으로 출판되었다. 락슈마나 샤르마의 원본 타밀어 주석은 아직도 간행되고 있지만, 그 영어본은 아직 출판된 적이 없다.

이 주석은 원래 한 주에 한 번 나오는 『자나 미띠란』(Jana Mittiran)이라는 신문에 연재되었다. 이 신문의 연재본이 아쉬람에 도착하면 바가반은 그 주석을 오려서 당신의 소파 곁에 두시곤 했다.

락슈마나 샤르마는 아쉬람에서 그 주석을 책의 형태로 출판해 주기를 바랐지만 쩐나스와미가 거부했다. 그와 락슈마나 샤르마는 그전에 다른 문제들로 몇 번 다툰 적이 있었기 때문이다. 락슈마나 샤르마는 결국 그 책을 자기 스스로 출판하지 않으면 안 되었다.

바가반은 아쉬람 사무실의 매일 매일의 업무에 거의 전혀 간섭하지 않으셨다. 그러나 쩐나스와미가 이 책을 출판하지 못하겠다고 했다는 이야기를 들으시고는 한 번의 예외를 만드셨다. 당신은 쩐나스와미의 방으로 찾아가서 약 15분 정도 창문을 통해 그를 바라보셨다. 쩐나스와미는 몇 가지 장부를 살펴보느라고 당신이 와 계신 줄 몰랐다. 결국 몇 사람의 헌신자들이 가서 그에게 바가반이 한참 동안 그의 창문 밖에 서 계시다는 것을 말해주어야 했다.

마침내 쩐나스와미가 일어나서 바가반께 인사를 하자, 바가반이 말씀하셨다. "다들 락슈마나 샤르마의 『실재사십송』 주석이 가장 잘 되었다고 하더군. 누구도 샤르마가 한 것처럼 『실재사십송』을 연구한 사람이 없어. 왜 그의 책을 출판하지 않는 거지?"

쩐나스와미는 그 '암시'를 받아들였다. 그는 락슈마나 샤르마의 사간본私刊本이 떨어지는 대로 그 책을 아쉬람 출판물로 간행하는 데 동의했다. 그러는 동안 그는 락슈마나 샤르마의 팔리지 않은 책 대부분을 사들여서 원래의 출판사의 이름과 주소 위에 스리 라마나스라맘의 이름을 붙인 뒤, 아쉬람의 서점에서 그것을 판매했다.

좀도둑들

1930년대 초에는 아쉬람에 사람이 아주 적었기 때문에 구회당은 종종 텅 비어 있었다. 한 번은 바가반이 목욕을 하러 가신 동안에 한 도둑이 그때 아무도 없던 구회당에 들어가서 바가반의 안경을 훔쳤다. 금테로 된 이 안경은 어느 헌신자가 당신께 드린 것이었다.

안경을 도둑맞은 것을 아시자 바가반은 시자를 나무라셨다. "자네가 문을 열어두었기 때문에 그걸 도둑맞은 거야."

그때 이후로 1930년대 중반에 사람들이 몰려들기 시작할 때까지, 바가반이 외출하신 동안 구회당을 잠갔다.

비록 바가반 자신은 물질적 소유에 집착이 없으셨지만—당신은 종종 당신의 유일한 재산은 지팡이와 물주전자라고 말씀하셨다—우리한테는 도둑을 조심하라고 빈번히 주의를 주셨다. 당신은 특히 우리에게, 우리가 방에 없을 때 방들을 잘 잠가두라고 충고하셨다. 당신은 저녁 9시쯤에 손수 아쉬람의 정문을 잠금으로써 좋은 모범을 보이셨다. 그 당시에 정문은 길옆이 아니라 일루빠이 나무(iluppai tree-아쉬람의 정문 안쪽에 있는 큰 나무) 가까이에 있었다. 1930년대에 한 동안 상주 헌신자들은 매일 저녁 이 문 앞에 앉아 있는 습관이 들어 있었다. 저녁 9시에 바가반은 우리가 모두 밖에 앉아 있는 것을 보시고서도 와서 문을 잠그시는 것이었다. 나는 처음에 바가반이 왜 이렇게 하실까 의아했다. 나중에야 나는 당신이 밤에는 문을 닫아야 한다는 부드러운 질책을 하신 것이라는 것을 이해했다.

바가반은 도둑이 우리의 물건을 훔쳐가지 못하게 하라고 우리에게 권고하셨지만, 당신은 아쉬람 안에서 도둑이 잡혀도 보통 아주 관대하셨다. 나는 바가반이 도둑을 벌하지 않고 놓아주신 두 가지 사건이 생각난다. 한 번은 어떤 사람이 빨리 띠르탐(Pali Teertham-아쉬람 옆의 저수지)에서 밤에 큰 그물로 고기를 잡는 것을 우리 경비원이 붙잡았다. 당시에 그런 행위는 허용되지 않았다. 범인은 아쉬람의 우사 근처에 땅 1에이커를 소유한 찐나(Chinna)라는 사람이었다.

경비원이 찐나를 바가반 앞에 데리고 와서는 그가 저수지에서 고기를 잡았으니 경찰서로 데리고 가야겠다고 했다. 바가반은 "보내드리게. 우리의 찐나 아닌가" 하셨다.

또 한 번의 절도 사건은 대낮에 일어났다. 어떤 사내가 우리의 나무에서 망고를 따는 것을 소마순다람 스와미(Somasundaram Swami)라는 헌신자가 붙잡았다. 그들은 잠시 옥신각신하더니 드디어 소마순다람 스와미가 도둑을 몸으로 떠밀어 바가반이 계신 곳으로 들어왔다. 바가반은 그 절도 이야기를 들으시자 소마순다람 스와미에게 그 사람을 놓아주라고 하셨다.

다음날, 익은 망고가 든 큰 소포 하나가 회당에 도착했다. 망고 중의 하나에는 누군가가 '라마나 바가반'이라고 쓴 표지標紙가 붙어 있었다.

소포에는 쪽지 한 장이 들어 있었는데, 그 표지가 붙은 망고는 바가반이 잡수시라는 것이었다. 다른 망고들은 아쉬람의 헌신자들을 위해 보낸 것이었다.

바가반이 그 망고와 표지 그리고 쪽지를 보시자, 소마순다람 스와미를 돌아보고 말씀하셨다. "어제 자네는 자네가 우리 망고라고 생각한 것 때문에 싸웠지. 그러나 보게, 우리의 망고는 정작 다른 데서 자라고 있지 않았나. 보라고! 우리 이름까지 이렇게 써 있지 않나."

라마나타 브라마짜리(Ramanatha Brahmachari)

라마나타 브라마짜리는 바가반이 비루팍샤 산굴에 살고 계실 때 처음 바가반에게 왔다. 그는 키가 아주 작고 두꺼운 안경을 끼었으며, 항상 몸에 비부띠(vibhūti-聖灰)를 잔뜩 바르고 다녔으므로 무척 눈에 띄는 모습이었다. 비루팍샤 시절에 그는 읍내에 탁발을 다녔다. 그는 자기가 탁발한 어떤 음식이든지 비루팍샤 산굴로 가지고 와서 바가반께 공양하였고, 그러고 나서 남은 음식을 자기가 먹었다.

하루는 그가 바가반께 음식을 가지고 가다가 산 위에서 자기 아버지를 만났다. 그는 읍내와 비루팍샤 산굴의 중간쯤에 있는 구하이 나마시바야 사원(Guhai Namasivaya Temple)의 바깥에 앉아 있었다. 그의 아버지는 몹시 배가 고프다면서 탁발한 음식을 좀 달라고 했다.

라마나타 브라마짜리는 바가반이 드시기 전에는 비록 자기 아버지라 해도 다른 사람에게 음식을 준다는 것은 옳지 않고 불경스러운 짓이라고 생각하고, 자기 아버지에게 이렇게 말했다. "저랑 같이 바가반께 가요. 거기서 우리 같이 먹어요."

바가반에게 아무 관심이 없던 그의 아버지는 안 가겠다고 했다. 그는 아들에게 음식을 좀 주고 가라고 했다. 그러나 라마나타 브라마짜리는 거절했다.

바가반은 비루팍샤 산굴에서 이 광경을 다 보고 계셨다. 드디어 라마나타 브라마짜리가 도착하자 바가반이 그에게 말씀하셨다. "자네 아버지에게 먼저 공양하지 않으면, 나는 자네가 가지고 온 어떤 음식도 안 먹겠네."

라마나타 브라마짜리는 구하이 나마시바야 사원으로 돌아갔으나, 바가반의 지시를 따르지 않고 다시 그의 아버지에게 같이 가서 바가반과 함께 식사하자고 했다. 그의 아버지가 재차 안 간다고 하자, 라마나타 브라마짜리는 그에게 음식을 주지 않고 비루팍샤 산굴로 돌아왔다.

바가반은 이번에는 더 확고하게 그에게 말씀하셨다. "자네 아버지에게 먼저 드시게 해야 내가 먹겠네. 가서 음식을 드리게."

이번에는 라마나타가 명령에 복종하여, 자기 아버지에게 음식을 드린 후 남은 음식을 가지고 비루팍샤 산굴로 돌아왔다. 내가 이 이야기를 하는 것은 바가반에 대한 그의 신심이 얼마나 대단했으며, 자신의 가족을 포함한 다른 어떤 것에 대해 그가 얼마나 관심이 없었는지를 보여주기 위해서이다.

라마나타 브라마짜리는 그토록 사랑과 헌신으로 바가반께 공양을 올렸기 때문에, 바가반은 그의 사랑에 의해 포로가 되었다고 느꼈다. 그래서 바가반은 언젠가 이렇게 말씀하셨던 것이다. "나는 두 사람의 헌신자만 겁을 내는데, 라마나타 브라마짜리와 무달라이아 빠띠다." 그것은 물리적인 공포가 아니라, 이 사람들에게는 어떻게 해 볼 도리가 없다는 느낌 같은 것이었다. 만약 어느 헌신자가 자기 스승에 대해 강한, 불타는 사랑을 가지고 있으면, 스승은 그 헌신자가 요청하는 무슨 일이든지 들어주지 않을 수 없게 될 것이다. 바가반은 라마나타 브라마짜리가 나타날 때마다 항상 걱정이 되셨다. 그가 청하는 것이면 뭐든 들어주지 않을 수 없으리라는 것을 아셨기 때문이다. 라마끄리슈나 빠라마한사(Ramakrishna Paramahamsa)도 언젠가 같은 생각을 이렇게 표현했다. "당신이 황홀한 사랑을 성취하면, 당신은 그것으로 신(God)을 묶을 수 있는 끈을 발견한 것이다."

몇 년 뒤에 아쉬람이 산기슭으로 옮겨가자, 찐나스와미와 라마나타 브라마짜리 사이에 어떤 말다툼이 있었다. 나는 그 자세한 내용은 모르지만, 그 결과는 라마나타 브라마짜리가 아쉬람에서 먹고 자는 것이 금지되었다는 것이다. 읍내에 사는 닐라깐타 샤스뜨리(Neelakanta Sastri)라는 옹호자가 그의 음식을 대주겠다고 자원하여 그를 구해 주었다.

그는 라마나타 브라마짜리에게 말했다. "먹는 것은 걱정하지 마십시오. 이제부터 당신은 매일 제 집에 오시면 됩니다. 저는 바가반과 비나야까(Vinayaka)의 초상을 모시고 있는데, 당신이 이 두 초상에 매일 예공만 올려주시면, 제가 당신께 저의 집에서 아침 식사와 점심을 대접하겠습니다. 또 점심 때 드시고 남은 것은 저녁 때 드실 수 있도록 점심 바구니에 넣어 가셔도 됩니다."

아쉬람에서 쫓겨난 뒤 라마나타 브라마짜리는 빨라꼬뚜에 손수 작은 오두막을 하나 지었다. 그는 바가반이 산 위에 아직 살고 있을 때에도 간디의 어떤 사상에 끌렸다. 그는 당시에 간디주의자들이 누구나 해야 하던 솜 물레를 돌리는 것은 물론, 남을 위해 봉사한다는 생각에 큰 매력을 느끼고 있었다.

그는 빨라꼬뚜로 옮겨가자 거기 살던 모든 사두들의 오두막을 청소해 주고, 그들 모두를 위해 시장을 보아다 주는 봉사(sēvā)를 했다. 읍내에 나가기 전에 그는 빨라꼬뚜의 모든 사람에게 뭐 필요한 것이 없느냐고 묻곤 했다. 그리고 어김없이 부탁 받은 물건들을 가지고 돌아오는 것이었다. 이런 모든 일을 해 주었기 때문에 꾼주 스와미는 그에게 '빨라꼬뚜 도감'이라는 별명을 붙여주었다.

라마나타 브라마짜리는 빨라꼬뚜 사두들을 위해서는 어떤 일이든지 기꺼이 했다. 어떤 사람들은 이 점을 이용하여 그에게 사소한 일이나 내키지 않는 일을 하라고 시켰지만 그는 전혀 불평하지 않았다. 자신의 모든 일을 겸허하고 기쁘게 해냈고, 바가반을 커다란 사랑과 헌신으로 섬겼다는 점에서 그는, 좋은 헌신자란 어떠해야 하는지를 보여준 탁월한 모범이었다.

다른 수행법들

나는 언젠가 몇몇 마을 사람들이 바가반께 와서 영적인 조언을 청했다는 이야기를 들었다. 그들은 해탈을 얻기 위한 가장 직접적인 길이 무엇인지를 당신께 여쭈었다. 바가반은 여느 때와 같이 자기탐구가 가장 효과적인 영적인 수행법이라고 그들에게 일러주셨다. 회당에 있던 가나빠띠 무니의 제자 한 사람이 가나빠띠 무니에게 가서 그에게 이 일을 이야기했다.

가나빠띠 무니는 이렇게 말한 모양이었다. "어떻게 그런 사람들이 자기탐구를 이해하고 수행하겠는가? 만약 그들이 나에게 왔다면 나는 그들에게 어떤 명호염송 名號念誦(nama-japa)[신의 이름을 계속 부르는 것]을 하라고 했을 것이다."

바가반이 그 이야기를 듣자 회당 안에 있던 사람들에게 말씀하셨다. "사람들이 저에게 명상에 관해 물으면 저는 항상 최상의 조언을 해드립니다. 즉, 자기탐구를 하라고 합니다. 만일 제가 그들에게 다른 방법을 따르라고 한다면, 저는 그보다 못한 조언을 해서 그들을 속이는 셈이 됩니다. 그는 염송(*japa*)을 주고 싶으면 주라고 하십시오. 저는 어디까지나 자기탐구를 하라고 하는 최상의 조언을 주겠습니다."

바가반이 비록 대부분의 방문객들에게 자기탐구의 길을 따르라고 조언함으로써 이 말씀의 진실함을 보여주시기는 했지만, 당신이 다른 수행법을 일러주신 경우도 몇 번 있었다. 한 번은 당신이 어느 하리잔(harijan) 헌신자에게 진언 하나를 암송하라고 주셨고, 또 몇 번은 방문객들에게 당신이 아루나찰라에 대해 쓴 시들의 일부나 전부를 암송하라고 말씀하시기도 했다.

『아루나찰라에 바치는 다섯 찬가』(*Arunāchala Stuti Panchakam*)[바가반이 지은 아루나찰라에 관한 다섯 시편]를 막 받은 일단의 마을 사람들이 회당을 떠나고 나서 한 헌신자가 여쭈었다. "저렇게 못 배운 사람들이 어떻게 이런 문학적 타밀어 시를 이해하겠습니까?"

"그 의미를 이해할 필요는 없지요." 바가반이 답변했다. "그 시들을 그저 암송하기만 해도 그들은 어떤 이익을 얻을 것입니다."

그 비슷한 다른 경우가 생각난다. 에짬말의 손녀가 바가반을 뵈러 올 때마다 당신은 그녀에게 『우빠데샤 운디야르』(*Upadēsa Undiyār*)[바가반이 타밀어로 쓴 35수의 시로 된 철학적 저작]를 큰 소리로 읽어보라고 하셨다. 만약 아이가 잘못 읽으면 바가반이 그녀의 발음을 고쳐주셨다.

그녀는 상당히 세속적인 아이 같았으므로 나는 한 번 바가반께 여쭈었다. "이 소녀는 진지眞知(*jnāna*)에 대한 욕구가 전혀 없는 것 같습니다. 왜 저 아이가 올 때마다 『우빠데샤 운디야르』를 읽히십니까?"

바가반이 대답하셨다. "훗날 저 아이에게 어려움이 닥쳐오면 이 시들을 기억하는 것이 도움이 될 거라네."

이 소녀는 지금 할머니가 되었다. 내가 몇 달 전에 그녀를 보았을 때

—우리는 여러 해 동안 만나보지 못했다—나는 바가반이 그녀에게 준 이런 교훈들이 생각나느냐고 물었다.

그녀는 나에게 이렇게 말했다. "그 시들은 평생 제 기억에서 떠나지 않았지요. 그러나 최근에 와서야 바가반의 은총에 의해 그 의미를 이해하기 시작했습니다."

자기 바로잡기(Self-correction)

바가반은 우리에게 남을 비난하기보다는 자기 자신을 개혁해야 한다고 가르치셨다. 실질적으로 표현하자면 이것은 우리가 다른 사람들의 마음과 행동에 대해 불평하기보다는 자기 자신의 마음의 근원을 발견해야 한다는 것을 뜻한다. 나는 이 문제에 관한 바가반의 전형적인 답변 하나를 기억한다.

바가반과 친밀했던 어느 헌신자가 그에게 여쭈었다. "바가반과 함께 사는 어떤 헌신자들은 아주 이상하게 행동합니다. 그들은 바가반께서 승인하지 않으시는 행동들을 많이 합니다. 왜 바가반께서는 그들을 바로잡지 않으십니까?"

바가반이 대답하셨다. "자기 자신을 바로잡는 것이 전 세계를 바로잡는 것이지. 태양은 그저 밝을 뿐, 누구도 바로잡지 않는다네. 그것이 빛나기 때문에 온 세상이 빛으로 가득하네. 자네 자신을 변환시키는 것이 전 세계에 빛을 주는 수단이라네."

한 번은 내가 회당에 앉아 있을 때 어떤 사람이 바가반에게 거기 앉아 있는 헌신자 한 사람에 대해 불평을 했다. "그는 여기서 명상은 하지 않고 졸기만 합니다."

"자네가 어떻게 아나?" 하고 바가반이 대꾸하셨다. "자네가 해야 할 명상은 하지 않고 그를 보니까 그렇지. 먼저 자네 자신을 보고 다른 사람들의 습관에는 상관하지 말게."

바가반은 가끔 이런 말씀을 하셨다. "여기 오는 어떤 사람들은 두 가지 목적이 있습니다. 그들은 바가반이 완벽하기를 원하고 아쉬람 사람들이 완벽하기를 원합니다. 이 목표를 달성하기 위해 그들은 온갖 불평과 제안을 합니다. 그들은 자기 자신을 바로잡으러 오는 것이 아니라, 다른 사람들을 바로잡기 위해 옵니다. 이런 사람들은 자기들이 애당초 바가반을 왜 만나러 왔는지를 기억하지 못하는 것 같습니다. 그들은 우리에게 절을 한 번 하고 나면 아쉬람이 자기네 왕국이나 된 것처럼 생각합니다. 그런 사람들은 우리가 자기들의 종從이나 되는 듯이, 자기들이 원하는 대로만 우리가 행동해야 한다고 생각하는 것입니다."

아루나찰라 무달라이아(Arunachala Mudaliar)

띠루반나말라이에는 아바랑가뚜가街(Avarangattu Street)라고 하는 거리가 있는데, 20세기가 시작될 무렵 거기에는 독자적인 시바 헌가단獻歌團(Siva bhajan group)이 있었다. 이 단체의 장長인 아루나찰라 무달라이아는 비루팍샤 산굴로 바가반을 찾아오곤 했다. 그러고는 여러 해를 오지 않더니 1930년대의 어느 때 다시 바가반을 뵈러 왔다. 그는 절을 하고 나서 바가반을 한 동안 뚫어지게 쳐다보았다.

마침내 그는 이렇게 말했다. "바가반, 당신께서 산 위에 사실 때는 해처럼 빛이 나셨는데, 지금은 그 상태가 사라졌습니다. 당신의 동생이 왔고, 소들도 와 있고, 이 온갖 가구들도 들어왔습니다. 당신께서는 타락하셨습니다."

바가반은 고개를 끄덕이고 쉽게 동의하면서 이렇게 말씀하셨다. "그래요, 그래."

아루나찰라 무달라이아는 바가반이 당신의 모든 힘을 잃어버렸다는 것을 확인해 주자 아주 기분이 좋은 것 같았다. 그는 다시 절을 하고 나서 쩐나스와미에게 이야기하러 나갔다.

그가 회당을 나간 뒤 나는 바가반께 여쭈어 보았다. "저이가 당신께서 타락하셨다고 했을 때, 왜 동의하셨습니까?"

바가반은 웃으며 말씀하셨다. "그것이 사실이거든. 나의 '나'는 영원히 타락해 버렸지."

나는 바가반이 그 사람의 말에 동의했을 때 상당히 충격을 받았으나, 당신의 설명을 듣고 나서 문득 아주 즐거움을 느꼈다. 왜냐하면 마니까바짜가르(Manikkavachagar)[9세기의 타밀 성자]의 이런 시 한 구절이 생각났기 때문이다. "나의 '나'는 타락했네. 나의 몸은 타락했네. 나의 개아個我(jīva)는 타락했네. 내 마음은 타락했네."

바가반의 '나'는 당신이 비루팍샤 산굴로 가시기 오래 전에 타락했던 것이다. 진인은 다시는 윤회계에 빠질 수 없다는 것을 그 사람이 이해할 수 없었기 때문에 당신은 그런 식으로 말씀하셨을 뿐이었다.

비슷한 사건 하나가 바가반이 산 위에 살고 있을 때 일어났다. 아루나찰라 무달라이아는 바가반이 잘 모르는 어떤 철학을 장황하게 설명하고 있었다. 바가반은 이 이야기를 들으면서 아루나찰라 무달라이아에게 당신이 그에게 동의하고 있다는 인상을 주기 위해 자주 고개를 끄덕였다.

아루나찰라 무달라이아가 가고 나서 그의 아들이 바가반에게 물었다. "스승님께서는 왜 그에게 동의하는 척하셨습니까? 그가 하는 말이 옳지 않다는 것을 아시면서요."

바가반이 대답했다. "진리는 언어로 정확하게 전달될 수 없는데, 진리에 대한 한 사람의 의견을 다른 언어의 집합을 가지고 문제 삼는 것은 의미가 없기 때문이지. 나는 자네가 그의 사상에 동의하지 않는다는 것을 알지만, 그렇다고 그와 다툴 필요는 없네. 그는 자네의 웃어른 아닌가. 그를 존중하고, 그가 이런 식으로 먼저 이야기를 시작할 때마다 그가 하는 말에 동의해서 자네에게 아무 해로울 것은 없다네."

1908년 무렵에 바가반은 『비짜라 사가람』(Vichāra Sāgaram-『탐구의 바다』)이라는 방대한 타밀어 저작을 몇 쪽으로 요약했다. 그는 이 요약본을 『비짜라 사가라

사라 상그라함』(*Vichāra Sāgara Sāra Sangraham*-『탐구의 바다 핵심 요지』)이라고 불렀다. 아루나찰라 무달라이아는 바가반에게 이 작품을 자기 이름으로 출판해도 되겠느냐고 물었다. 바가반은 저작자 명의에 거의 관심이 없었기 때문에 그렇게 하라고 허락했다. 그 책이 1909년에 나오자, 그것은 바가반의 두 번째로 출간된 저작이 되었다. (1908년에 나온 첫 저작은 그의 『분별정보分別頂寶』(*Vivēkachudā-mani*) 번역본이었다.) 여러 해가 지난 뒤 무나갈라 벤까따라마이아가 이 작품의 영어 번역본을 준비할 때, 바가반은 『비짜라 사가라 사라 상그라함』의 저자가 자신임을 인정했다[*The Mountain Path*, 1984, p.93 참조]. 바가반이 저자임이 밝혀지자 이 작품의 제목은 『탐구보주화만探究寶珠華鬘』(*Vichāra Mani Mālai*)으로 바뀌었다.

불완전한 세계

한 번은 바가반이 나에게 수브라마니아(Subramania-시바의 아들)와 브라마(Brahma-창조의 신) 사이에서 벌어진 언쟁에 관한 신화적인 이야기를 해 주신 적이 있다.

수브라마니아가 한 번 브라마가 창조한 세계를 보니 그 안에 있는 사람들은 모두 질투, 분노, 탐욕과 같은 감정에 사로잡혀 있는 것이었다. 조금 더 오래 보고 있으려니 이 사람들은 거의 언제나 비참한 상태에 있었고, 서로 싸우거나 다투고 있었다. 그는 브라마에게 그의 창조계가 매우 잘못 만들어졌다고 말했다.

"당신은 불완전이 아니라 완전으로 가득한 우주를 창조했어야 합니다. 왜 저렇게 나쁜 사람들로 세계를 채워놓았습니까?" 그가 말했다.

브라마가 어떤 실수도 인정하려고 들지 않자 두 신은 열띤 언쟁을 벌였고, 결국 수브라마니아가 브라마를 압도하여 그를 투옥하고 그가 창조한 세계 전체를 소멸시켜 버렸다. 그리고 자신의 주장이 옳았음을 증명하기 위하여 수브라마니아는 모든 면에서 완전한 하나의 세계를 창조하기로 결심했다. 그는 창조 행위를 시작했지만 곧 그 세계에 어떠한 생명이나 움직임도 불어넣을 수 없다는 것을 발견했다. 그가 창조한 해와 달도 하늘에서 움직이기를 거부했다. 왜냐하면 이 세계의 주민들은 모두 진인들(jnānis)뿐이었으므로, 도처에 절대적인 침묵이 지배하고 있었기 때문이다.

얼마 후에 시바가 와서 물었다. "너는 왜 브라마를 투옥했나?"

수브라마니아가 대답했다. "그 사람은 몹쓸 짓을 많이 합니다. 그는 서로 다투고 문제를 일으키는 사람들을 항상 창조하고 있었습니다. 제가 창조한 세계를 보십시오! 모두 안주자安住者(nishthās)[진아 안에 자리잡고 있는 사람]들뿐입니다."

시바가 그 세계를 한 동안 살펴보고 나서 말했다. "이 세계에는 아무런 움직임도 없다. 해도 없고 달도 없다. 너는 공空(sūnya)의 세계를 창조했다."

수브라마니아는 자기가 창조한 세계를 다시 검토한 후 시바가 옳았음을 시인하지 않을 수 없었다. 그래서 브라마를 감옥에서 석방하고 그가 다른 불완전한 세계를 창조할 수 있도록 허용했다.

바가반은 세계란 항상 불완전한 마음이 창조하는 것이기 때문에, 완전한 세계는 결코 있을 수 없다고 말씀하시곤 했다. 그런 불완전한 도구로써는 완전한 대상을 만들 수 없다는 것이었다.

또한 이렇게 말씀하시기도 했다. "마음이 존재하는 한, 선과 악도 존재합니다. 그러나 마음이 전혀 없는 진인들에게는 선도 악도 없고 세계도 없습니다."

창조에 관한 다른 일화 하나도 이야기해 볼 만하다. 6세기의 시바파 성자인 냐나삼반다르(Jnanasambandhar)는 남인도를 여행하다가 전에 와 본 적이 없는 한 사원에 도착했다.[5]

---

5) [역주] 냐나삼반다르는 『뻬리아뿌라남』(Periapurānam)에 나오는 63인 성자 중의 한 사람이다. 아주 어린 몸으로 시바의 찬가를 부르면서 성지를 순례했다.

사원에 들어가기 전에 꿈을 꾸었는데, 주主 시바가 나타나서 그에게 말했다. "너는 진주 가마(palanquin of pearls)를 타게 될 것이다."

같은 날 시바는 그 사원의 한 재산 관리인의 꿈에 나타나서 말했다. "너의 창고에는 진주 가마가 하나 있다. 그것을 냐나삼반다르가 사용하도록 주어라."

재산 관리인이 창고에 가서 그 가마를 찾아내어 성자에게 드렸다. 그 가마는 사원의 재산의 일부가 아니었다. 그것은 시바가 재산 관리인의 꿈에 나타난 날 불가사의하게 나타난 것이었다.

바가반은 우리가 회당에 앉아 있을 때 이 이야기를 하셨다. 이야기가 끝나자 내가 바가반께 여쭈었다. "어떻게 그 가마가 창고 안에서 홀연히 나타날 수 있었습니까?"

바가반은 이렇게 대답하셨다. "신은 전 우주를 단 한 순간에 창조할 수 있는 능력을 가지고 있지. 그런 존재에게 작은 가마 하나 창조하는 것이 어려운 일이겠나?"

삼매三昧와 빠라야나(pārāyana)

바가반은 타밀어로 부르는 빠라야나(pārāyana)[당신의 친존에서 매일 행하는 경전 찬송]를 듣다가 가끔 무아경 같은 삼매 상태에 들어가셨다. 스깐다쉬람에서와 1920년대의 스리 라마나스라맘에서는 이런 일이 자주 있었다고 나는 들었다. 그러나 내가 아쉬람에 갔을 당시에는 이런 일이 상당히 드물게 일어났다.

내가 그런 일이 일어나는 것을 처음 보았을 무렵에는, 단다빠니 스와미(Dandapani Swami)가 아직 아쉬람의 감원監院이었다. 바가반은 저녁 빠라야나 때 삼매에 들어 저녁 식사 종이 울렸을 때도 깨어나지 않으셨다. 단다빠니 스와미는 당신을 깨우려고 바가반의 귀에다 대고 소라나 팔(conch)을 몇 번이나 불었고, 다른 헌신자들은 바가반의 다리를 흔들기 시작했다. 그러나 아무리 해도 효과가 없었다. 약 5분쯤 지나서 드디어 바가반은 그들의 도움 없이도 정상적인 의식을 되찾으셨다.

나는 이러한 상태가 좀 궁금했기 때문에 한 번은 바가반께 여쭈었다. "삼매가 무엇입니까?"

바가반은 『리부 기타』의 제43장 25절을 보여주셨는데, 거기에는 니다가(Nidaga)가 그의 스승인 리부(Ribhu)에게 자기가 어떻게 삼매를 얻었는지를 설명하고 있다.

> '나'는 영원히 브라만이며 브라만은 실로 '나'입니다. 이 확신을 확고히 체험할 때, 그것이 흔들림 없는 삼매[不動三昧]라는 것입니다. 이원성의 온갖 겉모습에서 벗어나서 무념무상의 안주安住(진아안주)를 하고 있을 때가 삼매입니다. 저의 주主이시여, 이 두 가지 유형의 삼매를 통해 저는 생존해탈生存解脫(jīvanmukti)[살아 있는 동안의 해탈]의 지복을 성취했고, 청정한 지고자至高者가 되었습니다.

바가반은 언젠가 무상삼매(nirvikalpa samadhi)의 진정한 본질을 다음과 같이 정의한 적이 있다. '바깥외 차별상을 단순히 지각하지 못하는 것은 확고한 무상삼매의 진정한 본질이 아니다. 죽은 마음(dead mind) 속에서 차별상이 일어나지 않는 것만이 진정한 무상삼매이다.'(『Guru Vāchaka Kovai』, 893. 『Be As You Are』, p.161에서 인용)

바가반은 다른 때에도 가끔 삼매에 드셨다. 내가 한 번은 어머니 사원(Mother's Temple)에서 화만華鬘(꽃목걸이)을 만들고 있는데 바가반이 들어와서 곁에 앉으셨다. 몇 마디 말을 주고받은 뒤 바가반은 눈을 뜬 채 깊은 삼매에 들어가서 약 반시간 정도 움직이지 않으셨다. 당신은 워낙 석상같이 되어 호흡마저 멈추어버렸다. 눈의 깜박임이나 가물거림도 전혀 없고 숨을 쉬는 기미도 전혀 없었으며—나는 손을 당신 얼굴 앞에 가져가 보았다—몸에도 전혀 움직임이 없었다. 당신은 정상으로 돌아오자 웃으시더니 마치 아무 일도 없었던 것처럼 이야기를 계속하셨다.

이러한 깊은 삼매는 자주 볼 수 있는 것은 아니었지만, 빠라야나를 부르는 동안에는 바가반은 언제나 모종의 작은 황홀경 같은 상태에 들어가 있는 것처럼 보였다. 멍한 눈으로 석상같이 앉아 계시다가, 나중에 당신은 찬송을 들은 기억이 별로 없다고 종종 고백하시곤 했다.

나는 어느 이른 아침, 빠라야나를 막 찬송하기 직전에 일어난 재미있는 사건 하나가 생각난다. 바가반은 몇 주일째 저녁에 음식을 많이 드시지 않고 있었다. 그러다 보니 다음날 새벽 4시경에는 배가 약간 고팠다. 바가반은 허기를 달래기 위해 화덕(kumutti)에 땅콩을 구워서 드시곤 했는데, 땅콩을 굽고 나면 그것을 시자인 끄리슈나스와미나 아니면 그 시간에 회당에 있던 다른 사람에게도 좀 주셨다.

그날 아침에는 바가반이 땅콩을 꺼내어 끄리슈나스와미에게 말씀하셨다. "저 사람들이 베다 빠라야나를 하기 전에 우리는 땅콩 빠라야나를 하세."

매일 산스크리트로 부르는 베다 빠라야나(Veda pārāyana)는 1935년경에 시작되었다. 그 전에는 타밀 시(詩)들만 찬송하는 빠라야나를 하루에 두 번 했다.

정규적인 빠라야나 외에 우리는 『리부 기타』도 많이 독송했다. 바가반은 이 책을 아주 높이 평가했으므로, 우리 중의 몇 사람에게는 그것을 수행의 일환으로 정규적으로 읽으라고 말씀하시기도 했다. 당신은 심지어 이 책을 늘 읽으면 삼매에 도달한다고도 말씀하셨다. 나도 이 책을 정규적으로 읽으라는 말을 들은 헌신자 중의 한 사람이었다. 정규 빠라야나는 아침저녁으로 정해진 시간에 했지만 『리부 기타』 독송은 정해진 때가 없었다. 어떤 때는 우리가 오후 3시경에 그것을 읽었고, 어떤 때는 밤 8시에 읽기도 했다.

정규적인 빠라야나가 끝나면 바가반과 모여 있던 헌신자들은 종종 반시간 가량 침묵 속에 앉아 있곤 했다. 한 번은 내가 건축 공사를 감독하고 있을 때였는데, 내가 이 침묵의 시간에 회당에 들어가서 바가반께 오체투지를 했다. 그때까지 눈을 감고 앉아 계시던 바가반은 갑자기 눈을 뜨고 건축 공사 일에 관해 말씀하시기 시작했다.

우리의 의논이 끝나자 헌신자 중의 한 사람이 바가반께 말했다. "당신께서는 눈을 감고 앉아 계시다가 안나말라이 스와미가 나타나자 즉시 눈을 뜨고 건축 일에 관해 말씀하시더군요."

바가반은 이 함축적인 질문에 대해 이렇게 답변하셨다. "안나말라이 스와미의 마음은 집 짓는 생각으로 가득 차 있었지요. 여러분은 모두 여기서 침묵과 평안 속에 앉아 있고, 저 역시 침묵 속에 앉아 있었습니다. 안나말라이 스와미는 머리 속에 온통 아쉬람 건물들을 넣어 다니고 있습니다. 그런 그가 회당에 들어오니 이 온갖 집 짓는 생각들이 저로 하여금 말을 하게 했던 것입니다."

절(namaskārams)[오체투지 prostrations]

바가반은 헌신자들이 신심 없이, 지나치게 절하거나 멍하니 절을 하면 화를 내었다. 나는 그런 예를 몇 가지 들 수 있다. 한 번은 내가 어머니 사원의 예공(Mother's *pūjā*)에 쓸 화만을 만들고 있는데 바가반이 어머니 사원에 들어오시더니 연화좌蓮華坐(*padmāsana*)[결가부좌] 자세로 앉으셨다.

내가 오체투지를 했더니 당신은 나를 나무라셨다. "자네가 이런 식으로 하면 다른 사람들도 다 따라 하지 않으면 안 될 것같이 느낀다네. 왜 그런 식으로 나에게 절을 하나? 나는 내가 자네보다 더 위대한 사람이라고 생각하지 않네. 우리는 모두 하나야."

다른 사람들은 이 말씀을 무시하고 각자 오체투지를 했다.

바가반이 회당을 나오실 때 만약 회당 바닥에 앉아 있는 헌신자들이 있을라치면, 그들은 즉시 존경의 표시로 일어섰다. 이 기계적인 존경의 동작은 가끔 당신을 화나게 했다.

한 번은 그런 경우에 당신이 서 있는 헌신자들에게 말씀하셨다. "여러분은 왜 이렇게 서 있습니까? 왜 바닥에 그대로 앉아 있지 않지요? 제가 호랑이나 뱀입니까, 제가 나타날 때마다 벌떡 일어서게?"

또 한 번은 바가반이 산기슭을 따라 포행하고 계실 때, 아쉬람의 일꾼 한 사람이 당신을 보고는 하던 일을 멈추고 땅바닥에 전신을 뻗어 오체투지를 했다.

바가반이 그에게 말했다. "자네가 자네 소임을 제대로 하면 그 자체가 큰 절이네. 만약 모든 사람이 각자의 맡은 바 임무(swadharma)를 회피하지 않고 한다면, 진아에 도달하기 쉬울 것이네."

한 번은 바가반이 절[拜]이 생겨난 배경 이야기와, 당신은 왜 사람들이 계속 그에게 절하는 것을 좋아하지 않는지를 설명하셨다.

"처음에 절의 관행은 위대한 분들이 그들의 몸과 마음을 신에게 바치는 한 방편으로 도입되었지요. 이 원래의 목적이 지금은 완전히 실종되었습니다. 요즘은 사람들이 이렇게 생각합니다. '우리가 스와미(Swami)께 한 번 절을 하면 당신은 우리가 원하는 것을 뭐든지 들어주실 것이다.' 이것은 큰 착각입니다. 왜냐하면 결코 스와미를 속일 수 없기 때문입니다. 거짓된 동기로 절을 하는 이기적인 사람들만이 스스로 속을 뿐입니다. 저는 사람들이 와서 저에게 절하는 것을 좋아하지 않습니다. 무슨 절이 필요합니까? 자신의 마음을 올바른 영적인 길 위에서 잘 이끌고 가는 것이야말로 가장 위대한 절입니다."

바가반은 우리가 사랑을 가지고 절을 하는지 여부에는 개의치 않으시는 듯했다. 당신은 다만 우리가 신심에서라기보다는 습관적으로 당신에게 오체투지를 한다고 생각될 경우에만 이따금씩 반대하셨을 뿐이다.

나는 이 점을 아주 잘 보여주는 사건 하나를 기억한다. 어느 날 점심 식사 후에 나는 바가반과 함께 빨라꼬뚜를 포행하고 있었다. 바가반은 용변을 보기 위해 덤불 뒤로 들어가셨다. 당시에는 아쉬람에 적당한 화장실이 없었기 때문이다. 나는 당신이 다시 나오시기를 기다리다가, 대단한 군軍 차량 대열이 뱅갈로르(Bangalore) 쪽으로 달려가고 있는 것을 보았다. 틀림없이 헌신자였겠지만 어느 군인 한 사람이 자기 차를 세우더니, 나와서 아쉬람으로 달려갔다. 그는 차량 대열을 따라가야 했기 때문에 분명히 아주 급했다. 나중에 내가 아쉬람에 있던 헌신자들에게 들으니 그는 아쉬람에 뛰어 들어와 바가반을 찾았다고 한다. 바가반이 빨라꼬뚜로 가셨다는 말을 듣자 그는 내쳐 달려서 몇 분 뒤에 나에게 도착했다.

"바가반이 어디 계십니까? 바가반이 어디 계십니까?" 하고 그가 외치고 있을 때, 바가반이 일어서서 덤불 뒤에서 나오셨다.

때는 마침 일년 중 가장 더울 때의 한낮이었다. 땅의 돌과 모래는 손을 댈 수 없을 정도로 뜨거웠다. 그런데도 그 군인은 바가반 앞의 땅바닥에 전신을 뻗어 오체투지를 했다.

몇 초 후에 그는 바가반께 큰 소리로 말했다. "제 까르마(karma)는 아주 어렵습니다. 저는 여기에 몇 초밖에 있을 수 없습니다. 부디 저를 축복해 주십시오."

바가반은 그를 사랑스런 눈길로 바라보더니, 은총 가득한 미소로 그를 '축복'하셨다. 몇 초 후에 군인은 일어나서 기다리고 있는 그의 차량으로 달려갔다.

우리가 아쉬람으로 돌아올 때 바가반은 그 군인의 행동을 칭찬하셨다. "아주 복잡한 까르마를 가지고 있음에도 불구하고, 그는 나를 보러 오고 싶은 아주 강한 충동을 느꼈던 거야. 그의 행동만 보아도 그가 이미 높은 수준의 신심에 도달해 있다는 것을 알 수 있지."

바가반이 빨라꼬뚜나 산 위로 포행을 나가실 때는 당신의 시자만 그를 동행할 수 있다는 하나의 규칙이 있었다. 이 시자는 다른 사람들이 바가반 곁으로 오거나 질문을 하지 못하게 하라는 명령을 받고 있었다.

가끔 회당에서 공개적으로 이야기하고 싶지 않은 문제를 가진 헌신자들이 당신을 따라가서, 당신이 걸어가시는 중에 그 문제를 상의하는 경우가 있었다. 그러나 이런 특권은 가까운 헌신자들에게만 주어졌다. 다른 사람들은 근처에 가지 못했다. 만약 내가 그 규칙을 엄격하게 따랐다면 나는 그 군인을 바가반에게서 떼어놓았을 것이다. 그러나 그는 분명히 아주 급한 상황이었으므로, 나는 그가 짧은 친견을 갖는 것을 전혀 막으려고 하지 않았던 것이다.

나는 바가반이 어느 헌신자가 당신의 발 앞에 엎드리는 것을 승인하시는 것처럼 보인 다른 한 번의 경우를 기억할 수 있다. 바가반은 회당 밖의 소파에 앉아 계셨고, 많은 헌신자들이 와서 오체투지를 한 다음 가곤 했다. 어느 기독교 사제가 아쉬람에 왔는데, 그는 바가반께 가까이 가지 않고 오체투지를 할 생각도 하지 않았다. 그는 다만 저만치 서서 분명히 호기심으로 45분가량 바가반을 지켜보기만 했다. 마침내 그는 마치 쓰러지는 나무처럼 땅바닥에 주저앉더니, 전신을 뻗어 오체투지를 한 다음 떠났다. 그는 분명 바가반의 위대함을 납득할 만한 어떤 체험을 했던 것이다. 그러나 그가 아무 말 없이 떠나버렸기 때문에, 우리는 그것이 어떤 것인지 전혀 알 수 없었다.

그가 가고 난 다음 바가반이 웃으면서 말씀하셨다. "그는 절을 하지 않고는 더 이상 자신을 제어할 수 없었지."

한 번은 어느 헌신자가 바가반께 가서 자기가 오체투지를 하면서 당신의 발을 만져도 되겠느냐고 여쭈었다.

바가반은 이렇게 대답하셨다. "바가반의 진정한 발은 헌신자의 심장 안에만 존재합니다. 이 발을 끊임없이 붙드는 것이 참된 행복이지요. 그대는 내 신체적 발을 붙들면 실망하게 됩니다. 왜냐하면 이 육체는 어느 날 사라질 테니까요. 가장 훌륭한 숭배는 자신의 내면에 있는 스승의 발을 숭배하는 것입니다."

제6장

감원監院과
감원 지망자들

내가 처음 바가반에게 왔을 때, 아쉬람은 무루가나르(Muruganar)의 장인인 단다빠니 스와미(Dandapani Swami)가 운영하고 있었다. 그는 덩치가 크고 힘이 좋은 사람으로, 돈 쓰기를 좋아하고 맛있는 음식 먹기를 즐겼다. 그는 감원監院(manager-아쉬람의 운영 책임자)을 하는 동안 아쉬람의 돈을 헤프게 썼는데, 하도 헤프게 써서 사실상 우리는 종종 빚을 지고 있었다. 그 당시에 아쉬람은 매우 가난했다. 돈이 거의 없었고, 헌신자들의 시주금은 왕왕 우리의 빚을 갚는 데 쓰였다. 다행히 우리는 돈 들 일이 아주 적었다. 식품 외에는 우리가 사야 할 것이 거의 없었다. 헌신자들이 시주한 음식이 우리 모두가 먹기에 충분치 않을 때에는, 읍내에 가게를 가지고 있는 어느 헌신자로부터 식품을 사서 충당하곤 했다. 그 주인이 뽈루르 출신이었으므로 뽈루란 상회(Poluran shop)라고 불리던 이 가게는 큰 사원 근처의 띠루부달가街(Tiruvoodal Street)에서 막 벗어난 곳에 위치하고 있었다. 주인은 우리에게 무한정 외상 편의를 봐주었는데, 왜냐하면 조만간 어떤 돈 많은 방문객 헌신자가 와서 우리의 빚을 다 갚아 줄 것이라는 것을 알고 있었기 때문이다.

이렇게 그날그날 때워 가는 생활은 단다빠니 스와미의 낭비적인 운영 방식으로 인해 더 악화되었다. 어떤 헌신자가 와서 돈을 좀 시주하면, 단다빠니 스와미는 그것을 바다이(vadai)나 빠야삼(payasam), 바담 할바(badam halva)[아몬드로 만든 과자] 같은 비싼 품목들에다 소비하곤 했다. 우리는 한 이틀은 임금같이 잘 먹었다. 그러고 나서 3일째는 우리 중의 한 사람이 뽈루란 상회로 가서 다음날의 음식을 외상으로 사와야 하곤 했다. 단다빠니 스와미는 또 돈이 거의 없거나 아주 없을 때도 돈을 헤프게 썼다. 한 번은 그가 자기 친척 한 사람을 월급 15루피에 요리사로 고용했다. 아쉬람은 그에게 월급 줄 돈이 없었고, 그가 만드는 음식 재료는 외상으로 사와야 했다. 바가반은 이런 불필요한 지출을 찬성하지 않으셨다.

한 번은 당신이 단다빠니 스와미에게 이렇게 말씀하시는 것을 들은 기억이 있다. "당신은 왜 이렇게 돈을 쓰시오? 죽(粥)이라든지 아니면 다른 싼 음식을 준비하고 우리의 비용을 줄여서, 이런 시주금이 오래 가게 할 수도 있었을 텐데. 당신은 불필요하게 비싼 품목들에 돈을 낭비하고 나서 그 다음날은 돈이 없다고 불평합니다."

단다빠니 스와미는 바가반의 이름이나 아쉬람의 명의로 돈을 거두어서 수지를 맞추려고 시도했다. 바가반은 여기에 전적으로 반대하셨다. 당신은 헌신자들이 자진해서 돈을 시주하는 것은 개의치 않았지만, 아쉬람 소임자들이 당신을 빌미로 헌신자들에게 돈을 요구한다는 말을 들으면 빈번히 화를 내셨다. 바가반은 단다빠니 스와미에게 몇 번이나 이 점에 관해서 이야기했다. 그러나 라마나타뿌람(Ramanathapuram)의 라자(Raja-토후국의 군주)가 방문했을 때 문제는 드디어 곪아터졌다.

라자가 도착했을 때 바가반은 주방에서 얼마간의 푸성귀를 씻고 계셨다. 바가반은 라자가 왔다는 말을 들었지만 들은 척도 하지 않으셨다. 당신은 아주 천천히 그리고 아주 세밀하게, 푸성귀를 씻기만 하셨다. 마침내 그 일이 끝나자, 당신은 회당으로 와서 소파에 앉으셨다. 라자는 바가반에게 절을 하고 반시간 가량 머무르면서 몇 가지 질문을 하고 난 다음에 떠났다.

라자가 아쉬람을 떠날 때, 단다빠니 스와미는 그를 닥쉬나무르띠 사당(Dakshinamurti shrine)까지나 멀리 동행했다.

라자와 나란히 걸어가면서 단다빠니 스와미는 라자에게 말했다. "보시다시피 바가반은 변변한 건물이 없습니다. 우리는 그런 건물을 지을 돈이 없습니다. 어떤 때는 식품을 살 돈도 없고요."

실제로 돈을 요구한 것은 아니지만, 시주해 주면 대환영이라는 뜻을 밝힌 것이었다.

다른 헌신자들이 지나가다가 이 말을 듣고 와서 바가반께 보고했다. 단다빠니 스와미가 라자를 배웅하고 돌아오자 바가반은 그를 아주 호되게 꾸짖으셨다.

"당신은 라자를 망쳐놓았소. 그는 궁官이 있고, 돈도 많고, 돈으로 살 수 있는 온갖 환락도 있지만, 돈으로는 행복을 살 수 없다는 것을 깨달았기 때문에 좌절감을 안고 왔소. 그는 이렇게 샅가리개 하나 차고 아무것도 가진 것 없는 나한테 와서 묻기를, '저는 불행한 사람입니다. 제가 행복을 얻을 수 있는 어떤 방법이 없습니까?' 하고 물었소. 그는 행복을 찾기 위해 여기 왔는데, 당신은 구걸하고 불평함으로써 그의 희망을 산산이 부숴 버렸소. 이제 이 사람은 이렇게 생각할 거요. '저 분은 저렇게 가난한 상태에 있으니 행복하지 않구나. 그는 여전히 무엇을 요구하고 있다.' 그는 자기 처소로 돌아가면서 이렇게 생각할 거요. '가난은 해답이 아니다. 행복은 돈에서만 오고 돈으로 살 수 있는 것들에서만 온다.' 당신은 그런 이야기를 해서 이 사람을 망쳐 버렸소. 앞으로 누가 오든, 당신은 다시는 그들에게 스와미가 돈을 필요로 한다는 말을 해서는 안 되오. 다시는 돈을 요구하지 마시오."

단다빠니 스와미는 또한 공격적이고 걸핏하면 따지고 드는 성미 때문에도 문제를 야기했다. 내가 스리 라마나스라맘에 오기 몇 해 전에 그는 빨라꼬뚜에서 스리 바가반을 위해서 베풀어진 대중공양(bhikshā) 석상에서 찐나스와미를 신체적으로 공격했다. 문제는 찐나스와미가 헌신자 몇 사람이 잘못 행동한다고 야단치기 시작할 때 일어났다. 바가반이 그것을 보고 그에게 그러지 말라고 나무라셨다.

이것을 보자 단다빠니 스와미가 찐나스와미에게 성을 내어 소리쳤다. "자네는 왜 바가반의 뜻을 이렇게 거스르나?"

찐나스와미가 몇 마디 대꾸를 했고 그들 사이에는 큰 언쟁이 벌어졌다. 단다빠니 스와미는 몹시 성이 나서 찐나스와미의 목을 거머쥐고 그를 빨라꼬뚜 저수지 쪽으로 밀어붙이기 시작했다. 바가반은 이 모든 사태를 침묵으로 지켜보고 있다가, 단다빠니 스와미가 찐나스와미를 물속으로 집어던질 기세를 보이자 지팡이로 단다빠니 스와미의 등을 쳐서 개입하셨다. 싸움은 즉시 끝났다.

그러자 바가반은 두 사람을 불러서 이렇게 말씀하셨다. "나는 당신들의 싸움에서 누가 이기는가에는 관심이 없소. 그것은 내가 상관할 바가 아니오. 그러나 당신들은 둘 다 출가수행자의 오렌지색 승복을 입고 있소. 만약 한 사람이 다른 한 사람을 죽인다면, 각지의 출가수행자들이 다 오명을 얻을 것이오. 그러니 그만하시오."

나는 이 사건에 관한 이야기가 실린 곳을 세 군데 찾아냈다. 하나는 사두 나따나난다(Sadhu Natanananda)가 한 이야기이고[*Ramana Darshanam*, 제45장], 하나는 끄리슈난(M.V. Krishnan)이 한 이야기이며[*The Mountain Path*, 1979, p.225], 또 하나는 가나빠띠(Ra. Ganapati)가 한 이야기이다[*Kalki Dīpāvali Malar*, 1986, pp.109-10] 이들 이야기는 어느 것도 모든 면에서 서로 일치하지는 않는다. 그러나 찐나스와미와 단다빠니 스와미 사이에 몸싸움이 있었다는 것과, 바가반이 단다빠니 스와미를 때려서 그 싸움을 끝냈다는 점에서는 모두 일치한다. 안나말라이 스와미는 이 사건을 직접 목격하지는 않았고, 남으로부터 그 이야기를 들었을 뿐이다. 그가 들은 이야기는 사두 나따나난다가 한 이야기와 아주 가깝다.

단다빠니 스와미가 감원을 하던 시절에 바가반과 찐나스와미는 그의 운영 방식을 바꿔보려고 시도했다. 그러나 어느 누구도 별로 성공하지 못했다. 설득해도 안 되자 찐나스와미는 그에 대한 반대 운동을 벌여, 상주 헌신자들과 방문 헌신자들 모두에게 그가 아쉬람을 잘못 운영하고 있으며 아쉬람의 돈을 낭비하고 있다고 이야기했다. 결국 그는 충분한 지지를 얻어내어 단다빠니 스와미를 쫓아내는 데 성공했다.

아쉬람의 감원은 바가반이 임명하지 않고, 헌신자들이 지명했다. 어느 감원이 헌신자들 대다수의 지지를 잃으면 그 지위를 유지하기 어려웠다. 단다빠니 스와미의 경우가 그러했다. 찐나스와미가 운동한 결과, 그를 못마땅하게 생각한 헌신자들의 대표단이 읍내에서 와서 그에게 감원을 그만두라고 말했던 것이다. 그들은 그가 재정을 낭비하는 것을 더 이상 용납할 수 없다고 말한 뒤, 그에게 그날로 아쉬람을 떠나라고 명령했다. 그리고 그에게 비록 그가 돌아오고 싶다 해도, 한 번에 사흘 이상은 아쉬람에 머무르게 하지 않을 것이라고 말했다. 단다빠니 스와미는 바가반께 자기 지위를 유지하려고 호소해 보았지만, 바가반은 개입하기를 거부하셨다.

당신은 단다빠니 스와미에게 말했다. "전에는 당신이 권력을 이용해서 모든 사람을 좌지우지했소. 이제는 그들이 당신을 좌지우지하고 있소. 내가 무슨 말을 할 수 있겠소? 내 할 일은 이 모든 일이 일어나는 것을 바라보는 것뿐이오."

바가반이 그를 구해주지 않을 것이라는 것을 깨닫자, 단다빠니 스와미는 헌신자들의 요구에 굴복하고 아쉬람을 떠났다.

이 쿠데타를 성공시킨 뒤에 아쉬람과 읍내의 헌신자들은 한데 모여 찐나스와미를 새 감원으로 선출했다. 바가반은 이러한 논의에도 전혀 가담하지 않으셨다. 당신은 다만 헌신자들이 결정 사항을 당신에게 가져왔을 때 그것을 승인하셨을 뿐이다. 찐나스와미는 여러 해 동안 감원을 하고 싶어 했기 때문에 그 결정에 기뻐했다.

그러나 모든 사람이 이러한 선출에 만족했던 것은 아니다. 예를 들어 가나빠띠 무니(Ganapati Muni)도 감원을 하고 싶어 했지만 자신에 동조하는 충분한 지지 세력을 모을 수 없었다. 이처럼 지지가 부족했음에도 불구하고 그는 포기하지 않았다. 찐나스와미가 감원이 되고 몇 달이 지난 뒤, 그는 헌신자들을 건너뛰어 바가반께 자기가 아쉬람의 감원이 될 수 없겠느냐고 여쭈어 보았다.

그가 자신의 추종자 몇 사람을 거느리고 아쉬람 쪽으로 걸어가고 있을 때, 세샤드리 스와미가 그를 발견하고 그의 마음을 읽은 뒤 웃음을 터뜨렸다.

"허! 허!" 그가 소리를 질렀다. "자네가 라마나 아쉬람을 운영하겠다고, 자네가?"

세샤드리 스와미는 제1장에서 그와 안나말라이 스와미와의 만남을 이야기한 적이 있는 괴짜 성자이다. 1920년대에 바가반으로부터 어떤 소원을 이루고 싶어 한 사람들은 종종 그들의 소원이 이루어질 수 있겠는지를 가늠해 보기 위해 먼저 세샤드리 스와미를 찾아가곤 했다. 세샤드리 스와미는 그들의 마음을 읽은 뒤 바가반이 그들의 소원을 들어주지 않을 거라고 생각될 경우에는 부정적인 방식으로 반응하곤 했다.

세샤드리 스와미가 이렇게 아주 조롱하듯이 부정적으로 말하면 대부분의 사람들은 포기했을 것이다. 그러나 가나빠띠 무니는 자기 생각을 밀고 나갔다. 그는 구회당으로 가서 바가반께 찐나스와미가 아쉬람을 제대로 운영하지 않고 있다고 말하기 시작했다.

그가 바가반께 자기가 아쉬람을 운영해보고 싶다고 하자, 바가반이 그의 말을 가로막으며 말씀하셨다. "그 목적 때문에 여기 왔습니까? 찐나스와미가 이미 그 일을 하고 있습니다. 그는 이 소임을 얻기 위해 여러 해 동안 따빠스(*tapas*)를 했습니다. 왜 당신이 관여합니까?"

바가반이 자기의 요구를 들어주지 않을 것임을 깨달은 가나빠띠 무니는 읍내로 돌아갔고, 다시는 그 문제를 거론하지 않았다.

단다빠니 스와미와 찐나스와미가 운영 문제로 다툴 때는 바가반이 개입하지 않았으나, 가나빠띠 무니가 아쉬람의 운영에 대해 뭐라고 하는 것에 대해서는 분명히 반대하셨다. 이 사건이 있은 직후에 나는 바가반이 찐나스와미에게 가나빠띠 무니와 그의 추종자들에 대해 말씀하시는 것을 우연히 듣게 되었다.

"삐짜(Picha), 이 사람들을 조심하게. 만약 자네가 그들이 여기서 무슨 권한을 갖게 내버려두면, 그들은 곧 권한을 완전히 장악하여 자네는 꼬리 하나 흔드는 데도 그들의 허락을 얻어야 할 테니까." 당신이 말씀하셨다.

'삐짜'는 찐나스와미가 어릴 때 얻은 집안의 별명이다. 바가반이 한 일견 이상해 보이는 이 답변은 사실은 어느 타밀 속담을 번역한 말이다.

이런 운영권 다툼이 일어나고 있을 무렵 찐나스와미와 가나빠띠 무니 사이에는 많은 알력이 있었다. 그들은 둘 다 강한 개성의 소유자였고, 아쉬람의 운영 방침의 여러 가지 측면들을 둘러싸고 빈번하게 충돌했다. 그들은 심지어 아무 의미 없고 사소한 문제들에 대해서도 서로 다투었다. 나는 한 번 그들이 대중 석상에서 상당히 유치한 언쟁을 벌인 경우를 생생히 기억하고 있다. 가나빠띠 무니는 자기가 바가반의 상수제자라고 자처했다. 이 말은 찐나스와미를 화나게 했다. 그는 자기가 바가반의 으뜸가는 헌신자라고 생각하기를 좋아했기 때문이다. 찐나스와미는 그 주장을 인정하지 않고 가나빠띠 무니에게 자기가 더 나은 헌신자라고 말했다. 가나빠띠 무니가 그것을 인정하지 않자 그들 간에 언쟁이 벌어졌다. 그들은 결국 바가반께 그 다툼을 제기하고 판정해 달라고 요청했다. 처음에 바가반은 어떤 의견도 말씀하지 않으시려 했지만, 며칠 동안 회당에서 사람들 있는 데서 언쟁이 오간 뒤에 그 다툼이 수그러들 기미가 없다는 것이 분명해지자, 당신이 개입하기로 결심하셨다. 나는 그 당시 바가반의 시자였으므로 그 다툼이 전개되는 상황을 지켜보고 그에 대한 바가반의 반응을 목격할 수 있는 좋은 위치에 있었다. 바가반은 먼저 찐나스와미에 대한 몇 가지 좋은 점을 말씀하셨다. 그런 다음 가나빠띠 무니에 대해서도 얼마간의 칭찬을 해 주셨다. 그러나 그들 중의 어느 누구에 대해서도 그 논쟁을 유리하게 결정해 주지 않으셨다. 그리고 당신은 영적인 길에서는 겸손해야 할 필요가 있다고 두 사람을 부드럽게 나무라셨다.

"어떤 사람이 어떤 노력을 하든 간에, 실재인 것은 항상 그대로 존재합니다. 아무리 위대한 사람이라 해도, 다른 사람에게 해탈(mōksha)도 안겨줄 수 없고 속박(bandha)도 가할 수 없습니다."

"사람이 자기가 세상 사람들에게 잘 알려지고 그들로부터 칭찬받아야 겠다고 생각하는 것은 당연합니다. 그러나 만약 이런 생각이 있으면 그는 진정한 위대함이나 행복을 얻을 수 없습니다. 신神은 자기 자신을 대단하다고 주장하는 사람들에게 아무 관심이 없습니다. 신에게 만족하지 않는 사람은 비천한 사람이지 위대한 사람이 아닙니다. 만약 누구든지, 가능한 모든 방법으로 자기 마음과 몸을 신에게 바친다면, 신은 그를 유명하게 만들고 세상 모든 사람들로부터 칭찬받게 해 줄 것입니다."

그런 다음 바가반은 『바이라기야 샤따깜』(Vairāgya Satakam-'無慾百頌') 에 나오는 시 한 수를 인용하여 당신의 말씀을 뒷받침하셨다.

> 오 마음이여, 너는 세상 사람들이 어떻게 하면 너를 위대하다고 생각하게 만들시를 궁리하는구나. 항싱 존재하는 신만이 속박과 해탈을 줄 수 있는 분이로다. 너의 위대함을 알아줄 다른 사람들이 무슨 소용 있단 말인가? 오 마음이여, 신의 성스러운 황금색 발 아래 순복順服하는 희유한 고행(tapas)을 닦으라. 그러면 신이 너를 아주 위대하게 만들어, 세상이 너의 위대함을 알아주고 너를 칭찬하게 해 줄 것이다. 이렇게 알지니라.

그날 나중에 나 혼자서 바가반과 함께 산 위를 걸어가다가 이 사건에 대해 당신께 여쭈었다.

"당신께서 가나빠띠 무니와 쩐나스와미를 번갈아 칭찬하실 때, 저는 그 말씀만 가지고는 당신께서 실제로 누구를 편드시는지 알 수 없었습니다."

바가반은 웃고 나서 말씀하셨다. "쩐나스와미는 '나는 대단한 사람이다' 하고 생각하고 있었고, 가나빠띠 무니는 '내가 대단한 사람이다' 하고 생각하고 있었지. 사실은 어느 누구도 대단하지 않은 거지."

우리가 회당에 돌아오자 바가반은 『시바보가 사람』(Sivabhōga Sāram)이라는 타밀어 책을 나에게 주면서 제96연을 보여주셨다.

> '나는 위대하다'라는 생각에 대해 어떤 주의도 기울이지 않음으로써 그것을 억누르는 사람들을, 베다서(Vedas)는 위대하다고 말하리. '나는 위대하다' 하고 생각하는 사람들은 소인배라네. 말해보라, 그런 사람들 말고 누가 이 세상에서 불행을 겪게 될 것인지?

안나말라이 스와미는 이 언쟁에 관한 이야기를 1938년에 그의 일기에 기록했는데, 그 사건 자체는 1928년에 일어났다. 무나갈라 벤까따라마이아가 나중에 『라마나 마하르쉬와의 대담對談』(Talks with Sri Ramana Maharshi)으로 출판된 원고의 새로운 자료를 구하기 위해 이 일기장을 빌려갔을 때, 그는 이 이야기를 극도로 단축하고 많은 부분을 잘라버렸다. 이렇게 잘라내고 남은 부분이 대담 544번으로 인쇄되었다. 이 간략한 이야기에서는 가나빠띠 무니와 찐나스와미가 '두 헌신자'로 지칭되고 있다.

그 당시 아쉬람에는 적어도 내가 보기에, 겸허함과 사심 없는 헌신에 대한 바가반의 가르침을 모범적으로 실천하는 헌신자가 한 사람 있었다. 그의 이름은 비란(Viran)으로, 아쉬람에 물 나르는 사람으로 고용되어 있었다.

아쉬람의 초창기에는 물이 늘 부족했다. 아쉬람의 우물에서는 우리의 수요를 충족할 만큼 충분한 물이 나오지 않았으므로, 우리는 바깥에서 물을 길어 와야 했다. 매일 오후 4시경에는 바가반을 제외한 아쉬람의 모든 사람이 빨라꼬뚜 저수지로 물동이 하나를 들고 가야 했다. 우리는 각자 하루에 10동이씩의 물을 아쉬람에 길어오지 않으면 안 되었는데, 그것은 상당히 힘든 일이었다. 왜냐하면 아쉬람의 주요 건물들은 저수지에서 150야드(135미터)나 떨어져 있었기 때문이다. 빨라꼬뚜 저수지의 수면이 아주 낮아지는 여름에는 우리의 식수를 읍내의 회교 사원 근처에 있는 부만다 저수지(Boomanda tank)에서 달구지로 실어왔다. 이 물을 모두 아쉬람에 있는 큰 그릇들에 저장해야 했다.

이렇게 했어도 우리가 필요로 하는 물을 충분히 공급할 수 없었기 때문에, 우리는 빨라꼬뚜 저수지에서 아쉬람으로 물을 맡아 놓고 날라 올 사람으로 비란을 고용했던 것이다. 그는 물을 나를 뿐 아니라, 아쉬람 안이나 부근에서 해야 할 여러 가지 자질구레한 다른 일들을 하기도 했다. 그는 일차적으로 아쉬람의 일을 하도록 고용되어 있었지만, 상주 헌신자들의 일상적인 잡무도 기꺼이 도와주었다. 누가 무슨 일을 좀 해달라고 하면 그는 즉시 왔다. 그는 아무리 궂은일도 마다하지 않았고, 누가 부탁하면 심지어 한밤중에도 기꺼이 일을 해 주었다. 그는 아주 겸손한 사람이었으며, 그의 삶의 주된 목표는 다른 사람들을 기쁘게 해주는 것처럼 보였다. 그가 낮은 계급 출신이라고 해서 누가 그를 막말로 부르면, 바가반은 즉시 그래서는 안 된다는 의사표시를 하시곤 했다.

"자네는 왜 그를 그런 식으로 부르나?" 하고 당신은 물으시는 것이었다. "만일 자네가 그에게 무슨 일을 시키고 싶으면 그를 사랑과 애정으로 불러야 하네."

바가반은 종종 이 사람에 대해 많은 사랑을 보여주셨다. 왜냐하면 당신은 그가 아주 겸손하다는 것과, 그가 모든 잡역을 사랑과 헌신으로써 한다는 것을 알고 계셨기 때문이다.

그가 일하는 모습을 보고 좋은 인상을 받은 사람은 비단 바가반만이 아니었다. 어느 부유한 헌신자는 비란이 일하는 것을 보고 나서 그의 아들의 학비를 대주기로 했다. 그 헌신자는 그 소년을 마드라스에 있는 좋은 학교에 넣고 그에게 들어가는 모든 비용을 지불했다. 아쉬람 사람들도 주방에서 남은 음식을 그가 집에 싸 가지고 갈 수 있도록 도와주곤 했다.

비란의 겸손함은 바가반의 가르침을 실제로 보여준 빛나는 모범이었다.

바가반은 여러 번 나에게 이렇게 말씀하셨다. "자네보다 비천한 사람을 부러워하게. 자네는 아주 못난 사람이 되어야 하네. 사실 아무것도 아닌 자가 되어야 하지. 아무것도 아닌 사람만이 진아 안에 안주할 수 있으니까."

바가반은 종종 우리에게 겸손함의 필요성에 대해 말씀하셨다. 언젠가는 당신이 나에게 이렇게 말씀하셨다. "누구도 우리보다 못한 사람이라고 보면 안 되네. 남보다 못한 사람이 되는 법을 배운 사람이 모든 사람보다 나아진다네."

찐나스와미, 가나빠띠 무니, 단다빠니 스와미 외에도 아쉬람의 감원이 되기를 원했던 사람에 뻬루말 스와미라는 이가 있었다.

뻬루말 스와미(Perumal Swami)의 이야기는 스리 라마나스라맘의 역사에 있어서 가장 충격적이면서도 가장 잘 알려지지 않은 장(章)의 하나이다. 그것은 한 인간의 권력에 대한 야망과 복수에 관한, 길면서도 가끔은 추악한 이야기이다. 그것은 또한 진인이 방사하는 힘이 이따금 어떻게 에고를 가라앉히기보다는 자극할 수도 있는지를 보여주는 유익한 사례이기도 하다. 내가 이 이야기에 관해 탐색하고 있을 동안 나는 안나말라이 스와미에게, 뻬루말 스와미의 행위에 관한 제대로 된 이야기가 아직 출판된 것이 전혀 없다고 지나가는 말로 이야기했다.

안나말라이 스와미는 웃으면서 이렇게 말했다. "뻬루말 스와미를 말하지 않고 바가반의 이야기를 하려고 하는 것은 라바나(Ravana)[『라마야나』(Rāmāyana)에 등장하는 최고의 악당]를 말하지 않고 라마야나의 이야기를 하려는 것과 마찬가지라네."

이 이야기에 관한 모든 정보를 수집한 뒤에 나도 그와 같은 결론에 도달했고, 한 편의 긴 이야기를 출판하기로 마음먹었다.

23. 오른쪽에서 왼쪽으로, 두 번째 라마크리슈나 스와미, 세 번째(지팡이를 짚은 사람) 단디빼니 스와미, 네 번째 무루가나르, 다섯 번째(샌들을 든 사람) 빼루말 스와미, 일곱 번째 바가반.

24. 앉은 사람, 채드윅 소령. 서 있는 사람, 맨 오른쪽 모리스 프리드먼, 왼쪽에서 두 번째 S.S. 코헨.

25. 락슈마나 샤르마

26. 폴 브런튼

27. 가나빠띠 무니

28. 뒷줄 오른쪽에서 왼쪽으로, 첫 번째 마다바 스와미, 두 번째 바수데바 샤스뜨리, 여덟 번째 고빨 라오, 아홉 번째 꾼주 스와미, 열 번째 T.K. 순다레샤 아이어. 앞줄 오른쪽에서 왼쪽으로, 두 번째 젠나스와미, 네 번째 바가반, 다섯 번째 가나빠띠 샤스뜨리.

29. 세샤드리 스와미

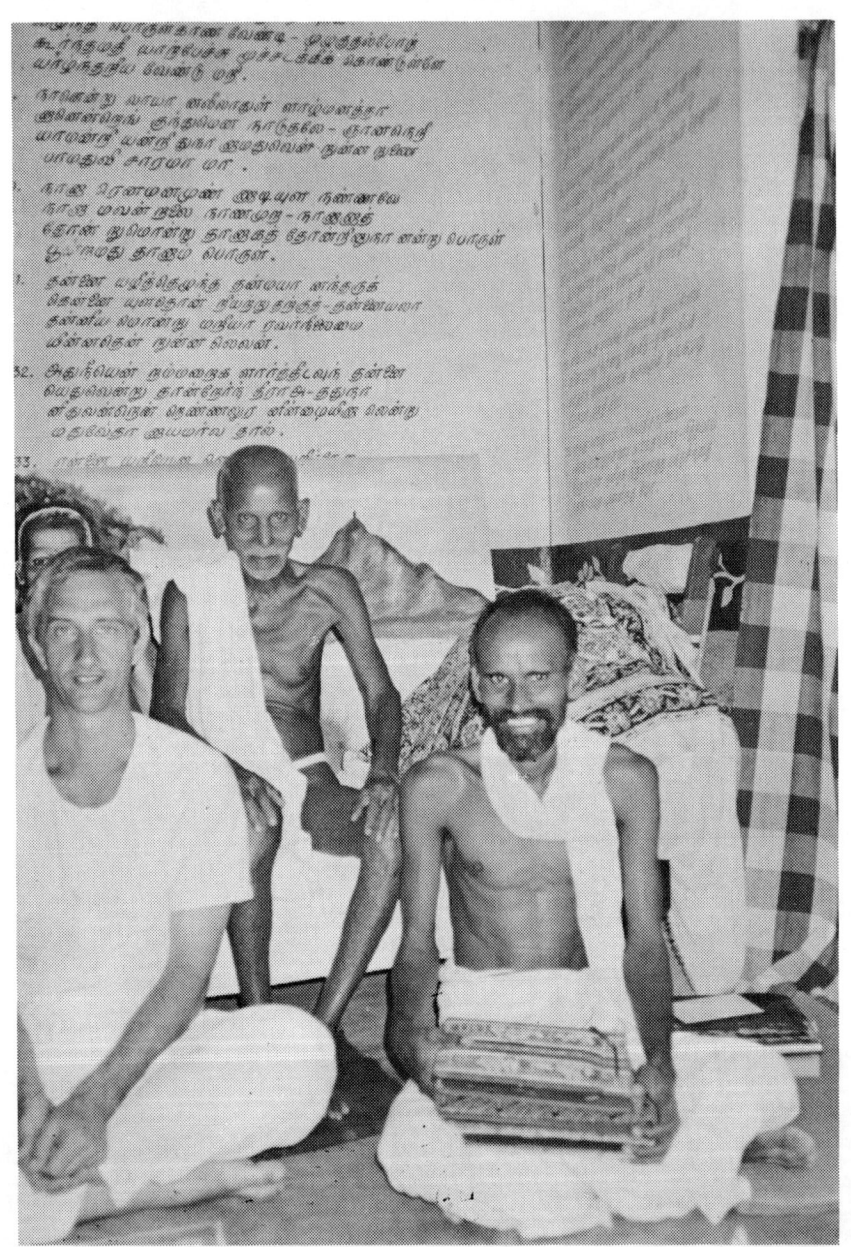

30. 안나말라이 스와미의 방에서 찍은 사진. 뒷면 벽에 씌어진 것은 따밀어로 쓴 『실재사십송』이며, 그 앞에는 안나말라이 스와미가 그린 아루나찰라의 그림이 기대어 있다.
  가운데 앉은 이가 안나말라이 스와미, 왼쪽은 데이비드 가드먼, 오른쪽은 시자이자 통역자인 순다람 스와미이다. 1993년 11월에 찍었다.

그리고 이쯤이 아마도 나의 개인적인 이야기를 하기에 가장 적당한 장소일 듯 싶다. 이 책의 초기 원고를 완성하고 나서 나는 꿈을 하나 꾸었는데, 거기서 나는 구회당 안에서 이 책의 원고가 들어 있는 파일을 무릎 위에 놓고 바가반의 앞에 앉아 있었다.

"그게 뭐지?" 바가반이 파일을 가리키면서 말씀하셨다.

"제가 안나말라이 스와미에 대한 책을 한 권 썼습니다." 내가 대답했다. "그 중의 어떤 부분은 논란의 여지가 있을지 모릅니다. 그래서 저는 그것을 어떻게 해야 좋을지 모르겠습니다."

"내가 좀 보세." 바가반이 말씀하셨다.

나는 파일을 건네 드렸다. 바가반은 독서용 안경을 끼고 원고를 넘겨보셨는데, 각 페이지마다 몇 초간씩 자세히 살펴보셨다. 당신은 진지하고 집중된 표정으로 검토를 시작하셨는데, 몇 페이지 넘겨보신 뒤부터는 미소를 짓기 시작하시는 것을 볼 수 있었다.

마침내 당신은 웃음을 터뜨리더니, 나를 보면서 말씀하셨다. "이거 아주 잘 됐어. 그대로 출판하게."

뻬루말 스와미는 바가반이 아직 비루팍샤 산굴에 살고 있던 1914년에 아쉬람에 왔다. 처음에 그는 바가반의 시자로 일했으나 몇 년 뒤에는 아쉬람의 감원 소임도 넘겨받았다. 바가반이 산을 내려와서 스리 라마나스라맘에 사시게 되자, 뻬루말 스와미는 아쉬람을 떠나 아루나찰레스와라 사원 내의 물라 만다빰(Mula Mandapam)으로 이주했다. 그는 여전히 가끔씩 바가반을 뵈러 오기는 했으나, 1922년 이후에는 아쉬람의 운영에 전혀 관여하지 않았다. 그가 떠난 뒤에 세 사람의 감원—고빨 라오(Gopal Rao), 바수데바 샤스뜨리(Vasudeva Sastri), 단다빠니 스와미—이 들고났으며 드디어 찐나스와미가 감원이자 도감都監(sarvādhikārī)이 되었다.

찐나스와미가 아쉬람 운영을 완전히 장악하기 이전에는 아쉬람의 몇 개 부서가 사실상 독자적으로 운영되었다. 찐나스와미는 모든 업무를 자신이 장악하게 되자,

스스로 '싸르와디까리'(Sarvādhikārī)라는 직함을 사용했는데, 이것은 '일체를 관장하는 사람'이라는 뜻이다. 그는 모든 사람들에게 자기만이 아쉬람의 제반 업무를 운영하는 책임을 지고 있다는 메시지를 보내기 위해서 이 직함을 사용했다.

1922년 이후 아쉬람에는 몇 년간 상주 감원(resident manager)이 아예 없었다. 아쉬람의 업무는 읍내의 물라 만다빰에 거주하는 일단의 사두들이 처리했다. 그들은 아쉬람에 필요한 자금과 음식을 거두어서 스리 라마나스라맘에 거주하는 헌신자들에게 전달했다. 그들은 또한 바가반의 저작들을 출판하여 그것을 역시 물라 만다빰 내에 있는 라마니야 바니 서점(Ramaniya Vani bookstore)에서 판매했다. 고빨 라오는 이 무리 중에서도 가장 활동적인 사람이었다. 그는 구회당을 짓는 데 필요한 자금을 거의 혼자 힘으로 화주化主했다. 뻬루말 스와미, 이스와라 스와미(Iswara Swami), 기타 몇 사람으로 이루어진 이 집단은 자칭 '브라마짜리 아쉬람'이라 하였다.

내가 1928년에 처음 아쉬람에 왔을 때 이 집단은 아직도 아쉬람의 재정을 관리하고 있었다. 어느 방문 헌신자가 아쉬람에 대한 시주금으로 200루피를 나에게 주었을 때 나는 이 사실을 알았다.

나는 그것을 찐나스와미에게 건네주려 했으나 그는 받기를 거절하면서 이렇게 말했다. "나는 시주금을 받을 아무 권한이 없네. 그건 읍내에 있는 바수데바 샤스뜨리에게 가져가게."

스리 라마나스라맘의 상주자들의 대부분은 브라마짜리 아쉬람의 구성원 중 일부는 그들이 시주금으로 받은 것을 아쉬람에 다 들여놓지 않는다고 생각했다. 그 대신 그들은 그 돈으로 자기들 먹고사는 데 썼던 것이다. 찐나스와미는 운영권을 인수하자 모든 헌신자들에게 시주금을 이 집단에게 주지 말고 스리 라마나스라맘으로 직접 가져오도록 지시함으로써 이러한 비리를 종식시켰다. 그는 또한 라마니야 서점의 책을 모두 수거하여 아쉬람 내에 자신의 서점을 열었다. 이렇게 하여 그는 브라마짜리 아쉬람으로부터 그 주된 수입원의 하나를 박탈했다. 찐나스와미를 비방하는 사람들이 많았지만, 강력한 중앙 집중식 운영 체제를 도입하여 시주금이 전액 아쉬람의 사업에 사용될 수 있도록 한 공로는 그에게 돌아가야 할 것이다.

폴 브런튼(Paul Brunton)이 편집하여 나중에 스리 라마나스라맘에서 『의식하는 불멸不滅』(Conscious Immortality)로 출판된 원고에는 뻬루말 스와미와 이 시기의 아쉬람 운영상의 문제들에 관한 몇 가지 언급들이 들어있다. 그러나 불행하게도 그 부분들은 출판되기 전에 모두 빠져버렸다. 나는 아래의 이야기에서 이 원고를 '브런튼 원고'라고 부르겠다. 이 문건의 114쪽에서 브런튼은 단다빠니 스와미 이전에 아쉬람의 운영을 맡아보았던 사람들에 대해 바가반이 얼마나 불만이었던 지를 다음과 같이 기록하고 있다.

'마하르쉬님은 아쉬람 감원[찐나스와미 아닌 그의 전임자의 한 사람]의 물질주의적인 행동을 불평한 단다빠니 스와미에게, 어떤 아쉬람은 영적인 목적을 위해 세간에서 물러나고 싶은 사람들을 수용하고자 한 아쉬람의 원래의 목적을 망각해버리는 경우가 종종 있다고 말씀하셨다. 아쉬람이 물질적 조직의 세부적인 사항에 더 관심을 가지게 되고, 그리하여 그 영적인 길에서 벗어나는 일이 빈번하게 일어났던 것이다. 그러나 어떤 경우에도 마하르쉬님은 물질적인 봉사와 일, 그리고 아쉬람의 육체노동과 사무실 노동은 사실 하근기의 사람들이 할 일이며, 상근기의 사람들은 아쉬람으로부터 홀로 떨어져 명상할 수 있다고 말씀하셨다.'

'마하르쉬님은 심지어 당신은 아쉬람 사람들 대부분에 대해 침묵을 지킨다고 고백하셨다. 왜냐하면 그들은 깊은 내심에 있어서 영적인 진아 깨달음에 대해서보다는 일을 하는 데, 그리고 아쉬람의 물질적 조직화에 매달려 바쁘게 지내는 데 더 관심이 있기 때문이라는 것이었다. 그래서 당신은 그들에게 보다 높은 수준의 이야기를 해 봐야 아무 소용없다고 생각하셨던 것이다.'

내가 1928년 아쉬람에 처음 왔을 때 뻬루말 스와미는 아직도 자기가 아쉬람의 실질적인 감원이라고 주장하고 있었다. 그는 자기 뒤에 그 소임을 맡았던 세 사람의 헌신자들은 모두 부당하게 자기의 지위를 가로챘다고 생각했다. 그는 많은 분노와 한恨을 품고 있었는데, 왜냐하면 자기만이 아쉬람을 운영할 자격이 있다는 이상한 생각을 가지고 있었기 때문이다. 바가반을 뵈러 올 때에는 여전히 공손하고 존경하는 태도였지만 그가 자신의 진짜 감정을 숨기고 있다는 것은 누구라도 쉽게 알 수 있었다. 이런 모든 분노는 찐나스와미가 감원으로 지명되어 일하고 있을 때 밖으로 드러났다.

뻬루말 스와미가 언제나 그랬던 것은 아니었다. 스깐다쉬람에 살던 초기에 그는 바가반에 대해 많은 헌신을 보여주었다. 한때 바가반이 이질에 걸려 몸이 약해졌을 때, 뻬루말 스와미가 밤낮으로 당신을 지켰다. 이 기간에 한 번은 바가반이 심한 설사를 만났는데, 뻬루말 스와미는 바가반이 일어나서 밖으로 나가시기가 무척 힘들 것이라는 것을 알고 자기 손으로 똥을 받아내어 밖으로 치우기도 했다. 그의 헌신은 다른 방식으로도 나타났다. 그가 스깐다쉬람의 감원이 되었을 때, 그는 많은 돈을 화주化主하여 바가반의 탄신일을 성대하게 치를 수 있었다. 매년 자얀띠(*jayanti*) 날에는, 바가반의 사진을 앞세운 큰 행렬이 띠루반나말라이의 거리를 지나가는 비용을 그가 지불했다. 그는 또한 다섯 가지 금속으로 된 바가반의 동상 하나를 제작하는 데 충분한 자금을 화주하기도 했다. 이 동상은 3피트 높이가 될 것이었다. 스깐다쉬람의 감원을 그만둔 뒤에도 여러 해 동안 그는 이 연례 행렬이 읍내를 지나가게 하면서 바가반의 탄신일을 계속 경축했다.

찐나스와미가 스깐다쉬람에 온 것은 그의 생애에 있어서 하나의 전환점이 된 것 같았다. 처음 온 찐나스와미는 뻬루말 스와미에게 아쉬람에 눌러 살아도 되겠느냐고 묻지 않으면 안 되었다.

뻬루말 스와미가 이 문제를 바가반께 문의하자, 바가반은 농담조로 대답하셨다. "이 사람은 당신의 적이 될 거요. 당신이 무사하고 싶으면 그를 보내야 합니다."

뻬루말 스와미는 그 충고를 무시하고 그를 머무르게 했다.

바가반의 말씀은 정확했다는 것이 곧 증명되었다. 찐나스와미는 아쉬람 내에서 자리를 잡자 아쉬람의 운영에 관심을 갖기 시작했고, 이 때문에 그는 뻬루말 스와미가 승인하지 않는 일들을 종종 벌이곤 했다. 뻬루말 스와미의 운영상의 문제점은, 역시 아쉬람의 운영 방식에 영향을 미치려고 기도하던 단다빠니 스와미의 활동에 의해 더욱 심화되었다. 이러한 개성들 간의 갈등 속에서 뻬루말 스와미는 바가반이 쩐나스와미를 당신 동생이라고 편애하고 있다고 단정했는데, 이것은 아주 그릇된 판단이었다. 자신의 권위와 지위가 잠식되고 있다고 느낀 뻬루말 스와미는 그에 대한 반응으로 점점 더 독재적으로 되어 갔다. 그는 자신이 유일한 감원이며, 모든 일은 자기 식대로 해야 한다고 고집하기 시작했다. 이런 태도는 갈등을 한층 심화시킬 뿐이었다.

내가 라마스와미 삘라이[바가반이 스깐다쉬람에 살고 있을 때 그곳의 상주자의 한 사람]와 나눈 대화에서 라마스와미 삘라이는 스깐다쉬람의 정치(politics-권력 다툼)에 있어서는 카스트가 하나의 주요한 요인이었다고 말했다. 뻬루말 스와미와 그에 동조하는 몇 사람의 비非브라민 헌신자들은 브라민들이 운영권을 장악하려 하고 있다고 느꼈다. 뻬루말 스와미는 브라민들이 모두 자신의 권위를 잠식하려고 한다고 생각하여, 그들이 가외의 일들을 주관하는 것에 저항했던 것이다.

　나는 한 번 바가반께 뻬루말 스와미가 처음에는 그렇게 좋은 헌신자였다가 왜 나중에는 아쉬람의 적이 되었는지를 여쭈어보았다.
　바가반은 이렇게 대답하셨다. "그는 겸허함을 가지고 봉사하지 않았지. 그는 항상 에고 의식을 가지고 봉사했다네. 그는 늘 '내가 이 아쉬람의 유일한 감원이 되어야 한다'고 생각하고 있었지."
　그런 다음 바가반은 자야(Jaya)와 비자야(Vijaya)의 이야기를 나에게 들려주셨다. 비슈누는 그들을 바이꾼타(Vaikunta)[비슈누신의 천상계] 내의 경비원으로 임명했다. 그들은 비슈누에 대단히 헌신하고 있었지만 또한 자신들의 직위에 매우 자부심을 가지고 있었다. 이 때문에 그들은 아주 에고가 강해졌다. 바이꾼타에 들어가고 싶어 하는 모든 이들은 먼저 그들의 허락을 얻어야 했기 때문에 그들은 많은 권력을 가지고 있었다. 하루는 네 분의 리쉬(*rishis*)[진인, 즉 각자覺者]—사난다나(Sanandana), 사나뜨꾸마라(Sanatkumara), 사나까(Sanaka) 및 사나뜨수자따(Sanatsujata)—들이 비슈누를 만나려고 바이꾼타에 왔다. 자야와 비자야는 뚜렷한 이유도 없이 그들에게 몹시 화를 내었고, 그들을 들여보내 주지 않았다. 이러한 거부에 화가 난 리쉬들은 자야와 비자야를 저주하기로 결정했다. 그들은 이 두 사람의 경비원은 3생을 연속하여 비슈누의 적으로 태어난 뒤에야 바이꾼타에 돌아올 수 있을 것이라고 말했다. 그 저주가 효력을 발휘하자 자야와 비자야는 나라싱하(Narasimha), 라마(Rama), 끄리슈나(Krishna)의 세 화신이 나투었을 때 나찰羅刹(*rākshasas*)[악마]6)들로 다시 태어났다.7)

바가반은 이 이야기를 이렇게 끝맺으셨다. "그들은 강한 에고 의식을 가지고 봉사했기 때문에 비슈누의 적으로 환생해야 했지. 뻬루말 스와미 역시 스깐다쉬람에서 강한 에고 의식을 가지고 봉사했네. 그리고 에고가 그를 지배하게 되자 그는 아쉬람의 적이 된 거라네."

뻬루말 스와미의 에고성(egotism)과 바가반에 대한 적의는 당신이 스깐다쉬람에 사시던 말년에 뚜렷이 드러났다. 바가반은 나에게 이 점을 아주 잘 보여주는 사건 하나를 들려주셨다. 나는 그때 바가반이 목욕하시는 것을 도와드리고 있었다. 당신의 엄지발가락 하나가 약간 구부러진 것을 보고 내가 왜 그렇게 되었느냐고 여쭈었다.

"이것은 내가 스깐다쉬람에 있을 때 그렇게 되었지." 바가반이 말씀하셨다. "그때 어머니가 병이 나셔서 내가 돌봐드리고 있었네. 나는 어

---

6) [역주] 사람을 잡아먹는 악한 중생의 한 부류. 자야와 비자야는 다음 첫 생에서 아수라 왕인 히라냑샤와 히라냐까시뿌, 두 번째 생에서는 나찰왕인 라바나와 꿈바까르나, 마지막 생에서는 아수라인 시슈빨라와 단따박뜨라였다.
7) [역주] 힌두교에서 비슈누의 화신으로 보통 10명을 드는데, 마뜨시야(Matsya-물고기). 꾸르마(Kurma-거북), 바라하(Varaha-멧돼지), 나라싱하(사자), 바마나(Vamana-난쟁이), 빠라슈라마(Parasurama), 라마, 끄리슈나, 붓다 그리고 깔끼(Kalki)라고 한다.

머니의 머리를 조금 들어올려 드리는 것이 좋겠다 싶어서 뻬루말 스와 미에게 베개로 쓸 짤막한 나무판자 하나를 갖다 달라고 했지. 뻬루말 스와미는 조금 전에 남과 다툰 것 때문에 골이 나 있었고, 나한테 판자를 그냥 갖다 주는 게 아니라 집어 던졌다네. 그게 이 발가락에 맞아 발가락이 어긋나 버렸지. 그 이후로 이렇게 구부러졌어. 나는 그때 뻬루말 스와미에게 아무 말도 하지 않았네. 그냥 판자를 어머니 머리 밑에 넣어드리고 간호를 계속했다네."

스깐다쉬람에서의 마지막 몇 달 동안 뻬루말 스와미는 시자로서의 자기 소임을 팽개치고 실제로 바가반에게 명령을 내리기 시작했다.

내가 이야기 들은 한 사건에서 뻬루말 스와미는 바가반에게 이렇게 말했다. "여기는 제 아쉬람입니다. 제가 하시라는 대로 해야 합니다."

바가반은 이렇게 대답했다. "만약 여기가 당신 아쉬람이라면 당신이 가지시오. 나는 어디 다른 데 가서 살 테니까."

이 일이 있고 얼마 되지 않아 바가반은 스깐다쉬람을 떠나서 라마나스라맘으로 이주하셨다. 바가반은 이런 언쟁이 당신이 그곳을 떠난 이유라는 말씀을 결코 하지 않으셨지만, 그것이 당신의 이주 결정에 있어서 하나의 기여요인寄與要因(contributory factor)이었는지도 모른다.

브런튼 원고 124쪽에는 뻬루말 스와미가 한 번은 바가반에게 이렇게 말했다고 기록되어 있다. "이것[스깐다쉬람]은 제 건물이고 제 재산입니다. 제가 지었습니다."

바가반은 그에게 말했다. "당신은 '나'로 꽉 차 있소. 우리는 그와 완전히 반대니까, 나는 당신을 떠나겠소."

브런튼에 따르면 그때 '마하르쉬님은 갑자기 스깐다쉬람을 뻬루말 스와미에게 내주시고 . . . 산기슭으로 내려가서 당신 어머니의 무덤 근처의 한 움막에 머무르셨고, 지금의 회당이 건립될 때까지 거기 계셨다.'

후년에 헌신자들이 바가반에게 왜 스깐다쉬람을 떠나셨느냐고 여쭐라치면, 그는 무슨 특별한 이유는 없었다고 하거나, 아니면 자신을 이주하게 한 것은 '신의 뜻'이었다고 말하곤 했다(『라마나 마하르쉬와 진아지의 길』, 120쪽 참조).

여러 책에서는 더러 바가반이 산기슭의 당신 어머니의 삼매지로 내려온 것은 헌신자들이 당신에게 더 쉽게 다가갈 수 있게 하기 위함이었다고 말하고 있다. 연로한 그의 헌신자들이 스깐다쉬람에 있는 그를 보기 위하여 산 위로 수백 피트나 올라가는 것을 상당히 힘들어했다는 것은 사실이지만, 바가반이 이러한 이론을 뒷받침하는 말을 했다는 어떤 기록도 나는 보지 못했다.

바가반이 스리 라마나스라맘으로 살러오자 뻬루말 스와미는 처음에는 당신을 아주 잘 대우했다. 그는 절을 하고 한동안 조용히 앉아 있다가 읍내로 돌아가곤 했다. 나는 한 번 그가 바가반을 위해 놋쇠 그릇에 커피를 작은 컵에 담아 가져온 것을 보았다. 바가반은 한 모금 마신 뒤 나머지를 은사물로 돌려주셨다. 그러나 찐나스와미가 감원으로 임명되고 난 뒤에는 뻬루말 스와미의 예전의 분노가 되살아나, 바가반과 아쉬람 집행부 양자에 대해 악독한 반대 운동을 펼치기 시작했다.

그는 읍내의 우체국 본점에서 아쉬람의 우편물을 가져가기 시작했다. 자기가 여전히 아쉬람의 감원이라고 우체국장을 납득시키고 나서 그는 아쉬람의 우편물을 가로채어 많은 시주금을 훔칠 수 있었다. 자신의 절도를 은폐하기 위해 그는 스리 라마나스라맘의 명의로 된 고무도장을 가지고 있었다. 돈을 훔치고 나서 그는 헌신자들에게 시주금을 잘 받았다는 확인 편지를 쓴 뒤, 그것이 공식적인 것으로 보이도록 편지마다 이 도장을 찍어서 발송했다.

이 소식이 아쉬람에 전해지자 바가반은 찐나스와미만이 라마나 마하르쉬 혹은 스리 라마나스라맘 앞으로 온 편지들을 수거할 수 있다고 하는 문서 하나를 작성하셨다. 찐나스와미는 사전 예방책으로 모든 바가반의 헌신자들에게 아쉬람에 대한 시주는 앞으로는 그의(즉, 찐나스와미의) 이름으로 보내달라고 하는 편지까지 보냈다.

이 사건이 있기 전에 찐나스와미는 모든 통신 문서에 '알라감말 뿌람' (Azhagammal Puram)이라고 새긴 도장을 찍어오고 있었다.

알라감말(Azhagammal)은 바가반의 어머니 이름이었고, 뿌람(Puram)은 '처소$_{處所}$'
를 뜻한다. 이 사건이 있기 전까지 찐나스와미는 아쉬람을 바가반의 이름보다는
그의 어머니의 이름을 따서 부르고 싶어 했다.

뻬루말 스와미가 그의 편지에 '스리 라마나스라맘'의 명의로 된 도장
을 찍기 시작했을 때, 찐나스와미는 알라감말 뿌람이라는 도장을 포기
하고 자기도 '스리 라마나스라맘'이라고 새긴 도장을 사용하기 시작했
다. 그가 그렇게 한 것은 진짜 스리 라마나스라맘이 어디 있는지에 대
해 아무런 의심도 없게 하고 싶었기 때문이다.

여러 해 뒤에 이 점에 관해 질문을 받았을 때 바가반은 이렇게 답변
하셨다. "내가 어디에 있든, 그 장소가 스리 라마나스라맘입니다."

우체국 사건이 진정된 뒤에 뻬루말 스와미는 읍내에 사는 아이엥가
(Iyengar)라는 브라민을 고용하여 아쉬람에 와서 바가반을 모욕하도록
했다. 그를 데려가기 전에 뻬루말 스와미는 그가 더 잘 해내도록 하기
위해 아락(arrak)과 토디(toddy)[집에서 만드는 술 종류들]를 잔뜩 먹였다. 그
들은 아쉬람에 함께 와서 구회낭의 남쪽 출입구에 섰다. 아이엥기는 바
가반에게 소리를 지르며 욕을 해댔고, 뻬루말 스와미는 그의 옆에 서서
말없이 웃고만 있었다. 그들이 왔을 때 나는 회당에 없었고, 어머니 사
원에서 랑가스와미(Rangaswami)와 함께 화만$_{華鬘}$을 만들고 있었다. 라마
끄리슈나 스와미가 와서 우리에게 어떤 술 취한 자가 바가반을 모욕하
고 있다고 말했을 때, 나는 대단히 화가 났다.

나는 라마끄리슈나 빠라마한사의 말씀 한 마디를 기억했다. "만약 누
가 그대의 스승을 모욕하면, 그를 아쉬람에서 쫓아내야 한다. 그러지 않
으면 그대는 망신을 당하게 된다."

나는 그 조언에 따라 행동하기로 했다. 그런 곤경에서 바가반을 구출
하는 것이 우리의 임무라는 것을 랑가스와미에게 납득시킨 뒤, 우리 두
사람은 회당 쪽으로 달려갔다.

빼루말 스와미는 그 상황의 말없는 주시자일 뿐이긴 했으나, 웃고 있는 얼굴 표정으로 보아 그가 배후 인물임이 분명했다. 나는 아직 화가 잔뜩 난 상태에서 그에게 다가가 그의 코앞에서 주먹을 흔들었다.

"내가 만약 이쪽 뺨을 치면, 너무 세게 쳐서 당신의 저쪽 뺨[오른쪽 뺨을 가리키며]까지 부어오를 걸!" 내가 그의 왼쪽 뺨을 가리키며 그에게 말했다.

나는 그 당시 크고 튼튼한 몸집을 가지고 있었으므로 내 위협을 쉽사리 실행에 옮길 수 있었다. 빼루말 스와미는 내가 정말 그러리라는 것을 보자 아이엥가 브라민에게 그만두라고 말했다. 그들은 다른 말 없이 아쉬람을 떠났다.

쩐나스와미와 다른 브라민들은 우리의 용감한 행동을 칭찬했다. 그들은 다들 아쉬람에 아직도 바가반을 이런 공격에서 지킬 수 있는 겁 없는 사람이 둘이나 있다는 것을 알게 되어 아주 기쁘다고 말했다. 왕년에 그들은 그들 자신을 지키기 위해 단다빠니 스와미의 완력에 의존했다. 바가반의 태도는 더 가늠하기 어려웠다. 그 공격이 진행되고 있을 때 당신은 눈을 감은 채 소파에 가부좌하고 앉아 계셨다. 당신의 몸은 약간 떨리고 있었고 나에게는 당신이 분노를 자제하고 있는 사람 같이 보였다. 당신은 이 사건에 대해 나에게 아무 말씀도 안 하셨지만, 이때 내가 한 역할을 인정하시는 듯했다. 그 이후로 당신은 나에게 유달리 자애롭게 대해 주셨다. 나는 이것을 나의 개입에 대한 무언의 인정으로 받아들였다.

브런튼 원고 114쪽에는 이런 기록이 있다. '언젠가 마하르쉬님이 바로 당신의 면전에서 빼루말 스와미가 보낸 한 사람으로부터 심한 모욕을 받을 때, 그는 그 긴 욕설을 말없이 경청하셨다.

그것이 끝나자 당신은 이렇게 말씀하셨다. "언젠가 일어나 아주 가버려야겠어."
안나말라이 스와미는 당시 바가반이 이런 말을 했다는 것은 기억하지 못한다.

빼루말 스와미가 그 유명한 동상을 없애버리려고 한 것은 이 무렵이었다. 그는 그것을 빠발라꾼루(Pavalakundru)에 보관하고 있었는데, 이곳은 바가반이 산으로 이주하기 전에 사셨던 사원들 중의 한 곳이다. 빼루말 스와미는 동상을 어느 대장장이에게 보여주면서 그에게 그것을 안치할 운반대 하나를 만들어달라고 하였다. 대장장이가 그 운반대를 무엇에 쓰려 하느냐고 묻자, 빼루말 스와미는 그 동상을 띠루반나말라이의 거리로 끌고 다니며 거기다가 계속 침을 뱉을 작정이라고 말했다. 그리고 이렇게 해서 충분히 많은 사람이 모여들면 그 동상을 부숴버릴 생각이라는 것이었다. 바가반의 헌신자의 한 사람이었던 대장장이는 그 계획에 조금도 연루되는 것을 거부했다. 그 동상이 결국 어떻게 되었는지는 나도 전혀 알 수 없다. 띠루반나말라이의 그 누구도 그를 위해 운반대를 만들어주려고 하지 않았다는 것이 내가 아는 전부다.

아이엥가 사건이 있은 직후에 우리는 빼루말 스와미가 아쉬람의 정문 바로 안쪽에 있는 일루빠이 나무(iluppai tree) 근처에 오두막 하나를 지으려고 한다는 이야기를 들었다. 그는 아마 자기가 아쉬람 안에 살고 있으면 반대 운동을 더 효과적으로 벌일 수 있을 것으로 생각했을 것이다. 그는 찐나스와미가 절대로 그에게 거기 집을 짓지 못하게 하리라는 것을 알고 있었기 때문에, 한밤중에 몰래 자기 오두막을 짓기로 했다. 읍내의 한 헌신자가 이 계획을 듣고 우리에게 미리 경고해 주었다.

띠루반나말라이에는 바가반의 헌신자인 경찰서 경위 한 사람이 있었다. T.K. 순다레샤 아이어가 그를 찾아가서 이 새로운 위협에 우리가 어떻게 대처해야 할지를 물었다. 경위는 우리가 만약 아쉬람을 둘러싸는 임시 울타리를 하나 세우고 정면에 작은 출입구를 내면, 자기가 경찰관 두 명으로 입구에 보초를 세워서 빼루말 스와미가 밤에 들어가지 못하게 막겠다고 했다. 아쉬람에는 돈이 거의 없었지만 우리는 경위의 충고를 따라 아쉬람의 대지를 모두 대나무 막대와 노끈으로 만든 울타리로 에워쌌다. 그러기 전에는 아쉬람의 대지를 울타리로 둘러싼 적이 없었다. 뻬루말 스와미는 보아하건대 이 울타리나 경찰관 경비에 대해 아는 바가 없었다. 그는 며칠이 지난 어느 날 밤 소달구지에 대 막대와 코코넛 잎을 가득 싣고 나타났는데, 분명히 오두막을 하나 짓기 위해서 였다. 문에서 경비하던 경찰관들은 그가 경내로 들어가는 것을 막으라는 지시를 받았다고 말하면서 그를 돌려보냈다.

아쉬람 안으로 이주하려고 했다가 실패하자 뻬루말 스와미는 바가반과 찐나스와미를 상대로 소송을 제기했다. 나는 그 자세한 내용은 잘 모른다. 왜냐하면 찐나스와미는 아쉬람의 일에 관해 헌신자들과 결코 의논하지 않았기 때문이다. 그러나 나는 뻬루말 스와미가 자신이 아쉬람의 진정한 감원이라고 주장한 것으로 알고 있다.

법원에 제출한 서류에서 뻬루말 스와미는 상당히 어지러운 논리로 자신의 주장을 뒷받침했다. 첫째로 그는 바가반은 출가자(sannyāsin)이므로 법적으로 땅이나 재산을 소유할 수 없다고 선언했다. 따라서 바가반은 스리 라마나스라맘으로 알려진 재산에 대해 아무런 권리가 없다고 그는 주장했다. 그러고 나서 뻬루말 스와미는 더 나아가, 바가반은 아쉬람의 어떤 재산도 소유할 수 없으므로 찐나스와미에게 아쉬람을 운영하게 할 권한이 없다고 주장했다. 찐나스와미의 자격을 이런 식으로 처리해버린 다음, 그는 자기가 스깐다쉬람의 자타가 공인하는 감원이었기 때문에, 여전히 아쉬람의 감원임에 틀림없다고 자신의 논거를 내세웠다. 왜냐하면 바가반이든 누구든 자기를 해임하거나 교체할 법적인 권한이 없기 때문이라는 것이었다.

뻬루말 스와미의 법원에 대한 제소는 다음의 두 가지 중요한 논점을 자기 편리할 대로 무시했다.

1) 바가반은 자신이 출가자라고 주장한 적이 없다. 그는 어떤 출가자 단체에도 공식 입문한 적이 없기 때문에, 여전히 재산을 소유하고 처분할 자격이 있었다.

2) 뻬루말 스와미는 1922년에 아쉬람의 감원을 자진해서 그만두었다. 그날 이후로[법정 소송은 1933년에 시작되었다] 그는 아쉬람에 살지도 않았고, 그 운영에 아무런 관여도 하지 않았다.

뻬루말 스와미의 주장이 명백히 날조된 것이기는 했으나, 바가반은 그 혐의에 답변하도록 법정에 출석하라는 명령을 받았다. 바가반의 헌신자의 한 사람이었던 그란트 더프(Grant Duff)라는 영국인 외교관이, 바가반은 남에게 해를 끼치지 않는 사람이니 법정에 출석하게 해서는 안 된다고 영국 당국을 설득했다. 그 대신 그는 법원이 아쉬람에서 바가반의 증언을 듣도록 주선하였다.

법률가들이 왔을 때 우리는 모두 그 신문訊問 절차를 청문하는 것이 허락되었다. 바가반의 답변이 아주 흥미로웠으므로 나는 그 중의 어떤 것을 내 일기장에 꼭 적기로 했다.

법률가: 스와미, 귀하의 성명은 무엇입니까?

바가반: 사람들은 저를 여러 가지 이름으로 불러왔습니다. 그 중의 어느 것을 제 이름이라 해야 하겠습니까? (웃음)

법률가: 요즈음에는 사람들이 귀하를 라마나 마하르쉬라고 부릅니다. 이것이 정확하지 않습니까?

바가반: 맞습니다.

법률가: 힌두 경전들에 따르면 인생의 네 단계(*āsramas*)가 있습니다. 즉, 범행기, 가주기, 임서기 그리고 유행기입니다. 귀하는 어느 단계에 있습니까?

바가반: 저는 초월단계(*ativarnāsrama*)에 있습니다. 이것은 다른 단계들을 넘어섭니다.

전통 힌두교는 아쉬라마(*āsramas*)라고 하는 인생의 네 단계를 인정하고 있다. 범행기梵行期(*brahmacharya*-독신학습기)는 독신 생활을 하면서 종교적 저작들을 공부하는 시기이고, 가주기家住期(*grihastha*-결혼가정기)는 결혼하여 재가자의 삶을 사는 시기이며, 임서기林棲期(*vānaprastha*-산림은둔기)는 세간에서 물러나 자신의 시간을 명상에 쏟는 시기이고, 유행기遊行期(*sannyāsa*-유랑승려기)는 자신의 가족 및 세상과의 모든 인연을 포기하는 시기이다. 각 아쉬라마의 삶은 일정한 전통적

법식과 규정에 의해 지배된다.

초월단계(*ativarnāsrama*)는 '모든 카스트와 아쉬라마를 넘어서는'이라는 뜻이다. 이것은 전통적인 네 단계 중의 하나가 아니기 때문에, 법률가는 바가반에게 그러한 상태가 경전에서 이야기되고 있는지를 물었다. 안나말라이 스와미는 이 질문을 빠뜨렸지만, 법원의 조서 등본에는 기록되어 있다. 바가반은 이 단계에 대한 전거로서 『스깐다 뿌라나』(*Skanda Purāna*)[8]의 한 편編인 「수따 상히따」(*Sūta Samhitā*)를 들어 이에 답하고 있다(『라마나 마하르쉬와의 대담』, 291번 참조).

「수따 상히따」는 아주 존중되는 문헌이다. 아디-샹까라(Adi-Sankara)[9세기]는 이것을 열여덟 번 읽고 나서 그 유명한 주석서들을 썼다고 한다. 「수따 상히따」중에서 「묵띠 깐다」(*Mukti Kanda*)라고 하는 부분의 제5장 제14-30절에서 초월단계의 상태에 관해 설명하고 규정한다. 제29, 30절은 바가반의 입장을 이렇게 요약하고 있다.

> 자신의 진아를 깨달음으로써 계급과 인생 단계 규범(*varnāsrama dharma*)[카스트상의 직무와 의무]에 의해 부과된 제약들은 저절로 떨어져 나간다. 그런 사람은 아쉬라마와 바르나(*varnas*)[카스트]의 장벽을 초월하여 그 자신의 진아 안에 머무른다. 그리하여 모든 아쉬라마와 바르나를 초월하고 자신의 진아 안에 머무름으로써, 그는 모든 베단타 달인達人들에 의해 초월단계인(*ativarnāsrami*)이라고 선언된다.

법률가: 만약 그것이 사실이라면, 이 단계에 관한 어떤 규범이 있습니까?

바가반: 초월단계는 어떤 규범도 없습니다.

법률가: 귀하는 이 세간의 것들에 대해 어떤 욕망이 있습니까?

바가반: 세간의 어떤 것에 대해서도 아무런 증오가 없습니다.

이 답변의 일부는 누락된 것 같다. 법원의 속기사가 적은 기록에서는 바가반이 이렇게 답변하고 있다. "저는 재산을 취득하려는 어떤 욕망도 없으나, 재산이 오면

---

8) [역주] 뿌라나 경전에는 18종의 '대大 뿌라나'(*Mahapuranas*)와 18종의 '소小 뿌라나'(*Upapuranas*)가 있는데, 이것은 전자의 하나이다.

저는 그것을 받습니다. 재산을 보유하는 것이 세속적이라는 것을 인정하지만, 저는 세간사를 혐오하지 않습니다." (「공식속기록 등본」 30/36, 군郡 법무실(District Munsif), 띠루반나말라이, 1936년 11월 15일자)

법률가: 매일 많은 사람들이 귀하를 보기 위해 옵니다. 그들은 왜 옵니까?

바가반: 사람마다 자기 나름대로 오는 이유가 있습니다. 저는 그들을 오라거나, 가라거나, 머무르라고 하지 않습니다.

법률가: 귀하에게는 혹시 적이 있습니까?

바가반: 저에게는 적도 없고 친구도 없습니다.

법률가: 귀하의 스승은 누구입니까?

바가반: 저에게는 스승도 없고 제자도 없습니다.

법률가: 스승 없이 우리가 무엇을 성취할 수 있습니까?

바가반: 실로 그럴 수 없습니다.

법률가: 그러면 누가 귀하의 스승입니까?

바가반: 저에게는 진아 자체가 스승입니다.

법률가: 귀하는 금전을 취급합니까?

바가반: 하지 않습니다.

법률가: 사람들은 귀하가 주主 수브라마니아(Lord Subramania)[힌두 신의 하나]의 화신이라고 합니다.

바가반: 그 신과 모든 신들이 저일 뿐입니다. (웃음)

법률가: 뻬루말 스와미는 자기 일기장에 귀하가 주 수브라마니아의 화신이라고 기록해 놓았습니다. [그때 법률가는 바가반에게 뻬루말 스와미의 일기장에 적힌 시 한 편을 보여주었다.] 이 시에서는 귀하가 수브라마니아라고 말하고 있습니다. 이 필적은 귀하의 것입니까?

바가반: 필적은 저의 것이지만 발상은 뻬루말 스와미의 것입니다.

바가반은 비루팍샤 산굴에 살고 있을 때 이 시를 지었다. 그 당시 바가반의 헌신자들 가운데 몇 사람은 바가반을 찬양하는 시들을 짓는 습관이 있었다. 뻬루말 스와미는 자기는 그런 시들을 지을 수 없기 때문에 소외된 것처럼 느껴진다고 바가반에게 불평했다. 바가반은 그를 도와주느라고 자신을 수브라마니아로 찬양하는 이 시를 짓고 나서 그것을 뻬루말 스와미의 일기장에 써주었다. 이 시의 끝에 그는 만약 뻬루말 스와미가 자기 시라고 주장하고 싶으면 그렇게 할 수 있다는 표시로 '뻬루말 스와미'라는 이름을 썼다. 바가반의 생각은 학자인 헌신자들이 와서 바가반을 찬양하는 시를 지을 때에는, 뻬루말 스와미가 언제나 이 시를 읊으면서 그것이 자기 것이라고 주장할 수 있게 하려고 한 듯하다. 그 시는 다음과 같다.

> 여섯 얼굴의 주님은, 당신의 헌신자들에게 '두려워하지 말라'고 말하여 그들의 결함을 제거하시고자, 띠루쭐리(Tiruchuzhi)에서 어머니 알라구(Azhagu)와 순다람(Sundaram) 사이에서 태어나 이 땅에 강림하신 분, 당신의 발 아래 피난처를 구하는 이들의 업業을 파괴하심으로써 당신 자신의 상태를 하사하시고자, 열 두 개의 팔을 지니신 분, 다섯 감각 기관을 조복調伏받아 봉긋한 마음 연꽃(mind-lotus)의 공작을 타고 다니시는 분, 또한 지知의 번뜩임인 창槍을 던지는 게임을 하시는 분이니, 그분이 실로 아루나말라이-라마나(Arunamalai-Ramana)로서 지복스럽게 안주하시는 주님이시네.

이 번역문은 「산길」(The Mountain Path), 1984년, 94쪽에서 가져왔다. 여섯 얼굴의 주님은 수브라마니아(Subramania)이며, 알라구와 순다람은 바가반의 부모님들이다. 띠루쭐리는 바가반의 출생지이고, 열 두 개의 손, 창, 그리고 공작은 수브라마니아의 상징적인 모습들이다.

바가반의 많은 헌신자들은 바가반이 수브라마니아의 화신이라고 믿었다. 비록 이 시에서 바가반이 자신에 대해 이런 주장을 하고 있는 것처럼 보이기는 하지만, 그는 자신의 관점에서가 아니라 뻬루말 스와미의 관점에서 쓰고 있다는 점을 유념해야 한다. 뻬루말 스와미는 바가반이 실제로 신의 한 화신이라고 믿었던 사람들 중의 하나였다. 바가반도 "필적은 저의 것이지만 그 발상은 뻬루말 스와미의 것"이라고 말할 때 이 점을 지적하고 있다. 바가반 자신은 결코 그런 주장을 하지 않았다. 이 질문을 한 법률가는 아마도 바가반으로 하여금 자신이 한 힌두 신의 화신이라고 주장했다는 것을 시인하지 않을 수 없게 함으로써 그의 신뢰성을 떨어뜨릴 수 있으리라고 보았을 것이다.

법률가: 귀하는 귀하가 초월단계에 속한다고 말했습니다. 이 상태에 있는 다른 어떤 사람을 알고 있습니까?

바가반: 아닙니다.

법률가: 과거에는 그런 사람이 있었습니까?

바가반: 수카(Sukha), 자다바라따(Jadabharata)[고대 인도의 진인들] 그리고 몇몇 다른 사람들이 있습니다.

법률가: 왜 많은 사람들이 귀하의 아쉬람에 대해 서로 다른 이야기들을 하고 있습니까?

바가반: 각자의 마음이 그것을 서로 다르게 인식하기 때문입니다.

법률가: 귀하는 귀하의 아우에 대해 어떤 특별한 사랑을 가지고 있습니까?

바가반: 저는 제가 모든 사람들을 사랑하는 것과 마찬가지로 그를 사랑합니다.

법률가: 아쉬람에 들어오는 시주물은 누가 받습니까?

바가반: 시주물들은 모두 저의 이름으로 들어오지만 저 혼자만 그것을 사용하지는 않습니다. 여기 있는 사람들이 다 함께 나눕니다.

법률가: 만약 뻬루말 스와미가 다시 아쉬람에 살고 싶어 한다면 귀하는 그를 살게 허락하겠습니까?

바가반: 만약 그가 다른 모든 헌신자들처럼 행동하겠다고 하면, 머무르는 것을 허락받을 것입니다.

법률가: 만약 사람들이 아쉬람에 머무르고 싶어 하면 그들은 누구에게 요청해야 합니까?

바가반: 그것은 제 소관이 아닙니다. 그들은 도감을 만나야 합니다.

법률가: 뻬루말 스와미는 스깐다쉬람의 감원이었습니까?

바가반: 제가 스깐다쉬람에 있을 때는 그가 운영했지만, 거기 있을 때도 그의 행동은 좋지 않았습니다. 그는 많은 돈을 낭비했습니다.

이 면담을 할 당시에 어느 헌신자가 바가반의 (질문이 아니라) 답변들에 대한 필사본을 작성하였다. 대판양지大判洋紙(foolscap-40×33센티 규격의 용지)로 17쪽에 걸친 이 수기手記 원고는 스리 라마나스라맘 사무실의 문서철에 보관되어 있다. 안나말라이 스와미의 일기장 기록은, 그보다는 훨씬 짧고 질문의 순서가 약간 뒤바뀌긴 했어도 이 원고와 아주 유사하다. 이 신문訊問의 다른 부분적인 기록은 『라마나 마하르쉬와의 대담』(281번과 291번)과 브런튼 원고에도 보인다. 안나말라이 스와미의 일기장 기록은 "각자의 마음이 그것을 서로 다르게 인식하기 때문입니다"라는 답변으로 끝난다. 그에 이어지는 질문과 답변 중 어떤 것은 그가 나와 면담할 때 기억해냈으나 법원의 신문이 있을 당시에 적어두지 않았던 것으로, 다른 어떤 기록에도 보이지 않는다. 그는 바가반이 다른 때 이런 말을 하는 것을 들었을 수도 있다.

많은 다른 질문들이 있었는데, 주로 운영상의 문제에 관한 것이었다. 질문을 한 법률가는 불필요하게 무례했고 이것저것 따지고 들었다. 몇 주일 되지 않아 그의 아들이 미쳐서 손에 사람의 똥을 들고 띠루반나말라이의 거리를 헤매고 다니기 시작했다. 그런 다음에는 그 법률가가 미쳤다. 그와 그의 아들은 얼마 되지 않아서 죽었다. 많은 헌신자들은 그가 바가반에 대해 너무 무례하게 굴었기 때문에 이런 일이 일어났다고 생각했다.

뻬루말 스와미는 패소敗訴했으나, 『라마나 마하르쉬인 니자 스와루빰』(*Ramana Maharshiyin Nija Swarūpam*)[라마나 마하르쉬의 참된 성품]이라는 제목의 소책자를 발간하여 아쉬람에 대한 반대 운동을 계속했다. 이 책에서 그는 바가반이 여성 헌신자들과 성적인 비행非行을 저질렀다고 하면서 당신의 모든 인격적 결함의 긴 목록을 나열했다. 찐나스와미는 뻬루말 스와미에 대한 법적인 조치를 취하려고 했으나 바가반이 그러지 말라고 만류하셨다.

바가반은 당신의 인격적 결함에 대한 부분을 읽었을 때 웃으면서 이렇게 말했다. "그는 이런 것을 쓰기 전에 왜 나에게 오지 않았지? 내가 나만이 아는 내 결함에 대해 더 많이 이야기해 줄 수 있었을 텐데."

상당히 짧은 그 책의 끝 부분에는 뻬루말 스와미의 주註가 있었는데, 이렇게 씌어 있었다. "나는 바가반의 나쁜 인격에 대해 더 많은 이야기를 할 수 있었지만, 불행하게도 나는 그 모두를 다 인쇄할 만한 돈이 없다."

바가반이 이것을 읽자 다시 웃고 나서 말했다. "돈이 부족하다면 왜 우리한테 오지 않았나? 우리가 그에게 시주할 수도 있었는데."

뻬루말 스와미는 소송이 벌어지면 자기 책이 선전될 것으로 기대하고 있었다. 아쉬람이 아무런 반응도 보이지 않자, 그는 권리를 침해당한 헌신자인양 법적인 소송을 개시하려고 했다. 바가반의 헌신자이자 법률가인 데바라자 무달라이아 (Devaraja Mudaliar)9)는 아쉬람을 위해서 그 사안을 맡아달라는 바가반의 요청을 받았다. 무달라이아는 그 사안이 소송 절차가 개시되기도 전에 각하 당하게 하는 데 성공했다. 이 일화에 관한 간략한 설명은 그의 회상록인 『나의 회상』(*My Recollections*)(원서), 12쪽에 나온다.

한 번은 내가 바가반이 목욕하시는 것을 도와드리다가 이 책에 대해 이야기했다.

바가반은 이렇게 말씀하셨다. "그 책을 아쉬람 정문 앞에서 판매하게 하지."

바가반은 진담 반 농담 반으로 그렇게 말씀하신 것이었다.

당신은 이런 설명까지 하셨다. "만약 보통 사람들이 이 책을 읽으면 그들은 그것을 믿고 아쉬람에 들어오지 않을 것 아닌가. 그런 엉터리를 믿지 않는 좋은 헌신자들은 계속 찾아올 거고."

바가반은 많은 무리의 사람들이 당신을 찾아오는 것을 좋아하지 않으

---

9) [역주] 바가반의 헌신자(1886~1972). 1942년부터 1966년까지 아쉬람에서 오두막을 짓고 살았다. 『바가반과 함께 한 나날』(*Day by Day with Bhagavan*)의 저자.

셨다. 그는 만약 당신의 평판과 명성이 떨어지면 방문객들의 수가 줄어들 것이라는 생각을 하셨던 것이다.

브런튼 원고 113쪽에 이런 기록이 나온다. '한 제자는 읍내의 어떤 사람이 바가반을 헐뜯었기 때문에 흥분했다.'

'마하르쉬님은 이렇게 말씀하셨다. "나는 그 사람이 그러는 것을 내버려두겠네. 더 심한 말을 하라고 하게. 그리고 다른 사람들도 따라하라고 하게. 그들이 나를 혼자 있게 내버려두게만 하라고. 만약 누가 이런 온갖 중상모략을 믿고 싶어 한다면 그것은 나에게 큰 봉사를 하는 셈이지. 왜냐하면 만약 그[뻬루말 스와미]가 사람들을 설득시켜 내가 가짜 스와미라고 생각하게 만들면 그들은 더 이상 나를 찾아오지 않을 것이고, 그러면 나는 조용한 생활을 할 수 있을 테니까. 나는 혼자 있고 싶으니, 저 비방하는 팸플릿을 환영한다네. 인내, 더 많은 인내―관용, 더 많은 관용."'

못된 짓을 꾸미는 뻬루말 스와미의 능력은 끝이 없는 것 같았다. 한 몇 달간 잠잠하더니 그는 아쉬람을 괴롭히는 새로운 방법 하나를 발견했다. 그 당시 아쉬람의 건물들은 바바지 정사(Bavaji Math)라고 하는 어느 암자가 소유한 대지 위에 자리잡고 있었다. 이 정사의 장長은 띠루반나말라이에 살고 있었다. 그는 아쉬람이 이 땅을 사용할 수 있도록 허가하고 있었는데, 그것은 그가 바가반을 아주 존경하고 있었기 때문이다. 한 번은 그가 친견하러 왔을 때, 한 위대한 영혼(mahātmā)이 자기 땅 위에 살고 계셔서 아주 기쁘다고 말한 적도 있었다. 아쉬람은 언젠가 그에게서 그 땅을 사들이려고 했지만 실패했다. 왜냐하면 토지 권리증서에 바바지 정사가 그것을 매도하는 것을 금지하는 조항이 있었기 때문이다.

뻬루말 스와미가 아쉬람을 상대로 한 첫 소송에서 패소하자, 그는 어떻게 해서 이 정사의 장을 설득하여 바가반에 대한 또 다른 소송을 제기하게 했다. 암주庵主(mathādhipati)[정사의 장]는 지역 법원에 바가반으로 하여금 이 대지에서 퇴거하라는 명령을 청구하는 소송을 제기했다. 나는 뻬루말 스와미가 어떻게 그를 설득해서 이 소송을 시작하게 했는지 모르겠다. 암주가 그 전에 바가반에 대해 가지고 있던 높은 존경심에 비춰볼 때, 나는 단지 그가 어떻게 뇌물을 먹었지 않나 하고 추측할 수 있을 뿐이다. 이 사안은 먼젓번 사안처럼 곤란하지 않았다. 대표단이 가서 암주와 협상을 한 뒤에 사건 전체가 법정 밖에서 우호적으로 화해를 보았다. 그 협약의 조항에 따라 스리 라마나스라맘은 아쉬람의 건물들이 들어서 있는 땅과 꼭 같은 면적의 띠루반나말라이에 있는 땅을 샀다. 이 새로 산 땅은 아쉬람이 사용하고 있는 땅과 교환으로 바바지 정사에 증여되었다.

이것은 뻬루말 스와미가 아쉬람을 애먹이려고 마음먹고 한 마지막 시도였다. 그 직후에 그는 건강이 나빠지더니 자기 생애의 마지막 20년간은 집 밖을 나오지 못하는 병자로 보냈다. 세월이 가고 병들이 늘어나면서 그는 자신이 얼마나 나쁘게 행동했는지 깨닫기 시작했다. 그가 아쉬람을 마지막으로 방문하던 때에 한 번은(그는 걷지도 못할 정도로 병이 들어 말 달구지에 실려 왔다), 그가 회당에 와서 바가반께 말했다.

"바가반, 저는 나쁜 짓을 너무 많이 했으니 지옥으로 가겠습니다. 부디 저를 용서해주시고 저를 잊지 말아 주십시오." 그가 말했다.

바가반이 대답했다. "설사 당신이 나를 잊는다 해도, 나는 당신을 잊지 않을 거요."

"그러나 저는 지옥에 있을 겁니다!" 뻬루말 스와미가 외쳤다.

바가반은 그를 잠시 바라본 다음 이렇게 말씀하셨다. "나는 거기에도 있소."

말년에 뻬루말 스와미는 그의 모든 친구들에 의해 버림받았고, 가지고 있던 돈을 전부 편취騙取당했다. 이 기간 중에 그는 한 동안 무달라이아라는 사람의 집에 살았는데, 이 사람은 뻬루말 스와미의 돈을 다

꾼 다음 갚을 생각을 하지 않았다. 무달라이아는 뻬루말 스와미가 아무 돈도 더 가진 것이 없다는 것을 알고 나자, 그를 자기 집에서 내쫓으려고 했다. 그는 말 달구지(horse-cart) 한 대를 불러서 뻬루말 스와미를 거기 싣고 마부에게 그를 스리 라마나스라맘에 데려다 주라고 했다.

"당신을 스리 라마나스라맘으로 보냅니다." 그가 말했다. "거기는 많은 사람들이 아무것도 내지 않고 밥을 먹지요. 당신은 여러 해 동안 그들에게 봉사했으니 그들이 틀림없이 당신을 돌봐줄 겁니다."

이렇게 말한 뒤에 그는 달구지 마부에게 그를 아쉬람 정문 안에 들여만 놓고 얼른 떠나버리라고 일렀다.

아쉬람 당국은 무달라이아의 부탁으로 실려 온 그를 받아들이지 않았다. 그들은 다른 말 달구지를 불러서 그를 무달라이아의 집으로 곧바로 실어 보냈다. 그가 돌아오는 것을 원하지 않았던 무달라이아는 그를 집에 들여놓지 않았다. 대신에 그는 또 다른 달구지를 불러서 그 마부에게 뻬루말 스와미를 아쉬람에 다시 내려다 놓게 했다. 아쉬람은 다시 그를 받기를 거부하고 그를 무달라이아의 집으로 또 돌려보냈다. 무달라이아는 마침내 패배를 인정하고 뻬루말 스와미를 다시 자기 집에 머무르게 했다.

뻬루말 스와미는 결국 1950년대에, 읍내 어딘가의 돌 벤치 위에서 돌보는 사람 없이 혼자 죽었다. 그때 그에게 조금이라도 동정한 사람은 거의 없었다. 거의 누구나 할 것 없이 그의 모든 고난은 그가 바가반을 상대로 벌인 반대 운동의 결과로 온 것이라고 단정했다.

제7장

건축공사 · II

나는 1930년대에는 내리 1938년까지 건축 공사에 다소간 전업적으로 매달려 있었다. 이 기간 동안에 내가 맡았던 가장 큰 일은 새 식당과 주방 건축을 감독하는 것이었다. 매일 30~40명의 인부들이 사방 약 25야드(약 22~3미터) 되는 건물을 짓고 있었다. 다행히도 바가반이 그 건물에 대해 예리한 관심을 가지고 계시면서 작업의 각 단계마다 나에게 지침을 주셨다. 저녁에 내가 매일의 보고를 드리러 가면 당신은 다음날은 어떤 일을 해야 하는지를 일러주시곤 했다. 만약 하기 어려운 작업이 있으면 그것을 어떻게 할 것인지 설명해 주시기도 했다.

내가 맨 처음 해야 할 일 중의 하나는 내 방을 허무는 일이었다. 새 식당을 지을 부지에는 코코넛 잎 오두막이 내 오두막을 포함해서 대략 열 채 가량 있었다. 이 오두막들을 모두 철거해서 다른 데 옮겨지어야 했다. 그와 거의 동시에 타일 지붕의 방 하나가 고방 앞에 지어졌다. 나는 이 방으로 옮겨가서 여러 해 동안 여기서 거처했다.

하루는 식당 건축이 한창 진행 중일 때, 심한 폭풍이 불어서 내가 바가반으로부터 아무런 계획(작업 지침)도 듣지 못하게 되었다. 그 당시 나는 바가반이 저녁 식사 후에 식당을 나오시면 당신에게 이야기를 하는 습관이 있었다. 그날 저녁에는 비가 왔기 때문에 당신이 나에게 아무 말씀도 하지 않고 바로 회당으로 가버리셨다. 나는 그날 저녁 당신께 이야기를 할 기회를 도무지 얻지 못했다. 왜냐하면 그 당시에 바가반은 대중 앞에서 당신의 계획을 말씀하시기를 좋아하지 않았기 때문이다.

다음날 아침 작업이 시작되기 전에 나는 바가반께 가서 여쭈었다.

"오늘 할 일은 무엇입니까?"

바가반이 대답하셨다. "스와미는 자네 안에 있네. 가서 일을 하게."

나는 바가반의 조언에 의지하는 버릇이 들어 있었으므로, 이 말씀은 나에게 일종의 충격이었다. 어느 면에서 바가반은 실제로 나를 칭찬하신 것이었다. 나를 도와주지 않겠다는 것은 이제는 내가 나름대로 건축을 감독할 수 있을 만큼 배웠다는 데 당신이 만족하선다는 것을 말해주는 것이었다. 나는 작업 현장에 가서 지시를 내리기 전에 바가반께 내가 일하는 것을 이끌어 주시라고 마음속의 기도를 올렸다. 9시쯤에 바가반은 회당을 나와서 내가 어떻게 하고 있는지 보러 오셨다. 작업을 살펴본 뒤 당신은 빙그레 웃으시며 "잘 했군!" 하는 뜻으로 "베이쉬!" (Beish!)라는 한 마디만 하셨고, 이렇게 하여 당신은 나에게 '건축 자격증'을 주신 셈이 되었다.

식당 건축과 관련하여 일어난 작은 사건 두 가지가 있었는데, 이것은 이야기할 만하다. 첫째 사건은 헌신자들이 당신에게 특별한 주의를 보이는 것을 바가반이 얼마나 싫어하셨는지에 대한 좋은 사례이다. 나는 뙤약볕 아래서 회(lime)를 내려놓는 것을 감독하고 있었다. 나는 햇볕을 막기 위한 양산과 횟가루 먼지를 막기 위한 검은 안경을 쓰고 있었다. 바가반이 내가 하고 있는 일을 보러오셨을 때, 내가 존경의 표시로 샌들을 벗고 양산을 내렸다.1) 그러자 바가반은 즉시 나를 나무라셨다.

"왜 나를 보자 그렇게 하나? 왜 나한테 이런 특별한 주의를 베푸는 거지? 그런 것은 햇볕과 먼지로부터 자네를 보호하기 위한 것이네. 나는 앞으로 자네가 양산을 쓰고 있고 샌들을 신고 있겠다고 약속해야만 자네를 보러 오겠네."

두 번째 사건은 더 묘하다. 식당 일을 감독하고 있을 때 나는 에고가 아주 강해지고 있다는 것을 알았다. 내가 그러고 싶었던 것도 아닌데 자부심과 성취감이 내면에서 커지고 있는 것을 느낄 수 있었다.

'내가 이 일을 다 하고 있다! 나 혼자서 이 대단한 작업을 감독하고

---

1) [역주] 저자의 설명에 따르면, 샌들을 벗고 양산을 내리는 것은 스승에 대한 존경의 표시이다. 남인도에서 양산은 권위의 상징이며, 스승 앞에서는 내리는 것이 도리라고 한다. 그러나 안경을 쓰고 있는 것은 별 상관이 없으므로 벗지 않았다.

있다!'

내가 이런 강한 생각에 지배되고 있을 때 바가반이 나를 보러 오셨다. 당신이 나에게 이르시기 전에 나는 시커먼 그림자 같은 어떤 구름이 내 몸을 빠져나가는 것을 보았다. 그것이 나를 떠나자마자 나는 내 에고적인 생각들이 그와 함께 떠나버렸다는 것을 느낄 수 있었다. 나는 이 이상한 사건을 바가반께 말씀드렸다.

당신은 잘 알려진 타밀 속담 하나를 인용하심으로써, 어떤 이상한 일이 일어났다는 것을 확인해주셨다. 즉, "승려를 보면 악령들이 떠난다네" 하셨다.

식당을 건축하기 전에 바가반은 항상 다른 사람이 아무도 듣지 않을 때 나에게 당신의 건축 지침을 내려주셨다. 다른 누구도 바가반이 나에게 건축 일에 관해 말씀하시는 것을 듣지 못했기 때문에, 어떤 헌신자들은 내가 바가반의 계획이 아니라 나 자신의 계획대로 일을 하고 있다고 단정했다. 나는 한 동안 이 사람들로부터 아주 인기가 없었다. 왜냐하면 그들은 모두 내가 지나치게 큰 건물들을 짓느라고 아쉬람의 돈을 낭비하고 있다고 생각했기 때문이다. 나는 그들이 잘못 알고 있다고 결코 반박할 수 없었다. 그것은 내가 건축을 감독하던 처음 몇 해 동안 바가반이 대중 석상에서, 당신이 나에게 지침을 주고 있다는 것을 단 한 번도 시인하지 않으셨기 때문이다.

어떤 이유에선가 바가반은 건축 계획에 있어서의 당신 자신의 역할을 비밀로 하시기를 원했던 것이다.

몇 번인가 당신은 나에게 이렇게 말씀하셨다. "내가 자네에게 이 일을 시켰다고 누구한테도 말하지 말고, 그냥 일만 해 내게. 그리고 자네가 앞으로 무슨 일을 하려고 하는지도 사람들에게 말하지 말게. 만약 사람들이 자네가 다음에 할 일을 알게 되면 그들은 자기 나름의 구상을 들고 나와 자네한테 그것을 채택하게 하려고 할 것이네. 이런 일이 생기면 자네는 아마 혼란에 빠질 걸세."

바가반은 심지어 나에게 질문에 답변을 하지 않아도 되는 법까지 일러주셨다. "만약 기사들이 와서 이 모든 일을 어떻게 해 내려고 하느냐고 묻거든 이렇게 대답하게. '나는 지금 몹시 바쁩니다. 설명할 시간이 없군요.' 그러고는 저리 가서 무슨 일을 하기 시작하게. 여기에는 이 건축 일에 관심을 가지고 있는 사람이 많네. 그들은 모두 자네한테 와서 자기 계획을 말하고 싶어 하지. 그들의 이야기를 듣기 시작하면 자네 일만 더 어려워질 걸세.".

이 완전 비밀 정책은 채드윅 소령(Major Chadwick)[2]이 아쉬람에 오고 난 직후에 바뀌었다. 채드윅은 자주 와서 내가 일하는 것을 지켜보았고, 바가반과 내가 한낮에 작업 점검을 하며 돌 때에는 자기도 종종 우리와 동행했다. 이렇게 순회하는 동안 바가반은 나에게 지시를 내리기도 하셨다. 왜냐하면 그 시간에는 현장에 우리만 있을 수 있었기 때문이다. 바가반이 나에게 계속 지침을 주고 계실 때, 채드윅이 우리의 한낮의 포행에 가담하기 시작했다. 나중에 채드윅은 내가 나 자신의 권한으로 일을 하고 있다고 믿는 아쉬람 사람들이 많다는 말을 듣게 되자, 바가반이 나에게 지침을 내리는 것을 자기가 직접 목격했노라고 누구한테나 꼭 말하는 것이었다. '비밀'이 일단 공지公知의 사실이 되어버리자, 바가반은 당신이 건축 일에 개입하고 있지 않은 척하시던 태도를 버리고 회당 안에서 공개적으로 나에게 지침을 주시기 시작했다.

이런 변화가 있기 전에는, 사무실 소임자들이나 다른 아쉬람 일꾼들과의 사이에서 나는 많은 어려움을 겪고 있었다. 내 나름의 거창한 계획에 내가 돈을 낭비하고 있다고 생각하던 사람들은, 내가 도움을 받아야 할 때 협조하기를 거부했다. 예를 들어, 아쉬람의 채마밭에는 항상

---

[2] [역주] 앨런 채드윅(Allan W. Chadwick). 전직 영국군 장교였으며, 1935년부터 1962년에 죽기 전까지 라마나스라맘에 살았다.

6~8명이 전업적으로 일을 하고 있었다. 그러나 내가 그들 중의 누군가에게 도움을 청할라치면 농감農監(채전 관리 책임자)은 그들을 보내줄 수 없다고 거절하곤 했다. 사실 한때는 아쉬람에서 내 위상이 너무 낮아 아무도 나를 도와주려 하지 않았다. 나는 전적으로 삯꾼들에게 의존해야 했다.

이 기간 중 한 번은 내가 바가반과 같이 이들리를 먹고 있는데, 당신이 내게 말씀하셨다. "오늘 아침에 석공들이 오기 전에 자네가 바위를 몇 개 움직여 주면 좋겠네."

바가반이 나에게 어느 바위인지를 가리켜 주셨을 때, 나는 즉시 그것이 한 사람 힘으로는 할 수 없는 일이라는 것을 알았다.

"이 일을 어떻게 합니까? 한 사람 이상이 있어야겠습니다. 사무실 사람들은 아쉬람의 일꾼 중의 누구도 저를 돕지 못하게 합니다." 내가 바가반께 말했다.

"그렇다면, 내가 와서 자네를 돕지." 바가반이 말씀하셨다.

사무실 사람들은 그 일을 할 사람이 아무도 없기 때문에 바가반이 자진해서 힘든 육체노동을 하시기로 했다는 말을 듣자, 즉시 무니 스와미(Muni Swami)라는 사람을 보내서 나를 돕게 했다. 그 일은 바가반이 원하신 일이며, 그것도 즉시 이루어지기를 원하셨다는 것이 곧 알려졌으므로, 다누삘라이(Danupillai)라는 사람도 와서 나를 도와주었다. 우리 세 사람은 라가벤드라 라오(Raghavendra Rao)로부터 약간의 도움을 받으면서, 석공들이 오기 전에 그 일을 겨우 해냈다.

그와 비슷하게, 나는 주방 소임자들로부터도 협력을 잘 얻지 못했다. 나 자신은 먹는 것에 관해서 아무 문제가 없었다. 왜냐하면 바가반과 찐나스와미 두 분이 주방 소임자들에게 내가 원하는 것은 무엇이든지 주방에서 가져갈 수 있도록 하라고 말해두었기 때문이다. 그러나 주방 일꾼들은 내가 고용한 일꾼들에게는 누구에게도 음식을 주어서는 안 된다는 명령을 받아놓고 있었다. 이것은 내 일꾼들에게만 해당되는 특별한 규칙이었다. 아쉬람의 다른 일에 고용된 일꾼들은 식당에서 음식을 먹는 것이 허용되었다.

하루는 내 일꾼들 중의 한 사람이 오더니 자기는 그날 아침을 못 먹었다고 하는 것이었다. 그는 아쉬람에서 아침밥을 좀 주기를 바랐다. 이 사람은 그날 아주 중요한 일을 하게 되어 있었다. 그 일이 끝나기 전에는 다른 일꾼들은 아무도 각자의 일을 진행할 수 없었다.

이 사람의 기분을 유지해 주려고 나는 주방으로 가서 거기 있는 여자들에게 말했다. "저는 또 배가 고픕니다. 이들리를 좀더 주시겠습니까?"

여자 한 사람이 말했다. "아니 방금 먹었잖아요. 왜 더 달라는 거죠?"

이때 나는 바가반이 큰 소리로 웃으시는 것을 들었다. 당신은 내가 볼 수 없는 주방의 한쪽에서 일을 하고 계셨던 것이다.

나는 바가반이 듣고 계신 데서 다시 거짓말을 할 수 없다고 생각하고 그 여자에게 말했다. "제가 먹을 거라고 해야 주지 않습니까. 사실은 일꾼 중의 한 사람이 먹을 겁니다."

그때 바가반이 얼굴에 큰 웃음을 짓고 나타나더니 그녀에게 내가 요청한 이들리를 나에게 주라고 지시하셨다.

우리는 모두 바가반을 전적으로 정직하고 진실만 말하는 사람으로 여기고 있었기 때문에, 한 번은 당신이 직접 나에게 당신은 아루나찰라에 오기 위해 집을 떠난 날 이후로 세 번 거짓말을 했다고 말씀하시는 것을 듣고 나는 깜짝 놀랐다. 첫 번째는 당신 말씀으로는, 당신이 아직 아루나찰라로 오고 있을 때 들어간 무뚜끄리슈나 바가바따르(Muthukrishna Bhagavatar)의 집에서였다.3) 거기서 당신은 자신이 가진 돈과 소지품을 모두 잃어버렸다고 사실과 다르게 말했다.

---

3) [역주] 아루나찰라를 20마일쯤 남겨둔 곳에서 그는 배도 고프고 띠루반나말라이까지의 차비도 부족해서 길가에 있는 무뚜끄리슈나 바가바따르 집에 들어갔다.

무뚜끄리슈나 바가바따르의 집에서 그는 띠루반나말라이까지의 여행을 계속하기 위하여 자신의 귀고리를 전당잡혔다. 그는 소지품을 잃어버리지 않았고, 단지 여행 목적지까지 갈 충분한 여비가 없었다.

두 번째 거짓말은 당신의 어머니가 당신과 함께 빠발라꾼루에 머무르고 있을 때 한 것이다.

빠발라꾼루(Pavalakundru)는 아루나찰레스와라 큰 사원에서 300야드쯤 떨어진 작은 바위 무더기 위에 자리잡은 사원이다. 바가반은 1890년대에 한 동안 거기서 살았다. 이 이야기는 나중에 그가 그곳을 찾아갔을 때의 일임에 틀림없다. 왜냐하면 그의 어머니는 1915년까지는 그의 곁에 살러 오지 않았기 때문이다. S.S. 코헨은 이 사건에 대해 기록하고 있는 듯하나(『구루 라마나』, 30쪽), 그는 그것이 스깐다쉬람에서 있었던 일이라고 하고 있다. 내가 이 이야기를 안나말라이 스와미에게 하자, 그는 바가반이 자기에게 그 일이 빠발라꾼루에서 일어났다고 분명히 말한 것으로 확신한다고 말했다.

바가반이 외관상 모종의 삼매 같은 상태에서 사원 안에 앉아 있을 때 당신의 어머니가, 읍내에 있는 에짬말을 찾아가 보기로 마음먹었다. 그녀는 떠나기 전에, 다른 사람이 바가반을 방해하거나 해를 끼치지 못하도록 그를 사원 안에 둔 채 문을 잠그기로 했다. 바가반은 실제로 삼매에 들어 있지는 않았고 단지 눈을 감고 앉아 있었다. 어머니가 떠나자마자 당신은 문에 난 구멍으로 팔을 집어넣어 빗장을 풀고 밖으로 나왔다. 이런 식으로 자유를 얻은 다음 다시 문을 잠갔다. 당신의 어머니는 돌아와서 그가 잠긴 문의 밖에 나와 앉아 있는 것을 보고 충격을 받았다. 바가반은 어머니가, 자신이 어떤 특별한 초능력(siddhi)을 가지고 있어서 단단한 물체를 뚫고 나온 줄로 생각한다는 것을 알 수 있었다. 당신은 농담으로 그녀의 의심을 더 굳혀주었다.

어머니가 "어떻게 나오셨지?" 하고 묻자, 당신은 아주 엄숙한 얼굴로 대답했다. "허공(ākāsa)을 뚫고요."

세 번째 거짓말은 스깐다쉬람에서 한 것이다. 한 번은 바가반의 어머니가 귀앓이로 고생하고 있었다. 바가반은 그녀에게 머리를 기울여서 자신이 귓속을 들여다볼 수 있게 해보라고 했다. 아무것도 보이지 않았지만, 바가반은 그녀의 귓속을 들여다보면서 마치 거기에 벌 한 마리가 있는 것처럼 했다. 당신은 어머니에게 그 벌이 어떻게 하고 있는지를 간략하게 묘사했다.

"벌 한 마리가 안에서 기어 다니고 있군요. 나오고 있습니다. 지금은 입구 가까이에 있습니다. 이제 날아갔습니다!"

당신의 어머니는 이 상상의 벌이 그녀를 아프게 한 원인이었다고 너무나 확신했으므로, 바가반이 "이제 날아갔습니다!" 할 때 그 아픔이 완전히 사라져버렸다.

나는 식당 공사를 하기 위해 남녀 일꾼들을 고용했다. 여자들 중의 몇 사람은 상당히 예뻤고, 나는 가끔 성적인 욕망에 시달렸다는 것을 고백하지 않을 수 없다. 나는 이 문제를 내가 아쉬람에 온 초기에 바가반께 말씀드린 적이 있었다.

나는 이렇게 말했다. "저는 해탈까지는 원하지 않습니다. 단지 여자들에 대한 욕망만 제 마음에 들어오지 않았으면 합니다."

그때 바가반은 웃고 나서 말씀하셨다. "모든 마하트마(mahātmās)[위대한 영혼]들이 그것 때문에 애를 먹지."

당신의 답변은 나만이 그 문제로 고생하는 것은 아니라는 것을 재확인시켜 주었지만, 내가 그것을 어떻게 극복할 수 있는지에 대한 단서는 주지 않았다. 나는 하루 종일 여자들이 일하는 것을 내가 보지 않을 수만 있으면 성적인 생각들을 피하기가 훨씬 쉬울 것이라는 생각을 했다. 그 당시 우리는 남자 일꾼들에게는 일당 4안나, 여자 일꾼들에게는 일당 3안나[1안나는 16분의 1루피였다]를 지불하곤 했다. 나는 만약 여자 일꾼들을 모두 남자 일꾼으로 교체하면, 몇 루피의 대가를 치르기는 하지만 내가 약간 마음의 평안을 얻을 수 있을 것이라는 생각이 들었다. 그래서 나는 여자들에게 앞으로는 더 이상 여자가 할 일이 없을 거라고 말했다.

그날 밤 바가반은 여느 때와 같이 다음날 내가 무슨 일을 할 계획이냐고 물으셨다.

나는 당신께 말씀드렸다. "기초 벽은 이미 다 끝났습니다. 내일은 건물 안에 모래를 많이 집어넣어서 땅이 식당 바닥 수준으로 올라오게 할 생각입니다."

그러자 바가반이 물으셨다. "남자 몇 사람하고 여자 몇 사람을 고용했나?"

나는 바가반께 여자는 한 사람도 고용하지 않았다고 말씀드리고 그 이유를 설명해드렸다. 바가반은 내 설명에 전혀 감동을 받지 않으셨다. 당신은 내가 단지 내 마음을 다스리지 못한다고 해서 여자들이 피해를 보아야 할 이유가 전혀 없다고 생각하셨다.

"왜 여자들한테 더 이상 여자 일꾼들이 필요치 않다고 그랬나?" 당신이 반문하셨다. "여자 일꾼들을 고용하게. 여자 일꾼들을 고용해. 여자 일꾼들을 고용하라고."

나는 전에 바가반이 어떤 특정한 생각이나 구절의 중요성을 강조하고 싶으실 때에는 그것을 세 번 반복하시곤 한다는 것을 본 적이 있었다. 나는 당신의 지시를 따라 여자들을 전부 다 고용했다.

성적인 생각이 거의 나를 지배했던 또 한 번의 경우를 기억할 수 있다. 그때는 한 여름날의 오후 1시쯤이었다. 내가 고방의 문 앞에 앉아 있는데, 어떤 아주 아름다운 여자가 바가반을 친견하러 왔다. 몇 분 후에 그녀는 회당을 나와서 산 쪽으로 걸어가기 시작했다. 나는 그녀의 모습에 너무 반해서 그녀가 인간의 형상을 한 여신이 아닐까 의심했다.

나는 내면에서 강한 성적인 욕망이 일어나는 것을 느꼈다. 그때 바가반이 갑자기 나타나시더니 내 마음이 어떤 상태인지를 아셨다. 당신은 나를 밖으로 불러내시더니 고방 근처에 있는 큰 바위 위에서 뙤약볕 아래 서 있으라고 하셨다. 나는 샌들을 신고 있지 않았기 때문에 바위의 열기는 내 발에 큰 고통을 안겨주었다. 바가반은 내 곤경을 아예 무시하셨다. 몇 분 동안 당신은 여러 가지 건축 관계 일들에 대해 차분히 말씀하셨다. 달아오르는 발의 고통이 거의 참을 수 없을 지경이었지만 바가반이 나에게 그 바위 위에 서 있으라고 특별히 말씀하셨기 때문에, 나는 감히 움직일 생각을 하지 못했다. 얼마가 지난 뒤 나는 내가 겪는 그 고통이 그 여자에 대한 욕망을 완전히 대체했다는 생각이 떠올랐다. 이 생각이 내 마음에 들어오자마자 바가반은 돌연 우리의 대화를 중단하고 저쪽으로 가버리셨다. 나는 화끈거리는 두 발을 그늘 안으로 즐겁게 들여놓았다. 바가반의 요법은 완전한 치유였다는 것이 증명되었다. 그 고통이 가라앉고 나자 나는 그 여자에 대해 더 이상 아무 흥미를 느끼지 않았다.

바가반의 특징의 하나는, 종종 동일한 상황들에 대해 그때마다 다른 방식으로 반응하신다는 것이다. 1938년, 내가 한 번은 또다시 성적인 욕망에 시달리고 있을 때 당신은 완전히 다른 방식으로 반응하셨다. 사흘 동안 내 마음은 성적인 생각들로 가득 차 있었다. 하도 그래서 나는 이렇게 생각하기 시작했다. "이런 생각들이 늘 찾아온다면 내가 어떻게 구원을 성취하나?"

나는 이런 생각들로 마음이 너무 어지러워 그 3일간은 제대로 밥을 먹거나 잠을 잘 수도 없었다. 마침내 나는 바가반만이 나를 도와줄 수 있는 유일한 분이라고 판단했다. 그날 저녁, 나는 바가반이 포행을 나가실 때 뒤따라가서 내 문제를 당신께 설명 드렸다.

"엊그제 이 여자들에 대한 욕망이 저를 찾아온 뒤로, 저는 지난 3일간 잠도 못 자고 밥도 못 먹었습니다. 이런 생각들이 상당히 자주 일어나는데, 이러다가 저에게 무슨 일이 일어나겠습니까?"

바가반은 1, 2분간 침묵하신 뒤에 대답하셨다. "왜 자네는 과거의 이러이러한 때에 어떤 나쁜 생각이 일어났다는 생각을 계속 하고 있어야 하나? 그러기보다는 '이 생각이 누구에게 오는가?' 하고 명상하면 그게 저절로 날아가 버릴 텐데. 자네는 그 몸뚱이나 마음이 아니네. 자네는 진아이네. 이것을 명상하면 자네의 모든 욕망들은 자네를 떠날 걸세."

건축 공사가 진행되고 있을 동안 바가반은 여러 번 현장에 와서 돌 위에 앉아 우리가 하는 무슨 일이든지 감독하시곤 했다. 가끔은 몸소 가담하시기도 했다.

당신은 종종 이렇게 말씀하셨다. "밖에 나와 있으면 나는 더 건강해. 사람들이 나더러 앉으라고 만들어준 저 6피트짜리 소파는 나한테 감옥이나 마찬가지라니까."

바가반은 종종 우리와 어울려 몇 시간씩 보내기도 하셨다. 일을 감독하는 마음 상태가 되면 당신은 새로운 헌신자가 당신을 친견하러 왔다는 전갈이 올 때에만 회당으로 돌아가셨다. 이런 경우에는 바가반이 안 계실 때 회당을 돌보던 마다바 스와미가 와서 우리에게 사람들이 새로 왔다고 전하곤 했다. 내 기억에 바가반이 한 번은 마다바 스와미가 우리 쪽으로 오는 것을 보셨다. 그는 새로 온 사람들이 있다고 바가반께 말씀드리러 오고 있는 것이 분명했다.

바가반은 나를 돌아보더니 말씀하셨다. "나를 체포할 새 영장이 오고 있군. 나는 감옥으로 돌아가야 해."

바가반은 작업에 가담하는 기회를 항상 반기셨다. 내가 아쉬람에 온 초기에 있었던 이러한 경우의 좋은 예를 하나 들 수 있다. 그 당시에는 아쉬람의 쌀자루를 안전하게 보관할 장소가 한 군데도 없었다. 쌀자루들은 바닥이 젖을 경우에 대비해서 물기를 막는 좀 높은 대臺 위에 두어야 했다. 바가반은 나에게 구舊사무실 자리에 지어두곤 하던 작은 오두막 안에 벽돌과 시멘트로 그런 대를 하나 만들어보라고 하셨다. 그 일을 끝내고 나서 나는 대를 완전히 평평하게 하기 위해 낡은 벽돌로 그 표면을 갈기 시작했다. 바가반은 다른 벽돌을 하나 골라 그 일에 가담하셨다. 당신은 벽돌을 두 손으로 잡고 아주 힘 있게 문지르기 시작하셨다.

나는 당신을 말리려고 이렇게 말했다. "왜 바가반께서 이런 일을 하십니까? 이 문지르는 일은 제가 쉽게 다 할 수 있습니다."

"나는 운동이 필요해서 이렇게 한다네. 운동을 좀 하면 몸이 더 튼튼해지거든. 나는 지금 식욕이 없어. 일을 좀 하면 배가 고파지겠지. 운동을 많이 하면 뱃속에 가스가 차는 문제도 해결될 거고." 바가반이 대답하셨다.

나는 다시 당신을 만류하려고 하지는 않았다. 당신이 굉장히 일을 즐기고 계신 것이 분명했기 때문이다.

바가반이 힘든 아쉬람의 잡역을 하시려는 것은 우리가 못 하게 했기 때문에, 당신은 산 위로 자주 포행을 가는 것으로써 건강을 유지하셨다. 1940년대에는 여기에다 당신의 소화 기능을 제고하기 위해 일과로 하는 체력 유지 운동 한 가지를 결합하기까지 하셨다. 당신은 머리 위에 두 팔을 올리고 다리를 쭉 뻗은 뒤 허리를 굽혀서 손이 발가락에 닿을 수 있도록 노력했다. 당신은 매일 아침 30분씩 이것을 했다. 보통 당신은 사람들이 보지 않는 곳에서 이 운동을 하셨지만, 가끔은 땔감을 구하러 산을 돌아다니던 여자 나무꾼들에게 발견되기도 하셨다.

그들 중의 한 사람은 바가반이 계속 앞으로 굽히기를 하는 것을 보고 이렇게 말했다. "바가반은 아쉬람에서 음식을 너무 많이 드셨나봐. 게워 내려고 저러셔."

상상력이 더 풍부한 다른 여자는 그 말에 동의하지 않았다.

"아니야, 저것은 특별한 운동이야. 바가반은 산에서 돌을 주워서 금으로 바꾸셔. 당신은 그 금을 가지고 어머니 사원을 짓는 자금으로 쓰시는 거야. 그렇지 않고 어떻게 그 돈을 다 대실 수 있을까? 당신 곁에 있는 저 사람[바가반의 시자]은 망을 보는 거야. 바가반이 금을 만드시는 동안 아무도 당신을 방해하지 못하게 하는 거지. 또 그는 다른 사람들이 그것을 훔쳐가지 못하게 하고, 그것을 아쉬람으로 운반하는 것을 돕는 거야."

1940년대에 아쉬람이 날로 번창해가자 현지 주민들 사이에서는 그것을 두고 의견이 분분했다. 그 중의 많은 사람들은 아쉬람이 실제로 자금을 어떻게 조달하는지 모르고, 아쉬람의 성장 자금을 대기 위해 아쉬람 집행부에서 돈을 위조하고 있다고 단정했다. 나는 헌신자 아닌 많은 사람들이 이런 이론을 내놓는 것을 들었다. 한 번은 내가 아쉬람 사무실 근처에 서 있을 때 보니, (사무실에서) 마우니 스리니바사 라오(Mauni Srinivasa Rao)가 뭔가를 타자하고 있는 것을 마을 사람 중의 하나가 지켜보고 있었다. 전에 타자기를 본 적이 없는 그 마을 사람은 그것이 위조지폐를 찍어내는 기계임이 틀림없다고 판단했다. 사무실 근처에는 헌신자들이 친견하러 가기 전에 가방을 놓아두는 짐 보관실(luggage room)이 있었다. 이 방 밖에는 방문객 헌신자들의 재물을 지키기 위한 파수꾼이 항상 있었기 때문에, 마을 사람들 중 많은 사람들은 이 방이 돈을 만들어서 보관해 두는 방이라고 단정했다.

바가반은 한편으로는 소화가 잘 되도록 하기 위해, 또 한편으로는 무릎의 뻣뻣함을 덜어주기 위해 이렇게 자주 포행을 다니셨다. 내가 아쉬람에 온 초기에도 바가반의 무릎이 류머티즘으로 부어올라 당신이 고생하시는 것을 나는 본 적이 있다. 해가 갈수록 그 고질은 더 악화되었다. 바가반은 이것을 두고 늘 하시는 농담이 있었는데, 당신이 여러 번 되풀이하신 것이다.

당신은 이렇게 말씀하시곤 했다. "하누만(Hanuman)은 라마의 발을 붙잡았지만, 그의 아버지는 내 발을 붙잡았어."

힌두 신화에서 하누만의 아버지는 바람[風]의 신神인 바유(Vayu)이다. 원숭이 왕인 하누만은 라마의 으뜸가는 헌신자 중의 하나이다. 타밀 지방에서는 사람들이 다리가 부어오르기 시작하면 늘 다리 안에 바유가 들어갔다고 말한다.

바가반의 시자들은 기름을 가지고 정기적으로 당신의 무릎을 안마했지만 별 효과는 없었다. 그 통증이 하도 심해서 시자들은 당신의 무릎 밑에 받침 방석(cushion)을 넣어드려야 했다. 당신이 다리를 곧게 뻗고 있으면 너무 아팠기 때문이다. 지금 구회당의 소파 위에 놓여 있는 그 유명한 사진을 보면 받침 방석이 당신의 굽힌 다리를 어떻게 받치고 있는지 알 수 있다. 바가반은 시자들이 안마해 주는 것을 허락하셨지만, 당신은 운동을 하는 것이 통증을 완화하는 데 더 좋다고 믿고 계셨다.

당신은 이렇게 말씀하시곤 했다. "만약 내가 매일 포행을 가지 않으면 다리에 통증이 올 거야."

한 번은 내가 기름을 좀 가지고 바가반의 발을 안마해 드리고 있는데 한 나이든 여사가 와서 왜 그러느냐고 물었다.

나는 그녀에게 말했다. "바가반의 발에 통증이 좀 있어서 제가 안마를 해드리고 있습니다."

그 여자는 내 설명을 비웃었다.

"바가반은 어떤 통증도 겪지 않으세요. 당신(안나말라이 스와미)은 단지 이렇게 해서 당신의 죄를 정화하고 있을 뿐이지요." 그녀가 말했다.

바가반은 우리의 일상 잡무를 도와주려고 하실 때마다 상주 헌신자들의 많은 반대에 부딪치셨다. 우리들 대부분은 만약 우리가 당신으로 하여금 막일을 하시게 하면, 그것은 우리가 당신에게 합당한 존경을 보여 드리지 못하는 것이라고 생각했다. 예를 들어 내가 아쉬람에 간 첫 해의 어느 날은 그날 해야 할 일을 분담하기 위해 헌신자들이 비공식적인 모임을 가졌다. 한 사람은 요리를 맡겠다고 자원했고, 한 사람은 청소를 하겠다고 하는 그런 식이었다.

모임이 끝나갈 때, 아무 일도 주어지지 않은 바가반이 선언했다. "여러분이 잊어먹고 할당하지 않은 일 한 가지가 있습니다. 아무도 빨래하는 것을 맡지 않았어요. 여러분이 저에게 빨랫감을 다 주면 제가 야마 띠르탐(Yama Teertham)에 가지고 가서 다 빨겠습니다."

그러나 누구도 바가반이 그 일을 하시는 것을 원치 않았다. 우리는 빨래 일을 다른 사람에게 맡기고 당신에게는 아무 일도 맡기지 않았다.

야마 띠르탐은 아쉬람에서 1마일쯤 떨어져 있는 '탱크'(tank-저수지)이다. 인도 영어에서 '탱크'는 빗물을 모아두기 위해 만든, 우물보다 큰 인공 구조물이다. 야마 띠르탐은 일년 내내 물이 있는 반면, 아쉬람에 더 가까운 저수지들은 여름 동안 종종 말라버린다. 따라서 이 사건은 여름에 일어났다고 추리하는 것이 온당하다. 겨울에는 근처에서 빨래를 했다.

가끔 바가반은 당신 혼자서 일을 구상하여 성공적으로 해내시기도 하였다. 한 번은 당신이 구舊주방 안의 구석진 곳에 벽돌과 진흙으로 선반 하나를 만들기로 하셨다. 당신은 거기에 절인 음식 단지를 저장할 생각이셨던 것이다. 바가반은 6피트짜리 쇠지레(kadappārai)를 이용하여 몸소 땅을 파셨다. 그러면 공양주 중 한 사람인 산땀말이 그 흙으로 진흙을 만들었다. 바가반은 나에게 그 일을 맡기지 않고 손수 일을 하셨다. 왜냐하면 브라민 아닌 사람은 주방 안에 들어갈 수 없었기 때문이다. 나는 주방에 인접한 식당에서 어떤 일을 하고 있었지만 바가반이 무슨 일을 하시는지는 볼 수 없었다. 아주 정통적인 신앙을 가진 한 브라민 여사가 사리(sari-인도 여성들이 몸에 두르는 의상) 하나를 들고 주방 입구를 가리고 있었기 때문이다. 그녀는 필시, 내가 브라민이 아니니까 주방 안에서 하고 있는 일을 보아서도 안 된다고 생각했던 것이다.

바가반이 벽돌쌓기를 하면서 쳐다보다가 그녀가 하고 있는 모양을 보고 이렇게 말씀하셨다. "왜 사리를 그렇게 치켜들고 있소? 다른 사람도 아니고 바로 우리의 안나말라이 스와미인데."

그때 찐나스와미가 갑자기 나타났다. 그는 나에게 웃음을 지으며 말했다. "바가반께서 자네에게 새 칭호를 하나 주셨어. '이쉬따 브라민'(Ishta Brahmin)[총애 받는 브라민]이라고."

설명 삼아 내가 말해두고 싶은 것은, 바가반은 요리 문제에 있어서는 카스트 정통주의를 유지하셨지만 그것은 주로, 그렇지 않으면 아쉬람에서 음식을 먹지 않으려고 하는 당신의 헌신자들을 위해서였고, 그것을 극단적으로 드러내는 것은 찬성하지 않으셨다는 것이다.

바가반이 몰두하기 좋아하셨던 또 한 가지 운동이 있었는데, 그것은 포행 지팡이를 만드는 일이었다. 달리 당신의 시간이나 주의를 빼앗는 일이 없을 때 당신은 가끔 이 일을 하셨다. 나는 한 번 당신이 아주 정력적으로 지팡이 몇 개를 만드시는 것을 보았다. 찐나스와미가 자그마한 땔나무 한 단을 샀는데, 바가반은 시자들에게 그 중에서 곧은 막대기 네댓 개를 골라오라고 하셨다. 당신은 먼저 이 막대기들의 표면을 작은 칼로 다듬은 뒤, 유리 조각으로 문질렀다. 마지막에는 나뭇잎으로 문질러 매끈하게 하셨다. 나뭇가루가 바가반의 몸 위에 떨어졌다. 어떤 것은 떨어진 자리에 그대로 있었고, 어떤 것들은 당신의 몸 위를 흐르는 땀줄기에 쓸려갔다.

나는 부채질을 해 드리려고 했으나 바가반이 말리셨다. "나는 땀이 나게 하려고 일하는 거라네. 땀이 제 마음대로 흐르게 내버려두면 몸이 건강해지거든. 자네가 이렇게 부채질을 하면 땀이 다 들어가고 마네."

그 당시에는 선풍기가 없었기 때문에 부채질은 모두 손으로 했다. 보통은 사람들이 당신에게 부채질을 하기 시작하면 당신은 그만두라고 말씀하시곤 했다. 그러나 어떤 헌신자들, 예컨대 무달라이아 빠띠 같은 사람은 당신에게 한사코 부채질을 해 드리려고 했다. 한 번은 한여름에 내가 보니 바가반의 몸이 땀으로 번들거리고 있는데, 바가반이 무달라이아 빠띠의 손에서 부채를 낚아채시는 것이었다. 그녀가 몰래 당신에게 부채질을 해 드리려고 하고 있었기 때문이다. 당신은 이미 몇 분 전에 "하지 말아요" 했던 것이다.

부채를 빼앗아 가면서 당신은 늘 하는 질책을 하셨다. "땀을 마음대로 흘리는 것이 건강에 좋아요. 왜 나에게 부채질을 해서 그걸 못하게 하려고 합니까?"

내가 아쉬람에 오기 전에 아쉬람에 그다지 많은 일이 없었을 때는, 바가반은 대부분의 시간을 회당에 앉아서 보내셨다. 당신은 주방에서 정규적으로 일을 하셨고 산 위로 포행을 가시기는 했지만, 하루 중 대부분은 주로 앉아서 생활하셨다. 그러나 건축 계획이 일단 착수되자 이 모든 것이 변했다. 당신은 자주 밖에 나와서 우리가 어떤 일을 하고 있는지 보러 오셨고, 우리에게 조언과 지시들을 쏟아놓곤 하셨다. 그리고 가끔 당신이 몸소 일에 가담하기도 하셨다. 어떤 이들은 아쉬람이 바가반의 아무런 개입 없이 당신 주위에서 저절로 성장했다고 생각한다. 이런 사람들이 1930년대에 바가반이 일하시는 것을 보았다면 견해를 곧 바꾸었을 것이다. 건물들을 언제, 어디에, 어떤 규모로, 어떤 자재를 써서 지어야 하며, 누가 그 건축을 감독할 것인지를 결정한 분은 바가반이었으며, 오직 바가반뿐이었다.

바가반은 곧잘 이렇게 말씀하셨다. "나는 여기서 벌어지는 어떤 일에도 상관하지 않는다. 나는 단지 일어나는 모든 일을 바라볼 뿐이다."

진아의 관점에서 보자면 이 말씀은 맞다고 할 수 있다. 그러나 상대적인 관점에서는, 아쉬람의 돌 하나도 당신 모르게 당신의 동의 없이 움직여진 것이 없다고 나는 말할 수 있다. 앞에서도 말했지만, 당신이 개입하기를 거부하신 유일한 영역은 재무財務였다. 당신은 집 지을 돈이 전혀 없을 때, 재정적 파국이 임박했다는 찐나스와미의 모든 예언을 즐거이 무시하면서 공사를 시작하시곤 했다. 당신은 누구에게도 돈을 요청하지 않았으며, 찐나스와미가 아쉬람의 이름으로 시주를 구걸하는 것을 금했다. 그럼에도 어떻든 충분한 시주금이 들어와서 모든 건물을 완공할 수 있었다.

자신이 아쉬람의 모든 재정을 궁극적으로 책임지고 있다고 생각한 찐나스와미는, 적절한 재정적인 뒷받침이 없는 계획들에 바가반이 착수하실 때면 걱정을 많이 했다.

그런 경우에 나는 바가반이 이렇게 말씀하시는 것을 종종 들었다. "내가 여기 있으니 그는 걱정할 필요가 없어."

바가반이 이렇게 말씀하실 때마다 나는 그 메시지를 찐나스와미에게 전달하곤 했다. 그런 메시지는 일시적으로 그의 사기를 돋워 주기는 했지만, 다음번에 거액의 청구서가 도착하면 그 새로 생겼던 자신감이 보통 사라져버리는 것이었다.

바가반은 헌신자들도 아쉬람의 재정에 대해서 그와 같이 무관심하기를 기대하셨다. 당신은 헌신자들이 그러고 싶어 하면 아쉬람에 시주하는 것을 허락하시기는 했지만, 시주자들이 아쉬람의 재정적인 문제에 개입하는 것은 원치 않으셨다. 예를 들어 한 번은 바가반이 몹시 아프실 때, 모리스 프리드먼(Maurice Frydman)[4]이 찐나스와미에게 1,000루피를 주면서 바가반께 과일을 사다 드리는 데 써달라고 했다. 당시에 그 돈은 아주 큰 액수였다. 모든 사람에게 동등한 몫이 돌아가지 않으

---

4) [역주] 폴란드 출신의 헌신자(1902~1976). 젊어서 인도로 건너와 수십 년을 살았는데, 한때는 마드라스에서 회사를 경영하며 주말마다 아쉬람으로 바가반을 찾아오곤 했다.

면 바가반이 과일을 드시지 않을 것을 안 찐나스와미는, 아쉬람에 있는 모든 사람을 위해서 매일 과일을 사는 것은 돈의 낭비라고 판단했다. 몇 달 뒤에 프리드먼이 와서 찐나스와미에게 그 돈을 자기가 부탁한 대로 썼는지 물었다. 찐나스와미는 화를 내면서 아쉬람의 지출은 그가 상관할 바가 아니라고 말했다. 이 경우에 바가반은 찐나스와미를 지지하셨다.

프리드먼이 회당에 들어와서 바가반께 자기 시주금이 제대로 쓰이지 않았다고 불평하자, 바가반은 상당히 화난 어투로 말씀하셨다. "자네가 무엇을 주었으면 그 일은 그걸로 끝났다고 생각해야지. 어떻게 자네는 이 선물을 자네의 에고를 조장하는 데 사용할 수 있나?"

행위 자체는 바가반에게 선도 아니고 악도 아니었다. 당신은 항상 동기와 그 동기를 유발한 마음의 상태에 더 관심을 가지셨다.

내가 아쉬람의 건물들을 짓고 있는 기간 중에, 역시 헌신자들인 몇 사람의 기사技師 방문객들이 우리가 지으려고 하는 여러 가지 건물들의 청사진을 그려주겠노라고 자원했다. 찐나스와미는 내가 이 도면들대로 건축해 주기를 바랐지만 그것은 불가능했다. 왜냐하면 그가 나에게 지어주기를 바란 각 건물마다 서로 다르고 모순되는 도면들이 있었기 때문이다. 만족할 만한 타협점을 찾으려고 한 우리의 시도가 오히려 더 많은 혼란과 공사 지체를 초래하자, 나는 우리가 모든 도면들을 바가반께 가지고 가서 당신이 최종 결정을 내리시게 하자고 제안했다. 나는 모든 도면을 구회당으로 가져갔지만, 바가반은 그것을 펴보려고도 하지 않으셨다.

도면들을 한쪽으로 밀쳐놓으면서 당신은 이렇게 말씀하셨다. "우리가 여기 오기 전에 이 모든 건물들은 이미 더 높은 힘에 의해 계획되어 있었네. 예정된 각 순간마다 그 계획에 따라 모든 일이 일어날 것이야. 그런데 왜 우리가 이런 서면 계획들을 가지고 신경을 써야 하나?"

아쉬람의 건물들에 대한 모든 계획(도면)을 작성하신 분은 바가반 자신이었다. 매일 일이 시작되기 전에 당신은 나에게 무슨 일을 하라고 말씀하셨다. 만약 지시 사항이 복잡하면 당신의 말씀 내용을 분명히 하거나 시범적으로 보여주기 위해 가끔 종이에다가 몇 개의 선을 그려 보이기도 하셨다. 이 약간의 그림들이 우리가 가지고 있던 유일한 도면이었다. 우두머리 편수(sthapati)[사원 건축가]의 설계에 따라 지어진 어머니 사원과 원래 현지 건축업자가 설계한 고방을 제외하면, 다른 모든 건물들은 바가반 자신의 비공식적인 도면들에 의해 지어졌다.

바가반은 나에게 어떤 계획을 주실 때, 그것은 하나의 제안일 뿐이라고 항상 말씀하시곤 했다. 당신은 결코 나에게 명령을 내리는 것처럼 하지 않으셨다.

보통 당신은 이렇게 말씀하시는 것이었다. "이 계획이 방금 떠올랐네. 그렇게 하고 싶으면 그렇게 해도 좋고, 그렇지 않으면 내버려두게."

물론 바가반이 이렇게 말씀하실 때마다 나는 그것을 하나의 직접적인 명령으로 간주했다. 나는 한 번도 어떤 일을 못 하겠다고 한 적이 없고, 한 번도 바가반의 계획을 어떤 식으로 변경하는 것이 좋겠다고 말한 적이 없었다.

식당과 주방이 거의 완공되었을 때, 찐나스와미는 자신의 비밀 계획 하나를 가지고 나에게 왔다. 그는 내가 식당의 옥상에 바가반이 머무르실 방 하나를 지었으면 했다. 그는 또한 내가 그 방에 승강기를 하나 설치하여 그 방과 식당의 1층을 연결할 수 있게 하기를 바랐다. 그는 헌신자들이 바가반을 친견하려면 자신의 허락을 얻어야 하도록 하기 위해 이런 설비를 만들고 싶어 했다. 그의 허락을 얻은 사람만이 그 승강기에 들어가는 것이 허락될 것이라는 것이었다.

찐나스와미는 이 계획을 나더러 바가반께 말씀드리라고 했다. 세부 사항을 대략 설명한 뒤에 그는 나에게 말했다. "자네는 매일 바가반의 욕실에서 당신의 목욕을 도와드리지 않나. 바가반은 당신의 건축 계획을 항상 자네한테 직접 말씀하시지. 가서 이 문제를 바가반과 상의하고 이 계획에 대한 당신의 승인을 얻을 수 있는지 알아보게. 만약 자네가 당신으로 하여금 여기에 동의하시게 하면 나는 자네에게 '스리 안나말라이 스와미' 같은 큰 칭호를 부여하겠네. 어쩌면 그보다 더 큰 칭호를 부여할 수도 있고."

그 구상 전체가 아예 터무니없는 것이었고, 나는 바가반이 절대로 그것을 승낙하시지 않으리라는 것을 알고 있었다. 여러 해 전에 비루팍샤 산굴의 소유주가 당신에 대한 접근을 통제하려고 했을 때, 바가반은 산굴을 떠나버리는 것으로 대응하셨다. 나는 당신이 헌신자들을 당신에게서 떼어놓는 어떠한 계획에도 결코 동의하지 않을 것임을 알고 있었다. 그렇기는 하나, 찐나스와미의 계획이 무엇인지를 당신에게 말씀드려서 해가 될 것은 없으리라고 생각했다. 나는 그것이 내 구상은 아니라는 것을 아주 분명히 할 작정이었다.

내가 그날 늦게 이 계획을 바가반께 말씀드릴 의도로 욕실 문에 다가가고 있을 때, 당신이 나에게 소리쳤다. "잠깐! 안에 들어오지 마! 오늘은 오지 마!"

나는 충격을 받았다. 내가 바가반의 목욕을 도와드린 그 여러 해 동안 당신이 나를 욕실에 들어오지 말라고 하신 적은 한 번도 없었다. 나는 이 이례적인 명령은 당신이 내가 왜 당신을 뵈러 가고 있었는지 알고 계셨음을 말해주는 것이라고 판단했다. 더욱이 당신이 나를 보시지 않겠다는 것은, 당신이 그 계획에 워낙 반대하고 있기 때문에 나와 의논조차 하시고 싶지 않다는 것을 의미한다고 나는 느꼈다. 나는 찐나스와미에게 가서 어떤 일이 있었는지를 설명한 뒤에, 나는 이제 바가반께서 그 계획에 전적으로 반대하고 있다는 것을 확신하기 때문에, 그 계획과 관련하여 어떤 일도 하고 싶지 않다고 말했다.

나는 덧붙여 말했다. "만약 바가반의 승인을 얻고 싶으시면, 당신께서 직접 요청하십시오."

찐나스와미는 손을 들고 말았다. 그 뒤로 그는 바가반을 너무 두려워하여 그런 가당찮은 계획을 가지고 직접 바가반에게 접근하지 못했고, 그 계획 전체가 폐기되었다.

고방과 우사 건축을 둘러싼 초기의 언쟁이 있은 뒤로는 나와 찐나스와미의 관계가 개선되었다. 그는 여전히 가끔씩 건축 일에 관해서 나에게 지시를 하려고 들기는 했지만, 내가 바가반의 바로 밑에서 일하고 있다는 것을 알고 있었기 때문에 내가 자기 지시를 이행하지 않아도 결코 그다지 불평하지 않았다. 그는 항상 내가 완전히 상반되는 두 가지 지시—즉, 그의 지시와 바가반의 지시를 어떻게든 동시에 해낼 수 있을 거라는 이상한 사고를 지니고 있었다.

그는 나에게 이렇게 말하곤 했다. "자네가 비록 바가반의 명령에 복종하고 있다 해도, 자네는 나에게도 복종해야 하네."

찐나스와미는 아쉬람에서 일어나는 모든 일을 늘 완전히 통제하려고 들었다. 건축 계획에 대해서나 나에게 대해서 사실상 아무런 통제도 할 수 없다는 사실은 그를 굉장히 화나게 했다. 생각하건대, 이것이 그가 나와 언쟁을 벌였던 궁극적인 원인이었다.

그러나 비록 겉으로는 적의를 가지고 있는 것처럼 했지만, 해가 가면서 그는 나의 일에 대한 깊은 존경심과 내 의식주 일반에 대한 친절한 관심을 보이기 시작했다. 종종 내 건강을 묻기도 했고 내가 식사를 제대로 해야 한다고 빈번히 상기시켜 주기도 했다. 심지어 그는 내가 매일 일이 끝나면 온수 목욕을 할 수 있도록 더운물을 준비해 두라는 지시도 내렸다.

그는 나에게 이렇게 말하곤 했다. "만일 자네가 병이 나면 누가 저 일을 하겠나? 잘 먹어야 하고 반드시 충분한 휴식을 취해야 하네."

내 건강을 유지시켜야 한다는 자신의 방침의 일환으로, 그는 주방의 여자들에게 내가 일을 하고 있는 동안 일정한 시간 간격으로 나에게 버터밀크를 갖다 주도록 지시했다.

바가반은 식당의 지붕을 '마드라스 테라스'(Madras Terrace)라고 하는 양식, 즉 나무 들보로 지지한 위에 벽돌과 회로 쌓아올리는 평꾸지붕으로 하기로 결정하셨다. 우리가 벽돌을 쌓기 시작하는 날 나는 대략 30명의 석공을 고용했다. 그런데 어떤 이유에선지 그들 중의 어느 한 사람도 일을 잘 하려는 생각이 별로 없어 보였다.

그들이 일을 얼마나 엉터리로 하는지 알아차린 나는 그들에게 말했다. "우리는 곧 다 가겠지만, 이 건물들은 우리가 죽은 뒤에도 오랫동안 남아 있을 겁니다. 그러니까 우리는 가능한 한 이 건물들을 튼튼하게 지으려고 애써야 합니다."

나는 석공들 모두에게 이렇게 말해둔 참이었다. "벽돌 사이에 회를 정확한 양 만큼씩 넣어야 합니다. 만약 그렇게 하지 않으면 벽돌들이 제자리에 붙어있지 않을 겁니다."

석공들은 이미 그것을 잘 알고 있었지만, 석공 우두머리를 포함해서 그들 중의 많은 사람이 나의 지시를 무시하고 있었다.

나는 급기야 석공 우두머리에게 소리를 지르기 시작했다. "당신은 여기서 석공 우두머리 아니오! 만약 당신이 일을 제대로 하지 않으면 어떻게 당신 일꾼들이 그것을 정확하게 하기를 기대할 수 있겠소?"

내가 고함을 질렀어도 작업의 질에는 별 효과가 없는 것 같았다. 10시경까지 나는 너무 고함을 질러대서 완전히 목이 쉬어버렸다.

나는 바가반께 가서 쉰 목소리로 말씀드렸다. "저는 이 사람들을 더 이상 효과적으로 감독할 수가 없습니다. 너무 고함을 질렀더니 목이 가버렸습니다. 그러나 제가 고함을 지르지 않으면 저 사람들이 제대로 일을 하지 않을 겁니다."

바가반은 나의 문제를 인정하셨다. "자네는 가서 좀 쉬게. 내가 직접 일을 감독할 테니까." 당신이 말씀하셨다.

바가반은 회당을 나가서 쩐나스와미와 수브라마니암이라는 사람을 데리고 작업을 감독하러 옥상으로 올라가셨다. 목청이 아주 큰 수브라마니암이 '고함 대장' 역할을 맡고, 바가반과 쩐나스와미는 일꾼들이 일을 제대로 하는지를 지켜보았다. 세 사람이 벽돌쌓기를 지켜보자, 감독은 훨씬 효과적으로 되었다. 작업의 질은 향상되었고 일은 곧 끝났다.

그 당시에 나는 일꾼들에게 소리를 많이 지르는 통에 종종 목이 쉬어 고생했다. 공양주 중의 한 사람인 삼뿌르남말(Sampurnammal)은 쌀뜨물, 기이(ghee), 종려당棕櫚糖(palm sugar)으로 음료 한 가지를 만들어서 컵으로 나에게 주곤 했다. 그녀는 그것이 내 목의 통증에 좋을 것이라고 말하기도 했다. 삼뿌르남말이 말한 대로 그것은 목의 통증을 가시게 하는 데 아주 효과가 있어서, 나는 매일 이 복합 음료를 마셨다.

그녀는 대단한 사랑과 애정으로 나에게 이 음료를 주었기 때문에 하루는 내가 그녀에게 물었다. "바가반께서 이런 것을 저에게 주라고 부탁하셨습니까?"

그녀는 약간 시답잖다는 듯이 대답했다. "당신이 누구를 위해서 일해요? 이런 것 하나 하는 데도 바가반께 말씀을 드려야 하나요?"

나는 종종 일꾼들이 일을 하도록 하기 위해 그들에게 화를 내지 않으면 안 되었다. 나는 일을 시작하고 진작부터, 만약 고함을 많이 지르지 않으면 일의 양과 질이 떨어진다는 것을 알았다. 한 번은 내가 정도가 지나쳐서 일꾼 중의 한 사람을 실제로 때렸다. 왜냐하면 그가 고의로 내 말에 따르지 않았기 때문이다. 그 사건은 내가 식당 공사를 감독하고 있을 때 일어났다. 그날 아침 일찍 아직 일꾼들이 오기 전에, 바가반이 나에게 석수가 오면 1피트 반 길이의 돌 하나를 자르도록 시키라고 하셨다. 이 돌은 식당 벽의 특정한 자리에 필요한 것이었기 때문에 치수가 정확해야 했다. 바가반이 나에게 이 돌을 자르라는 사뭇 정확한 명령을 내리셨기 때문에, 나는 돌 자르는 사람에게 그것을 자를 때 아주 주의하라고 말했다. 나는 그에게 돌이 깨지지 않도록 하려면 그것을 어떻게 잘라야 한다고 자세한 지침을 주었다. 그러나 내가 다른 일을 감독하러 저쪽으로 간 사이에 그 돌장이는 내 지시를 아예 무시하고 다른 방식으로 자르다가 돌을 깨트리고 말았다. 나는 돌아와서 그가 해 놓은 것을 보고 너무 화가 나서 그의 등을 한 대 내질렀다.

이 일은 9시경에 일어났다. 그날 종일 나는 그런 식으로 성질을 낸 데 대해서 죄책감을 느꼈다. 그날 저녁에 일일 보고를 드리면서 나는 바가반에게 나의 행위를 고백하고 용서를 빌었다.

바가반은 나에게 물으셨다. "언제 그 화가 일어났고 언제 자네가 그를 때렸지?"

나는 그 사건이 그날 아침 9시 경에 일어났다고 말씀드렸다.

"아침 9시에 일어난 화는 이미 사라졌네." 바가반이 말씀하셨다. "왜 아직도 자네가 화를 내어 누구를 쳤다고 생각하고 있나? 왜 아직도 그런 생각을 마음속에 담아두고 있지? 자네가 한 일에 대해 죄의식을 느끼지 말고, '누구에게 이 모든 화가 일어났나?' 하고 탐구하게. 오늘 아침에 화를 낸 사람의 진정한 성품(real nature)을 발견하게."

"일을 하기 위해서는 그 화가 필요했네. 이제는 다 끝났으니까, 그에 대해 더 이상 생각하지 말게. 그러니 화를 내었다는 기억을 놓아버리고 다음에 할 일을 생각하게."

내가 라마나스라맘에 사는 동안 바가반 자신이 내 등을 두 번이나 때리셨다. 그러나 화가 나서 그랬다기보다는 두 번 다 장난스런 기분으로 그러신 것이었다.

내가 처음 맞은 것은 우리가 구회당의 앞에 서서 새 계단을 좀 쌓는 일을 의논하고 있을 때였다. 그것은 시멘트 3빠디(*padi*) 정도만 있으면 되는 작은 일이었다. 1빠디는 약 2리터의 분량이다.

바가반이 "계단이 얼마나 있어야 하나?" 하고 물으실 때, 나는 당신이 시멘트의 양을 물으시는 줄로 생각했다. 왜냐하면 타밀어에서는 계단도 '빠디'이기 때문이다. 나는 그 일을 완성하는 데는 시멘트 3빠디면 충분할 거라고 말씀드렸다. 바가반은 계단의 수효를 세 번이나 물으셨지만, 세 번 다 나는 시멘트가 얼마 필요할 거라고 대답했다.

바가반은 마침내 내 등을 때리면서 "나는 계단을 이야기하는데 자네는 시멘트를 이야기하는군" 하시고 답답한 상황을 해소하셨다. 나는 즉시 실수를 알아차렸고, 우리는 그것을 두고 한 바탕 웃었다.

몇 년 뒤에 나는 또 한 번 맞았다. 아쉬람의 공양주들이 기장의 일종인 깜부(kambu)를 가지고 요리를 하나 만들었다.

식당에서 다들 그것을 먹고 있을 때 바가반이 아쉬람 공양주 중의 한 사람인 샨땀말에게 물으셨다. "안나말라이 스와미는 어디 있소?"

샨땀말은 나를 찾으러 나오다가 내가 바로 식당 출입문 밖에 있는 것을 발견했다. 그녀는 나에게 깜부 요리를 만들었다고 하면서 바가반이 나를 찾으시는 것을 보니까, 나를 같이 와서 먹자고 하는 것이 분명하다고 했다. 나는 식당으로 들어가서 내 앞에 놓아준 음식을 먹기 시작했다. 나는 늦게 도착했기 때문에 다른 사람들이 다 일어서서 나갈 때에도 아직 먹고 있었다. 그들이 줄지어 나가고 있을 때 바가반이 내 옆에 서서 내가 내 양을 다 먹도록 지켜보셨다.

내가 먹고 있을 때 당신은 지팡이로 내 식반을 가리키면서 물으셨다. "자네 이게 뭘로 만든 건 줄 아나?"

내가 "깜부지요" 하자, 바가반은 약간 놀라시는 것 같았다. 당신은 주재료가 얼른 눈에 띄지 않게 만들어졌다고 생각하셨던 것이다.

"깜부로 만든 거라는 걸 어떻게 알았지?" 당신이 물으셨다.

나는 샨땀말이 나에게 먹으러 오라고 하면서 음식에 대해 이야기했다고 말씀드렸다.

바가반은 웃으면서 지팡이로 내 등을 장난스럽게 한 번 때리셨다. 그러면서 "이것도 깜부야" 하셨다[깜부는 타밀어로 '지팡이'를 뜻하기도 한다].

식당 건축의 마지막 일 중의 하나는 동쪽 벽 꼭대기에 건물의 이름을 부착하는 것이었다. 그 글자들은 길이 2피트 반에 높이 9인치의 공간에 시멘트로 만들어야 했다. 바가반이 손수 한 장의 종이 위에 큰 글자로 빠까살라이(pākasālai)라는 타밀어 단어를 써주셨는데, 그것은 '식당'이라는 뜻이다. 당신은 그 글자들을 어떤 꼴에 어떤 간격으로 배치하면 그 여유 공간을 다 활용할 수 있는지 보여주시고 싶었던 것이다.

이 표지를 주의 깊게 초안해 주면서 당신은 이렇게 말씀하셨다. "오늘 나는 가만히 앉아 있지 못할 것 같았네. 무슨 일인가 해야 될 것 같아. 그래서 자네를 위해 이 도면을 그린다네. 만약 자네가 내가 여기 그린 모양과 비율로 이 글자들을 시멘트로 만들 수 있겠다 싶으면 가서 하고, 그렇지 않으면 다른 사람이 하게 내버려두게."

이것을 내내 지켜보고 있던 스리니바사 라오(Srinivasa Rao)라는 사람이 바가반께 다가가서 말했다. "그는 기껏 시골 출신이라 글도 제대로 쓰지 못합니다. 이 일은 그를 위해 제가 하겠습니다."

바가반은 그가 하겠다는 것을 거부하셨다. "이 일에 개입하지 말고, 다른 데 가서 자네 일이나 하게." 당신이 말씀하셨다.

이처럼 바가반이 내가 이 일을 하기를 바라신다는 뜻을 분명히 하셨기 때문에, 나는 내 능력껏 최선을 다해 그 일을 해냈다. 나는 1938년이라는 연도를 위에 넣고, 그 밑에는 타밀어로 빠까살라이라는 단어를 넣었다. 또 바가반의 지시에 따라 그 밑에 스리 라마나스라맘이라는 이름을 데바나가리 문자로 썼다.

데바나가리(*devanāgari*)는 힌디어와 산스크리트에서 쓰이는 문자이다. 다음에 나오는 이야기는 아쉬람의 베다 학당의 건축에 관한 것이다. 빠타살라라고 하는 이런 학당에서는 브라민 소년들에게 베다서書(*Vedas*)의 지식을 가르친다.

    식당 건축이 진행되고 있을 때 나는 빠타살라(*Pāthasālā*)의 건축도 감독하고 있었다. 이 건물에 대한 최초의 구상은 가나빠띠 무니의 헌신자였던 현지 브라민인 라주 샤스뜨리(Raju Sastri)가 내놓았다. 그는 어머니 사원 앞에서 베다서를 찬송하기 위해 몇 년째 아쉬람을 찾아오고 있었다. 그는 베다의 전통에 대한 대단한 신봉자였기 때문에 찐나스와미에게 아쉬람도 베다 학당(*Veda Pāthasālā*) 하나를 만드는 것이 어떠냐고 제안했다. 찐나스와미와 바가반이 그 계획에 함께 동의하자 내가 그 건축을 감독하도록 지명되었다.

    그것은 식당보다는 훨씬 쉬운 일이었기 때문에 나는 아무런 어려움 없이 그것을 지어냈다. 내가 기억할 수 있는 딱 한 가지 희한한 사건은 그 건물을 완공하고 난 직후에 일어났다. 나는 특별한 이유 없이 그 평평한 지붕 위에 올라갔다가, 바가반이 땅바닥에서 잎뒤로 구르고 계신 것을 발견했다. 당신은 그 이상한 행동에 대해 아무런 설명도 하시지 않았고 나도 무슨 일인지 감히 여쭈지 못했다. 내 나름의 짐작으로는 당신이 그 건물에 어떤 힘을 실어주고 계셨던 것이 아닌가 싶다.

    이 이야기가 왠지 공상적으로 들린다면, 나는 당신이 그전에도 아쉬람의 다른 건물들 중의 하나에 힘을 실어주시는 것을 본 적이 있다는 말을 해야겠다. 바가반이 사무실의 개원식에 참석했을 때, 당신은 찐나스와미의 자리에 앉더니 뜻밖에도 거기에 약 15분가량 앉아 계셨다. 그 자리에 앉아 계실 때, 당신은 빠라야나[경전의 찬송] 때 종종 그렇게 하시는 것과 같이 진아 안으로 몰입하셨다. 그 자리에 있던 우리는 모두 당신의 침묵의 힘을 느꼈다. 우리들 중 많은 사람들은 당신이 도감과 사무실 전반에 대해, 당신을 대리해서 일을 하고 당신의 이름으로 아쉬람을 운영할 수 있는 힘을 실어주기 위해 그렇게 하셨다는 결론을 내렸다. 물론 이것은 추측에 지나지 않는다. 바가반 자신은 그날 당신의 행동에 대해 아무런 설명도 하시지 않았다.

식당 짓는 일이 완료되고 나서 큰 개원식이 있었다. 바가반을 포함하여 모두가 참석했다. 식 도중에 찐나스와미는 커다란 화만(華鬘)을 하나 꺼내더니 내 일을 도와준, 은퇴한 기사인 라가벤드라 라오의 목에 그것을 걸어주려고 했다.

그는 그것을 받기를 거절하면서 이렇게 말했다. "저는 조수에 불과합니다. 안나말라이 스와미가 책임자였지요. 그는 건물을 완공하기 위해 아주 열심히 일했습니다. 화만을 그에게 걸어주십시오."

찐나스와미는 내 역할을 공개적으로 인정하고 싶지 않았다. 사적으로는 나에게 일을 잘했다고 말하기는 했지만 말이다. 그는 잠시 망설이더니 그 화만을 바가반의 사진 위에 걸어두고 자리에 앉았다.

정확히 언제였는지는 기억이 나지 않지만, 이 기간 중의 어느 때에 바가반은 나에게 빨리 띠르땀(Pali Teertham)의 아쉬람 쪽에 계단을 몇 개 건축해서 헌신자들이 물까지 쉽게 내려갈 수 있도록 하라고 하셨다. 당신은 나를 저수지로 데려가서 어디에 계단을 건축했으면 하는지 보여주면서, 그것이 얼마나 넓어야 하는지를 설명하셨다.

빨리 띠르땀은 사방 50야드(약 45미터)쯤 되는 큰 저수지인데, 아쉬람의 서쪽 면에 인접해 있다. 이 저수지는 산에서 내려오는 개울물을 모아두는 곳이다. 가득 찼을 때는 물의 깊이가 15피트(4.5미터) 가량 된다.

그 당시에는 계단이 전혀 없었다. 물에 내려가고 싶은 헌신자들은 저수지의 동쪽 편에 박혀 있는 징검바위들을 건너가야 했다. 내가 처음 해야 할 것은 이 징검바위들을 들어내는 일이었다. 인부들을 고용하기에는 너무 늦은 오후여서 나는 혼자서 그 일을 하기 시작했다. 몇 개를 움직여 보려고 했지만 나에게는 너무 무거웠다. 몇 번 시도했으나 실패한 뒤에 나는 라마스와미 삘라이에게 가서 그의 일꾼들을 몇 사람 빌려주지 않겠느냐고 부탁해 보았다. 그 무렵 그는 예닐곱 명의 일꾼들을 데리고 아쉬람의 채전을 돌보고 있었다. 라마스와미 삘라이는 내 문제에 관심이 없었다. 그는 일꾼들이 모두 중요한 일을 하고 있기 때문에 한 사람도 빌려줄 수 없다고 했다. 나는 바가반께 가서 나 혼자서는 그 바위들을 움직일 수가 없다고 말씀드리고, 라마스와미 삘라이가 자기 일꾼들을 빌려주기를 거절했다고 덧붙였다.

바가반은 내 문제를 귀담아 듣고 나서 놀랍게도 이렇게 말씀하셨다. "자네가 그 일을 할 사람을 못 찾는다고 하니, 내가 가서 직접 자네를 도와주지."

바가반은 저수지로 가서 불쑥 튀어나온 큰 바위 하나를 가리키면서 "저것부터 해 보세" 하고 말씀하셨다.

우리 두 사람이 그것을 들어올리려고 힘쓰고 있을 때 바가반의 타월이 당신의 어깨에서 흘러내려 진흙 속에 떨어졌다. 이 바위는 우리에게 너무 크다는 것이 곧 분명해졌다. 우리는 겨우 바위 한쪽을 몇 인치 들어올렸지만, 그것을 경사면에서 빼낼 수는 없었다. 바가반은 바위가 우리가 움직이기에는 너무 무거우니 그만 놓으라고 하셨다. 바위가 바닥에 떨어지면서 바가반의 타월을 진흙 속에 꽉 눌러버렸다. 그러자 놀랍게도 바가반은 일도 타월도 내버려두고 회당으로 돌아가셨다.

나를 도와줄 수 있는 사람은 이제 찐나스와미밖에 없다고 나는 판단했다.

나는 그에게 가서 말했다. "바가반의 타월이 어디 있는지 아십니까? 빨리 띠르탐 안의 어느 바위 아래 진흙에 박혀 있습니다."

나는 그를 데리고 저수지로 가서 타월을 보여주었다. 그리고 그날 일어난 일을 간단히 요약해서 들려주었다.

찐나스와미는 아쉬람 내에서 나를 도와줄 다른 사람을 못 찾는 바람에 바가반이 막일꾼 노릇을 하시지 않으면 안 되었다는 이야기를 듣고 충격을 받았다. 그는 라마스와미 삘라이에게 가서 그가 데리고 있는 일꾼들을 모두 저수지로 보내달라고 했다. 라마스와미 삘라이는 처음에는 반대했다.

"그들은 채전 일꾼입니다. 왜 저수지에 있는 바위를 들러 보내야 합니까? 모두 거기 가서 일하면 채전은 누가 돌봅니까?"

찐나스와미는 그의 반대를 묵살하고 채전 일꾼들을 모두 저수지로 보내어 나를 돕게 했다. 돌이켜 보면 바가반이 나를 잠시 도우려고 하신 것은 나에게 다른 일꾼들을 얻어 주기 위한 하나의 책략이었다고 생각된다. 당신은 타월이 바위에 깔릴 것을 충분히 아시면서 그 첫 바위를 나더러 놓으라고 하셨던 것이다. 당신은 또한 과거의 경험에 비추어, 그런 소식을 들으면 찐나스와미가 어떻게 반응할지 알고 계셨다.

바가반이 나에게 하라고 하시는 잡무들은 종종 하기 어려운 일들이었다. 두세 번인가 나는 당신께 가서 그 일이 나 혼자서 하기에는 물리적으로 불가능하다고 말씀드리지 않으면 안 되었다. 그럴 때마다 바가반은 나를 도와주겠다고 나서시는 것이었다. 다른 헌신자들은 바가반이 막일을 하는 것을 보고 싶어 하지 않았으므로, 찐나스와미를 설득해서 내가 그 자질구레한 일들을 하는 것을 돕도록 어떤 상주 일꾼을 나에게 보내주게 했다. 이런 일은 다 나중에 그렇게 된 것이고, 내가 빨리 띠르탐의 계단을 축조할 당시에는 아직 나 혼자서 자질구레한 모든 일을 해야 했다.

라마스와미 삘라이는 찐나스와미의 간섭에 몹시 분노했다. 그는 혼자 이렇게 생각했다. '바가반과 찐나스와미 두 분 다 안나말라이 스와미 편이다. 나는 여기서 더 이상 할 일이 없다. 그만 고향으로 돌아가서 거기서 살아야겠다.'

그는 아쉬람을 떠났지만 이내 자신의 결정을 후회했다. 한 달 만에 그는 쩐나스와미에게 아리송한 편지 한 장을 보내왔다. "저는 대장장이들의 거리에서 바늘을 팔아보려고 했습니다. 그러나 그 거리의 사람들이 다 바늘을 만들고 있는데, 누가 제 바늘을 사려고 하겠습니까?"

그는 돌아오고 싶다는 것을 직접적으로 말하지는 않았지만, 우리는 다들 그것이 그가 그 편지를 보낸 이유일 거라고 짐작했다. 쩐나스와미는 그 편지를 바가반에게 보여드리면서 어떻게 해야 할지를 여쭈었다. 바가반은 답장을 하지 말라고 말씀하셨다. 한 달쯤 뒤에 라마스와미 삘라이가 제 발로 돌아왔고, 쩐나스와미는 즐거이 그에게 예전에 하던 일을 하게 했다.

바가반은 나에게 계단을 두 군데 설치하라고 지시하셨다. 하나는 동쪽 둑의 한 가운데에 폭이 넓은 것으로, 다른 하나는 아쉬람 건물들 가까운 쪽에 폭이 약간 좁은 것으로 하라는 것이었다. 여러 날 일한 끝에 나는 넓은 쪽 계단을 다 만들고 좁은 쪽 계단은 네댓 계단만 남기고 다 완성했다. 이것은 한여름의 정상적인 작업 일과가 끝날 때의 상황이었다. 그런데 갑자기 나는 그날로 일을 다 끝내야 하겠다는 강한 충동을 느꼈다. 나 혼자서는 그 일을 할 수 없다는 것을 알고 있었기 때문에 나는 인부들에게 품삯을 더 줄 테니 남아서 나를 도와달라고 했다. 그들은 모두 다 끝날 때까지 남아서 일을 하겠다고 했다. 바가반은 내 계획을 승인하시는 듯했다. 당신은 회당의 시자이던 끄리슈나스와미에게, 전등을 가설하여 우리가 불빛에 보면서 작업할 수 있게 하라고 하셨다.

"안나말라이 스와미가 갑자기 오늘밤에 일을 끝내겠다는 강한 결심을 굳혔어. 가서 전등을 좀 설치해서 도와주게."

일은 아주 순조롭게 진행되었고 우리는 밤 11시경에 가까스로 마지막 계단을 끝냈다. 한 시간쯤 뒤에 여름 폭우가 내리는데 비가 얼마나 퍼붓는지 한 시간도 안 되어 저수지가 가득 차는 것이었다. 그 폭우가 오기 전에는 저수지가 거의 텅 비어 있었다. 아쉬람 뒤편의 개울은 물이 한 방울도 흐르지 않다가 그때는 몇 분 사이에 5피트 너비에 2피트 깊이의 물도랑이 되었다. 저수지의 수위는 몇 주일이 지나도록 내려가지 않았다. 만약 우리가 그날 저녁 계단 공사를 끝내지 않았더라면 작업의 완공은 무기한으로 연기될 뻔했던 것이다. 내 마음속에 나중에 그러한 결의가 솟구치게 한 것은 바가반이셨던가? 알 수 없는 일이지만, 그것이 사실이라 하더라도 나는 놀라지 않을 것이다.

야간에 일하는 것이 나에게는 드물지 않았다. 바가반에 관한 한, 나는 하루 24시간 내내 근무 중이었다. 나는 종종 한밤중에도 내가 아디-안나말라이(Adi-annamalai-아루나찰라 뒤편에 있는 마을)에 주문한 큰 화강암들을 부리는 것을 감독하기 위해 잠자리에서 나오지 않으면 안 되었다. 그 중의 어떤 것은 10피트에서 12피트(3~3.6미터)까지 되는 이 돌들을 움직이는 것은 힘든 일이었다. 달구지꾼들은 한낮의 무더위에 이 일을 하는 것을 좋아하지 않았다. 대신에 그들은 자정에서 새벽 2시 사이에 나타나는 것이었다. 이 돌들이 도착하면 바가반이 내 방으로 와서 나를 깨우셨다. 나는 밤중에 느닷없이 돌들이 배달되는 경우에 대비해 내 방에 내풍등耐風燈(hurricane lamp-바람에 쉽게 꺼지지 않게 만든 석유등) 하나를 항상 두고 있었다.

바가반은 늘 오셔서 이렇게 말씀하셨다. "내풍등을 들고 나와서 이 사람들이 돌을 어디에 내려놓을지 일러주게. 그리고 그들이 돌을 쉽게 움직일 수 있도록 쇠지레도 갖다 주게."

이 돌들을 주문하는 일은 내가 하는 일 중에 한결 즐거운 일의 하나였다. 아디-안나말라이 마을은 아쉬람에서 3.5마일쯤 멀리 산 오른돌이 길에 위치하고 있다. 우리가 새 돌을 필요로 할 때마다 나는 아침 6시쯤 아쉬람을 떠나 그 마을까지 걸어갔다. 이때 이들리, 바나나 그리고 밥이 든 작은 도시락을 가져갔다. 그 업무를 보려면 몇 시간씩 걸리기

일쑤였기 때문이다. 떠나기 전에 나는 늘 바가반께 가서 가겠다고 말씀 드렸다. 바가반도 이 일이라면 하고 싶어 하셨으리라고 나는 생각한다.

당신은 몇 번이나 나에게 이렇게 말씀하셨다. "그렇게 음식을 싸준다면 나라도 즐거이 그 일을 하겠네."

그 마을까지 걸어가는 데는 한 시간 반가량 걸렸다. 그런 다음 석수石手들에게 자세한 지시를 내리는 데 아침나절이 거의 다 걸렸다. 일이 끝나면 나는 아디-안나말라이 사원으로 가서 — 거기 좋은 마실 물이 있었기 때문이다 — 거기서 도시락을 먹곤 했다. 오후 1시경에 나는 산 오른돌이를 끝내면서 아쉬람에 돌아오곤 했다.

내 바쁜 일정에도 불구하고 바가반은 언젠가 나더러 『시바난다 라하리』(Sivānanda Lahari)에서 당신이 손수 고르신 10편의 시를 암기하라고 하셨다.5)

또 한 번은 당신이 나에게 『엘람 온드레』를 주면서 이렇게 말씀하셨다. "만약 자네가 해탈을 원한다면 이 책을 자네 공책에 베껴 쓰게. 그러고 나서 그것을 공부하고 그 취지에 따라 살아가게."

나는 바가반께 말씀드렸다. "저를 아주 바쁘게 만드시는군요. 저는 베껴 쓸 시간이 없습니다. 만일 누구 다른 사람이 적어주면 제가 기쁘게 그것을 읽고 공부하겠습니다."

『엘람 온드레』(Ellām Ondrē-'모두가 하나다')는 타밀어로 된 19세기의 비이원론 교본이다. 내가 발견한 유일한 영어본은 바가반의 71회 생신을 기념하여 1950년에 스리랑카의 콜롬보에서 사적私的으로 간행된 것이다.

바가반은 내 핑계를 받아들이지 않으셨다. "자네는 멕께두(mekkedu) [쩬나스와미에게 보여주는 일당 지급 요청서]를 작성할 시간이 있지 않나. 자네는 해탈을 얻기 위해 대가를 지불할 생각이 있나? 내가 자네에게 그

---

5) [역주] 바가반이 암기하라고 한 이 10편 중의 한 편은 270쪽에 나온다. 이 10편의 시 전부는 『라마나 마하르쉬와의 대담』, 450~1쪽 참조.

것을 쓰라고 하는 것은, 만약 자네가 그렇게 하면 그것이 자네 마음에 각인되기 때문이지. 한 번 그것을 쓰는 것이 열 번 읽는 것과 맞먹네. 매일 조금씩 쓰게. 서두를 것 없어. 설사 한 달이 걸린다 해도 자네 자신이 해야 하네."

그날부터 나는 매일 조금씩 시간을 내어 베껴쓰기를 했다. 바가반은 손수 내 공책의 차례 면에 각 장의 제목을 써주셨다. 당신은 또 마지막 줄을 손수 써서 베껴쓰기를 완성시켜 주셨다. 베껴쓰기가 끝나자 당신은 공책을 쭉 훑어보면서 내가 잘못 쓴 곳을 다 고쳐주셨다. 나는 읽는 것은 꽤 잘 했지만 제대로 글 쓰는 법을 배워 보려고 한 적이 없었다.

또 한 번은 당신이 나에게 어떤 건축 계획을 일러주면서 『띠루꾸랄』(Tirukkural)[6]에 나오는 이런 시편 하나를 써주셨다. "우리가 진아 안에 자리잡고 있을 때의 그 하나됨의 상태는 큰 산보다 더 크다네."

나는 아직도 그 시편을 가지고 있다. 그것은 지금 내 방에 있는 바가반의 사진 아래 붙여져 있다.

바가반은 나에게 일을 하면서도 진아를 자각하고 있어야 한다고 빈번히 말씀하셨다.

당신은 누차 말씀하셨다. "자네의 참된 성품을 잊지 말게. 앉아서 명상을 할 필요는 없네. 항상, 일을 하고 있을 때에도 명상을 해야 하네."

처음에 내가 바가반에게 왔을 때 당신에게 진언을 하나 달라고 청했던 적이 있다. 그 대답으로 당신은 나에게 '시바, 시바' 하고 계속 염송하라고 말씀하셨다. 나중에 바가반은 나에게 일을 하면서도 주의를 심장 안에 집중하라고 하셨다. 나는 가슴 오른쪽에 있다고 당신이 이야기한 심장중심(the Heart-centre)이라고 하는 자리에 대해 당신이 말씀하셨다는 것을 책에서 읽고 있었다. 나는 바가반이 나에게 이 특정한 중심

---

[6] [역주] 기원전 2세기(?)의 타밀 성자 띠루발루바르(Tiruvaluvar)가 지은 윤리 경전. 간결한 경구나 격언들로 이루어져 있으며, 영적인 내용도 얼마간 포함하고 있다.

에 집중하라고 하신 줄로 생각했다. 그러나 이렇게 수행을 시작하자, 바가반이 그것을 중단시키고 이렇게 바로잡아 주셨다.

"이 오른쪽 심장중심은 진정한 심장이 아니네. 진정한 심장은 어디에도 위치 지을 수 없네. 그것은 일체에 두루하니까."

당신은 계속 말씀하셨다. "심장중심에 대해 명상하는 것은 그만두게. 근원을 발견하게. 그것이 진정한 심장이니까. 전기가 사람들의 집에 달려 있는 개개의 계량기에서 나오는 것이 아니라 하나의 근원에서 오는 것처럼, 전 세계도 진아 혹은 심장이라고 하는 하나의 근원을 가지고 있지. 이 무한한 에너지의 근원을 찾아 탐구해 들어가게. 만약 진아의 중심이 정말로 몸 안에 위치한다면, 몸이 죽으면 진아도 죽는 거지."

이 말씀으로부터 나는, 우리가 자기 집에 있는 계량기를 바라본다고 해서 전기의 본질과 근원을 체험할 수 없는 것과 마찬가지로, 심장중심에 집중한다고 해서 진아의 흐름을 직접 체험할 수는 없다는 것을 이해했다. 나는 이 중심에 집중하기를 포기하고 바가반의 조언을 따르려고 애썼다.

일을 하는 동안에 내 주의를 진아에 집중하기 위하여 나는 바가반의 허락 하에, 전통적인 접근 방법인 '네띠-네띠'(neti-neti)[이것이 아니다, 이것이 아니다]와 긍정법을 채택했다. 즉, '나는 몸과 마음이 아니다. 나는 진아다. 나는 모든 것이다' 하고 명상하는 것이었다.7)

영적인 문제에 관해 말하는 김에, 나는 한 번 바가반에게서 일종의 안수전수(hasta dīkshā)8)를 받았다는 것을 이야기해야겠다. 물론 바가반 자신은 그것이 전수의 의도가 아니었다고 부인하셨을 것은 두말할 나위

---

7) [역주] '네띠-네띠'법은 '몸은 내가 아니다, 마음은 내가 아니다'는 식으로 '나'와 동일시되는 대상을 차례로 부정해 나가는 방법이고, 긍정법은 보통 '나는 브라만이다' 하고 명상하는 것이다. '나는 진아다'도 표현만 다를 뿐 내용상 이와 동일하다.
8) [역주] 전수傳授(dīksha)는 스승이 제자에게 은총을 베푸는 방식이다. 전수에는 눈으로 바라보아 주는 친안전수親眼傳授(chakshu dīksha), 손을 대주는 안수전수接觸傳授(hasta dīksha), 그리고 마음으로 전하는 침묵전수沈默傳授(mouna dīksha) 등이 있다.

가 없지만 말이다.

그 일은 구 식당에서 일어났다. 거기에 수도꼭지가 있었는데, 그것이 아쉬람의 주된 급수원이었다. 헌신자들은 거기서 동이에 물을 받기도 하고 심지어 근처에서 목욕을 하기도 했다. 물이 계속 흘러나오는 바람에 수도꼭지 주위의 땅이 아주 질퍽했기 때문에, 바가반은 나에게 벽돌과 시멘트로 수도꼭지 주위에 단壇을 만들라고 하셨다. 나는 바가반이 근처의 의자에 앉아 계실 동안에 그 일을 했다. 한 번은 내가 일어나다가 얼결에 수도꼭지에 머리를 부딪쳤다. 삽시간에 큰 혹이 생겼다. 바가반은 마다바 스와미에게 잠박(*jambak*)[진통 향유]을 가져오라고 하셨다. 그것이 오자 바가반은 내 머리에 그것을 바른 뒤 두 손으로 환부를 약 15분간 마사지하셨다. 그러는 동안 나는 일을 계속했다.

나는 생각했다. '바가반은 항상 내가 몸이 아니라고 말씀하시는데, 내가 왜 이런 사소한 일을 가지고 야단을 해야 하나?'

그런 다음 다른 생각이 떠올랐다. '문제가 생기기는 했지만 이 문제는 축복이었군. 바가반의 양손이 내 머리에 닿는 행운을 얻게 된 것은 이 사고 때문이었어. 처음에는 그걸 몰랐지만, 바가반은 지금 나에게 안수전수를 해 주고 계시군.'

바가반은 몇몇 사람들이 그렇게 해 달라고 애걸했지만, 어떤 공식적인 종류의 안수전수를 해 주는 것을 항상 거절하셨다. 채드윅이 그런 식의 전수를 받고 싶어 한 사람 중의 하나였다. 1930년대의 어느 때 그는 바가반을 자기 방으로 오시게 해서 당신에게 안수전수를 해 주십사는 부탁을 드려보려고 애썼다. 그 무렵 바가반은 매일 오후 1시경 지금 시약소施藥所 뒤편에 있는 반얀나무(banyan trees)들을 따라 난 길로 해서 빨라꼬뚜로 포행을 가시곤 했다. 채드윅은 당시 바가반의 시자이던 랑가스와미(Rangaswami)에게, 바가반이 아쉬람으로 돌아가실 때 자기 방을 경유하시도록 해달라고 부탁했다. 그는 이미 바가반이 아쉬람으로 돌아가시는 길에 자기 방에 쉽게 들를 수 있도록 길까지 닦아 두었다. 바가반은 무슨 일이 진행되고 있는지 아셨음에 틀림없다. 왜냐하면 랑가스와미가 당신을 딴 데로 모시려고 한 그 날, 당신은 늘 다니던 길로도 돌아가려고 하지 않으셨기 때문이다. 그 대신 당신은 멀리 돌아서 결국 산 위로 난 길로 해서 돌아가셨다. 채드윅은 그 암시를 받아들여 자기 계획을 포기했다.

나는 채드윅 소령(Major Chadwick)이 스리 라마나스라맘에 온 첫 날 그를 만났다. 사실 그가 1935년에 정문으로 들어서서 가장 먼저 만난 아쉬람 사람이 바로 나였다. 나는 정문 근처에 지금도 서 있는 큰 일루빼이 나무 아래 서 있었다. 채드윅이 나에게 다가오더니 내가 라마나 마하르쉬가 틀림없다고 판단하고 내 발 앞에 오체투지를 했다.

나는 그에게 "나는 라마나 마하르쉬가 아니오. 라마나 마하르쉬는 안에 계시오. 만약 당신이 그분을 친견하고 싶으면 내가 당신을 그분 계신 데로 안내해 드리겠소" 하고 말하려고 애썼다.

이 모든 것은 말과 함께 동작으로 전달되었는데, 왜냐하면 우리 둘 다 상대방의 언어를 이해하지 못했기 때문이다. 상황을 더 분명히 하기 위하여 나는 그를 회당으로 데리고 가서 그에게 누가 진짜 바가반인지 가리켜주었다. 소개가 끝나자 채드윅과 바가반은 영어로 몇 시간 동안 이야기를 나누었다. 이런 일은 상당히 이례적이었다. 바가반은 영어로는 오랫동안 말씀하시는 법이 거의 없었다. 비록 그 언어가 상당히 유창하기는 하셨지만 말이다.

채드윅은 아쉬람에 오래 머무를 작정을 하고 있다는 것이 곧 분명해졌다. 이것은 약간의 문제를 야기했는데, 왜냐하면 그가 기거할 적당한 방사(房舍)가 없었기 때문이다. 나는 아쉬람에서 가장 큰 방 중의 하나를 쓰고 있었기 때문에, 찐나스와미는 결국 내가 채드윅을 위해 그 방을 비워주어야 한다고 결정했다. 이것은 나에게 아무 문제가 되지 않았다.

나는 아쉬람의 코코넛 오두막 중의 하나로 쉽게 옮겨갈 수 있었기 때문이다. 채드윅에게 이러한 오두막을 주지 않은 것은, 그 오두막들은 외국인이 들어가 살기에 너무 원시적이라는 데 우리 모두 의견이 일치했기 때문이다. 채드윅에게는 내가 짐을 싸고 있을 때 방을 보여주게 되었다. 내가 자기에게 방을 내주기 위해 떠나려고 한다는 것을 알자, 그는 방을 받지 않겠다고 했다.

"저는 이 사람을 아주 좋아합니다." 그가 말했다. "저 때문에 그를 방에서 내쫓으면 안 됩니다. 만약 그를 나가게 하면, 저도 어디 다른 데 가서 살겠습니다. 이것은 큰 방이니까 둘이서 같이 쓸 수 있습니다."

우리는 모두 이 기품 있게 보이는 외국인이 생판 낯선 사람과 방을 같이 쓰겠다고 하자 약간 놀랐다. 원하기만 하면 자기 혼자 쓸 수 있다는 것을 알면서 그랬으니 특히 더 놀라웠다. 그러나 이 절충안에 대해 누구도 반대하지 않았기 때문에, 채드윅은 내 방으로 들어와서 1년 반 가량을 지냈다.

바가반과 함께 지낸 시절에 관한 자신의 이야기인 『어느 사두의 회상』(*A Sadhu's Reminiscences*)에서 채드윅은, 그 방을 불과 석 달 동안 같이 썼다고 말하고 있다. 내가 안나말라이 스와미에게 이 이야기를 하자 그는 아마도 채드윅이 연대를 잊어먹은 모양이라고 말했다. 안나말라이 스와미는 그 방을 1년 훨씬 넘게 같이 쓴 것으로 기억한다고 말한다.

처음에는 서로 많은 말을 할 수 없었지만—나는 나중에 약간의 영어 단어들을 배웠고, 채드윅은 약간의 타밀어를 배웠다—우리는 곧 친한 친구가 되었다. 우리는 자주 함께 산을 돌았는데, 바깥 길보다는 보통 숲길(오른돌이 길 중의 안길)로 다녔다. 그런 경우에 나는, 우리가 걸어가는 동안 『요가 바쉬슈타』와 『해탈정수』에 나오는 이야기로 그를 즐겁게 해주곤 했다.

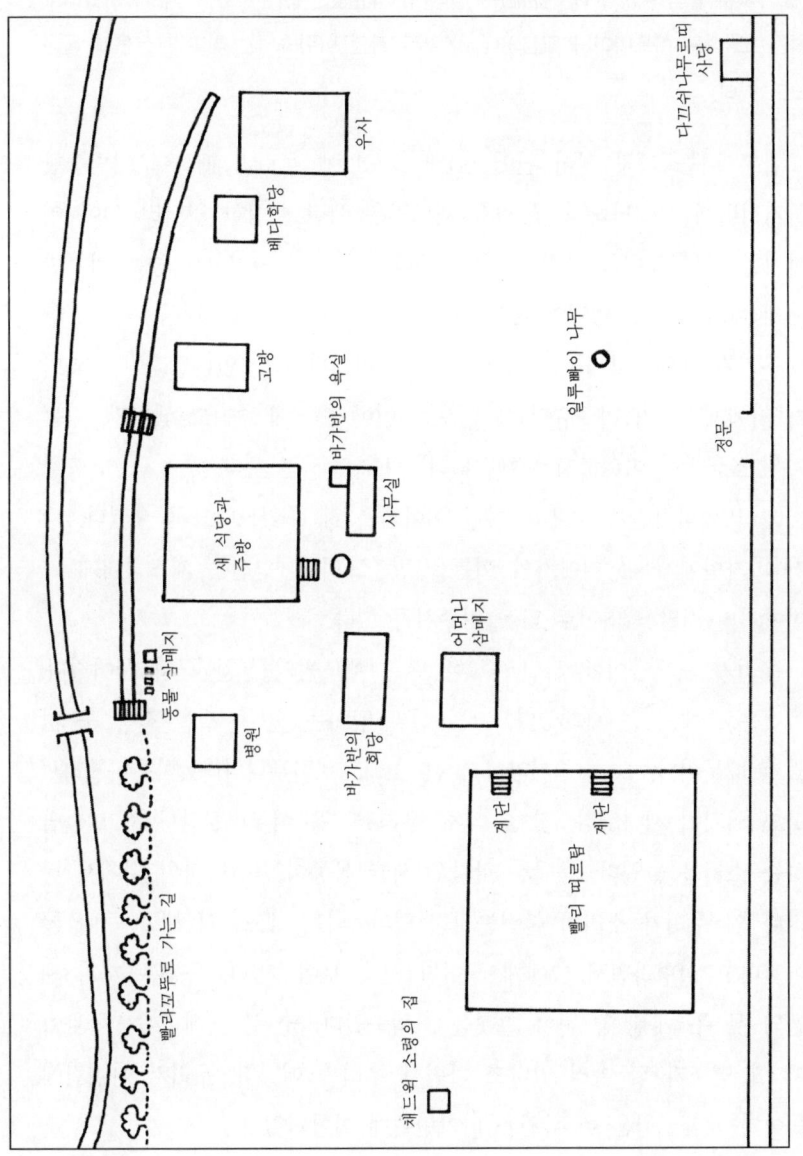

1935~39년경의 스리 라마나스라맘

『해탈정수』(Kaivalya Navanītam)는 주로 철학적인 성격의 아드바이따 교본이고, 『요가 바쉬슈타』(Yōga Vāsishta)는 발미끼(Valmiki-『라마야나』의 저자)가 지었다고 하는 또 다른 아드바이따 교본인데, 여기서 진인 바쉬슈타는 라마의 질문에 답변하고 있다.

물론 나는 기껏 영어 단어 50개 정도밖에 몰랐기 때문에 어렴풋한 줄거리밖에는 전달하지 못했다. 채드윅은 이런 이상한 엉터리 영어 이야기를 듣는 것에 개의치 않았다. 왜냐하면 그걸 가지고 나중에 바가반에게 이야기할 수 있었기 때문이다.

우리가 포행에서 돌아올 때마다 그는 바가반에게 "안나말라이 스와미가 저에게 『요가 바쉬슈타』에 나오는 이야기를 해 주려고 했지만, 저는 겨우 조금밖에 이해하지 못했습니다" 하고 말하곤 했다.

그러면 바가반은 나에게 어떤 이야기를 해 주었느냐고 물으셨다. 내가 바가반에게 그 이야기의 이름을 말씀드리면, 당신은 채드윅에게 그 이야기의 전말을 영어로 다 들려주시곤 했다.

우리가 오른돌이를 하던 중 한 번은 채드윅의 샌들 끈이 끊어졌다. 이것은 그에게 큰 사태였다. 그는 신발 없이는 숲 속 길을 걸을 수 없었기 때문이다. 그는 주저앉아서 큰 소리로 "아루나찰라! 아루나찰라!" 하고 외치기 시작했다. 몇 초 후에 우리는 "옴 아루나찰라!" 하고 응답하는 소리를 들었다. 응답한 사람은 시골 목동이었는데 바위 뒤에서 나타나 왜 우리가 소리쳐 불렀는지 물었다. 나는 채드윅의 샌들 끈이 끊어졌다고 설명하면서 그에게 끊어진 끈을 보여주었다. 목동은 자기 샌들의 못 두 개를 쑥 뽑아 그것을 고쳐주었다. 몇 분 후에 그는 돌보아야 할 염소가 몇 마리 있다고 하면서 우리를 떠났다. 우리가 아쉬람에 돌아가자 채드윅은 이 사건을 바가반에게 이야기했다.

이야기를 다 한 뒤에 그는 이렇게 결론지었다. "제가 아루나찰라를 불렀더니 아루나찰라께서 와서 저를 도와주셨습니다."

31. 새 식당과 주방의 신축 부지. 전면의 잡석들은 이 건물을 짓기 위해 철거한 건물에서 나온 것이다. 맨 왼쪽 건물은 바가반의 욕실이며, 그 뒤에 있는 것이 사무실과 서점이다.

32. 식당 건축이 시작되고 있다. 왼쪽으로 스칸다쉬람으로 올라가는 길이 보이며, 산밑의 흰 벽은 안나말라이 스와미가 1929년에 축조한 방축이다.

33. 식당 건축 공사를 하고 있는 안나말라이 스와미. 머리에 타월을 두르고 있다.

34. 공사를 점검하는 바가반과 젠나스와미.

35. 완공된 식당. 바가반이 입구 근처에 걸터앉아 있다. 안나말라이 스와미가 건물 이름과 완공 일자를 써서 붙인 명패가 건물 꼭대기 중앙에 보인다.

36. 물이 가득 찬 빨리 띠르탐의 건너편에서 본 어머니 사원. 물로 내려가는 두 군데 계단은 안나말라이 스와미가 축조한 것이다.

37. 위: 어머니 사원의 내전 입구 위의 장식. 두 마리 코끼리 발 밑의 두루마리에 안나말라이 스와미가 공판으로 새긴 산스크리트 문자가 보인다.

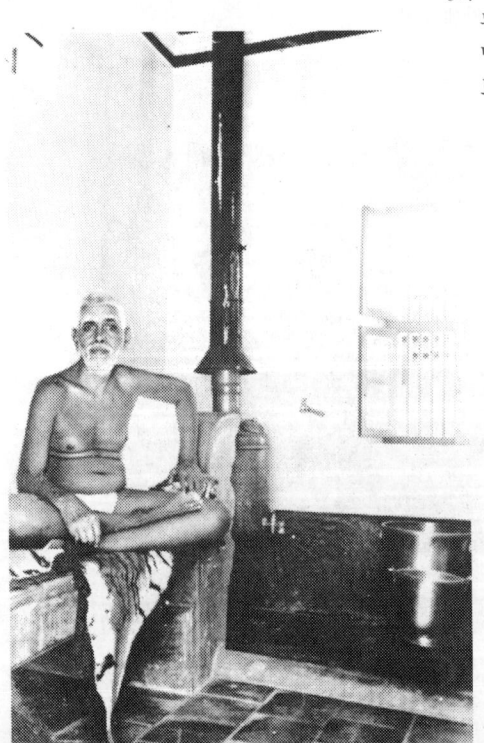

38. 왼쪽: 욕실에서 휴식하며 호랑이 가죽 위에 앉은 바가반. 물을 데우는 구리 솥과 굴뚝이 보인다.

바가반은 그의 말에 동의하셨다. "그렇지. 아루나찰라께서 몸소 와서 자네를 도와주신 거지."

우리가 함께 살고 있던 동안 채드윅은 나에게 거북할 정도의 존경심을 보이는 것을 고집했다. 한 번은 나에게 오체투지를 하면서 자기 하인에게 그 장면의 사진을 찍게 하기도 했다. 그는 또한 내가 건축 공사를 감독하는 사진도 여러 장 찍었다. 나는 이 사진들이 결국 어떻게 되었는지 모른다. 왜냐하면 찐나스와미가 채드윅에게 그 사진들을 모두 자기에게 넘겨주도록 했기 때문이다.

나는 이 사진들 중 몇 장을 이 책에 수록할 수 있지 않을까 싶어서 스리 라마나스라맘의 사진 문서고를 다 훑어보았지만, 불행히도 그 사진들은 한 장도 남아 있지 않았다. 이 책에 나오는 사진들은 그 문서고에 있는 다른 출처에서 가져왔다.

1년 반이 지난 뒤 채드윅은 자기 방을 가져야겠다고 판단했다. 찐나스와미는 그에게 아쉬람 내에 방을 짓게 허가했는데, 그것은 그 당시에 좀처럼 주지 않는 특권이었다. 바가반도 그 구상을 분명히 승인하셨다. 왜냐하면 당신은 내가 그 새 방 건축을 감독하는 것을 도와주셨기 때문이다. 당신은 입주식(grihapraveśam)에도 참석해서 채드윅이 당신을 위해 세심하게 준비한 널찍한 나무 의자에 앉아서 그 식을 주재하셨다.

그 방이 완공된 직후에 채드윅은 한 달 동안 일본을 방문하기로 했다. 그는 여러 해 동안 일본을 한 번 가보고 싶어 했던 모양이다. 그가 없는 동안 바가반은 나에게 채드윅의 방 지붕 주위에 홈통을 설치하라고 하셨다. 빗물이 앞 벽과 베란다의 초가지붕 사이를 타고내리는 것을 당신이 보셨기 때문이다. 당신은 그 일을 어떻게 할 것인지 나에게 일러주셨고, 그런 다음 나중에 일이 제대로 되고 있는지 점검하러 오셨다. 채드윅의 말라얄람인(Malayali-께랄라 주 출신인 사람) 하인은 채드윅이 일본에 가 있는 동안 께랄라(Kerala)에 돌아가 있어도 좋다는 허락을 받았다.

제7장 건축 공사-Ⅱ 245

언제 돌아온다는 채드윅의 편지가 오자, 바가반은 사무실에 지시해서 이 하인이 제때에 돌아올 수 있도록 준비하게 통지하라고 하셨다. 내가 이 사소하고 하찮은 이야기를 하는 것은, 단지 바가반이 당신의 진정한 헌신자들에게 항상 보여주시던 관심과 배려가 어느 정도였는지를 말하기 위해서이다.

채드윅이 아쉬람에 몇 달 있은 뒤 세샤이어(Seshayer)라고 하는 헌신자가 바가반에게 채드윅이 우편을 통해 고기[肉] 소포를 받고 있다고 불평했다. 그것은 터무니없는 비난이었지만, 아쉬람 집행부가 경내에서 어떤 고기도 먹지 못하게 하고 있었기 때문에 바가반은 나를 불러서 그것이 사실인지 물으셨다. 나는 채드윅과 한 방을 쓰고 있었고 그가 식사하는 것을 매일 보고 있었기 때문에, 바가반에게 그 비난은 완전히 근거 없는 것이라고 확인해 드릴 수 있었다.

바가반은 아빠르(Appar-6세기의 타밀 성자)의 다음 시 한 편을 인용하심으로써 그 문제를 매듭지으셨다.

> 설사 어떤 사람이 심성이 나빠 소의 살을 먹는다 하더라도, 그래도 그가 만약 갠지스 강을 당신 머리칼 속에 가지고 계신 주主 시바9)의 헌신자가 된다면, 비록 그가 그런 나쁜 행위를 저지른다 해도 그는 나의 신이며, 나는 그에게 오체투지 해야 하리라.

안나말라이 스와미의 이야기를 계속해 나가기 전에 나는 이 책의 자료를 내가 어떻게 수집하고 정리했는지에 대한 설명을 하고 싶다. 나는 1987년에 6개월간에 걸쳐 안나말라이 스와미를 면담했다. 그는 50~60년 전에 일어난 일들의 하찮고 세세한 내용까지 놀라운 기억력을 보여주기는 했지만, 그 이야기들이 어떤 순서로 일어났는지, 혹은 어느 날짜에 그 특정한 사건이 일어났는지는 기억하지 못했다. 사건들의 타당하고 신뢰할 만한 연대순을 확립하기 위하여 나는 그의 이야기를

---

9) [역주] 갠지스 강은 천상을 흐르는 강이었던 여신女神 강가(Ganga)가 땅으로 떨어진 것이라 하며, 이 여신은 또한 시바의 머리카락 속에 있는 물의 정령[水神]이라고 한다.

다른 헌신자들의 책에 나오는 내용과 대조하여 참조했으며, 특정한 공사가 언제 진행되었는지 알기 위해 라마나스라맘의 옛날 회계 장부를 훑어보았다. 나는 또한 건물들이 건축된 순서를 알기 위하여 아쉬람의 옛날 사진들을 다 뒤져보았다. 그리고 가능한 곳마다 나는 1920년대와 1930년대에 아쉬람에 살면서 일을 했던 라마스와미 삘라이와 꾼주 스와미 같은 헌신자들에게 물어서 그 이야기들을 확인하려고 노력했다. 이러한 연구 결과로, 비록 이 이야기들은 안나말라이 스와미의 기억과 그가 일기장에 기록한 내용에서 나왔지만, 책의 전체적인 구성과 서술되고 있는 이야기들의 순서는 전적으로 내가 편성했다고 말할 수 있다. 최종적 확인을 위해 안나말라이 스와미 자신이 내 원고를 두 번 훑어보았고, 몇 군데 약간 수정한 뒤에 그의 이야기가 정확하게 서술되었다고 만족스러워했다.

한두 가지 경우에 나는 내가 연구하여 밝혀낸 연대가 그가 기억하고 있는 것보다 더 신뢰할 만하다는 것을 안나말라이 스와미에게 납득시킬 수 있었다. 예를 들어 그는, 세샤드리 스와미(그가 라마나스라맘으로 가는 길에 만났던 사람)가 1929년 1월에 죽었다는 것을 내가 입증하기 전까지는 자신이 1930년에 바가반께 처음 갔다고 아주 확신하고 있었다. 그러나 어머니 사원의 건축과 관련한 일련의 이야기들에 대해서는 우리가 결코 합의에 도달하지 못했다. 안나말라이 스와미는 1938년에 아쉬람을 떠나(그 사정은 이 장의 뒤에서 기술한다) 전적으로 명상에 몰두하기 위해 빨라꼬뚜로 살러 갔다. 내가 찾아낸 모든 증거들은 어머니 사원의 건축이 1939년에 시작되었음을 보여준다. 그 기공식이 그 해 9월에 있었고, 이 기공식을 기념하는 연대판年代板이 지금도 이 사원의 남쪽 벽 바깥에 있는 것을 볼 수 있다. 그러나 내가 관련 기록을 안나말라이 스와미에게 다 보여드렸음에도 그는 여전히 자기가 이 사원 일을 한 것은 1938년 중반에 그가 아쉬람을 떠나기 전이었던 것으로 믿고 있다. 그의 소망을 존중해서 나는 그의 사원 이야기를 이 장에 포함시켰다. 나 개인적으로는, 그 이야기들은 안나말라이 스와미가 다시 아쉬람의 건축을 감독하던 1940년대 초나 중반에 있었던 일이었으리라고 생각한다.

내가 아쉬람을 위해서 한 마지막 주요한 일은 어머니 사원의 내전內殿(*garbhagriha*)에 한 일이었다. 도편수(사원 건축가들의 우두머리)가 건축 전반을 관장하고 있었고, 나는 단지 인부들 중 몇 명을 감독하면서 매일 그들의 일당을 얼마로 결정하고 있었다. 찐나스와미는 그의 어머니의 유해가 묻힌 곳 위에 큰 사원을 하나 건립하고 싶었다. 바가반이 사원을 짓는 구상을 승인하셨지만, 아쉬람의 다른 큰 건물들이 지어질 때까지 그 건축은 연기되었다. 1930년대 후반의 어느 때 찐나스와미는 사원에 관한 바가반의 견해가 진정 무엇인지 나더러 알아보라고 부탁했다.

"바가반은 항상 당신의 계획을 자네한테 직접 말씀하시지 않나. 당신께 우리가 어머니 사원을 어떻게 지어야 할지를 여쭈어 보게. 간단하게 지어야 할지 아니면 큰 규모로 지어야 할지." 그가 말했다.

나는 그 메시지를 바가반께 전달했다. 당신의 답변은 이러했다. "그것이 큰 규모로 잘 지어진다면 나는 기쁘겠네."

바가반의 의도가 무엇인지 여러 해 동안 궁금했던 찐나스와미는 그 소식을 듣자 너무 기뻐했다. 그는 즉시 건축을 위한 준비를 시작했다.

그것은 평범한 석공 일이 아니었기 때문에 외부인 전문가를 데려와야 했다. 전체 계획이 사원 건축과 공법에 능한 어느 전문가에게 맡겨졌다. 그는 사원 건축에 많은 경험이 있는 여러 명의 전문 석공(stone masons)들을 데려왔다. 모든 인부들에 대해서 품삯을 일당으로 지급했기 때문에, 나는 아쉬람이 돈을 지불한 만큼 그들이 일을 하게끔 그들 중의 몇 사람을 감독하는 일을 맡게 되었다. 나는 사원 건축에 대해서는 전혀 아는 바 없기는 했지만, 석공들이 일을 교묘하게 느릿느릿 하지 않는지 감독하는 데는 충분한 경험이 있었다. 그들은 숙련공으로 분류되었기 때문에 아주 적은 일을 하고도 아주 많은 일당을 받고 있었다. 내가 보기에 그들은 하루에 할 일을 대략 사흘이 걸리도록 교묘하게 일을 하고 있었다. 나는 그들에게 그것은 아쉬람을 속이는 짓이니 더 정직하게 일을 하라고 설득했지만, 그들은 하던 방식을 바꾸려고 하지 않았다.

그들 중 한 명이 나에게 말했다. "여기 사는 당신네들은 모두 공짜로 먹고 자고 하지 않습니까. 왜 우리가 일하는 걸 문제 삼습니까? 우리가 일을 천천히 한다고 해도 당신들에게는 아무 손해가 없어요."

그들이 일을 하도록 몇 번이나 시도해 보다가 안 되자 나는 그 문제를 바가반께 말씀드렸다.

"사원 인부들이 일을 아주 느릿느릿 하고 있습니다. 저녁에 쩐나스와 미는 제가 품삯 목록에 기재하는 대로 그들에게 일당을 줍니다. 저는 부정직한 인부들한테 아쉬람의 돈을 낭비하고 싶지 않지만, 그들을 해고할 권한이 없습니다. 저는 매일 그들이 온전한 하루 일당을 받도록 멕께두(mekkedu-품삯 목록)를 작성합니다. 그러나 그들은 하루 일을 하는 데 사흘을 잡아먹습니다. 그들이 하지도 않은 일에 대해 일당을 지급하게 한다면, 그것은 제가 아쉬람을 속이는 일 아니겠습니까?"

바가반이 대답하셨다. "그 일에 대해서는 걱정하지 말게. 만약 이런 식으로 속이면서 그들이 정당하게 벌지 않은 돈을 아쉬람에서 받아 가면 그 돈은 그들에게 머무르지 않을 걸세. 결국 그들은 자기에게 남은 유일한 재산이 망치와 정뿐이라는 것을 알게 될 걸세. 그들이 부정직하게 받은 품삯은 낭비되고 말지. 그들은 자신들을 속일 수 있을 뿐, 바가반을 속일 수는 없네. 그들은 바가반을 이용해 먹지 못하네."

당신은 잠시 멈추었다가 이렇게 덧붙이셨다. "그들은 아쉬람을 속여서 돈을 가져가고 있군. 그 돈은 그들에게 머무르지 않을 것이야. 우리는 재정 문제는 걱정하지 말아야 하네. 왜냐하면 우리가 필요로 하는 돈을 신이 다 마련해 주실 테니까."

늘 그렇듯이, 바가반의 믿음은 옳았음이 입증되었다. 사원 건축은 아쉬람의 재정에 엄청난 부담이 되었지만, 우리는 계속 그 공사를 진행해 가고 있었다. 어떤 날에는 낮에 받은 시주금이 아니고서는 저녁에 품삯을 지급할 수 없는 때도 있었다. 하루가 시작될 때 우리는 인부들에게 줄 돈이 전혀 없는 줄 알면서도 그들을 고용하곤 했다. 그러면 낮에 여러 가지 방식으로 시주금이 도착하고, 저녁이면 인부들의 품삯을 지급하기에 충분한 돈이 되는 것이었다.

  나는 결국 더 이상 사원 인부들을 감독하는 것은 내 양심이 허락하지 않는다고 판단했다.

  나는 찐나스와미에게 말했다. "저는 이 일을 더 이상 하고 싶지 않습니다. 품삯 목록을 작성할 때마다 저는 아쉬람을 속이고 있다는 생각이 듭니다."

  찐나스와미는 나의 사임을 받아들여 도편수에게 전체 작업을 맡아 달라고 했다. 나는 아직 진행 중이던 아쉬람의 다른 공사들을 감독하는 일로 복귀했다.

  바가반은 돈을 절대로 받지 않는 것으로 잘 알려져 있다. 그러나 어머니 사원을 짓고 있을 때 언젠가, 나는 당신이 몇 분간 돈을 만지시는 것을 보았다. 일을 아주 잘 하던 편수(sthapati) 한 사람이 단지 도편수가 그를 개인적으로 아주 싫어했기 때문에 해고되었다.

  이 사람은 바가반에게 와서 해직 수당을 바가반의 손에 쥐어드리고 이렇게 말했다. "저는 아주 열심히 일을 했습니다만, 저 사람이 저를 떠나라고 합니다. 바가반께서는 부디 저를 축복해 주십시오."

  바가반은 약 10분간 그를 말없이 응시해 줌으로써 그를 축복해주셨다. 그리고 나서 바가반은 그 돈을 그에게 돌려주셨다.

  내전의 벽들이 천장에 닿자 바가반은 나에게 사원의 이름을 앞 벽에 써넣으라고 하셨다. 내전의 입구 위를 보면 돌로 두 마리의 코끼리를 조각해 놓은 것을 볼 수 있다. 코끼리들의 발 밑에는 돌로 조각된 두루마리가 있다. 이 두루마리 위에 사원의 정식 명칭이 마뜨루부떼스와라알라얌(Mātrubhūtēsvarālayam)[어머니의 형상을 한 신의 사원]이라고 새겨져 있다. 바가반은 나를 위해 이 이름을 산스크리트 문자로 써주셨다. 당신 생각은 내가 그것을 형판型板(stencil)으로 만들어 두루마리 위에 그 글자들을 칠하게 하려는 것이었다. 나중에 편수들 중의 한 사람이 내가 칠

한 글자 부분을 끌로 파내어 그 이름을 새길 것이었다.

나는 회당에서 바가반의 친존에 앉아 그 이름을 조심스럽게 오려내고 있었다. 나는 그 일에 온 신경을 집중했다. 왜냐하면 조금이라도 실수하면 야단맞으리라는 것을 알고 있었기 때문이다. 바가반은 내가 일하고 있는 동안 내내 지켜보셨다. 오후 3시경에 바가반은 소변을 보기 위해 회당을 나가시곤 했다. 그날 그 시간에 당신은 일어서서 문 쪽을 향해 움직이시기 시작했다. 회당에 있던 사람들은 나만 제외하고 모두 일어섰다. 나는 글자 하나를 한창 오려내고 있는 중이었고, 종이에서 가위를 떼어내다가 글자를 망치고 싶지 않았다.

어떤 사람이 뒤에서 이렇게 투덜거리는 것이 들렸다. "바가반이 일어나셨는데도 이 사람은 전혀 존경심도 없군. 아직도 바닥에 앉아 있어요. 일하는 것을 멈추지도 않았고."

바가반은 이 사람이 말하는 소리를 들으신 것이 분명했다. 바깥에 나가려던 마음을 바꾸신 듯했기 때문이다. 그 대신 당신은 내 곁으로 와서 바닥에 앉으셨다. 당신은 내 어깨 위에 한 손을 얹고 내가 그 글자를 다 오려내는 것을 유심히 지켜보셨다. 그런 다음 당신은 바깥에 나갔다 오려고도 하시지 않고, 일어나서 침상 위에 다시 앉으셨다. 그 뒤에는 나의 불경함에 대해 더 이상 아무런 불평이 없었다.

오려내기가 끝나자 나는 그 글자들을 코끼리 발 밑의 두루마리에 칠했다. 내가 거기서 일을 하고 있을 때 도편수가 나를 제지하려고 했다. 그는 내가 전에 자기 인부들이 농땡이를 친다고 그에게 이야기한 적이 있기 때문에 나를 별로 좋아하지 않았다.

그가 나를 불렀다. "그거 하지 말아요! 그런 글자를 쓸 권한이 있는 사람은 나뿐이오! 당신이 어떻게 그런 걸 제대로 할 수 있단 말이오?"

그러나 바가반이 또다시 나를 구원해 주셨다. 당신은 근처에 서서 내가 글자들을 칠하는 것을 지켜보고 계셨던 것이다.

"자기 권한으로 그렇게 한 게 아니라오. 내가 그렇게 하라고 시켰소."
당신이 이렇게 말하자 도편수는 두 말 못 했다.

자기가 바가반을 누를 수 없다는 것을 아는 도편수는 내가 그 일을 다 끝내도록 허용했다.

건축 공사가 거의 끝나 갈 무렵 어느 전문 조각가로 하여금 그 사원에 안치할 요감비까 상像(Yogambika statue)10)을 다섯 가지 금속을 녹여 만들게 했다. 그것은 '밀랍 누출' 방식('lost wax' method)으로 제작하게 되어 있었다. 이 기법에서는 먼저 밀랍으로 상像을 만든 뒤, 작은 구멍 하나만 남기고 진흙으로 겉을 완전히 싸 바른다. 진흙이 다 마르고 나면 그것을 구워서 단단하게 만든다. 이때 그 열로 인해 밀랍은 작은 구멍으로 다 빠져나오고 구운 진흙의 주형鑄型만 남는데, 여기에 녹인 금속물을 부어넣는 것이었다.

녹인 금속물을 붓는 것은 길시吉時를 택해서 해야 했다. 점성학자들에게 문의했더니 특정한 날을 잡아주면서 주조 작업은 그날 오후 8시에서 11시 30분 사이에 해야 한다는 것이었다. 주형은 미리 만들어 두었다. 그것을 만드는 데는 길시를 택할 필요가 없었기 때문이다.

조각가는 정해진 날 저녁 8시에 아쉬람의 시약소와 반얀나무들 사이의 터에서 불을 지피기 시작했다. 그는 몇 시간 동안 아주 열심히 일을 했으나 도가니 속의 금속들을 잘 녹이지 못했다. 나는 이런 문제에 전문가는 아니지만 불길이 엄청나게 뜨겁다는 것은 알 수 있었다. 조각가는 열기를 중화하기 위해 찬물로 자기 옷을 빈번히 적셔야 했고, 항상 멀찍이서 아주 긴 부집게를 가지고 불을 다루었다.

바가반은 여느 때와 같은 시간에 잠자리에 드셨지만, 11시 30분이 지났는데도 금속이 녹을 기미를 보이지 않자 나는 당신을 깨우는 것이

---

10) [역주] 요감비까(Yogambika)는 '요기 암비까'의 뜻이며, 암비까(Ambika)는 아루나찰라의 여신인 빠르바띠(Parvati-시바의 반려)의 한 이름이다. 요감비까 상像은 어머니 사원 내의 부속 사당에 안치되어 있다.

옳다는 생각이 들었다. 나는 회당으로 가서 당신에게 상황을 설명 드리고 어떻게 하면 좋겠는지 여쭈었다. 바가반은 아무 대답이 없었다. 대신에 당신은 일어나서 작업이 어떻게 되어 가는지 몸소 보러 오셨다. 당신은 도가니에서 10피트쯤 되는 곳에 등 없는 걸상에 앉아 불길을 유심히 바라보셨다. 그러자 1, 2분 만에, 그것도 조각가가 더 이상 아무런 노력도 하지 않았는데도 금속들이 모두 녹기 시작하는 것이었다.

바가반은 그 액체가 주형의 바닥에 있는 작은 구멍으로 해서 주형 안으로 부어지는 것을 지켜보셨다. 작업이 제대로 이루어지고 나자 당신은 만족하시고는 회당으로 돌아가서 다시 주무셨다. 다음날 조각가는 주형을 부수어서 동상을 살펴보더니, 동상이 완벽하게 되었다고 아주 자랑스럽게 선언했다.

내가 이미 아쉬람의 많은 건물들을 완공하고 난 뒤인 1930년대의 어느 때, 내 아버지가 뜻밖에 찾아오셨다. 나는 아버지를 회당으로 모시고 가서 바가반께 소개해 드렸다.

회당으로 가는 길에 내가 말했다. "아버님이 저를 낳아주셨기 때문에 제가 아버님을 바가반께 오시게 했습니다. 바가반에게서 아버님이 필요로 하시는 축복은 다 받으십시오."

아버지는 내가 바가반의 열렬한 헌신자가 된 것을 분명 기뻐하셨다.

"네가 어릴 때, 나는 네가 사두가 되는 것을 원하지 않았지. 그러나 지금은 내가 이런 아들을 낳았다는 것이 행복하구나. 마르깐데야의 아버지처럼, 나는 이런 따빠스윈(*tapasvin*)[따빠스를 수행하는 사람]을 낳은 것이 행복하다." 아버지가 말씀하셨다.

마르깐데야(Markandeya-「아루나찰라 마하뜨미얌」에 등장하는 고대의 진인)가 태어나기 전에 마르깐데야의 아버지는 아들을 얻기 위해 여러 해 동안 따빠스를 했다. 마침내 시바가 그에게 나타나서 다음과 같은 질문을 했다.

"그대는 겨우 열여섯 살밖에 살지 못할 덕 있는 아들을 갖고 싶은가, 아니면 노인이 될 때까지 살 수 있는 아둔하고 마음씨 나쁜 아들을 갖고 싶은가?" 마르깐데야의 아버지는 단명短命하고 경건한 아들을 갖기로 했다.11)

내가 아버지를 바가반께 모시고 가자, 바가반은 내가 아쉬람에서 한 모든 일에 대해 그에게 들려주기 시작하셨다.

"이 큰 건물들은 다 당신의 아들이 지은 겁니다!"

나는 즉시 그 말씀을 부인했다. "아닙니다! 아닙니다!" 나는 바가반에게 말했다. "이 건물들은 모두 당신의 은총에 의해 지어졌습니다. 그것은 모두 당신의 릴라(lila)[신의 유희]의 일부입니다. 어떻게 제가 혼자서 그 어느 하나라도 할 수 있었겠습니까?"

그러자 아버지가 놀라운 말씀을 하셨다. "네가 어디를 가든 그 곳은 번영하게 되어 있어. 나는 네 천궁도天宮圖에서 그것을 봤거든. 네가 사는 어디든지 사원과 건물들이 생겨난다는 것을 말해주는 어떤 특이한 합合(conjunction-점성학에서, 행성들이 만나는 것)이 있었어. 그래서 너를 집에 붙들어두려고 했던 기야. 나는 그런 건물들이 우리 마을에 생기기를 바랐다. 나는 네가 만약 출가수행자(sannyāsin)가 되면 다른 곳으로 가서 살 거라는 것을 알았지. 그래서 너에게 학교를 못 다니게 해서 네가 출가수행자가 되는 것을 막으려고 했다. 내 생각은 '만약 이 아이가 책 읽는 법을 배우지 않으면 경전을 절대 못 읽을 테니까, 신에 대해 아무런 관심도 갖지 못할 것이다'라는 것이었지. 그러나 내 계획은 실패했다. 왜냐하면 여기 오는 것이 네 운명이었으니까. 나는 아무 후회가 없고, 일이 이렇게 된 것이 행복하다."

아버지는 한 달 가량 머물렀는데, 그 동안 우리는 거의 매일 산 오른 돌이를 했다. 아버지가 돌아가실 때, 나는 당신을 역까지 전송해 드렸

---

11) [역주] 마르깐데야는 그 뒤 16세의 수명이 다하게 된 날, 자신이 한 따빠스의 힘으로 태양을 하늘 가운데서 멈추게 하였고, 이것이 우주에 큰 혼란을 초래하자 결국 시바는 그의 수명을 늘려주었다고 한다.

다. 기차가 들어오기를 기다리고 있을 때 아버지가 울기 시작했다. 눈물을 흘리면서 당신은 나에게 금생에 다시 만날 수 있겠느냐고 물었다. 나는 그 대답은 '아니오'라는 것을 강하게 느꼈다.

그러나 아버지를 위로하기 위해 나는 이렇게 말했다. "금생에 우리가 다시 만나리라고는 생각하지 않습니다. 그러나 아마도 아버님은 다시 태어나서 저에게 오실 겁니다. 그 생에서 우리는 서로를 사랑할지도 모릅니다. 그렇게 되도록 신이 모든 일을 안배해 줄 겁니다."

내 느낌은 옳았다는 것이 증명되었다. 나는 다시는 아버지를 보지 못했던 것이다.

얼마 후에는 어머니도 와서 한 달간 머무르셨다. 나는 어머니를 바가반께 소개하고 역시 거의 매일 어머니와 함께 산 오른돌이를 했다. 한 달이 끝나갈 무렵 어머니는 마치 바가반의 어머니가 스깐다쉬람에서 바가반을 보살폈듯이 아쉬람에 남아서 나를 보살피고 싶다고 선언했다. 나는 그것은 어머니의 운명이 아니라고 강하게 느꼈기 때문에, 어머니더러 가서 바가반께 그 문제를 말씀드려 보시라고 했다. 바가반은 어머니가 머무르는 것을 허락하지 않으셨다. 사실 당신은 그 문제를 어머니와 논의하려고도 하지 않으셨다.

어머니가 바가반께 자기가 가야 할지 머물러야 할지를 여쭈자, 바가반은 "가요! 가요! 가요! 가요!"('Pō! Pō! Pō! Pō!') 하면서 손을 저어 어머니를 물리치셨다.

몇 년 뒤에 나는 아버지가 돌아가셨다는 편지를 받았다.

그 편지를 바가반께 보여드리고 나는 이렇게 말했다. "아버님이 저를 낳아 주셨으니, 그를 부디 축복해 주십시오. 이렇게 태어나지 않았으면 제가 어떻게 당신의 친존에 올 수 있었겠습니까?"

바가반은 고개를 끄덕이시고는 "그러지" 하셨다. 어머니가 돌아가셨을 때도 나는 같은 청을 드렸고, 같은 답을 들었다.

그 당시 나는 모르고 있었지만 아쉬람 일꾼으로서의 내 시절은 끝나가고 있었다. 돌이켜보면 나는 바가반이 아쉬람에서의 내 시절이 끝나가고 있었다는 것을 아셨다는 작은 사건 하나를 기억할 수 있다.

내가 쇠지레를 가지고 땅을 파고 있는데 바가반이 오시더니 나에게 물으셨다. "이 일은 자네 스스로 하기로 한 건가, 아니면 찐나스와미가 자네더러 하라고 한 건가?"

나는 찐나스와미가 나에게 하라고 한 일이라고 말씀드렸다. 바가반은 별로 좋아하는 기색이 아니셨다.

"그래, 그가 자네에게 일을 시켰군. 그래, 그가 자네에게 일을 시켰어. 그는 왜 자네에게 이런 일을 시키는 거지?"

조금 뒤 요기 라마이아(Yogi Ramaiah - 헌신자의 한 사람)가 바가반께 말했다. "안나말라이 스와미는 아주 열심히 일을 하고 있습니다. 그의 몸이 아주 약해졌습니다. 그에게 휴식을 좀 주셔야겠습니다."

바가반은 그의 말에 동의했다. "그래요, 우리는 그에게 휴식을 좀 줘야 됩니다. 우리는 그에게 자유를 줘야 돼요."

며칠 후에 나는 바가반의 욕실로 가서 당신의 아침 목욕을 도와드렸다. 마다바 스와미와 나는 당신에게 늘 하는 기름 목욕(oil bath - 몸에 향유를 바르고 하는 목욕)과 마사지를 해 드렸다.

목욕이 끝났을 때 마다바 스와미가 질문을 하나 했다. "바가반, 간자 레히얌(*ganjā lēhiyam*)[주성분이 마리화나인, 아유르베다적 처방의 하나]을 먹는 사람들은 일종의 지복(*ānanda*)을 체험한다고 합니다. 이 지복의 본질은 무엇입니까? 그것은 경전에서 말하는 지복과 같은 것입니까?"

"이 간자를 먹는 것은 아주 나쁜 습관이야." 바가반이 대답하셨다. 그러고 나서 당신은 큰 소리로 웃으면서 나에게 다가오시더니, 나를 끌어안고 "아난다! 아난다!(*Ānanda! Ānanda!*) 이 간자를 먹는 사람들은 이런 식으로 행동하지!" 하고 외치셨다.

그것은 잠시 끌어안는 것이 아니었다. 마다바 스와미가 나중에 나에게 말하기를, 바가반은 나를 약 2분 동안 꽉 끌어안고 있었다고 한다. 끌어안긴 지 몇 초 만에 나는 내 몸과 세상에 대한 자각을 완전히 잃어버렸다. 처음에는 어떤 행복감과 지복감이 있었지만, 곧 그것은 아무 느낌도 아무 경험도 없는 어떤 상태로 변했다. 나는 의식을 잃지 않았고, 다만 주위에서 일어나는 어떤 일도 자각하지 못하게 되었다. 그 상태에 나는 15분가량 있었다. 내가 보통의 세상 의식(world-consciousness)을 회복했을 때, 나는 욕실에 혼자 있었다. 마다바 스와미와 바가반은 벌써 아침 식사를 하러 가고 없었다. 나는 그이들이 문을 열고 나가는 것을 보지 못했고, 아침 식사종이 울리는 것도 듣지 못했다.

이 체험은 내 삶을 완전히 바꿔놓았다. 내가 정상적인 의식을 회복하자마자 나는 스리 라마나스라맘에서의 내 일하는 삶은 끝났다는 것을 알았다. 나는 이제부터 아쉬람 밖에서 살면서 내 시간의 대부분을 명상(meditation)을 하면서 보내게 될 것이었다. 그런데 아쉬람을 위해 일을 하는 사람만이 아쉬람 내에 상주할 수 있다는 하나의 규칙이 있었다. 명상하면서 보내고 싶은 사람들은 다른 데서 살아야 했다. 그래서 나는 아쉬람을 떠나 나 혼자 꾸려가야 한다는 것을 알았다. 그러나 매 끼니의 식사와 내 방을 잃는다는 것은 전혀 걱정이 되지 않았다.

나는 식당에 좀 늦게 나타나서 마지막 아침 식사를 했다. 식사를 끝내자마자 나는 산 위로 올라가서 바가반을 찾았다. 나는 당신이 큰 바위 위에 앉아 계신 것을 보았다.

"저는 아쉬람을 떠나기로 결심했습니다. 저는 빨라꼬뚜로 가서 혼자 살면서 명상하겠습니다." 내가 말했다.

빨라꼬뚜(Palakottu)는 아쉬람 바로 서쪽에 있는 지역 일대이다. 아쉬람에서 24시간 상주하고 싶지 않았던 바가반의 헌신자들 중 더러 몇 사람이 이곳에 살면서 명상했다. (287쪽의 지도 참조.)

"아, 아주 좋지! 아주 좋지! 아주 좋아!" 바가반이 외치셨다.

내 결심은 분명히 당신의 승인을 얻은 것이었다. 내가 그 결정을 즉시 내리게 한 그 체험을 주신 분이 바로 바가반 자신이었는데, 어떻게 승인하시지 않을 수 있었겠는가?

바가반의 승인을 얻고 나자 나는 내 짐을 꾸리고 방을 잠갔다. 또 내가 관리하던 다른 장소들도 자물쇠를 잠갔다.

나는 열쇠 꾸러미를 쩐나스와미에게 건네주며 말했다. "저는 빨라꼬뚜에 가서 살기로 했습니다. 이 열쇠들을 받아서 간수해 주십시오."

아주 당연하게도 쩐나스와미는 몹시 놀랐다. "왜 떠난다는 거지?" 그가 물었다. "이 건물들을 다 지어놓고 말이야. 자네 여기서 일 정말 많이 했네. 이 일을 다 해 놓고 떠날 수 있나? 어디서 잔다는 거지? 어떻게 밥을 먹어? 자네는 혼자 먹고 살 방도가 없기 때문에 많은 어려움이 있을 걸세. 가지 말고 여기 있게."

나는 마음을 바꿀 생각이 없다고 그에게 말했다. 나는 또한 그에게 열쇠를 주려고 했지만 그가 받지 않으려고 했다. 나는 그와 또 말다툼하기 싫어서, 사무실에 같이 있던 수브라마니암에게 열쇠를 건네주고 떠났다.

그것은 내 삶에 있어서 급격한 변화였다. 그 체험을 한 지 몇 시간 안에 나는 빨라꼬뚜로 걸어가고 있었다. 예전의 그 모든 일꾼 생활을 뒤로 한 채 떠나고 있다는 것을 잘 알면서 말이다.

제8장

빨라꼬뚜

내가 바가반께 빨라꼬뚜로 옮겨가게 허락해 달라고 했을 때, 나는 어디서 살 것이며 거기 있는 동안 어떻게 먹고 살 것인지에 대해 전혀 생각한 바가 없었다. 내 생각에 이런 것들은 때가 되면 저절로 해결될 사소한 문제였다. 바가반이 내 결정을 분명히 승낙하셨으므로, 나는 당신이 나를 계속 돌봐 주실 것을 확신했다. 당신에 대한 나의 믿음은 옳았음이 곧 입증되었다. 나는 빨라꼬뚜로 걸어가다가 무나갈라 벤까따라마이아(Munagala Venkataramiah)를 만났다. 그는 『라마나 마하르쉬와의 대담』을 편집한 사람이다.

"저는 방금 아쉬람을 떠났습니다." 내가 말했다. "저는 가서 살 데를 찾아보기 위해 빨라꼬뚜로 가는 길입니다. 이제부터는 제 시간을 정진하는 데 쓸 생각입니다."

무나갈라 벤까따라마이아는 그 소식을 듣고 몹시 놀랐지만, 한편으로 아주 기분이 좋았다. 왜냐하면 누군가가 자기 오두막을 돌봐주기를 바라고 있었기 때문이다.

"오늘 아침에 봄베이에서 전보를 받았는데 나를 얼른 오라는군." 그가 말했다. "나는 지금 역으로 가는 길이라네. 내 오두막 열쇠를 가져가서 내가 돌아올 때까지 거기 있게. 아무것도 살 필요가 없을 걸세. 방 안에 이미 자네가 필요로 할 만한 모든 것이 다 있으니까. 나는 아마 한 달쯤 안에 돌아올 거네."

나한테 열쇠를 주고 그는 서둘러 역으로 갔다. 그는 나에게 방을 보여줄 시간도 없었다.

내 얼마 되지 않는 소유물을 그 오두막으로 옮기는 데는 몇 분밖에 걸리지 않았다. 아직도 음식 문제를 해결해야 하기는 했지만—나는 돈이 없었고 돈이 생길 전망도 없었다—내 마음은 그런 문제에 전혀 주의를 기울이지 않으려고 했다. 나는 그 행복한 상태에서, 그냥 바가반이 모든 것을 돌봐 주실 것이라고 여겼다. 역시 내 믿음은 옳았음이 입증되었다. 몇 시간 후 채드윅 소령의 하인이 난로 하나, 솥 몇 개 그리고 나에게 한 끼 식사를 충분히 지어줄 만한 음식 재료를 들고 나타났다. 그는 채드윅이 자기더러 가서 내 점심 식사를 지어 주라고 해서 왔다고 자기가 온 이유를 설명했다. 나는 채드윅이 나를 도와주기로 한 데 대해 많이 놀라지는 않았다. 그와 나는 여러 해 동안 친구였다. 그러나 내가 놀란 것은 그가 도와주겠다고 나서게 된 상황에 대해서였다. 채드윅은 그날 아침 일찍 명상을 하기 위해 구회당에서 바가반과 함께 앉아 있었다. 그러나 그는 눈을 감기만 하면 내 얼굴이 마음속에 나타나는 바람에 명상이 제대로 되지 않았다. 그것을 떨쳐 내려고 몇 번을 시도해 보아도 안 되자, 그는 명상하기를 포기하고 회당을 나갔다. 그는 자기 방으로 돌아가면서—이런 이야기는 모두 그날 늦게 그가 나에게 해 준 것이다—자기가 왜 그렇게 명상을 못할까 걱정을 했다. 그는 다른 헌신자들과 가깝게 지내는 것은 마음을 어지럽히기 때문에 좋지 않다는 결론에 도달했다.

그가 자기 방에 돌아오자 그의 하인이 그에게 말했다. "안나말라이 스와미님이 오늘 아침 아쉬람을 떠나서 빨라꼬뚜로 살러 가셨습니다."

채드윅은 그 소식을 듣고 다른 사람들과 마찬가지로 놀랐다. 그러나 그의 놀람은 곧 안도감으로 바뀌었다. 그는 몇 분 전에 그에게 강하게 떠오르던 나의 모습이 아까 생각했던 것처럼 그의 명상을 어지럽히는 망상이 아니라, 바가반이 그더러 나에게 도움을 좀 주라고 하는 메시지였다고 판단했다.

그는 하인을 돌아보고 몇 가지 지시를 내렸다. "안나말라이 스와미는 여러 해 동안 바가반을 모신 좋은 헌신자다. 나는 어쩐지 그를 돌봐주어야 하겠다는 느낌이 든다. 그의 오두막으로 음식을 좀 가져가서 그에게 식사를 지어 드려라. 지금이 10시다. 11시 반에 아쉬람의 점심 식사 종이 울릴 때, 안나말라이 스와미도 앉아서 맛있는 식사를 했으면 한다. 나는 그가 아쉬람을 떠났다고 해서 조금이라도 불편한 일이 생기지 않기를 바라니까."

나중에는 채드윅 자신이 내가 어떻게 하고 있는지 보러 왔다. "여러 해 동안 나는 자네가 바가반의 건축 계획을 완수해 내는 것을 보아왔지. 이제 아쉬람이 더 이상 자네를 먹여 살리지 않으니까, 내가 자네에게 필요한 일체를 돌봐 드리겠네. 나는 자네가 먹을 것을 구하러 다른 데 갈 필요가 없도록 하겠네." 그가 말했다.

자신이 한 말을 뒷받침하기 위해 그는 즉시 나에게 난로 하나, 요리 도구들, 그리고 여러 날 먹을 만큼 충분한 식품을 공급해 주었다. 그 다음 몇 주일간은 나를 찾아올 때마다 내 식품 재고를 점검했다. 그는 나에게 무엇이 필요하냐고 결코 묻지 않고, 항상 자기 스스로 찾아냈다. 만약 나에게 어떤 특정한 식료품 품목이 떨어져 간다 싶으면 자기 하인에게 지시하여 새로운 것을 사서 나에게 갖다 주게 했다.

그것은 아주 편리한 해결 방안이었다. 왜냐하면 내가 빨라꼬뚜로 이주한 직후에 바가반 자신이 나에게 이렇게 지시하셨기 때문이다. "누구한테도 어떤 것도 달라고 하지 말게. 자네는 신이 보내주는 무슨 음식이든, 그것이 순수성 식품(sattvic food)인 이상 그걸 먹어야 하네. 자네 주위에서 벌어지는 일들에서 초연하게. 가능한 한 자네 오두막에 머물러 있을 것이지 다른 사람들을 찾아가느라고 시간을 낭비하지 말게."

바가반은 언젠가 나에게 옛날에 살았던 일단의 재가 헌신자들의 이상한 이야기 하나를 해 주셨다. 이 사람들은 그들의 가족과 함께 읍내에 살았지만, 가족들과 거의 접촉하지 않고 지냈다. 매일 아침 그들은 음식을 좀 지어먹고는 근처의 숲 속으로 들어가서 낮 시간의 대부분을 나무 아래서 잠자면서 보냈다. 해질녘에 그들은 읍내의 자기들 집으로 돌아갔다. 그리고 일몰부터 새벽까지는 헌가(bhajans)를 부르기도 하고 다른 영적인 수행들을 하기도 했다. 그들은 일을 하지 않고도 살만한 충분한 돈이 있었기 때문에 이런 생활을 매일 반복할 수 있었다. 이들 재가자들은 세속적인 사람들과 전혀 어울리지 않았다. 그 대신 그들은 모든 시간을 신을 생각하고 숭배하는 데 쓰면서, 완전히 초연한 모습으로 살았다.

바가반은 극단적인 행동들을 결코 권장하지 않았는데, 이 사람들에 대한 이야기를 나에게 하실 때에는 당신이 그들의 생활 방식을 승인하신다는 것이 분명했다. 그것은 세속적인 사람들과 어울리는 것이 우리의 수행(sādhanā)에 장애가 된다는 것을 당신이 나에게 이해시키려고 하셨던 것이라고 생각된다. 내가 1938년 빨라꼬뚜로 이주했을 때, 나는 당신의 조언을 따라서 초연하고 은둔적인 삶을 살려고 노력했다.

나는 무나갈라의 오두막에 두 달 가량 머물렀다. 그가 봄베이에서 돌아왔을 때, 나는 몇 야드 떨어진 곳에 다른 빈 오두막을 발견했는데, 그것은 무달라이아 빠띠의 아들인 땀비람(Tambiram)이 살다가 최근에 비워둔 것이었다. 그는 아주 기뻐하면서 나에게 그 방을 내주었다. 왜냐하면 그가 그것을 지을 때 내가 좀 도와주었기 때문이다.

"사두가 필요로 할 만한 모든 물건이 안에 있네. 이 열쇠를 받고 내가 없는 동안 방을 쓰게." 그가 말했다.

몇 달 뒤 그가 돌아왔을 때, 그는 방을 돌려받는 것을 거절했다.

"이 방은 자네에게 준 걸세. 왜 내가 돌려받아야 하나? 여기에는 오두막이 많네. 나는 다른 데 가서 살겠네." 그가 말했다.

그 무렵 나는 바이꾼타 바스(Vaikuntha Vas)와 상당히 친했는데, 그는 1940년대에 바가반의 시자였던 사람의 하나이다. 당시에 그는 뽄디체리(Pondicherry)에 살았는데, 헌신자들을 잔뜩 데리고 나를 종종 찾아왔다. 그가 올 때마다 그들은 모두 내 오두막에서 자곤 했다. 한 번은 그들이 왔을 때 비가 상당히 많이 왔다. 사람이 너무 많았기 때문에 안에서 요리를 할 공간이 없었다. 그리고 비가 너무 와서 밖에서 할 수도 없었다. 바이꾼타 바스는 결국 자기 사람들 중의 몇을 읍내로 보내서 우리가 먹을 음식을 사오게 했다.

그들이 읍으로 떠난 뒤 그가 나에게 이렇게 말했다. "이 집은 너무 작습니다. 저희들이 오면 당신께 너무 많은 폐를 끼칩니다. 만약 당신께서 헛간이나 베란다 같은 것을 세우시면, 다음에 저희들이 와도 모두 거기 머물러 당신께 폐가 안 될 겁니다. 경비는 걱정하지 마십시오. 저희들이 일체를 부담하겠습니다."

그 헌신자들은 각자 능력껏 시주를 했다. 나도 그것이 좋은 아이디어라고 생각했기 때문에 50루피를 냈다. 그리고 내가 아쉬람에서 일하던 시절에 나를 많이 도와 준 아루무감(Arumugam)이라는 석공에게 전갈을 보냈다. 그는 즉시 왔다. 아루무감과 내가 부지를 보면서 어떤 집을 지어야 할 것인지를 결정하고 있는데, 바가반이 우리를 발견하고 우리가 뭘 하고 있는지 보러 오셨다. 당신은 빨라꼬뚜의 뒤편을 지나는 수로에서 느긋하게 포행하고 계시다가 우리를 발견하자 갑자기 방향을 바꾸어 우리를 만나러 건너오셨던 것이다.

"자네는 스와미를 위해 집을 하나 지으려고 하나?" 바가반이 아루무감에게 물으셨다.

그것은 우리가 계획하던 것이 아니었지만, 아루무감은 문득 자기도 모르게 이렇게 대답하고 말았다. "예, 저는 집을 하나 지을 겁니다."

"어떤 재료를 쓸려고 하나? 진흙인가 벽돌인가? 타일로 하나 테라스(terrace-평면 지붕)로 하나?" 바가반이 물으셨다.

"벽은 벽돌로 짓겠습니다. 그리고 그 위에 테라스 지붕을 얹겠습니다." 아루무감이 대답했다.

나는 이 말을 듣고 깜짝 놀랐다. 바가반이 도착하기 전에는 우리가 코코넛 지붕을 인 움막 이상으로 큰 것은 전혀 의논하지 않고 있었다. 그런데 이제 바가반 앞에서, 아루무감은 비싼 집을 짓겠다고 스스로에게(그리고 아마 나에게도) 약속하고 있는 것이었다.

바가반은 그 계획을 승인하시는 것 같았다.

"어떻게 되어갈지 차차 두고 보세." 당신이 말씀하셨다. 그리고 우리와의 일을 다 끝내자 당신은 가 버리셨다.

나는 아루무감에게, 내가 작은 오두막 하나만 짓기로 한 줄 알면서 왜 그런 돈이 많이 드는 약속을 했느냐고 물었다.

"저도 모르겠습니다." 아루무감이 대답했다. "바가반께서 그 질문을 하시자 저도 모르게 그 말이 튀어나왔습니다. 그렇지만 이제 바가반께 약속을 했으니 저는 그것을 지켜야 합니다. 바가반께서 저더러 이런 말을 하게 하셨으니, 바가반은 틀림없이 이 건물이 지어지는 것을 바라시는 겁니다. 돈은 걱정하지 마십시오. 제 집을 파는 한이 있더라도, 저는 해 내겠습니다."

그 건축 계획은 곧 순조롭게 시작되었다. 아루무감이 그 약속을 한지 하루 만에 나는 예상치 않은 100루피의 시주를 받았다. 아루무감은 그 돈으로 4,000장의 벽돌을 사서 그것을 꾼주 스와미(Kunju Swami)의 오두막 앞 두드러진 위치에 놓았다. 그것은 그가 자신의 약속을 반드시 지킨다는 것을 바가반께 보여드리기 위한 것이었다.

아루무감은 전혀 자기 집을 팔지 않아도 되었다. 바가반의 모든 건축 계획이 다 그러했듯이, 필요할 때마다 돈이 그냥 생겼다. 처음 바이꾼타 바스와 그의 뽄디체리 친구들이 한 시주금으로 우리는 즉시 작업에 착수할 수 있었다. 우리는 6피트 깊이의 큰 기초 호壕를 파면서 일을 시작했다. 그것은 어려운 작업이었다. 왜냐하면 바닥에 바위들이 가득 차 있었기 때문이다. 호를 완성하기 위해 우리는 200개나 되는 큰 화강석들을 캐내야 했다.

바가반이 빨라꼬뚜로 오시는 일상 포행 중에 이 화강석을 보시고 웃으면서 말씀하셨다. "자네는 땅에 묻혀 있던 보물들을 찾아냈군."

내 눈에는 그것들이 그다지 값어치 있게 보이지 않았다. 그것은 그냥 평범한 바위들일 뿐이었다.

바가반은 계속 이렇게 말씀하셨다. "설사 자네가 묻혀 있던 보물을 발견했다 해도, 그걸 가지고 어떻게 할 텐가? 자네는 그 보물을 팔아서 자네 집의 기초로 할 돌들을 사야 할 걸. 자, 여기서 무슨 일이 일어났는지 보게. 신은 자네한테 돌을 거저 주었을 뿐 아니라 운반까지 해 주지 않았나."

바가반은 내 집을 마치 아쉬람 건물같이 취급하셨다. 당신은 매일 와서 집 짓는 것을 지켜보셨고, 우리에게 조언을 해 주셨으며, 종종 우리가 앞으로 할 일을 묻기도 하셨다. 아루무감은 바가반이 얼마나 많은 관심을 가지고 계신지를 보자, 일을 더욱 열성적으로 하게 되었다. 그는 바가반이 자기로 하여금 그 일에 착수하게 했다고 생각했기 때문에, 자기는 자신의 계획이 아니라 바가반의 계획을 실행하고 있다는 생각을 항상 가지고 있었다.

벽들이 창문 꼭대기에 도달했을 때 우리는 돈이 떨어졌다. 돈이 한 푼도 없었고 할 일도 없었기 때문에, 나는 비계飛階를 철거하기로 마음먹었다. 언제 다시 집을 짓게 될지 전혀 예상할 수 없었다. 바가반은 빨라꼬뚜로 포행을 나오셨다가 내가 그 일을 하는 것을 보신 것이 틀림없었다. 내가 늦게 회당에 갔을 때 바가반은 즉시 나에게 왜 비계를 뜯느냐고 물으셨다. 나는 우리가 돈이 전혀 없다고 말씀드렸다.

바가반은 당신의 시자이던 끄리슈나스와미를 돌아보더니 상당히 강조하듯이 말씀하셨다. "안나말라이 스와미가 돈이 없다는군. 그가 돈이 없다고 하는군."

나는 바가반이 이렇게 특이한 방식으로 말씀하시는 것을 듣고(끄리슈나스와미는 내가 하는 말을 이미 듣고 있었다), 우리의 돈 문제가 어떤 식으로든 해결될 거라는 것을 알았다. 이번 경우에 그렇게 하셨듯이, 만약 바가반이 어느 헌신자의 문제에 특별한 관심을 가지면 어떤 신적인 힘이 자동적으로 무슨 해결책을 가져오곤 했다. 바가반 자신은 아무것도 하지 않으셨다. 당신은 자신이 어떤 문제를 해결하려고 한다고는 결코 말씀하지 않으셨고, 어떤 놀라운 사건이나 우연의 일치로 헌신자들의 문제들이 만족스럽게 해결되어도 그에 대해 결코 당신의 관여성을 인정하지 않으셨다. 당신은 단지 오랜 경험을 통해 만약 어떤 헌신자가 당신에게 문제를 가져오면, 그 문제가 종종 어떤 불가사의하고 자동적인 진아의 작용을 통해 해결된다는 것을 알고 계실 뿐이었다.

다음날 나는 내가 아쉬람에서 일하고 있을 때 상당히 친하게 지냈던 헌신자인 라마스와미 무달라이아(Ramaswami Mudaliar)로부터 200루피의 시주금을 받았다. 그는 마드라스와 띠루반나말라이 중간에 있는 마을인 아짜라빠깜(Acharapakkam)에 살고 있었다. 그는 내가 나 자신이 살 집을 한 채 짓고 있다는 말을 듣고 그 돈을 보냈고, 나중에는 일을 도와주기 위해 직접 왔다. 바이꾼타 바스도 찾아와 자원해서 도와주었다. 공사는 이미 절반을 했기 때문에, 우리 세 사람은 한 달이 채 안 되어 일을 끝냈다.

우리가 지붕 작업을 할 채비를 하고 있을 때, 바가반이 오셔서 한 가지 제안을 하셨다. "들보로는 빨미라(palmyra) 목재를 쓰면 좋을 거야. 그것은 띠루쭐리(Tiruchuzhi)[바가반이 태어나 열두 살 때까지 살았던 고향 읍]의 우리 집에 썼던 목재지."

우리는 그 힌트를 받아들였다. 며칠 뒤에 라마스와미 무달라이아가 인근의 마을에 가서 빨미라 나무를 좀 샀다.

나는 바가반께 내가 당신의 조언을 따라서 빨미라 나무를 좀 샀다고 알려드렸다. 그러자 당신은 나에게 들보의 치수를 물어보시기 시작했다.

"들보의 아래 폭은 얼마가 되나?" 당신이 물으셨다. 정확히 얼마라고 말했는지는 기억이 안 나지만 내가 그 대답을 하자, 당신은 "베이쉬!"(Beish!)라고 하셨다. 그것은 "아주 좋아!"라는 뜻이다.

"두께는 얼마지?" 바가반이 물으셨다.

나는 그것을 5인치 두께로 하려고 한다고 말씀드렸다. 바가반은 약간 걱정스런 표정을 하셨다.

"충분히 튼튼할까?" 당신이 물으셨다.

내가 그 정도면 문제없다고 하자 당신은 웃고 나서 말씀하셨다. "그러면 더 이상 무엇이 필요한가?"

내가 이 대화를 이야기하는 것은 단지 바가반이 건축의 모든 단계에 대해 보여주신 관심이 어떠했는지를 보여주기 위해서이다.

몇 주일 뒤에 당신은 내가 맷돌을 잊지 않고 설치했는지 물으셨다. 내가 "예"라고 하자, 당신은 "뭐가 더 필요한가? 뭐가 더 필요한가? 뭐가 더 필요한가?" 하셨다. 나는 이러한 말씀을 내 집에 대한 축복으로 간주했다.

집은 더 이상 별 문제없이 완공되었다. 나는 성대한 낙성식을 가질 마음은 전혀 없었다. 나는 그냥 회당에 가서 바가반께 말씀드렸다. "저는 오늘 처음으로 제 집에 입주하려고 합니다. 부디 저에게 축복을 해 주십시오."

물론 바가반은 결코 드러내 놓고 사람들을 축복하지 않는다. 이 경우에는 내 계획대로 해도 좋다는 뜻으로 고개만 끄덕이셨다. 공식적인 낙성식을 갖는 대신 나는 빨라꼬뚜의 원숭이들에게 비공식적인 대중공양을 베풀었다. 2리터의 뽕갈(pongal)[쌀과 달(dhal)을 한데 삶은 것]을 저수지 근처의 바위들 위에 흩어놓아서 원숭이들이 와서 마음대로 먹을 수 있게 한 뒤에 나는 내 새 집으로 입주했다. 이것은 내가 주소를 마지막으로 바꾼 것이었다. 나는 지금 50년 넘게 이 방에서 살고 있다.

바가반은 분명히 내가 다른 곳보다는 이곳에 살기를 바라셨다. 내가 아직도 땀비람의 오두막에 살면서 새 방을 마련할 생각도 하지 않고 있을 때, 아루무감이 나에게 스리 라마나스라맘에서 1킬로미터쯤 떨어진 오른돌이 길 위에 2에이커의 땅을 사주겠다고 했다. 아루무감은 그 땅을 사주겠다고 했을 뿐 아니라 거기에 집도 한 채 지어주겠다고 했다. 나는 바가반께서 빨라꼬뚜를 포행하실 때 이 제안을 말씀드렸다. 바가반은 분명히 불승인하셨다. 당신은 고개를 한쪽으로 돌리고 대답도 하지 않으신 채, 갑자기 나를 떠나 걸어가기 시작하셨다.

또 한 번은 역시 내 방을 짓기 전이었는데, 내가 어디 다른 곳에 살려고 한 적이 있었다. 산 위의 굴에서 명상하고 싶은 욕망을 느낀 나는 굴 하나를 발견하고 그것을 거주할 만하게 만들었다. 잠은 여전히 오두막에 자면서 낮 동안에만 그 굴로 갔다. 나는 새벽 4시에 일어나서 낮에 먹을 도시락을 준비한 뒤에 그것을 굴로 가지고 갔다. 1주일가량 그렇게 했다. 그러나 명상을 하고 있노라면 사람들이 찾아와 방해하는 바람에 별로 성과를 거두지 못했다. 일단의 남녀들이 하루에 세 번씩이나 와서 굴 바깥에 앉아 아주 상스럽게 이야기를 나누곤 했다. 그들은 심지어 나에게 음식을 청하기도 했다. 그들은 내가 혼자 남아서 명상하고 싶어 한다는 것을 이해하지 못했다. 나는 홀로 있으면서 따빠스를 하고 싶었지만 이 사람들은 나를 방해하는 것을 낙으로 삼으려고 했다. 결국 나는 바가반께 가서 자초지종을 말씀드렸다. 내가 겪은 온갖 방해를 이야기하고 나서 나는 어떻게 해서 그런 상황에 처하게 되었는지를 설명드렸다.

"저는 아무도 찾아오지 않는 데서 살고 싶다는 생각이 있습니다. 저는 아무 노력 없이 음식을 얻고 싶은 마음도 있습니다. 저는 또 세상을 전혀 돌아보지 않은 채 눈을 감고 부단히 명상하고 싶습니다. 이런 욕망이 종종 저를 찾아옵니다. 그것은 좋은 것입니까, 나쁜 것입니까?"

바가반이 말씀하셨다. "만약 그런 욕망들을 가지고 있으면 자네는 그것을 충족시키기 위해서 또다시 태어나야 하네. 자네가 어디에 살건 그것이 무슨 상관인가? 자네 마음을 항상 진아 안에 고정하게. 진아를 떠나서는 어디에도 혼자만의 장소는 없네. 마음이 어디에 있든, 그 장소는 항상 사람이 들끓을 걸세."

"명상할 때 눈을 감을 필요는 없네. 단지 자네 마음의 눈을 감기만 하면 충분하네. 자네의 마음 안에 있지 않은 바깥세상이라고는 없네."

"바른 삶을 사는 사람은 그런 종류의 계획을 전혀 세우지 않는다네. 왜냐? 신은 우리를 이 세상에 보내기도 전에 우리에게 어떤 일이 일어날 것인지를 벌써 정해두었으니까."

이 답변은 내가 예상했음직한 것이었다. 그것은 당신이 여러 해 전에 나에게 암기하라고 했던 『시바난다 라하리』(Sivānanda Lahari)에 나오는 시편들 중의 하나[제12연]에 들어 있는 내용이었기 때문이다.

> 동굴 속에서나, 집 안에서나, 힌데시나, 숲 속에서나, 산꼭내기에서나, 물 속에 서서나, 불에 둘러싸여 고행을 할 수는 있지만, 그것이 무슨 소용 있습니까? 오, 샴부(Sambhu)[시바]시여! 진정한 요가는 자신의 마음을 부단히 당신의 발 아래 두는 상태입니다. 이 상태를 깨달은 사람이 참된 요기입니다. 그런 사람만이 지복을 즐깁니다.

1930년대에 나는 종종 아쉬람에서 『비밀 인도에서의 탐색』(A Search in Secret India)의 저자인 폴 브런튼을 목격했다. 내가 빨라꼬뚜로 이주한 뒤에 우리는 좀 더 잘 알게 되었는데, 그것은 주로 어떤 오해―나중에 내가 설명하겠지만―때문이었다. 바가반에 대한 이야기가 나오는 최초의 서양 출판물인 브런튼의 책으로 인해 많은 새로운 헌신자들이 아쉬람에 왔다. 내가 빨라꼬뚜에 살고 있을 때인 1939년에 찐나스와미는 그를 아쉬람에 오지 못하게 하려고 했다.

찐나스와미는 그에게 말했다. "당신은 바가반을 친견하러 와서는 안 됩니다. 당신은 앞으로는 바가반에 대한 책을 써서도 안 되고, 바가반께 어떤 질문도 해서는 안 됩니다."

찐나스와미는 그가 바가반에 대한 책을 쓰겠다는 허락도 받지 않았고, 책에서 나온 수입을 아쉬람에 한 푼도 들여놓지 않았기 때문에 그에 대해 역정을 내고 있었다.

브런튼은 바가반께 호소했다. "저는 세상 사람들의 이익을 위해 당신에 대한 책을 쓰고 있습니다. 저를 이런 식으로 금지하는 것이 옳습니까?"

그런 경우에 늘 그러했듯이 바가반은 찐나스와미를 지지하셨다.

당신이 말씀하셨다. "만약 찐나스와미에게 물어보면, 그 역시 '저는 세상 사람들을 위해서 이렇게 합니다' 할 거요. 그대는 그대가 세상 사람들을 위해 좋은 일을 한다고 말하오. 내가 무슨 말을 할 수 있겠소?"

그리고 나서 바가반은 침묵을 지키며 그 문제에 관해 더 이상 아무 말씀도 하지 않았다. 바가반이 개입하지 않는 것에 고무된 찐나스와미는 브런튼에게 말했다. "나는 당신에게 떠나라고 말했소. 만약 당신이 가지 않으면 경찰을 부르겠소."

안나말라이 스와미는 이 언쟁을 목격한 사람의 하나였다. 브런튼이 쫓겨난 일에 대한 다른 흥미 있는 기록은 『라마나 마하르쉬와의 대담』의 원고본에 나온다. 폴 브런튼의 마지막 방문에 관한 다음 여섯 항목은 출판되기 전에 모두 삭제되었다.

  1) 대담 638, 이것은 아마 1939. 3. 2.자일 것이다 : '스리 바가반은 회당 안의 어느 사람에게 말씀하셨다. "미국의 어느 대학교에서 브런튼 씨에게 철학 박사(Ph.D) 학위를 수여했습니다. 그래서 이제 그는 브런튼 박사지요. 그가 곧 여기 도착할 겁니다."

  2) 39. 3. 7.자 : '철학 박사인 폴 브런튼 박사가 이른 아침 기차로 띠루반나말라이에 도착했다. 그는 아침 8:30에 아쉬람에 왔다. 그는 신수가 좋아 보였지만 본인은 보이는 것만큼 좋지는 않다고 말한다. 아쉬라맘(asramam-아쉬람) 경내는 이례적으로 고요하다. 왜냐? 이번의 영접과 지난번에 그가 왔을 때의 영접에 있

어서 많은 차이가 있었던 것이다. 그때는 사람들이 그를 신처럼 떠받들었다. 그러나 이제는 아무도 감히 그와 이야기하려고 하지 않는다. 저번에는 서로 경쟁하듯이 그의 시중을 들었다. 그러나 이제는 아무도 그에게 마음대로 접근할 수 없다. 그는 여느 때나 똑같은 데도 말이다.'

'그는 오전 9:45에 회당을 떠났다.'

3) 39. 3. 11.자 : '브런튼 박사는 멋진 지팡이 두 개와 예쁜 만년필 하나를 스리 바가반에 대한 다른 사람들의 선물로 가져왔다. 모두 훌륭한 것이라는 평가를 받았다.'

4) 대담 649번은 바가반이 이렇게 말하는 것으로 끝난다. '… 자기(진아)는 브라만과 분리되어 있지 않다.' 그리고 나서 무나갈라 벤까따라마이아는 이렇게 쓰고 있다. '이 흥미로운 대화는 갑자기 끝나버렸다. 대화가 여기에 이르렀을 때 도감과 폴 브런튼 박사 사이에 언쟁이 있었기 때문이다.'

5) 39. 3. 19.자 : '브런튼 박사가 간밤에 갑자기 떠나 버렸다.'

6) 39. 3. 21.자 : '브런튼 박사가 V. G. 샤스뜨리(Sastri) 씨에게 편지하기를, 자기는 앞으로는 아쉬라맘이나 스리 마하르쉬에 대해서 말을 하거나 글을 쓰지 않겠으며, 스리 마하르쉬를 자신의 심장 안에서 보는 것으로 만족하겠다고 했다.'

'스리 바가반은 브런튼 박사가 더 높은 힘(the higher power)의 작용에 의해 이곳을 떠나지 않으면 안 되었다고 말씀하셨다. 그는 그 힘에 의해 허락된 것보다 한 순간도 더 머무를 수 없었으며, 그 같은 힘에 의해 다시 이끌릴 때는 여기서 벗어날 수도 없다는 것이다.'

브런튼은 바가반의 여생 동안 다시는 아쉬람을 찾아오지 않았다.

브런튼은 아쉬람을 떠나 읍내의 가나빠띠 샤스뜨리(Ganapati Sastri)[1] 라는 헌신자와 함께 지내러 갔다. 이 샤스뜨리가 브런튼에게 나도 아쉬람에서 쫓겨났다고 말했는데, 그것은 잘못 말한 것이었다. 브런튼은 나를 찐나스와미의 변덕에 희생된 또 한 사람의 동료로 여기고 동정하여, 도띠(*dhōti*) 하나와 큰 쌀자루 하나를 나에게 가져왔다.

---

1) [역주] 제6장에 나오는 '가나빠띠 무니'와는 다른 사람이다. 가나빠띠 무니도 더러 '가나빠띠 샤스뜨리'로 불려 혼동의 소지가 있다.

그것을 주면서 그는 나에게 말했다. "당신이 아쉬람을 떠났다니 정말 안 됐습니다. 저는 당신이 필요로 하는 뭐든지 대드리고 싶습니다. 당신이 필요로 하는 뭐든지 저에게 쪽지만 보내주십시오."

내가 아쉬람을 자진해서 떠났다는 것을 이미 설명했는데도, 그는 나를 돕겠다는 생각을 조금도 누그러뜨리지 않았다.

가나빠띠 샤스뜨리도 아쉬람에 출입하는 것이 금지되었다. 그가 브런튼을 돕고 있다는 이야기를 찐나스와미가 들었기 때문이었다. 가나빠띠 샤스뜨리도 먼저 브런튼이 그랬듯이, 바가반께 가서 그 결정에 대해 불평을 했다.

그는 이렇게 말했다. "찐나스와미가 저더러 아쉬람에 오지·말라고 합니다. 바가반께서는 비나야까(Vinayaka) 상像처럼 그냥 앉아만 계십니다. 저는 오랫동안 아쉬람을 위해서 봉사했습니다. 저는 아쉬람에 세 책장(almiras) 가득한 책을 기증했습니다. 바가반께서는 찐나스와미에게 왜 저를 아쉬람에 못 오게 하는지 물어봐 주시지 않겠습니까?"

이 경우에 바가반은 대답조차 하지 않으셨다.

찐나스와미의 출입금지 조치는 영구적인 것이 거의 없었다. 본인이 사과하고 앞으로 찐나스와미의 희망을 따르기로 약속하면, 보통은 아쉬람에 다시 오는 것이 충분히 허용되었다. 찐나스와미는 실제로 쫓아내거나 쫓아내겠다는 위협을 가지고 일꾼들과 헌신자들의 기율을 잡았다. 바가반은 보통 그를 지지하셨다. 당신은 헌신자들이 아쉬람 집행부와 언쟁을 벌이는 것을 승인하시지 않았기 때문이다. 찐나스와미의 흠을 잡고 싶어 하는 사람에 대한 바가반의 표준적인 반응은 "당신이 여기 온 목적에 충실하시오"라는 것이었다.

많은 헌신자들은 그들이 찐나스와미의 손에서 받은 대우에 대해 불평할 충분한 이유가 있었다. 그러나 바가반은 항상 그들이 그러한 불만을 표출하지 못하게 하셨다.

안나말라이 스와미의 시자가 이 이야기(의 원고)를 타밀어를 하는 방문객들을 위해 (구두로) 번역해 주고 있을 때, 안나말라이 스와미는 그 읽는 것을 중단시키고 다음과 같은 말을 했다.

"찐나스와미가 나쁜 사람이었다고 생각하면 안 되네. 그는 자기 임무를 다할 뿐이었어. 바가반은 스스로 아쉬람을 운영하실 수는 없었을 것이야. 왜냐하면 당신은 그렇게 할 마음이나 의향이 전혀 없으셨으니까. 당신은 그 일을 해 줄 누군가를 필요로 했어. 찐나스와미는 이상적인 사람이었지. 왜냐하면 그는 충성심이 있고, 믿음직스러우며, 열심히 일하는 사람이었으니까. 바가반은 당신의 힘을 찐나스와미에게 실어주셨고, 그 힘이 그로 하여금 아쉬람의 모든 일을 감당할 수 있게 한 거지. 그는 바가반의 은총을 통해 바가반의 일을 하고 있었던 것이야. 그는 이따금 독재적이기도 해야 했고 냉혹하기도 해야 했어. 아쉬람의 운영에 간섭하려는 사람이 많았거든. 심지어 바가반까지 길들이려는 사람들이 있어서 당신에게 무엇을 하시라고 할 정도였으니까. 이상하게 들릴지는 모르지만, 여러 가지 면에서 바가반과 찐나스와미는 같은 동전의 양면과 같은 존재였어. 바가반은 고요하고 말이 없는 아쉬람의 중심인 시바였고, 반면에 찐나스와미는 시바로부터 나오는 힘인 샥띠(sakti)로서 바가반 수위의 모든 일들을 수관한 거지."

내가 그와 주고받은 그 모든 대화에서 안나말라이 스와미는 찐나스와미나 다른 누구에 대해서도 조금도 나쁜 감정을 가지고 있다고는 전혀 느끼지 못했다. 그는 항상 자신의 이야기를 원한 없이 아주 사실적으로 말했다. 어떤 감정이 있었다면, 그것은 당신이 젊을 때 일어났던 파란만장한 사건들을 회상하면서 보여준 일종의 씁쓸한 즐거움이었다.

몇 번인가 그는 나에게 이렇게 말했다. "나는 모든 이야기를 자네에게 다 해주겠네. 그러나 그것을 어떤 사람에 대한 반대 운동을 벌이는 데 쓰지는 말게. 그 이야기들을 가능한 한 사실적으로 쓰게. 누구에 대해 나쁘게 생각하는 것은 좋지 않아. 그냥 사실에 충실하게."

나는 이 책을 준비하는 동안 내내 이러한 지침을 염두에 두었다. 최종 원고를 훑어본 뒤에 안나말라이 스와미는 내가 당신의 이야기를 재구성한 방식과, 내가 1920년대, 30년대 그리고 40년대의 스리 라마나스라맘의 분위기를 아주 성공적으로 재창조한 방식에 대해 모두 만족한다고 나에게 말해주었다.

빨라꼬뚜에서 몇 달을 지낸 뒤에 나는 마음이 점점 고요해지기 시작하는 것을 알아차렸다. 일을 하던 시절에는 내 마음이 건축 일에 대한 생각들로 항상 가득 차 있었다. 하루 일이 끝난 뒤에도 마음은 부단히 활동을 계속하곤 했다. 계획들, 문제들, 그리고 문제에 대한 이론적인 해법들이 실제 작업이 끝난 한참 뒤에도 내 마음을 계속 채우고 있었다. 그러한 상황에서는 명상하기가 무척 어려웠다.

바가반은 나에게 말씀하셨다. "자네는 몸뚱이가 아니네. 자네는 마음이 아니네. 자네는 순수 의식, 즉 진아일세. 자네는 일체에 두루하다네. 언제 어느 때나 이것을 자각하게. 심지어 일을 하고 있을 때에도."

나는 일을 하는 동안 이 가르침을 실천하기 위하여 아주 열심히 노력했지만, 많은 성공을 거두었다고는 말할 수 없다.

빨라꼬뚜로 이주하고 나서 나는 바가반의 가르침을 실천하기가 훨씬 쉽다는 것을 알았다. 내 마음은 훨씬 더 고요해졌고, 몸까지 변하기 시작했다. 내가 라마나스라맘에서 일을 하고 있을 때에는 몸 안에 항상 많은 열기가 있었다. 회(lime)를 가지고 일하다 보니 몸이 몹시 뜨거워졌고, 낮 시간의 대부분을 뙤약볕 아래서 보내는 것이 문제를 더 심화시켰다. 빨라꼬뚜에서 몇 달간 정진한 뒤에는 내 마음이 비교적 가라앉아 고요해졌고, 경이로운 서늘함이 내 몸에 두루 퍼졌다. 시간이 지나 여러 해를 수행하고 나자 두 가지 상태는 영구적인 것이 되었다.

바가반은 빨라꼬뚜를 매일 포행하실 때 종종 나를 찾아오셨다. 한 번은 내가 음식을 만들고 있을 때 당신이 찾아와 뭘 만드느냐고 물으셨다. 내가 "밥과 삼바르뿐입니다" 하자, 당신은 아주 기뻐하셨다.

삼바르(sambar)는 대부분의 남인도 식사에 나오는 매콤한 소스이다. 밥과 삼바르만으로 된 식사는 대부분의 남인도인들이 본다면 아주 보잘 것 없는 음식이라 할 것이다. 보통은 적어도 한 가지 채소가 따라오고, 여기에 버터밀크, 라삼(rasam) [매콤한 액체] 그리고 매운 절임을 곁들이게 된다.

다른 때에는 당신이 찾아와서 나에게 띠루박쉬(tiruvakshi)라는 푸른 잎으로 처트니(chutney)를 만들어 먹어야 할 것이라고 말씀하셨다. 당신은 그 전에 몇 번이나 이 식물의 꽃과 잎은 몸에 아주 좋다고 말씀하신 적이 있었다. 그 다음에 오실 때에는 내가 한 번 이 처트니를 드셔 보시라고 내놓았는데, 그것은 일차적으로 내가 당신의 조언을 따라 그것을 정규적으로 만들어 먹는다는 것을 당신에게 보여드리기 위해서였다. 당신은 조금 드시더니 다시는 당신에게 먹어보라고 내놓지 말라 하셨다. "이것은 자네에게 좋은 것이지 나한테는 아니야. 나는 아쉬람에 음식이 많아. 이걸 만들어 먹으라고 한 건 자네한테만 해당되는 거지." 당신이 말씀하셨다.

나는 내 새 집에서 바가반에게 세 번 식사를 대접해 올렸는데, 두 번은 밥으로, 그리고 한 번은 이 처트니로 대접했다.

빨라꼬뚜에 사는 사두 중의 한 사람은 바가반이 내 집에서 식사하시는 것을 보고 농담조로 말했다. "바가반께서 아쉬람에서 드신 음식이 양에 안 차셨던 거로군. 그래서 안나말라이 스와미에게 와서 만다빱빠디(mandapappadi)를 드신 거지."

띠루반나말라이에 있는 큰 사원의 주신主神 아루나찰레스와라(Arunachaleswara)는 가끔 모셔져 나와서 산 오른돌이 길을 도는데, 그 행렬은 헌신자들이 신에게 음식을 바칠 수 있도록 일정한 간격으로 멈춘다. 이런 음식 공양물을 만다빱빠디라고 한다.

나는 또 가끔 바가반께 빨라꼬뚜에서 야생으로 자란 과일을 드리기도 했다. 한 번은 당신께 목사과(wood apple)[2]을 드렸고, 또 한 번은 내 집 밖에서 자라는 엘란다이 열매(elandai fruits)[3]를 드렸다. 그것을 바가반

---

2) [역주] 사과 크기의 껍질이 딱딱한 과일. 사과처럼 바삭바삭한 속살을 먹는다. 타밀어로 빌람빨람(vilampalam)이라 한다.
3) [역주] 가시 있는 나무에 열리는 오디 비슷한 열매. ilandai라고도 한다.

께 드린 지 1주일쯤 지나서 나는 당신을 친견하기 위해 회당으로 갔다. 바가반께 오체투지를 하고 나자 당신이 나에게 말씀하시기를, 아쉬람은 방금 북인도에서 보내온 아주 단 엘란다이 열매를 한 상자 받았다고 하셨다.

바가반은 나에게 하나를 주시면서 농담조로 말씀하셨다. "지난주에는 자네가 나한테 신맛의 엘란다이를 주었지. 오늘은 내가 자네한테 답례로 단맛의 엘란다이를 주네."

바가반은 당신도 드시면서 이 은사물을 당신의 손으로 직접 주셨다. 이런 일은 아주 이례적이었다. 당신이 회당에 계실 때 은사물은 항상 시자들이 나누어 주었지 바가반이 몸소 주시지는 않았다.

나는 특별한 날 외에는 더 이상 아쉬람에서 식사할 수 없게 되어 있었지만, 바가반은 가끔 여전히 식당에서 나에게 음식을 주셨다. 한 번은 내가 저녁 8시쯤 아쉬람의 뒷문으로 들어가고 있는데 바가반과 수브라마니암이 시약소 근처에 서 있었다. 바가반은 수브라마니암에게 나에게 음식을 좀 갖다 주라고 하셨다.

"안나말라이 스와미가 여기 있을 때는 아비얄(aviyal)[응유, 코코넛, 채소로 만드는 카레의 하나]을 즐겨 먹었지. 오늘은 아비얄을 우리에게 필요한 양보다 훨씬 많이 만들었어. 주방에 가서 접시에 좀 담아오게. 여기서 이 사람에게 주면 되니까." 당신이 말씀하셨다.

수브라마니암이 아비얄을 가지고 오자 바가반이 직접 그것을 나에게 차려 주셨다. 바가반은 내가 먹고 있는 동안 내 곁에 서서 당신이 들고 있던 손전등으로 음식을 비추어주셨다.

나는 그러지 마시라고 "달빛이면 충분합니다" 했지만, 당신은 들은 척도 않으셨다. 당신은 내가 마지막 한 줌을 다 먹을 때까지 손전등으로 내 식반을 비추셨다.

내가 빨라꼬뚜에 산 지 4년째 되던 해에 바가반은 나에게 식사를 줄이라고 조언하셨다.

"자네는 하루에 코코넛 하나, 땅콩 한 줌, 망고 하나 그리고 막설탕(jaggery)[갈색 설탕] 작은 덩어리 하나만 먹어야 하네. 만일 신선한 망고가 없으면 말린 것을 먹어도 되고." 당신이 말씀하셨다.

이런 음식을 먹으면 몸이 맑아질 것이고, 마음이 진아 안에서 안정될 것이라고 바가반은 말씀하셨다.

당신은 또 이렇게 주의를 주셨다. "처음에는 설사가 나겠지만 걱정하지 말게. 며칠만 지나면 괜찮을 거니까."

그와 함께 당신은 나에게 묵언默言(mauna)을 하면서 가능한 많은 시간을 명상하는 데 쓰도록 하라고 하셨다. 묵언을 하라는 지시는 아주 이례적인 것이었다. 바가반은 보통, 사람들이 묵언하겠다는 것을 말리면서 이렇게 말씀하셨기 때문이다. "혀를 제어하는 것보다 마음을 제어하는 것이 더 중요합니다. 마음을 고요하게 유지할 수 없으면서 묵언을 한들 뭐합니까?"

이 새로운 식사 방식을 채택하고 몇 주일이 되지 않아서 나는 너무 야위어서 뼈가 불거져 나오기 시작했다.

사람들은 나에게 이렇게 묻는 것이었다. "식사를 안 하세요? 배 고프세요? 돈이 좀 필요하지 않으세요?"

그런 말을 듣지 않기 위해서 나는 몸 전체를 옷으로 감싸고 밤에만 바가반을 뵈러 갔다. 몸이 너무 야위어져 나는 물 한 동이 들 힘조차 없었다. 이런 모습을 감추기 위해 낮에는 내 방에 틀어박혀 있었다. 사람들을 피하기는 그리 어렵지 않았다. 헌신자들은 내가 묵언하는 것을 보자마자 나를 혼자 내버려두었던 것이다.

나는 대부분의 시간 동안 '나는 진아다. 나는 모든 것이다' 하는 생각을 두고 명상했다. 명상 중에 종종 나는 일종의 기운이 머리 위로 올라오는 것을 느꼈다. 그것이 꾼달리니(*kundalinī*)였는지 아니면 다른 어떤 종류의 기운이었는지 나는 모른다. 여하튼 그것은 저절로 일어났다. 나는 그것을 불러일으키려고 하지 않았고, 그것을 어떤 식으로 제어하려고도 하지 않았다. 식사법과 묵언이 결합된 이 명상은 또 한 가지 흥미로운 부수 효과를 가져왔는데, 그것은 내 이마가 아주 빛이 났고 내 얼굴 표정이 외관상 훤히 밝아지면서 온통 빛을 발했다는 것이다. 몇몇 사람이 이것을 보고 그에 대해 더러 말들을 했다.

나는 이런 식으로 1년가량 살았다. 그러고 있는데 하루는 갑자기 뜻밖에도 바가반이 회당에서 나를 돌아보면서 이렇게 말씀하시는 것이었다. "자네는 이제 더 이상 그런 음식 제한을 할 필요가 없네. 정상적인 식사를 해도 되고, 말도 다시 해도 되네."

나는 왜 당신이 나에게만 이런 특별한 수행을 하도록 하셨는지, 그리고 왜 나중에 그 지시를 취소하셨는지 모른다. 그만큼 그것은 아주 이례적인 일이었다. 나는 바가반이 다른 헌신자에게 그런 식으로 생활하라고 말씀하신 경우를 기억할 수 없다.

빨라꼬뚜에 살던 처음 몇 해 동안 나는 바가반을 뵈러 정기적으로 회당에 갔다. 나는 보통 아침에 한 번, 그리고 저녁에 한 번 가곤 했다. 몇 년을 그렇게 한 뒤 1942년에 바가반은 나를 은둔 생활에서 불러내셨다.

당신이 내 방으로 와서 말씀하셨다. "자네 얼굴 보기가 좀체 힘들군. 나를 따라오게."

우리가 뒷문으로 해서 아쉬람에 들어설 때 당신이 말씀하셨다. "작은 병원을 하나 짓는다는군. 자네가 여기다가 더 큰 병원을 하나 지어야 하네."

바가반 자신이 그 건물을 '바이디야살라이'(*vaidyasālai*)라고 불렀는데, 이것은 보통 '병원'이라고 번역되는 말이다. 이 말은 약간 잘못된 명칭이다. 왜냐하면 이 건물은 상당히 작은 방 세 개밖에 없기 때문이다. 바가반의 암癌 수술을 이 '병원'에서 하기는 했지만,4) 이 건물은 보통 외래 환자들을 위한 진료실(clinic)과 시약소施藥所(dispensary)로만 쓰인다.

당신은 지금 병원이 서 있는 부지를 가리키면서 입구를 어디로 해야 하는지를 당신의 팔로 그려 보이셨다. 바가반은 그전에도 가끔 제대로 된 도면 대신에 간략한 힌트만 주셨다는 것을 나는 앞에서 이야기했다. 이번도 그런 전형적인 경우였다. 부지를 지적하신 것 말고는, 첫 지시가 고작 팔을 한 번 막연히 휘저어 보이신 것이었다.

떠나기 전에 바가반은 너무나 귀에 익은 주의사항을 일러주셨다. "내가 이런 지시를 했다고 누구한테도 말하지 말게. 일을 시작하고 나서 자네가 자네 자신의 권한으로 일을 하는 것처럼 하게."

이 말씀을 들었을 때 나는 조용하고 편안하던 나의 생활 방식이, 찐나스와미와 벌이게 될 또 한 바탕의 전쟁으로 깨어지려 하고 있다는 것을 알았다.

바가반이 가리킨 부지에는 잭프루트 나무(jackfruit tree) 두 그루와 망고나무 한 그루가 있었다. 내가 처음 해야 할 일은 그것을 베어 넘기는 것이었다. 내가 기초를 놓을 구상을 하면서 그 일대를 살펴보고 있을 때, 빨라꼬뚜에서 가끔 나를 위해 잡역을 했던 사람 하나가 내가 뭘 하고 있는지 보러 왔다. 나는 그가 믿을 만한 일꾼이라는 것을 알고 있었으므로, 그 나무 자르는 일에 즉시 그를 가담시켰다. 아쉬람 사람들은 모두 점심 후의 낮잠을 자고 있었기 때문에 우리는 누구의 방해나 간섭도 받지 않고 그 일에 착수할 수 있었다. 나무들을 베어 넘기고 난 다음에야 찐나스와미가 무슨 일인지 살펴보려고 왔다.

뭘 하고 있느냐는 예상했던 질문에 대한 대답으로, 나는 가능한 순진

---

4) [역주] 바가반은 1949년 초에 갑자기 왼팔에 피부암이 생겼고, 이 해에 네 차례의 수술을 받았다. 그러나 결국 상태가 악화되어 이듬해 4월 14일 입적하게 된다.

하게 답변했다. "당신이 작은 병원 하나를 지으실 거라고 하더군요. 제 생각으로는 더 큰 병원이 필요하다 싶어서 당신을 위해 지어 드리려고 왔습니다."

바가반이 개인적으로 나에게 시키지 않았다면 내가 이 같은 건축공사를 시작하지 않을 것이라는 생각이 찐나스와미에게는 떠오르지 않았다.

찐나스와미는 나에게 소리를 질렀다. "자네는 더 이상 아쉬람 일꾼이 아니잖아! 아쉬람을 떠나 빨라꼬뚜로 가지 않았나! 왜 돌아와서 우리에게 문제를 일으키나? 무슨 권한으로 자네는 이렇게 우리 나무를 잘랐나? 병원 설계도는 읍내에 있는 어떤 사람이 벌써 그려놓았어. 자네가 왜 관여하나?"

자신의 주장을 뒷받침하기 위해 그는 라마스와미 삘라이를 읍내로 보내서 설계 도면을 그린 사람을 데려오게 했다.

찐나스와미의 고함소리와 나무가 잘리는 소음에 20~30명쯤 되는 사람들이 모여들었다. 그들 중 많은 사람들은 내가 왜 그 나무들을 잘랐는지 알고 싶어 했다. 만일 찐나스와미가 원래의 자기 계획대로 일을 추진했으면 그 나무들은 그 자리에 그냥 남아 있었을 터였다.

나는 다시 설명했다. "저는 여기에 큰 병원 하나를 지을 겁니다. 자리를 만들자니 이 나무들을 베어내야 했습니다."

나는 가능한 한 설득력 있게 말하려고 했지만 내 주장에 큰 허점이 있다는 것은 누구나 알 수 있었다. 만약 누군가 나에게 그 나무들을 베도록 허락하지 않았다면, 나는 아무 권한 없이 그 일을 한 셈이었다.

찐나스와미는 마침내 내가 독자적인 권한으로 그렇게 했고, 계속 밀고 나가려고 한다는 결론에 도달하자, 나에게 호통을 치는 것이었다. "자네가 어떻게 감히 이렇게 나에게 불복종하나? 자네 여기서 무슨 권한이 있나? 자네 내가 누군지 아나?"

나는 최대한 차분하게 대답했다. "당신은 당신이 누군지 모르고 저는 제가 누군지 모릅니다. 그래서 우리는 이렇게 싸우고 있습니다."

구경하던 사람들은 찐나스와미를 편들었는데, 그것은 주로 내가 내 행위를 만족스럽게 해명할 수 없었기 때문이었다. 그 중의 몇 사람은 찐나스와미를 편들어 언쟁에 가담했다.

"자네 왜 이러나? 빨라꼬뚜로 돌아가게! 왜 아쉬람으로 돌아왔어? 왜 우리 나무를 자르나?"

일이 점점 험악한 양상으로 되어 가고 있었다. 나는 패배를 받아들이는 척하면서 저쪽으로 가서 한 구석에 서 있었다. 그때 바가반이 짐짓 나타나셨다. 나는 당신이 회당의 창문으로 우리를 지켜보고 계신 것을 진작 알고 있었다. 당신은 그 창문에서 30야드(27미터)도 채 안 되는 곳에서 벌어지는 언쟁을 훤히 듣고 계셨지만, 거의 끝나갈 때까지 개입하지 않고 계셨던 것이다.

바가반은 나에게로 오시더니 머리를 내 머리 옆에 대고 속삭이셨다. "이 사람들이 뭐라고 그러나?"

나도 되받아서 속삭였다. "'자네가 무슨 권한으로 여기 왔나?' 하면서 '왜 이 나무들을 자르고 있나?' 합니다."

바가반은 한숨을 쉬더니 말씀하셨다. "아방가 이쉬땀. 아방가 이쉬땀. 아방가 이쉬땀(Avanga ishtam. Avanga ishtam. Avanga ishtam.)["그들의 소원대로 되라지"라고 세 번 반복함]. 자네는 빨라꼬뚜로 돌아가도 좋네."

내가 떠난 뒤에, 새로 온 헌신자 한 사람이 시끄러운 소리에 뭔가 하고 왔다가, 모인 사람들 중의 한 사람에게 무슨 일이냐고 물었다.

그가 물어본 사람이 대답했다. "여기서 그전에 일을 하던 안나말라이 스와미라는 사람이 큰 병원 하나를 지으려고 했지요. 우리는 돈이 별로 없기 때문에 큰 병원을 지을 여력이 없습니다. 우리는 그 사람을 보냈습니다. 왜냐하면 그는 여기에 건물을 지을 권한도 없고, 그의 계획을 추진할 돈도 우리는 없기 때문입니다."

"당신들이 큰 병원을 짓고 싶으시다면, 그에 필요한 돈을 제가 대드리겠습니다. 재정 문제는 걱정하지 마십시오. 만약 당신들이 큰 병원을 짓고 싶으면 그 안나말라이 스와미의 계획대로 하십시오. 돈은 제가 다 댈 테니까요." 새로 온 헌신자가 말했다.

이것은 아쉬람으로서는 기대 밖의 선물이었다. 먼저 계획은 취소되었고, 찐나스와미는 나에게 친히 새 병원 건축의 감독을 부탁했다. 바가반의 방도와 수단은 정말 불가사의하다.

나는 아쉬람으로 도로 들어가지는 않았다. 공사가 진행되는 동안 식사만 아쉬람에서 하고 매일 밤이면 빨라꼬뚜로 돌아갔다. 처음에는 내 손으로 식사를 지어먹었지만 바가반이 그러지 못하게 했다.

"자네는 여기서 우리를 위해 일하면서 왜 빨라꼬뚜에서 음식을 지어 먹나? 와서 여기서 식사를 다 하게. 그것이 자네에게 더 편리할 걸세."

바가반은 그 병원에 특별한 관심을 기울이셨는데, 아마도 다른 어떤 건물보다도 더 그러셨을 것이다. 감독할 일이 아무것도 없을 때도 오셔서는, 해 놓은 모든 일을 주의 깊게 점검해 보시곤 했다. 거의 일이 없거나 아무 일이 없을 때, 그리고 점검할 만한 것이 아무것도 없을 때에도 당신은 그 부지에 와서 거기 한참씩 앉아 있기도 하셨다. 그럴 때 당신은 나를 바라보면서, 종종 회당 안에서 헌신자들에게 빈번히 하시던 것과 같은 친견(darshan), 즉 두 눈을 통한 은총의 직접적인 전수를 해 주시곤 했다.

그 건물은 아무런 큰 사건 없이 완공되었다. 식당을 지었을 때와 마찬가지로, 마지막 일은 건물 이름을 입구 위에 부착하는 것이었다. 바가반은 또다시 종이 위에 글자들을 써서 나에게 그것을 벽에 복사하라고 하셨다. 나는 비계를 대충 설치하고 앉아서 그 작업을 했다. 내가 거기 앉아서 일을 하고 있는데 찐나스와미가 오더니 비계의 기둥 막대를 흔들기 시작했다.

"그 일은 아무 석공이나 할 수 있네. 모르비 게스트 하우스(the Morvi Guest House)에 건축 공사가 진행 중이니, 가서 그 일을 감독하게." 그가 말했다.

모르비 게스트 하우스는 그 당시에 아쉬람 주 단지의 도로 맞은편에 건축 중이던 건물을 말한다. 이 건물은 지금 방문 헌신자들의 숙소로 사용된다.

나는 바가반이 바로 이 일을 하라고 지시하셨기 때문에 거절했다.

"그것은 이따가 나중에 해도 됩니다. 아쉬람 일꾼으로서의 제 운명과 병원의 운명은 맞물려 있습니다. 이 일을 끝내면 저는 빨라꼬뚜로 돌아가서 거기서 살 겁니다." 내가 말했다.

바가반은 저만치서 우리를 지켜보실 뿐 개입하지도 않았고 뭐라고 한 마디 하지도 않으셨다. 내 예언은 사실로 입증되었다. 병원 입구 위에 '바이디야살라이'(*Vaidyasālai*)라는 단어를 써넣는 것이 내가 아쉬람을 위해 한 마지막 일이 되었던 것이다.

앞 장에서 나는 안나말라이 스와미의 어머니 사원 감독 일이 1940년대에 있었을 것으로 생각한다고 말했다. 나는 이 사원 공사가 이 무렵에 완성되었고, 그것도 병원이 완공되기 전에 끝났던 것이라고 생각한다. 병원 공사는 1942년에 시작되었지만, 그것이 언제 최종적으로 끝났는지는 확인할 수 없었다. '바이디야살라이'라는 단어를 그 위에 쓴 아치는 주된 공사가 다 끝나고 한참 지난 뒤에 안나말라이 스와미가 덧붙인 것일 수 있다. 지금 아쉬람의 식당에 걸려 있는 개원식 사진에는 아치가 나와 있지 않다.

병원 건축 공사를 하는 동안 줄곧 나는 찐나스와미의 겉으로만 감춘 적의敵意를 참아내야 했다. 그는 가끔 그것을 굳이 감추려고도 하지 않았다.

한 번은 내가 그를 지나서 회당으로 가고 있는데 그가 자기 근처에 있던 사람들에게 아주 큰 소리로 이렇게 말하는 것이었다. "누구든지 공덕(*punya*)[영적인 복덕]을 지으려면 안나말라이 스와미처럼 해야 돼요. 바가반이 그에게 많은 일을 하게 하시지요. 그 때문에 그는 바가반과 아주 친밀합니다. 채드윅은 그의 모든 의식주를 돌봐 주지요. 그러니 그가 우리 같은 사람에게 더 이상 왜 관심을 가지겠습니까?"

그것은 늘 하던 식의 이야기였다. 그는 자기가 나를 지배할 수 없는 것이 화가 났던 것이다. 나로서는 그 당시의 아쉬람은 일하기에는 억압적인 환경이었다. 나는 일단 병원 일이 끝나고 나자 빨라꼬뚜로 다시 피해 올 수 있다는 것이 아주 즐거웠다.

병원이 완공되고 나서 몇 달이 지난 뒤에 바가반은 아쉬람 일꾼으로서의 나의 시간은 끝났음을 확인해 주셨다.

내가 저녁 친견 시간에 회당에 앉아 있는데 바가반이 나를 돌아보시더니 이렇게 말씀하셨다. "자네는 독립한 사람이야. 자네는 독립한 사람이야. 자네는 독립한 사람이야. 자네의 업業은 끝났네. 이제부터는 그 누구도, 그가 왕이든 천신(*devas*)이든 아수라阿修羅(*asura*)든 인간이든, 자네에게 명령하거나 무엇을 하라고 말하지 못할 걸세."

힌두 신화에서는 천신들이 사는 세계와 아수라들이 사는 세계의 두 영계靈界가 있는데, 아수라들은 아주 거칠고 공격적이다. 두 세계의 중생들은 서로 빈번히 싸움을 한다.

나는 바가반께서 이 말씀을 하실 때 크나큰 힘과 평안의 느낌을 받았다. 나는 또한 내가 다시는 아쉬람에 일하러 돌아오지 않으리라는 것을 알게 되어 무한한 안도감을 느꼈다.

1940년대 중반에 바가반이 걸어 다니는 것을 힘들어하시기 시작했을 때, 아루무감과 나는 바가반이 늘 포행하시는 길을 평평하게 하고 말끔히 치웠다. 그 길은 아쉬람에서부터 빨라꼬뚜로 왔다가 다시 산의 낮은 사면을 지나 아쉬람으로 돌아가는 길이었다. 길 표면을 매끄럽게 하기 위하여 우리는 길 위에 진흙을 깔고 그 위를 부드러운 모래로 덮었다.

우리는 또한 경사가 끊어진 곳에는 바가반이 올라가실 때 손으로 붙잡으실 수 있게 높직한 돌을 설치하기도 했다. 그 길은 이따금 관리를 해야 했다. 왜냐하면 산의 낮은 사면을 돌아다니는 염소 떼들이 길 위에 빈번히 가시 있는 가지들을 차 올려놓았기 때문이다. 하루는 내가 이 길을 따라 걷다가 새로 흩어진 가시들을 더러 발견했다. 나는 근처의 나뭇가지 하나를 꺾어서 길을 깨끗이 쓸어냈다.

그날 밤 내가 친견하러 아쉬람에 갔을 때 바가반이 나에게 물으셨다. "저 길을 누가 치웠지?"

나는 내가 포행을 나갔다가 가시들이 좀 있는 것을 보았기 때문에 그것을 치우기로 마음먹었던 것이라고 말씀드렸다.

그러자 바가반은 상당히 예리하게 나에게 물으셨다. "왜 자네는 자네가 한 일을 반추하고 있나?"

나는 바가반이, '내가 바가반을 위해 이 봉사를 했다' 하는 생각을 해서는 안 된다는 것을 나에게 말씀하시려고 한다는 것을 즉각 이해했다. 이런 생각을 반추하고 있었는지 나는 자각하지 못했지만, 바가반은 내 마음 속을 들여다보셨음에 틀림없었다.

"스승님께서는 제 마음을 보실 수 있습니다. 저는 '내가 이 일을 했다'라고 제가 생각하고 있다는 것을 자각하지 못했습니다. 저는 바가반께서 가시 하나라도 밟으시는 것을 원하지 않았기 때문에 길을 치웠을 뿐입니다."

바가반은 이렇게 반응하셨다. "만약 자네가 한 행위를 돌아보지 않으면, 많은 이익이 자네에게 따라올 것이네."

바가반은 여전히 내가 의식적으로 그 행위를 반추하고 있었다는 의미로 말씀하시는 듯했다. 그래서 나는 다시 당신에게 말씀드렸다. "바가반께서는 제가 의식적으로 '내가 이 일을 했다'라고 생각하고 있지는 않았다는 것을 아십니다."

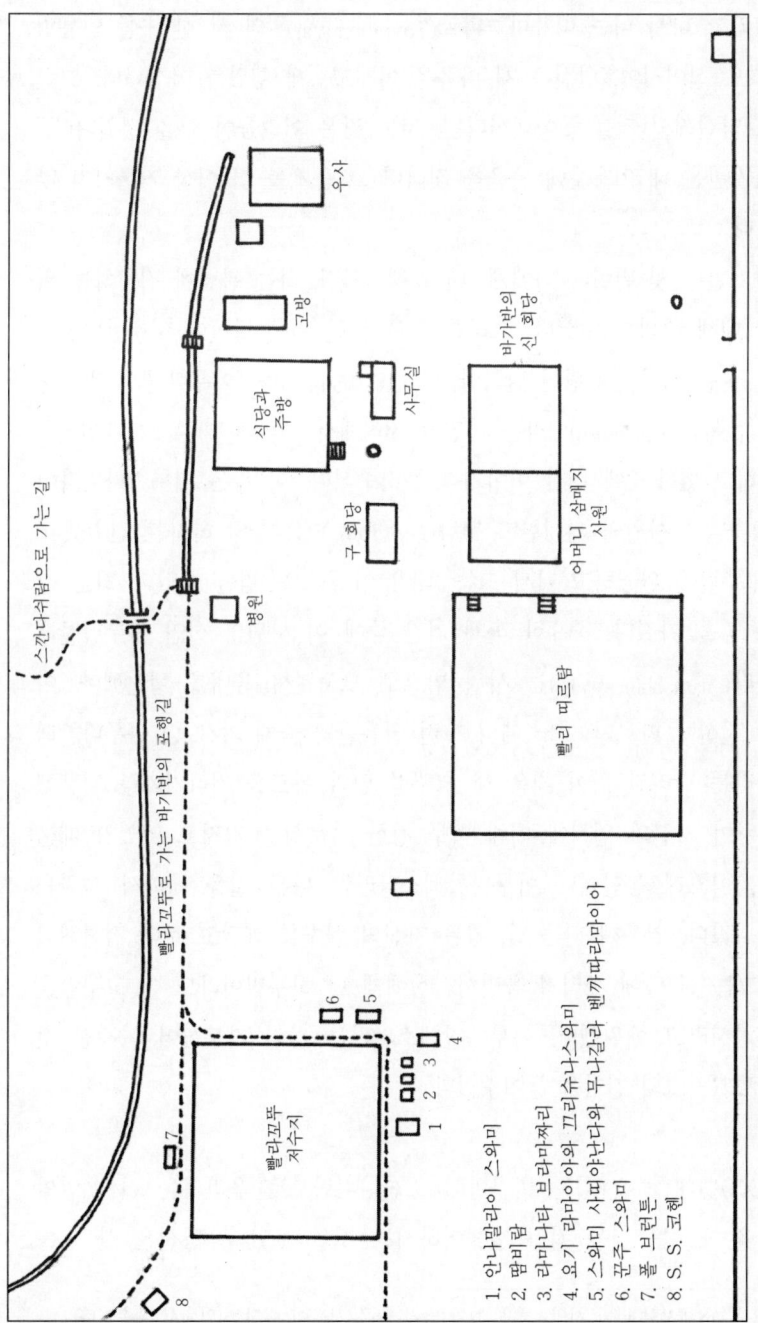

스리 라마나스라맘과 빨라꼬뚜, 어머니 샴배지 아래 지은 사원과 바가반의 신 회당은 1949년에 지은 사원과 바가반의 신 회당은 1949년에 완공되었다. 바가반은 1950년 4월에 입적한 뒤에 그의 구 회당과 어머니 사원의 중간에 묻혔다. 그의 샴배지 위에 큰 전당이 1960년대에 건립되었다. 이 책에 나오는 사두들 중 여러 사람이 빨라꼬뚜 저수지 주위의 오두막이나 가옥에서 살았다.

그러고 나서 나는 따유마누바르(Tayumanuvar)[5]의 시 한 수를 인용했다. "오 신이시여, 당신은 제 마음을 아시고, 제 행위를 아십니다. 그런데도 당신께서 저를 쫓아내신다면, 저는 많은 어려움이 있을 것입니다."

바가반은 내 인용문에 웃음을 짓더니 그 문제를 더 이상 거론하지 않으셨다.

바가반은 몇 번이나 나에게 '내가 행위자다' 하는 관념에 집착하는 위험에 대해 주의를 주셨다. 그러한 경우에 한 번은 당신이 띠루반나말라이에 살던 시바파派 왕인 발라란 왕(King Vallalan)—『아루나찰라 뿌라남』(Arunāchala Purānam)이라는 타밀어 저작에서 시바에 대한 그의 헌신을 찬양하고 있다—에 대한 이야기를 들려주셨다. 이 왕은 띠루반나말라이에 있는 큰 사원의 거대한 고뿌람(gōpurams)[탑] 중의 하나를 건립했다. 이 고뿌람을 완공하고 나서 그는 '내가 이 큰 고뿌람을 지었다' 하는 강한 느낌을 가졌다. 중요한 축제 기간 중에 이 사원의 신인 아루나찰레스와라(Arunachaleswara)는 사원 밖으로 모셔져서 읍내를 행진했다. 이 지방 전설에 따르면 어느 때의 그런 열흘간의 축제 기간 중 아루나찰레스와라는 발라란 왕이 지은 새 고뿌람 밑의 통로를 지나가기를 거부했다. 왕이 자신의 업적에 대해 너무 강한 자부심을 가지고 있었기 때문이다. 아흐레 동안이나 아루나찰레스와라는 다른 길을 택해서 사원을 빠져나갔다. 열흘째 되는 날, 왕은 자신의 실수를 깨닫고 보다 겸허해졌다. 그는 신 앞에 쓰러져 울면서 신에게 단 하루만이라도 이 고뿌람을 이용하시라고 애원했다. 아루나찰레스와라는 왕의 자부심이 약해진 것을 보고는 그의 간청을 들어주었다.

1940년대 초에 나는 바가반이 스깐다쉬람으로 올라가는 길 초입의 계단을 오르는 것을 점점 힘들어하시는 것을 보았다. 당신은 산 위를

---

[5] [역주] 18세기의 타밀 시인-성자. 그가 남긴 많은 시들이 타밀 지역에서 애송된다.

포행하실 때 종종 이 길을 택했으므로, 나는 금속 난간을 설치해서 당신이 오르고 내릴 때 붙잡으시게 하면 좋겠다고 생각했다. 나는 내 계획을 바가반께 말씀드리면서 모든 비용은 내가 부담할 것이며 내가 직접 그 일을 하겠다고 덧붙였다.

바가반은 내 제안을 마다하셨다. "그럴 필요 없네." 그리고 이렇게 덧붙이셨다. "만약 남는 돈이 있으면 빨라꼬뚜에 다른 건물들을 짓는 데 쓰게."

1940년대에 바가반의 건강이 악화되자 바가반 자신을 제외하고는 모두가 걱정했다. 사람들이 당신의 좋지 않은 건강을 염려하는 기색을 보이면 당신은 자신을 육신과 잘못 동일시하지 말라고 그들을 부드럽게 나무라셨다. 나는 바가반이 빨라꼬뚜로 포행하실 때 한 번 이러한 태도의 흥미 있는 사례를 목격했다. 그 당시에 바가반은 소화기 계통에 중대한 문제가 있었다. 당신은 음식을 조금밖에 드시지 못해서 몸이 아주 약해져 있었다. 바가반의 걸음걸이가 비틀거리고 불안정했기 때문에, 당신이 얼마나 약해져 있는지는 누구나 금방 알 수 있었다. 바가반이 빨라꼬뚜에 들어섰을 때, 헌신자이자 대단한 베단따 학자인 자가디샤 샤스뜨리(Jagadeesa Sastri)[6]라는 사람이 다가가서, 바가반이 그렇게 허약한 상태인 것을 보니 걱정이 된다고 말했다.

바가반은 이런 동정적인 말을 잠시 경청하고 나서 말씀하셨다. "깐치뿌람(Kanchipuram)의 샹까라짜리야는 자네에게 '베단따 라뜨나 부샤남'(Vedānta Ratna Bhūshanam)[베단타의 보배 장식]이라는 칭호를 부여했다지. 베단타를 그렇게 잘 알면서 자네가 어떻게 바가반을 육신이라고 생각하나? 이 몸이 바가반인가?"

내가 빨라꼬뚜에 6년쯤 살고 나자 찐나스와미는 채드윅에게 많은 압

---

6) [역주] 바가반의 헌신자(1895~1983). 가나빠띠 무니 이후로 라마나스라맘에서 산스크리트 문학의 최고 권위자였다.

력을 가해서 나에 대한 지원을 중단하도록 설득했다. 그 전에 채드윅은 나에게 음식을 보내는 것을 중단하고, 나에게 그냥 매달 50루피를 주고 있었다. 이것은 그전의 지원에 비해 손색이 없었다. 그 금액이면 내가 필요로 하는 일체를 충당하는 데 충분했기 때문이다. 찐나스와미는 채드윅에게 직접 접근하지 않고 나라야나 아이어(Narayana Iyer)라는 사람을 중간 매개인으로 이용했다. 나라야나 아이어는 그의 지시를 받고 채드윅에게 다음과 같은 메시지를 전했다.

'당신은 안나말라이 스와미에 대한 지원을 중단해야 한다. 그것은 여기 있는 다른 헌신자들에게 나쁜 선례를 제공한다. 만약 지금 아쉬람에서 일하고 있는 모든 헌신자들이 부유한 어떤 헌신자에게 매달려 아쉬람을 떠나면, 아쉬람에는 바가반을 시봉侍奉하거나 아쉬람을 돌볼 사람이 아무도 남지 않을 것이다.'

채드윅은 처음에 이 명령을 무시하고 나를 계속 지원했다. 그러나 찐나스와미가 재차 그에게 비슷한 메시지를 보내자 그는 모종의 반응을 보이지 않으면 안 된다는 것을 알았다. 그는 이러지도 저러지도 못하는 입장에 빠졌다. 그는 나를 계속 돕고도 싶었지만, 동시에 찐나스와미의 비위를 거스르고 싶지도 않았다. 그는 아쉬람에 오래 산 경험으로, 찐나스와미가 그의 뜻을 거스른 헌신자들을 빈번히 쫓아냈다는 것을 알고 있었다. 바가반이 이런 문제에 관해 찐나스와미의 결정을 뒤집지 않았으므로, 그는 만약 자기가 계속 나를 돕다가는 아쉬람에서 쫓겨날 수도 있다는 것을 알았다. 채드윅은 이 문제에 관해 적절한 조언을 해 줄 수 있는 사람은 바가반뿐이라고 판단했는데, 그것은 올바른 판단이었다. 그들이 산 위를 포행할 때 채드윅은 당신에게 상황을 설명 드렸다.

"저는 여러 해 동안 안나말라이 스와미를 지원해 왔습니다. 이제 찐나스와미가 저에게 누차 메시지를 보내어 그를 돕는 것을 그만두라고 합니다. 계속 도와주어야 합니까, 아니면 그만두어야 합니까?"

바가반이 대답했다. "자네가 누구기에 안나말라이 스와미를 돕나?"

채드윅은 바가반이 그만두라고 암시했는데도 나를 지원하는 것을 중단하기를 내켜하지 않았다. 그는 몇 주일을 더 끌고 나서 마침내 그의 제1차적 의무는 바가반의 지시를 따르는 것이라는 것을 깨달았다.

당연히 그럴 수밖에 없었지만, 이때가 나로서는 몹시 걱정되는 시기였다. 채드윅이 나에게 찐나스와미의 명령에 대해 말해주었기 때문에 나는 지원이 언제라도 끊어질 수 있다는 것을 알고 있었다. 만약 바가반에 대해 더 큰 믿음이 있었더라면 나는 바가반이 절대로 나를 저버리지 않으실 거라는 것을 알았을 것이다. 사실은 그렇지 못했고, 내 걱정은 산 위에서 일어난 한 이상한 사건을 겪고서야 사라졌다. 나는 어느 보름날 밤에 아루나찰라의 낮은 사면을 걸으면서 만약 채드윅이 지원을 중단하면 어떻게 될까 생각하고 있었다.

그때 갑자기 한 바위 뒤에서 커다란 소리가 들려왔다. "애야 걱정하지 마라! 애야 걱정하지 마라! 애야 걱정하지 마라!"

나는 그 일대를 샅샅이 뒤져보았지만 소리가 들릴 만한 반경 내에는 아무도 없었다. 나는 마침내 나에게 말을 한 분은 바로 바가반이라는 결론을 내렸다. 비록 목소리는 당신의 것이 아니었지만, 같은 말을 세 번 반복하는 것은 바가반의 전형적인 어투였기 때문이다.

이 무렵 내가 바가반의 이 보증을 받기 전에 한 동안은 채드윅의 부담을 덜어주기 위해 음식을 탁발하러 다녀야겠다고 마음먹었다.

'다른 사람에게 의존하기보다는 읍내로 탁발(bhikshā)[음식 동냥]을 가야겠다'고 나는 생각했다.

이렇게 되면 내 생활 방식에 중대한 변화가 일어날 것이기 때문에, 나는 먼저 바가반의 허락을 구해야 한다는 것을 알았다. 당신은 전에 나에게 아무것도 구걸하지 말라고 말씀하셨지만, 이제는 채드윅이 더 이상 난처한 입장에 빠져 있지 않도록 하기 위해서 나에게 허락을 해

주실지도 모른다고 생각했다. 어느 날 저녁 나는 회당에 앉아 있다가 바가반께 상황을 설명 드리고, 탁발 나가는 것을 허락해 달라고 청했다. 바가반은 약 15분간 침묵을 지키셨다. 나는 그만 일어나서 나가려고 했다. 바가반의 오랜 침묵은 당신이 나에게 허락을 하지 않겠다는 것을 뜻한다는 것을 나는 알고 있었다. 그런데 뜻밖에도 바가반이 나를 도로 앉으라고 하셨다.

"그렇게 오래 앉아 있다가 왜 이제 일어서나?" 당신이 말씀하셨다.

나는 다시 앉았다. 몇 분이 지난 뒤에, 내가 집을 짓고 바가반의 길을 치울 때 나를 도와준 아루무감이 회당 안으로 들어왔다. 나는 그가 문밖에 큰 쌀자루 하나를 내려놓은 것을 보았다.

"저 쌀은 뭐요?" 하고 내가 묻자, 그는 이렇게 대답했다. "당신에게 드리려고 가져왔지요. 저는 갑자기 당신에게 뭔가를 드려야겠다는 강한 충동을 느꼈습니다."

아루무감이 이렇게 때맞추어 나타난 것은 나의 요청에 대한 바가반의 답변이었던 것이다. 즉, 나는 누구한테도 어떤 것도 달라고 해서는 안 된다는 것이었다. 나는 헌신자들이 자진해서 나에게 주는 것에 의존해야 했던 것이다.

찐나스와미는 아루무감도 나를 지원하고 있다는 이야기를 듣자 아주 불쾌해 했다. 그는 아루무감에게, 만약 나에게 계속 식품을 지원하면 아쉬람에 더 이상 발을 들여놓지 못하게 될 거라고 말했다. 이것은 아주 중대한 위협이었다. 왜냐하면 아루무감은 헌신자의 한 사람이었을 뿐 아니라, 대부분의 수입을 아쉬람의 건축 공사 일을 함으로써 벌고 있었기 때문이다. 아루무감은 이 명령에 다소 당황했다.

"제가 무엇을 잘못했습니까?" 그가 바가반께 여쭈었다. "저는 그저 안나말라이 스와미를 도왔을 뿐입니다. 단지 동료 헌신자 한 사람을 돕는다고 해서 아쉬람에서 쫓겨나야 한다는 것이 옳습니까?"

39. 빨라꼬뚜 저수지 건너편에서 1993년에 찍은 사진. 가운데 흰 건물이 안나말라이 스와미가 사는 집이다.

40. 안나말라이 스와미 아쉬람의 내부. 뒤에 보이는 건물이 바가반의 권유와 도움을 받아 안나말라이 스와미가 지은 집이다. 그는 여기서 50년 이상을 살았다.

41. 맨 왼쪽 건물이 채드윅의 집이다.

42. 채드윅 소령.

43. 빨라꼬뚜를 포행하는 바가반. 뒤에는 마다바 스와미와 S.S. 코헨이 따르고 있다.

44. 완공된 병원. 아루나찰라가 뒤에 보인다.

45. 병원 개원식 때 찍은 사진. 안나말라이 스와미는 이 사진에 서 나와 있지 않다.

46. 마지막 일. '바이디야샬라이'라는 이름이 쓰여진 병원 입구 위의 아치(왼쪽 사진에서는 아직 건립되지 않았다).

이미 앞에서 말했지만 바가반은 찐나스와미가 일꾼들을 해고하거나 헌신자들에게 아쉬람을 떠나라고 한 경우에 절대로 개입하지 않으셨다.

그는 아루무감에게 말했다. "자네 이 문제는 찐나스와미와 의논하게. 이런 문제에 간섭하는 것은 내 소관이 아니네."

아루무감은 먼저 채드윅이 그랬던 것처럼, 마지못해 찐나스와미의 명령에 복종했다.

돈에 대한 걱정과 쫓아낸다는 위협은 모두 바가반의 릴라(līla)[신의 연극]의 일부였다. 당신은 헌신자들에게 시험과 시련을 가하실지언정 당신에게 믿음을 가진 사람들을 결코 버리지는 않으신다. 채드윅이 결국 마지못해 지원을 끊었을 때, 나는 이 모든 것이 아주 분명하게 이해되었다. 바로 다음날 나는 기적 같은 상황이라고밖에 표현할 수 없이 3루피를 받았던 것이다. 바가반의 헌신자 중의 한 명인 아디비라가반 삘라이 (Adiveeraghavan Pillai)라는 사람은 반다바시(Vandavasi)[띠루반나말라이에서 북동쪽으로 30마일] 근처의 뗄루르(Telur)라는 마을에 살고 있었다. 며칠간 그는 스리 라마나스라맘에 있는 사두들 중의 한 사람에게 돈을 얼마 보내야겠다는 충동을 느끼고 있었다. 그것은 상당히 막연한 충동이었는데, 왜냐하면 그는 특정인을 염두에 두고 있지 않았기 때문이다. 그러다가 하룻밤에는 꿈에 한 장의 종이 위에 '안나말라이 스와미, 빨라꼬뚜'라는 말이 씌어져 있는 것을 보았다. 그래서 그 다음날 그는 3루피를 나에게 보냈던 것이다. 그는 그것을 직접 보내지 않고 같은 마을에 사는 사람인 자야람 무달라이아(Jayaram Mudaliar)의 이름으로 보내왔다. 나는 무달라이아에게 고맙다는 편지를 썼는데, 그 편지에서 나는 내 다른 수입원이 다 끊어진 다음날 그 돈이 왔다고 말했다.

1주일쯤 뒤에 일단의 헌신자들이 이 마을에서 와서는 자기들이 내 모든 필요 사항을 돌봐주겠노라고 했다. 그 후로 여러 해 동안 그들은 내가 살아나가는 데 충분한 돈을 대주었다. 이것은 바가반의 은총을 보여주는 훌륭한 사례 아닌가? 내가 바가반께 처음 왔을 때 스리 라마나 스라맘이 나의 모든 의식주를 돌봐주었다. 내가 빨라꼬뚜로 이주하자 첫날부터 채드윅이 맡아서 나를 6년간이나 돌봐주었다. 채드윅이 지원을 중단한 다음날, 바가반은 이 마을 사람들을 나에게 보내서 나를 돌봐주게 하셨다. 바가반은 나에게 절대로 어떤 것도 남에게 청하지 말라고 하셨다. 당신이 결코 나를 굶주리게 내버려두셨을 리는 없었기 때문에, 당신은 내가 평생 남으로부터 물질적인 도움을 받게 되어 있었다는 것을 알고 계셨음에 틀림없다.

바가반과 함께 산 삶은 믿음과 복종과 순복順服(surrender-내맡김)의 가치를 나에게 가르쳐 주었다. 내가 바가반의 말씀에 순복했을 때, 혹은 당신이 나의 모든 영적이고 물질적인 필요를 돌봐주실 것이라는 완전한 믿음을 가졌을 때는 모든 일이 잘 되었다. 내가 나 자신의 운명을 만들어보려고 했을 때는(예컨대 굴에 살러 갔을 때와, 내가 뽈루르로 달아났을 때) 일이 엉망으로 되었다. 살아가면서 얻은 교훈들은 이처럼 나에게 완전한 순복의 가치와 필요성을 가르쳐 주었다. 만약 우리가 바가반께 완전히 순복한다면, 만약 우리가 다른 것을 일체 무시하고 당신의 말씀에 따라 산다면, 만약 우리가 바가반에 대한 충분한 믿음을 갖고 미래에 대한 계획을 세우는 것을 그만둔다면, 또 만약 우리가 바가반의 전능함에 대한 믿음을 가짐으로써 일체의 의심과 걱정을 떨쳐버릴 수 있다면—그때에는, 그리고 오직 그럴 때에만, 바가반은 우리의 환경을 조정하고 변화시켜 우리의 영적, 물질적 필요가 항상 충족될 수 있게끔 만들어주실 것이다.

나는 앞에서 내가 매일 저녁 바가반을 뵈러 가곤 했다는 이야기를 했다. 보통 나는 저녁 9시에서 10시 사이에 당신을 찾아가서 당신의 가르침을 듣고 당신의 은총으로 충만된 침묵을 최대한 흡수했다. 이 때에는 내가 한 가지 작은 특권을 가지고 있었는데, 그것은 바가반이 심심찮게 나에게 당신의 발바닥에 박힌 가시를 뽑아달라고 하셨다는 것이다. 바가반은 내가 당신의 정규 시자들보다 가시를 더 잘 뽑는다고 생각했기 때문에 나에게 이 일을 맡기셨다. 바가반은 샌들을 아예 신으려 들지 않으셨기 때문에 가시가 자주 발에 박혔다.

내가 이 가시들을 뽑아내고 있을 때 바가반은 종종 걱정스럽게 물으시곤 했다. "가시들을 볼 정도로 자네 시력은 좋은가? 제대로 보면서 할 수 있나?"

한 번은 당신이 나에게 물으셨다. "새 가시를 뽑아내나, 아니면 예전 가시를 뽑아내나?"

이 질문에는 대답하기 어려웠다. 바가반은 가시가 발에 박혀도 여러 날 혹은 몇 주일이 지나도 통 모르고 지내시는 경우가 비일비재했다.

이러한 야간 방문은 나에게 특별한 시간이었다. 내가 당신을 찾아갈 때마다 바가반은 항상 나에게 많은 사랑과 애정으로 말씀을 해 주시곤 했다. 그러나 내가 곧 알게 되었지만, 불행하게도 내 생애의 이 기간은 끝나가고 있었다.

며칠 뒤에 내가 회당에 들어가자, 바가반은 당신의 머리와 얼굴을 도띠로 감으시고는 나를 보지 않으려고 하셨다. 이런 일은 좀처럼 없었다. 당신은 내가 회당에 들어설 때마다 보통 몇 마디 친절한 말씀으로 맞아 주셨다. 당신은 그 다음 이틀 밤도 똑같이 행동하셨다.

세 번째 날에 나는 당신께 여쭈었다. "바가반께서는 왜 제가 회당에 들어올 때마다 회교도 여자처럼 얼굴을 덮으십니까? 제가 더 이상 와서는 안 된다는 뜻입니까?"

바가반은 상당히 아리송하게 대답하셨다. "나는 그저 시바처럼 행동하고 있을 뿐이네. 자네는 왜 나한테 말을 거나?"

바가반의 답변 첫 문장은 일반적으로는 "나는 여기 앉아서 그저 나 자신의 일만 상관하고 있다" 하는 의미의 구절을 문자 그대로 옮긴 것이다.

나는 이 말씀을 바가반이 내가 더 이상 오는 것을 원하지 않으신다는 의미로 해석했다. 나는 회당을 나가서 한 나무 아래 섰다. 조금 후에 바가반이 나를 회당으로 불러들이셨다. 이 때에는 회당 안에 다른 사람이 아무도 없었다.

"자네는 신에 대한 믿음이 전혀 없는 무신론자인가?" 하고 바가반이 물으셨다.

나는 너무 어리둥절해서 대답을 하지 못했다.

바가반이 마침내 말씀을 이으셨다. "만약 사람이 신에 대한 믿음이 없으면 많은 죄를 범하게 되어 비참해질 것이야. 그러나 자네, 자네는 성숙한 헌신자야. 마음이 성숙을 이루면, 그 성숙한 상태에서 만일 그가 자신이 신과 별개라고 생각하면 그는 신에 대한 믿음이 전혀 없는 무신론자와 똑같은 상태에 떨어지고 마는 거야."

"자네는 성숙한 수행자(sādhaka)[영적인 추구자]야. 더 이상 여기 올 필요가 없어. 빨라꼬뚜에 있으면서 거기서 자네가 하는 명상을 하게. 자네가 신과 다르다는 생각을 지워버리려고 노력하게."

나는 아쉬람을 떠나서 다시는 가지 않았다. 비록 내 방은 아쉬람의 문에서 200야드(180미터)밖에 안 되었지만, 나는 1940년대의 그 운명의 날 이후로는 한 번도 아쉬람을 찾아가지 않았다.

20일쯤 지나서 바가반이 빨라꼬뚜에서 포행을 하시다가 나에게 다가오더니 웃음을 띠고 말씀하셨다. "자네를 친견하러 왔네." 나는 당신이 농담을 하신다는 것은 알았지만 이런 식으로 말씀하시는 것을 듣고 상당히 충격을 받았다.

내가 그에 대한 설명을 청하자 당신은 말씀하셨다. "자네는 내 말에 복종했지. 자네는 내가 가르친 대로 단순하게 그리고 겸허하게 생활하고 있지. 이거 대단하지 않은가?"

비록 바가반이 나에게 아쉬람에 더 이상 오지 말라 하셨지만, 여전히 나는 당신이 빨라꼬뚜에 오실 때에 당신에게 이야기하는 것은 상관없다고 생각했다. 그러나 바로 직후에 바가반이 산 위를 포행하실 때 내가 당신을 뵈러 가자, 당신은 나의 이런 생각이 잘못임을 일깨워주셨다.

당신은 나를 돌아보고 말씀하셨다. "자네는 나보다 더 행복하네. 자네가 나에게 줄 것은 자네가 다 주었고, 내가 자네에게 줄 것은 내가 다 주었네. 왜 아직도 나에게 오나?"

이것은 당신이 나에게 하신 마지막 말씀이었다. 나는 당신의 지시에 복종하여 다시는 당신에게 접근하지 않았다. 당신이 빨라꼬뚜로 포행을 오시면 나는 여전히 당신을 친견할 수 있었지만, 우리는 다시는 서로 말을 하지 않았다. 설사 우리가 우연히 마주쳐도, 당신은 내가 있는 것을 인지認知하지 않고 나를 지나쳐서 걸어가시곤 했다.

바가반은 언젠가 나에게 이렇게 말씀하셨다. "스승의 형상에 매달리지 말게. 왜냐하면 그것은 없어질 것이니까. 그의 발에 매달리지 말게. 왜냐하면 그의 시자들이 그러지 못하게 막을 것이니까. 진정한 바가반은 자네의 심장 안에 자네 자신의 진아로서 살고 있네. 그것이 진짜 나라네."

우리 사이의 개인적인 연결을 끊어버림으로써 바가반은 나로 하여금 당신의 진정한 모습을 알게 하려고 하신 것이었다. 바가반은 나더러 자기(진아)에게 하나의 이름이나 형상을 결부시키거나, 그것을 결코 하나의 개인적 존재로 간주하지 말라고 빈번히 말씀하셨다.

한 번은 우리가 아쉬람에서 나바라뜨리 축제(*Navarātri festival*)[보통 10월에 있는, 열흘간 계속되는 축제]를 위해 장식되어 있던 여신의 상像을 살펴보고 있을 때, 당신이 나에게 이렇게 주의를 주셨다. "이 모습이 실재한다고 믿지는 말게. 신이 어떤 형상을 가지고 있다고 믿으면 안 되네. 진아는 일체에 두루하네. 그것이 한 육신의 형상에 국한된다고 생각하지 말게. 설사 그것이 신의 형상이라 하더라도."

바가반은 나에게 당신의 은총을 주신 뒤 우리 사이의 개인적인 관계를 단절하셨다. 그러나 사랑과 헌신의 유대는 끊어지지 않았다. 다만 그것이 마음과 심장에 한정된 것이다.

바가반이 1940년대 말에 몹시 아프실 때 나는 당신을 못 견디게 찾아가고 싶었다. 그러나 나는 그 유혹에 결코 넘어가지 않았다. 바가반이 나더러 당신의 친존에 가까이 오지 말라고 지시하셨다는 것을 나는 명심하고 있었기 때문이다. 바가반이 나에게 무슨 말씀을 하셨는지 모르는 사람들은 더러, 내가 가지 않는 것을 두고 존경심이 없다고 생각했다. 한 헌신자는 이 점에 대해 바가반께 여쭈기까지 했다.

"안나말라이 스와미는 바가반을 오랫동안 모셨습니다. 그러나 지금 바가반께서 심하게 아프신데도 바가반을 뵈러 오지 않고 있습니다." 그가 말했다.

바가반은 질문한 사람이 다소 제 잘나하는 면이 있음을 간파하시고, 이렇게 말씀하셨다. "그는 아무 문제도 일으키지 않는 사람이지요."

그리고 나서 이렇게 덧붙이셨다. "여러분은 여기 있으면서도 마음은 딴 데 가 있지만, 그는 다른 데 있어도 마음은 여기 와 있어요."

바가반의 시자인 랑가스와미가 이 이야기를 그날 나중에 나에게 들려주었다. 내가 끊임없이 당신을 생각하고 당신을 걱정하고 있다는 것을 바가반이 분명히 알고 계시다는 것을 들으니 좋았다.

바가반의 생애의 마지막 해에 나는 계속 심한 복통으로 고생했다. 바가반을 치료하러 온 의사들 중 몇 사람이 나도 치료해 주었지만, 어느 누구도 통증을 덜어주지 못했다. 나는 죽 외에는 아무것도 먹지 못했고, 그것조차도 적은 양 밖에 먹을 수 없었다. 만일 내가 죽을 많이 먹어보려 하거나 다른 음식을 먹으려고 하면 배의 통증이 참을 수 없을 정도가 되었다. 바가반의 생애 마지막 무렵에 그 고통은 훨씬 심해졌다.

고통이 너무 심해서 나는 이렇게 생각했던 것으로 기억한다. '바가반

이 당신의 몸을 벗어버리기 전에 이 몸을 벗어버렸으면. 이 고통은 더 이상 참을 수 없다.'

나는 마침내 바가반께 기도하기로 마음먹었다. 건강하게 해 달라는 것이 아니라 죽게 해 달라고 말이다. 그 당시 내 집의 평평한 지붕으로 올라가는 몇 개의 계단이 있었다. 나는 그 계단을 천천히 고통스럽게 올라가서 바가반이 계신 방향을 바라보았다.

나는 기도했다. "부디 바가반, 당신께서 삼매를 이루시기 전에 제가 삼매를 이루게 해 주십시오[당신이 돌아가시기 전에 제가 죽게 해 주십시오]." 그 순간 나는 하늘에서 커다란 빛, 바가반이 돌아가셨음을 뜻하는 그 빛을 보았다. 많은 사람들이 이 빛을 보았고, 그들 대부분은 그것이 유성을 닮았다고 이야기했다. 나에게는 그것이 다른 형태로 보였다. 나는 하늘 중간에 있는 20피트 높이에 1.5피트 너비의 큰 빛의 기둥을 보았다. 그것이 나타나 있던 약 2분 정도의 시간 동안 그것은 아쉬람 쪽으로 천천히 내려오고 있었다. 몇 분 후에 한 사두가 와서 바가반이 서거하셨다고 나에게 말했다. 그가 그 소식을 나에게 전한 바로 그 순간 내 복통은 사라지고 다시는 나타나지 않았다.

바가반은 그 다음날 매장되었다. 빨라꼬뚜의 내 이웃 중의 한 사람인 스와미 사띠야난다(Swami Satyananda)는 매장 일을 거들었다. 나는 그가 그날 저녁 8시 30분쯤에 빨라꼬뚜로 돌아오는 것을 보았는데, 온 몸에 비부띠(*vibhūti*)[성스러운 재]를 뒤집어쓰고 있었다. 나는 자연히 그에게 어쩌다 그렇게 되었느냐고 물었다.

"나는 바가반의 시신을 삼매지 구덩이에 내려놓았지요." 그가 말했다. "헌신자들이 거기다 많은 비부띠를 뿌려놓았기 때문에 어쩔 수 없이 그것이 몸에 묻었습니다. 목욕을 하게 물을 좀 주시겠습니까?"

나는 그에게 물을 주기 전에 그 비부띠를 내 몸에 묻히기 위해서 그를 꽉 끌어안았다. 그것은 바가반의 몸에 닿았던 것이기 때문에, 나는 그것을 당신의 최후의 은사물로 간주했다.

  나는 그날 저녁 다른 두 가지 형태의 은사물을 또 받았다. 나를 위해서 일을 해 주곤 하던 한 처녀가 바가반의 시신을 목욕시킨 물을 좀 수거했다가 나에게 가져왔다. 나는 그것을 아주 즐겁게 마셨다. 약간 미쳤다는 평판이 나 있던 다른 여자 한 사람은 바가반의 시신을 장식했던 화만들 중의 하나를 나에게 갖다 주었다. 워낙 많은 사람들이 당신에게 화만을 씌워드리고 싶어 했기 때문에(당신의 생전에는 절대로 허락하지 않았던 일이지만), 먼저 씌웠던 화만은 다음 것을 위해 다시 들어내지 않으면 안 되었던 것이다. 나는 이 화만의 꽃을 몇 개 따서 먹었다. 이 물과 꽃들은 내가 바가반의 육신과 가진 마지막 접촉이었다. 그 이후로 나는 진정한 바가반, 심장 안에 영원히 존재하는 바가반과 접촉을 유지하려고 노력했다.

제9장

일기초抄

내가 스리 라마나스라맘에 있던 처음 10년간(1928~38), 바가반은 나를 항시 바쁘게 만드는 것을 철칙으로 하셨다. 당신은 내가 아무 일이 없는 것을 보시면, 오직 내가 뭔가를 하고 있도록 하기 위해 새로운 일거리를 항상 생각해 내시는 것이었다. 이 때문에 나는 이 기간 동안 거의 한가한 때가 없었다. 그러나 내가 빨라꼬뚜로 옮겨가자 상황은 정반대로 되었다. 나는 집안 일 외에는 전혀 할 일이 없었고, 거의 무제한으로 자유로운 시간을 갖게 되었다. 이 자유시간을 이용하여 나는 명상을 하고, 바가반이 읽으라고 주신 책들을 읽었다. 그리고 일기를 적었는데, 바가반께서 행하시거나 말씀하신 것들에 대한 이야기도 포함시켰다. 나는 이 일기를 1938년 후반에 시작했고, 약 1년 간 꼬박 적어나갔다.

앞 장들에서 나온 이야기들 가운데 어떤 것은 원래 1938년 또는 1939년 사이에 씌어진 이 일기에 있던 것이다. 일기 중의 어떤 부분들은 『라마나 마하르쉬와의 대담』(Talks with Sri Ramana Maharshi)에 수록되기도 했다.

그러나 아직도 많은 흥미로운 이야기들이 출판되지 않았으므로, 나는 일기의 나머지 대부분을 이 장에 싣기로 하였다.

아래에 수록된 문답들은 바가반의 가르침을 체계적으로 보여주려고 하는 것은 아니다. 단지 이것들은 1930년대 말에 구회당에서 오고 간 대화의 아주 대표적인 유형들을 보여주는 것이다.

1

다음의 질문들은 어느 귀족적인 풍모의 미국 여사女士가 한 것이다. 바가반의 답변은 당신의 실천적인 가르침을 간결하게 요약하고 있다.

질문: 제가 성취해야 할 진리란 어떤 것입니까? 부디 그것을 설명해 주시고 제게 그것을 보여 주십시오.

바가반: 우리가 성취해야 하고 누구나 성취하고 싶어 하는 것은 끝없는 행복입니다. 우리는 여러 가지 방법으로 그것을 성취하려고 하지만, 그것은 하나의 새로운 체험으로서 우리가 구하거나 성취할 수 있는 어떤 것이 아닙니다. 우리의 참된 성품은 누구나 항상 체험하고 있는 '나'라는 느낌('I' feeling)입니다. 그것은 우리의 내면에 있지 다른 어디에 있지 않습니다. 우리는 그것을 항상 체험하고 있는데도, 우리의 마음은 무지에 빠져 그것이 우리와 별개의 어떤 것이라고 생각하면서 항상 그것을 찾아서 헤맵니다. 이것은 마치 어떤 사람이 자기는 혀가 없다고 자기 혀로 이야기하는 것과 같습니다.

질문: 만약 그렇다면, 왜 그 많은 수행법들(sādhanas)이 나오게 되었습니까?

바가반: 수행법들은 그것[진아]이 새로이 얻을 그 무엇이라는 생각을 없애기 위해 나온 것일 뿐입니다. 그 환상의 뿌리는 진아를 무시하고 그 대신 '나는 이 몸이다'(I am this body)라고 여기는 생각입니다. 이 생각이 일어나고 나면 그것은 일순간에 수천 가지 생각으로 확산되면서 진아를 가려버립니다. 진아라는 실재는 이 모든 생각들이 제거되었을 때만 빛을 발합니다. 그 뒤에 남는 것은 오직 브라마난다(Brahmānanda) [브라만의 지복]뿐입니다.

질문: 저는 지금 '나는 이 몸이다' 하는 생각 없이 평온하게 앉아 있습니다. 이것이 실재의 상태입니까?

바가반: 그런 상태가 아무런 변화 없이 지금 그대로 지속되어야 합니다. 만약 그 상태가 잠시 후에 변한다면, 다른 생각들이 아직 사라지지 않았다는 것을 알게 되겠지요.

질문: 다른 생각들을 없애는 방법은 무엇입니까?

바가반: '이 생각들이 누구에게 왔나?' 하는 탐구를 힘 있게 실천함으로써만 그런 생각들을 제거할 수 있습니다.

다음날 이 미국 여사에게 의문이 더 일어났다. 그녀는 바가반께 다시 다가가서 또 질문을 하기 시작했다.

질문: 신을 보는 방법은 무엇입니까?

바가반: 어디서 신을 봅니까? 먼저, 그대는 그대 자신을 볼 수 있습니까? 만약 그대 자신을 볼 수 있다면 그대는 신을 볼 수 있습니다. 누가 자기 자신의 눈을 볼 수 있습니까? 자기 눈을 보지 못한다고 해서 '나는 눈이 없다'고 말할 수 있습니까? 이와 마찬가지로, 봄(見, seeing)은 항상 있지만 우리는 신을 볼 수 없습니다. 우리가 신과 다르다고 하는 생각을 포기하는 것이 신을 보는 것입니다. 이 세계에서 가장 으뜸가는 불가사의는 '나는 신과 다르다' 하는 생각이 어떻게 일어났느냐 하는 것입니다. 이보다 더 큰 불가사의는 없습니다.

『찬도갸 우파니샤드』(Chāndogya Upanishad)에 이것을 설명하는 이야기가 있습니다. 자기 집에서 푹 잠이 든 어떤 사람이 꿈을 꾸기 시작했습니다. 꿈속에서 어떤 사람이 오더니, 그의 코에 어떤 약을 밀어 넣은 다음 그의 눈을 가리고 손을 묶어서 그를 숲 한가운데에 버려두고 가버렸습니다. 그는 집으로 돌아올 길을 몰라 숲 속의 가시덤불과 바위들 사이에서 한참을 헤맸지요. 그러다가 결국 울기 시작했습니다.

어느 천신(dēva)[천상의 존재]이 나타나서 물었습니다. "왜 우시오? 그대는 누구시오? 여기는 왜 왔소?"

눈이 가려진 남자는 자기 이름과 출신 마을 등 세부 사항을 말했습니다.

그런 다음 그는 이렇게 말했습니다. "어떤 사람이 오더니 저를 속여서 약으로 저를 미혹시켜 눈을 가리고 두 손을 묶은 뒤, 이 숲 가운데 저를 버려두고 가버렸습니다."

천신은 그를 풀어준 뒤에 길을 가리켜주면서 그에게 말했습니다. "이 길을 따라가면 당신의 마을로 돌아갈 수 있소."

이 사람은 그 지시를 따라서 자기 마을에 돌아와 자기 집으로 들어갔습니다. 그 순간 그는 꿈에서 깨어났습니다. 방문을 보니 문은 안으로 잠겨 있었지요. 그는 밤새 자기 침대에 누워 있었지 결코 숲 속으로 갔다가 집으로 돌아온 것이 아니라는 것을 깨달았습니다. 자신의 모든 고통의 원인은 '탐구하지 않는 마음'(avichāra buddhi)[분별적인 탐구를 하지 않는 것]이라는 것을 그는 이해한 것입니다.1)

우리가 신과 별개라는 생각과, 우리가 신에게 도달하기 위해서는 어떤 힘든 수행을 해야 한다는 생각은, 이 사람이 자기 꿈속에서 한 생각처럼 헛된 것입니다. 침대에 누워 있는 동안 그는 상상을 일으켜 자기가 숲 속에서 고통을 받고 있으며, 침대로 다시 돌아가려면 엄청난 노력을 해야 한다고 믿게 되었던 것이지요. 우리가 신에 도달하여 진아의 상태 안에 머무르게 되면, 도달하고 싶다는 생각이 사라집니다.

2

다음 질문은 모리스 프리드먼(Maurice Frydman)이 한 것이다.

질문: 스리 바가반께서는 우리가 행위를 할 때는 비이원성(advaita)을 보여서는 안 된다고 쓰셨습니다[『실재사십송 증보』, 제39송].2) 왜 그래야 합니까? 모두가 하나입니다. 왜 분별해야 합니까?

바가반: 그대는 제가 앉아 있는 이 자리에 앉고 싶은가요?

질문: 저는 거기 앉는 것을 꺼리지는 않습니다. 그러나 제가 거기 가서 앉았다가는 도감이나 여기 있는 다른 사람들이 저를 때리고 쫓아내겠지요.

바가반: 그렇습니다. 누구도 그대가 여기 앉는 것을 허락하지 않겠지요. 만약 그대가 어떤 사람이 여자를 희롱하는 것을 보면, '모두가 하나

---

1) [역주] 309쪽의 『해탈정수』 인용문을 참조하라.
2) [역주] 이 시의 전문은 144쪽을 참조하라.

다' 하면서 가만히 내버려두겠습니까? 경전에도 이에 관한 이야기가 있지요. 한 번은 어떤 사람들이 한데 모여, 『바가바드 기타』에서 말하듯이 진인이 모든 것을 하나로 본다는 것이 사실인지 아닌지 시험해 보기로 했습니다. 그들은 브라민 한 사람, 불가촉천민 한 사람, 암소 한 마리, 코끼리 한 마리, 그리고 개 한 마리를 진인인 자나까 왕(King Janaka)[3]의 궁으로 데려갔습니다. 그들이 모두 도착하자 자나까 왕은 브라민은 브라민들이 있는 곳으로 보내고, 암소는 외양간으로, 코끼리는 코끼리들에게 할당된 곳으로, 개는 개집으로, 그리고 불가촉천민은 다른 불가촉천민들이 살고 있는 곳으로 보냈습니다. 그런 다음 그는 하인들에게, 손님들을 잘 보살펴드리고 그들 모두에게 적절한 음식을 대접해 드리라고 명령했습니다.

사람들이 물었습니다. "폐하께서는 왜 그들을 각기 따로 구분하셨습니까? 당신께는 모든 것이 똑같은 하나 아닙니까?"

자나까 왕이 대답했습니다. "예, 모두가 하나지요. 그러나 각 개인의 성품에 따라 자기가 만족하는 바가 다릅니다. 사람이 소가 먹는 짚을 먹겠습니까? 소가 사람이 먹는 음식을 즐기겠습니까? 우리는 개개인이나 동물이 만족할 수 있는 것을 주어야만 합니다."

같은 사람이 한 연극에서 모든 배역을 연기할 수도 있지만, 그의 행위는 매 순간 그가 연기하는 역에 따라서 결정될 것입니다. 그가 왕의 역을 할 때는 왕좌에 앉아서 통치를 할 것이고, 같은 사람이 하인의 역할을 하게 되면 자기 주인의 샌들을 들고 그를 따라가겠지요. 이러한 배역을 연기하는 동안 그의 진정한 자기(real Self)는 늘어나지도 않고 줄어들지도 않습니다. 진인은 자신이 과거에 이런 모든 역할을 연기했다는 것을 결코 잊지 않습니다.

---

3) [역주] 고대 인도 비데하(Videha) 국의 왕. 진인 아쉬따바끄라의 가르침을 받고 진아를 깨달았으며, 그 뒤에도 계속 왕으로서 통치했다.

3

질문: 바가반, 저는 베다서와 경전들(sāstras)을 많이 읽었지만 아무런 진아지眞我知(Ātma jnāna)도 저에게 오지 않았습니다. 왜 그렇습니까?

바가반: 진아지가 경전 안에 있어야만 그것이 그대에게 오겠지요. 그대가 경전을 보면 경전지經典知(sāstra jnāna)가 옵니다. 만약 그대가 진아를 보면 진아지가 빛날 것입니다.

질문: 진아를 어떻게 봅니까?

바가반: 누구나 '내가 있다'(I am)라고 말합니다. 우리는 이 말이 진실인 것을 어떻게 압니까? 거울을 들여다보고 압니까, 아니면 경전을 본 뒤라야 그것을 압니까? 말해 보십시오.

만약 진아가 보이는 어떤 것이라 하면, 두 개의 자기(two selves)[보는 자기와 보이는 자기]가 있어야 합니다. 그대는 두 개의 '나'가 있다는 것에 동의합니까?

질문: 아닙니다.

바가반: 존재하는 실재는 난 하나입니다. 그렇다면 보일 수 있다고 하는 또 다른 자기가 어떻게 있을 수 있습니까? 모두가 어디서나 진아(자기)를 보면서도 그들은 이해하지 못합니다. 얼마나 딱한지! 어떻게 해야 합니까? '나는 이 몸이다' 하는 생각을 놓아버리면, 보이는 것은 진아뿐입니다.

질문: (그러면) 저는 무엇을 해야 합니까? 제가 해야 할 일은 무엇입니까?

바가반: 이제 그대는 할 일이 아무것도 없습니다. '나는 누구인가?'를 탐구하십시오. 그런 다음, [그대가 누구인지를 발견하고 나서도] 만약 여전히 해야 할 일이 있다면 그것을 해도 무방합니다.

4

어느 날 밤에는 한 헌신자가 바가반께 여쭈었다. "당신께서는 진아지(Ātma vidyā)가 아주 쉽다고 말씀하셨습니다.4) 어떻게 이 진아지가 아주 쉽다는 것입니까?"

바가반은 이렇게 답변하셨다. "직접적인 지각의 한 예로서 누구나 손바닥 안에 있는 넬리까이(nellikai)의 비유를 인용하지요.5) 진아는 손바닥 안의 열매보다도 더 직접적으로 지각될 수 있습니다. 열매를 지각하려면 그 열매와, 열매를 놓을 손바닥, 그리고 그것을 볼 눈이 있어야 합니다. 또 마음이 [그 정보를 처리할] 적합한 상태에 있어야 합니다. 그러나 아는 것이 거의 없는 사람들조차, 이 네 가지 중의 어느 하나 없이도 직접적인 경험을 바탕으로 '내가 있다'라고 말할 수 있습니다. 진아는 '내가 있다' 하는 느낌과 똑같이 존재하기 때문에, 진아지는 실로 아주 쉬운 것입니다. 가장 쉬운 길은 진아(Ātma)를 성취하려고 하는 자를 보는 것이지요."6)

조금 후에 다른 헌신자가 이와 비슷한 질문을 하였고 바가반은 비슷한 답변을 하였다.

---

4) 이 말은 「진아지송頌」(Ātma Vidyā Kīrtanam)(『라마나 마하르쉬 저작 전집』의 「진아지」)에 나오는 후렴구(pallavi)와 소후렴구(anupallavi)를 말한 것이다.

　　진아지는 쉬운 것,
　　존재하는 것 중 가장 쉬운 것.

　　진아는 온전히 실재하는 어떤 것
　　가장 평범한 사람에게도 그러한 것.
　　분명히 눈에 보이는 넬리까이[구즈베리]도
　　이에 비하면 하나의 환幻이라 할 수 있네.

5) 넬리까이(nellikai)는 덤불에서 자라는 것이 아니라 나무에서 자란다는 점을 제외하면 구즈베리(gooseberry - 장과의 일종)와 닮았다. 만약 어떤 것이 자명하면 타밀 사람들은 흔히 '그것은 손바닥 안의 넬리까이같이 분명하다'고 말한다.

6) [역주] '내가 있다' 혹은 '나'라는 느낌은 누구에게나 자명하며, 항상 직접 체험되는 의식이다. '진아를 성취하려는 자'는 바로 '나'이며, 이 '나' 혹은 '내가 있다'에 진아가 이미 드러나고 있으므로, 이것을 주시하는 것이 가장 쉬운 길이다.

질문: 왜 진아는 직접적으로 지각되지 않습니까?

바가반: 진아야말로 직접적으로 지각된다고 말할 수 있지요. 다른 어떤 것도 직접 지각(pratyaksha)이라고 하지 않습니다.7) 비록 우리가 이 직접 지각을 가지고는 있지만, '나는 이 몸이다' 하는 생각이 그것을 가리고 있습니다. 우리가 이 생각을 포기하면, 모든 이의 직접적인 체험 안에 항상 있는 진아가 빛을 발할 것입니다.

질문: 스리 바가반께서는 이 점을 아주 간단하게 말씀하셨습니다. 그러나 '나는 몸이다' 하는 생각이 우리를 떠나지 않습니다.

바가반: 그것이 아주 강하기 때문에 여러분을 떠나지 않는 것입니다.

질문: 왜, 그리고 어떻게 그 생각이 생겨나게 되었습니까?

바가반: 그것은 여러분이 탐구를 하지 않았기 때문에 생겨났습니다. 『해탈정수』(Kaivalya Navanūtam)의 한 시구[제2편 95절]에도 같은 설명이 나옵니다.

> 마야幻(māyā)는 그것의 본질을 확정할 수 없기 때문에, 표현 불가능하다고 말해진다. '이것은 내 것이다 — 나는 몸이다 — 세계는 실재한다' 하고 생각하는 사람들은 그것의 손아귀에 잡힌 이들이다. 오 아들아, 이 불가사의한 마야가 어떻게 생겨나게 되었는지는 아무도 확인할 수 없다. 그것이 왜 일어났느냐 하면, 그것은 그 사람이 분별적 탐구(discerning enquiry)를 하지 않은 때문이다.

만약 우리가 진아를 보면 보이는 대상들은 우리와 별개의 것으로 나타나지 않게 됩니다. 종이 위에 있는 글자들을 다 보고 나서도 우리는

---

7) 인도 철학에서 praktyaksha란 용어는 흔히 감각 기관의 직접적인 경험을 가리키는 데 사용된다. 그래서 어떤 소리를 듣거나 냄새를 맡는 것을 praktyaksha라고 하는 것이다. 그러나 바가반이 앞의 답변에서 분명히 한 것과 같이, 그러한 경험들은 간접적이다. 왜냐하면 그것은 감각 기관과 마음을 통해서만 경험되기 때문이다. 대화 중에서 praktyaksha란 용어가 언급될 때 바가반은 보통 '내가 있다'는 주관적인 자각만이 praktyaksha라고 말하곤 했다. 왜냐하면 다른 모든 경험들은 마음과 몸의 기능들을 통해서 중개되기 때문이다.

그 바탕인 종이를 보지 못합니다. 그와 마찬가지로, 괴로움이 일어나는 것은 오로지 우리가 바탕 자체를 보지 못하고 그 바탕 위에 덧씌워진 것을 보기 때문입니다. 바탕을 함께 보지 않고서는 그에 덧씌워진 것도 보아서는 안 됩니다.

잠을 잘 때 우리는 어떠했습니까? 우리가 잠들어 있을 때는 '이 육신', '이 세계' 같은 여러 가지 생각들이 없었습니다. 나타나고 사라지는 이런 상태들[생시와 꿈의 상태]과 (자기를) 동일시한다는 것은 어려운 일일 텐데도 [다들 그렇게 하고 있습니다.]

누구나 '나는 항상 있다'는 체험을 하고 있습니다. '나는 잘 잤다', '나는 깨어났다', '의식이 없을 때 나는 아무것도 몰랐다'라는 말을 하기 위해서는 이 세 가지 상태 모두에서 우리가 존재해야 하고, 자기가 존재한다는 것을 알아야 합니다. 만일 우리가 '나는 나 자신을 보지 못한다'고 하면서 진아를 추구한다면, 어디서 그것을 찾을 수 있겠습니까? 우리가 보는 모든 것이 자기(진아)라는 것을 알기 위해서는 '나는 몸이다' 하는 생각이 사라지는 것으로 충분합니다.

5

질문: 삿상(satsang)[8]이란 무엇입니까?

바가반: 삿상이란 아뜨마 상가(Ātma sanga)[진아와의 친교]일 뿐입니다. 그것을 실천할 수 없는 사람들만이, 깨달은 존재 즉 사두들(sādhus)과 친교親交하며 지내는 것을 실천하게 됩니다.

질문: 우리는 언제 사두들과의 친교를 얻습니까?

---

[8] 보통 이것은 '진아를 깨달은 이들과의 친교'를 의미한다. 그러나 'sat'(常)는 '존재', '진리' 및 '실재'를 뜻하므로, 그것은 더 문자적으로는 '존재와의 친교', 혹은 '실재하는 것과의 친교'로 번역될 수 있다. [역주] 여기서 '친교'란 '가까이 접촉하거나 교류하는 것'이다. '존재(진아)와의 친교'란 깨달은 성인의 곁에 있지 않아도 '진아를 벗어나지 않는 것', 곧 진아 안에 안주함을 말한다.

바가반: 참스승(Sadguru)과 친교할 수 있는 기회는 전생에 오랫동안 신에 대한 숭배나 염송, 따빠스(tapas), 순례 등을 한 사람들에게 자연스럽게 다가옵니다. 같은 취지를 밝히고 있는 따유마누바르(Tayumanuvar)의 시가 한 편 있지요. "오, 처음과 끝의 주主이시여, 신상神像, 성지聖地, 성수聖水들을 제대로 숭배하기 시작하는 사람들은, 그들에게 진리의 말씀을 해 줄 참스승을 만나게 될 것입니다."

전생에 무상업無相業(nishkāmya karmas)[보상이나 결과에 대한 생각 없이 하는 행위]을 많이 행한 사람만이 스승에 대한 넘치는 믿음을 갖게 되겠지요. 그런 사람은 스승의 말씀에 대한 믿음을 가지고 있으므로, 그 길을 따라서 해탈(liberation)이라는 목표에 도달할 것입니다.

질문: 저희들은 사두가 전혀 없는 곳에 살고 있습니다. 저희는 무엇을 해야 합니까? 저희들은 매일 사두를 친견할 수가 없습니다.

바가반: 무엇을 하느냐고요? 그러한 목적을 위해 (스승의) 사진이나 신의 명호名號(이름)가 있고, 예공(pūjās)이란 것이 있지요. 이스와라(Iswara)의 은총을 얻은 사람들만이 스승의 은총을 얻게 됩니다. 그리고 스승의 은총을 통해서만 내면에 있는 진아의 은총을 얻을 수 있습니다. 그것이야말로 해탈(mōksha)입니다.

또 언젠가 바가반은 『수따 상히따』(Sūta Samhitā)를 인용하면서, 삿상의 중요성과 위대성을 설명하셨다.

> 생존해탈자(jīvanmuktas)[살아 있는 동안에 해탈한 자]들의 눈에 띈 사람들은 온갖 종류의 죄에서 해방되어 그 자신들도 생존해탈자가 된다. 생존해탈자의 가족은 정화된다. 그의 어머니 자신이 해야 할 일을 다 한 사람이다. 지구 전체가 그에 의해 정화된다.

『수따 상히따』에는 진인들을 칭송하는 다른 구절도 많이 있다고 말씀하신 뒤에 바가반은 이렇게 말씀하셨다. "한 진인이 이 세상에 태어나면 헌신자들, 제자들, 그리고 신에 무관심한 사람들과 죄인들조차 모두 이익을 얻습니다. 많은 사람들의 일대기가 이 점을 잘 보여줍니다."

바가반은 삿상과 은총의 위대함을 너무나 빈번히 찬양했기 때문에, 한 번은 내가 당신께 이렇게 여쭈었다. "해탈은 스승의 은총이 있어야만 쉽게 얻을 수 있다고 합니다. 어째서 그렇습니까?"

바가반은 이렇게 답변하셨다. "해탈의 집(house of mōksha)은 바깥의 어디에도 없네. 그것은 각자의 내면에 있지. 해탈을 얻고자 하는 강한 욕망을 가지고 있는 사람이면, 누구나 내면에 있는 스승이 그를 끌어당긴다네. 바깥에 있는 스승은 손을 들어 그를 내면으로 밀어 넣지. 스승의 은총은 이렇게 작용하네."

그리고 나서 바가반은 『해탈정수』에 있는 당신이 애용하는 시편 두 구절을 인용했는데, 여기서 제자는 자신으로 하여금 진아를 깨닫도록 은총을 준 스승에게 감사한다.

[제1편 86절] "주主이시여, 당신은 저의 가장 깊숙한 진아로서 머무르는 실재이시면서, 제가 그 헤아릴 수 없이 많은 환생을 하는 동안 저를 지배하셨습니다! 저를 가르치기 위해 외부적인 형상을 입으신 당신께 영광이 있으시기를! 저는 저를 해탈시켜 주신 당신의 은총에 어떻게 보답해야 할지 모르겠습니다. 영광! 당신의 성스러운 두 발에 영광이 있으시기를!"

[제1편 87절] 스승은 제자가 말할 때 그에게 웃음을 지어 보이고, 그를 가까이 끌어당기며 아주 사랑스럽게 말했다. "너의 체험을 가로막는 세 가지 장애[무지, 의심, 그릇된 가정에서 비롯된 지식] 없이 진아 안에 확고히 머무르는 것이, 네가 나에게 돌려줄 수 있는 최상의 보답이다."

6

질문: 차별화된 우주의 겉모습은 참됩니까, 참되지 않습니까?

바가반: 그것은 우리가 '참되다'와 '참되지 않다'라는 말을 어떻게 보느냐에 달렸습니다. 만일 우리가 브라만을 보게 되면, 우주란 존재하지 않습니다.

질문: 그러면 우주는 왜 나타납니까?

바가반: 누구에게 나타납니까? 우주는 '내가 있다'라고 말하지 않습니다. 우주가 나타난다고 말할 어떤 증거가 있습니까? 이 우주는 누구에게 나타납니까?

질문: 저에게요.

바가반: 그대는 누구입니까? 그대가 누구인지를 발견하십시오. 그러고 나서 우주가 있는지 나에게 말해주십시오.

질문: 삼매의 상태는 아직 저에게 오지 않았습니다.

바가반: 그 상태는 오지도 않고 가지도 않습니다. 그것은 우리 자신의, 항상 존재하는 본래적 상태입니다.

질문: 스와미, '나는 브라만이다' 하는 보심保心(bhāvanā)[마음의 태도]을 취해도 됩니까?

바가반: 만약 그대가 '나는 브라만이다'(하는 태도)를 취하면 많은 타격을 받게 될 것입니다. 왜냐하면 모든 것이 이미 브라만이기 때문입니다. 왜 그런 태도를 취해야 합니까? '나는 사람이다' 하는 태도를 취할 필요가 있습니까? (그러나) 만일 '나는 몸이다' 하는 생각이 있으면, 그때는 '아니, 나는 그것이 아니다' 하는 태도를 취할 필요가 있습니다.

질문: 왜냐하면 저는 처자식이 있고, 많은 문제를 가지고 있기 때문입니다. 저는 그들로부터 도피할 수가 없습니다.

바가반: 외적인 세간연世間緣(samsāra)[세속적 삶]는 그대에게 아무런 영향도 미칠 수 없습니다. 오직 내적인 세간연을 포기해야 합니다.

질문: 그것은 5분밖에 지속되지 않습니다. 그러고는 변해버립니다.

바가반: [한 동안 침묵한 뒤에] 그런 생각이 사라져야 합니다.

7

뜨리찌(Trichy)에서 온 한 헌신자가 아들을 회당 안으로 데리고 들어왔다. 그는 바가반께 절을 하고 난 뒤에 자리에 앉았다. 그 소년은 아직 어리기는 했지만 몹시 걱정하는 기색이 역력했다.

두 사람이 앉고 나서 바가반이 물으셨다. "어느 기차로 왔나?"

헌신자가 대답했다. "저희들은 오늘 아침 8시 30분에 왔습니다."

그러자 바가반이 물으셨다. "닷따뜨레야[걱정스런 표정의 소년]는 좀 어떤가?"

헌신자가 대답했다. "약이란 약과 진언(mantras)들을 다 써 보았지만 소용이 없어서, 저희들은 마지막 의지처로 바가반께 왔습니다." 이 말을 하면서 그는 애원하는 몸짓으로 두 손을 포갰다.

스리 바가반은 소년에게 말했다. "닷따뜨레야란 이름을 가지고 있으면서 왜 그렇게 걱정하나? 너는 항상 지복스러워야 돼. 그런데도 너는 왜 마음으로 그 지복을 망치는 거냐?"

그러고 나서 바가반은 그 소년과 다른 모든 헌신자들에게 태곳적의 위대한 진인인 닷따뜨레야(Dattatreya)의 내력을 다음과 같이 들려주셨다.

바가반: 닷따뜨레야는 샅가리개조차 차지 않고 숲 속을 방랑했지요. 그는 항상 브라만의 지복으로 가득 차 있었습니다. 이것을 보고 야두 마하라지(Yadu Maharaj)[지방 군주]가 속으로 생각했습니다. '그는 어떻게 해서 항상 지복스러운가? 나는 모든 것을 다 가지고 있는데도 여전히 괴로운데 말이다.'

하루는 그가 이 생각에 가득 사로잡혀서 닷따뜨레야를 찾아가 물었습니다. "당신은 어떻게 해서 항상 지복에 가득 차 있습니까?"

닷따뜨레야가 대답했습니다. "지복 아닌 게 뭐가 있습니까?"

왕이 그에게 말했습니다. "그 지복은 어떻게 당신에게 왔습니까?"

닷따뜨레야가 대답했습니다. "이 지복(ānanda)을 얻기 위해 저는 많은 스승(āchāryas)들을 가졌습니다. 지복은 그들을 통해서 왔습니다."

그의 스승들이 누구 누구였느냐고 왕이 질문하자 닷따뜨레야는 그에게 긴 이야기를 들려주었습니다.

"오, 왕이시여, 저는 스물넷의 스승이 있습니다. 그들은 저의 지성을 가지고 하는 탐구에 의해 파악됩니다. 저는 이 세간을 한 사람의 해탈자(mukta)로서 방랑하는데, 그것은 단지 제가 이러한 스승들을 통해서 얻은 지知(jnāna) 때문입니다. 이 스승들이 누구인지 들어보십시오. 그들은 땅, 공기, 하늘, 물, 불, 해, 달, 한 마리의 산비둘기, 한 마리의 이무기, 바다, 한 마리의 메뚜기, 한 마리의 꿀벌, 한 마리의 코끼리, 한 꿀벌 채집가, 한 마리의 사슴, (한 마리의 물고기), 창녀 핑갈라(Pingala), 한 어린아이, 한 작은 소녀, 한 궁사弓士, 한 마리의 뱀과 다른 몇입니다. 이 스물 넷 중에서 몇은 제가 넣지 않았습니다."

"저는 땅으로부터 인내를 배웠고, 공기로부터 편재偏在를, 하늘로부터 무집착을, 불로부터 무구無垢함을, 물로부터 순수를, 그리고 달로부터는, 모든 변화는 몸과 관련되지 진아와는 무관하다는 진리를 배웠습니다."

"해는 모든 사물을 평등하게 비추지만 그것들에게서 영향을 받지 않습니다. 이것으로부터 저는 요기(yogi)가 비록 대상들을 보더라도 그것들이 서로 작용하게 하는 구나(gunas)에 의해 영향을 받아서는 안 된다는 것을 배웠습니다."

"산비둘기로부터 저는 누구든지 자기의 자리에 집착하는 자는 높아진 지위에서 미끄러질 것이라는 것을 배웠습니다. 저는 이무기처럼, 우리는 어떤 음식이든지 저절로 오는 것을 먹어야 한다는 것을 이해했습니다.

바다로부터 저는, 제가 평온하고 당당하며, 동요되지 않고, 깊이를 가늠하기 어려워야 한다는 것을 이해했습니다."

"등불의 불길에 뛰어드는 메뚜기는 타죽습니다. 이것으로부터 저는 여자들에 대한 욕정의 불에 뛰어드는 사람은 죽는다는 것을 이해했습니다. 꿀벌로부터 저는, 우리가 자기 한 몸 지탱할 정도의 음식만 얻으면 충분하며, 남에게 달라고 강요하면 안 된다는 것을 배웠습니다."

"강한 수코끼리도 암코끼리와 접촉하면 고통을 겪습니다. 이것으로부터 저는, 남자도 그와 마찬가지로 여자와 접촉하거나 여자들 가까이에서 시간을 보내게 되면 고통을 겪게 된다는 것을 배웠습니다."

"꿀벌이 여러 날 동안 모은 꿀은 벌꿀 채집가가 훔쳐갑니다. 그로부터 저는, 엄청나게 고생해서 번 돈도 다른 사람들이 흔히 훔쳐간다는 것을 배웠습니다."

"사슴은 사냥꾼의 음악 소리에 홀려서 사냥꾼의 그물에 걸립니다. 마찬가지로 산야신(sannyāsin)이 만약 탐욕(mōha)[욕망으로 인한 미혹]에 굴복하면 속박에 떨어지게 됩니다. 따라서 사슴으로부터 저는, 산야신은 감각 대상에 주의를 기울이면 안 된다는 것을 이해했습니다."

"물고기는 혀를 단속하지 못해 낚시에 걸려 죽습니다. 저는 물고기로부터 누구든지 자신의 혀[즉, 맛난 것에 대한 욕망]를 단속하지 않으면 고통을 받는다는 것을 배웠습니다. 우리는 혀를 단속해야 합니다."

"창녀 핑갈라는 언젠가 멋지게 차려 입고, 자기에게 돈을 가져오겠다고 약속한 연인을 기다리며 거닐고 있었습니다. 그가 나타나지 않자 그녀는 몹시 슬펐고 낙심했습니다. 그녀의 얼굴은 창백해졌고 마음은 괴로웠습니다. 그녀는 자신이 괴로운 원인을 탐색하다가 사소한 쾌락의 고통스러운 본질을 이해했습니다. 모든 행복의 근원이 지고의 진아임을 이해했을 때, 그녀는 무욕無慾(vairāgya)을 성취했습니다. 지고의 진아를 그녀의 남편으로 숭배함으로써 그녀는 진지眞知의 참된 행복을 성취한 것입니다. 창녀 핑갈라로부터 저는, 바깥의 어떤 것에도 행복은 없으며 유일하게 가치 있는 성취는 진아의 행복이라는 것을 배웠습니다."

"저는 어린아이로부터 우리는 명예와 불명예에 개의치 않아야 한다는 것을 배웠습니다."

"이제 작은 소녀의 이야기를 들려드리겠습니다. 그녀의 부모가 마을에 없을 때 한 무리의 사람들이 그녀를 혼인시켜 데려가려고 왔습니다. 그녀는 그들에게 식사를 대접하고 싶었습니다. 그러나 그녀가 그들에게 밥을 지어줄 쌀을 내리고 벼를 맷돌로 갈기 시작했을 때, 그녀의 팔찌들이 너무 소리가 나서 부끄러웠습니다. 두 손에서 팔찌들을 하나하나 벗겨낸 뒤에야 더 이상 소리가 나지 않았습니다. 이 작은 소녀의 행위로부터 저는, 요기는 혼자 있어야 한다는 것을 이해했습니다."

"화살 만드는 이로부터 저는 우리가 자신의 목표에 일념으로 집중해야 한다는 것을 배웠습니다."

"뱀은 쥐가 만든 구멍 속에서 행복하게 삽니다. 그 뱀으로부터 저는 남의 집(남이 살다 간 집)에서 행복하게 사는 법을 배웠습니다."

"저는 스물다섯 번째의 스승이 있는데, 바로 저의 몸입니다. 이 몸은 저의 지知와 저의 무욕의 원인입니다. 사랑과 헌신으로 하리(Hari)[신], 즉 진아 안에 합일되어 있는 저의 상태는 이제 아무것도 모르는 사람과 마찬가지입니다."

이런 식으로 닷따뜨레야는 자기가 스물다섯의 스승들을 통해서 이해한 모든 지知를 야두 마하라지에게 가르쳐 주고 나서 이야기를 끝냈습니다.

닷따뜨레야가 왕에게 말해준 우빠데샤(*upadeśa*)[가르침]를 소년에게 모두 들려준 뒤에 바가반은 그에게 자애롭게 물으셨다. "너도 이름이 닷따뜨레야 아니냐? 적어도 네 이름을 위해서라도 너는 행복해야 돼."

8

다음 두 질문 중 첫째 것은 사이에드 사힙 박사(Dr. Syed Sahib-헌신자의 한 사람)가 질문한 것이다. 두 번째 것은 신원 미상의 어느 헌신자가 질문하였다.

질문: 신은 없는 곳이 없습니다. 그런 그가 왜 시대를 내려오며 화신 化身(avatāra)[육신으로 화현한 자]이 됩니까? 그는 그냥 도처에 존재하는 것으로써 그의 기능을 수행할 수 없었습니까?

바가반: 이스와라의 명에 의해, 수명존자受命尊者(adhikārika purushas)들이 자기 헌신자들과 함께 지상에 강림합니다. 이러한 존재들은 무상공덕無相功德(nishkāmya punya)[보답에 대한 아무 바람 없이 한 복덕 행위]을 지은 사람들에게 은총을 주기 위해 화신이 됩니다. 그들은 또한 죄인들을 벌하기 위해서도 옵니다. 그들이 띠고 온 사명을 완수하고 나면 그들은 예전의 지위로 돌아갑니다. 비록 화신존자化身尊者(avatāra purushas)들은 여러 가지 다른 몸을 받을 수 있지만 진아의 단일성(unity 오직 하나인 깃)에 대한 그들의 체험은 변하지 않습니다. 사람은 태어나면 인생의 여러 단계—유년기, 청년기, 성년기, 노년기—를 거치지만, 이 모든 단계에서 자신이 태어난 그 사람과 똑같은 사람이라는 생각은 변하지 않습니다. 마찬가지로, 화신 존자들은 비록 여러 생을 거듭한다 하더라도 스스로 분명히 알면서 하나의 진아(one Self)로서 머물러 있습니다. 그들에게는 그것이 하룻밤에 열 가지 꿈을 꾸는 것과 같습니다.

이런 모든 질문들은 그대가 자기 자신을 알고 나면 일어나지 않을 것입니다. 자기 자신에 대한 진리를 모르고서 다른 사람들의 상이한 가르침들을 이해하려고 하는 것은 시간 낭비입니다.

질문: 이스와라[신]와 해탈자(mukta)의 차이는 무엇입니까?

바가반: 이스와라와 진인은, 해탈자는 처음에 진아를 잊어버리고 있었다는 점을 제외하면 똑같습니다. 나중에 그는 수행의 힘에 의해 마침

내 진아를 알게 됩니다. 이스와라의 경우에는 그렇지 않습니다. 영원한 해탈자(nitya mukta)인 신은, 5행行(pancha kriyās)[창조, 보존, 파괴, 은폐와 은총의 다섯 기능)9)을 행합니다. 이 때문에 그의 기능機能(vritti)을 브라만 형상 기능(Brahmākāra vritti)[브라만의 형상을 한 활동]이라 합니다. 그것은 바다에 합쳐진 강을 바다 형상의 강(samudrākāra nadi)[바다 형상을 한 강]이라고 하는 것과 같습니다. 이스와라와 진인의 기능들은 똑같은 하나입니다. 그러나 화신존자들에게는 몸들이 겁劫(kalpa)10)이 다할 때까지 바뀌겠지요. 진인들에게는 이런 일이 일어나지 않습니다.

여기에서 내가 질문을 하였다. "스리 라마(Sri Rama)는 태어나자마자 '나는 몸이다' 하는 관념을 가지고 있었을 것이 틀림없습니다. 그렇지 않습니까?"11)

바가반은 동의하지 않으시는 듯했다. "스리 라마는 먼저 까우살리야(Kausalya)[그의 어머니]에게 비슈누로서 친견을 베풀었지요. 그런 다음에야 그는 화신을 취했습니다. 나중에 라마가 숲 속에 있을 때, 그는 [납치된] 시따(Sita)를 찾아서 도처를 헤매고 다녔지요. 그때 [천상에서 지켜보고 있던] 빠르바띠(Parvati)가 이스와라(시바)에게 물었습니다. '[화신이고 따라서 완전한 자인] 라마가, 시따가 어디 있는지 모른단 말인가요? 왜 그녀를 찾아서 헤매야 하나요?'

---

9) [역주] 여기서 '창조, 보존, 파괴'는 우주의 생성과 소멸의 문제이고, '은폐'와 '은총'은 무지와 깨달음의 문제이다. 은폐란 절대적인 실재로부터 무지가 일어나는 것을 신의 은폐 작용으로 본 것이며, 은총은 무지에서 다시 진아지를 얻게 하는 작용이다. 이상이 신이 행하는 다섯 가지 주요한 기능이다.
10) 힌두 우주론에서 가장 긴 시간인 겁(kalpa)은 일반적으로 몇 십억 년에 이르는 것으로 간주된다. 각 겁의 마지막에는 우주 안의 모든 존재들이 형상 없는 브라만 안에서 해소된다. 이것을 mahā pralaya, 즉 '큰 해체'라고 한다. 그리고 나서 얼마 후에 겁은 다시 시작되어 새로운 존재들이 창조된다.
11) 비슈누의 일곱 번째 화신인 스리 라마는 처음에 자기의 신성神性(divinity)을 몰랐다. 그가 자신이 진정 누구인지를 알게 된 것은 『라마야나』(Rāmāyana)['라마의 길'이란 뜻임]의 끝에 다 갔을 때이다. 따라서 그는 다른 인간들과 같이 처음에는 자신을 '나는 몸이다' 하는 관념과 동일시했을 것이라고 추리하는 것이 타당하다.

"그 대답으로 이스와라가 그녀에게 말했습니다. '가서 시따의 형상으로 라마 앞에 나타나 보구려. 그러면 그대가 이해할 거요.'"

"빠르바띠는 그가 말한 대로 했지만 라마는 그녀를 완전히 무시했습니다. 그는 그냥 시따를 찾아다닐 뿐이었지요."12)

그런 다음 바가반은 두 번째 질문으로 돌아가서 우리에게 『해탈정수』에서 한 연聯[제2편 36절]을 읽어주셨는데, 그것은 이스와라와 진인이 동등하다는 것을 말하는 내용이었다.

제자: "오 스승님, 당신께서는 형상이 없으시고, 이스와라로서 활동하시며, 인간의 형상으로 [여기에] 나타나셨습니다. 당신께서는 진인과 이스와라가 같다고 말씀하십니다. 어떻게 그럴 수 있습니까?"

스승: "그렇다. 이스와라와 진인은 동일하다. 왜냐하면 그들은 '나'와 '내 것'에서 벗어났기 때문이다. 진인은 그 자신 이스와라이고 개아個我들의 총합이며, 또한 우주이기도 하다."

9

1939년 8월에 나는 바가반께 업業(karma)에 관한 질문을 하나 했다. "바가반께서는 우리가 진지(jnāna)를 성취하면 세 가지 업13)이 모두 소멸된다고 말씀하십니다. 그러나 『해탈정수』[제1편 103절]에서는 진인은 발현업만 경험하게 된다고 말하고 있습니다. 왜 그렇게 말합니까?"

바가반이 대답하셨다. "발현업은 진지의 성취보다 먼저 있었던 법칙

---

12) 이 이야기는 라마가 자신이 화신인 줄 모르고 있다고 생각될 때 일어났다. 바가반은 만약 그가 이때 자신의 참된 성품을 모르고 있었다면, 신들이 그를 속이기 쉬웠을 것이라는 점을 시사하고 있는 듯하다. [역주] 라마의 이 이야기는 『라마나 마하르쉬와의 대담』, 215-6쪽이나 『마하르쉬의 복음』, 91-2쪽에도 나온다.

13) 1. 성적업成積業(sanchita karma) ─ 전생에서부터 누적된 갚아야 할 업.
2. 발현업發現業(prārabdha karma) ─ 현생現生에 실현되어야 할 성적업의 일부. 업의 법칙은 결정론을 의미하므로, 발현업은 흔히 운명으로도 번역된다.
3. 미래업未來業(agāmya karma) ─ 현생에 축적되어 내생으로 넘어가는 새로운 업.

이네. 그렇기 때문에 진지를 성취한 뒤에도 진인은 다른 사람의 눈에는 발현업을 경험하는 것처럼 보이는 것이지. 이것을 설명하기 위해 보통 드는 몇 가지 예가 있네. 선풍기는 스위치를 끄고 난 뒤에도 한 동안은 계속 돌아가지. 불에 탄 밧줄은 밧줄처럼 보이지만 무엇을 묶을 수 없네. 잘려진 나무는 살아있는 나무처럼 보이기는 하지만 더 이상 살아있는 것이 아니지. 불에 구운 콩은 여전히 콩으로 보이지만 싹을 틔우지 못하네."

"진인의 발현업은 이런 예에 비유될 수 있지. 다른 사람들이 진인을 볼 때 그들에게는 진인이 발현업을 경험하는 것처럼 보이지만, 진인의 견지에서는 전혀 어떤 발현업도 없다네."

두 달 전에도 나는 바가반께 비슷한 질문을 했었다. "경전에서는 생존해탈자도 그의 발현업에 따라 행동한다고 말하고 있습니다. 왜 바가반께서는 저희들에게 진인은 아무런 발현업도 없다고 말씀하십니까?"

그때는 바가반이 이렇게 대답하셨다. "진인에게는 경전도 없고 발현업도 없네. 이 질문들은 진인과 아무 관계도 없다네. 경전에 있는 이런 온갖 규칙들은 오직 범인들(*ajnānis*)[진인이 아닌 사람들]을 위해 만들어진 것이지. 예를 하나 들겠네. 한 남자에게 아내가 세 명 있었다고 하세. 그 남자가 죽었을 때, 만약 우리가 그의 먼저 아내 두 사람만 과부가 되었다고 한다면 누가 우리에게 동의하겠나? 세 사람 다 과부라고 해야 옳지 않겠나?14) 마찬가지로 진인에게는 세 가지 업이 다 존재하지 않는다네. 발현업은 이 문제를 인식하고 그에 대해 질문을 하는 사람들에게만 있는 것이지."

---

14) 이것은 이러한 질문에 대해 바가반이 즐겨 한 답변이다(『실재사십송』, 제33송 참조). 바가반은 진인들의 발현업에 관한 질문을 빈번히 받았다. 왜냐하면 이 문제에 관한 그의 견해는 다른 많은 비이원론 스승들의 견해와 다르다고 널리 알려졌기 때문이다.

10

바가반은 진인의 상태에 관한 질문들을 자주 받았다. 당신은 직답을 피하거나 아니면 질문자에게 누가 그 질문을 하는지 발견하라고 하시는 경우가 꽤 자주 있었다. 그러나 나는 당신이 언젠가, 누구도 묻지 않았는데 자진해서 당신 자신에 대한 얼마간의 정보를 제공하신 경우가 있었던 것을 기억한다. 당신은 회당 안에서 한 어린아이를 바라보고 있다가 문득 이렇게 말씀하셨다. "우리는 이 아이같이 마음이 순수하고 겸허해질 때만 브라만의 지복을 성취할 수 있습니다."

이 말에 내가 여쭈었다. "아이와 진인의 차이는 무엇입니까?"

스리 바가반이 대답했다. "아이는 무지(ajñāna)로 인해 무지한 아이고, 진인은 지知(jñāna)로 인해 지혜로운 아이지요."

얼마 후에 한 헌신자가 바가반에게 여쭈었다. "왜 진인은 어떤 사람들에게는 은총을 내려주고 다른 사람들에게는 화를 내는 것처럼 보입니까? 왜 진인은 그에게 오는 모든 사람들을 바로잡아 주지 않습니까? 진인들은 무엇을 위해서 일합니까?"15)

바가반이 대답하셨다. "수행자마다 성숙도와 과거의 업이 다르지요. 이 때문에 진인은 사람에 따라 다르게 말하지 않을 수 없습니다."

그러고 나서 당신은 『해탈정수』에서 다섯 연을 인용하셨다.

[제2편 60절] **제자:** "오 스승님, 지복의 화신이시여, 공평한 신이 어째서 몇몇 사람은 진보시키고 다른 사람들은 타락시킵니까?"

---

15) 질문자는 비록 바가반을 직접 비판하지는 않고 있지만, 그는 바가반이 빗나가는 헌신자들을 벌해야 한다는 것을 넌지시 암시하고 있다. 벌에 관한 바가반의 태도는 『아루나찰라 라마나』(*Arunachala Ramana*)[1983년 8월호, p.22]에 나오는 다음 발췌문에서 가늠해 볼 수 있다.
'한 번은 어떤 사람이 바가반에게 아쉬람 내의 비리와 부패에 관해 불평을 했다.'
'바가반은 대답했다. "나는 여러분을 벌하기 위해 여기 오지는 않았습니다. 만약 내가 사람들을 벌하기 시작하면 까마귀 한 마리도 아쉬람 안에서 편히 쉴 수 없을 것입니다."'

스승: "그는 올바른 길을 가는 아들들에게는 격려를 하고, 그릇된 길을 가는 아들들에게는 눈살을 찌푸리는 아버지와 같다. 잘못하는 이들을 벌주어서 그들로 하여금 바른 길을 향하도록 하는 것은 아주 자비로운 일이다."

[제2편 61절] "오 세간적 삶의 족쇄가 부서진 아들아! 천상의 소원성취수(wish-fulfilling tree)와 불과 물은 그들의 바람을 성취시켜 주고, 그들을 따뜻하게 해 주며, 그들의 갈증을 해소해 주어서 그들을 보호한다. 그와 마찬가지로 이스와라는 그의 헌신자들에게는 친절하며 다른 사람들에게는 그렇지 않다. 이제 잘 생각해보고 그것이 누구의 잘못인지 판단해 보아라."

[제2편 50절] **스승:** "내 아들아, 개아個我들은 무한하며, 그들의 행위도 마찬가지로 무한하다. 자비로운 베다서는 세 편編[행위 karma, 수행 upāsana, 지 jñāna)[16]에 걸쳐서 구도자들의 성향에 따라, 준비적 견해를 앞세우고 궁극적 결론이 뒤따르게 한다. 마치 꽃이 있고 난 다음에 열매가 있듯이."

[제2편 59절] "무지로 인해, 자기들이 짓는 여섯 가지 악[욕정, 분노, 탐욕, 망상, 자만, 질투]을 신의 탓으로 돌리는 저 어리석은 이들은 재난을 향해 가지만, 현명한 이들은 그 악을 신의 것이 아니라 그들 자신이 짓는 것으로 인식함으로써, 오염되지 않은 해탈[無垢解脫]을 얻는다."

[제2편 35절] "착한 내 자식아, 내 말을 더 들어보아라. 진인의 행위는 오직 세상 사람들을 향상시키기 위한 것이다. 그는 얻을 것도 없고 잃을 것도 없다. 세간을 향한 은총의 유일한 저장소인 전능자

---

16) [역주] 베다서들은 본집本集(samhitās) 외에, 제의서祭儀書(Brāhmanas), 삼림서森林書(Āranyakas), 오의서奧義書(Upanishads)의 세 편으로 구성되는데(다만 사마 베다와 아타르바 베다에는 삼림서가 없다), 이 세 편은 각기 제사 의식, (진언의 암송이나 성찰을 통한) 수행, 그리고 철학적 교의敎義를 주된 내용으로 하고 있다.

는 세간에 있는 존재들의 선행과 악행에 영향을 받지 않는다."17)

11

질문: 바가반, 저는 해탈(mukti)을 얻고 싶습니다. 그러기 위해서는 당신만이 저의 스승이십니다. 저는 다른 누구도 찾지 않습니다. 부디 당신의 은총을 저에게 내려 주십시오.

바가반: 해탈을 얻는다는 것은 어떤 새로운 성취가 아닙니다. 우리는 모두 해탈의 형상(form of mukti) 안에 있습니다. 그러나 우리가 이것을 잊어버리고 '나는 이 몸이다' 하고 잘못 생각하기 때문에, 수천 가지 생각들이 끝없는 파도같이 일어나 우리의 진정한 모습을 가립니다. 이 생각['나는 몸이다']이 소멸되면 해탈만이 빛날 것입니다.

질문: 이 '나는 몸이다' 하는 생각을 어떻게 없앨 수 있습니까?

바가반: 그대는 스승에게 기원했으니 그에게 전적으로 순복하십시오.

질문: 제가 사는 마을에는 스승이 없습니다. 저는 어떻게 합니까?

바가반: 스승은 그대의 내면에 있습니다. 내면에서 그에게 순복하십시오.

질문: 저의 내면에 있는 것은 저 자신의 진아뿐입니다.

바가반: 스승, 진아(Ātma), 이스와라—이들은 같은 것의 서로 다른 이름일 뿐입니다. 그 각각의 본질은 동일합니다.

질문: 제가 순복한 뒤에도 제가 하는 일을 그대로 계속해 나갈 수 있겠습니까?

바가반: 물론입니다! 그러나 '내가 이것을 하고 있다'는 생각은 일어나지 않겠지요.

질문: '나'라는 생각이 없으면 제 임무가 어떻게 이루어지겠습니까?

---

17) 이 일련의 시편들은, 바가반은 당신의 행동을 바꾸어야 할 필요가 있다고 믿고 있던 질문자에 대한 숨김없는 질책임이 분명하다.

바가반: 그대가 보수를 받고 어떤 일을 하든, 무관심으로 하십시오. 집안일도 사무실 업무를 할 때와 같은 무관심으로 하십시오. 그대의 사무실에 왔다가 가는 일들은 그대에게 걱정을 안겨주지 않습니다. 모든 직업과 임무를 이와 똑같은 초연함으로 하십시오.

질문: 어려움들이 계속 닥쳐옵니다. 그것이 언제나 그치겠습니까?

바가반: '나는 몸이다' 하는 관념을 포기하면 그대의 모든 어려움은 날아가 버릴 것입니다.

12

질문: 저는 제 마을을 떠나 숲 속으로 들어가서 따빠스를 할까 생각하고 있습니다. 저는 스리 바가반의 허락을 얻고 가기로 결심했습니다.

바가반: 그대가 마을을 떠날 수는 있겠지만 그대 자신을 떠날 수는 없습니다. 마을이 그대 자신과 별개로 존재한다면 마을을 떠날 수도 있겠지요. 진아의 자리에 홀로 사는 것은 숲 속에서 사는 것과 같습니다. 만약 그대가 진아를 떠나면, 설사 숲 속에 들어가 산다 하더라도 그것은 도시에 사는 것과 한 가지입니다.

자신이 출가자라고 생각하는 사람은 출가자가 아닙니다. 자신이 재가자라고 생각하지 않는 재가자는 출가자입니다.

자신의 모든 행위를 하는 것이 자기라고 생각하지 않는 사람은, 자기가 모든 것을 포기했다고 생각하는 사람보다 낫습니다.

13

바가반은 가끔 말씀하셨다. "침묵(*mauna*)은 끊임없는 언어다. 고요히 있는 것은 끊임없이 일하는 것이다."

이것은 바가반이 이따금 침묵에 대해 하신 몇 가지 난해한 말씀들 중의 하나인데, 이 침묵이란 용어는 당신이 진아에 대한 동의어로 빈번히 사용하신 것이다. 나는 침묵에 대한 바가반의 몇 가지 말씀들, 예컨대 "침묵은 온갖 종류의 [영적인] 부富를 얻기 위한 수행이다" 같은 것은 이해했지만, 침묵이 끊임없는 언어와 끊임없는 일에 상당한다는 취지로 하신 말씀은 도무지 알 수 없었다. 그래서 언젠가 바가반이 포행에서 돌아오실 때 내 의문에 대해 당신께 말씀드렸다.

"바가반께서는 고요히 있는 것은 항상 활동하는 것을 의미하고, 침묵하는 것은 항상 말을 하는 것을 의미한다고 말씀하십니다. 저는 어떻게 그럴 수 있는지 이해가 안 됩니다."

"그래? 자네는 '내가 있다'는 것은 이해하나?" 바가반이 물으셨다.

"예, 이해합니다." 내가 말했다.

"어떻게 이해하나?" 바가반이 물으셨다.

나는 그것이 어떻게 이해되는지 모르겠다고 고백했다.

바가반은 나에게 설명을 해 주셨다. "그와 마찬가지로, '고요히 있음'은 '항상 일하고 있음'을 의미하네. 일을 한다는 것은 손에 괭이를 들고 일하는 것을 뜻하지 않네. 일한다는 것은 '그것'(That)[진아]으로서 항상 빛나는 것을 뜻하네. 침묵만이 항상 말을 하고 있다네. 더욱이, 이 둘은 같은 것이네. 이것이 바로 위대한 진인들이 '나는 잊어버림 없이 기억한다', '나는 분리됨이 없이 숭배한다', '나는 생각함이 없이 생각한다', '나는 말함이 없이 말한다', '나는 들음이 없이 듣는다' 등으로 표현한 것이지. 만약 자네가 말하지 않으면 신이 와서 말을 할 테지. 가장 위대한 경전은 침묵의 설시說示이네. 자네가 이 경전을 읽어야만 모든 의문이 사라질 것이네. 그렇지 않으면 설사 수백만 권의 책을 수 없이 되풀이해서 읽는다 해도 의문이 결코 사라지지 않는다네."

바가반은 언젠가 "저는 이 '나'가 어디 있는지 모르겠습니다" 하고 불평하는 어느 헌신자에게 그와 비슷한 대답을 하신 적이 있다.

바가반은 이렇게 대답하셨다. "그 '나'가 있는 곳에 있으십시오."

다음날 그 헌신자가 바가반께 말했다. "저는 제 마을로 돌아가서 하던 일을 해야 할지, 아니면 그저 침묵을 지켜야 할지 모르겠습니다." 바가반이 말씀하셨다. "먹기, 목욕하기, 용변 보러 가기, 말하기, 생각하기, 기타 육신과 관계된 많은 행위들이 모두 일이지요. 어떻게 한 가지 특정한 행위만을 일이라고 하겠습니까? 고요히 있는 것은 항상 일을 하고 있는 것입니다. 침묵하는 것은 항상 말을 하는 것이고."

14

하루는 국민의회당(Congress Party - 간디 진영의 정당)의 열성 일꾼인 한 여자가 스리 바가반을 친견하러 왔다.

그녀는 회당 안에 한동안 있다가 바가반에게 질문을 했다.

"당신 같은 많은 위대한 진인들은 돌아다니면서 설법을 했고, 그것은 세상 사람들에게 유익한 지혜를 전해주었습니다. 당신께서는 혼자서 진지眞知를 성취하셨지만 한 구석에 앉아서 침묵을 지키고 계십니다. 그것은 세상에 무슨 이익이 있습니까?"

바가반이 대답하셨다. "진아를 알고 진아의 상태 안에 머무르는 것이야말로 한 사람이 세상에 줄 수 있는 최대의 이익입니다. 연단에서 하는 모든 설법은 그 사람이 연단 위에 있는 동안만 얼마간의 사람들에게 효과가 있겠지요. 그러나 침묵의 설법은 온 세상에 항상 들릴 수 있습니다. 그것은 항상 효과가 있습니다."

바가반이 말하는 침묵은 외적인 침묵이라기보다는 내적인 침묵이었다. 바가반은 사람들이 내적인 침묵을 지키는 것을 좋아하셨지만, 만약 그들이 외적인 침묵도 지키겠다고 허락을 구하면 보통 승인하지 않으셨다. 그러나 내 경우에는 승인하시는 것 같았다. 내가 한 번은 바가반께 다음날부터 묵언을 하기로 결심했다고 말씀드리자, 당신은 "아하! 아주 좋지!" 하고 축복해 주셨다.

그러나 그때 당신은 나에게 물으셨다. "왜? 자네 어디로 가나? 여기 살지 않을 건가?"

내가 대답했다. "제가 여기 있다 해도, 사람들이 제 발로 저를 찾아와서 잡담으로 시간을 보냅니다. 제가 묵언의 맹세(mauna vratam)를 하는 것이 좋겠다고 생각한 것은 단지 그 때문입니다."

바가반은 내 대답에 만족하신다는 표시를 하셨다.

이 일이 있기 이틀 전 나는 바가반께 눙구(nungus)[빨미라 나무 열매]를 좀 드리려고 했다. 나는 그것을 빨라꼬뚜에 있는 코헨(Cohen) 씨의 베란다에 보관해 두었다. 왜냐하면 그곳은 바가반이 매일 포행하실 때 얼른 쫓아가기 쉬운 곳이었기 때문이다. 바가반은 지나가실 때 나를 의심스럽다는 듯이 바라보면서 몇 번이나 물으셨다. "자네 여기는 왜 왔나?"

좀 망설이다가 나는 바가반께 말씀드렸다. "저는 이 눙구를 좀 잘라서 바가반께 드리려고 왔습니다."

바가반은 과일을 받으셨다. 그러나 받을 때 당신은 웃으면서 이렇게 말씀하셨다. "자네도 이것을 먼저 먹었겠지. 그리고 먹다가 '나도 바가반이다' 하는 생각이 떠올랐겠지."

바가반은 처음에는 내켜하지 않으시는 것 같더니, 이내 그 과일 여러 개를 손가락으로 파서 즙을 빨아 드셨다. 마침내 "압빠디(Appadi)[만족의 표현]! 나는 배를 주체 못하겠네" 하시고는 가셨다.

15

하루 저녁은 바가반이 포행하실 때 내가 동행하면서 이렇게 여쭈었다. "저는 명상할 때 숨이 제 뱃속에서 멎어버리는 것 같습니다. 이것은 좋은 것입니까?"

바가반이 대답하셨다. "그것은 아주 좋지."

이런 긍정적인 말씀에 고무된 나는 질문 하나를 더 했다. "만약 그런 다음에 계속 명상하면 어떤 일이 일어납니까?"

"삼매를 얻게 되지." 바가반이 대답하셨다.

"삼매는 우리가 일체를 자각하지 못하게 되는 것을 뜻합니까?" 내가 여쭈었다.

"아니지. 우리가 노력하지 않아도 명상이 계속 되지. 그것이 삼매야." 바가반이 말씀하셨다.

"그러면 본연삼매本然三昧(sahaja samādhi)는 어떤 것입니까?"

바가반은 이렇게 말씀하셨다. "그 상태에서는 명상이 항상 계속되지. 그 상태에서는 '나는 명상하고 있다'나 '나는 명상하고 있지 않다' 하는 생각이 일어나지 않네."

그때 나는 바가반께 명상 중에 내가 일체에 두루한 공백 상태 밖에 자각하지 못하는 때가 있는 것에 관해 여쭈었다.

"가끔 아무것도 보이지 않습니다. 이것은 좋습니까?" 내가 말했다.

바가반은 이런 상태들에 대해서는 승인하지 않으시는 듯했다. "처음에는 명상하는 사람이 자기자각自己自覺(self-awareness)을 가지고 명상하면 좋지." 당신이 말씀하셨다.

본연삼매의 상태에 대해 나는 계속 궁금증을 가졌다. 몇 주일이 지난 뒤에 나는 당신께 그에 관해서 다른 질문을 했다. "본연삼매는 처음부터 바로 수행할 수 있습니까?"

바가반은 그럴 수 있다고 대답하셨다.

"그렇지만 어떻게 그것을 수행합니까? 그리고 무상삼매無相三昧는 어떻게 수행합니까? 삼매의 종류는 얼마나 됩니까?" 내가 여쭈었다.

"단 한 가지 삼매밖에 없네. 많은 종류가 있는 것이 아닐세." 바가반이 말씀하셨다. "아무런 생각 없이 실재 안에 일시적으로 가라앉아 있는 것이 무상삼매이고, 진아 안에 영구히 안주해 있으면서 그것을 잊어버리지 않는 것이 본연삼매지. 어느 것이나 같은 행복을 가져다준다네."

16

바가반은 언젠가 생시와 꿈의 상태에 관해 다음과 같은 말씀을 하신 적이 있다.

"생시의 상태에 나타나는 세계의 모습(world vision)과 꿈의 상태에서 나타나는 세계의 모습은 둘 다 똑같습니다. 조금도 차이가 없습니다. 꿈의 상태는 단지 생시의 상태에서 우리가 보는 세계가 실재하지 않음을 보여주기 위해 나타나는 것입니다. 이것은 신의 은총이 나타내는 여러 작용들 중의 하나입니다."

"생시의 상태의 세계는 꿈의 상태의 세계가 변하는 것과 똑같이 변합니다. 둘 다 똑같이 실체가 없고 똑같이 실재하지 않습니다."

"어떤 사람들은 이렇게 항변합니다. '그러나 우리가 어제 본 것과 똑같은 세계가 오늘도 존재합니다. 꿈의 세계들은 하룻밤과 그 다음날 밤이 결코 같지 않습니다. 그런데 어떻게 우리가 생시의 상태의 세계가 실재하지 않는다는 것을 믿을 수 있습니까? 역사는 이 세계가 수 천년 동안 지속돼 왔다고 우리에게 말해줍니다'라고."

"우리는 이 변화하는 세계가 오랫동안 존재해 왔다는 증거를 받아들이고는 이것이 세계가 실재한다는 증거가 된다고 판단합니다. 이것은 근거 없는 결론입니다."[18]

---

18) 바가반은 다른 많은 인도의 스승들과 더불어, 변하거나 바뀌는 그 어떤 것도 실재할 수 없다고 주장했다. 그의 견해로는 불변성이 실재(reality)의 한 표지인 것이다. 이러한 견해를 가진 사람들은 진아만이 변하지 않기 때문에, 진아만이 실재한다고 말한다. 형상 없는 진아만이 실재하며 그것과 분리되어 있거나 별개인 것은 아무것도 없다고 하는 철학인 비이원론(advaita)의 옹호자들은, 항상 변하는 세계의 겉모습은 마음이 창조한 하나의 환幻이라고 말한다.

비이원론의 가르침을 강력하게 고수한 바가반은, 마음과 세계 둘 다가 궁극적으로 실재하지 않는다고 하였다. 왜냐하면 그것들은 변하지 않는 진아 안의 환상적인 겉모습에 불과하기 때문이라는 것이다.

[역주] 세계의 실재성에 관한 논변들은 『마하 요가』 제5장에서 자세히 다루어진다.

"세계는 시시각각 변하고 있습니다. 어떻게 변하느냐? 우리의 몸은 우리가 어릴 때와 같지 않습니다. 우리가 밤에 불을 밝히는 등불은 아침에도 똑같은 것으로 보이지만 그 불길 속의 기름은 바뀌어 있습니다. 그렇지 않습니까? 강에는 물이 흘러갑니다. 우리가 이틀 연달아 그 강을 보면 그것은 똑같은 강이라고 말하지만, 그것이 똑같지는 않습니다. 물이 완전히 바뀌어 있습니다."

"세계는 항상 변하고 있습니다. 그것은 영원하지 않습니다. 그러나 우리는 생시, 꿈, 잠의 세 가지 상태 모두에서 변하지 않고 존재합니다. '나는 이 세 가지 상태 동안 존재하지 않았다'고 진정으로 말할 수 있는 사람은 아무도 없습니다. 따라서 우리는 이 '나'가 영구적인 본체라는 결론을 내려야 합니다. 왜냐하면 다른 모든 것은 계속 유전流轉하는 상태에 있기 때문입니다. 만약 여러분이 이것을 결코 잊어버리지 않는다면, 그것이 바로 해탈입니다."

세계에 관한 이러한 견해는 우리가 상식으로 간주하는 것과 너무나 반대되기 때문에, 바가반은 그에 대해 빈번히 질문을 받았다. 그의 오래된 헌신자들조차 가끔 당신으로 하여금 견해를 조금 수정하시게 하려고 시도할 정도였다. 내가 기억하기로, 예를 들어 하루 저녁에는 회당에서 채드윅 소령이 바가반에게 세계가 얼마간의 실재성과 영구성은 가지고 있다는 것을 납득시키려 하였다.

"만약 제 마음이 존재할 때만 세계가 존재한다면, 제 마음이 명상이나 잠 속에서 가라앉았을 때는 외부 세계도 사라집니까? 저는 그렇게 생각하지 않습니다. 제가 자고 있는 동안 세계를 지각하고 있었던 다른 사람들의 경험을 고려한다면, 세계는 그때에도 존재하고 있었다고 결론 지어야 할 것입니다. 세계는 어떤 거대한 집합적 마음(collective mind)에 의해 창조되고 항상 존재한다고 말하는 것이 더 정확하지 않겠습니까? 만약 이것이 진실이라면, 어떻게 우리가 아무 세계도 없으며 그것이 하나의 꿈일 뿐이라고 말할 수 있겠습니까?"

바가반은 당신의 입장을 수정하기를 거부하셨다. "세계는 자기가 집합적인 마음 안에서 창조되었다거나 개별적인 마음 안에서 창조되었다고 말하지 않습니다. 그것은 그대의 작은 마음 안에서 나타날 뿐입니다. 만약 그대의 마음이 소멸되면 아무 세계도 없을 것입니다."

이 진리를 납득시키기 위하여 바가반은 이야기 하나를 들려주셨다.

"오래 전에, 자기 아버지가 30년 전에 죽은 사람이 있었지요. 하루는 그가 꿈을 꾸었는데 꿈속에서는 아버지가 살아 있었습니다. 그 꿈속에서 그[꿈을 꾼 사람]는 소년이었고 네 명의 동생이 있었는데, 꿈속의 아버지는 많은 재산을 모아서 다섯 형제들에게 나누어주었습니다. 네 명의 동생들은 자기들 몫에 만족하지 않았습니다. 그들은 질투심에서 큰형과 싸웠고 그를 두들겨 패기 시작했습니다. 꿈속에서 이렇게 맞다가 그는 잠에서 깨어났습니다."

"깨어나자 그는 자기에게 아버지도 없고 동생들도 없다는 사실을 깨닫고 아주 기분이 좋았습니다. 그는 자기가 꿈꾸었던 모든 주인공들 중에서 자기만이 실제로 존재한다는 것을 발견했습니다."

"그와 마찬가지로, 만일 우리가 이 생시의 상태를 넘어서서 우리의 진정한 자기(real Self)만을 보게 되면, 어떤 세계도 없고 어떤 '다른 사람들'도 없다는 것을 발견하게 될 것입니다. 반면에, 만일 우리가 진아에서 벗어나서 세계를 보게 되면, 우리가 속박되어 있다는 것을 발견합니다."

바가반은 조금 후에 이런 견해를 요약하여 이렇게 말씀하셨다. "개아(jīvas)[개인적 자아]들은 각기 별개의 세계를 보지만, 진인은 그 자신이 아닌 어떤 것도 보지 않습니다. 이것이 진리의 상태입니다."

17

하루는 내가 바가반께 여쭈었다. "저는 복통이 자주 있습니다. 이것을 어떻게 해야 합니까?" 나는 당신이 어떤 약을 일러주시기를 바라고 있었다.

바가반이 대답하셨다. "그것을 어떻게 하느냐고? 몸 자체가 하나의 큰 병이지. 이 병을 소멸하기 위해서는 우리 모두 침묵을 지켜야 하네. 그러면 다른 모든 병들은 오히려 더 빨리 떠나 버릴 것이네."

그런 다음 당신은 농담으로 이렇게 말씀하셨다. "자네는 나한테 와서 자네의 병에 대해 말하지만, 나는 내가 가진 병들에 대해 누구한테 말하지?"

바가반은 당신에게 병이 나도 결코 불평하시는 법이 없었다. 나는 당신이 치질로 오랫동안 고생하면서도 누구한테도 말하지 않고 지내시던 때를 기억한다. 그 질환이 발견되자, 어떤 헌신자들이 약을 좀 준비해 와서 마다바 스와미에게 주면서 그것을 하루에 두 번 바가반께 드리라고 하였다.

마다바 스와미는 바가반께 그 약을 드셔야 한다고 말했지만 바가반은 거절하면서 이렇게 말씀하셨다. "나를 위한 어떤 약도 지어서 가져오지 말게. 약을 먹는 것은 그 병을 키울 뿐이야. 당나귀[병]는 왔다가 또 그렇게 가거든. 그것이 갈 때까지 나는 견디겠어. 자네는 어떤 권유도 할 필요가 없네."

그 뒤로 당신은 그 약을 쳐다보려고도 하지 않으셨다. 바가반은 마침내 그 약이 회당에 있는 모든 헌신자들에게 공평하게 분배된다면 그 약을 받겠다고 하셨다. 우리는 모두 바가반이 나으시기를 바랐기 때문에, 단체로 그 치료를 받는 데 동의했다.

18

바가반은 종종 진아 안에는 아무런 고통(苦, suffering)도 없기 때문에 모든 고통은 필연적으로 마음의 산물일 수밖에 없다고 말씀하셨다.

한 번은 내가 당신께 여쭈었다. "세상의 고통에서 벗어날 길이 전혀 없습니까?" 당신은 전형적인 대답을 해 주셨다. "유일한 치유책은 진아의 상태 안에 머무르면서 그에 대한 자각을 잃지 않는 것이지."

고통의 문제는 회당 안에서 인기 있는 대화의 주제였다. 왜냐하면 바가반을 제외하고는 우리들 중의 누구도 가끔씩 닥쳐오는 마음의 번뇌(mental turmoil)를 면하지 못하고 있었기 때문이다. 다음에 나오는 문답들은 각기 다른 때에 내가 적어둔 것인데, 고통을 이해하거나 초월하고 싶어 한 헌신자들에 대한 바가반의 전형적인 답변의 예를 보여준다.

질문: 바가반, 저는 평생 동안 고통만 겪어왔습니다. 그것은 제 전생의 죄 많은 업 때문입니까? 저는 언젠가 제 어머니에게 제가 당신의 자궁 안에서는 행복했는지 물어보았습니다. 어머니는 그때에도 당신이 많은 고통을 받았다고 말씀하셨습니다. 저는 어째서 그렇게 많은 죄를 얻었습니까? 저는 왜 이렇게 많은 고통을 받습니까?

바가반: 우리는 그것을 전업前業(pūrva karma)[과거의 업] 때문이라고 말할 수 있겠지요. 그러나 이 전업이 예컨대, 그 전생 이전의 생生의 업 때문이라고 생각하지 말고, 이 현생現生이 누구에게 찾아왔는지를 발견하십시오. 만약 태어난 것이 그 몸이라면, 그 몸더러 그 질문을 하라고 하십시오. 그대는 자신이 항상 고통을 겪고 있다고 말합니다. 그것은 그대의 생각일 뿐입니다. 행복만이 존재합니다. 고통은 왔다가 가는 것입니다.

질문: 덕스럽게 행동하는 사람들에게 그렇게 많은 고통이 찾아오는 것은 어째서입니까?

바가반: 헌신자들에게 고통이 찾아오면 좋습니다. 빨래를 하는 도비(*dhōbi*)[세탁업자]는 빨랫감을 바위에다 세게 칩니다. 그러나 그렇게 하는 것은 옷에서 때를 빼기 위해서일 뿐입니다. 마찬가지로, 모든 고통은 그 헌신자의 마음을 정화하려는 단 하나의 목적을 위해 주어지는 것입니다. 만약 우리가 (고통을 참고) 인내하면 행복이 따라올 것입니다.

다음 두 질문은 서로 다른 때에 내가 한 것이다.

질문: 행복과 고통은 우리의 전업에 따라 일어납니다. 만약 우리가 어떤 일들이 이러저러하게 일어나기를 바라면, 그렇게 되고 맙니까?

바가반: 만약 어떤 사람이 과거에 많은 공덕(*punya*)[선행]을 지었다면, 바로 이 순간 그가 생각하는 무슨 일이든지 일어나겠지요. 그렇다고 해도 정해져 있는 일을 바꾸어놓지는 못합니다. 그가 바라는 어떤 일도, 어떤 식으로든 일어나게 되어 있는 일에 맞추어 일어날 것입니다. 그의 바람은 지고자의 바람 혹은 의지에 의해 이미 정해진 것에 따르게 되어 있습니다. 만일 (그에게) 많은 죄업(*pāpam*)[축적된 죄]이 있으면, 그런 행위들의 과보 역시 바로 지금 나타나겠지요. 전생에서부터 이월되어 온 넘치는 공덕이나 죄업의 과보는 이 생에서 나타날 것입니다. 비디야라니야 스와미(Vidyaranya Swami)의 경우에는 금이 비로 쏟아졌습니다.19)

질문: 어떤 사람은 선행을 하는데도 고통이 찾아옵니다. 그러나 어떤 사람은 많은 악행을 하는데도 전혀 고통을 겪지 않을 수도 있습니다. 왜 그렇습니까?

바가반: 모든 사람은 전생에서부터 이월되어 온 업의 결과로 행복이나 고통을 얻고 있습니다. 둘 다를 인내심 있게 받아들이고 진아 안에 머무르는 것, 어떤 일을 하게 되더라도 그 안에서 행복이나 고통을 구하지 않고 그 행위를 하는 것, 그것이야말로 좋은 것입니다.

---

19) 이 이야기의 온전한 내용은 378~9쪽에 나온다.

'나는 누구인가?' 하는 탐구는 고통을 종식시키고 위없는 지복을 얻게 해 줍니다.

19

질문: [께랄라Kerala에서 온 한 학자] 저는 덕의 길을 따르려고 해 보지만 저에게는 그것이 어렵습니다. 저의 전습前習(pūrva saṃskāras)[이전의 마음의 습]들이 저를 방해합니다. 그것은 언제 사라지겠습니까?

바가반: 그대 자신에게 '나는 누구인가?' 하고 물으십시오. 그대의 전습들은 누가 그것을 가지고 있는지를 발견할 때 사라질 것입니다.

질문: 제가 명상을 하면 잠이 저를 압도합니다. 그것을 피할 수 없습니다. 저는 어떻게 해야 합니까?

바가반: 만약 '나는 깨었다'라고 말하면 그것은 '나는 잤다'는 것이 됩니다. 깨어나게 되면 우리는 잠들어 있을 때 우리가 있었던 그 상태에 있어야 합니다. 잠이 찾아올 때 우리는 깨어 있어야 합니다. 그것이 깨어있는 잠(awakened sleep)의 상태입니다.20)

질문: 그것은 저에게 불가능합니다.

바가반: 가장 큰 장애가 '나에게는 불가능하다'는 생각입니다.

질문: 그 생각이 우리를 사로잡아 흔들 때는 어떻게 해야 합니까?

바가반: 그 생각은 우리를 사로잡아 흔들지 않습니다. 우리를 사로잡

---

20) 바가반은 종종 말하기를, 헌신자들은 그가 말하는 '깨어있는 잠'(waking or wakeful sleep)의 상태에 있어야 한다고 했다. 깊은 잠을 자는 동안에는 마음이 진아 안에서 휴식하고 있지만 마음은 거기에 존재하는 지복 또는 평안을 의식하지 못한다. 바가반은 만약 우리가 마음을 진아 안으로 완전히 가라앉게 하면서도 의식을 잃지 않을 수 있으면, 우리는 의식하는 잠(conscious sleep)의 지복을 즐기게 될 것이라고 주장한다. 이 체험을 표현하기 위해 두 가지 비슷한 용어가 사용된다. 잠을 자는 동안 완전한 의식을 유지하는 것은 '깨어있는 잠'(wakeful sleep)이라 한다. 한편 생시의 상태에서 진아 안에 마음을 머무르게 하는 것을 '깨어 있으면서 잠자기'(sleeping while being awake)라고 한다. 비록 이름들은 다르지만, 두 상태 안에서의 의식의 체험은 동일하다.

는 그 생각 자체가 흔들리는 것입니다.

질문: 만약 그렇다면, 마음은 어떻게 제어할 수 있습니까?

바가반: 마음을 제어한다는 것은 첫 번째 생각을 제어하는 두 번째 생각이 필요하다는 것을 뜻합니다. 마음을 제어하려고 하는 것은 어떤 사람이 자기 그림자의 길이를 자신이 재려고 하는 것과 같이 불가능한 일입니다.

잠을 잘 때 우리는 어떠했습니까? 우리는 지금, 잠들어 있을 때와 똑같은 [몸도 없고 마음도 없는] 그 '나'입니다. 우리의 첫 번째 착오는 그 상태를 떠나서 몸을 '나'라고 여기는 것입니다.

질문: 무지(ajnāna)가 소멸되어야 합니다. 맞습니까?

바가반: 누구의 무지가 소멸되어야 하는지를 탐구하면 그것으로 충분하겠지요.

20

바가반: 제가 비루팍샤 산굴에 살고 있을 때 많은 사람들이 갖가지 종류의 간식과 식사를 가지고 거기를 찾아오곤 했지요. 많은 방문객들이 바다이(vadai)나 빠야삼(payasam) 같은 온갖 특별한 음식이 들어 있는 성찬을 저에게 먹도록 강요하는 것이었습니다. 하루는 위장에 완전한 휴식을 주기 위해 단식을 하기로 했습니다. 그러나 비루팍샤 산굴에 있으면 위험하다는 것을 알았습니다. 방문객들이 저 주려고 음식을 가지고 나타날지 모르니까요. 그래서 저는 산의 서남쪽 숲 속으로 멀리 포행을 나갔습니다. 제가 이 숲 한 가운데를 걸어가고 있는데, 머리에 꾸러미를 인 여자 일곱 명이 저를 따라왔습니다. 그들은 저를 보더니 자기들끼리 말을 주고받는 것이었습니다.

"우리 앞에 가고 있는 분은 우리의 스와미야."

그들은 제가 '스와미'라는 것을 확인하고 나자, 저에게 달려왔습니다.

그들 중의 한 사람이 말했습니다. "스와미, 제발 앉으셔서 저희가 가지고 온 음식을 좀 드십시오."

한 여자가 저에게 이들리를 주었고, 두 번째 여자는 무룩꾸(murukku)를, 세 번째 여자는 도사(dosa)[21]를 주었으며 다른 여자들도 마찬가지였습니다. 이런 식으로 그들은 서로 경쟁하듯이 저에게 여러 가지 음식을 대접했습니다.

다 먹고 나서 저는 '아! 오늘 얼마나 멋진 단식을 했나' 하고 생각하면서 그들을 떠나서 걷기 시작했습니다.

저는 그들로부터 벗어날 생각이었는데, 여자들이 뒤에서 저를 불렀습니다. "스와미, 정오에 저희가 점심을 대접할 테니 그리 오셔요. 저희들은 당신을 떠나지 않을 거예요." 그러더니 그들은 산 쪽으로 걸어갔습니다.

나중에 또 그들에게 붙잡혀서는 안 되겠다고 생각한 저는, 얼마 안 되는 거리를 천천히 걸어간 다음 한 그루 나무 밑에 앉아서 그 그늘에서 쉬었습니다. 12시경에 그 여자들이 숲에서 나오더니 저를 향해 곧장 걸어왔습니다. 그들은 저에게 다가오면서 저더러 자기들을 마실 물이 있는 곳으로 데려가 달라는 것이었습니다. 저는 그들을 숲 속의 소나띠르탐(Sona Teertham)[22]으로 데려가면서 '오늘은 내가 얼마나 멋진 단식(upavāsam)을 하는가!' 하고 생각했습니다.

여자들은 물을 마시고 나더니 저에게 앉아서 식사를 하라고 했습니다. 제 앞에 바나나 잎 하나를 펴놓고는 밥, 채소, 삼바르(sambar), 라삼(rasam), 바다이, 빠야삼 등 육미六味[23]를 다 갖춘 음식들을 차려주는 것이었습니다.

---

21) 무룩꾸(murukku)는 딱딱하고 바삭바삭한 튀김 요리이고, 도사(dosa)는 쌀과 검정콩(black-gram) 가루로 만든 빈대떡(pancake)이다.
22) [역주] 아루나찰라산의 남서쪽 계곡을 흐르는 소나천川 가에 있는 작은 저수지.
23) 달고, 시고, 짜고, 쓰고, 떫고, 매운 여섯 가지 맛.

저는 속으로 생각했습니다. '맙소사! 아침에 먹은 것만 해도 사흘 분 식사였는데, 이것을 어떻게 다 먹지?' 저는 마치 목구멍이 막히는 것 같았습니다.

"스와미, 왜 그런 표정을 하셔요?" 한 여자가 물었지요. "저희들을 마치 모두 당신께 공양을 올리는 운나물라이(Unnamulai)[24]처럼 생각하시고 드셔요." 이렇게 여자들은 저에게 얼마간의 우빠데샤[영적인 가르침]까지 주었습니다.

제가 식사를 끝내자마자 그들은 떠나면서 이렇게 말했습니다. "스와미, 저희들은 태어나서 아직 한 번도 이 숲에 오지 않았는데, 오늘은 나뭇잎을 해 가려고 여기 왔습니다." (말을 마치자) 그들은 모두 홀연히 사라졌습니다.

"오! 신출귀몰한 사람들이군" 하고 생각하면서 저는 숲 속을 천천히 걸어 오른돌이(pradakshina)를 계속했지요. 그러다가 베뜨릴라이 만다빰(Vetrilai Mandapam)[25]에 가서 앉아 있을 생각으로 숲을 나왔습니다.

한편 라마스와미 아이어(Ramaswami Aiyer)라는 헌신자가 있었는데, 호박만한 망고를 두 개 사서 그것으로 라삼을 만들어 자기가 요리한 약간의 쌀밥하고 같이 비루팍샤 산굴로 가지고 갔습니다.

제가 거기 없자 그가 물었습니다. "스와미는 어디 계신가요?"

거기 있던 사람들이 "스와미는 산 오른돌이를 가셨나 봅니다" 하는 말을 듣고, 그는 '스와미는 산을 시계 방향으로 도실 테니까, 나는 시계 반대 방향으로 가서 당신을 만나 이 라삼과 쌀밥을 드려야지' 하고 생각했습니다.

라마스와미 아이어는 제가 막 숲을 나왔을 때 저를 발견했지요. 저를

---

24) 운나물라이는 시바의 반려인 빠르바띠(Parvati)의 타밀 현지 이름이다.
25) [역주] 저자의 설명에 따르면 바가반이 이 여자들을 만난 사건은 모두 아루나찰라의 남서쪽 일대에서 일어났다. 베뜨릴라이 만다빰 역시 이 지역에 있는 만다빰의 하나라고 한다.

보자마자 그는 이렇게 말했습니다. "스와미, 저는 당신을 뵈러 비루팍샤 산굴에 갔는데 안 계시더군요. 그래서 당신을 찾아서 오른돌이 길로 이리 온 것입니다. 이 망고 라삼과 쌀밥을 부디 드셔야 하겠습니다."

저는 그에게 그날 일어난 일을 다 말해주면서 제가 얼마나 많이 먹었는지 설명했지만, 무슨 말을 해도 그는 들으려고 하지 않았습니다. 그는 제가 자기 음식을 좀은 먹어야 한다고 우겼습니다.

저는 그것을 조금 먹고 나서 "그만! 그만! 오늘의 벌은 아주 굉장하군!" 하고 말했습니다. 그리고 나서 저는 비루팍샤 산굴로 돌아가기 시작했는데, 거의 걸을 수가 없을 정도였지요.

그런 다음 바가반은 이어서 1903년경에 일어난 다른 사건 하나를 이야기하셨다.

하루는 빨라니스와미[당시에 그의 시자], 다른 남자 하나 그리고 제가 산의 남쪽을 개천 둑을 따라 걷고 있었지요. 우리는 한 노파가 어느 나무 꼭대기에서 나뭇를 하느라고 삭정이를 꺾고 있는 것을 보았습니다. 저는 누가 저렇게 높은 곳에서 삭정이를 꺾나 싶어서 쳐다보았지요. 그러자 그 여자가 즉시 몸을 돌려 저를 바라보았습니다.

그녀는 두 손을 펴더니 저에게 우빠데샤를 주는 것이었습니다. "어이 당신! 화장터 장작더미 위에나 올라가시지!26) 왜 당신이 있는 처소에 조용히 앉았지 않고 숲을 다 싸돌아다니는 거야?"

제가 대답했지요. "어머니, 당신 말씀이 옳습니다. 제가 잘못하고 있군요. 정말 잘못하고 있어요. 벌로 저는 저를 때리겠습니다."

제가 이 문제를 생각하면서 노파를 쳐다보니 그녀는 온데간데없었습니다.

"오! 그녀도 신출귀몰한 여자군!" 하고 우리는 결론지었지요. 그리고

---

26) 타밀어에서 이 말은 온건하면서도 상스러운 욕이다. 비록 농담으로 한 경우라 해도 가난한 근로 여성이 스와미에게 이런 식으로 말했다는 것은 아주 이례적인 일이었다.

나서 한 동안 온 숲을 이리저리 다니다가 우리는 비루팍샤 산굴로 돌아왔습니다.27)

21

어느 방문객이 바가반에게 싯디(*siddhis*)[초자연적인 능력]에 대해서 질문하자 당신은 이렇게 답변하셨다. "진아의 상태 안에 변함없이 머무르는 것이 영원한 싯디이며, 모든 싯디 중에서 가장 위대한 것입니다. 다른 모든 싯디는 진리를 깨달은 진인의 발현업(*prārabdha*)일 뿐입니다. 이런 싯디들은 하찮은 것입니다."

이것은 몇 주일 전에 내가 얻은 답변과 아주 유사한 것이었다. 내가 싯디에 대해 바가반께 여쭈었을 때 당신은 이렇게 대답하셨다. "싯디를 수련하는 것은 에고를 더욱 살찌울 뿐이네. 가장 위대한 싯디는 진아 아닌 어떤 것도 보지 않는 것이지. 완전을 성취한 진인에게는 모든 싯디들이 와서 시중을 든다네."

그때는 당신이 『실재사십송』(*Ulladu Nārpadu*), 제35송을 인용하셨다.

> 항상 존재하는 진아를 깨닫고 그것으로 머무르는 것이 [진정한] 싯디라네. 다른 모든 싯디는 꿈속에 나타나는 것들과 마찬가지네. 우리가 꿈에서 깨어나면 그것들이 실재하던가? 미혹迷惑을 제거해 버리고 자신의 참된 상태 안에 자리잡고 있는 사람들이 다시 미혹되겠는가?

---

27) 바가반은 이 두 가지 이야기를 몇 번이나 들려주었다. 가끔 그가 이런 사건들을 이야기할 때, 듣는 이들은 그에게 음식을 대접한 일곱 명의 여자와 그에게 욕을 한 여자가 보통의 인간이라기보다는 영적인 존재들(spiritual beings)이라는 인상을 받았다. 여기에 기록된 이야기에서도 문장 내용은 나무 꼭대기의 '신출귀몰한 여자'가 바가반에게 욕을 한 뒤에 감쪽같이 사라졌다는 것을 말하는 듯하다. 그녀가 바가반이나 다른 두 사람의 남자들 눈에 띄지 않고 나무를 내려와서 다른 데로 가버릴 수 있었으리라고는 보기 어렵다.

22

1938년 11월에 나는 바가반과 함께 산을 올라갔다. 우리가 돌아올 때 내가 당신께 질문했다. "명상을 할 때 잠을 피하려면 어떻게 해야 합니까?"

바가반이 대답하셨다. "명상하는 사람은 일을 너무 많이 해도 안 되고, 음식을 너무 배불리 먹어도 안 되네. 배를 채우면 채울수록 우리의 마음의 상태는 저하되지. 만약 배가 거의 비어 있으면 우리는 영적으로 더 높이 올라갈 것이야. 비나(vīnā)[28]의 현絃은 너무 세게 조여도 안 되고 너무 느슨하게 해도 안 되지. 몸도 그와 같이 유지해야 하네."

"잠도 그와 마찬가지네. 밤의 3분의 1은 잠을 잘 시간으로 할당되어 있지. 즉, 밤 10시에 잠자리에 들어서 새벽 2시에 깨어나야 하네. 낮 시간에는 잠을 자서는 안 되네. 또 다른 방식도 있지. 잠이 깰 때마다 일어나야 하고 잠이 올 때마다 잠을 자야 하네. 그러나 '내가 잠을 잤다'거나 '내가 일어났다'고 생각하면 안 되지."

그리고 당신은 「데비깔롯따라」(Dēvikālottara)[29] 제33절을 인용하셨다.

> 마음은 종종 망상에 빠지거나 잠에 떨어지니, 깨어 있으면서 그것을 그 원초적 상태로 거듭거듭 돌려놓으시오.

23

어떤 사람이 한 번은 바가반에게 형상 있는(rūpa) 마음과 형상 없는(arūpa) 마음에 대해 질문했다.

바가반은 이렇게 답변하셨다. "순수한 마음은 공심空心(manākāsa)[허공

---

28) 인도의 고전 음악에서 사용되는 큰 현악기.
29) [역주] 힌두 경전의 한 부류인 아가마(Agamas) 경전 중의 하나. 바가반이 그 중의 한 장章을 타밀어로 번역한 것이 보통 이 이름으로 알려져 있는데, 『라마나 마하르쉬 저작 전집』에 실려 있다.

마음 혹은 빈 마음]이라는 이름을 갖고 있습니다. 모든 사람에게는 예외 없이, 잠에서 깨어나자마자 어떤 명료한 자각(jnapti)이 일어납니다. 그것이 형상 없는 마음(formless mind)입니다. '나는 몸이다', '이것은 세계다' 같은 생각들은 그 뒤에 일어납니다. 이것이 형상 있는 마음입니다. 영화에서는 빛이 먼저 나타납니다. 형상들이 화막에 나타나는 것은 그 뒤입니다. 마찬가지로 진아의 빛이 먼저 나와서 그 뒤에 따르는 모든 것을 위해 자리를 마련해 주는 것입니다."

다른 한 헌신자가 알고 싶어 한 것은 이것이었다. "제 마음을 안정되고 확고하게 만들려면 어떤 방법을 써야 합니까?"

바가반은 그에게 말씀하셨다. "항상 한 가지를 생각하면 됩니다. 만약 마음이 따라주지 않으면 다시 오직 한 가지만을 생각하기 시작하십시오. 때가 되면 마음이 그대의 명령에 따를 것입니다."

세 번째 헌신자가 세간적인 활동에 대해 물었다. "어떤 때는 명상을 하고 있는데, 다른 때에는 세간적인 활동을 하고 있습니다. 이 둘 사이의 차이는 무엇입니까?"

바가반이 답변하셨다. "명상을 하는 것이나 활동을 하는 것이나 모두 한 가지입니다. 그것은 같은 대상을 두 가지 언어로 부르는 것과 같고, 까마귀가 눈이 하나뿐이지만 두 방향을 보는 것과 같으며,30) 코끼리가 같은 코로 숨도 쉬고 물도 마시는 두 가지 행위를 하는 것과 같고, 코브라가 눈을 가지고 보기도 하고 듣기도 하는 것과 같습니다."31)

그런 다음 당신은 『해탈정수』의 다음 절[제2편 173절]을 인용하셨다.

> 만약 네가 늘 '나'가 완전한 의식임을 자각하고 있으면, 네가 얼마나 많은 생각을 하든, 네가 어떤 일을 하든 무슨 상관 있겠느냐?

---

30) 남인도에서는 까마귀는 두개골 중앙에 하나의 큰 안구를 가지고 있다고 보통 믿어지고 있다. 이것을 믿는 사람들은 그 안구가 이쪽저쪽으로 움직이기 때문에 까마귀는 어느 눈구멍으로도 볼 수 있는 것이라고 말한다.
31) 역시 일반 사람들이 이렇게 믿고 있다.

이 모든 것은 잠에서 깨어난 뒤의 꿈의 장면들같이 실재하지 않는다. '나'는 온통 지복이다!

명상과 세간적 삶은 외관상 둘로 나뉘는 것처럼 보이므로, 나도 질문을 하나 하였다.

"바가반, 명상에서 우리가 얻는 것과 동일한 행복을 세간적 활동에서는 어떻게 얻습니까?" 하고 내가 여쭈었다.

바가반은 대조적인 감정들은 모두 마음의 산물이라고 설명하셨다.

"우리의 행복과 고통은 우리의 마음의 상태에 달려 있습니다. 행복은 우리의 본래적 상태(natural state)입니다. 고통은 우리가 진아를 떠나서 몸과 마음이 '나'라고 생각할 때 일어납니다. 이것을 어떻게 해야 하겠습니까? '나는 이 몸이다' 하는 생각은 많은 생을 거치면서 강해져 있습니다. 그것이 소멸되고 난 뒤에 남는 것이 행복입니다."

바가반은 행복의 상이한 유형들에 대한 나의 질문에 직접 답변하시지는 않았지만, 그 문제는 나중에 다른 헌신자가 비슷한 질문을 했을 때 해명되었다. "바가반, 경전에서는 대단히 많은 종류의 아난다(ānanda)[행복 또는 지복]에 대해 이야기하고 있습니다. 실제로 그렇게 많은 종류가 있는 것입니까?"

"아니지요." 바가반이 답변하셨다. "아난다는 단 하나입니다. 그 아난다 자체가 신입니다. 우리의 본래적 상태는 아난다입니다. 이것은 여러 가지 감각적 쾌락을 통해서 외부적으로 경험되기 때문에, 그것에 대해 여러 가지 이름이 붙은 것입니다. 사람들이 얼마나 많은 다양한 행복을 즐기든, 수백만 가지의 다양한 불행 또한 경험해야 할 것입니다. 그러나 진인은 그렇지 않습니다. 그는 세상의 모든 사람들이 즐기는 행복을 자기 자신의 브라마난다(Brahmānanda)[브라만의 지복]로서 즐깁니다. 브라마난다는 바다와 같고, 행복의 외부적인 형태들은 파도, 거품, 물방울 그리고 잔물결과 같습니다."

"아난다는 잠 속에서는 모두에게 공통됩니다. 모든 생물과 모든 인간들은—가난뱅이로부터 황제에 이르기까지—잠들어 있는 동안에는 아난다를 똑같이 경험합니다."

24

질문: 스와미, 저는 당신의 존명(尊名)을 듣자마자 당신을 뵙고 싶은 커다란 욕망을 가졌습니다. 제가 이제 왔습니다. 이런 커다란 욕망이 어떻게 저에게 왔습니까?

바가반: 당신의 몸이 저에게 온 것과 꼭 마찬가지입니다.

질문: 우리의 삶의 결실은 무엇입니까?

바가반: 만약 어떤 사람이 삶의 참된 원리들에 따라 처신해야겠다고 생각한다면, 그 자체가 그가 전생에 한 대단한 따빠스(tapas)의 결실입니다. 이런 식으로 생각하지 않는 사람들은 자신의 시간을 낭비하고 있는 것입니다.

25

하루 저녁에는 우리가 모두 회당에 앉아 있을 때, 바가반이 비루팍샤 산굴에서 일어났던 두 가지 사건에 대해 우리에게 이야기해 주셨다.

바가반: 제가 여기 온 초기에 한 번은 산 위의 어느 바위 위에 앉아 있는데 한 소년이 저에게 다가왔습니다. 그는 여덟 살쯤 되었습니다.

소년은 저를 보더니 아주 동정하면서 이렇게 말했습니다. "스와미, 왜 당신은 이런 데 와서 아무 옷도 입지 않고 혼자 사세요?"[32]

저는 그에게 그의 마음에 흡족할 만한 대답을 해 주었지요. "우리 집의 어른들이 나에게 화를 내서 나는 집을 나와 여기 와 있다."

---

[32] 바가반은 그 당시 샅가리개 하나 외에는 아무것도 입지 않고 지내곤 했다.

소년이 물었습니다. "스와미, 뭘 해서 먹고사세요?"

제가 대답했지요. "만약 누가 음식을 좀 주면 나는 그것을 받는다. 그렇지 않으면 안 먹는다."

소년은 제가 그런 힘겨운 생활을 하고 있다는 데 충격을 받았습니다. "아이요(*Aiyō*)!" 하고 그가 소리를 지르더군요. "저랑 같이 가요. 제 주인께 말씀드려서 당신께 일자리를 얻어 드릴게요. 며칠간만 밥만 먹고 일을 하면 나중에 그가 봉급을 줄 거예요." 저는 그의 제안에 대답 대신 침묵을 지켰지요.33)

또 어느 날은 제가 비루팍샤 산굴의 벤치에 앉아 있는데, 작은 소년이 저에게 오더니 한참 동안 저를 응시했습니다. 그러더니 그는 엉엉 우는 것이었습니다.

산굴 안에 있던 빨라니스와미(Palaniswami)가 나와서 소년에게 "왜 우느냐?"고 물었습니다.

"저는 이 분을 보자 너무 불쌍한 생각이 들었어요." 소년이 말했습니다. 그러고 나서 계속 우는 것이었습니다.

스리 바가반은 이야기를 들려줄 때 자주 그러셨지만, 이야기에 나오는 사람들의 역을 연기하면서 이야기를 생동감 넘치게 하셨다. 이 이야기를 하실 때에도 당신은 그 소년의 말과 울음을 멋지게 흉내 내셨다.

26

질문: 뿌라나(*Purānas*)에서 말하기를, 해탈은 까일라사(Kailash), 바이꾼타(Vaikunta) 혹은 브라마로까(Brahmaloka)[힌두교의 천상 세계들]에 살면서 그곳에 있는 신을 친견하는 것을 뜻한다고 합니다. 그게 맞습니까?

---

33) 이 사건과 그에 이어지는 사건들은 『바가반과 함께 한 나날』(*Day by Day with Bhagavan*), 45-6-5 오후 부분에도 기록되어 있다. 이 책에서는 바가반이 그 소년에게, 자기 주인에게 일자리를 하나 얻을 수 있는지 물어보라고 했다. 그 소년이 돌아오지 않았으므로 바가반은 계속 '실업 상태'에 있었다.

아니면 해탈은 오직 우리가 육체, 세계 그리고 마음에 대한 지각이 전혀 없는 상태에서 브라만과 합일할 때만 옵니까?

바가반: 바이꾼타와 까일라사에 사는 것이 해탈은 아닙니다. 만약 다들 까일라사와 바이꾼타에 간다고 하면 모두가 살 공간이 어디 있겠습니까? 만약 내가 신과 더불어 살면서 지복을 즐겨야 한다면, 신은 무지각無知覺(jada)이어야 합니다. 만일 그가 무지각이라면, 우리가 어디서 지복을 즐길 수 있습니까?34)

그런 다음 바가반은 『실재사십송』의 제31송을 인용하셨는데, 그것은 해탈의 실제 상태를 묘사하고 있는 것이다.

자기 자신[자기의 에고]을 소멸해 버리고 지복인 자기의 성품에 대해 깨어있는 사람에게, 성취해야 할 무엇이 남아 있겠는가? 그는 자기 자신 아닌 어떤 것도 [존재하는 것으로] 보지 않는다네. 그의 상태를 누가 이해하랴?

27

어떤 사람들이 바가반을 친견하러 남쪽 지방에서 왔다. 그 중에는 다섯 살쯤 되는 작은 소년이 있었다. 그는 절을 하고 나서 바가반에게 다가가서 당신을 사랑하는 듯이 바라보았다. 바가반은 당신의 왼손을 소년의 머리에 얹고 물으셨다. "너는 뭘 원하니?"

소년은 확고하게 대답했다. "아무것도 원하지 않아요."

"오호! 너는 우리 식구다." 바가반이 말씀하셨다.

그러고 나서 당신은 소년과 함께 온 사람들을 향해 이렇게 덧붙이셨

---

34) 일부 이원론적인 힌두 교파에서는 우리가 신의 지복을 즐기려면 신과 분리되어 남아 있어야 한다고 믿는다. 이러한 이원론자들은 흔히, 설탕을 맛보는 어떤 사람이 설탕과 분리되어 있어야만 그 단맛을 경험할 수 있다는 사실을 든다. 바가반은 이 비유는 적용될 수 없다는 말을 자주 했다. 왜냐하면 신은 '나'의 체험과 분리되어 있는 무지각(jada, inert)의 대상이 아니기 때문이라는 것이다.

다. "만약 이 아이가 '원하지 않는' 상태에 머무르면 모든 것이 이 아이에게 올 것입니다."

이 일로 하여 바가반은 당신 생애에서 오래 된 사건 하나를 상기하시게 되었다.

"제가 빠짜이암만 사원(Pachaiamman Temple)35)에 머무르고 있을 때 제 샅가리개가 찢어졌습니다. 저는 누구한테 어떤 부탁도 하지 않았기 때문에 제 스스로 그것을 기워야 했지요. 바늘로는 선인장에서 딴 가시를 썼습니다. 그 한쪽 끝을 쪼개서 샅가리개에서 뜯어낸 실을 물고 있게 했지요. 다 깁고 나서 저는 그것을 두 달간 더 입었습니다."

"같은 시기에 제 타월이 구멍이 너무 많이 나서 마치 그물 같았습니다. 하루는 한 목동이 이 타월을 보더니 저를 놀리려고 이렇게 말했습니다. '스와미, [지방의] 총독(Governor)이 이 타월을 원합니다.'"

"저는 이 타월을 빨아서 말려 그걸로 손을 싸고 있곤 해서 아무도 그것이 해어진 줄 몰랐던 거지요. 어쩌다가 저와 같이 있던 사람들이 그것을 알게 되어 새 샅가리개와 타월 세 벌을 가지고 왔습니다. 그들은 제 낡은 타월을 가져가고 샅가리개도 새 것으로 바꿔 입도록 하더군요."

"만약 여러분이 '원하지 않는' 상태에 머무르면, 모든 것이 여러분에게 올 것입니다. 그래서 좋은 것과 싫은 것을 다 원하지 않는다는 것입니다."

28

모리스 프리드먼: 가끔 저는 명상을 할 때 아무것도 모르는 상태에 들어갑니다. 이 상태는 의식침전입니까, 의식소멸입니까?36)

---

35) [역주] 빠짜이암만 꼬일(Pachaiamman Koil)이라고도 하며, 빠르바띠(Parvati)를 모신 사원(사당)이다. 아루나찰라 산 동북쪽 계곡 입구에 있다.

바가반: 의식침전과 의식소멸에서는 공히 질문이 일어나지 않습니다.

모리스 프리드먼: 어떤 것이 의식소멸입니까?

바가반: '아무것도 모른다'거나 '어떤 것을 안다' 하는 어떠한 의심이나 생각도 일어나지 않고, 자기가 존재하는 그대로 영구적으로 머물러 있는 것이야말로 의식소멸입니다.

29

질문: 경전에서는 양미간의 중심에 주의를 두어야 한다고 말하고 있습니다. 이것은 올바른 것입니까?

바가반: '내가 있다'는 느낌은 누구에게나 직접적으로 분명합니다. 만약 우리가 이 느낌을 무시한다면, 어떤 특정한 신을 본다고 해서 무슨 행복이 있겠습니까? 신이 양미간의 자리와 같은 어떤 부위에만 존재한다고 생각하는 것만큼 어리석은 일도 없습니다. 이런 부위에 주의를 고정하는 것은, 마음이 아무 데로나 치닫는 것을 막기 위한 목적을 가진 하나의 거친 수행 형태일 뿐입니다. '나는 누구인가?' 하고 탐구하는 것이 마음을 제어하는 데는 훨씬 쉬운 방법입니다.

종교의 모든 방법들은 (영적인) 발전의 어떤 수준에만 좋을 뿐입니다. 마음이 창조한 마야(*māyā*)는 마음 자체가 소멸해야 합니다.

질문: 영적인 추구자는 어떤 종류의 음식을 먹어야 합니까?

바가반: 순수성 식품을 적당량 취하는 권계勸戒(*niyama*)37)가 다른 어떤 권계보다 더 낫습니다.

질문: 경전에는 여러 가지 아사나(*āsanas*)[요가의 자세]를 말하고 있습니다. 어떤 것이 가장 좋습니까? 어느 것을 수련해야 합니까?

---

36) 바가반은 의식침전意識沈澱(*manōlaya*)을 '마음의 모든 기능들의 일시적인 정지'로, 의식소멸意識消滅(*manōnasa*)을 '마음의 완전하고 영구적인 소멸'로 정의했다.
37) [역주] 권계勸戒란 적극적으로 권장되는 계율로, 청결, 평온, 검소, 경전 공부, 신이나 스승에 대한 봉사 등이다. 라자 요가의 두 번째 단계로 되어 있다.

바가반: 일여내관一如內觀(nididhyāsana)[흔들림 없는 명상 또는 내관]이 가장 좋습니다. 이것을 수련하면 충분합니다.

30

여러 번 나는 바가반이 하신 간단한 답변이나 말씀들로서 그 말씀을 하실 당시에 이런저런 이유로 나에게 영감을 주었던 것들을 적어두곤 했다. 나는 보통 질문이나 그 답변의 맥락을 생략하곤 했는데, 그것은 당시에 내가 그런 것들이 특별히 중요하다고 생각하지 않았기 때문이다. 다음의 목록은 그러한 항목들 중의 12가지이다.

(1) 강물의 흐름은 바다에 도달하면 멈추고 바다와 하나가 됩니다. 마찬가지로 우리의 마음이 항상 진아를 명상하고 있으면, 그것이 결국 진아체眞我體(Ātmamayam)[진아와 같은 성품의 것]38)로 됩니다.

(2) 어떤 사람이 바가반에게 어떻게 하면 분노를 없앨 수 있느냐고 묻자, 당신은 이렇게 대답했다. "분노에 대해 분노하십시오. 욕망이 분노의 뿌리입니다. 무욕이 절대적인 행복입니다."

(3) 모든 사람의 본래적 이름은 해탈(mukti)입니다.

(4) 저절로 닥쳐오는 어떤 문제들에 대해서도 자신의 욕망 없이 대처해 나가는 가운데, 진아의 상태를 놓치지 않는 사람이 진정한 대장부입니다.

(5) '나는 몸이다' 하고 생각하는 사람은 자살죄를 범하고 있습니다. '나는 진아다' 하고 생각하는 사람은 아주 큰 복이 있는 사람입니다. '나는 진아다'에 대한 한 순간의 명상은, 마치 해가 어둠을 소멸하듯이 모든 성적업成積業(sanchita karma)을 소멸해 줄 것입니다. 항상 이와 같이 명상하는 사람에게 업이 어떻게 소멸되지 않을 수 있겠습니까?

---

38) [역주] Ātmamayam은 '진아로 가득 찬', 또는 '진아와 같은 형상[성품]의' 것이란 뜻이다. 여기서는 늘 진아를 명상하여 진아의 성품이 되어 버린 마음을 말한다.

(6) 잠이 올 때는 깨어 있으십시오. 깨어 있을 때는 잠을 자십시오. 이것이 '잠듦이 없이 잠자는 것'(to sleep without sleeping)입니다. 걱정에서 벗어나는 것이 잠듦이 없이 잠자는 것입니다.

(7) 욕망이 마야(māyā)입니다. 무욕이 신(God)입니다.

(8) 자기 자신의 행위로는 아무것도 성취할 수 없다는 것을 이해하면서 일체를 붙들어주는 신(all-supporting God)을 사랑하는 사람, 그 대신 모든 행위가 신에 의해서 이루어질 것이라고 기대하는 사람은, 매 순간 신에 의해 진리의 길로 인도됩니다.

(9) 모든 사람은 도처에서 자기 자신을 봅니다. 우리는 신과 세계가 있는 상태와 똑같은 상태 안에 있습니다.

(10) 본연헌신本然獻身(natural devotion)이란 자신의 진아를 알고, 그것을 잊어버림 없이 그 상태 안에 영구적으로 머무르는 것입니다.

(11) 신은 원자보다도 작고 우주보다도 큽니다. 일체가 신의 형상들입니다. 우리의 차별상 의식(sense of difference) 때문에 우리는 자신을 한 개인이라고 생각합니다. 세상에서 이보다 더 큰 착각은 없습니다.

(12) 우리는 자기 자신을 망치고 난 뒤에야 남들을 망치는 것을 생각할 수 있습니다.39)

31

질문: [질문지에 작성하여 제출하였다.]

(1) 신은 처음부터 지금과 같이 다양한 차별상으로 세계를 창조했습니까? 아니면 이런 차별상은 얼마 지난 뒤에야 나타난 것입니까?

(2) 만약 신이 모든 이에게 공통된다면, 왜 어떤 사람은 선하고 어떤 사람은 악합니까? 어떤 사람은 절름발이고 어떤 사람은 소경이며, 어떤

---

39) [역주] 여기서 '자신을 망친다' 함은 자신의 진아를 잊어버리고 미혹에 빠지는 것을 뜻한다. 이렇게 자신을 망각하지 않으면 남에게 피해를 줄 리도 없다.

사람은 진인이고 다른 많은 사람들은 범인입니다. 신은 왜 이런 온갖 차별을 창조했습니까?

(3) 8방 수호신(ashta dik pālakas)[여덟 기본 방위의 수호신령]들, 3억 3천만의 천신(dēvas)들과 대진인大眞人(maharishis)들은 오늘날에도 존재합니까?

바가반: [질문지를 들여다본 뒤에] 이 세 가지 질문 모두에 대한 답변은 그대가 자신에게 '이 질문들이 누구에게 일어났나?' 하고 물으면 저절로 빛을 발하게 될 것입니다.

먼저 우리 자신을 알고 난 뒤에 신이 창조한 세계를 들여다본다면 우리는 진리를 이해하게 될 것입니다. 자기 자신을 먼저 알지 않고 신과 세계에 대해 알려고 하는 것은 실로 무지입니다. 자기 자신을 모르는 사람의 의견이란, 황달에 걸린 사람이 다른 사람들에게 모든 것은 색깔이 누르다고 말하는 것과 같습니다. 누가 그에게 동의하겠습니까?

작은 씨 안에 큰 반얀 나무가 들어있지만, 어느 것이 먼저였습니까? 나무입니까, 씨앗입니까? 이런 물음에 대해 무슨 답을 할 수 있습니까?

그런 물음에 대한 하나의 진정한 답은 이것입니다. '만일 우리가 자기 자신을 알면 어떤 세계도 없다'는 것이지요.

그러고 나서 바가반은 당신 자신의 철학적인 저작들에서 4행을 인용함으로써 이 말씀을 뒷받침하셨다.

> 모든 지知의 근원인 진아를 모르면서 다른 것을 다 안다는 것은 무지 아닌가? 그것이 지知일 수 있겠는가? [『실재사십송』, 제11송, 1-2행]

> 만약 우리가 하나의 형상을 가지고 있다면, 세계와 신도 역시 형상들을 가지고 있다. [『실재사십송』, 제4송, 1행]

> 진아 자체를 알고 나면 알아야 할 다른 무엇이 있겠는가? [『진아지송頌』(Ātma Vidyā Kīrtanam), 제3송, 2행]

조금 후에 바가반은 신과 창조에 대해 알고 싶어 한 다른 헌신자에게 비슷한 답변을 해 주었다.

질문: 모든 욕망에서 벗어나 있다고 생각되는 신이 왜 세계를 창조했습니까?

바가반: 이 질문이 신과 별개로 존재할 때에만 이 질문이 설자리가 있겠지요. 그런 것을 왜 묻습니까? 무엇보다도 먼저 질문하는 자가 누구입니까? 그대가 잠들어 있을 때 이 질문이 존재합니까?

'나는 나고, 신은 별개다.' 누가 그런 식으로 생각하라고 했습니까? 우리 자신의 신분(본래 갖추고 있는 자격, 즉 '진아 성품')을 알 때에만 우리는 신의 신분을 알 수 있습니다. 이것이 맞지 않습니까? 먼저 그대가 누구인지를 발견하십시오. 진아가 무엇인지, 그리고 신이 무엇인지는 나중에 알 수 있습니다.

32

질문: 저는 할 일이 너무 많아서 명상하는 것을 계속 잊어먹습니다. 만약 이렇게 자주 잊어먹는다면, 언제 제가 진보할 수 있겠습니까?

바가반: 상관하지 마십시오. 진지(jnāna)는 하루아침에 오지 않습니다. 상습常習(samskāras)[마음의 습]은 점진적으로만 사라집니다. 오늘은 우리가 네 시간에 한 번 '오, 내가 명상하는 것을 잊어버렸군' 하고 생각한다면, 내일은 3시간 반 만에 기억할 수 있고, 모레는 세 시간 만에 기억할 수 있습니다. 이런 식으로 명상에 대한 열의는 느리게 찾아옵니다.

왜 그대는 '나는 왜 명상을 하지 않았지?' 혹은 '내가 왜 일을 하지 않았지?' 하고 생각해야 합니까? '내가 했다'거나 '내가 하지 않았다'는 생각을 그치면 모든 행위가 명상이 될 것입니다. 그 상태에서는 명상을 그만둘 수 없습니다. 이것이 본연삼매(sahaja samādhi)의 상태입니다.

질문: 저는 전생에 공덕(punya)을 지었습니까?

바가반: 만약 그렇지 않았다면 그런 생각들이 어떻게 일어날 수 있었겠습니까?

33

다음 질문들은 라메스와리 네루(Rameswari Nehru)라는 한 여성 국민의회당 일꾼(Congress worker)이 한 것이다.

질문: 하리잔(harijans)이 사원에 들어가는 것40)에 대한 바가반의 견해는 어떻습니까?

바가반: 저는 아무런 별도의 의견이 없습니다. 모든 일은 신의 힘에 의해 일어납니다. 이루어져야 할 모든 일은 신에 의해, 적절한 시기에, 적절한 장소에서, 적절한 방법으로 이루어집니다.

질문: 우리는 사회적 봉사(social service)를 하는 것이 좋습니까? 아니면 그 대신 동굴에 들어가서 명상을 하는 것이 좋습니까?

바가반: 둘 다 좋습니다. 그러나 자기 자신에게 봉사를 한 사람만이 사회에 봉사하는 법을 압니다.

34

베이트먼 여사(Lady Bateman)라는 한 여성이 자신의 친구와 수행원들을 거느리고 아쉬람에 와서 며칠간 머물렀다. 그녀는 자기 무리와 함께 친견을 하러 와서 바가반께 질문했다. "저희들과 똑같이 바가반께서도 음식을 잡수시고, 말씀을 하시고, 치통에 약을 바르십니다. 그렇다면 저희들과 바가반 사이의 차이는 무엇입니까? 저는 무슨 차이가 있는지 모르겠습니다."

---

40) 하리잔, 즉 불가촉천민(outcastes)들은 네 가지 주요 계급(castes)에 속하지 않는 힌두인이다. 1930년대까지 그들은 누구도 힌두 사원 안에 들어가거나 사원 안에서 예배하는 것이 허용되지 않았다. 오늘날에는 모든 하리잔들이 어떤 힌두교 예배 장소에도 들어갈 수 있는 자격이 법적으로 부여되어 있다.

바가반은 진인과 범인凡人의 차이를 몇 가지 비유를 들어가며 설명하셨다.

바가반: 어린아이가 잠자리에 들기 전에 울면서 엄마에게 조르기 시작합니다. "엄마, 배고파. 밥 좀 줘." 엄마가 대답합니다. "조금만 기다려. 밥을 아직 하고 있으니까." 아이는 밥이 다 되기 전에 잠이 들었습니다. 조금 후에 엄마는 그를 깨워서 자기가 준비한 여러 가지 쌀밥을 보여줍니다. "자, 봐. 이건 달 쌀밥(dhal rice), 이건 라삼 쌀밥(rasam rice), 이건 응유 쌀밥(curd rice)이야." 아이는 몹시 졸렸지만 그래도 간신히 먹고 나서 다시 잠이 들었습니다. 다음날 아침에 아이는 깨어나자마자 엄마에게 묻습니다. "왜 어젯밤에 밥을 안 줬어?" 집안 식구들은 모두 아이가 밥을 먹었다는 것을 아는데도 아이 자신은 전혀 기억하지 못했습니다. 아이에게는 그것이 한밤중에 아주 졸릴 때의 일이었기 때문입니다. 진인(*jnani*)의 행위들도 어떤 면에서 이 어린아이의 경우와 비슷합니다. 즉, 다른 사람들이 볼 때는 그도 여러 가지 행위를 하고 있지만 진인 자신은 자기가 무슨 일을 하고 있는지 모르는 것입니다.

두 가지 비슷한 다른 비유가 있습니다. 진인의 상태는 어떤 이야기를 듣고 있으면서 마음은 딴 데 가 있는 사람과 같습니다. 아니면 소달구지가 계속 길을 가고 있는데 그것을 모른 채 잠을 자고 있는 달구지꾼과 같습니다.

또 다른 비유를 들겠습니다. 두 사람이 같은 곳에서 잠을 자고 있었습니다. 한 사람은 꿈을 꾸었는데 꿈속에서 두 사람 다 많은 숲들을 헤매면서 고통을 받았습니다. 다른 사람은 아무 꿈도 꾸지 않고 푹 잤습니다. 꿈을 꾼 사람은 푹 잔 사람도 고통을 받았다고 생각했습니다. 꿈을 꾼 사람이 범인(*ajnani*)과 같습니다. 그는 자기 자신이 꿈의 세계를 만들어서 그 꿈속에서 고통을 받습니다. 그리고 그것이 단지 꿈에 불과하다는 것을 알지 못하기 때문에, 자기 꿈속의 사람들도 모두 고통을 받고 있다고 믿는 것입니다. 반면에 진인은 전혀 꿈을 꾸지 않습니다. 그는 자기 자신에게나 다른 사람들에게나 아무런 고통도 만들어내지 않습니다. 그것은 진인이 모든 것을 지知, 즉 그 자신의 진아로 보기 때문입니다. 반면에 범인은 자기 주변에서 무지만을 봅니다.

진인이 잠들어 있는 것에 대해, 범인은 깨어 있습니다. 범인이 잠들어 있는 것에 대해, 진인은 깨어 있습니다.

스와미 라마 띠르타(Swami Rama Tirtha)[41]가 한 번은 높은 건물 꼭대기에서 시바의 명호名號를 염송하고 있었습니다. 범인凡人인 어떤 사람이 올라오더니 그에게 말했습니다. "여기서 밑으로 뛰어내리십시오. 그러면 당신이 암송하는 그 단어가 당신을 구할 수 있는지 우리가 알 수 있을 테니까요."

스와미 라마 띠르타는 그에게 반문했습니다. "위가 어디 있고 아래가 어디 있습니까?" 지知만을 보는 진인에게는 그런 구별이 존재할 수 없습니다.

범인은 영화의 화막에 나타나는 이름과 형상들만 바라보는 사람과 같습니다. 반면에 진인은 그 이름과 형상들이 나타나는 화막을 항상 자각하고 있습니다.

35

1939년에 두 사람의 국민의회당 일꾼이 회당 안으로 들어와서 바가반께 질문을 하기 시작했다.

질문: 저희들이 당신의 은총을 통해 진지를 얻어서 그것을 세상 사람들에게 가르칠 수 있겠습니까?

바가반: 먼저 그대 자신을 아십시오. 남을 가르친다는 생각은 접어두

---

41) [역주] 북인도의 성자이자 신비적 시인(1873~1906). 히말라야에서 은거하다가 젊은 나이에 갠지스 강 속으로 걸어 들어가 죽었다.

십시오. 그대가 깨닫고 난 뒤에도 만약 세상과 세상의 사람들이 남아 있다면 그들을 가르쳐도 좋습니다. 그대 자신을 모르고 세상을 도우려고 하는 것은 다른 사람들의 눈병을 고쳐주려고 하는 장님과 같습니다. 먼저 그대 자신의 눈을 맑히십시오. 그렇게 하면 다른 모든 사람의 눈을 그대 자신의 눈으로 보게 될 것입니다. 그때 그대가 다른 모든 사람의 눈을 그대 자신의 눈으로 보게 된다면, 어찌 그들을 돕지 않을 수 있겠습니까?

질문: 저는 베단타 경전(*Vedanta Sastras*)[우파니샤드]에 나오는 큰 말씀(*mahāvakyā*)인 '아함 브라마스미'(*aham brahmāsmi*)42)를 수없이 읽었는데도 왜 진지를 성취할 수 없습니까?

바가반: 진아지(knowledge of the Self)는 베단타 경전 안에 있지 않습니다. 진아지는 자기 자신을 연구함으로써만 얻을 수 있습니다.

질문: 자기 자신은 어떻게 연구합니까?

바가반: 두 개의 자기(two selves)[연구하는 자기와 연구되는 자기]가 있어야만 그것을 연구할 수 있겠지요. 자기(진아)로서 머물러 있는 것이 자기(진아)를 연구(탐구)하는 것입니다. 베다서와 경전들을 연구하면 그대는 세상에서 그에 합당한 존경을 받게 될지 모릅니다. 그러면 사회는 그대의 목에 화만을 걸어서 장식하고, 그대에게 찬양의 편지들을 읽어주며, 좋은 음식을 갖다 주고, 대단한 명성과 많은 돈을 안겨 주겠지요. 그러나 이런 것은 모두 진지(*jnāna*)와 수행(*sādhanā*)에 커다란 장애가 될 것입니다.

질문: 우리가 아무리 열심히 노력해도 윤회(*samsāra*)에 기인하는 고

---

42) '아함 브라마스미'(*Aham brahmāsmi*)는 '나는 브라만이다'라는 뜻이다. 우파니샤드(여기서는 베단타 경전이라고 하고 있다)에는 진아, 즉 브라만의 실재성을 확언하는 네 개의 *mahāvākyas*, 즉 '큰 말씀'들이 있다. 전통적인 비이원적 수행을 하는 사람들은 하나 혹은 그 이상의 *mahāvākyas*를 염송하는데, 그러다 보면 진아만이 존재한다는 부동의 확신을 얻거나, 혹은 잘하면 그 체험을 얻기도 한다.

통은 사라지지 않습니다.

바가반: 만약 우리가, 누가 윤회를 하고 있는지 보게 되면 고통은 사라질 것입니다.

질문: 빠딴잘리(Patanjali)[43]의 요가에 의해서 진아를 성취할 수 있다고 합니다. 그것이 사실입니까?

바가반: 요가란 존재하는 두 가지 사물의 결합을 의미합니다. 그대는 두 개의 '나'가 있다는 데 동의하겠습니까?

질문: 아닙니다.

바가반: 진아지를 성취하는 사람은 어디 있습니까? 우리 자신이 이미 진아이기 때문에, 고통이란 우리가 '나는 몸이다'라든가 '내가 성취해야 할 진아가 있다' 하는 생각을 할 때만 일어납니다. 진아는 어디 멀리 떨어져 있는 것이 아닙니다. 비행기나 기차를 타고 가서 그것을 찾을 필요는 없습니다. 그렇게 하는 사람은 물 속에 잠겨 있으면서 '목마르다! 목마르다!' 하고 외치는 사람과 같습니다. 우리가 이미 진아이면서 진아를 성취하고 싶어 한다면, 그것이 어떻게 가능하겠습니까?

질문: 부디 저희들에게 마음을 소멸하는 방법을 말씀해 주십시오.

바가반: 누가 마음을 가지고 있는지 발견하십시오. 그렇게 해서 성공한 뒤에도 마음이 아직 있다면, 그때 가서 그것을 소멸하는 방법을 찾아도 되겠지요.

질문: 저는 마음을 가지고 있습니다.

바가반: 그대는 누구입니까? 그 육신입니까? 왜 그대가 잠들어 있을 때는 이런 질문을 하지 않습니까? 그대는 마음과 쁘라나(*prāna*)[육신을 살아 움직이게 하는 생명 기운]가 그대 자신이 아니라는 데는 동의합니까?

질문: 예.

---

[43] [역주] 4~5세기의 인물로, 『요가경』(*Yoga Sūtras*)의 저자이다. 그가 창시한 라자 요가(raja yoga)는 금계禁戒, 권계勸戒, 좌법坐法, 조식調息 등 8단계로 되어 있다.

바가반: 그대는 진아입니다. 만약 그대와 별개의 어떤 것이 있다면, 그것에 대해 무엇을 잘하거나 잘못하는 경우를 생각할 수 있겠지요. 그러나 만약 그대 자신이 '존재하는 유일한 것'이라면, 어떤 좋고 싫음이 어떻게 있을 수 있겠습니까? 무욕이 절대적인 지복입니다.

질문: 저희들은 무지하기 때문에 다시 여쭈어 봅니다. 저희들은 스리 바가반께서 저희들을 용서해 주시고, 저희들에게 답변해 주시기를 기원합니다. 마음을 없애려면 영적인 수행(abhyāsa)을 해야 한다고 합니다. 그것을 어떻게 해야 합니까?

바가반: '없어져야 하는 것은 누구의 마음인가?' 하고 마음으로 탐구하는 것이 마음을 제거하기 위한 수행입니다.

질문: 저는 누구입니까? 저는 모르겠습니다.

바가반: 우리가 누구인지 모르면서 우리는 다른 뭔가를 성취하고 싶어 합니다. 우리가 성취하고 싶어 하는 것은 '이미 우리가 그것인 것'입니다. 우리에게 오는 어떤 상태나 천상 세계의 체험도 결국 다시 사라질 것입니다. 오고 가는 것은 진아가 아닙니다. 모두의 경험 안에 항상 있는 것, 그것이야말로 우리의 진정한 자기입니다. 그것이 해탈입니다.

질문: 스승은 제자에게 어떤 이익을 줄 수 있습니까?

바가반: 스승과 신은 '그대가 그것이다'(You are That)라고 말해줌으로써 길을 가리켜 줄뿐입니다. 다른 어떤 것도 할 수 없습니다. 그 길을 걷는 것은 제자가 할 일입니다.

질문: 저는 저 자신을 알고 싶습니다. 저에게 그 길을 일러주십시오.

바가반: 그대는 자신이 두 개의 '나'를 가지고 있다는 데 동의합니까?

질문: 그것이 제가 도무지 알 수 없는 것입니다. 마음을 고요하게 하려면 어떻게 해야 합니까?

바가반: 마음이 일어나는 그 장소를 계속 관찰하면 됩니다.

36

한 번은 내가 바가반과 함께 산 위를 걷고 있을 때, 내가 당신께 한 가지 은택(boon-스승이 제자의 청에 따라 베풀어 주는 이익)을 요청했다. "바가반, 저는 '나는 몸이다' 하는 관념을 갖지 않는 은택 외에는 세상의 다른 어떤 것도 원하지 않습니다."

바가반은 고개를 끄덕이면서 자애롭게 대답하셨다. "모든 위대한 사람들이 오직 그것을 위해 노력했지. 자네도 그것(That)이야."

제10장

대화 對話

안나말라이 스와미는 은둔적인 생활을 좋아하기는 하지만, 바가반과 그의 가르침에 관해 이야기해 보고 싶어 하는 손님들이 찾아오면 보통 반갑게 맞이한다. 1986년에 약 아홉 달에 걸쳐 사띠야(Satya)라고 하는 산야신이 스와미의 대화를 많이 녹음하고 그것을 글로 옮겼다. 이 마지막 장에는 이 기간 동안에 주고받았던 문답들 중에서 요긴한 것들을 가려 뽑아 수록한다. 질문자들은 모두 외국인이며 그들 중 대부분은 어떻게 하는 것이 올바르게 정진하는 것인지 안나말라이 스와미에게 물어보러 온 사람들이다. 안나말라이 스와미는 영적인 수행에 관한 바가반의 가르침을 멋지게 그리고 힘 있게 요약함으로써 그들의 질문에 답변하고 있다.

다음에 나오는 각 번호의 문답들은 이 기간 동안의 어느 특정한 날에 있었던 문답들이다. 개개 질문자가 누구였는지는 확인할 수 없었지만, 더러 어떤 날에는 질문자가 한 사람 이상이었다는 것은 밝혀두겠다. 문답의 주제가 갑자기 바뀌는 것이나 질문자의 태도, 수행법 그리고 체험 내용이 앞뒤가 다르게 나타나는 것은 이 때문이다.

안나말라이 스와미의 개인 생활을 보호하기 위해서, 나는 그가 사람들이 함부로 찾아와서 말을 거는 것을 환영하지는 않는다는 것을 말해두어야 하겠다. 그는 그냥 와 보는 방문객은 잘 만나주지 않으며, 이런 저런 사상(철학)들의 장단점을 논하는 데에도 관심이 없다. 그는 그냥 와서 그와 함께 앉아 명상을 해 보려는 사람들을 좋아하지도 않는다. 만일 그런 사람들이 찾아오면 그는 그들에게 구회당에 가서 명상하라고 말한다. 혹시 앞으로 그를 방문하려는 사람들은 바가반에 대해서나 그의 가르침, 아니면 그들 자신의 영적인 수행에 관한 진지한 질문을 하기 위해서 찾아올 때에만 환영받을 것이라는 점을 명심해야 할 것이다.[1]

1

질문: '소아小我'('little self')를 벗어나는 가장 쉬운 길은 무엇입니까?

---

1) [역주] 안나말라이 스와미는 이 책의 초판이 나온 뒤인 1995년 11월 9일에 입적했다. 그는 그의 아쉬람 내에 묻혔고, 그 자리에는 삼매당三昧堂이 건립되었다.

안나말라이 스와미: 자신을 그것과 동일시하기를 그만두십시오. 만일 그대가 '이 소아는 실은 내가 아니다'라고 스스로 확신할 수 있으면 그것은 그냥 사라질 것입니다.

질문: 그러나 어떻게 그것을 할 수 있습니까?

스와미: '소아'는 단지 실재하는 것처럼 보이는 것일 뿐입니다. 그것이 아무런 실제적 존재성이 없다는 것을 이해하면 그것은 사라져 버리고, 실재하는 유일한 진아의 체험만 남을 것입니다. 소아는 실제적 존재성이 없다는 것을 이해하십시오. 그러면 그것은 더 이상 그대를 괴롭히지 않을 것입니다.

의식은 도처에 편재해 있습니다. 그 안에는 어떤 한계나 '소아'도 없습니다. 이 거짓 자아가 탄생하는 것은, 우리가 자신을 이 몸 및 마음과 동일시하면서 그것 안에 자신을 국한시킬 때뿐입니다. 그러나 탐구를 통해서 이 '소아'의 근원으로 다가가면, 우리는 그것이 해체되어 무無로 돌아간다는 것을 알게 됩니다.

질문: 그러나 저는 '나는 이 소아다'라고 느끼는 데 아주 익숙해져 있습니다. '나는 이 소아가 아니다'라고 생각하는 것만으로는 이 습관을 끊을 수 없습니다.

스와미: 이 '소아'는 그대가 끊임없이 명상해 나갈 때에만 진정한 자아에게 자리를 내줄 것입니다. 몇 번 잠시 생각하는 정도로는 그것이 사라지기를 바랄 수 없습니다. 어두울 때 뱀같이 보이는 밧줄의 비유를 생각해 보십시오. 만일 그 밧줄을 뱀이라고 보면 밧줄의 참된 본질은 그대에게 드러나지 않습니다. 그러나 그것을 밧줄로만 보면 뱀은 존재하지 않습니다. 그뿐만 아니라, 그대는 애당초 뱀이 거기 존재하지도 않았다는 것을 압니다. 뱀이 한 순간도 거기 존재하지 않았다는 사실을 분명하고 정확하게 지각할 때, 뱀을 어떻게 죽일 것이냐 하는 문제는 사라집니다. 이 비유를 지금 그대가 걱정하는 '소아'에 적용해 보십시오.

그대의 상상 속에서 외에는 이 '소아'라는 것이 한 순간도 존재하지 않았다는 것을 이해할 수 있으면, 그것을 없애는 방법이나 수단을 염려하지 않게 될 것입니다.

질문: 그것은 분명하게 이해됩니다만, 그래도 저는 어떤 도움이 필요하다고 느낍니다. 저는 제 스스로 이런 이해를 갖출 수 있을지 확신이 들지 않습니다.

스와미: 도움을 바라는 그것이 그대의 문제의 일부입니다. 도달하거나 성취해야 할 어떤 목표가 있다고 생각하는 착오를 범하지 마십시오. 만일 그런 식으로 생각하면 그대는 수행하는 방법을 찾고, 그대를 도와줄 사람을 찾아 나서게 됩니다. 그것은 그대가 해결하려는 문제를 지속시킬 뿐입니다. 그러지 말고 '나는 진아다. 내가 그것이다. 나는 브라만이다, 나는 모든 것이다' 하는 강한 자각을 키워 가십시오. 그대에게는 자기 자신에 대해 가지고 있는 그릇된 관념들을 제거할 어떤 방법도 필요하지 않습니다. 그런 생각들을 더 이상 믿지 않기만 하면 됩니다. 그렇게 하기 위해서 가장 좋은 방법은, 사물의 실상을 보다 정확하게 반영하는 생각들로써 그런 생각들을 바꿔나가는 것입니다. '나는 진아다' 하고 생각하면서 명상하면, '나는 소아다. 이 소아를 어떻게 없앨 것인가?' 하고 생각하는 것보다 훨씬 좋은 결과를 가져올 것입니다.

진아는 언제나 성취되고, 언제나 깨달아집니다. 그것은 그대가 찾고, 도달하고, 발견해야 하는 그런 것이 아닙니다. 그대의 원습原習(vāsanās)[마음의 습과 경향성]과 그대가 자신에 대해 가지고 있는 온갖 그릇된 관념들이 진정한 자기의 체험을 가로막고 가려버리는 것입니다. 만약 그 그릇된 관념들과 동일시하지 않으면, 그대의 진아 성품(自性, Self-nature)이 있는 그대로 그대에게 드러날 것입니다.

그대는 도움이 필요하다고 했습니다. 만약 자신의 참된 성품에 대한 올바른 이해를 얻겠다는 욕구가 충분히 강렬하면, 도움이 자동적으로 올 것입니다. 만일 그대의 참된 성품에 대한 자각을 발현시키고 싶으면 진인과 접촉을 가지십시오. 그러면 헤아릴 수 없이 큰 도움을 받게 될 것입니다. 진인이 방사하는 힘과 은총은 마음을 고요하게 하며, 그대가 자신에 대해 가지고 있는 그릇된 관념들을 자동적으로 제거해 줍니다. 깨달은 스승과 삿상(sat-sang)을 가지면서 부단히 수행하면 진보할 수 있습니다. 스승이 그대에게 모든 것을 해 줄 수는 없습니다. 다생多生의 제한적인 습(limiting habits - 자신을 몸, 마음 등에 제한하는 습)을 내버리고 싶으면 부단히 수행해야 합니다.

대부분의 사람들은 밧줄이 뱀처럼 보이는 것을 가지고 뱀이 실재한다고 생각합니다. 이러한 착각 때문에 그들은 그 뱀을 죽이기 위한 여러 가지 방법을 생각해 냅니다. 뱀이 존재한다는 생각 자체를 포기하기 전에는 결코 그 뱀을 없앨 수 없습니다. 마음을 죽이거나 제어하려고 하는 사람들도 똑같은 문제를 가지고 있습니다. 즉, 그들은 제어해야 할 마음이라는 것이 있다고 생각하고, 그것을 때려서 굴복시키기 위해 과격한 조치를 취합니다. 그러나 그러기보다는, 마음 같은 것은 없다는 것을 이해하면 그들의 모든 문제가 끝나 버릴 것입니다. '나는 세간의 모든 몸과 마음들이 그 안에서 나타나고 사라지는, 일체에 두루한 의식(all-pervasive consciousness)이다. 나는 이러한 나타남과 사라짐에 의해 변하거나 영향 받지 않고 남아 있는 의식이다' 하는 확신을 가져야 합니다. 그대 자신을 그 확신 속에서 안정시키십시오. 그것이 그대가 해야 할 일의 전부입니다.

바가반께서는 언젠가, 자기 그림자를 깊은 구덩이에 묻어 버리고 싶어 한 사람의 이야기를 하신 적이 있습니다. 그는 구덩이를 판 뒤에 자기 그림자가 구덩이 바닥에 닿는 위치에 섰습니다. 그리고 흙을 덮어서 그림자를 묻어 버리려고 했습니다. 그런데 그가 구덩이에 흙을 던질 때마다 그림자가 그 위에 나타났습니다. 물론 그는 그림자를 결코 묻지 못했습니다. 많은 사람들은 명상을 할 때 이와 같이 합니다. 그들은 마음이 실재한다고 생각하고, 그것과 싸워서 그것을 죽이려고 합니다. 그리고 항상 실패하지요. 마음과의 이런 싸움은 모두 마음의 활동인데, 이것은 마음을 약화시키는 것이 아니라 더 강화시켜 줍니다. 만일 마음을 없애고 싶다면, 그것이 '내가 아니'(not me)라는 것을 이해하는 것이 그대가 해야 할 일의 전부입니다. '나는 내재하는 의식이다' 하는 자각을 배양하십시오. 그러한 이해가 확고해지면, 존재하지 않는 마음이 그대를 괴롭히지 않을 것입니다.

질문: 저는 '나는 마음이 아니다. 나는 의식이다'라고 반복한다고 해서 제가 마음이 아니라는 것을 확신하게 될 거라고는 생각하지 않습니다. 그것은 마음속에서 일어나는 또 다른 생각에 지나지 않을 것입니다. 만약 제가 한 순간만이라도 마음 없이 있는 것이 어떤 것인지를 체험한다면 그러한 확신이 자동적으로 오겠지요. 저는 단 1초라도 의식을 정말 있는 그대로 체험하는 것이, 몇 년 동안 마음속으로 반복하는 것보다 더 확신을 줄 거라고 생각합니다.

스와미: 그대는 잠자리에 들 때마다 마음 없이 존재하는 것을 체험합니다. 그대는 잠들어 있을 때에도 그대가 존재함을 부인하지 못하며, 그대가 꿈 없는 잠 속에 있을 때는 마음이 작용하지 않는다는 것도 부인하지 못합니다. 매일 갖는 이 체험이, 그대가 마음 없이도 계속 존재하는 것이 가능하다는 것을 납득시켜 줄 것입니다. 물론 잠을 자는 동안에는 그대가 의식을 완전히 체험하지는 못합니다. 그러나 그 상태에서 어떤 일이 일어나는가를 생각해 본다면, 그대의 존재성, 즉 그대의 존재의 연속성은 그대의 마음 혹은 마음과의 동일시에 전혀 의존하지 않는다는 것을 이해하게 될 것입니다. 매일 아침 마음이 다시 나타나면 그대는 '이것이 실제의 나다' 하고 순간적으로 단정합니다. 그러나 한 동안 이 명제를 성찰해 보면 그것이 얼마나 불합리한지 알게 됩니다. 만

일 참으로 그대인 것이 마음이 있을 때만 존재한다면, 그대가 잠들어 있는 동안은 그대가 존재하지 않았다는 것을 받아들여야 합니다. 그러나 누구도 그런 불합리한 결론을 받아들이지 않겠지요. 만일 번갈아드는 상태들(생시, 잠, 꿈의 세 가지 상태)을 분석해 본다면, 깨어 있든 잠들어 있든 자신이 존재한다는 것을 그대는 직접 체험하고 있음을 발견할 것입니다. 또한 마음은 그대가 깨어 있을 때나 꿈을 꾸고 있을 때만 활동한다는 것을 발견할 것입니다. 이 간단한 일상적 체험으로부터, 마음이란 오고 가는 어떤 것이라는 것을 쉽게 이해할 수 있습니다. 그대의 존재성은 마음이 작동을 멈출 때마다 사라지는 것이 아닙니다. 저는 그대에게 어떤 철학적 이론을 말하는 것이 아닙니다. 그대의 하루 24시간 생활 속에서 직접적인 체험에 의해 그대가 확인할 수 있는 것을 말하는 것입니다.

그대가 직접 체험해 보면 알 수 있는 이런 사실들을 받아들이고, 그것을 좀 더 탐구해 보십시오. 매일 아침 마음이 나타날 때, 흔히 하듯이 '이것이 나다, 이 생각들은 나의 생각이다'라고 단정하지 마십시오. 그러지 말고, 결코 그것들과 동일시하지 않으면서 그런 생각들이 오고 가는 것을 지켜보십시오. 하나하나의 생각을 그대 자신의 것이라고 주장하고 싶은 충동을 거부할 수 있으면, 놀라운 결론에 도달할 것입니다. 즉, 그대는 의식이고, 생각들은 그 안에서 나타나고 사라진다는 것을 발견하게 됩니다. 그리고 이 마음이라고 하는 물건은 생각들을 마음대로 달려가게 내버려 둘 때만 존재한다는 것을 발견하게 됩니다. 밧줄에서 보이는 뱀과 같이, 마음이란 무지나 착각을 통해서 나타나는 하나의 환상에 불과하다는 것을 알게 될 것입니다.

그대는 제가 말하고 있는 것이 진실이라는 것을 납득할 수 있을 만한 어떤 체험을 원하고 있습니다. 만일 모든 생각들을 '내 것'이라고 주장하는 그 '나'를 만들어 내는 오래된 습을 버린다면 그런 체험을 얻을 수 있습니다. 그대 자신을 의식이라고만 알고, 모든 생각들이 오고 가는 것을 지켜보십시오. 그리고 직접적인 체험에 의해, 그대가 실제로는 의식 그 자체이지 그것의 주변적인 내용(생각들)이 아니라는 결론에 도달하십시오.

구름은 하늘을 오고 가지만 구름이 나타나고 사라지는 것은 하늘에 영향을 주지 않습니다. 그대의 참된 성품은 하늘과 같고, 허공과 같습니다. 그저 하늘처럼 머무르면서 생각의 구름들이 오고 가게 내버려두십시오. 마음에 대해 이와 같이 무관심한 태도를 계발하면, 점차 그대 자신을 그것과 동일시하지 않게 될 것입니다.

2

질문: 제가 수행을 하기 시작했을 때, 처음에는 모든 것이 순조롭게 진행되었습니다. 많은 평안과 행복감이 있었고, 진지(jnāna)가 아주 가까이 있는 듯했습니다. 그러나 요즘은 거의 평안이 없고, 마음의 장애와 방해물들만 있습니다.

스와미: 수행해 나가는 과정에서 장애가 나타날 때마다 그것을 '내가 아니'라고 생각하십시오. 진정한 그대는 모든 곤란과 장애가 미칠 수 없는 저 너머에 있다고 하는 마음가짐을 계발하십시오. 진아에는 어떤 장애도 없습니다. 그대가 항상 진아라는 것을 기억하면, 장애는 전혀 중요하지 않게 될 것입니다.

알바르(Ālvars)[비슈누파派 성자들의 한 무리] 중의 한 분이 언젠가 말하기를, 만약 우리가 어떤 수행도 하지 않는다면 어떤 마음의 문제도 자각하지 못할 거라고 했습니다. 그는 말하기를, 우리는 명상을 시작하고 나서야 비로소 마음이 우리에게 여러 가지 방식으로 문제를 야기한다는 것을 알게 된다고 했습니다. 정말 맞는 말입니다. 그러나 우리는 어떤 장애도 걱정하거나 두려워해서는 안 됩니다. 우리는 단지 그것을 '내가 아니'라고 보기만 하면 됩니다. 장애는 그대가 그것을 자신의 문제라고 생각할 때만 그대에게 문제를 야기할 수 있을 뿐입니다.

장애하는 원습들은 그대의 진보를 가로막는 큰 산과 같이 보일지 모릅니다. 그것이 크게 보인다고 겁먹지 마십시오. 그것은 바위산이 아니라 장뇌의 산입니다. 그 한 귀퉁이에 분별적 주의(discriminative attention)의 불을 붙이면, 그것은 모두 타 버리고 아무것도 남지 않을 것입니다.2)

문제들의 산에서 한 발짝 물러나서, 그것들이 그대의 것이라고 인정하기를 거부하십시오. 그러면 그것들은 그대의 눈앞에서 녹아 사라질 것입니다.

자신의 생각과 원습들에 속지 마십시오. 그것들은 항상 그대를 속여서, 그대가 실재하는 사람이고, 현상계가 실재하며, 그대의 모든 문제들이 실재한다고 그대로 하여금 믿게 만듭니다. 그것들과 싸우지 말고, 그냥 무시하십시오. 그대에게 계속 배달되어 오는 온갖 그릇된 관념들을 받지 마십시오. 그대는 진아이며, 어떤 것도 그대에게 들러붙거나 그대에게 영향을 줄 수 없다는 확신 안에 자리잡으십시오. 일단 그러한 확신을 그대가 갖게 되면, 자신이 자동적으로 마음의 습들을 무시하는 것을 발견하게 될 것입니다. 마음의 활동을 배척하는 일이 지속적이고도 자동적으로 되면, 그대는 진아의 체험을 갖기 시작할 것입니다.

만약 멀리서 낯선 사람 둘이 싸우고 있는 것을 보면, 그대는 그들에 주의를 기울이지 않습니다. 그 싸움은 그대가 상관할 일이 아님을 알기 때문입니다. 그대 마음속의 내용들도 마찬가지로 다루십시오. 마음을 생각들로 채우고 나서 그것들과 싸움을 벌이지 말고, 마음에 전혀 주의를 기울이지 마십시오. 그것이 곧 의식인 '내가 있다'(I am) 하는 느낌 안에

---

2) 장뇌(camphor)는 성냥으로 쉽게 점화할 수 있는 잘 타는 가연성 고체이다. 이것은 타고 나면 아무 재를 남기지 않는다. 일단 불이 붙이면, 자그마한 검은 자국 외에는 아무것도 남지 않을 때까지 계속 탄다.

고요히 머무르면서 모든 생각, 모든 지각은 '내가 아니'라는 태도를 계발하십시오. 그대가 마음을 자기와는 무관한 낯선 것으로 간주하는 법을 터득하게 되면, 마음이 그대에게 계속 만들어 안기는 온갖 장애들에 주의를 기울이지 않게 될 것입니다.

마음의 문제들은 그대가 거기에 기울이는 주의를 먹고 삽니다. 그 문제들에 대해 걱정하면 할수록 그것들은 더 강해집니다. 그것들을 아예 무시해 버리면, 그것들은 힘을 잃고 마침내 사라질 것입니다.

질문: 저는 항상, 오직 진아만이 존재한다고 생각하고 믿습니다만, 어쩐 일인지 제가 뭔가를 더 원하거나 필요로 한다는 느낌이 여전히 있습니다.

스와미: 원하는 것은 누구입니까? 만약 그 질문에 대한 답을 찾으면, 무엇을 원하는 자가 아무도 없게 될 것입니다.

질문: 아이들은 에고 없이 태어납니다. 그런데 그들이 자라면서 어떻게 에고가 일어나서 진아를 덮어 버립니까?

스와미: 어린아이는 에고가 없는 것처럼 보일지 모르지만, 아이의 에고와 에고에 수반되는 모든 잠재적 원습들은 씨앗의 형태로 존재하고 있습니다. 아이의 몸이 점점 자라면서 에고도 점점 자라납니다. 에고는 마야(māyā)[환幻]의 힘에 의해 생겨나는데, 그것은 진아의 샥띠(shaktis)[힘]의 하나입니다.

질문: 마야는 어떻게 작용합니까? 그것은 어떻게 시작됩니까? 진아 없이는 아무것도 존재할 수 없는데, 진아가 어떻게 그 자신의 성품을 자신으로부터 숨길 수 있습니까?

스와미: 무한한 힘이며 모든 힘의 원천인 진아는 나눌 수 없습니다. 그러나 이 나눌 수 없는 진아 안에 다섯 가지 샥띠, 즉 힘들이 있는데, 서로 다른 기능을 하면서 동시에 작용합니다. 그 다섯 가지 샥띠란 창조, 보존, 파괴, 은폐(veiling)(이것이 마야의 힘 māyā shakti입니다), 그리

고 은총(grace)입니다. 다섯 번째 샥띠인 은총은 네 번째 샥띠인 마야에 반대로 작용하며 그것을 제거합니다.

마야가 전혀 활동하지 않을 때, 즉 육체 및 마음과의 동일시가 사라졌을 때는 의식의 자각, 곧 존재의 자각이 있습니다. 우리가 그 상태에 자리잡게 되면 몸도 없고, 마음도 없고, 현상계도 없습니다. 이 세 가지는 마야가 존재하면서 활동할 때 존재하는 것처럼 보이게 되는 관념에 불과합니다.

마야가 활동하고 있을 때 그것을 해소하는 유일한 효과적인 길은 바가반께서 보여주신 그 길입니다. 즉, 우리는 자기탐구(self-enquiry)를 하면서 실재하는 것과 실재하지 않는 것을 분별해야 합니다. 우리의 상상 밖에서는 실재성이 전혀 없는 것들의 실재성을 우리로 하여금 믿게 만드는 것이 마야의 힘입니다. 만약 '이 상상적인 것들은 무엇인가?' 하고 물으면, 그 답은 '형상 없는 진아가 아닌 모든 것'이 됩니다. 진아만이 실재하며, 다른 모든 것은 우리의 상상이 만들어낸 허구입니다.

왜 마야가 존재하는가, 그리고 그것이 어떻게 작용하는가를 탐구하는 것은 아무런 도움이 되지 않습니다. 만일 그대가 물이 새는 배를 타고 있다면, 그대는 그 구멍을 낸 것이 이태리 사람인지, 프랑스 사람인지 혹은 인도 사람인지 물으면서 시간을 허비하지 않습니다. 그냥 그 새는 구멍을 막을 뿐입니다. 마야가 어디서 오는지 걱정하지 마십시오. 그대의 모든 에너지를 그 효과(불행, 고통 등)로부터 벗어나는 데 쏟으십시오. 만일 마음을 가지고 마야의 기원을 탐색하려 들면 실패할 수밖에 없습니다. 왜냐하면 그대가 얻는 어떠한 해답도 마야의 답이기 때문입니다. 마야가 어떻게 작용하며 어떻게 시작되는지 이해하고 싶으면, 그대가 그것으로부터 벗어날 수 있는 유일한 장소인 진아 안에 그대가 자리잡아야 합니다. 그리고 나서 그대가 주의를 거기에 집중하지 못할 때마다 그것이 그대를 어떻게 사로잡는지 지켜보십시오.

질문: 당신께서는 마야가 샤띠(*saktis*)의 하나라고 말씀하십니다. 샤띠란 정확히 무엇을 뜻합니까?

스와미: 샤띠는 에너지 혹은 힘입니다. 그것은 진아의 역동적인 측면의 이름입니다. 샤띠와 샨띠(*sānti*)[평안]는 같은 의식의 두 측면입니다. 만일 굳이 나누고 싶다면, 샨띠는 진아의 드러나지 않은 측면이고 샤띠는 드러난 측면이라고 말할 수 있습니다. 그러나 사실 그것들은 별개가 아닙니다. 불꽃은 두 가지 속성을 가지고 있는데 빛과 열이 그것입니다. 그 두 가지는 분리될 수 없지요.

샨띠와 샤띠는 바다와 그 파도와 같습니다. 드러나지 않은 측면인 샨띠는 움직이지 않는 방대한 바다의 본체입니다. 그 표면에 나타나서 움직이는 파도들이 샤띠입니다. 샨띠는 움직임이 없고 방대하며 일체를 포괄하는 반면, 파도들은 활동적입니다.

바가반께서 곧잘 말씀하시기를, 생존해탈자(*jīvanmukta*)는 깨달음을 얻은 뒤에 내면에서 샨띠를 체험하며 그 샨띠 안에 영구히 자리잡는다고 하셨습니다. 그 깨달음의 상태에서 그는 모든 행위들이 샤띠에 의해 일어난다는 것을 압니다. 깨달음을 얻고 나면 우리는 어떤 일을 하는 어떤 개인도 존재하지 않음을 압니다. 대신에 모든 행위는 단 하나인 진아의 힘(*sakti*)이라는 자각이 있습니다. 샨띠 안에 완전히 자리잡은 진인은 샤띠가 자신과 분리되어 있지 않음을 항상 자각하고 있습니다. 그 자각 안에서는 일체가 그의 진아이며 모든 행위가 그의 것입니다. 달리 표현해서, 그는 전혀 아무것도 하지 않는다고 말해도 똑같이 옳습니다. 이것은 진아의 역설逆說 중 하나입니다.

우주는 하나의 샤띠에 의해 지배되는데, 이것을 때로는 빠라메슈와라 샤띠(*Paramēswara sakti*)[지고한 주의 힘]라고 부릅니다. 이것이 모든 것을 움직이고 명령합니다. 자연 법칙, 예컨대 행성들이 각기 자기 궤도를 돌게 하는 법칙들은 모두 이 샤띠의 나툼입니다.

질문: 당신께서는 모든 것, 심지어 마야까지 진아라고 하십니다. 만약 그렇다면 왜 저는 진아를 분명히 보지 못합니까? 왜 그것이 저에게는 숨겨져 있습니까?

스와미: 왜냐하면 그대가 그릇된 방향을 보고 있기 때문입니다. 그대는 진아가, 그대가 보거나 체험할 수 있는 어떤 것이라는 관념을 가지고 있습니다. 그게 아닙니다. 진아는 보는 것과 체험하는 것이 그 안에서 일어나는 그 자각 또는 의식입니다.

설사 그대가 진아를 보지 못한다 해도 진아는 여전히 존재합니다. 바가반께서는 가끔 유머러스하게 이렇게 말씀하셨지요. "사람들은 그냥 신문을 펴서 들여다 본 다음 '나는 신문을 보았다'(I have seen the paper)고 말합니다. 그러나 그들은 신문지(the paper-종이)를 정말 본 것이 아니라, 그 위에 인쇄된 글자와 사진들만 본 것입니다. 종이 없이는 어떤 말이나 사진도 있을 수 없는데, 사람들은 그 말을 읽으면서 늘 종이는 잊어버립니다."

바가반께서는 그럴 때 사람들이 의식의 화막(screen) 위에 나타나는 이름과 형상들(세계)을 보면서 화막 자체는 무시한다는 것을 보여주기 위해 이 비유를 사용하시곤 했습니다. 이런 부분적인 소견으로는, 모든 형상들은 서로 연관되어 있지 않고 그것을 보는 사람과도 분리되어 있다고 단정하기 쉽습니다. 만약 사람들이 의식 안에서 나타나는 형상들 대신 의식 자체를 자각하게 되면, 모든 형상은 그 하나의 '분할할 수 없는 의식' 안에서 나타나는 겉모습일 뿐이라는 것을 깨닫게 될 것입니다.

그 의식이 바로 그대가 찾고 있는 진아입니다. 그대는 그 의식이 될 수는 있지만 결코 그것을 볼 수는 없습니다. 왜냐하면 그것은 그대와 분리되어 있는 어떤 것이 아니기 때문입니다.

3

질문: 당신께서는 원습(vāsanās)에 대해서 많이 말씀하십니다. 그것이 정확히 무엇이며, 어떻게 작용하는지 말씀해 주실 수 있습니까?

스와미: 원습이란 마음의 습(habits of mind)입니다. 그것은 잘못된 동일시와 거듭거듭 일어나는 상습적인 사고 유형입니다. 진아의 체험을 가리는 것이 바로 원습입니다. 원습은 일어나면 그대의 주의를 사로잡아, 그대를 내면의 진아 쪽으로보다는 바깥의 현상계 쪽으로 끌어당깁니다. 이것이 워낙 자주 그리고 연속적으로 일어나기 때문에, 마음은 휴식하거나 자신의 참된 성품을 이해할 기회를 전혀 갖지 못합니다.

수탉들은 땅바닥을 후벼 파기 좋아하는데, 그것은 그들의 영구적인 습입니다. 심지어 바위 위에 올라서 있을 때에도 여전히 바닥을 후벼 파려고 합니다.

원습도 거의 마찬가지로 작용합니다. 그것은 원하지 않을 때에도 거듭거듭 나타나는, 습관이자 사고의 유형입니다. 우리의 관념과 사고의 대부분은 부정확합니다. 그것들이 원습으로서 습관적으로 일어나면, 우리를 세뇌시켜 그것들이 진실이라고 생각하게 만듭니다. '나는 몸이다' 또는 '나는 마음이다'와 같은 근본적인 원습들은 하도 많이 일어나기 때문에, 우리는 그것이 진실인 줄로 자동적으로 받아들입니다. 심지어 우리의 원습을 초월하려는 욕구조차도 하나의 원습입니다. '나는 명상을 해야겠다'거나 '나는 노력을 해야겠다'고 생각할 때, 우리는 서로 다른 두 원습 간에 싸움을 시킬 뿐입니다. 마음의 습은 (그대가) 의식으로서, 의식 안에 안주함으로써만 벗어날 수 있습니다. 그대인 그대로 존재하십시오(Be who you are). 존재하는 그대로 존재하십시오(Be as you are). 그저 고요히 있으십시오(Just be still). 마음 속에서 일어나는 모든 원습을 무시하고, 그 대신 그대의 주의를 진아 안에 고정하십시오.

질문: 바가반께서는 종종 헌신자들에게 '고요히 있으라'(Be still)고 말씀하셨습니다. 그 말씀은 '마음을 고요하게 하고 있으라'는 뜻입니까?

스와미: 바가반의 유명한 가르침인 '숨마 이루'(summā iru)['고요히 있으라']를 사람들은 종종 오해합니다. 그것은 신체적으로 가만히 있어야 한다는 뜻이 아니라, 항상 진아 안에 안주해야 한다는 뜻입니다. 신체적으로 너무 움직이지 않으면 따모구나(tamōguna)[마음이 무기력한 상태]가 일어나서 지배합니다. 그 상태에서는 아주 졸리고 정신적으로 둔해집니다. 반면에 라조구나(rajōguna)[마음이 지나치게 활동적인 상태]는 여러 가지 감정과 요동하는 마음을 일으킵니다. 사뜨와 구나(sattva guna)[마음이 고요하고 명료한 상태]에서는 고요함과 조화로움이 있습니다. 사뜨와 구나 안에 있을 때 만약 마음의 활동이 필요하면 그것이 일어납니다. 그러나 나머지 시간에는 고요함이 있습니다. 따모구나와 라조구나가 지배할 때는 진아를 느끼지 못합니다. 사뜨와 구나가 지배하면 우리는 평안, 지복, 명료함 그리고 '헤매는 생각이 없는 것'[無念]을 체험합니다. 그것이 바가반이 말씀하신 고요함입니다.

질문: 바가반은 『라마나 마하르쉬와의 대담』(Talks with Sri Ramana Maharshi)에서, 향유원습享有原習(bhōga vāsanās)[향유하기 위해 있는 원습]과 구속원습拘束原習(bandha vāsanās)[속박을 가져오는 원습]을 말씀하고 계십니다. 바가반께서 말씀하시기를, 진인에게는 향유원습은 있지만 구속원습은 전혀 없다고 하셨습니다.3) 스와미님(Swamiji)께서는 부디 그 차이점을 분명히 밝혀 주십시오.

스와미: 진인에게는 그 어떤 것도 속박을 초래하지 못합니다. 그의 마음이 죽어 있기 때문입니다. 마음이 없기 때문에 그는 자신을 오직 의식으로만 알고 있습니다. 마음이 죽어 버렸기 때문에, 그는 더 이상 자신을 육신과 동일시하지 않습니다. 그러나 그가 자신이 육신이 아님

---

3) [역주] 『라마나 마하르쉬와의 대담』, 대담 317 및 383 참조.

을 알기는 하지만, 그의 육신이 여전히 살아 있는 것은 사실입니다. 그 자체의 업業이 다 소모될 때까지는 육신이 계속 살아 있을 것이고, 진인은 그것을 계속 자각하겠지요. 육신을 여전히 자각하고 있기 때문에, 그는 그 육신 안에서 일어나는 생각과 원습들도 자각할 것입니다. 그러나 그런 어떤 원습도 그에게 속박을 초래할 힘은 없습니다. 그는 결코 그것들과 (자신을) 동일시하지 않기 때문입니다. 그러나 그것들은 육신이 일정한 방식으로 행동하도록 할 힘은 있습니다. 그렇다고 해서 진인 자신이 영향을 받지는 않지만, 진인의 육신은 이런 원습들을 즐기고 체험합니다. 그래서 진인에게는 향유원습은 있지만 구속원습은 전혀 없다고 때로는 이야기하는 것입니다.

향유원습은 진인마다 다르게 나타납니다. 어떤 진인들은 부富를 축적하고, 어떤 진인은 침묵 속에 앉아 있으며, 어떤 이들은 경전(śāstras)을 연구하는 반면, 또 어떤 이들은 문맹으로 남아있을 수도 있습니다. 어떤 이들은 결혼하여 가정을 꾸리는가 하면 어떤 이들은 독신 승려가 될 수도 있습니다. 어느 진인이 어떤 삶을 살 것인가를 결정하는 것이 향유원습입니다. 진인은 이 모든 원습들의 결과를 자각하면서도, 결코 그것들과 (자기를) 동일시하지 않습니다. 이 때문에 그는 결코 윤회계에 도로 떨어지지 않는 것입니다.

원습은 전생의 습관과 관행 때문에 일어납니다. 그래서 그것은 진인마다 다른 것입니다. 여전히 몸 및 마음과 (자기를) 동일시하는 보통 사람들에게 원습이 일어날 때는, 그것이 좋고 싫음을 야기합니다. 어떤 원습은 온 마음으로 끌어안게 되고, 어떤 원습은 싫다고 배척합니다. 이런 좋고 싫음은 욕망과 두려움을 낳아서 다시 업을 더 만들어 냅니다. 무엇이 좋고 무엇이 나쁘다는 판단을 여전히 하고 있는 한, 그대는 마음과 동일시하면서 스스로 새로운 업을 짓는 것입니다. 이렇게 새로운 업을 짓는다는 것은, 그것을 향유하기 위해 그대가 다시 태어나야 한다는 것을 뜻합니다.

진인의 육신은 그것이 하도록 정해진 행위들을 해냅니다. 그러나 진인은 무엇이 좋고 나쁘다는 판단을 하지 않기 때문에, 그리고 좋아하고 싫어함이 없기 때문에, 자신에게 새로운 업을 짓지 않습니다. 그는 자기가 육신이 아니라는 것을 알고 있으므로 육신이 하는 모든 행위를—결코 거기에 개입하지 않으면서—지켜볼 수 있습니다.

진인에게는 어떤 환생도 없습니다. 왜냐하면 한 번 마음이 파괴되고 나면 새로운 업이 생겨날 가능성이 전혀 없기 때문입니다.

질문: 그러면 삶 가운데서 우리에게 일어나는 어떤 일도 우리가 과거에 무엇을 좋아하고 싫어한 때문에 일어나는 것입니까?

스와미: 그렇습니다.

질문: 원습이 마음에서 일어날 때 어떻게 하면 그것에 반응하지 않는 법을 배울 수 있습니까? 저희들이 찾아내야 할 어떤 특별한 것이 있습니까?

스와미: 원습들이 일어날 때 그것을 알아차리는 법을 배워야 합니다. 그것이 유일한 방법입니다. 그것을 충분히 빨리 그리고 자주 포착하면 그것들이 그대에게 많은 문제를 일으키지는 않겠지요. 만일 그대가 어떤 특별한 위험 지역(원습이 강하게 일어나는 영역)에 주의를 기울이고 싶으면, 오관五官이 어떻게 작용하는지 지켜보십시오. 오관을 통한 자극을 추구하는 것이 마음의 본성입니다. 마음은 감각 인상들을 포착하면, 그로 말미암아 '제어되지 않는 생각들'이 오랫동안 꼬리를 물고 일어나게끔 하면서 그 인상들을 보유합니다. 자신의 감각 기관들이 어떻게 움직이는지 지켜보는 법을 배우십시오. 마음이 감각 인상들에 어떻게 반응하는지 지켜보는 법을 배우십시오. 만약 마음이 감각 인상에 반응하는 것을 그치게 할 수 있으면, 그대의 원습들 중에서 많은 부분을 제거할 수 있습니다.

질문: 그렇게 진아를 깨달을 수 있기 위해서 진인들은 전생에 많은 공덕(*punyas*-복)을 짓고 많은 따빠스(*tapas*-고행)를 했음이 틀림없습니다. 만약 진인들이 마지막 생에 그들의 모든 전생에 지은 공덕의 열매를 경험한다면, 그들은 모두 아주 즐거운 마지막 생을 보내야 할 것입니다. 그러나 그렇지 않은 것 같습니다. 많은 분들은 병이 들어 심하게 아픕니다. 허다한 신체적 문제를 감내해야 하는 경우도 흔히 있습니다.

스와미: 거기에는 몇 가지 이유가 있습니다. 진아 깨달음은 더러 몸을 아주 약하게 만듭니다. 바가반의 육신은 많이 흔들리기도 했습니다. 이 점에 대해 여쭈어 보면 당신은 가끔 이렇게 말씀하셨지요. "코끼리가 약한 오두막 안에 들어가면 오두막이 어떻게 되겠는가?" 코끼리는 진아 깨달음이고, 약한 오두막은 당신의 육신이었습니다.

어떤 진인들은 제자들의 업의 일부를 받아서 당신들이 그것을 병의 형태로 겪기도 합니다. 그런 경우에 그 병은 그 진인의 전생에 일어난 어떤 일 때문은 아닙니다.

대부분의 진인들은 마지막 생을 시작하기도 전에 그들의 좋고 나쁜 업의 대부분을 제거한 상태입니다. 그들은 모두 전생에 따빠스를 다 했습니다. 마지막 생을 시작할 때쯤이면 그들에게는 대개 아주 적은 업밖에 남아 있지 않습니다. 비디야라니야 스와미(Vidyaranya Swami)같이 드물게 몇 사람만, 향유할 복(공덕)을 많이 가지고 있습니다.

비디야라니야 스와미는 수백 년 전에 살았습니다. 어느 생에 그는 아주 가난하고 배가 고팠는데, 그의 스승 중 한 분이 그에게 가르침을 주면서 여신 락슈미(Goddess Lakshmi)[부富의 여신]에 대한 명상(*upāsanā*)을 하라고 일러주었습니다. 그는 부자가 되기를 바라면서 그 명상을 여러 해 했지만, 그 생에서는 아무런 부富도 그에게 오지 않았습니다.

그 다음의 한 생에서 그는 어느 진인으로부터 전수(initiation)를 받아 많은 명상을 한 뒤에 마침내 진아를 깨달았습니다. 깨달음을 이룬 뒤 그는 완전한 무욕의 상태 안에 자리잡았습니다. 그런데 그가 깨달음을 이룬 뒤에야 락슈미 여신에 대하여 했던 전생의 명상이 열매를 맺기 시작했습니다.

그가 깨닫고 얼마 안 되어, 그가 살고 있는 도시의 하늘에서 금이 쏟아지기 시작했습니다. 비디야라니야 스와미는 그것이 자기가 전생에 한 명상 때문에 일어나는 일이라는 것을 알았습니다. 그러나 그는 더 이상 아무런 욕망이 없었기 때문에, 더 이상 돈이나 금을 축적하는 데 전혀 관심이 없었습니다. 그는 왕에게 그 금비(golden rain)가 자신이 전생에 한 수행 때문이라고 말했습니다. 그는 또 자기 자신은 어떤 금도 원하지 않는다는 것을 분명히 했습니다. 왕은 그 도시의 백성들에게 각자 자기 땅에 떨어진 금은 자기가 주워 가도 좋다고 선언했습니다. 그리고 그는 공유지에 떨어진 금을 자기 소유로 했습니다. 나중에 왕은 자기 몫의 금을 사원과 저수지들을 새로 짓는 데 썼습니다.

왕은 거리에 떨어진 금을 가지고 금 벽돌을 만들었습니다. 비디야라니야 스와미가 정말 욕심이 없는지를 시험하기 위해, 왕은 이 벽돌 몇 개를 비디야라니야 스와미의 집 밖에 놓아두었습니다. 그리고 왕비와 함께 그가 그것을 어떻게 하는지 몰래 지켜보았습니다. 비디야라니야 스와미가 마침내 집 밖으로 나오더니, 그 벽돌들을 보자 그 위에 쭈그리고 앉아 용변을 보았습니다. 그는 돈에 대해 더 이상 아무 관심이 없었기 때문에 그것이 그가 벽돌을 써먹을 수 있는 유일한 용도였던 것입니다.

질문: 오늘날에도 사람들은 여전히 금 벽돌을 사용하여 화장실을 만듭니다. 이란 국왕(Shah of Iran)의 전용 비행기의 화장실 좌대는 금 덩어리로 만들어졌습니다. 이 국왕이 외국으로 도망갈 때, 이 비행기를 남겨두고 갔습니다. 새 정부의 사람들이 그 비행기를 검사하고 이 금 좌대를 발견했습니다.

스와미: (아쉬람의) 방문객들은 항상 바가반이 호화로운 물건들을 쓰시게 하려고 했지만, 당신은 그것들에 대해 아무 욕망이 없었습니다. 한 여성은 당신이 깔고 앉으시라고 벨벳 담요를 하나 가지고 왔지만, 당신은 그것을 받기를 거절했습니다.

그 여자는 바가반께 애원하기 시작했습니다. "제발 바가반, 제 담요를 받으셔서 그 위에 앉으십시오."

아무도 그녀를 조용히 있도록 할 수 없었지요. 네 시간이나 간청하고 애원한 뒤에야 바가반은 단지 그녀를 진정시키기 위해 그것을 받았습니다. 당신은 그 담요 위에 반시간쯤 앉아 계시다가 그것을 찐나스와미에게 주어서 보관해 두라고 했습니다. 그리고 다시는 사용하지 않았지요.

다른 어떤 사람은 은으로 만든 샌들과, 음식을 놓고 잡수시라고 은으로 된 바나나 잎 한 장을 가져왔습니다. 바가반은 그 헌신자를 기쁘게 하기 위해 한 끼 식사만 그 잎을 사용하시고, 그런 다음에는 그 잎과 샌들을 큰 사원(아루나찰레스와라 사원)에 주어 버렸지요. 그 샌들은 당신이 신어보지도 않았습니다. 아쉬람에는 사람들이 바가반께 드린 온갖 선물들을 넣어 둔 방이 하나 있었습니다. 바가반은 그것들을 결코 사용하시지 않았습니다. 바가반이 돌아가신 뒤에 찐나스와미가 이 선물들 거의 전부를 헌신자들에게 주어버렸다고 들었습니다.

뻬루말 스와미 사건 때 한 변호사가 바가반께 "귀하는 돈에 대해 욕망이 있습니까?" 하고 물었지요. 바가반은 이렇게 답변했습니다. "나는 그것을 좋아하지도 않고 싫어하지도 않습니다."

바가반은 어떤 것도 좋아하거나 싫어하지 않았습니다. 만약 우리가 좋아하고 싫어하는 것이 있거나, 어떤 사람이나 어떤 물건을 미워하거나 사랑하면, 마음에 어떤 속박이 일어나게 됩니다. 진인들은 어떤 것도 좋아하거나 싫어하지 않습니다. 그래서 그들은 모든 속박으로부터 자유로운 것입니다.

4

질문: 제가 명상에서 어떤 진보를 하고 있는지, 제가 어떻게 알 수 있습니까?

스와미: 명상을 많이 하는 사람들은 종종 미묘한 형태의 에고를 키웁니다. 그들은 뭔가 진보를 하고 있다는 생각에 즐거워합니다. 그들은 자기들이 즐기는 평안과 지복의 상태를 즐거워하며, 잘 달아나던 마음을 어느 정도 제어할 수 있게 되었다는 것을 즐거워합니다. 혹은 좋은 스승을 찾았다거나 좋은 명상법을 발견했다는 사실에 만족해합니다. 이런 모든 느낌들은 에고의 느낌입니다. 에고의 느낌들이 있으면 진아자각(Self-awareness)은 없습니다. '내가 명상하고 있다' 하는 생각은 에고의 생각입니다. 진정한 명상이 이루어진다면 이런 생각은 일어날 수 없습니다.

그대가 진보를 하고 있느냐 않느냐에 대해 염려하지 마십시오. 하루 24시간 동안 오로지 그대의 주의를 진아에 집중하십시오. 명상은 어떤 특정한 자세로 특정한 시간에 해야 되는 것이 아닙니다. 그것은 하루 종일 지속되어야 할 하나의 자각이며 마음 자세입니다. 명상이 효과가 있으려면 그것이 지속적이어야 합니다.

우리가 논에 물을 대고 싶으면 논으로 수로를 파고 그 수로를 따라 물을 한참 오랫동안 계속 넣어주어야 합니다. 물을 겨우 10초나 넣다가 멈추면, 그 물은 논에 도달하기도 전에 땅 속으로 스며들어 버립니다. 오래 가는 지속적인 노력이 없으면 진아에 도달하여 거기에 머무를 수 없습니다. 좀 해 보다가 그만둔다거나 딴 데 정신이 팔릴 때마다, 그대가 이전에 한 노력의 일부는 허비되고 맙니다.

목숨이 이어지려면 지속적인 들숨과 날숨이 필요합니다. 진아 안에 머무르고자 하는 모든 사람들에게는 지속적인 명상이 필요합니다.

그대는 자신의 삶을 여러 가지 활동으로 나누고 있습니다. '나는 먹고 있다', '나는 명상하고 있다', '나는 일하고 있다' 등으로 말입니다. 만약 이런 생각들을 하고 있다면, 그대는 아직도 육신과 (자기를) 동일시하고 있는 것입니다. 이런 모든 생각들을 없애 버리고, 그것을 '나는 진아다' 하는 한 가지 생각으로 대체하십시오. 그 생각을 착파着把하여 놓치지 마십시오. '나는 몸이다' 하는 생각에 전혀 주의(관심)를 주지 마십시오.

'이제 밥을 먹어야 한다', '이제 잠을 가야지', '이제 목욕을 해야지', 이런 모든 생각은 '나는 몸이다' 하는 생각입니다. 그것이 일어날 때 알아차리는 법을 배우고, 그것을 무시하거나 부인하는 법을 배우십시오. 진아 안에 확고히 머무르면서, 마음으로 하여금 몸이 하는 어떤 일과도 동일시하지 못하도록 하십시오.

질문: 자기탐구를 해나가는 올바른 방법은 무엇입니까?

스와미: 바가반께서는 이렇게 말씀하셨습니다. "생각들이 일어나면 그것이 일어나자마자 '이 생각이 누구에게 일어나는가?' 하고 탐구함으로써 그 생각이 더 발전하는 것을 멈추라. 많은 생각들이 계속 일어난다고 해서 무슨 문제가 되겠는가? 그것들의 근원을 탐구해 들어가거나, 아니면 누가 그 생각들을 가지고 있는지를 발견하라. 그러면 조만간 그 생각의 흐름은 멈출 것이다."4)

이것이 자기탐구를 수행修行하는 법입니다.

바가반께서 이와 같이 말씀하실 때, 당신은 포위된 요새의 비유를 가끔 사용하셨습니다. 만약 우리가 그러한 요새의 모든 입구를 철저히 막고 요새 점거자가 밖으로 나오려고 할 때마다 한 사람씩 잡아내 버리면, 조만간 그 요새는 텅 비게 되겠지요. 바가반은 우리가 마음에 대해 이와 동일한 전법을 써야 한다고 말씀하셨습니다. 어떻게 이것을 해 나갈

---

4) 이것은 『나는 누구인가?』(Who am I?)에서 바가반이 직접 말한 가르침을 풀어 말한 것이다. 그 다음 문단에 나오는 포위된 요새의 비유도 『나는 누구인가?』에서 가져온 것이지만, 안나말라이 스와미는 바가반이 한 것보다 훨씬 자세히 이 비유를 설명한다.

것인가? 마음의 출구와 입구를 막아 버리고, 일어나는 생각이나 감각 인상들에 반응하지 않으면 됩니다. 새로운 관념이나 판단, 좋아하고 싫어함 등이 마음에 들어오지 못하게 하고, 일어나는 생각들이 판을 쳐서 그대의 주의를 벗어나지 못하게 하십시오. 이와 같이 하여 마음을 막아 버렸으면, 일어나는 각 생각에 대하여 그것이 일어날 때마다, '너는 어디서 왔나?' 혹은 '이 생각을 하는 사람은 누구인가?' 하고 물으면서 그것에 도전해야 합니다. 활짝 깨어 있는 주의를 가지고 계속적으로 이렇게 할 수 있으면, 새로운 생각들은 잠시 일어났다가 사라질 것입니다. 만약 그 포위를 충분히 오래 유지하면 아무 생각도 일어나지 않을 때가 올 것입니다. 설사 생각들이 일어난다 해도 그것은 의식의 언저리를 잠깐 지나가는, 마음을 빼앗지 않는 상像(images)들에 지나지 않을 것입니다. 그 무념의 상태에서 그대는 자신을 마음이나 몸으로서가 아니라 의식으로서 체험하기 시작할 것입니다.

그러나 만약 그대가 단 몇 초간이라도 경계심을 느슨하게 하면 새로운 생각들이 빠져나와 도전받지 않고 발전하게 될 것이고, 그러면 포위는 풀어지고 마음은 이전에 가졌던 그 힘의 전부나 일부를 되찾게 될 것입니다.

진짜 요새에서는 점거자들이 포위 기간 동안 버텨내려면 음식과 물의 지속적인 보급을 필요로 합니다. 보급이 떨어지면 점거자들은 항복하거나 아니면 죽을 수밖에 없습니다. 마음의 요새에 있어서 생각이라고 하는 점거자들은, 생각하는 사람(thinker)이 그들에게 관심을 기울여 주고 그들에게 몰두해 주는 것을 필요로 합니다. 만약 생각하는 사람이 그 일어나는 생각들에게 관심을 기울여 주기를 유보하거나 그것들이 발전할 기회를 갖기 전에 도전하면, 그 생각들은 굶어죽게 될 것입니다. 그대는 스스로에게 '나는 누구인가? 이런 생각을 하는 사람은 누구인가?' 하고 계속 물으면서 그것들에 도전합니다. 이 도전이 효과적인 것이 되게 하려면, 그 일어나는 생각들이 생각의 한 흐름으로 발전할 기회를 갖기 전에 도전해야 합니다.

마음은 생각들과 그 생각을 하는 사람의 집합에 불과합니다. 생각하는 사람이란 곧, 진아로부터 다른 모든 생각보다 먼저 일어나는 최초의 생각인 '나'라는 생각('I'-thought)인데, 이것이 다른 모든 생각들과 (자신을) 동일시하면서 '나는 이 몸이다'(I am this body) 하고 말합니다. 끊임없는 탐구를 하거나 생각들에게 관심을 가져주기를 거부함으로써 생각하는 사람 자신을 제외한 모든 생각들을 뿌리뽑고 나면, '나'라는 생각은 심장(the Heart) 속으로 가라앉아 항복하고 의식의 자각만이 뒤에 남게 됩니다. 이러한 항복은 '나'라는 생각이, 일어나는 생각들과 (자신을) 동일시하기를 그쳤을 때만 이루어집니다. 그대의 주의를 끌거나 피해 가는 딴 생각들이 아직 남아 있는 한, '나'라는 생각은 항상 그대의 주의를 안으로보다는 바깥으로 향하게 할 것입니다. 자기탐구의 목적은 '나'라는 생각을 내면으로, 진아로 향하게 하려는 것입니다. 그대에게 일어나는 어떤 생각들에도 더 이상 관심을 갖지 않게 되면, 이런 일이 곧 자동적으로 일어날 것입니다.

질문: 많은 사람들은 자기탐구를 매우 어렵게 생각합니다. 바가반의 헌신자들조차 대부분 헌신의 길(bhakti path)을 따르는 듯합니다. 만약 우리가 탐구를 제대로 해내지 못한다면, 먼저 염송(japa)으로써 마음을 정화해야 합니까?

스와미: 아닙니다. 만일 그대가 자기탐구의 길에 어느 정도 흥미를 가지고 있다면, 자신이 그것을 썩 잘하지는 못한다고 생각되더라도 그것을 그대로 해 나가십시오. 자기탐구를 효과적으로 그리고 제대로 해보고 싶다면 그 방법만 고수해야 합니다. 다른 방법들도 나름대로 훌륭하겠지만, 그것들은 자기탐구를 하기 위한 준비 단계들입니다. 만약 그대가 훌륭한 바이올린 연주자가 되기를 진심으로 바란다면, 훌륭한 스

승에게서 레슨을 받으면서 가능한 한 많은 연습을 해야 합니다. 비록 어떤 어려움에 부닥친다 해도 몇 달간 클라리넷으로 바꾸어서는 안 됩니다. 자신이 선택한 악기를 고수하면서, 잘 할 수 있을 때까지 계속 연습해야 합니다. 자기탐구를 위한 최선의 준비는 자기탐구입니다.

질문: 저는 몇 가지 티벳식 입문(Tibetan initiations)을 받았습니다. 그리고 여러 가지 진언과, 해야 할 의식을 전수받았습니다. 그것을 계속해야 합니까?

스와미: 최선의 진언은 '나는 진아다. 일체가 나의 진아이며, 일체가 하나다' 하는 것입니다. 이것을 언제나 마음에 간직하면, 진아가 마침내 그대에게 스스로 드러날 것입니다.

의식이라든지 기타 유치원적인 기법들에 만족하고 있어서는 안 됩니다. 만약 그대가 진지하다면, 바로 진아로 나아가십시오. 가능한 한 집요하게 그것을 착파하고, 어떤 것이나 어떤 누구도 그 장악掌握(grip)을 느슨하게 하지 못하도록 하십시오.

질문: 마음은 항상 멈출 수 없는 강물처럼 흘러갑니다. 대부분의 시간 저는 진아에 도달하지도 못합니다. 제가 가까이 가지도 못하는 어떤 것을 어떻게 착파할 수 있습니까?

스와미: 마음은 일단 일어나면 자동적으로 현상계로 달려 나갑니다. 그러나 자기탐구를 하게 되면, 그것을 진아로 향하도록 길들일 수 있습니다. 깊은 잠 속에서 마음은 자동적으로 진아를 향해 가지만, 그대가 그것을 모릅니다. 부단한 자기탐구의 수행을 통해서, 마음은 생시와 꿈의 상태에서도 자동적으로 진아 쪽으로 흐르도록 훈련됩니다. 처음에는 그것이 매우 어렵지만, 연습을 하면 될 수 있습니다. 거듭된 자기탐구는 마음을 진아로 돌아가게 합니다. 다른 방법들도 좋은 체험들을 하게 해줄지는 모르지만, 그 좋은 체험들도 마음을 진아 속으로 돌아가게 하여 거기에 머무르게 하지는 못할 것입니다.

질문: 명상을 얼마나 많이 하는 것이 좋습니까? 하루에 몇 시간이나 할까요?

스와미: 명상은 지속적이어야 합니다. 명상의 흐름은 그대의 모든 활동 중에 존재해야 합니다. 계속 연습을 하면 명상과 일을 동시에 해 나갈 수 있습니다.

질문: 저는 염송을 합니다. 저는 어느 벵갈 성자(Bengali saint)로부터 전수를 받았습니다. 저는 바가반께서 가르치신 대로 그것을 합니다. 저는 그 소리의 근원을 추구하려고 노력합니다.

스와미: 누가 그 염송을 하는지를 발견하려고 노력하면 그대의 수행은 더 효과적인 것이 될 수 있습니다.

질문: 명상에 의해서 욕망을 뿌리뽑을 수 있습니까, 아니면 그것을 충족시켜야 결국 그것이 가라앉습니까?

스와미: 모든 욕망은 에고의 것이며, 에고는 진아 안에 부단히 안주함으로써 해체됩니다. 만일 욕망에 굴복한다면, 그대는 에고와 (자기를) 동일시하는 것입니다. 그러나 마음을 진아 안에 집어넣어 그것을 거기에 붙잡아둔다면, 그대는 진아와 (자기를) 동일시하는 것입니다. 마음이 진아 안에 확고히 뿌리내리면 대부분의 욕망들은 일어나지 않게 됩니다. 일어나는 얼마 안 되는 욕망들도 결코 문제가 되지 않습니다. 왜냐하면 그대가 그 욕망대로 행위하려는 충동이 없을 테니까요.

질문: 건강을 유지하기 위해 어느 정도 시간을 할애하는 것은 좋습니까? 예를 들어 하타 요가(hatha yoga)를 해서 몸을 좋은 상태로 유지해야 합니까?

스와미: 몸이 좋은 상태에 있지 않으면 수행을 하기 어렵습니다. 하타 요가는 건강을 유지하는 한 방법입니다. 바가반은 그러나, 여러 가지 많은 아사나(asana-坐法) 중에서도 일여내관—如內觀(nididhyāsana-끊임없는 명상)이 최고라고 곧잘 말씀하셨지요. 그리고 덧붙이기를, 일여내관은 곧

진아안주眞我安住(abidance in the Self)를 뜻한다고 하셨습니다.

몸에 대해 너무 많은 관심을 기울이지 마십시오. 몸의 건강을 걱정하면 더욱 더 몸과 동일시하게 됩니다. 몸을 유용한 탈것(vehicle)으로 보십시오. 그것을 유지하면서 적절히 연료를 주입하고, 만약 고장이 나면 수리하십시오. 그러나 몸에 집착하지는 마십시오. 몸이 불편하다는 느낌에 마음을 빼앗기지 않고 진아에 주의를 집중할 수 있다면, 수행을 하기에 족할 정도로 건강한 것입니다. 열심히 그리고 지속적으로 명상을 하면 건강 문제가 마음을 빼앗지 않는다는 것을 발견하기 시작할 것입니다. 그대의 진아안주가 확고하고 강할 때, 몸이나 몸의 고통은 의식하지 못하게 됩니다.

5

스와미: 바가반께서는 언젠가 이런 말씀을 하셨습니다. "자기 자신을 바로잡는 것이 전 세계를 바로잡는 것이다." 자기 자신을 완전히 바로잡았을 때, 우리는 자기 자신 외에는 바로잡을 그 누구도 존재하지 않는다는 것을 발견합니다. 우리는 내적으로 고요하고 평안해지며, 모든 존재들에게 저절로 행복을 방사하게 됩니다.

만약 강력한 빛이 비추고 있다면 그것은 어둠에게 "제발 물러가라"고 말할 필요가 없습니다. 그런 강력한 빛이 존재하는 곳에서는 모든 어둠이 즉시 사라집니다. 마찬가지로 진인은 영적인 빛을 저절로 방사하는데, 그것이 영적인 무지의 어둠을 자동적으로 몰아냅니다.

질문: 왜 신은 이 세계를 이렇게 불완전하게 만들었습니까? 모든 존재가 끊임없이 고통받고 있는 이러한 세계의 목적은 무엇입니까? 왜 진인이 몰아내야 할 어둠이 있는 것입니까?

스와미: 삶의 궁극적 목적은 자기(진아)의 성품을 탐구하여 거기에 확고히 안정되는 것입니다.

모든 태어남 중에서 사람으로 태어나는 것이 가장 귀합니다. 왜냐하면 사람으로 태어남으로써 우리는 탐구를 할 수 있는 능력을 갖게 되었기 때문입니다. 이 능력을 통해서 우리는 자기의 참된 성품에 대해 탐구할 수 있습니다. 이 귀한 태어남을 관능적인 쾌락에 허비해서는 안 됩니다. 그것은 오로지 우리의 참된 자기(true Self-진아)를 알도록 하기 위해 주어진 것입니다.

따유마누바르(Tayumanuvar)는 어느 시에서 이렇게 노래했습니다.

"나 자신을 깨닫기 위해 이 세상에 왔건만, 나는 내가 온 목적을 잊어버렸네. 내 마음은 재산을 모으는 데 미혹되었고, 관능적인 쾌락에 탐닉하게 되었네. 나는 미혹되고 이 마야(māyā) 속에서 길을 잃어, 부富와 여자라는 덧없는 즐거움을 추구하였네. 이 미혹을 죽이기 위해 스승님께서는 나에게 지知(jnāna)라고 하는 멋진 검劍을 주셨다네."5)

질문: 우리는 스승과 얼마나 오랫동안 함께 있어야 합니까?

스와미: '지혜의 눈'(eye of wisdom-知見)이 열릴 때까지는 진아를 깨달은 사두(sādhus)들과의 친교를 필요로 합니다. 그래야 자기 자신의 진아를 자각할 수 있게 됩니다. 우리는 또한 스승의 가르침을 공부하고 실천해야 합니다.

만일 나쁜 사람이나 세속적인 사람들과 교제하면 그대의 명상은 그들의 생각의 흐름에 의해 방해를 받을 것입니다. 그런 사람들과는 어울리지 않는 것이 최선입니다. 그들을 미워하거나 싫어해서는 안 되고, 단지 그들을 멀리해야 합니다.

질문: 우리의 마음 제어(mind control)가 어느 수준에 도달할 때까지는 세속적인 일들을 피해야 합니까?

---

5) 안나말라이 스와미는 타밀 작가나 경전 작품에서 인용할 때, 종종 시 자체보다는 그 요지만을 들려준다. 따라서 인용된 자료는 하나의 번역이라기보다는 다시 풀어서 이야기한 것이라고 보아야 한다.

스와미: 육신이 살아 있는 한 그것은 의식주를 필요로 합니다. 자신의 기본적 욕구를 충족하기 위해 돈을 버는 것은 진지眞知(jnāna)에 장애가 되지 않습니다.

질문: 어떤 사람들은 자유롭게 세속사를 포기할 수 있지만, 어떤 사람들은 그렇지 않습니다. 그들은 항상 세속적인 사람들과 함께 일을 하며 살아야 합니다.

스와미: 우리가 이 세상에 오기 전에 우리의 삶의 모든 사건들은 예정되어 있었습니다. 즉, 우리가 어디에 살고, 어떤 행위를 하게 되어 있는가 등이 정해져 있다는 것입니다. 설사 우리가 발현업—즉, 우리에게 이미 정해져 있는 것—아닌 어떤 것을 하려고 한다 해도, 우리는 그것을 이루지 못합니다.

질문: 그러니까 미래의 계획을 세워보았자 아무 소용이 없군요. 그날그날 닥쳐오는 것과 더불어 살아가는 것이 더 낫겠습니다.

스와미: 우리의 발현업에 따라, 필요한 그리고 일어나야 하는 노력들이 우리 마음 속에서 일어날 것입니다.

질문: 그러니까 우리는 우리가 선택을 한다고 생각할 뿐이로군요. 선택 의식(sense of choice)은 진짜가 아니군요.

스와미: 맞습니다! 우리가 삶에서 경험하는 모든 어려움은 우리의 마음을 진아 쪽으로 돌려주기 위해 바가반께서 우리에게 주신 겁니다.

한 번은 어떤 사람이 바가반께 여쭈었습니다. "왜 신은 불행을 통해서만 은총을 주는 이런 방식을 선택했습니까? 왜 좀 다른 방식을 선택하지 않았습니까?"

바가반은 이렇게 대답하셨습니다. "그것이 그의 방식이지요. 그대가 누구이기에 그를 문제 삼습니까?"

또 한 번은 어느 헌신자가 여쭈었습니다. "왜 신은 제 앞에 나타나지 않습니까?"

바가반이 대답했습니다. "만약 그가 그대 앞에 직접 나타난다면 그대가 그를 편안하게 가만히 내버려두지 않겠지요. 그는 그대를 겁내기 때문에 나타나지 않는 것입니다. 그대가 볼 수 있는 형상으로 나타나기를 그가 겁내는 것은, 만약 그랬다가는 그대가 그에게서 원하는 것들을 쭉 늘어놓을 것이라는 것을 알기 때문입니다."

질문: 신을 보고 싶어 하는 것은 바람직합니까?

스와미: 마니까바짜가르(Manikkavachagar)는 그가 지은 어느 노래에서 이렇게 말했지요. "신은 사람이 아니라네. 그는 어떤 특정한 것도 아니라네. 그러나 신이 없다면 아무것도 존재하지 않네. 그야말로 모든 것이니까."

자신의 진아를 보고, 존재하는 모든 것 안의 동일한 진아를 보는 것, 그것이 바로 신을 보는 것입니다.

질문: 그러니까 형상 없는 진아만을 보고 싶어 하는 것이 더 낫군요?

스와미: 저는 언젠가 바가반께서 폴 브런튼에게 이런 말씀 하시는 것을 들었습니다. "만약 그대가 일체에 두루한 진아에 대한 명상(*upāsanā*)을 하면, 무한한 에너지를 얻게 될 것이다." 세계의 모든 존재들, 모든 사물들, 모든 사람들이 그대 자신의 진아입니다. 그들은 나눌 수 없이 그대의 일부입니다. 만일 모두를 그대로 진아로 볼 수 있다면, 그대가 어떻게 다른 존재에게 해를 끼칠 수 있겠습니까? 그런 분명한 소견을 가지고 있으면, 그대가 다른 사람들에게 무엇을 하든 그것은 그대가 자신의 진아에게 한 것일 뿐이라는 것을 압니다.

한 가지를 좋아하고 다른 것을 싫어하는 것이 윤회(*samsāra*)이고, 모든 것을 좋아하고 사랑하는 것이 지혜입니다. 이런 깨달음으로부터 모든 사람들이 우리 자신의 진아라는 것을 보게 되면 우리는 깊은 잠의 상태에서 즐기는 것과 똑같은 평안을 즐기게 됩니다. 그 차이는, 우리가 그것을 깨어 있는 동안에 지금 여기서 즐긴다는 것입니다.

질문: 진인의 진아자각에는 전혀 끊어짐이 없습니까? 예컨대 좋은 책을 읽는 데 몰두해 있다면 그의 주의는 계속 그 책에 완전히 집중되지 않겠습니까? 진인은 그러면서도 동시에 자신이 진아라는 것을 자각합니까?

스와미: 만일 진아자각에 끊어짐이 있다면 그것은 그가 아직 진인이 아니라는 것을 뜻합니다. 전혀 끊어짐 없이 이 상태에 자리잡게 되기 전에는, 이 상태를 여러 번 접하고 즐겨야 합니다. 꾸준히 명상하면 그것은 마침내 영구적인 것이 됩니다.

진아안주(Self-abidance)를 성취하기는 아주 어렵습니다. 그러나 일단 성취하고 나면 그것은 애씀 없이 유지되며, 결코 그것을 잃어버리지 않습니다. 그것은 로켓을 공중으로 쏘아 올리는 것과 다소 비슷합니다. 지구의 중력장을 벗어나려면 엄청난 힘과 에너지가 필요합니다. 만약 로켓이 충분히 빠른 속도로 날지 않으면 중력이 그것을 지상으로 도로 끌어내리겠지요. 그러나 일단 중력을 벗어나기만 하면 그것은 다시 지구로 떨어지는 일 없이 아주 수월하게 우주 공간에 머물러 있을 수 있습니다.

질문: 저는 스승들과 성자들이 은총(blessings)을 하사한다는 이야기를 많이 읽었습니다. 저는 이 은총이라는 것이 어떤 것인지 잘 이해되지 않습니다. 그것은 그 성자가 자신의 내면으로부터 어떤 에너지를 발산하거나 방출하는 것입니까? 어떤 일이 일어나게끔 그가 의식 안에서 마음을 정하는 것입니까? 그것은 어떻게 작용합니까?

스와미: 다른 사람에 대해 사랑을 갖는 것이 은총이며, 그에게 분노를 갖는 것이 저주입니다.

질문: 그것은 우리가 한 스승을 사랑하면 우리가 그의 은총을 받게 된다는 것을 뜻합니까? 누가 어떤 스승을 만나서 그를 사랑하게 되는 것은 그의 정해진 업(karma)입니까?

스와미: 그 사람의 선업(good karmas)이 열매를 맺을 때만 진인을 만날 수 있습니다. 여러 생을 통해서 선업을 쌓은 사람들만이 진인을 만나서 사랑할 수 있는 기회를 갖게 됩니다.

질문: 우리가 진인으로부터 받는 은총은 우리의 운명의 일부입니까? 진인이 어떤 은총을 내려서 우리의 업의 일부를 없애주거나 그것을 어떤 식으로 바꾸어 줄 수도 있습니까?

스와미: 진인의 은총은 우리의 발현업(prārabdha karma)[금생에 겪어야 하는 업]의 강도를 줄여줍니다. 비록 은총이 업을 바꾸지는 못한다 해도 그 강도를 줄여주는 것입니다. 스승의 보호 아래 있다는 것은 큰 나무 그늘 아래 있는 것과 다소 비슷합니다. 햇볕 아래 있던 사람이 나무 밑에서 쉬면, 그의 더위가 약간 완화되지요.

질문: 이번이 저희들이 와서 당신을 뵐 수 있는 마지막 기회입니다. 저희들은 내일 프랑스로 돌아갑니다. 저희들은 당신께서 저희들에게 주신 그 모든 유익한 도움에 감사드립니다.

스와미: 만약 그대들이 프랑스로 돌아가서도 의심이 남아 있으면, '이런 의심들이 누구에게 일어났나?' 하고 탐구하면서 성찰해 보십시오. 이런 식으로 물어 들어가면 의심들은 곧 사라질 것입니다.

질문: 여기, 이곳에서는 진아의 느낌이 아주 분명합니다. 프랑스에서는 이 느낌이 살아 있게 하기가 그렇게 쉽지 않을 겁니다.

스와미: 부단히 명상하면 그런 의심들이 그대의 마음에 들어올 수 없을 것입니다.

질문: 이렇게 스와미님을 여러 날 찾아뵈었던 것이 저희들의 인도 여행에서 하이라이트였습니다.

스와미: 당신들이 그렇게 해서 이익을 얻었다면 그것은 모두 바가반의 은총입니다.

질문: 라마나스라맘의 출판물들을 읽어보면 바가반은 아주 엄격하고

엄중한 분인 것처럼 보일 때가 많습니다. 바가반은 당신께, 당신께서 저희들에게 하신 것처럼 그렇게 친절하셨습니까?

스와미: 사람에 따라 그분에게서 서로 다른 반응을 얻었습니다. 제 경우에는 당신께서 항상 친절하셨고 잘 배려해 주셨지요. 그러나 여러분은 바가반을 그분의 행동으로 판단하면 안 됩니다. 비록 그분이 사람들에게 화를 내거나 그들을 무시해도, 그것은 그들에게 이익을 주기 위해서였습니다. 그분은 친절함을 통해서는 물론이고 화내는 것을 통해서도 은총을 전달하셨습니다.

질문: 바가반의 육신은 이제 가고 없습니다. 저는 지적知的으로는 그분이 바로 진아이며 도처에 계시다는 것을 알지만, 그래도 여전히 가끔은 제가 그분의 육신 친존(physical presence)에 앉아 있을 수 있는 복이 있었더라면 하는 바람을 갖습니다. 육신이란 결국 중요하지 않다는 것을 알지만, 제가 어떤 문제가 있을 때마다 바가반을 찾아가서 말씀드리거나 아니면 그저 바가반과 함께 앉을 수 있었다고 한다면 정말 행복하고 안도감을 느꼈을 것입니다.

스와미: 그대가 보는 모든 것이 바가반의 몸(진아의 형상)입니다. 그대가 바라는 '인도하는 친존'(guiding presence-실제로 이끌어주는 바가반의 존재)은 이 모든 형상들을 통해 빛나면서 그것들을 살아 움직이게 하고 있습니다. 바가반의 형상이나 육신에 집착하지 마십시오. 진정한 바가반은 형상을 넘어서 있고 죽음을 넘어서 있습니다.

호랑이 형상을 한 석상의 입을 통해서 물이 흐르지만, 누구나 그 물이 호랑이에게서 나오는 것은 아니라는 것을 압니다. 우리는 누구나 그것이 저수지에서 오고 있다는 것을 압니다. 그와 마찬가지로, 바가반은 이제 그분의 실제 모습을 알고 체험하는 모든 사람을 통해서 말씀하고 계십니다.

6

스와미: 생시, 꿈 및 깊은 잠은 의식 안에서 일어나는 긴 꿈과 같습니다. 만약 우리가 꿈을 꾸면서 그 꿈에 빠져 있으면, 우리가 보는 모든 사건들이 그 꿈이 지속되는 동안은 실재하는 것처럼 보일 것입니다. 그러나 깨어나면 그 꿈은 사라지고, 우리는 우리의 마음 안에서 외에는 어떤 일도 실제로 일어나지 않았다는 것을 깨닫습니다. 그대가 진정한 의식으로 깨어나면 생시, 꿈, 잠의 전체 과정이 지난밤 꿈처럼 사라집니다. 그대는 그것이 결코 실재하지 않았다는 것을 단박에 이해합니다. 바로 지금, 우리는 진아를 모르기 때문에 이 세계를 꿈꾸면서 그것이 실재한다고 생각하고 있습니다. 우리는 이 꿈에 워낙 빠져 있어서 그것이 유일한 실재라고 믿는 것입니다.

이 생시의 삶은 하나의 긴 꿈에 불과한데, 이것이 우리로 하여금 우리의 본래 모습에 주의를 돌리지 못하게 합니다. 만일 그대가 세상 속에서 일어나는 모든 일이 꿈의 사건(dream events)이라는 태도를 취하면, 그대의 마음은 고요해집니다. 꿈의 세계를 실재하는 것으로 여길 때만 그대의 마음이 요동하는 것입니다.

질문: 저는 삶이 하나의 긴 꿈이라고 강하게 느끼지만 그 꿈을 꿰뚫어 보지는 못합니다. 여러 해 동안 이런 식이었습니다.

스와미: 모든 삶이 하나의 꿈이라고 그대가 정말 믿는다면, 세상의 그 어떤 것도 그대를 전혀 괴롭히지 못합니다. 그러나 여전히 이 꿈을 꿰뚫어보지 못한다는 등의 문제와 걱정거리를 안고 있다면, 그것은 그대가 아직 그대의 의식 안에서 일시적으로 나타나는 것들과 (자기를) 동일시하는 것을 완전히 그만두지 않았다는 것을 의미합니다.

'이 꿈을 꿰뚫어보지 못하는 것은 누구인가?' 하고 탐구해야 합니다.

참'나'(the true 'I')는 그 꿈과 동일시되지 않습니다. 만일 그대의 진정한 자기(the real Self)를 잊어버리지 않으면 생시, 꿈, 잠이 그대에게 영향을 주지 않습니다. 우리 주위의 모든 사물은 항상 변하고 있지만, 우리의 실상은 변함없이 남아 있습니다.

순수한 존재, 즉 어떤 것도 거기에 규정되거나 부가되지 않은 '내가 있다'(I am)는 모두에게 공통됩니다. 누구도 자기 자신이 존재한다는 것을 부인할 수 없습니다. 이 '내가 있다' 안에는 아무런 한계가 없지만, 우리가 이 '내가 있다'를 몸 및 마음과 동일시하여 우리 자신에 대한 제한된 정체성(identity)을 만들어낼 때 불행이 시작됩니다.

오직 이 사람 몸을 받았을 때 생시, 꿈, 깊은 잠의 세 가지 상태가 그 너머의 어떤 것에 대한 느낌과 함께 주어집니다. 그것을 체험할 수 있고 그 체험 속에서 살아갈 수도 있는 어떤 것 말입니다.

우리는 어떤 꿈을 꾸지만, 깨어나면 그 꿈은 사라지고 우리는 이 생시의 상태에 있습니다. 잠이 들면 세계 전체가 사라집니다. 이 세 가지 상태를 관찰함으로써 우리는 나타나고 사라지는 것이 그것들의 본성임을 이해하게 됩니다. 우리가 이 문제를 더 깊이 탐색하여 이 마음이라고 하는 것의 성품을 주의 깊게 살펴보면, 의식이야말로 우리의 실상이라는 직접 체험을 갖게 될 것입니다. 우리가 몸 및 마음과 동일시하기를 그칠 때 우리는 이 순수 의식(pure consciousness)이, 그 안에서 일어나는 것처럼 보이는 어떤 변화나 사건들에 의해서도 영향받지 않는다는 것을 자각하게 됩니다.

삶의 유일한 목적은 그 의식 안에 안주하는 법을 배우는 것입니다. 우리는 뚜리야(turīya), 즉 다른 세 가지 상태들의 주시자인 네 번째이자 원초적인 상태 안에 안식하는 법을 배워야 합니다.

개인적 자아란 실재하지 않는다는 선이해先理解가 없는 어떤 형식의 수행(sādhanā)도 자기도취입니다. 그것은 가공假空의 '나'가 그 자신과 게임을 벌이는 영적인 유희의 한 형태입니다.

성자 따유마누바르가 언젠가 말했습니다. "왜 이런 온갖 마하 요가 (mahā yogas)[큰 요가][6]를 하는가? 이 요가들이 다 마야(māyā)다!"

그대의 참된 성품은 진아이고 오직 진아일 뿐이라는 이해 없이 명상을 하려고 하면, 그대의 명상 수행은 그대를 보다 더한 심적 속박으로 이끌 뿐입니다.

바가반께서 언젠가 말씀하셨습니다. "마음을 진아 안에 붙들어두기 위해 그대가 해야 할 일은 고요히 있는 것이 전부다."

진아를 깨닫기 위해서는 고요히 있는 것 외에 실제로 아무것도 할 필요가 없습니다. 단지 마음과 동일시하는 것을 그만두고 자기(진아)를 착파하십시오. 그것으로 충분합니다. 고요히 있으면서 '나는 진아다. 진아는 모든 것이다' 하는 자각을 배양하십시오. 이렇게 간단한 수행을 하는데 무슨 어려움이 생겨날 수 있겠습니까?

질문: 마음은 무시당하고 싶어 하지 않습니다. 그것은 영원히 빙빙 돌고 싶어 합니다. 저는 멋대로 날뛰는 생각들을 좀 제어하는 데 당신께서 저를 도와주실 수 있을 거라고 생각하고 찾아왔습니다.

스와미: '도움을 받으러 여기 온 것이 누구인가?' 그 사람이 누구인지를 발견하십시오. 그가 존재한다고, 그가 자신의 문제로 도움을 필요로 한다고 습관적으로 생각하지 마십시오. 그런 식으로 생각하면 그대의 문제들은 줄어드는 것이 아니라 늘어날 것입니다.

자신을 몸 및 마음과 동일시하는 것이 진아에 대한 무지를 가져옵니다. 그렇게 해서 에고가 몸을 받아 태어나는 것입니다. 우리 자신을 몸 및 마음과 떨어지도록 하여 자유롭게 하는 것이 에고의 죽음을 가져옵니다.

바가반께서 언젠가 저에게 이렇게 말씀하셨습니다. "자신을 몸과 마

---

6) [역주] 여기서 '마하 요가'란 거창한 수행법들을 말한다. 한편 바가반은 자기탐구야말로 진정한 의미의 '마하 요가'(큰 수행법)라고 밝힌 바 있다(『마하 요가』, 177쪽 참조).

음이라고 믿음으로써 자기(진아)를 한정하는 사람은 자기 자신의 진아를 죽인 것이다. 진아를 죽인 것에 대해서 그는 벌을 받아야 한다. 그 벌이 바로 탄생과 죽음이며 지속적인 불행이다."

질문: 불행이 끝나는 것은 발현업에 의해 정해져 있습니까? 아니면 개인적 노력으로 그것을 앞당길 수 있습니까?

스와미: 불행은 진아를 깨달음으로써만 끝이 나며, 다른 수단으로는 되지 않습니다.

질문: 그것은 언제라도 일어날 수 있습니까?

스와미: 지금 여기에서 그대는 이미 진아입니다. 그대가 진아를 깨닫는 데는 시간이 필요하지 않습니다. 올바르게 이해하기만 하면 됩니다. 매순간 그대는 몸 및 마음과 동일시하고 있으며, 에고와 불행의 방향으로 가고 있습니다. 그 동일시를 포기하는 순간 그대는 진정한 자기를 향해, 행복을 향해 나아가고 있는 것입니다.

질문: 저희들은 사물들 간에 분별을 하는 데 익숙합니다. 당신께서는 '그대가 진아라는 것을 명상하라'고 하십니다. 비록 제가 '나는 진아다' 라는 느낌을 일으켜 보려고 하기는 하지만, 그것이 진짜 그런 것은 아닐 것입니다. 그것은 단지 마음속에 있는 또 하나의 관념이겠지요. 이런 관념을 생각하는 것이 저에게 정말로 도움이 될 수 있습니까?

스와미: 제가 '진아에 대해 명상하라'고 할 때, 그것은 그대에게 진아가 되라고 하는 것이지 진아에 대해 생각하라는 것이 아닙니다. 생각이 멈출 때 남아 있는 것을 자각하십시오. 그대의 모든 생각들의 근원인 의식을 자각하고, 그 의식이 되십시오. 그것이 그대의 진정한 실체라고 느끼십시오. 이렇게 하면 그대는 진아에 대해 명상하는 것입니다. 그러나 만일 그대의 원습들이 너무 강하고 너무 활동적이어서 그 의식 안에서 안정될 수 없다면, '나는 진아다. 나는 모든 것이다' 하는 생각을 착파하십시오. 이런 식으로 명상하면, 그대의 진아자각을 가로막는 원습들

에게 협력하지 않게 될 것입니다. 그대가 원습들에게 협력하지 않으면 그것들은 조만간 그대를 떠나게 되어 있습니다.

만일 이 방법에 마음이 끌리지 않으면, 활짝 깬 주의력(full attention)으로 그저 마음을 지켜보십시오. 마음이 헤맬 때마다 그것을 자각하십시오. 생각들이 어떻게 서로 연관되는지를 보고, 마음이라고 하는 이 유령이 어떻게 그대의 모든 생각들을 붙잡아서 '이것은 내 생각이다'라고 하는지 지켜보십시오. 결코 마음과 동일시함이 없이, 마음이 움직이는 방식을 지켜보십시오. 마음에 대해 활짝 깬 초연한 주의를 기울이게 되면, 그대는 마음의 모든 활동이 부질없음을 이해하기 시작합니다. 마음이 여기저기 헤매면서, 결국에는 그 자신에게 불행을 가져다 줄 뿐인 쓸데없고 불필요한 사물이나 관념들을 추구하는 것을 지켜보십시오. 마음을 지켜보면 우리는 그것의 내적인 과정을 알 수 있습니다. 그리하여 우리는 모든 생각들로부터 초연하게 떨어져 있을 수 있는 계기를 얻게 됩니다. 결국 그것을 통해 우리는 — 만약 아주 열심히 노력한다면 — 찰나적인 생각들에 영향받지 않고 의식으로서 머무를 수 있는 능력을 얻게 됩니다.

질문: 이렇게 혼자서만 명상하는 것이 좋습니까, 아니면 다른 사람들과 함께 명상하면 어떤 이점이 있습니까?

스와미: 구도자가 마음과 몸을 '나'로 여기는 세속적인 사람들과 늘 같이 있게 되면, 그들의 마음의 흐름에 의해 영향을 받게 됩니다. 진아무지(Self-ignorance)는 전염성이 있습니다. 세속적인 사람들과 어울리지 마십시오. 혼자서 명상하거나 아니면 역시 마음의 집착을 놓아버리려고 애쓰는 사람들과 함께 명상하십시오.

질문: 그 말씀은 아주 유익한 충고라고 생각됩니다. 그러나 서양에서는 비슷한 마음을 가진 다른 사람들과 함께 수행하기가 아주 어렵습니다. 영적인 사람들이 아주 드뭅니다.

스와미: 그 말이 맞을지도 모릅니다. 그러나 힘차게 부단히 정진한다면, 누구도 그것을 방해할 수 없습니다. 만약 영적이지 않은 사람들과 함께 살게 되어 있는 것이 우리의 운명이라면, 외부적으로는 우리가 그들이 하는 것처럼 행동해야 합니다. 그러나 내면적으로는 우리의 모든 주의가 진아 쪽을 향해 흘러가야 합니다.

질문: 당신께서 말씀하시는 이 수행은 완전히 새로운 하나의 생활 방식입니다.

스와미: 이것이 진정한 삶입니다. 다른 모든 삶은 마야입니다. 마야의 삶(māyā life)을 진짜로 여기지 마십시오. 성자 마니까바짜가르가 언젠가 이렇게 말했습니다. "주 시바께서는 나에게 이 마야의 삶에 실재성을 부여하지 않을 수 있도록 하는 은택을 주셨네."

질문: 저희들은 마야에 너무 젖어 있습니다. 그래서 저희들은 진보하기가 너무 어렵습니다.

스와미: 또다시, '이 어려움이 누구에게 있는가?' 하고 탐구하십시오. 그대에게 그 모든 고통을 야기하는 바로 그것에 실재성을 부여하지 마십시오.

질문: 우리 자신의 진아를 발견하는 것 외에 이 세상에서 우리가 할 다른 임무는 없습니까? 다른 사람들에게 약간의 사랑과 자비를 보여야 하는 것이 우리의 의무 아닙니까?

스와미: 만약 그대 자신을 발견하면 그대는 전 세계에 사랑과 자비를 줄 수 있습니다. 그것은 그대로부터 자동적으로 흐르게 됩니다. 태양은 빛으로 충만해 있어서 아무 차별 없이 세상에 빛을 베풀어 줍니다. 그대가 진아를 깨달아 영적인 빛으로 충만하게 되면 그 빛은 도처에 넘쳐 흐릅니다. 그대의 진아가 그렇게 넘쳐흐르는 것이 전 우주에 대한 사랑이고 자비입니다. 우리가 다른 사람들에게 어떤 이익을 주려고 노력할 수는 있지만, 만약 자기 자신을 깨닫지 못한다면 실제로 그다지 많은

이익을 주지는 못합니다. 눈 먼 사람이 다른 사람들을 어떻게 도울 수 있겠습니까?

질문: 저는 당신께서 하시는 말씀을 이해할 수 있습니다. 즉, 우리는 몸과 마음이 아니다, 그리고 이 진리를 더욱 더 많이 체험해야 한다는 것 말입니다. 그러나 우리는 이 몸과 이 마음을 돌보아야 합니다. 또 우리는 세상 속에서 뭔가를 해야 합니다. 그저 하루 종일 앉아서 명상할 수는 없습니다. 만약 그렇게 하면 우리는 다른 사람들에게 짐이 될 것입니다.

스와미: 우리는 몸에 의식주를 제공하면서 그것을 돌보아야 합니다. 이것은 필요합니다. 왜냐하면 진아를 향해 가는 여행은 몸이 건강할 때 쉽게 이루어지기 때문입니다. 만약 배[舟]가 수리할 필요 없이 양호한 상태에 있다면, 우리는 쉽게 그것을 이용하여 여행을 떠날 수 있습니다. 그러나 우리가 이 몸을 받은 목적을 잊어버리면 안 됩니다. 우리는 좋은 건강을 유지하는 데 대해 너무 많은 생각을 하거나, 다른 사람들의 문제에 대해 걱정하느라고 옆길로 가서는 안 됩니다. 우리의 삶의 목적은 진아를 깨닫는 것입니다. 약간의 음식을 얻고, 살면서 정진하기에 적합한 장소를 발견하는 것은 쉬운 일입니다. 일단 이것을 얻고 나면 세상과 세상의 문제들에 더 이상 아무 관심이 없어야 됩니다.

질문: 이 나라 사람들은 여러 신(gods)들을 숭배하는 것 같습니다. 이 여러 신들이 누구며, 왜 그렇게 많은 신들이 필요합니까?

스와미: 오직 하나의 신만이 존재하지만 그의 화현化現은 여러 가지입니다. 그 하나의 신이 창조를 하고 있으면 그를 브라마(Brahma)라 하고, 보호하거나 유지하고 있으면 그를 비슈누(Vishnu)라 하며, 파괴하고 있으면 그를 시바(Siva)라 합니다. 그것은 한 정부政府의 여러 가지 기능이나, 몸의 여러 가지 기능들과 같습니다. 각기 다른 일을 하는 여러 가지 많은 기관들이 있지만 그 몸은 하나입니다.

7

질문: 저는 어제 스깐다쉬람에 갔습니다. 거기 앉아 있는데, 아무 이유도 없이 눈물이 나오기 시작했습니다. 저는 울고 또 울었습니다. 이것이 저는 좀 궁금합당황했습니다. 왜 이런 일이 일어나는 겁니까?

스와미: 저에게도 언젠가 그런 일이 있었습니다. 제가 아주 어릴 때 읍내에 갔다가 시바께서 처음 마니까바짜가르에게 나타났던 사원에 갔습니다. 제가 그 사원에 앉아 있는데 눈물이 얼굴에 흘러내렸습니다. 이런 눈물은 은총의 표시일 때가 많습니다. 그대의 눈물이 세속적인 것들 때문이 아니라 신에 대한 것일 때, 마음과 심장은 정화됩니다. 만약 그대가 신이 너무 그리워 그를 부르면서 울면, 그는 틀림없이 그대에게 올 것입니다. 아기가 울면 엄마가 젖을 먹이러 옵니다. 헌신자가 은총에 굶주려서 울면 신이 그를 키워줄 은총을 보냅니다.

질문: 저는 '옴 나모 바가바떼 스리 라마나야'(*Ōm Namō Bhagavate Sri Ramanāya*)['옴 바가반 스리 라마나께 귀의합니다']를 염송합니다. 저는 또 얼마간 선禪 수행도 합니다. 이 두 가지를 계속 병행해야 합니까?

스와미: 구루 박띠(Guru bhakti-스승에 대한 헌신) 없이는 진지(*jnāna*)가 있을 수 없습니다. 그러나 바가반의 이름을 단순히 염송하는 것보다는 그분의 가르침을 실천하는 것이 더 낫습니다. 최선의 따빠스는 스승이 조명해 준 길을 따라가는 것입니다. 바가반의 가르침을 이해하고 그것을 실천하여 항상 진아 안에 안주하면, 그대는 바가반과 하나가 됩니다. 이것이 진정한 구루 박띠입니다.

『분별정보分別頂寶』(*Vivēkachūdāmani*)[7]에서는 이렇게 말합니다. '진아를 깨닫는 수천만(*crores*) 가지 길 중에서, 으뜸가는 것은 박띠(*bhakti*)이다.'

---

7) [역주] 『분별정보分別頂寶』('분별의 정수리 보석')는 9세기의 샹까라(Sankara)가 지은 비이원론의 한 교본이다. 『라마나 마하르쉬 저작 전집』에 바가반의 번역본이 실려 있다.

그러나 샹까라는 그러고 나서 박띠를 이렇게 정의합니다. '최고의 박띠는 진아에 대한 꾸준한 헌신, 즉 항상 진아 안에 안주하는 것이다.'

질문: 많은 사람들은 그들 자신과 별개의 어떤 것을 숭배하려는 욕구를 가지고 있습니다. 그들은 진아에는 그다지 끌리지 않습니다. 그 대신 외부적인 스승이나 신을 숭배하고 싶어 합니다.

스와미: 신이나 스승의 형상을 숭배하는 것은 그 사람이 형상 없는 실재를 숭배할 만큼 성숙하지 않은 한에서는 유용한 보조 방편입니다. 그러나 이러한 형상들은 드러나지 않은 실재를 가리켜 보이는 표지에 불과합니다.

만일 그대가 어떤 사람에게 특정한 별을 가리켜 보이려면 이렇게 말 하겠지요. "저 나뭇잎 끝이 보입니까? 그 별은 그 바로 왼쪽에 있습니다"라고 말입니다.

그 나뭇잎은 그대로 하여금 그대가 정말 보고 싶어 하는 것으로 주의를 돌릴 수 있게 도와주는 표지일 뿐입니다. 스승의 형상이 그와 비슷한 하나의 표지판입니다. 스승은 우리가 주의를 형상 없는 실재에로 돌려야 한다는 것을 일깨워 주는 영구적인 상기물(reminder)인 하나의 형상으로서 존재하는 것입니다.

질문: 저는 헌신과 순복의 길을 따르고 있습니다. 저는 예공과 의식 행위들을 하고 싶습니다. 왜냐하면 그런 것들이 저의 주의를 신에게 고정하는 데 도움을 주기 때문입니다. 신에 대한 우리의 개념을 어떤 특정한 형상에 제한해도 좋습니까?

스와미: 예공(pūjās)이나 신의 다른 측면들은 세속적인 것을 바라는 사람들을 위한 것입니다. 신은 모든 형상 속에 있기 때문에, 최선의 예공은 모든 형상들 안에서 그를 숭배하는 것입니다. 전 우주가 신의 한 나툼입니다. 만일 그대가 이 우주의 모든 존재들을 평등하게 사랑할 수 있으면, 그대는 최고, 최대의 예공을 하는 것입니다.

질문: 저는 스승(Guru)에게 순복하려고 노력합니다. 제가 성공하고 있는지 어떻게 알 수 있습니까? '나는 순복한다'라고 말하기는 아주 쉽지만 이것은 입으로 하는 말일 뿐입니다. 그것은 진정한 순복이 이루어지고 있다는 것을 뜻하지는 않습니다. 저는 이 수행에서 어느 정도 성공을 거두고 있다고 생각하지만, 그것을 어떻게 확신할 수 있습니까?

스와미: 그대가 정말로 스승에게 순복했다면 모든 형상 속에서 스승을 보게 될 것입니다. 그대가 어디로 가든 스승만을 보게 됩니다. 만약 그대의 마음이 안정되어 있지 않다면 그것은 그대의 순복이 완전하지 않다는 것을 뜻합니다. 그대의 스승은 여러 가지 형상을 취할 수 있습니다. 만일 그대의 운명이 여러 곳을 다니게 되어 있는 것이라면, 그대의 스승은 여러 성자들의 형상을 취할 수도 있습니다. 그러나 설사 그렇다 해도 오직 하나의 스승이 있을 뿐입니다. 왜냐하면 스승은 형상 없는 진아이기 때문입니다. 모든 사물 속에서 스승을 보는 법을 배워야 합니다. 도처에서 스승을 보는 법을 배워야 합니다.

꾼주 스와미(Kunju Swami)가 한 번은 퀼론 정사(Quilon Math)[8]를 찾아갔습니다. 돌아와서 그는 바가반께 자기가 그 정사의 스승에게 설을 하지 않았다고 말했습니다.

바가반이 그에게 말했습니다. "왜 자네는 바가반을 이 형상에 국한시키나? 스승은 하나이지 여럿이 아니네."

세샤드리 스와미는 언젠가 한 당나귀한테 절을 하고 있었습니다. 왜 그러느냐고 묻자 그는 이렇게 대답했습니다. "이건 당나귀가 아니라 브라만이야."

또 한 번은 어떤 사람이 그에게 왜 물소를 주시하고 있느냐고 묻자, 그가 대답했습니다. "나는 물소를 보고 있는 게 아니야. 브라만을 보고 있을 뿐이지."

---

8) [역주] 퀼론은 께랄라(Kerala) 주에 있는 해변도시이며, 이 정사는 이곳에 있다고 한다.

질문: 가끔 신은 육체적 형상으로 헌신자들에게 나타납니다. 그 신의 형상은 실재합니까, 아니면 상상물일 뿐입니까?

스와미: 만일 그대가 이름과 형상들을 본다면 자신의 상상물을 보고 있는 것입니다. 만일 진아만을 본다면, 그대는 실재를 보고 있는 것이지요.

남데브(Namdev)와 뚜까람(Tukaram)9)은 끄리슈나(Krishna)에 대한 크나큰 신심을 가지고 있었습니다. 그들은 그를 너무 많이 생각했기 때문에 그는 종종 그들 앞에 나타나서 그들에게 이야기를 하기도 했습니다.

한 번은 제가 바가반께 여쭈었습니다. "이 성자들은 어떻게 끄리슈나를 보았습니까? 그들이 본 형상은 실재하는 형상이었습니까?" 바가반은 이렇게 대답하셨습니다. "그들이 그를 어떻게 보았느냐고? 내가 자네를 보고 자네가 나를 보는 것과 똑같지. 그들은 보통 사람들이 보통의 형상을 보는 것과 똑같이 하나의 육체적 형상을 보았을 것이야."

이 말씀은 저에게 강력한 영향을 미쳐, 저는 단박에 머리칼이 다 곤두서는 지복의 상태에 들어갔습니다. 헌신자들이 바가반께 자신이 라마(Rama)나 끄리슈나의 환영幻影을 보았노라고 말하면, 당신은 가끔 이렇게 답변하셨지요. "오 그래요, 그런데 지금은 라마가 어디 있습니까?"

그 헌신자가 더 이상 그 환영을 볼 수 없다고 시인하면 바가반은 이렇게 말씀하시곤 했습니다. "환영은 오고 갑니다. 그것들은 영원하지 않습니다. 그 환영을 보는 자가 누구인지를 발견하십시오."

형상 없는 진아가 유일한 실재입니다. 그것이 신의 참된 성품입니다. 그의 실재적 형상에 있어서 신은 결코 나타나거나 사라지지 않습니다. 그는 항상 존재합니다. 만약 그대가 주의를 진아 쪽으로 돌리고 거기에 주의를 고정하면, 그를 실제 있는 그대로 체험하게 될 것입니다.

---

9) [역주] 남데브(1270~1350)와 뚜까람(1608~1649)은 마하라쉬트라(Maharashtra) 지방의 시인-성자들이다.

질문: 스와미, 저는 가끔 엄청난 은총을 느끼며 커다란 행복감을 갖습니다. 이 느낌은 며칠을 가는데 그러다가 사라집니다. 왜 그렇습니까?

스와미: 만약 그 은총의 자각이 지속되지 않는다면, 그것은 그대의 순복이 부분적일 뿐이라는 것을 뜻합니다. 그대의 문제에 집착하지 말고 그에 대해 걱정하지도 마십시오. 그대의 모든 문제들을 놓아버리고 그것을 바가반의 손 안에 놓아드리십시오. '이것은 신의 문제이지 내 문제가 아니다' 하는 느낌을 배양하십시오.

바가반께 순복할 때 그대는 어떤 문제나 필요 사항에 대해서도 걱정해서는 안 됩니다. 바가반께서 모든 것을 돌봐 주실 것이라는 믿음을 가져야 합니다. 만일 아직도 어떤 것을 걱정한다면 그대는 충분히 순복하지 않은 것입니다. 따유마누바르가 한 번은 시바께 자기에게 한 가지 혜택을 달라고 이렇게 청했습니다.

> 세상의 모든 괴로움을 지고 가시는 당신이시여, 부디 저의 모든 괴로움도 가져가 주십시오. 저에게서 제가 행위자라는 느낌을 가져가 주십시오. 당신만이 행위하십시오. 저를 통해서 당신께서 모든 것을 하십시오.

완전히 순복하고 그대와 이 세상에 일어나는 모든 일을 신의 의지로 받아들이십시오.

질문: 신의 의지로서 일어나는 행위들과 에고에 의해 일어나는 행위들을 어떻게 분간합니까?

스와미: 그것은 아주 간단합니다. 순복이 완전할 때에는 모든 것이 신입니다. 그럴 때는 모든 일이 그의 행위입니다. 그 상태에서는 평안과 조화가 있고, 생각이 전혀 없습니다. 그 상태에 도달하기 전에는 모든 행위가 에고에 의한 행위입니다.

질문: 노력에 대해서는 많이 말씀하시지만 은총에 대해서는 좀처럼 이야기하지 않으시는군요. 은총에는 별 중요성을 부여하지 않으십니까?

스와미: 은총은 중요합니다. 사실 그것은 필수적입니다. 그것은 노력보다도 더 중요합니다. 진아 깨달음은 노력과 은총을 통해서 옵니다. 우리가 진아 안에 안주하는 꾸준한 노력을 하면 스승의 은총을 듬뿍 받게 됩니다. 은총은 자기 스승의 형상을 통해서만 오지는 않습니다. 열심히 명상하면, 과거와 현재의 모든 생존해탈자들이 그대의 노력에 감응하여 그대에게 빛의 축복을 보내줍니다.

질문: 우리는 깨달음에 대한 강한 욕망을 가져야 합니까? 우리가 열심히 수행하기를 원한다면, 그런 욕망이 필요합니까? 아니면 우리는 그런 욕망조차 내맡기고 그냥 계속 명상해 나가야 합니까?

스와미: 한 번은 나라다(Narada)가 바이꾼타(Vaikunta)10)에 가려고 할 때 따빠스를 하고 있던 두 명의 사두를 만났습니다. 그들은 그에게 어디를 가느냐고 물었고, 그는 '바이꾼타'에 간다고 대답했습니다. 그들은 자기들의 따빠스가 얼마나 진척되었는지 알고 싶어서 그에게, 가시거든 비슈누께 그들이 언제 해탈을 얻겠는지 여쭈어봐 달라고 부탁했습니다. 나라다는 바이꾼타에 갔다가 그 정보를 가지고 돌아왔습니다.

첫 번째 사두에게 그가 말했습니다. "그대는 아주 가깝소. 4생이나 5생 뒤에 그대는 해탈을 얻을 것이오."

그 사두는 이 예언에 몹시 화가 났습니다. 왜냐하면 그는 자기가 거의 깨달았다고 생각하고 있었기 때문입니다.

"저는 태어나서부터 따빠스를 해 왔습니다. 그리고 저는 제가 여러 전생에도 따빠스를 했다는 것을 압니다. 왜 4, 5생을 더 기다려야 합니까? 그 예언은 맞지 않습니다." 그가 말했습니다.

나라다는 두 번째 사두에게 말했습니다. "그대는 타마린드 나무 아래

---

10) 바이꾼타는 비슈누 신이 주재하는 천상 세계이다. 힌두 신화에서 나라다(Narada)는 신들의 사자使者이다. 그는 장난기가 심하여 지상이나 천상 세계 양쪽에 다 문제를 일으키곤 한다. 그러나 그가 부리는 말썽은 해로운 것이라기보다는 장난스러운 것이다. 다른 사람들의 일에 그가 개입하면 결국에는 항상 그들에게 이익이 된다.

서 따빠스를 해 왔소. 그대에게도 결국 해탈이 올 것이오. 그러나 먼저 그대는 이 나무에 달려 있는 잎만큼 많은 생을 더 태어나야 하오."

두 번째 사두는 이 말을 듣자 너무 기뻤습니다. "나에게 해탈이 확실하다!" 그가 외쳤습니다. "언젠가는 해탈이 올 것이다. 비슈누께서 직접 보증하셨으니!"

그 순간 큰 바람이 불어와서 나뭇잎을 모두 날려가 버렸습니다. 마지막 잎이 땅에 닿을 때 그는 진아를 깨달았습니다.

인내심 있고 만족할 줄 알았던 사두는 그가 참으로 순복했다는 것을 보여주었습니다. 다른 사두는 좌절감과 조급함을 통해 그의 미성숙함을 보여주었습니다. 만일 그대가 참으로 순복했다면, 신에게 깨달음을 요구하지 않습니다. 그가 그대에게 주는 것으로 만족하지요.

질문: 진아를 깨닫는 데는 아주 많은 시간이 필요한 것 같습니다. 사실 여러 생이 걸립니다. 저에게는 깨달음이란 먼 장래의 사건일 듯합니다.

스와미: 진아를 깨닫는 데는 수백 생이 필요하지 않습니다. 사실 전혀 시간이 필요하지 않습니다. 그대를 속박에 붙들어두는 것들 중의 하나가 바로 그대의 시간 관념입니다. 시간은 마음의 자산들 중 하나이지요. 해탈은 어느 기간이 지난 뒤에 오는 것이 아닙니다. 왜냐하면 진아 안에는 시간이 전혀 존재하지 않기 때문입니다. 해탈은, 해탈을 필요로 하는 사람이 아무도 없다는 것을 그대가 완전히 이해하고 체험할 때 옵니다. 그 이해와 그 체험은 마음과 그 마음 안에 내장된 시간 관념이 더 이상 작동하지 않을 때 옵니다. 만약 그대가 시간에 대해 생각하고, 진아를 깨달을 때까지 얼마나 오래 걸릴 것인가를 걱정하기 시작하면, 그대의 주의는 진아가 아니라 마음에 쏠리게 됩니다. 마음이 진아에 쏠려 있을 때만 그대는 진보할 수 있습니다.

질문: 당신께서는 삿상이 중요하다고 종종 말씀하십니다. 바가반이

지금은 돌아가시고 안 계시기는 하지만 제가 바가반의 삿상을 가질 수 있습니까? 이것을 여쭈어 보는 것은, 한 번은 제가 스위스에 있을 때 아주 강하게 바가반의 친존(presence)을 느꼈기 때문입니다. 그때는 바가반께서 돌아가신지 여러 해가 지난 뒤였습니다.

스와미: 바가반은 언제 어느 때나, 어느 곳에나 계십니다. 그분은 진아이지 어떤 특정한 육신의 형상이 아니기 때문에, 우리가 바가반이라고 생각하는 그 육신이 지금 돌아가시고 안 계시다는 것은 별로 중요하지 않습니다. 라디오 전파는 어디서도 받을 수 있습니다. 만약 바가반의 파장에 그대 자신을 맞추면—그것은 곧 진아 안에 안주한다는 뜻인데—그대가 어디에 있건 간에 그대는 바가반이 은총을 방사하고 있다는 것을 알 수 있습니다.

바가반으로부터의 분리란 결코 있을 수 없습니다. 물질적 우주 안의 모든 원자가 바가반입니다. 세계 안에서 일어나는 모든 행위는 바가반이 하는 것입니다. 모든 존재, 모든 형상이 바가반의 형상입니다. 그대가 바가반에게 분명하게 (파장을) 맞추면, 또렷함과 평안함을 체험할 것입니다. 그대가 어디에 있든 인도를 받을 것입니다.

8

질문: 저는 제가 존재한다는 것을 확신합니다만, 제가 무엇인지는 확신하지 못합니다. 지적(知的)으로는 제가 진아라는 것을 알지만 그것을 체험하지는 못하고 있습니다. 저는 노력을 많이 해야 하겠습니다.

스와미: 그대가 진아를 체험하려면 '내가 있다'는 의식 속으로 깊이 뛰어들어야 합니다.

질문: 제 마음을 거기에 두고 있어야 한다는 뜻입니까?

스와미: 그렇습니다. 밧줄을 밧줄로 보면 뱀은 없습니다. 또한 뱀이 아예 존재하지 않았다는 것을 압니다.

그대가 자신을 몸과 마음이라고 생각하기를 그만두면 실재가 스스로 빛납니다. 그대가 이 상태 안에 안정되면, 마음이 다른 어디에도 가지 않았다는 것을 볼 수 있게 됩니다. 즉, 그것이 실제로는 전혀 존재하지 않았다는 것을 이해합니다. '마음을 그 근원에 고정한다'는 것은 '그것이 결코 존재하지 않았음을 이해한다'는 것을 달리 말한 것일 뿐입니다.

질문: 그러나 이 지속적인 몸-의식(body-consciousness)에서 어떻게 깨어납니까? 의식이 드러나기 위해서는 우리가 몸을 가지고 있어야 할 것입니다.

스와미: 의식은 그 안에서 모든 현상이 나타나고 사라지는 그대 자신의 실재임을 자각하는 명상을 부단히 하면, 그러한 명상은 순수한 마음(sattvic mind)의 활동입니다. 실재를 은폐하는 따마스(tamas-나태성)와 라자스(rajas-활동성)를 지우고 해소하는 것은 바로 이 활동입니다.

인간의 몸은 드러나지 않은 진아(unmanifest Self)를 깨닫기에 아주 편리한 유일한 탈것입니다. 몸과 마음을 가지고 우리는 그 몸과 마음에 의해 영향을 받지 않고 남아 있는 실재를 탐구하여 그것을 발견합니다. 좋은 차가 있으면 우리는 목적지까지 빨리 달려갈 수 있습니다. 우리는 차가 사람이 아니라는 것을 압니다. 사람은 차 안에 타고 있습니다. 육신도 그와 마찬가지로 하나의 차로 보아야 합니다. 우리는 '나는 몸이다'라고 생각해서는 안 됩니다. '이 몸은 하나의 유용한 탈것이다. 만약 내가 이것을 관리하면서 적절한 연료를 공급하면, 이것을 이용하여 내 목적지에 도달할 수 있다'라고 생각해야 합니다.

질문: 제가 아무리 잠잠해져도, 즉 제 마음이 아무리 고요해도, 저는 세계를 하나의 불가분한 전체로는 볼 수 없습니다. 마음이 완전히 고요할 때에도, 눈을 뜨면 저는 여전히 별개의 대상들로 이루어진 세계를 봅니다.

스와미: 보는 자가 사라질 때, 다양성의 세계도 그와 함께 사라집니

다. 보는 그 사람이 사라질 때, 그대는 단일성(unity)과 불가분성을 보는 것이 아니라 그대가 바로 그 단일성입니다. 그대는 진아나 브라만을 결코 볼 수 없습니다. 그대가 그것이 될 수 있을 뿐이지요.

목걸이 하나에 많은 진주가 달려 있지만, 그 진주들은 모두 한 오라기의 실로 연결되어 있습니다. 그와 마찬가지로 모든 형상, 모든 육체들 안에서 나타나는 하나의 의식이 있습니다. 그러나 우리는 그것을 그런 식으로는 보지 못합니다. 우리는 이렇게 생각하지요. '나는 이 한 개 진주다. 따라서 다른 모든 진주들은 나와 별개다.' 이런 식으로 생각하면서 우리는 그것들 모두를 연결하는 공통의 실을 일부러 무시합니다. 만일 우리가 개개의 진주를 조사해 본다면 많은 차이점이 있는 것처럼 보일지 모르지만, 그 안에 있는 실은 하나입니다. 전 우주를 단일한 개체로 연결하고 묶는 실은 그대 자신의 진아입니다. 육체들은 외부적으로 갖가지로 보이지만, 그것들 모두를 살아 움직이게 하는 의식은 모든 육체들 안에서 똑같은 하나입니다.

이것은 정확한 비유는 아닙니다. 왜냐하면 진아의 관점에서는 진주와 실 사이에 아무런 차이가 없기 때문입니다. 그것들은 모두 하나의 실재(one reality)입니다. 몸, 마음, 세계는 모두 그 하나인 실재의 나툼인 것입니다.

우리는 모두 큰 과오를 범하고 있습니다. 즉 몸과 마음을 자기(진아)로 알고, 우리 존재의 진리인 무한하고 내재적인 의식을 잊어버리는 것입니다. 진인은 모든 몸, 마음, 세계가 자신의 진아 안에 존재한다는 것을 압니다. 그러나 자기 자신의 진리를 깨닫지 못한 사람은 그 자신과 타인들을 서로 다른 개체로 봅니다. 그런 사람은 차별상 속에서, 그리고 그 사이에서 사는 것입니다.

질문: 저희들은 차별상을 보는 데 너무 익숙해 있습니다. 멈추기가 불가능합니다.

스와미: 구별을 하고, 차별상을 보는 이 습은 우리가 진아를 깨달을 때만 포기할 수 있습니다. 우리가 몸-마음의 수준에 머물러 있는 한 그것을 포기한다는 것은 불가능합니다. 그러니 이 현상계의 근원으로 나아가십시오. 거기에는 아무 차별상이 없습니다.

몸 및 마음과의 동일성을 포기하는 것이 따빠스요, 삼매요, 명상이며, 안주(*nishthā*)[진아 안에, 진아로서 안주하는 것]입니다.

구도자들은 아주 이상한 버릇이 있습니다. 그들은 항상 진아에 도달하는 길, 진아를 성취하고 발견하고 체험하거나 깨달을 어떤 길을 찾습니다. 그들은 자신이 이미 진아라는 것을 이해하지 못하기 때문에, 별별 것을 다 시도해 봅니다. 그것은 자기 눈으로 자기 눈을 찾아서 뛰어다니는 것과 같습니다.

왜 그것을, 발견하거나 찾아내야 할 어떤 새로운 체험이라고 생각해야 합니까? 그대가 바로 지금 진아이며, 그대가 바로 지금 그것을 알고 있습니다. 그대는 자기가 존재한다는 것을 증명하기 위해 어떤 새로운 체험을 필요로 합니까? '나는 존재하고 있다'는 느낌이 바로 진아입니다. 그대는 그것을 체험하고 있지 않은 척하거나, 아니면 온갖 그릇된 관념들로 그것을 은폐한 다음, 마치 그것이 도달하거나 발견해야 할 어떤 외부의 사물인 것처럼 그것을 찾아 뛰어다니는 것입니다. 이와 같은 사람에 대한 이야기가 하나 있습니다.

한 번은 어떤 왕이 자기는 가난에 찌든 농부라고 상상했습니다.

그는 이렇게 생각했습니다. '만약 내가 왕을 찾아가면 그는 나에게 돈을 주면서 도와줄지 모른다.' 그는 여기저기 왕을 찾아보았지만 어디서도 왕을 찾을 수 없었습니다. 아무리 찾아도 전혀 보람이 없자 그는 마침내 아주 낙심하고 말았습니다.

하루는 그가 노상에서 어떤 사람을 만났는데, 그 사람이 그에게 왜 그렇게 낙심하고 있느냐고 물었습니다.

그가 대답했습니다. "나는 왕을 찾고 있소. 나는 그가 내 문제들을 해결해 주고 나를 행복하게 해 줄 것이라고 생각하지만, 어디서도 그를 찾지 못하겠소."

이미 그가 왕인 줄 알아본 그 사람은 어안이 벙벙해서 말했습니다. "그러나 당신이 바로 왕 아니십니까!"

그제야 왕은 정신이 들어 자기가 누구인지를 기억했습니다. 그의 모든 문제는 그가 자신의 참된 정체를 기억한 순간 끝나버렸습니다.

그대는 이 왕이 상당히 어리석다고 생각할지 모르지만, 그는 최소한 자기가 그 말을 들었을 때 진리를 알아차릴 만큼의 분별력을 가지고 있었습니다.

스승은 그의 제자들에게 수백 수천 번이나 이런 말을 할지 모릅니다. "그대는 진아다. 그대는 그대가 상상하는 그런 존재가 아니다." 그러나 그들 중의 누구도 그의 말을 믿지 않습니다. 그들은 모두 스승에게 그들이 이미 있는 그 장소에 도달하기 위한 방법과 길들을 묻고 또 묻습니다.

질문: 왜 우리는 그런 관념들이 그릇되다는 말을 들으면 곧바로 그 그릇된 관념들을 포기하지 못합니까?

스와미: 우리는 수많은 전생 동안 우리의 그릇된 관념들과 (자신을) 동일시해 왔습니다. 이 습은 아주 강합니다. 그러나 부단한 명상을 통해서 해소되지 않을 만큼 그렇게 강하지는 않습니다.

질문: 수행자(sādhaka)들은 많은 관념을 가지고 있습니다. 예컨대 '나는 개아個我다', '나는 속박되어 있다', '나는 수행을 해야 한다', '나는 깨달음을 얻어야 한다' 같은 것입니다. 우리는 이런 관념을 다 잊어버려야 합니까? 그것들은 모두 참된 이해에 장애물입니까?

스와미: 그렇습니다. 그런 것은 다 잊어버리십시오. '나는 진아이고, 나는 모든 것이다.' 이러한 자각을 착파하십시오. 다른 모든 길은 둘러

가는 길입니다.

질문: 바가반께서는 '나는 진아다'나 '나는 이 몸이 아니다'를 반복하는 것은 탐구의 보조 수단이기는 하지만 탐구 자체는 아니라고 말씀하셨습니다.

스와미: '나는 몸이나 마음이 아니다. 나는 내재적인 진아다' 하는 명상은 우리가 자기탐구를 제대로, 즉 끊임없이 할 수 없는 동안에는 큰 보조 수단입니다.

바가반께서는 "마음을 심장 안에 고정하는 것이 자기탐구다"라고 말씀하셨지요. 만약 그대가 '나는 누구인가?' 하고 묻거나 '나'라는 생각을 그 근원으로 돌아가게 하여 마음을 심장 안에 고정할 수 없으면, '나는 일체에 두루한 진아다' 하는 자각에 대해 명상하는 것이 큰 보조 수단입니다. 바가반께서는 우리에게 『리부 기타』를 읽고 공부해야 한다고 종종 말씀하셨는데, 『리부 기타』에 이런 말이 있습니다. "'나는 몸이 아니다. 나는 마음이 아니다. 나는 브라만이다. 나는 모든 것이다' 하는 보심관(保心觀)(*bhāvanā*)[심적인 태도]을 거듭거듭 반복하여 마침내 이것이 자연스러운 상태가 될 때까지 해야 한다."

바가반께서 매일 우리와 함께 앉아 계실 때, 우리는 진아의 실재성을 확언하는 『리부 기타』의 구절들을 노래했습니다. 이런 반복이 자기탐구에 하나의 보조 수단에 지나지 않는다고 당신이 말씀하신 것은 사실이지만, 그것은 아주 강력한 보조 수단입니다.

이런 식으로 수행하면 마음은 더욱 더 실재에 맞추어집니다. 이 수행에 의해 마음이 순수해지고 나면, 마음을 그 근원으로 돌아가게 하여 거기에 고정하기가 더 쉬워집니다. 우리가 진아 안에 직접 안주할 수 있게 되면 이 같은 보조 수단은 필요하지 않습니다. 그러나 만일 그것이 안 된다면 이런 수행은 분명히 우리에게 도움이 됩니다.

9

질문: 저에게는 세계가 핵전쟁으로 멸망할 것이라고 믿는 누이가 있습니다. 그렇게 생각하는 사람들이 많이 있습니다. 이 점에 관해 스와미께서는 어떤 견해를 가지고 계십니까?

스와미: 저는 세계가 가까운 장래에 파괴될 거라고는 생각하지 않습니다. 그러나 설사 세계가 파괴되려고 한다 해도 그것은 그대가 생각하거나 걱정해야 할 그런 것이 아닙니다. 그대의 주의를 현재에 집중하고, 진아에 집중하십시오. 그대가 진아 안에 자리잡게 되면, 세계의 미래에 대해서는 걱정할 필요가 없습니다. 그대가 진아를 깨달으면 어떤 것도 그대를 손상할 수 없습니다. 진인의 육신을 파괴하고 그가 살고 있는 세계를 파괴할 수는 있을지언정, 그의 진아자각을 건드리거나 변화시킬 수는 없습니다.

전 우주가 사라진다 해도 진인에게는 아무런 영향이 없습니다. 진지(jnana)는 파괴될 수 없기 때문입니다. 우주의 바탕인 의식은 결코 변할 수 없습니다. 의식 안에서 세계가 나타나도 의식 자체는 어떤 변화도 겪지 않습니다. 따라서 세계가 사라져도 의식에는 영향이 없습니다.

나타나는 모든 것은 언젠가 사라지겠지요. 형상들의 세계 안에는 영원한 것이 없습니다. 그러나 그 안에서 모든 형상들이 나타나는 저 불가변의 의식은 결코 줄어들거나, 파괴되거나, 변화될 수 없습니다. 만일 그대가 그 의식이 되는 법을 배우면, 그 어떤 것도 그대를 건드리거나 파괴할 수 없다는 것을 이해하게 될 것입니다. 그렇지 않고 그대가 어떤 일시적인 형상과 (자기를) 동일시하게 되면, 그 형상이 소멸하지 않을까 늘 걱정하게 됩니다.

무지로 인해 우리는 이 육신이 소멸되지 않을까 걱정합니다. 만약 그대의 행복을 육신의 평안에 의존하게 되면, 그대는 항상 걱정하고 괴로

위하게 될 것입니다. 직접적인 체험에 의해 그대 자신이 진아라는 것을 알 때, 그대는 탄생도 없고 죽음도 없다는 것을 깨닫습니다. 자기가 불사不死요 불멸이라는 것을 깨닫는 것입니다. 진아 깨달음은 가끔 불멸의 상태(immortal state)라고 불리기도 합니다. 왜냐하면 그것은 결코 끝나지 않고, 결코 파괴되지도 않으며, 심지어 변하지도 않기 때문입니다. 주의를 진아에 계속 고정하면 이런 불멸을 성취할 수 있습니다. 만약 그것을 성취하면, 그 궁극적인 존재의 상태에서 그대는 탄생도 없고 죽음도 없으며, 아무 욕망도, 두려움도, 걱정도 없고, 마음도 없고 세계도 없다는 것을 발견할 것입니다.

질문: 마음을 진아 안에 고정하기 위해서는 진아 외의 어떤 것에 대해서도 아무런 욕망이 없어야 할 것입니다. 이것은 아주 이루기 어려운 상태입니다. 바깥 세계에서 즐거움을 얻으려는 욕망은 진아에서 즐거움을 얻으려는 욕망보다 항상 강한 것 같습니다. 왜 그렇습니까?

스와미: 모든 행복은 궁극적으로 진아에서 옵니다. 그것은 마음이나 몸, 혹은 외부의 대상에서 오지 않습니다. 만약 그대가 망고 하나를 먹고 싶다는 큰 욕망이 있으면, 드디어 망고 하나를 먹을 때 큰 즐거움이 있습니다. 이와 같은 욕망이 충족될 때 마음은 진아 속으로 조금 가라앉아, 거기 항상 존재하는 지복을 약간 즐기는 것입니다. 그러고 나서 마음은 다시 일어납니다. 마음은 그 행복을 기억하면서 망고를 또 먹거나 다른 욕망을 충족하여 그 체험을 다시 가지려고 하게 됩니다.

대부분의 사람들은 즐거움과 행복이 마음이나 몸에서가 아니라 진아에서 온다는 것을 까맣게 모르고 있습니다. 왜냐하면 대부분의 사람들은 큰 욕망이 충족되었을 때만 진아의 평안을 체험했기에, 욕망을 추구하는 것이 행복이나 평안을 체험하는 유일한 길이라고 단정하기 때문입니다.

만일 그대가 이런 일반적인 길을 따라 행복에 도달하려고 하면, 많은 좌절과 많은 고통을 겪는 것으로 끝나고 말 것입니다. 이따금 잠깐씩 즐거움을 경험할지는 모르지만, 나머지 시간에는 좌절된 욕망의 고통, 설사 충족했다 하더라도 전혀 즐거움을 줄 것 같지 않은 그러한 욕망들의 고통을 경험하게 될 것입니다.

만약 다시 반복해서 즐거움을 얻으려고 하면, 그 새롭다는 느낌은 곧 시들해지고 맙니다. 그대가 며칠 동안 먹기를 고대하던 망고는 그대가 그것을 먹을 때 몇 초 동안 행복을 줄지는 모르지만, 다섯 개나 여섯 개를 더 먹는다고 해서 즐거움이 연장되지는 않습니다. 계속 집착하게 되면 즐거움보다는 괴로움이 생겨날 공산이 큽니다.

세상의 대다수 사람들은 그들에게 행복을 가져다 줄 것이라고 생각되는 목표들을 자기도취적으로 추구하느라고 평생을 허비합니다. 이런 사람들 대부분은 잠시 멈춰 마음속으로 손익 계산을 제대로 해보는 일이 전혀 없습니다. 만일 그런 계산을 해 보면, 행복이 10초 동안이었으면 그 다음에 오는 행복 없는 시간은 여러 시간이나 여러 날이라는 것을 깨닫게 될 것입니다. 어떤 사람들은 이것을 깨닫기는 하지만, 그런 생활 방식을 포기하는 대신 더욱 더 그것에 탐닉합니다. 조금만 더 노력하고 조금만 더 감각적인, 심적인 혹은 감정적인 몰두를 하면, 그 짧은 행복의 시간을 늘리고 행복을 경험하지 못하는 그 중간의 시간을 줄일 수 있을 것이라고 생각하는 것입니다.

이런 방식은 전혀 효과가 없습니다. 마음에 강한 욕망들이 많이 있으면, 마음은 진아 속으로 완전히 가라앉아서 거기에 있는 완전한 평안과 지복을 체험할 수 없습니다. 큰 욕망이 갑자기 이루어지면 마음은 그 평안을 조금 체험할지 모르나, 그것은 그저 잠시 일시적인 체험에 불과할 것입니다. 마음이 욕망과 활동으로 가득 차 있는 동안은 그것이 진아 안에 머무를 수 없습니다. 그것은 몇 초 후에 다시 일어나 그 다음의 외부적 목표를 추구하기 시작합니다.

욕망으로 가득 찬 마음은 진아의 지복을 아주 희석된 형태로만 체험할 뿐입니다. 만약 진아의 완전한 지복을 원한다면, 그리고 그것을 영구적으로 체험하기를 원한다면, 모든 욕망과 집착을 포기해야 할 것입니다. 다른 방도가 없습니다. 마음으로 하여금 외부 세계 안에서 즐거움과 만족을 찾도록 만드는 모든 충동들을 돌아보지 않는 법을 배우기 전에는, 마음이 진아의 깊은 곳에서 고요히 안식할 수 없습니다.

모든 욕망은 그대에게 문제를 야기할 수 있습니다. 영적인 욕망들도 마찬가지입니다. 어떤 때에는 명상하고 싶다는 욕망조차 장애가 될 수 있습니다. 한 번은 제가 아루나찰라의 한 동굴에서 혼자 명상하고 싶어 했는데, 바가반은 그것이 저의 발현업(prārabdha)이 아니라는 것을 아시고 그런 욕망을 포기하라고 충고하셨지요. 당신은 그것이 하나의 욕망(sankalpa)이고, 만약 그것을 추구하게 되면 다음 생을 또 태어나야 하는 원인이 될 거라고 말씀하셨습니다.

"그냥 빨라꼬뚜에서 명상하게. 거기 조용히 있으면서 아무 데도 가지 말게"라고 말입니다.

그러기 전에 제가 처음 빨라꼬뚜에 왔을 때는 바가반께, 저의 유일한 소원은 쌀죽을 해 먹고 여기 살면서 혼자 명상하는 것이라고 말씀드린 적이 있습니다.

바가반께서는 이렇게 대답하셨지요. "그런 욕망을 왜 갖나? 일어날 일은 이미 정해져 있네. 욕망 없이 고요히 있으면서, 일어날 일은 일어나게 내버려두게."

질문: 바가반과 스와미님 두 분의 가르침의 핵심은, '나는 몸이나 마음이 아니다. 나는 진아다'라는 것 같습니다. 모든 욕망은 우리가 몸 및 마음과 동일시하기 때문에 일어나는 듯합니다. 그렇다면 논리적으로, 만약 우리가 이 습을 놓아버릴 수 있으면 저절로 무욕의 상태가 될 것이라는 결론이 나옵니다. 맞습니까?

스와미: 맞습니다. 자기가 몸과 마음이라는 관념을 포기하면, 우리는 이미 더 높은 차원에서 살고 있는 것입니다.

질문: 이 더 높은 차원이라는 문제가 제 관심을 끕니다. 저는 어디에선가, 한 번은 바가반께서 금생에 진아를 깨닫기는 아주 어렵다고 말씀하셨다는 것을 읽었습니다. 바가반께서는 또한, 만약 누가 노력했으나 실패했다면 더 높은 차원에서 다시 태어날 수 있다고 말씀하신 것 같습니다. 그것이 사실인지, 그리고 그것이 사실이라면 어떻게 해서 그렇게 되는지 알고 싶습니다. 만약 그런 차원들이 있다면, 거기 있는 사람들은 모두 같은 수준입니까? 그들은 모두 같은 시간 안에 해탈을 성취합니까? 여기 지구상에는 마음아시(distractions)가 너무 많아서 욕망을 벗어나기가 아주 어렵습니다. 더 높은 차원에서의 그런 삶도 마찬가지로 어렵습니까, 아니면 한결 수월합니까? 이러한 더 높은 차원에 사는 이들도 언젠가 다시 사람으로 태어나야 합니까?

스와미: 진아를 깨닫지 못한 어떤 성숙한 영혼들은 더 높은 차원에서 태어날 수도 있습니다. 그런 세계에 태어나기 위해서는 사람이 아주 순수해야 합니다. 세속적인 욕망이 없어야 하는 것입니다. 자신의 평생을 진지眞知를 추구하는 데 바친 사람들만이 그런 곳에 태어날 수 있습니다. 그런 사람들은 더 높은 차원에서 마지막 생을 태어나 거기서 깨달음을 성취하기도 합니다.

진지에 대한 욕망 외의 모든 욕망을 소멸해 버리지 못한 헌신자들은 지구상에 다시 태어날 것입니다. 지구는 무욕(vairāgya)[무집착]을 배우는 수련장입니다. 이곳의 삶이 그렇게 위태롭고 함정이 많은 것은 그 때문입니다. 우리는 여기 이 지구상에서 무욕(dispassion)을 배우고 난 다음이라야, 진지를 얻거나 아니면 더 높은 차원에 환생하는 것에 대해 생각해 볼 수 있겠지요.

10

질문: 저는 언제 어느 때나 '나-나'를 자각하려고 노력합니다. 저는 이 '나'가, 여기서부터 제가 저의 인격과 마음을 바라보는 하나의 중심이라고 느낍니다. 저는 마음이 이 중심에서 나왔다고 느낍니다. 가끔 이 중심마저도 사라진다는 느낌이 듭니다. 이것이 옳습니까?

스와미: 그대가 그 중심, 곧 '내가 있다' 안에 있을 때는 들어감도 없고 나옴도 없습니다. 그것은 있는 그대로입니다. 그것을 있는 그대로 자각하지 못하면, 그대에게는 사물들이 이 중심에서 나오거나 이 중심으로 들어가는 것처럼 보일 수 있습니다. 그러나 그 중심, 즉 심장을 올바르게 자각하면, 옴이나 감이 없고, 움직임도 없고 변화도 없다는 것을 이해하게 됩니다.

질문: 오랜 시간 동안 명상하는 것이 좋습니까, 아니면 짧은 시간 동안 명상하는 것이 좋습니까?

스와미: 잠의 상태에 있을 때를 제외하면 명상하려는 노력은 항상 계속되어야 합니다. 바다를 향해서 부단히 흘러가는 강처럼 우리의 자각은 중단 없이 흘러야 합니다. 우리는 특정한 시간에 명상을 해야 한다는 그런 관념이 없어야 합니다. 진아에 대한 명상은 걷거나, 일을 하거나, 밥을 먹거나, 무슨 일을 하면서도 계속되어야 합니다. 그것은 언제 어디서도 자연스럽게 흐르고 있어야 합니다.

질문: 집중(*dhāraṇā*)과 명상(*dhyāna*) 간의 차이는 무엇입니까?

스와미: 부단한 명상을 집중이라고 합니다. 『해탈정수』에서 제자가 묻습니다. "원습이 종자의 형태로 저장되어 있는 이 원인신原因身[11])을 어떻게 소멸할 수 있습니까?"

---

11) [역주] 사람의 몸은 조대신粗大身(the gross body), 미세신微細身(the subtle body) 그리고 원인신原因身(the causal body)의 세 겹으로 되어 있다고 한다.

스승이 답변합니다. "나는 절대적이고 완전한 의식이다. 이 완전한 의식 안에 모든 우주가 단지 겉모습으로만 존재한다." 이러한 명상이 그대의 마음속을 흐른다면, 무지가 어떻게 일어날 수 있겠습니까?

질문: S.S. 코헨(Cohen)은 그의 한 책에서, 우리가 스푸라나(*sphurana* -性光)12)를 체험할 때 심장은 스스로를 드러낼 준비가 된 것이라고 합니다.13) 이 스푸라나는 집중 이전입니까, 이후입니까?

스와미: 스푸라나는 집중 이후에 옵니다. 스푸라나는 진보된 헌신자에게 심장이 스스로를 드러내기 시작할 때 일어나는 그 심장의 체험입니다. 그것은 마음이 심장 안에 잠기기 시작할 때 체험되는 일시적인 진아 체험입니다.

질문: 자기탐구의 길을 따르는 모든 사람은 언젠가는 스푸라나를 체험하게 됩니까?

스와미: 만약 마음을 심장 안에 머무르게 할 수 있으면, 그 체험을 하게 될 것입니다.

질문: 다른 길들을 따르는 사람들도 가끔 삼매의 상태를 체험합니다. 그들 역시 스푸라나를 체험합니까?

스와미: 염송(*japa*)이나 요가의 길을 부단히 추구해도 마음이 결국 스푸라나 안에 합일됩니다. 그 합일의 순간에 그 체험이 올 것입니다.

이 스푸라나는 '내가 있다'(I am)의 빛 혹은 광휘光輝입니다. 그대가 진정한 '나'(the real 'I')와의 합일에 가까워지면 그것이 방사되는 것을 느

---

12) 다음의 발췌문은 『바가반과 함께 한 나날』(*Day by Day with Bhagavan*), 18쪽에서 가져온 것이다. "나는 스푸라나(*sphurana*)라는 말이 정확하게 무엇을 뜻하는지 항상 의문을 가지고 있었다. 그래서 내가 여쭈어보자, 당신은 그것이 '빛나는 것 혹은 비추는 것'이라고 말씀하셨다.… 나는 바가빠께 '빛나는' 것이 무엇인지, 그것이 에고인지 진아인지를 여쭈었다. 당신은 그것은 이것도 저것도 아니고, 그 둘 사이의 어떤 것, 즉 '나'[진아]와 '나'라는 생각[에고]이 결합된 것이며, 진아는 이 스푸라나 없이도 존재한다고 말씀하셨다."

13) [역주] 『대담에 대한 성찰』(*Reflections on Talks with Sri Ramana Maharshi*)(원서), pp.142-3.

끼게 됩니다. 이 진정한 '나'가 신의 진정한 이름이자 형상입니다. 신의 첫 번째 이름이자 가장 정확한 이름이 '나'입니다. '내가 있다'는 자각이 본래적이고 원초적인 진언입니다.

질문: 그래서 '나'-진언('I'-mantra)이 쁘라나바(pranava),14) 즉 옴(Om) 소리보다도 먼저라는 것이군요.

스와미: 그렇습니다. 바가반께서도 몇 번이나 그 말씀을 하셨지요.

이 '내가 있다'는 의식은 항상 존재하며 빛나고 있지만, 그대는 에고에 가려서 그것을 자각하지 못합니다. 마치 월식 때 그림자에 가려 달이 보이지 않는 것처럼 말입니다. 달 위의 그림자는 그 뒤에 있는 달빛 때문에 눈에 보입니다. 이 빛이 없다면 월식의 그림자는 보일 수 없습니다. 이와 마찬가지로, 우리는 몸과 마음, 그리고 세계가 우리의 분명한 시야를 가리고 있을 때도 진아의 빛 때문에 그것들을 의식합니다. 이 모든 것은 진아의 빛에 의해 보이는 것입니다.

질문: 이 단일하고 끊어짐 없는 '나'가 어떻게 해서, 우리가 세계 속에서 보는 그 많은 온갖 사물과 사람들이 되었습니까?

스와미: 그렇게 되지는 않았지요. 그것은 항상 단일하고 끊어짐 없는 것으로 남아 있습니다. 그대의 결함 있는 시각(defective vision)과 착각 때문에 그대는 '하나'(one)가 '많은 것'(many)으로 되었다는 인상을 받습니다. 진아는 그대의 상상 속에서 외에는 결코 어떤 변화나 변형도 겪은 적이 없습니다.

우리가 자신을 몸 및 마음과 동일시할 때, 하나가 많은 것으로 된 것처럼 보입니다. 우리의 에너지가 마음과 외부 세계로부터 진아 쪽으로 돌려지면, 많은 것이 존재한다는 환상은 사라집니다.

이 '나'라는 느낌(feeling of 'I') 속으로 깊이 들어가십시오. 그것을 아주 힘 있게 그리고 강렬하게 자각하여, 다른 어떤 생각도 일어나서 그

---

14) 어떤 힌두 우주론에서는 우주가 원래 쁘라나바, 즉 옴 소리에서 현현했다고 주장한다.

대의 주의를 빼앗지 못하게 하십시오. 이 '나'라는 느낌을 충분히 오래 그리고 힘 있게 붙들면, 거짓된 '나'(the false 'I')는 진정한 내재적인 '나'에 대한 끊어짐 없는 자각, 즉 의식 자체만 남기고 사라질 것입니다.

질문: 그것은 아주 논리적이고 단순한 것 같습니다만, 자신의 결함 있는 시각을 포기하기는 매우 어렵습니다.

스와미: 그런 생각에 억눌리거나 의기소침하지 마십시오. '어렵다고 생각하는 것은 누구인가?', '결함 있는 시각을 가진 것은 누구인가?' 하고 스스로에게 계속 물으십시오. 그런 생각들이 그대의 주의를 근원인 진아로부터 벗어나게 하지 않도록 하십시오.

질문: 그것이 바로 제 문제입니다. 제 마음의 축적된 에너지―희망, 공포, 욕망, 걱정, 좋아하고 싫어함―는 저에게 너무 힘겹습니다. 제가 자기탐구에 주기적으로 투입하는 적은 에너지는 핑핑 돌아가는 마음을 1, 2초 이상은 결코 멈추게 하지 못합니다. 제 마음속에는 바깥으로 움직이는 에너지가 너무 많습니다. 저는 전혀 마음의 근원에 도달할 수 없습니다.

스와미: 일단 그대가 하나됨(oneness)의 상태 안에 그대 자신을 안정시키기 시작하면, 그대에게 그렇게 많은 문제를 야기하고 있는 좋아함과 싫어함은 이제 저절로 떨어져 나가기 시작합니다. 좋아함도 없고 싫어함도 없을 때, 마음속에 그대의 평안을 방해할 그 무엇이 남아 있겠습니까?

장애들이나 그대가 전혀 진보하지 못하고 있다는 느낌 때문에 기가 죽지 마십시오. 마음은 환幻(illusion) 속에서 워낙 헤어나지 못하고 있기 때문에 자기가 영적인 길에서 진보하고 있는지 어떤지를 판단할 능력이 없습니다. 그저 명상을 계속해 나가십시오. 얼른 성과가 나기를 기대하지 말고, 그런 성과가 나지 않는다고 해서 걱정하지도 마십시오.

질문: 저는 쓸모없는 수행자라는 생각이 듭니다. 저는 저의 문제들을

초월할 만큼 충분한 초연함이나 에너지를 결코 갖지 못할 것 같습니다.

스와미: 무지한 사람은 자신이 많은 문제나 결함들을 가지고 있다고 생각할지 모르지만, 만약 그가 진인을 찾아가면 진인은 그에게서 전혀 그런 것을 발견하지 못할 것입니다. 그는 그저 진아를 모르는 사람, 진리를 모르는 사람을 볼 것입니다. 그렇다고 해서 그는 그 사람을 비난하지 않을 것이고, 다만 그의 무지에 대해 자비심을 느낄 뿐입니다.

모두가 자기 자신의 진아라는 것을 알 때, 누구를 비난할 수 있으며 누구를 칭찬하겠습니까? 누구에 대해 어떤 적의를 느낄 수 있겠습니까? 만일 그대가 어떤 결함이나 잘못도 보지 않으면, 모두가 그대의 진아임을 알고 항상 평안에 머물러 있게 됩니다.

어떤 것을 옳게 보고 어떤 것을 그르게 보는 것은 마음의 본성입니다. 좋고 나쁨, 옳고 그름에 대한 모든 관념을 포기하면, 그대는 진아로서만 머무르게 됩니다. 어린 아기와 진인들은 어떤 것에서도 옳고 그름을 보지 않는다는 점에서 비슷합니다.

질문: 저는 너무 많은 문제를 가지고 있어서 스승의 은총만이 저를 도와줄 수 있다고 느낍니다.

스와미: 그대가 진인을 발견하고 그에게 믿음을 가질 수 있다면 그것은 정말 축복입니다. 불 곁에 화목火木을 놓아두면 그것은 결국 불이 옮겨 붙어 그 불과 하나가 됩니다. 스승의 은총과 스승과의 친교 없이는 진아를 깨닫기가 아주 어렵습니다.

누가 진정한 스승인지를 알아내기는 어렵습니다. 진아를 깨달은 사람들은 평범한 사람들처럼 행동하는 경우가 많기 때문입니다. 영적으로 성숙되지 않은 사람들은 그들의 영적인 위대성을 알아보지 못합니다. 할아버지가 자기 손자인 아기들과 놀고 있으면, 손자인 아기들은 할아버지를 자기들과 같다고 생각할 것입니다. 아기들이 자라기 시작해야 비로소 그가 할아버지라는 것을 알게 됩니다.

아기들이 이런 착각을 하는 것은, 어른과 아기들을 구분하는 식별 능력이 아직 충분히 발달되지 않았기 때문입니다. 세상에는 진인과 스승들이 자기들과 같은 보통 사람이라고 생각하는 많은 영적인 아기들이 있습니다. 이 아기들이 영적으로 자라기 시작하면, (나중에) 영적인 식별력이 충분히 발달되어 진정한 스승을 찾아내고 그에게 순복할지 모릅니다. 스승을 찾아내는 것은 금생에 한 사람에게 일어날 수 있는 최대의 축복입니다.

11

질문: 최근에 저는 명상을 하다가 호흡이 점점 얕아지는 것을 느낍니다. 또 그것은 제가 가만히 서 있을 때마다 느려집니다. 그것을 그대로 내버려두어야 합니까, 아니면 더 깊이 호흡하도록 노력해야 합니까?

스와미: 그대는 요가나 조식을 수련합니까? 아니면 자기탐구를 합니까? 그대는 스승이 있습니까?

질문: 저는 스승이 있습니다. 그러나 그녀는 지금 미국에 계십니다. 저는 석 달 동안 그녀를 보지 못했습니다. 저는 어떤 조식도 하고 있지 않습니다.

스와미: 자기탐구를 수행修行합니까?

질문: 자발적 명상(spontaneous meditation)이라고 하는 것입니다.

스와미: 그 방법은 어떤 것입니까?

질문: 명상을 하는 가장 좋은 방법은 그저 앉아 있으면서 명상이 저절로 일어나게 하는 것이라고 들었습니다. 스와미께서는 스와미 묵따난다(Swami Muktananda)15)를 아십니까? 저는 그의 후계자인 스와미 찌뜨빌라사난다(Swami Chitvilasananda)를 따르는 사람입니다.

---

15) [역주] 스와미 니띠야난다(Nityananda, ?~1961)의 제자로, 미국으로 건너가 아쉬람을 열었던 구루(1908~1982).

스와미: 호흡이 고요할 때는 마음도 고요합니다. 우리는 하나의 수행법으로서 호흡을 주시하거나 마음을 주시할 수 있습니다. 제대로 하면 그 둘 다 가라앉기 시작합니다. 그러나 더 효과적인 방법은 호흡이나 마음을 주시하는 자를 자각하는 것입니다. 만일 우리가 그 주시하는 자가 무엇인지를 항시 알고 있다면, 그런 것은 다 그냥 그대로 내버려둘 수 있습니다. 우리가 이 지知 안에 확고히 자리잡을 수 있으면, 명상을 어떤 식으로도 이끌 필요가 없습니다. 왜냐? 그 상태에서는 나타나거나 변하거나 움직이는 그 어떤 것도 우리에게 영향을 미치지 못한다는 것을 알기 때문입니다.

궁극에 도달하는 데는 많은 길이 있는데, 이런 길들 중 어떤 것에는 많은 위험이 도사리고 있다고 합니다. 바가반께서는 우리에게 자기탐구(atma vichara)라는 위험 없는 길을 제시하셨는데, 이것을 통해 우리는 쉽게 우리 자신을 알 수 있습니다. 만약 자기탐구의 수행을 통해서 진정한 자기를 착파하는 법을 배우면, 우리는 이 비참한 세계에서 지복스럽게 사는 법을 배울 수 있습니다.

질문: 세상 가운데 그렇게 많은 불행이 있는데 지복스러워하면서 아무 일도 하지 않고 있는 것은 이기적이지 않습니까? 우리는 길바닥에서 죽어 가는 사람을 도와주어야 하지 않습니까? 제 말은, 분명히 우리는 그를 도와주어야 한다는 것입니다. 세계가 실재하지 않는 것처럼 하고 있을 수는 없다는 말입니다. 어느 면에서 세계는 아주 실재적입니다.

스와미: 세계를 바라보고 세계의 상황을 변화시키는 것은 구도자들의 임무가 아닙니다. 세계란 마야의 큰 게임에 불과합니다. 만약 세상의 활동에 말려들면 그대는 마야의 함정에 빠져서, 그대 자신과 세계를 있는 그대로 볼 수가 없습니다. 세계는 항시 변하고 있습니다. 한때는 어떤 사람들에게 여건이 유리합니다. 또 어떤 때는 여건이 좋지 않습니다. 세상에는 많은 혼란이 있습니다. 왜냐하면 세계는 항상 유전流轉의 상태에

있기 때문입니다. 그러나 이와 같이 변하는 세계를 주시하는 자—즉, 그대 자신—는 항상 평안하여 결코 동요가 없습니다. 그 주시하는 상태로 들어가서 거기에 평안하게 있도록 하십시오. 우리는 이 세계에 대해 실로 아무것도 할 수 없습니다.

질문: 어떤 도움을 그토록 분명히 요하는 사람들을 무시하는 것이 왜 그렇게 필요합니까?

스와미: 한 사람이 진아 안에 안정되면 인류는 자동적으로 혜택을 받습니다. 진아 안에 안정된 사람은 세상의 문제들에 무관심하지 않을 것입니다. 만약 문제들이 일어나면 그런 사람은 자기도 모르게 행동하며, 각 문제에 대한 올바른 해법을 제공합니다.

그대는 많은 신념을 붙들고 있습니다. '나는 별개의 인간이다. 세상은 나와 별개이다. 다른 사람들은 나와 별개이다. 나는 진아를 성취하기 위하여 명상하는 구도자이다. 세상의 다른 사람들은 고통받고 있다'와 같은 것이지요. 이런 모든 개념은 잘못된 것입니다. 어떤 이원성도 없고 어떤 별개성도 없습니다. 사실 그대 자신의 마음을 떠나서는 어떤 불행이나 고통도 존재하지 않습니다. 왜냐하면 전 세계는 그대 자신의 마음의 펼친 하나의 투사물投射物(projection)[16]에 불과하기 때문입니다. 그대 자신에 대해 가지고 있는 일체의 그릇된 관념을 포기하기만 하면, 그대 자신의 고통과 그대가 주위에서 보는 고통은 쉽게 제거될 수 있습니다.

모든 고통은 이원성의 관념과 함께 시작됩니다. 이러한 이원성 의식(duality-consciousness)이 마음 안에 강하게 고착되어 있는 한, 우리는 다른 사람들에게 어떤 실제적인 도움도 줄 수 없습니다. 만일 우리가 자신의 비이원적 성품을 깨닫고 내면에서 평화로워지면, 우리는 다른 사람들을 돕기에 적합한 도구가 됩니다.

---

16) [역주] '투사물'이란 마음이 바깥으로 생각을 펼쳐내어 만든 것이다. 마치 영화에서 화막에 투사된 화상 같은 것이다. 꿈속에서 마음이 꿈의 세계를 펼쳐내듯이, 생시의 세계도 마음이 펼쳐낸 것에 불과하다는 것이 비이원론의 기본적인 가르침이다.

우리가 진아 안에 안정되고 나면, 우리가 끊임없이 체험하는 내적 평안이 모든 사람들에게 흘러갑니다. 이 자연적인 방사放射는 어떤 물리적인 활동보다도 훨씬 더 많이 인류를 치유하고 고양시킵니다.

진인은 태양과 같습니다. 태양은 빛과 열을 지속적으로 그리고 차별 없이 방사합니다. 진인은 아무 애씀 없이 그 자신의 성품—그의 사랑, 그의 평안, 그의 기쁨—을 전 우주로 방사합니다.

태양은 항상 존재하지만 그 광선을 받으려면 우리가 태양 쪽을 향해야 합니다. 마찬가지로, 만약 우리가 영적인 빛을 원한다면 깨달은 존재(진인) 쪽을 향해야 합니다. 우리가 진인의 빛 속에 머무르려는 의식적인 노력을 하면 영적인 무지의 어둠은 자동적으로 사라집니다.

질문: 어떤 헌신자들은 (특이한) 영적 체험들을 하는 것처럼 보이는데, 그 이유는 무엇입니까? 그런 체험들은 우리의 수행을 도와주려는 것입니까, 아니면 우리에게 자신감을 주려는 것입니까? 내적인 빛, 내적인 소리 같은 이런 체험들은 우리에게 필요한 것입니까, 아니면 자연스러운 것이기 때문에 그냥 일어납니까? 왜 어떤 사람들은 이런 체험을 하는데 어떤 사람들은 그렇지 않습니까?

스와미: 명상 중에 오는 체험들은 그 사람이 예전에 한 수행의 결과입니다. 그런 체험들을 가질 필요는 없습니다.

'이런 모든 체험을 하는 자는 누구인가?' 여기에만 우리의 주의를 두어야 합니다. 체험들은 오고 가지만 모든 체험을 주시하는 자는 변하지 않고 남아 있습니다. 우리의 주의는 거기에 꾸준히 가 있어야 합니다.

우리는 그 모든 체험을 보는 자를 보아야 합니다. 그대에게 일어나는 어떤 일이든 그것은 마음을 통해서만 지각될 수 있다는 것을 기억하십시오. 또한 마음의 지각들은 실재하지 않는다는 것을 기억하십시오. 왜냐하면 지각하는 자 자신이 실재하지 않기 때문입니다. 만일 우리가 늘 '이 체험은 누구에게 일어나는가?' 하고 탐구하면 거짓된 지각자와 거짓된 지각 둘 다 가라앉을 것입니다.

성자 수브라마니아 바라띠(Subramania Bharati)[17]는 언젠가 이렇게 썼습니다. '만약 세계가 마음의 한 투사물에 불과하다는 것을 명확히 보게 되면, 당신은 모든 고통을 초월할 것이다.' 다른 시에서는 그가 마음과 마야에 대해 이렇게 농담을 하고 있습니다.

진리를 깨달은 자들이 있네. 그들은 너[마음]를 실체로 보지 않아. 진아 안에 힘 있게 안주하는 사람들 — 그들에 대해 너는 아무 짓도 못하지. 만일 우리가 비이원적인 실재를 깨달으면, 너는 거기서 아무 평안도 얻지 못하지. 너는 도망쳐야 할 거야. 마음의 이원성이 해소되면 너는 어디에 있을까? 육신은 실재하지 않는다는 그 깊은 확신과 이해에 도달한 용감한 사람들에게, 네가 무엇을 할 수 있을까? 죽을 준비가 되어 있는 사람들, 그런 이들에게 이것[마음]의 죽음은 아무것도 아니라네.

질문: 그는 정치에 관여하지 않았습니까? 저는 그가 영적인 문제에 그처럼 관심이 있었다는 것을 몰랐습니다.

스와미: 예, 정치에 관여했지요. 그러나 그는 시인이자 철학자이기도 했습니다. 그는 언젠가 비루빡샤 산굴에 계신 바가반을 뵈러 가기도 했습니다.

질문: 저는 그분들 간의 만남에 대한 이야기를 읽은 적이 없습니다. 그분들이 말씀을 나누었습니까?

스와미: 아닙니다. 그는 그냥 가서 친견만 했습니다. 그가 뽄디체리에 있을 때 지은 다른 노래에서 그는 이렇게 말했습니다. "불행은 없다, 어떤 불행도, 어떤 불행도. 보아라, 모든 것이 신이다. 불행은 없다."

---

17) [역주] 뛰어난 타밀 시인이자 독립운동가(1882~1921).

12

질문: 여기 아루나찰라에서는 영적인 분별을 갖기가 비교적 쉽습니다. 파리(Paris)에서는 저희들의 일상적 활동과 너무나 많은 외부적 영향 때문에 그것이 훨씬 어렵습니다.

스와미: '아루나찰라는 파리와 다르다,' '나는 파리에서 일하고 있다' 하는 생각들―이것은 우리가 자신들을 육신과 동일시하여 육신을 '나'라고 여긴 뒤에만 일어납니다. 만약 그런 관념들을 받아들이면 그대는 자동적으로 그대 자신을 제약하는 것입니다.

질문: 수행을 통해서 우리는 실재에 가까이 가고 있다고 느낍니다. 그러나 우리는 또한 아직 갈 길이 멀다고 느낍니다.

스와미: 그대는 실재에 접근하거나 그것에서 얼마의 거리가 떨어져 있을 수 없습니다. 진아는 결코 그대로부터 멀리 있지 않습니다. 왜냐하면 그대가 이미 그 진아이니까요.

그대의 모든 그릇된 관념을 제거하려면, 자신이 이미 진아라는 확신을 일으켜야 합니다. '나는 진아다. 나는 모든 것이다. 일체가 진아다.' 이 진언(*mantra*)이 그러한 확신을 일으키는 데 있어서 가장 효과적이고 가장 강력한 도구입니다. 이것을 항상 염念하면 모든 에너지가 그대에게 올 것입니다. 왜냐하면 그대는 진실로 일체에 두루한 의식이기 때문입니다.

질문: 가령 우리가 이 진언을 녹음기에 실었다 하십시다. 녹음기는 그것을 끝없이 반복하겠지만, 그것이 일체에 두루한 녹음기가 되지는 않을 겁니다. 계속 반복하는 것만으로 충분합니까?

스와미: 그대가 어떤 것을 부단히 염하면서 자신이 말하는 것이 옳다고 믿을 만큼 충분한 신심을 일으키면, 그대의 마음은 결국 그대가 염하는 그것이 됩니다. 만약 그대가 진아라는 진리를 염하면, 그리고 그대

가 말하는 것이 참되다는 충분한 신심을 얻으면, 결국 그대는 그 진리, 즉 진아가 될 것입니다.

질문: 마음이 활동적이고 바깥으로 움직일 때 이 구절을 염하는 것이 이익이 있다는 것은 이해됩니다. 그러나 우리가 내적인 침묵을 체험하고 있을 때에도 그것을 염해야 합니까?

스와미: 만약 우리가 항상 그 침묵 속에 안정되어 있다면, 그것이 실재입니다. 그러나 그 안정이 일시적일 뿐이라면 그것으로 충분할까요?

질문: 진언은 우리를 내적인 침묵의 상태로 데려다 줄 수 있습니다. 이 목적을 일단 성취했는데 왜 그것을 계속 염해야 합니까?

스와미: 침묵에는 여러 종류가 있습니다. 만약 마음이 깊은 잠과 비슷한 침묵 속에서 멈추어지면(의식침전), 이것은 궁극적 침묵이 아니라는 것을 알아야 합니다. 명상을 계속하지 않고 이 상태 안에 머물러 있으면 그대에게 아무런 이익도 오지 않을 것입니다. 이런 상태가 오면 진아에 대한 명상을 계속하는 것이 더 낫습니다.

질문: 자기가 참된 침묵이 아니라 잠과 같은 침묵을 체험하고 있는지 여부를 어떻게 알 수 있습니까?

스와미: 만약 그 침묵에서 나온 뒤에 곧바로 육신을 '나'로 여긴다면 그는 참된 침묵을 체험하고 있었던 것이 아닙니다. 내적인 침묵을 추구할 때는 의식침전(*laya*)[모든 마음 작용의 일시적인 정지]에 들어가서는 안 됩니다.

예컨대 한 사람이 어떤 일을 합니다. 그러다가 피로를 느껴 휴식을 좀 취합니다. 나중에 그는 다시 일을 시작합니다. 침묵은 이런 식이 되면 안 됩니다. 즉, 마음이 일시적으로 휴식을 취할 뿐이라면 그대는 진정한 침묵을 체험하지 못합니다. 생각이 전혀 없다고 해서 반드시 진아의 침묵을 체험하고 있다는 것을 뜻하지는 않습니다.

그 침묵 속에 싱그러움과 또렷함의 느낌이 있다면, 자각이 빛나는 가운데 즐거우면서도 완전히 평화로운 느낌이 든다면, 이것은 진정한 침묵일 가능성이 높습니다. 만일 이런 자각, 이런 깨어있음이 없다면 염송(japa)과 명상(dhyāna)을 계속하는 것이 낫습니다.

또 다른 예를 들어보겠습니다. 어떤 사람이 바가반의 구회당에서 명상을 합니다. 그는 한 시간 동안 거기 앉아 있습니다. 그러고 나서 그는 스스로 생각하기를, '나는 한 시간 동안 앉아서 명상을 했다' 합니다. 이것은 안주安住(nishthā)[진아 안에 자리잡는 것]가 아닙니다. 왜냐하면 '내가 앉아 있다. 내가 명상하고 있다' 하고 생각하는 '나'가 있었기 때문입니다. 만일 그대가 앉아 있다거나 명상하고 있다는 자각이 있으면, 그대는 진아를 체험하고 있는 것이 아니라 에고를 체험하고 있는 것입니다.

질문: 우리가 단일성(unity), 즉 하나임(oneness)을 느끼지 못할 때, 이것은 우리가 궁극적 상태에 도달하지 못했다는 것을 뜻합니까?

스와미: 실재 안에서는 명상하는 순간들 사이에 어떤 틈도 없습니다. 명상은 항상 지속됩니다.

질문: 당신께서 말씀하시는 이 명상은 마음속으로 계속 염하는 것입니까? 그것은 '나는 진아다, 나는 의식이다'와 같은 단어들의 어떤 구성입니까, 아니면 말이나 개념 없이 존재하는 진아에 대한 일종의 자각입니까?

스와미: 그대가 어떤 진언을 큰 소리로 염하면 그것은 염송(japa)입니다. 같은 진언을 마음속으로 염하면 그것은 명상이라고 할 수 있습니다. 만일 그대가 내재적인 의식의 자각 안에 자리잡고 있으면, 그것이 바로 안주(nishthā)입니다.

질문: 그러니까 우리가 안주 상태에 머물러 있으면 염송이나 명상을 할 필요가 없군요?

스와미: 명상에서는 우리가 진아를 결코 잊어버리지 않습니다. 진아에 대해 어떤 생각도 하지 않으면서 진아를 분명한 의식 하에 자각하고

있는 것이 안주입니다. 자기가 이미 순다람(Sundaram)이라는 느낌을 가지고 있는데, '나는 순다람이다, 나는 순다람이다'라고 왜 계속 반복합니까?

이 궁극적인 상태에서 우리는 진아에 대해 생각하지도 않고 진아를 잊어버리지도 않습니다. 우리는 그냥 존재합니다. 만약 그대가 이런 체험을 하면, '내가 명상을 계속해야 하나?'와 같은 의문들은 일어나지 않겠지요. 이 궁극적인 상태에서는 이와 같은 생각들이 일어날 수 없습니다. 따라서 만약 명상 중에 어떤 평안하거나 고요한 곳에 이르러 '내가 이 고요함 속에서 안식해야 하나, 아니면 명상을 계속해야 하나?' 하는 생각이 일어난다면, 그대는 명상을 계속해야 합니다. 왜냐하면 이 생각이야말로 그대가 진아 안에 자리잡지 못했다는 것을 보여주는 것이기 때문입니다.

자신의 명상 수행에 대해 너무 많이 생각하는 것은 좋지 않습니다. 그저 명상을 하고 계속 명상을 해 나가서, 마음 안에서 나타나는 그 어떤 것도 진정한 그대와는 아무 상관이 없다는 확신을 가질 때까지 하십시오. 명상을 하는 동안 생각과 감정들에 주의를 기울이고, 그것을 이용하여 자기가 명상을 얼마나 잘하나 잘못하나를 평가하려고 든다면 그대는 궁극적인 침묵에 결코 도달하지 못할 것입니다. 도달하기는커녕 그냥 심적인 개념들의 수렁에 빠지고 말 것입니다.

어떤 사람들은 마음을 너무 많은 갈래로 분산시킵니다. 예를 들어 뚜리야(turīya)[네 번째 상태]와 뚜리야띠따(turīyātīta)[네 번째를 넘어서는 것]를 구분하려고 합니다. 실재는 아주 단순합니다. 그것을 설명하거나 규정하려고 하지 말고, 몸 및 마음과의 모든 동일시를 포기해 버리고 그냥 그것이 되십시오. 이것이 궁극적인 지知(jñāna)입니다. 만일 그대가 이 길을 따른다면, 정신적으로나 철학적으로 복잡한 어떤 개념에도 말려들 필요가 없습니다.

사람들은 진아에 도달하기 위해서 별의별 수행을 다 하고 있습니다. 그런 수행법들 중 어떤 것은 진지(*jnāna*)에 장애가 되는 것도 있습니다. 만약 명상이 몸과 마음이 실재한다는 가정에서 출발한다면, 그것은 속박의 또 다른 형태일 수 있습니다. 이 관념을 놓아버리지 않으면 명상은 그것을 키워줄 뿐입니다.

진아를 깨닫고 진아를 결코 잊어버리지 않는 것—그것이 진정한 지(*jnāna*)입니다.

질문: 그것이 어려운 점입니다. 진아 안에 안정되어 머무른다는 것 말입니다.

스와미: 누구에게 그 어려움이 있습니까? 그런 생각에 빠지지 마십시오. 그런 생각을 누가 하는지 발견하십시오.

성자 따유마누바르는 언젠가 이렇게 말했습니다. "왜 이런 온갖 마하 요가를 하는가?"

그대는 이미 진아입니다. 그것을 잊어버리거나 그 자각을 놓치는 일 없이, 왜 그대 자신의 본래적 상태 안에 자리잡고 머무르지 못합니까? 이런 온갖 마하 요가들에 상관하지 마십시오.

13

질문: 진인은 어떤 종류의 힘을 방출하여 헌신자들을 끌어당깁니까, 아니면 헌신자들이 결국에 그를 발견하여 그의 제자가 되는 것은 자기 운명의 일부입니까?

스와미: 자석은 철을 끌어당기는 힘이 있습니다. 이 아루나찰라 산은 자석이 쇳가루를 끌어당기듯이 구도자들을 끌어당기고, 그런 다음 그들로 하여금 맨발로 그 주위를 돌게 만듭니다. 이 산은 "와서 오른돌이를 하라."고 말하지 않습니다. 그럴 필요가 없지요. 이 산의 힘은 오른돌이를 하고 싶어 하는 사람들을 자동적으로 끌어당깁니다.

깨달은 자, 진아 안에 안정되어 있는 자는 자석과 같이 됩니다. 그는 구도자들을 자신에게로 끌어당깁니다.

성자 따유마누바르는 그의 어느 시에서, 꽃은 만개하면 향기를 발산하는데, 이것이 벌들을 끌어들여 그 꿀을 따가게 한다고 설명합니다. 그러나 그는 덧붙이기를, 만약 꽃이 만개하지 않으면 향기도 없고, 벌도 없고, 꿀도 없다고 했습니다.

바가반은 『문자혼인화만』(Aksharamanamālai)에서 이 힘에 대해 이렇게 말하고 있습니다. "자석이 쇠를 끌어당기듯이, 오 아루나찰라, 당신은 저를 끌어당겨 당신과 하나 되게 하셨습니다."

[새로 온 사람들에게 말함] 여러분은 바가반의 책들을 읽어보았습니까? 그분의 가르침에 대해 어떤 의문이 있습니까?

질문: 저희들은 불어로 번역된 바가반에 관한 책 몇 권을 읽어보았습니다. 저희들은 거기에 담겨 있는 메시지에 대해 아무 의문이 없습니다.

스와미: 우리가 진아 안에 확고히 자리잡게 되어 최종적인 깨달음을 성취하면 모든 의문이 날아가 버리지만, 그러기 전에는 그렇지 않습니다. 그 이전에는 의문들이 거듭거듭 일어납니다.

만약 거짓된 '나'—즉, '나는 몸이다' 하는 관념—가 우리에게 전혀 다가오지 않으면, 우리는 진아를 깨달았다고 결론지을 수 있습니다.

질문: 저희 같은 보통 사람들도 일체를 넘어서 있는 그것을 깨달을 수 있습니까?

스와미: 마음이 순수해져 있는 그 한도까지, 우리는 마음을 넘어서 있는 그것을 깨닫습니다. 만일 그대가 저 '나는 몸이다' 하는 관념과 동일시되어 전적으로 제한되어 있다면, 진아 깨달음과는 아주 멀리 떨어져 있는 것입니다.

질문: 순수해져야 하는 마음과, 마음이 그 속으로 마침내 사라지는 의식 간의 관계는 무엇입니까?

스와미 : 마음은 무한자(the infinite)의 한 원자 같은 것이라고 말할 수 있습니다. 자신을 몸 및 마음과 동일시할 때, 우리는 자신이 제한되어 있다고 생각합니다. 마음과의 이런 동일시가 진아를 숨깁니다. 이 동일시를 포기하고 순수 의식으로 머무르면 마음은 의식 안으로 합일됩니다. 그때 그대는 마음이 별개의 개체가 아니라는 것을 압니다. 마음은 결코 의식과 별개로 되거나 분리되는 일 없이, 진아인 의식 안에서 일어났다가 다시 의식 안으로 사라집니다.

따유마누바르가 이렇게 말했습니다.

> 마음은 하나의 원자와 같네. 마음이 그 근원 속에서 해소되어 버린 상태를 성취한 사람에 비견될 자는 아무도 없다네. 왜냐하면 그 상태에서는 다른 이가 아무도 없으므로.

진아에는 불가사의한 것이 전혀 없습니다. 왜냐하면 누구도 자기 자신의 존재를 부인할 수 없기 때문입니다. 순수 의식은 항상 존재하며 항상 체험됩니다. 누구도 이 '내가 있다'가 존재한다는 것 혹은 그것이 세 가지 상태 모두에서 지속된다는 것을 부인할 수 없습니다. 생시가 나타날 수도 있고, 꿈의 상태가 나타나고 사라질 수도 있으며, 육신에 죽음이 올 수도 있습니다. 이 모든 것은 오고 갈지언정, '내가 있다'는 내내 변함없이 그대로입니다. 변화하는 이 모든 상태들—탄생, 죽음, 생시, 잠, 꿈—은 의식 안에서 일어날 뿐입니다. 그러나 이런 변화들이 일어나는 동안, 순수 의식은 변하지 않고 변할 수도 없이 항상 그대로 남아 있습니다. 그러니 그것을, 오직 그것만을 착파하십시오.

'나는 내가 있다는 것이다'(I am that I am).[18) 바가반께서는 성경에 나오는 이 가르침을 자주 인용하시면서 이것이 베단타(Vedānta) 전체를

---

18) [역주] 이는 모세가 여호와에게 당신의 이름을 여쭌 데 대한 여호와의 답변이다(성경 출애굽기, 제3장 14절). 한글 성경에서는 이 구절을 '나는 스스로 있는 자니라'(개역한글판) 또는 '나는 스스로 있는 나다'(표준 새번역판) 등으로 번역하고 있으며, 바가반의 해석과는 상당한 차이가 난다.

요약하고 있다고 말씀하셨습니다. 만일 그대가 '신이 무엇입니까?'라고 묻는다면, 아주 진실되게 이렇게 대답할 수 있습니다. "이 '내가 있다' 하는 체험이 신입니다"라고. 우리는 모두 이 '내가 있다'는 것, 이 기본적인 존재한다는 느낌을 가지고 있습니다. 이 의식이 궁극적이고 유일한 실재입니다.

질문: 기독교인들 사이에서 아주 인기 있는 또 다른 성경 말씀이 있습니다. '나를 통하지 않고서는 아무도 아버지께로 올 자가 없다'19) 하는 것입니다. 스와미께서는 예수님의 이 말씀을 어떻게 이해하십니까?

스와미: 예수님이 '나를 통하지 않고서는'이라고 했을 때 그것은 육신이 아니라 진아를 말한 것인데, 사람들은 이것을 오해해 왔습니다.

또 어느 땐가 예수님은 이렇게 말했습니다. '하늘나라는 너희의 안에 있다.' 그는 하늘나라가 몸 안에 있다는 의미로 말한 것이 아닙니다. 예수님이 말하는 이 '너희'(you)는 진아, 즉 무한한 의식입니다.

진아 안에 안정되어 있는 진인도 '나를'(me)이란 말을 쓸 수 있지만, 우리는 그가 육신이라고 생각하는 과오를 범하면 안 됩니다. 무한하고 순수한 의식과 하나가 된 진인이 '나'라고 말할 때는, 항상 형상인 육신을 말하는 것이 아니라 그 하나인 의식을 말하는 것입니다.

그 절대적이고 유일한, 형상 없는 내재적인 의식 안에 예수님이 어디 있고 다른 진인이 어디 있습니까? 의식 안에서는 모두가 하나입니다. 거기 있는 사람들 간에 구별을 한다는 것은 불가능합니다.

마음을 넘어서 있는 이 상태를 깨닫는 자는 진리를 자기 나름대로 표현합니다. 이 진리를 이해하려고 하는 사람들은 언제나, 오해하기 쉬운 언어라는 매체를 통해서 그 메시지를 이해하려고 합니다. 그들은 자기들의 마음으로써 그것을 잘못 해석하고 스승이 실제로 말하려고 했던 것을 오해합니다.

---

19) [역주] 요한복음, 14:6 참조.

많은 기독교인들은 '나를 통하지 않고서는 아버지께로 올 자가 없다'는 구절을, 예수 그리스도의 형상만을 통해서라는 의미로 받아들입니다. 이런 해석 때문에 그들은 신에 대한 다른 모든 개념과 다른 모든 종교를 비난합니다.

본질적으로 모든 종교는 하나입니다. 바가반께서는 언젠가 저에게 이렇게 말씀하셨지요. "제대로 자기탐구를 해서 에고가 소멸되면, 그리고 비이원적인 의식을 깨닫게 되면, 그것이야말로 진리이네. 그럴 때 그 비이원적인 의식 안에 그 온갖 종교들이 어디 있겠나? 그리고 그 온갖 종교적 스승들이 어디 있겠나? 그 상태에서는 모두가 하나라네."

질문: 스와미께서는 예수 그리스도도 다른 많은 진인들과 같은 진인이라고 이해하십니까, 아니면 그는 그 이상의 어떤 존재였습니까?

스와미: 에고가 소멸되면 오직 비이원적인 의식만이 남습니다. 그 상태에서는 더 높은 것도 없고 더 낮은 것도 없습니다.

한 진인이 다른 진인과 다른 상태에 있다고는 말할 수 없습니다. 예수 그리스도가 바가반보다 낫다고 하거나 그 반대라고 말할 수가 없습니다. 진인의 상태보다 더 높은 상태란 없으며, 어떤 진인도 다른 어떤 진인보다 우월하지 않습니다.

비록 모든 진인들의 내적인 상태와 체험은 동일하지만 그들의 외부적 활동은 다릅니다. 그들이 각자 성취해야 할 운명(발현업)이 다르기 때문입니다. 어떤 분들은 스승이 될 것이고 어떤 분들은 그렇지 않겠지요.

컵 하나에 물이 들어 있으면 한 사람의 갈증을 해소해 줍니다. 큰 항아리에 물이 들어 있으면 3, 40명의 갈증을 해소해 줍니다. 우물 하나에 물이 들어 있으면 한 마을이나 읍의 모든 사람들의 갈증을 해소해 줍니다. 어떤 영적인 구도자들은 오직 자기만의 깨달음을 위해 따빠스를 했을 수 있습니다. 그들은 깨달음을 얻고 나서 소수의 사람들을 돕게 되겠지요. 그러나 어떤 진인들은 그들 자신의 깨달음을 위해서 뿐만 아니라, 다른 사람들을 해탈시키는 것을 돕기 위해 오랜 따빠스를 했습니다. 이런 따빠스를 한 진인들은 세계적으로 유명한 스승이 되고 많은 추종자를 갖는 것입니다.

14

스와미: 바가반의 은총에 의해, 저는 세속적인 사람들과 많은 접촉을 갖지 않았습니다. 사람들이 저를 찾아오면 그들은 앉아서 제가 말하는 것을 경청합니다. 만약 그들이 바가반과 그의 가르침에 관심이 있으면 한 동안 머무를 수도 있습니다. 관심이 없으면 그냥 가 버리지요. 여기에는 많은 사람이 오지는 않습니다. 소수의 정기적인 방문자들과 아마 일 주일에 한두 사람 새로 오는 정도일 겁니다. 그리고 그들이 오면 우리는 바가반과 그의 가르침에 대해 이야기하지, 세상 돌아가는 이야기는 하지 않습니다. 저는 지난 40년 이상 세상 돌아가는 일에 대해 알려고 하지 않았습니다. 저는 띠루반나말라이에서 일어나는 일도 잘 모릅니다.

질문: 그 기간 동안 빨라꼬뚜를 전혀 떠나신 적이 없습니까?

스와미: 바가반이 생존해 계실 때는 산 정상에도 올라갔고 스깐다쉬람도 종종 찾아갔습니다. 1930년대에는 산 오른돌이도 상당히 자주 했지만, 읍내를 통과하지 않기 위해 빠짜이암만 꼬일(Pachaiamman Koil)과 스깐다쉬람을 경유해서 돌아왔습니다. 저는 읍내의 큰 사원에도 가보지 않았습니다. 마지막 수년간은 빨라꼬뚜 지역을 나가지 않고 가끔 산에만 올랐습니다.

저는 1928년에 처음 스리 라마나스라맘에 왔습니다. 그때 이후로 지난 세월 동안 저는 띠루반나말라이를 단 두 번 떠났는데, 한 번은 제가 여기 온 첫 달에 뽈루르(Polur)로 도망갔을 때였고, 또 한 번은 식당을 짓는 데 필요한 회(lime)를 주문하기 위해 하루 동안 다른 읍에 갔을 때입니다.[20] 그것은 50년도 더 전의 일입니다. 저는 50년 이상, 단 하루도 띠루반나말라이를 떠난 적이 없습니다.

질문: 당신께서는 아주 복이 많으십니다. 당신께서는 큰 스승과 함께 조용한 곳에서 수행을 하실 수 있었습니다. 제 발현업은 그렇지 못합니다. 저는 서양의 한 대도시에 살면서 일을 해야 합니다. 도시에서 제대로 수행을 할 수 있습니까?

스와미: 저는 도시에서 수행을 해 본 적이 없고, 도시를 가 본 적도 없습니다. 그러니 그 점에 대해서는 전문적인 의견을 말씀드릴 수가 없군요. 사람들 말로는, 도시는 공기가 매우 오염되어 있고 소음이 심하며, 영적인 기운(spiritual vibrations)이 아주 나쁘다고 합니다. 그대에게 선택의 여지가 있다면 스승 가까이나 아니면 기운이 좋은 신성한 장소에서 수행하는 것이 좋습니다. 만약 그럴 수 없다면, 도시보다는 시골에 있는 장소가 더 낫겠지요.

어디에서 살든, 세속적인 사람들, 즉 수행을 하지 않는 사람들과 어울리는 것을 피하십시오. 진아 안에 자리잡고 있는 사람을 찾아내도록 노력하고, 그 사람 곁에서 시간을 보내도록 하십시오. 그대가 형상 없는 진아와의 삿상(satsang)을 할 수 없다면 이것이 차선次善이지요. 그대가 진지하다면, 바가반이 그대 삶의 모든 여건을 유리한 방향으로 조정해 주실 것입니다. 그분은 그대를 가장 잘 진보할 수 있는 곳으로 보내줄 것입니다.

질문: 스와미, 저는 곧 유럽으로 돌아가야 하는데, 그것을 생각하니 걱정이 되기 시작합니다. 저는 도시 한가운데서는 진아에 대한 자각을 유지할 수 있을 것 같지 않습니다. 여기서는 그것이 비교적 쉽습니다. 저기서는 그것이 아주 아주 어렵습니다.

---

[20] [역주] 안나말라이 스와미는 훗날 다른 대화에서, 1930년대에 자신이 복통 치료를 위해 마드라스에 한 번 갔다 온 일도 있다고 이야기했다. 『마음은 없다』, 제13장 참조.

스와미: 조금만 연습하면 군중의 한가운데서도 잠이 들 수 있고, 군중이 아주 시끄럽게 굴 때도 그럴 수 있습니다. 일단 잠이 들어 버리면 그들의 이야기나 잡담이 그대에게 영향을 주지 않습니다. 만일 그대가 시끄럽고 산란한 환경에서 살려고 하면, 깨어 있으면서도 잠자는 기술을 배워야 합니다. 언제 어느 때나 깨어 있으면서 그와 동시에 주위의 어떤 소음이나 있을 수 있는 방해 요인도 의식하지 않는 법을 배워야 합니다. 바가반은 가끔 진아의 체험을 '깨어 있는 잠'(wakeful sleep)이라고 불렀습니다. 만약 이 기법을 배울 수 있으면, 그 어떤 것도 그대를 다시는 방해하지 않을 것입니다.

질문: 저희들은 여기서 삿상을 할 수 있습니다. 그것은 아주 즐겁고 아주 유쾌합니다. 저희들이 여기를 떠나면 어떻게 이런 삿상을 할 수 있겠습니까?

스와미: 진인과 함께 머무르는 것이 그대의 운명이 아니라면, 형상 없는 진아와의 접촉을 확립하도록 항상 노력해야 합니다. 이것이 진정한 삿상입니다. 그대는 큰 도시에 사는 것이 자신의 발현업이라고 말합니다. 발현업은 육신의 활동들에만 관계됩니다. 어떤 발현업도 그대가 내면으로 향하여 주의를 진아에 집중하는 것을 막지는 못합니다. 이것은 모든 인간이 그의 발현업에 상관없이 가지고 있는 자유입니다. 만약 그대의 발현업이 그대에게 진인과의 삿상을 허용하지 않는다면, 근원으로 직접 들어가서 '드러나지 않은 진아'(unmanifest Self)와의 삿상을 가지십시오. 이 삿상은 성취하고 유지하기가 훨씬 어렵지만, 만일 다른 대안이 없다면 그것을 시도해 봐야 합니다.

읍내에 사는 어린 아기들은 읍내의 분위기나 거기 사는 사람들의 영향을 받지 않습니다. 만일 그대가 순수한 삶을 살면서 올바른 노력을 한다면, 그대 역시 세상이 그대에게 영향을 미치지 못하는 상태에 도달할 수 있습니다.

질문: 그것은 아주 어렵겠지요. 저는 아주 빈번하게 도움을 요청해야 할 겁니다.

스와미: 만약 삿상을 하고 싶다거나, 항상 진아에 대한 명상에 전념하고 싶다는 바람을 가지고 있으면 그런 일이 일어날 것입니다. 그대의 바람이 충분히 강하면 진아의 힘이 그대를 위해 모든 일을 안배해 줍니다. 그것이 그대에게 스승을 보내주거나 삿상을 할 수 있게 해 주고, 혹은 그대가 필요로 하는 뭐든지 얻게 해 줍니다. 그대가 진아에 대한 명상을 열심히 하면, 그대가 필요로 하는 모든 것이 자동적으로 그대에게 올 것입니다.

질문: 인도에 있는 동안 제가 좀 진보했다고 느낍니다. 저는 세상에 대한 저의 내면적 태도가 변하기 시작한다는 것을 알아차리고 있습니다. 저는 저 자신과 세상 간에 얼마간 거리를 두기 시작한다고 생각합니다.

스와미: '바깥도 없고 안도 없다. 모든 것이 진아다'라는 태도를 가져야 합니다. 진아 안에는 어떤 차별상도 없습니다.

바가반께서 언젠가 이렇게 말씀하셨지요. "만약 차별상에 대한 모든 관념을 포기할 수 있으면, 그것만으로 충분할 것이다."

질문: 그러니까 우리는 세상 속에 있으면서도 세상이 우리에게 결코 영향을 미치지 못하도록 해야 하는군요. 다른 사람들을 우리와 다르다고 보아서는 안 되고, 그들을 좋다거나 나쁘다고 보아서도 안 되는 것이군요.

스와미: 맞습니다. 만약 배가 바다 위에 떠 있다면 그것은 바닷물이 선체를 뚫고 들어오지 못하고 있다는 것을 의미합니다. 어쩌면 아주 적은 양이 들어오는 것 말고는. 만일 많은 양의 물이 스며든다면 배는 결국 가라앉고 말겠지요. 만약 세상의 많은 사람들 사이에서 움직여야 하는 것이 그대의 운명이라면, 그들 사이에서 떠 있되 그들의 세속적인 생각들이 그대에게 스며들지 못하게 하십시오. 진아에 주의를 집중하면

삶을 살아가면서도 세속적인 생활로부터 오는 오염을 피할 수 있습니다. 자기를 마음과 동일시할 때는 세상의 모든 것이 잠재적인 오염원입니다. 그러나 진아와 동일시할 때는 모든 것이 순수해집니다. 왜냐하면 모든 것이 오직 진아 안에 나타난 겉모습인 줄 알기 때문입니다.

질문: 당신께서는 우리가 나쁜 어울림(bad company)을 피해야 한다고 가끔 말씀하십니다. 그것이 언제나 가능하지는 않습니다. 우리가 일을 하고 있으면 별별 사람들과 다 어울려야 합니다. 그들을 항상 피할 수는 없습니다.

스와미: 그런 상황에서 우리는 어떤 연극에서 연기를 하고 있는 사람의 태도를 취해야 합니다. 겉으로는 필요한 모든 행위를 해야 하지만, 내면적으로는 항상 중심, 즉 우리에게 '내가 있다'라는 느낌으로서 스스로를 드러내는 그 의식을 자각하고 있어야 합니다.

저는 '나쁜 어울림'을 피하라고 말하지만, 궁극적으로 나쁜 어울림이란 마음의 일부일 뿐입니다. 진아 안에는 어떤 나쁜 어울림도 없습니다. 그대가 여전히 마음으로부터 스스로를 떼어내려고 애쓰는 동안은 나쁜 어울림을 피하는 것이 도움이 되겠지요. 그것이 가능하지 않을 경우에는 그때마다 진아 안으로 물러나는 노력을 가일층 더 하십시오. 그대가 진아 안에 자리잡을 수 있으면, 다른 사람들의 마음의 흐름이 그대에게 영향을 주지 못합니다. 만일 영적이지 않은 사람들과 어울려야 한다면 그들에 대해서 어떤 판단도 하지 마십시오. '이 사람은 나쁜 사람이다', 혹은 '나는 이 사람이 싫다'라고 생각하지 마십시오. 그런 사람들과 가까이 있을 때, 자기를 마음과 동일시하는 일이 적으면 적을수록 더 좋습니다.

질문: 저는 제가 집에 돌아가기 무섭게 마야에 굴복하고 말 것이라는 것을 확신합니다. 저의 영적인 미래에 대해 별로 낙관적인 생각이 들지 않습니다.

스와미: 마음이 없으면 세계도 없고 마야도 없고, 그대 자신 아닌 그 어떤 것도 없습니다. 마야는 에고이고, 에고는 마음이며, 마음은 그대가 생각하거나 지각할 수 있는 모든 것입니다. 마음으로부터, 즉 이 에고, 이 마야로부터 벗어나려면 생각에 말려드는 것을 멈추어야 합니다. 수레바퀴의 축처럼 되십시오. 바퀴가 그대 주위에서 돌아가더라도 그대 자신은 움직이지 마십시오. 축은 바퀴가 아주 빨리 돌아가고 있다 해도 움직임이 없습니다. 만일 그대가 진아의 전적인 고요함 안에 자리잡으면, 마야를 만들어내는 것은 마음의 움직임이라는 것을 이해하게 됩니다. 그대가 진아로서 완전한 침묵 안에 머물러 있을 때는 어떤 마야도 창조되지 않습니다.

또 다른 예로서, 큰 나무같이 되십시오. 바람이 불어오면 그 가지와 잎들은 흔들리지만 그 줄기는 정지해 있습니다. 만일 그대가 마음 안에 살고 있으면, 강풍에 흔들리는 크고 작은 가지들처럼 항상 요동할 것입니다. 그러나 마음과 동일시하는 일이 적으면 적을수록 (마음의) 움직임이 적겠지요. 마음의 자취가 아예 없이 자신을 의식으로만 자각할 때는 전혀 아무런 움직임이 없고, 오직 끊임없는 평안과 절대적인 고요만이 있습니다.

질문: 스와미, 당신께서는 우리가 나쁜 행위를 하지 말아야 한다고 종종 말씀하십니다. '나쁜 행위'란 정확히 무엇을 뜻합니까?

스와미: 일반적인 의미에서는 다른 존재들에게 해를 끼치는 모든 일이 나쁜 행위입니다. 그러나 그대의 주의를 진아로부터 빼앗는 어떤 행위도 나쁜 행위라고 말할 수도 있습니다. 육신과 (자기를) 동일시하는 것이 원초적인 나쁜 행위입니다. 왜냐하면 그것이 다른 모든 나쁜 행위의 원천이기 때문입니다.

15

질문: 바가반께서는 '항상 진아의 현존現存을 자각하라'고 말씀하셨습니다. 이 현존이란, 지금 저에게서 저의 개인적인 '나'와 뒤섞이는 '내가 있다'는 느낌입니까, 아니면 진정한 '나'를 말하는 것입니까?

스와미: 바가반께서는 이 '내가 있다'를 지금 여기 존재하는 것으로 말씀하십니다. 그것은 개인적인 '나'와는 아무 관계가 없습니다. 그 '내가 있다' 안에는 과거도 없고 미래도 없습니다. 『해탈정수』에서 이렇게 말하고 있습니다.

> 이 '내가 있다' 안에 자리잡고 있는 생존해탈자는 이미 지나간 과거에 상관하지 않으며, 불확실한 미래에 대해서도 상관하지 않는다. 현재 그에게 어떤 일이 닥쳐오든 그는 그냥 그것을 즐긴다. 설사 해가 달로 변하고 화장터로 실려 간 송장이 되살아난다 해도, 그는 이런 것들을 기적으로 보지 않을 것이다.

개인적인 '나'는 좋고 나쁨, 옳고 그름에 대해 판단을 합니다. 그것은 이원성 안에 영구히 말려들어 있습니다. 그 자신을 '내가 있다'로 항상 자각할 뿐인 생존해탈자는 모든 이원성을 초월해 있습니다. 그는 옳음도 보지 않고 그름도 보지 않습니다. 그는 판단하지도 않고 어떤 식으로도 그것과 동일시하지 않으면서, 일어나는 모든 일의 주시자로서 머무릅니다.

질문: 이 '내가 있다'는 느낌에 마음을 집중할 때, 편안하고 고요한 상태로 있어야 합니까? 일어나는 일을 개입함이 없이 바라보아야 합니까, 아니면 관찰하고, 면밀히 살펴보고, 비교하는 식으로 해야 합니까?

스와미: 이 '내가 있다' 안에 그저 편안히 있을 수 있으면 그것으로 충분합니다. 이 '내가 있다' 안에서, 이 의식 안에서 무슨 일이 일어나든, 그냥 그것에 무관심하십시오. 그대는 의식 자체이지 그 안에서 나타나

는 생각이나 관념이 아닙니다. 이 세상에는 좋은 일과 나쁜 일이 많이 일어나고 있습니다. 우리는 그런 일들의 대부분에 상관하지 않습니다. 왜냐하면 우리는 '이런 일들은 다른 누군가에게 일어나지 나에게 일어나는 일은 아니다'라고 생각하기 때문입니다. 그와 마찬가지로 '내가 있다' 하는 의식이 되어, 그대의 마음 안에 오고가는 여러 가지 것들에 무관심하십시오. 만약 생각들과 (자신을) 동일시하여 그것을 판단하고, 그것들을 비교하며, 그것에 대해 걱정하고, 그런 생각들을 억누르려고 하거나 아니면 어떤 식으로든 그에 관여하려고 하게 되면, 그것들이 그대에게 문제를 야기할 것입니다. 그러지 말고, 그것들에 전적으로 무관심하십시오. 아무런 주의도 기울여 주지 않으면 그것들은 결코 그대에게 좋지 않은 영향을 줄 수 없습니다.

질문: 저는 스와미께서 사뜨와 구나(sattva guna)가 진아와 하나라고 누차 말씀하신다고 들었습니다. 그러나 많은 성자들과 경전들은 일단 우리가 사뜨와 구나 안에 자리잡고 나면, 이것조차도 최종적 상태가 아니기 때문에 물리쳐야 한다고 말하고 있습니다.

스와미: 『해탈정수』의 한 절에서는, '순수한 사뜨와(pure sattva)가 실재이다. 만약 네가 라조구나(rajōguna) 및 따모구나(tamōguna)와 동일시하기를 그치면 세계와 마음이 떨어져 나갈 것이다'라고 말합니다.

진인은 순수한 사뜨와(suddha sattva)라고 말할 수 있습니다. 이것은 진아를 가리키는 다른 용어일 뿐입니다.

질문: 만약 진인이 사뜨와 구나 안에 자리잡고 있고 사뜨와 구나가 진아라면, 뜨리구나띠따(trigunātīta)[세 가지 구나를 넘어섬]라는 말의 의미는 무엇입니까?

스와미: 어떤 것도 실제로는 그대와 분리되어 있지 않습니다. 스승이 그대에게 포기하라고 하는 것—예컨대 세 가지 구나와 마야—도 궁극적으로는 그대의 일부분입니다. 그것은 모두 관점의 문제입니다. 만일

세 가지 구나로부터 물러서서 안전한 거리에서 그것들의 상호 작용을 지켜볼 줄 모르면, 그것들이 그대를 사로잡아 그대에게 문제를 일으킬 것입니다. 그러나 그대가 진아 안에 깊이 가라앉아 거기에 자리잡으면, 그것들이 그대에게 영향을 미치지 않겠지요. 바다의 깊은 곳은 표면의 파도가 아무리 심하게 몰아쳐도 그에 의해 영향을 받지 않습니다. 파도의 물은 깊은 곳의 물과 같은 물이지만, 만일 그대가 표면에 머물러 있으면 파도로 인해 끊임없이 요동치게 될 것입니다.

파도들은 바다의 작은 일부에 지나지 않습니다. 파도는 바다의 외부적 형상입니다. 마찬가지로, 형상 없는 의식의 광대무변한 바다 안에서 이름과 형상, 그리고 구나들은 표면의 작은 물결입니다. 그것들은 모두 하나인 의식의 나툼이며 그 의식과 분리할 수 없습니다. 만일 그대가 표면의 격랑을 벗어나고 싶다면 형상 없는 의식 속으로 깊이 가라앉아 거기에 안주하면 됩니다. 거기에 머무르는 법을 배울 수 있으면, 그대는 이름과 형상, 그리고 구나들에 의해 괴로움을 당하거나 영향을 받지 않고 아주 멀찍이 떨어져서 그것들을 지각할 수 있습니다. 진아의 고요한 심처深處에서 보게 되면 이름과 형상들을 별개의 것으로 보지 않게 될 것이며, 그것들이 그대의 진아의 일부라는 것을 알게 될 것입니다. 그대는 그것들을 그대 자신의 존재성 안에 있는, 멀리 있는 물결들로 인식하게 됩니다.

형상 없는 진아의 움직이지 않는 심처 안에 자리잡을 수 있으면, 그대는 뜨리구나띠따, 즉 세 가지 구나를 넘어선 것입니다. 비록 구나들이 그대의 진정한 성품인 의식의 불가분한 일부분이기는 하지만 말입니다.

의식은 형상이 있기도 하고 없기도 합니다. 신과 진인에 대해서도 같은 말을 할 수 있습니다. 의식은 그 자체 안에 모든 이름과 형상, 그리고 구나들을 포함하고 있습니다. 그러나 의식이야말로 자신의 참된 성품이라는 것을 발견한 진인은 그것들 모두를 초월해 있습니다.

질문: 우리에게는 진인이 형상을 가지고 있는 것으로 보입니다. 이 형상이 활동하는 데 구나들이 영향을 미칩니까?

스와미: 진인은 자신이 형상을 가지고 있다고 보지 않고, 자신을 오직 진아로만 봅니다. 만약 우리가 바가반을 하나의 형상에 한정한다면 그것은 우리의 잘못이지 그분의 잘못은 아닙니다. 우리가 바가반으로 착각하는 그 형상은 구나들의 활동에 의해 지배되는 것으로 보일 수는 있지만, 바가반의 관점에서는 어떤 형상도 없고 오직 진아가 있을 뿐입니다. 우리 자신과 바가반을 특정한 형상들과 동일시하는 한, 우리는 그분을 실제의 당신 모습대로 지각할 수 없습니다.

바가반께서는 언젠가 저에게 이렇게 말씀하셨지요. "모든 형상은 신이고 모든 활동은 신의 활동이다." 이것은 각 별개의 형상들이 신의 한 나툼이라는 의미가 아닙니다. 왜냐하면 진아 안에는 별개성 같은 것이 존재하지 않기 때문입니다. 모든 사람, 모든 사물, 그리고 그들이 서로 반응하게 하는 모든 구나들은, 나눌 수 없고 드러나지 않은 진아 안의 분리할 수 없는 겉모습들입니다.

질문: 스와미, 단식을 하는 것은 좋습니까?

스와미: 저는 언젠가 바가반께 수행자는 어떤 음식을 먹어야 하는지 여쭈어 보았지요.

당신은 이렇게 대답하셨습니다. "뱃속에 너무 많은 음식을 채우면 자네의 기력과, 의식을 계속 자각하는 능력이 감소하겠지. 그러나 만일 뱃속에 든 음식의 양이 적으면 자네의 자각이 양호할 것이네."

배를 완전히 비워두고 있을 필요는 없습니다. 명상을 잘 하고 싶으면 적은 양의 순수성 식품을 섭취하는 것이 가장 좋습니다.

척수脊髓 안에는 굵기가 실오라기만큼도 안 되는 통로가 하나 있습니다. 이 통로를 통해 빛이 수슘나(sushumnā)[미세신 안의 통로] 속을 오르내립니다. 뱃속에 너무 많은 음식을 집어넣으면 이 빛이 가려집니다.

질문: 스와미께서는 1940년대에 적어도 1년간은 묵언黙言(*mauna*)을 하셨습니다. 그 당시에는 이곳이 아주 평화롭고 조용했을 것이 틀림없습니다. 오늘날은 이 지역도 확성기, 버스, 트럭, 라디오 따위의 소음으로 가득 차 있습니다. 저도 한 동안 묵언을 해 보고 싶다는 생각이 듭니다. 그러나 주위에 많은 소음이 있는데 묵언을 하는 것이 무슨 이점이 있습니까?

스와미: 묵언은 외적인 침묵이 아니라 내적인 침묵을 뜻합니다. 설사 바깥에 많은 소음과 방해 요인이 있다 해도 우리는 그것을 신의 나툼으로 받아들여야 합니다. 그것이 방해 요인이라는 태도를 취하면, 우리는 존재하는 것에 저항하는 것입니다. 이는 우리의 내면에 근심을 야기할 뿐입니다. 그러나 존재하는 모든 것을 신성하다고 보면, 그 어떤 것도 우리를 방해하지 않을 것입니다.

그대는 세계에 대해 판단을 하면 안 됩니다. 그대는 '조용한 환경은 좋다. 시끄러운 환경은 나쁘다' 하고 생각합니다. 이런 생각들을 가지고 있으면 필시 마음의 활동 안에 말려들고 맙니다. 그대가 살고 있는 이 세계나 환경에는 전혀 잘못된 것이 없습니다. 오직 결함이 있다면 그것은 세계를 바라보는 (그대의) 마음 안에 있습니다. 그대가 마음의 소견을 바꾸면 세계도 자동적으로 변합니다. 또 다른 방법으로는, 그대의 모든 마음을 신에게 드려도 됩니다.

성자 냐나삼반다르(Jnanasambandhar)가 말했습니다. "우리가 이 비참한 세상에서 행복하게 살 수 있는 길이 있다. 그 길이란 우리의 마음을 신에게 드리는 것이다."

바가반께서는 이렇게 말씀하셨지요. "그대의 마음을 신에게 내맡기고 모든 형상들을 신으로 보라. 모든 존재들에 대해 공평한 사랑을 가져라. 이와 같이 사는 사람만이 행복할 수 있다."

16

질문: 진아를 깨달으려면 찾는 그 사람을 부단히 착파해야 한다는 것이 맞습니까? 진아를 추구하고 있는 이 사람을 항상 자각해야 합니까?

스와미: 찾고 있는 그 사람을 착파할 필요는 없습니다. 만약 찾고 있는 그 사람이 바로 마음이 헤매고 있는 그 사람과 동일하다는 것을 보면, 만약 그 둘 다 거짓임을 보면, 그대는 이미 깨달아 있습니다. 등불을 켜면 어둠은 존재하지 않습니다. 그대가 그대 자신을 진아로 알게 되면 '진아 아닌' 어둠은 사라집니다.

질문: 마음 안에 말려들지 않기가 무척 어렵습니다. 생각들로부터 초연하게 있는 것은 밀려오는 조수潮水를 막으려는 것과 같습니다. 새로운 생각들의 물결이 몇 초마다 그 초연한 관찰자를 씻어가 버립니다.

스와미: 자기탐구는 거듭 반복해서 꾸준히 해나가야 합니다. 헤매는 마음도 그것을 계속해서 찬찬히 살펴보면 점차 그 힘을 잃습니다. 마음은 그대가 생각과 감정에 기울이는 주의(관심)로부터 모든 힘을 얻습니다. 만약 생각과 감정에 어떤 주의도 기울이지 않고 그 대신 한 생각이 나타나기가 무섭게 그에 도전하면, 조만간 그대의 주의는 온갖 산란한 생각에게로 흘러가지 않게 될 것입니다. 찰나적인 생각들이 끌어당기는 힘이 줄어들어 더 이상 그것이 나타날 때마다 붙들고 씨름할 필요가 없게 되었다고 느끼는 지점에 도달하면, 그대는 마음이 흩어짐 없이 자신의 진정한 성품을 체험하면서 고요히 휴식할 수 있게 됩니다.

질문: 우리는 많은 별개의 사물들로 이루어진 세계를 보는 데 익숙해져 있습니다. 우리의 소견을 어떻게 바꾸어야 도처에서 오직 진아만을 볼 수 있겠습니까?

스와미: 그대의 관심을 그대 내면의 '일체에 두루한 의식'에로 계속 돌려주면, 많은 것을 보는 그런 습은 점차 사라질 것입니다. 그대가 다수성(multiplicity-다양한 이름과 형상들)을 보는 것은 단지 그 습에 그대가 관

심을 기울이기 때문입니다. 그러지 말고 바로 지금, 그대의 에너지를 그 습에서 물러나게 하여 진정한 자기 쪽으로 향하게 하십시오. 진아 안에 꾸준히 안주하면 다수성의 환幻에 저항하는 에너지를 축적하게 됩니다. 그대가 순수 의식 안에 계속 몰입함에 따라, 하나를 많은 것으로 보는 습이 감소하다가 마침내 점차 사라집니다.

질문: '타자성他者性'(otherness)이 사라지는 것은 에고가 사라지는 것과 동시입니다. 그게 맞습니까?

스와미: 예.

질문: 저는 우리가 강한 에고를 가지고 있을 때, 주변의 사람들도 강한 에고를 가지고 있는 것 같다는 것을 발견했습니다. 우리가 몸과 마음으로부터 초연해지기 시작할 때는, 다른 사람들로부터 방사되는 기운들을 느끼지 못하는 것 같습니다.

스와미: 자신의 에고를 제거한 사람은 다른 사람들을 그 자신의 일부분으로 봅니다. 마치 팔, 다리, 발 등이 한 몸뚱이의 일부이듯이 말입니다. 모두가 하나입니다. 마니까바짜가르(Manikkavachagar)가 이렇게 노래했습니다. "그대들은 하나이며, 그 누구도 그대와 떨어져 있지 않네."

진인은 다른 사람들을 보지 않습니다. 그는 자기(진아)를 볼 뿐입니다. 그러한 사람들 안에, 그리고 가까이에 있는 영적인 힘은 다른 사람들로 하여금 그들의 불완전한 소견을 잃어버리게 도와줍니다. 그래서 삿상이 그렇게 중요하고 그렇게 유익한 것입니다.

바가반께서 언젠가 이렇게 말씀하셨습니다. "오직 진인들만이 순수한 사람들이다. 다른 사람들은 에고로 오염되어 있다. 진인들과 친교를 갖는 것은 영적인 진보를 이루고 싶어 하는 사람들에게 아주 중요하다."

질문: 삿상(satsang)은 '진인들과의 친교'를 뜻합니까, 아니면 그것은 '좋은 사람들과의 친교'도 뜻할 수 있습니까?

스와미: 진정한 사뜨(sat)는 존재인데, 바로 그대의 내면에 있습니다.

그것과 친교하면, 그대가 그쪽으로 주의를 돌릴 때마다 그대는 삿상을 하는 것입니다. 그런 삿상을 하는 데는 진인이 필요하지 않습니다. 어디서나 그것을 가질 수 있지요. 반면에 진인 가까이에서 살고 있는 세속적인 사람들은, 진인의 사뜨에 마음을 맞추지 않아서 삿상을 갖지 못하는 경우가 많습니다. 성자들의 가까이에서 살고 있는 어떤 사람들은 암소의 젖통에 붙어사는 '운니'(unni-진드기)라고 하는 곤충과 같습니다. 이 곤충들은 거기서 젖 대신에 피를 빱니다. 바가반과 신체적으로 친교하던 어떤 사람들은 당신의 가르침을 무시했고, 당신이 방사하는 은총에 접촉하지 못했지요. 그들은 아쉬람에서 일하면서 밥을 먹었지만, 거기 있으면서도 거의 이익을 얻지 못했습니다. 이 사람들은 삿상을 하고 있은 것이 아니라 단지 '인간 운니'였던 것입니다.

바가반과 친교했지만 '모두가 브라만이다. 모두가 진아다' 하는 비이원적인 견해에 찬동하지 않던 일단의 브라민이 있었습니다. 그 당시에 우리는 '모두가 브라만이다'라고 되풀이해서 말하고 있는 『리부 기타』의 글귀들을 많이 읽고 있었습니다. 이 브라민들은 그런 사상에 동의하지 않았기 때문에 우리의 송경誦經에 동참하지 않았습니다.

그들은 이렇게 말하곤 했습니다. "당신들이 말하는 이 브라만이 어디 있소? 어떻게 그것이 모든 것일 수 있소? 당신들은 그것을 체험하지도 못하면서 어떻게 '모두가 브라만이다'라고 찬송할 수 있소? 이런 가르침은 어쩌면 바가반 같은 분들에게는 유익할지 모르지만, 왜 우리 같은 사람들이 이런 글귀를 앵무새처럼 끝도 없이 따라해야 하오?"

바가반 자신이 우리에게 이 경전을 규칙적으로 독송하라고 권하셨지요. 부단히 그리고 자주 이것을 독송하면 삼매에 이를 수 있다고 말씀하셨습니다. 이 가르침을 주면서 바가반은 우리에게 당신의 진정한 성품인 사뜨를 어느 정도 체험하게 해 주셨습니다. 사실상 당신은 우리에게 대단히 효과적인 방식의 삿상을 베푸셨던 것입니다. 그러나 이 브라민들은 그것을 원치 않았습니다. 대신에 그들은 그 책의 내용에 대해 불평했습니다. 그런 사람들은 바가반의 사뜨와 친교하는 방법을 의도적으로 거절했는데, 어찌 그들이 바가반의 삿상을 얻고 있었다고 말할 수 있겠습니까?

질문: 그런 사람들이 비록 바가반의 가르침을 이해하지 못하고 그 가르침을 따르지 않았다 하더라도, 바가반의 가까이에 있었다는 것만으로도 얼마간 이익을 얻지 않았습니까? 아마도 그들이 가졌던 바가반과의 신체적 친교는 내생에 언젠가 열매를 맺겠지요.

스와미: 예, 맞습니다. 『요가 바쉬슈타』(*Yoga Vāsishta*)에서는, 진인과 교류하는 사람은 불과 4, 5생 안에 해탈을 얻게 될 것이라고 했습니다. 이런 사람들은 바가반과 신체적으로 친교했기 때문에, 그분의 가르침을 믿고 수행하지는 않았다 해도 그 가르침을 알게는 되었습니다. 이러한 가르침은 적당한 시기와 조건이 되면 싹이 트는 씨앗과 같습니다.

질문: 구루 나나끄(Guru Nanak),[21] 까비르(Kabir)[22] 같은 성자들은 신상神像 숭배를 아주 비판했다고 합니다. 그런데 바가반은 수행의 어떤 단계에 있는 사람들에게는 그런 숭배가 도움이 된다고 설명했습니다. 제가 읽은 바로는 참된 진인은 어떤 것도 비판하지 않는다고 합니다. 이것은 이들 성자들이 진인이 아니었음을 뜻합니까? 아니면 그들의 추종자들이 그들의 가르침을 올바르게 이해하지 못했던 것입니까?

스와미: 구루 나나끄와 까비르가 진인이었다는 것은 의심할 나위가 없습니다. 해탈을 얻기 위해 열심히 노력하는 구도자(*mumukshus*)[진아 깨달음을 원하는 사람]들이 신의 형상에 집착하면 종종 진리를 향한 그들의 진보가 완전히 멈추어 버리는 경우가 있습니다. 그래서 그런 존재들을 위한 자비심에서 성자들은 신상 숭배를 비판한 것입니다.

---

21) [역주] 시크교의 창시자(1469~1539). 힌두교와 회교의 가르침을 겸비했다.
22) [역주] 북인도 출신의 성자(1440~1518?). 경전, 카스트, 신상 숭배, 의식 등 종교의 모든 외부적 형식을 배격하고 신에 대한 단순한 사랑을 역설했다.

깨달은 이들은 어떤 것에 대해서도 비판적인 판단을 내리지 않습니다. 비록 그들이 외관상 무엇을 비판하는 것처럼 보일지라도 그것은 다른 사람들의 이익을 위해서 그러는 것뿐입니다. 그들 자신의 내적인 체험은 어떤 '선'도 '악'도 존재하지 않는다는 것입니다.

만일 그대가 여전히 육신을 자기로 알고 있다면 신상 숭배를 한다고 해서 잘못은 없습니다. 생각이 육신에 집중되어 있어서 이 육신을 '나'라고 여기는 사람들도, 외부적인 숭배를 할 때는 신에 대한 생각으로 꽉 차게 됩니다. 그들은 그들 자신의 작고 제한된 자아보다 훨씬 큰 어떤 힘을 알게 됩니다. 보통 사람들의 마음을 신에 대한 자각으로 돌려주는 어떤 신앙 행위도 우리는 비판해서는 안 됩니다.

신상 숭배가 어떤 사람들에게는 도움이 된다고 말씀하신 바로 그 바가반께서 저에게는 "자네는 어떤 외부적인 숭배도 할 필요가 없네"라고 하셨습니다.

여러 해가 지난 뒤에 당신은 저더러 당신을 보러 와서는 안 된다고까지 말씀하셨습니다. 그 이유는 말씀하시지 않았지만, 제 추측으로는 그것이 제가 당신의 외부적 형상에 대한 집착을 포기하기를 바라신 것이 아니었겠나 생각합니다.

당신은 저에게 이렇게 말씀하셨지요. "자기를 착파하게. 그것을 할 수 있으면 다른 어떤 수행도 필요 없네. 이것이 궁극의 마지막 수행이라네."

바가반은 당신의 어느 시구[『실재사십송』, 제4송]에서 이렇게 쓰셨지요. "그대가 형상을 가지고 있으면 신도 하나의 형상을 가지고 있고, 그대가 형상이 없으면 신도 아무런 형상이 없다." 만약 우리가 모든 형상을 신의 나툼으로 볼 수 있다면, 신이 아무런 형상이 없다고 어떻게 말할 수 있겠습니까? 『리부 기타』에서는 이렇게 말하고 있습니다. "모든 형상은 브라만이다."

질문: 저는 어디에선가 이런 글을 읽었습니다. "모든 형상은 그의 형상이지만 그는 아무 형상이 없다."

스와미: 그렇습니다. 바다는 그 위에 많은 파도를 외부적 형상으로서 가지고 있지만 물 자체는 형상이 없습니다. 마니까바짜가르는 이렇게 노래했습니다. "신은 어둠인 동시에 빛이라네. 그는 남성인 동시에 여성이네. 그는 거짓[幻]인 동시에 실재한다네. 그는 모든 것이라네."

17

질문: 저는 최근에 어떤 친구한테서 편지를 한 장 받았습니다. 그것을 읽으면서 저는 아주 행복했고, 제 마음은 들떴습니다. 나중에 저는 이렇게 생각했습니다. '내가 이 사람한테 집착하고 있구나. 나는 모든 이를 평등하게 사랑하지 않는구나.'

스와미: 어떤 특정한 사람을 사랑하거나 좋아하는 것은 좋지 않습니다. 모든 사람에게 사랑을 느끼십시오. 그것이 무욕입니다.

질문: 저는 좋은 친구가 하나 있는데 이 사람은 지금 10년째 감옥에 들어가 있습니다. 그는 아주 절망하고 있습니다. 제가 그를 도와줄 무슨 방법이 없겠습니까?

스와미: 이 온 우주는 신에 의해 운영됩니다. 우리는 모든 짐을 그의 발 아래 내려놓아야 합니다. 세계를 주관하는 일은 신에게 맡겨두십시오. 우리의 육신이 이 세상에서 무엇을 할 것인지는 신이 정해놓았습니다. 그대의 친구의 몸이 감옥에 있는 것은 신의 뜻입니다. 그러나 신은 사람들의 마음을 구속하지 않습니다. 마음은 항상 그를 향할 수 있는 자유가 있습니다. 마음은 항상 진아를 향하면서 스스로를 육신의 행위들로부터 떼어놓을 수 있습니다.

그대가 친구를 돕고 싶다면 그에게 바가반의 책들을 보내주십시오. 그러면 그는 그 자신의 진아를 알 기회를 갖게 될 것입니다. 만일 그가 그 책들을 이해하면 비록 몸은 갇혀 있어도 내적인 자유를 얻으려고 노력할지 모릅니다. 그는 몸이 감옥에 갇혀 있기 때문에 아마도 고통받고 있겠지요. 바가반의 가르침을 읽어보고 자신의 참된 성품에 관해 좀 이해하게 되면, 그는 자기 몸뚱이만 감옥 안에 있을 뿐임을 이해하게 될 것입니다. 그 누구도 진아를 감옥에 가두지 못합니다. 만약 그가 자신의 진정한 자기와 동일시하는 법을 배우면, 자기 간수들보다 더 자유로워질 것입니다.

우리가 진아를 모르면 그 결과는 불행과 고통뿐입니다. 그대의 친구는 아마 자기가 감방에 갇혔다고 생각하고 비참하게 느끼고 있겠지요. 감옥 밖에 있는 사람들은 (자기를) 육신과 동일시하여 그들 자신을 제한하기 때문에 대부분은 똑같이 비참합니다. 밖에 있는 사람들은 (자기를) 육신과 동일시하여 그들 자신을 육신 안에 투옥시킵니다. 감옥 안에 있든 밖에 있든, 진아를 모르는 사람들은 비참한 삶을 살아갑니다.

오로빈도(Aurobindo)[23]는 감옥 안에서 많은 수행을 했고, 간디도 그랬습니다. 만일 올바른 마음가짐을 가진다면, 감옥은 명상하기에 아주 좋은 장소가 될 수 있습니다.

질문: 진아 안에서 안정되려면 많은 노력이 듭니다. 제 친구가 그런 노력을 할 수 있을지 확신이 들지 않습니다.

스와미: 그렇습니다. 대단한 노력이 필요합니다. 나무가 젖어 있으면 불이 곧바로 붙지 않습니다. 그것을 먼저 햇볕에 말려야 합니다. 부단한 명상에 의해 우리의 마음이 마르고 나면, 진아로부터 나오는 단 한 번의 불꽃으로도 그것을 점화시킬 수 있습니다.

어떤 사람들은 과거의 죄업 때문에 많은 고통을 겪습니다. 이런 고통은 햇빛이 나무를 말리듯이, 어느 정도 마음을 정화합니다. 마음이 어느

---

23) [역주] 인도의 철학자, 성자(1872~1950). 영국에서 공부하고 돌아온 뒤 인도의 독립 투쟁에 가담했으며, 1908년에 체포되어 약 1년간 감옥 생활을 했다. 나중에 뽄디체리에 아쉬람을 열고 많은 사람들을 가르쳤다.

정도 정화되고 나면 진지(*jnāna*)를 얻기에 더 적합해집니다.

신은 종종 우리의 주의를 세상으로부터 돌려서 그에게로 향하게 하기 위하여 우리에게 많은 어려움을 안겨주기도 합니다. 우리는 고통과 좌절을 느끼면 이렇게 묻기 시작합니다. '이런 고통을 없애는 데 도움이 될 어떤 것을 우리가 할 수 있나?'

우리는 자주 신에게 도움을 청합니다. 이 세상의 고통은 신의 선물인 경우가 많습니다. 우리가 신의 왕국(kingdom of God)으로 들어가는 것은 불행과 고통의 문을 통해서인 것입니다.

고통은 우리가 몸 및 마음을 자신과 동일시하기 때문에 나타날 뿐입니다. 실제로는 어떤 불행도 없고 어떤 고통도 없습니다.

바가반께서는 이렇게 말씀하시곤 했지요. "신이 창조한 세계에는 아무 잘못된 것이 없다. 불행과 고통은 마음속에 존재할 뿐이다."

우리가 우리 자신에 대해 가지고 있는 그릇된 관념 때문에 고통받는다면, 이런 관념들을 포기하거나 아니면 신에게 향함으로써 고통을 초월하는 법을 배워야 합니다. 고통은 우리에게, 우리의 자기 제한적인 무지(self-limiting ignorance)에서 탈출할 추진력을 줍니다. 만약 신이 고통과 불행이라는 이 선물을 주지 않으면, 많은 사람들은 한 평생 신과 동떨어져서 자신의 참된 성품을 모른 채 만족하며 살아갈 것입니다.

질문: 스승의 은총이 업을 태워버립니까? 스승은 우리의 과거의 나쁜 업 중에서 어떤 것을 가져갈 수 있습니까?

스와미: 저는 바가반을 여러 해 동안 모셨습니다. 바가반께 온 정성과 온 마음으로 많은 봉사를 함으로써 제 전생의 업들은 쉽게 소멸되었습니다. 그것은 모두 그분의 은총을 통해서였습니다. 이 기간이 끝나자 바가반께서 저에게 말씀하셨지요. "자네의 업은 끝났다"라고 말입니다. 저는 바가반께서 그런 큰 축복을 주시리라고는 기대하지 않았습니다.

바가반과 같은 스승을 발견하는 것은 우리의 업에 달려 있습니다. 우리가 전생에 수행을 하지 않았으면 그런 스승을 발견하기를 바랄 수 없습니다.

지知의 길(path of jnāna)은 단지 적은 업業만 남아 있는 사람들을 위한 것입니다. 아직도 겪어야 할 업이 많은 사람들은 지知의 길을 성공적으로 따라갈 수 없습니다. 왜냐하면 그들은 고요하고 침묵할 수 있는 힘을 가지고 있지 못하기 때문입니다. 고요하게 있을 수 있는 법을 배운 사람들만이 진아 안에 안주할 수 있습니다.

바가반 같은 스승을 발견할 만큼 복이 있는 사람이라면, 그 스승과 함께 머무르면서 온 마음을 다해 그에게 봉사해야 합니다. 많은 사람들이 바가반을 찾아왔고, 봉사(sēvā)를 했고, 진아 깨달음을 원한다고 말했습니다. 그러나 얼마 지난 뒤에 이들 중 많은 사람들은 자기가 바가반을 찾아 온 목적을 잊어버렸습니다. 그들은 아쉬람의 정치(권력 다툼)에 가담했고, 곧 진아 깨달음에 대한 열망을 잃어버렸습니다. 또 어떤 사람들은 약간의 좋은 체험을 얻고 나서 더 이상 배울 것이 없다고 생각하고 떠나버렸습니다.

만약 그대가 스승과 함께 머무를 수 있는 기회가 있다면, 그를 떠나거나 그의 가까이에서 세속적인 활동에 몰두하여 그 좋은 기회를 허비하지 말아야 합니다.

질문: 우리가 열심히 명상하면 명상의 흐름이 밤에도 계속된다고 하는 글을 읽은 적이 있습니다. 밤에 잠자리에 들기 직전에 저는 저 자신에게 '나는 몸뚱이가 아니다, 나는 마음이 아니다, 나는 내재적인 진아다'라고 되뇝니다. 그것이 무슨 효과가 있기는 하겠습니까? 그것이 밤에도 작용합니까?

스와미: 그대가 하는 방식은 아주 좋습니다. 그대의 마음속에서 맨 위에 오는 강한 확신을 가지고 잠자리에 들면 그것은 그대가 잠을 자고 있는 동안에도 작용합니다. 이 생각이 그대가 잠을 자고 있는 중에도

있으면, 다음날 아침 이 생각이 그날의 첫 생각으로서 저절로 떠오를 것입니다.

질문: 스와미께서는 우리가 몸을 자기와 동일시해서는 안 된다고 빈번히 말씀하십니다. 만약 '이것이 내 몸이다'라는 관념을 물리친다면, 진아를 깨닫기 위해 제가 다른 어떤 도구를 쓸 수 있습니까? 수행을 하는데 이 몸을 쓰기 위해서는 얼마간 육체와 동일시하는 것이 필요하지 않습니까?

스와미: 그대는 셔츠 하나를 입고 있습니다. 그렇다고 해서 이 셔츠를 그대 자신이라고 여겨야 합니까? 그대는 몸을 따뜻하게 하기 위해 셔츠를 입고 있지만, '내가 셔츠다'라고 말하지는 않습니다. '나는 몸이다'라고 생각하지 않아도, 진아를 깨닫는 하나의 도구로 몸을 사용할 수 있습니다. 몸을 그저 하나의 유용한 도구로 간주하십시오.

질문: 저는 이러한 가르침의 어떤 측면들은 납득이 되지 않습니다. 바가반께서 깨달으셨다는 것은 의심할 바 없지만, 그 상태에서 그분은 여전히 당신의 육신을 자각했습니다. 바가반은 병이 났을 때, '내가 아프다'고 하지 않고 '그것이 아프다'고 하셨습니다. 그 육신의 고통을 자각했으니, 그분도 (자신을) 육신과 조금은 동일시하신 것이 틀림없습니다.

스와미: 설사 육신이 고통을 경험하고 있었다 해도 바가반은 그것을 넘어서 있었습니다. 당신은 육신에 일어나는 그 어떤 일에 의해서도 영향을 받지 않았습니다.

질문: 그분은 그것에 상관하지 않았거나 혹은 마음이 어지럽지 않았다는 의미에서 넘어서 있었습니다. 그러나 그분은 고통을 경험하는 육신을 여전히 자각하고 있었습니다.

스와미: 고통에 대한 자각은 있었지만 '이것은 내 몸이다. 나는 아프다' 하는 느낌은 전혀 없었지요. 그대는 한 그루 나무에 날아 드나드는 새들에 대해 '나는 이 나무다. 이 새들은 내 것이다'라고 생각하지 않고

도 새들을 지각할 수 있습니다. 마찬가지로 바가반은 '나는 이 몸이다. 이 고통은 내 것이다'라고 생각하지 않고도 신체적 감각을 자각하실 수 있었지요. 바가반은 다른 사람들이 도띠를 입고 있는 것과 똑같이 하나의 육신을 입고 계셨던 것입니다.

그대는 바가반의 육신과 그대 자신의 육신, 두 육신에 대해 너무 많은 중요성을 부여하고 있습니다. 육신을 전혀 자각하지 않고도 존재하는 것이 가능합니다. 깊은 잠이 들었을 때의 경험에 비추어 그대는 이것이 가능하다는 것을 납득할 것입니다.

그대의 질문과 의심은 모두 몸-마음의 수준, 즉 그대가 하나의 육신이고 한 사람이라는 관념에서 나옵니다. 실제 있는 그대로의 진아를 깨달으면, 육신과 진아의 관계가 무엇인지를 발견할 수 있습니다. 그러나 그 체험을 얻으려면 먼저 자신이 육신이고 사람이라는 생각을 포기해야 합니다. 그대가 여전히 육신에 관한 그릇된 관념들에 집착하고 있는 동안은 그 체험을 결코 가질 수 없습니다. 육신에 관한 그대의 의문들은 그것을 토론한다고 해서 해소되지 않습니다. 그것을 포기해야만 의문들이 해소됩니다.

질문: 진정한 '나'와 거짓된 '나'의 관계는 무엇입니까? 그들 간의 연관은 무엇입니까?

스와미: 그것만이 존재하는 것과, 그대의 마음 밖에서는 한시도 존재성을 가져 본 적이 없는 것 사이에 무슨 연관이나 관계가 어찌 있을 수 있겠습니까? 진아만이 존재합니다. 진아는 어떤 것과도 아무런 관계나 연관을 갖지 않습니다. 왜냐하면 진아와 분리되어 있어서, 진아가 그것과 관계를 가져야 할 것이 아무것도 없기 때문입니다. 거짓된 '나'는 전혀 실재성이 없습니다. 그것은 하나의 그릇된 믿음일 뿐입니다. 그대가 마침내 자신이 한 육신 안에 살고 있는 사람이라고 믿는 것을 그만두면, 그대의 진정한 실체를 자각하게 됩니다.

모들뜨기[內斜視] 눈을 가진 어떤 사람이 아루나찰라 산 정상을 보면 그것이 하나로 보이지 않고 둘로 보이겠지요. 그런 사람이 만약 자기 시각(vision)에 결함이 있다는 것을 모른다면 이렇게 물을지 모릅니다. '저 두 봉우리 간의 관계는 무엇인가? 두 봉우리 사이에 다리를 어떻게 건설할 수 있을까?' 이런 사람에게 해 줄 수 있는 적절한 답변은 이것 하나뿐입니다.

"당신의 안목에 결함이 있습니다. 당신의 시력을 교정하면 당신도 봉우리가 하나뿐이라는 것을 보게 될 것입니다. 두 번째 봉우리는 당신의 마음 바깥에서는 결코 존재한 적이 없습니다."

그대의 영적인 안목에 결함이 있습니다. 그것이 그대로 하여금 하나인 진아 대신에 (많은) 대상들을 보게 합니다. 그대가 진아 안에 자리잡으면 이런 결함을 고칠 수 있습니다. 안주자(*nishthā*)는 여러 개를 지각하지 않습니다. 그는 오직 하나인 진아를 자각할 뿐입니다.

18

질문: 저는 (제가 받은) 가르침이 내면에서 어떻게 진행되는지 관찰합니다. 오늘 아침 제가 일어났을 때 처음 떠오른 생각은 '나는 바가반의 발 아래서 피난처를 얻는다'였습니다. 그러나 그때 즉시 하나의 새로운 생각이 일어났습니다. '피난처를 얻는 것은 누구인가?' 하고요. 저는 이런 새로운 태도가, 스와미님의 가르침을 들은 결과라고 생각합니다.

스와미: 그대의 질문은 옳습니다.

질문: 저는 내면에 어떤 깨어 있음(alertness)이 있다고 느낍니다.

스와미: 생각이 일어나자마자 그 근원을 탐구해 들어가면 그대의 주의는 진아를 향하게 됩니다. 진아는 항상 깨어 있습니다. 그것이 진아의 성품입니다.

질문: 저는 바가반의 형상과 같은, 뭔가를 붙들고 있는 데 아주 익숙

합니다. 그것은 안전을 추구하는 저의 한 측면입니다. 이제는 안전에 대한 욕구가 저를 떠나고 있는 것을 볼 수 있습니다.

스와미 : 모든 의지물(스승의 보호 등)을 포기할 때만, 진정한 바가반을 강하게 붙잡을 수 있습니다. 의지물들을 포기한다고 해서 그대의 안전을 포기하는 것은 아닙니다. 그대는 진정한 바가반 안에서 더욱 확고해집니다.

상像, 즉 바가반의 형상조차 마야(幻, māyā)입니다. 그분은 우리의 내면에 진아로서 살고 있습니다. 그것이 진정한 바가반입니다. 성자 마니까바짜가르는 시바의 은총을 받고 난 뒤, 그를 환사幻師(māyāvādin)[환의 원리를 설하는 이]라고 부르면서 시바를 찬양하는 노래를 불렀습니다. 우리는 스승으로부터 마야에 관한 진리를 배워야 하고, 그런 다음 그것을 초월하기 위해 그의 은총을 이용해야 합니다.

찐나스와미는 언젠가 저한테 겁을 주려고 저에게 이렇게 말했습니다. "바가반이 자네에게 말씀하시는 것을 믿지 말게. 당신은 환사幻師이시네. 당신은 자네를 미혹시키고 자네를 속이실 걸세."

저는 이렇게 대답했습니다. "'바가반이 이 몸과 마음을 속이실지는 모르지만, 그러나 그렇게 하면서 당신은 저에게 진아를 보여주실 겁니다.'"

여기에 온 초기에 저는 한 번 바가반께서 거처하셨던 망고나무 산굴(Mango Tree Cave)을 보려고 산으로 갔습니다. 그 근처에 길고 헝클어진 머리를 한 어떤 사두가 연화좌蓮華坐 자세로 앉아 있었습니다. 저는 그가 엉터리 사두라고 생각했으므로, 그를 무시하고 산굴로 갔습니다.

제가 (산굴을) 나와서 그를 지나갈 때 그가 화를 내며 소리를 지르더군요. "그대는 내 앞을 지나가면서 절도 하지 않는군! 그에 대해 나는 그대를 저주한다! 그대는 소멸될 것이다!"

저는 그를 보고 웃으면서 이렇게 말했습니다. "나는 소멸되고 싶었기 때문에 아루나찰라로 왔소. 당신의 저주가 실현되기를! 왜냐하면 나는 나의 에고가 소멸되기를 원하니까!"

그 사두는 제가 그를 전혀 두려워하지 않는 것을 보고 아주 마음이 편치 않았습니다.

질문: 일전에 스와미께서는 누가 여기 아루나찰라의 기슭에 살 수는 있지만, 만약 그 사람의 마음이 여기에 있지 않으면 여기 머물러 있다 해도 아무것도 얻지 못할 거라고 말씀하셨습니다. 『아루나찰라 뿌라남』(Arunāchala Purānam)이나 바가반의 말씀에 의하면 아루나찰라를 생각하기만 해도 우리가 해탈을 얻을 수 있다고 합니다. 스와미께서 말씀하신 것에 비추어 본다면 지금 이런 말씀들은 어떻게 이해해야 합니까?

스와미: '아루나찰라를 생각하는 사람은 해탈을 얻을 것이다'—경전에서 이렇게 말하고 있습니다. 그러나 비록 아루나찰라에 살고 있다 해도 이 산에 대해 아무런 신심도 느끼지 못할 수 있습니다. 어떤 사람은 그것을 신으로 보지 않을 수도 있습니다. 많은 사람들은 여기 살면서도 이 산에 대해 잠시 지나가는 생각 이상은 하지 않습니다. 그런 사람들을 어떻게 아루나찰라에 산다고 단정할 수 있겠습니까? 진실은, 우리는 우리의 마음이 가 있는 곳에 산다는 것입니다.

설사 우리가 여기 산다 해도 우리의 온 마음이 다른 곳을 생각한다면, 우리는 실제로는 그 다른 곳에 있는 것입니다. 라마끄리슈나 빠라마한사가 곧잘 하던 이야기가 있습니다.

한때 두 친구가 『바가바땀』(Bhāgavatam)24)에 대한 강의를 들으러 갔습니다.

가면서 한 친구는 이렇게 생각했습니다. '이 바가바땀 안에 뭐가 있다는 거야? 차라리 창녀한테나 가서 약간의 행복을 즐기자.'

그는 창녀의 집으로 갔고, 그의 친구는 그 강의를 들으러 갔습니다.

---

24) [역주] 주로 끄리슈나의 생애를 중심으로 기술하고 있는 힌두 경전. 『바가바따 뿌라나』(Bhagavata Purana)라고도 한다.

먼저 친구는 창녀와 누워 있을 때, 자기가 한 짓에 대해 약간의 죄책감을 느끼기 시작했습니다.

그는 스스로 생각해 보았습니다. '이 사람 몸 받은 때를 이용하여 신에 대한 이야기를 듣고, 신에 대해 명상한다는 것은 얼마나 좋은 일인가!' 그는 전에 들었던 『바가바땀』에 나오는 이야기들을 그리운 듯이 생각하기 시작했습니다. 이러한 감정 때문에 비록 그의 몸은 창녀와 함께 있었지만, 그의 마음은 『바가바땀』에 가 있었습니다.

『바가바땀』을 들으러 간 다른 친구는 자기 친구가 창녀와 무엇을 하고 있을까를 생각하고 있었습니다. 그는 혼자 이렇게 생각했습니다. '내 친구는 나보다 훨씬 재미있을 거야.'

그의 몸은 강의장에 있었지만 그의 마음은 『바가바땀』에 있지 않았습니다. 그것은 창녀에게 가 있었던 것입니다. 창녀와 함께 있었던 친구는 『바가바땀』을 듣는 공덕을 지었습니다. 다른 친구는 비록 몸은 강의장에 있었지만, 창녀와 함께 있는 죄를 지었습니다.

질문: 그러니까 바가반께서 '아루나찰라를 생각하면 해탈을 얻는다'고 말씀하셨을 때, 그것은 한 번 지나가는 생각을 말한 것이 아니라 우리가 마음을 항상 아루나찰라에 두고 있어야 한다는 뜻이었군요.

스와미: 『문자혼인화만』에 이런 구절이 있습니다. '오, 아루나찰라! 제가 당신을 생각하다가 당신의 은총의 그물에 걸려 버렸을 때, 당신은 한 마리 거미처럼 저를 꽉 붙잡아 먹어 버렸습니다.'

그대가 아루나찰라를 단 한 번만 생각해도, 아루나찰라는 그대를 자기 안으로 끌어당기면서 반응합니다. 즉, 그대로 하여금 자신(아루나찰라)에 대해 더 많이 생각하게 만드는 것입니다. 그 생각들이 강하고 지속적일 때, 아루나찰라는 그대를 완전히 순복하게 만듭니다. 그때 그것은 마치 거미처럼 그대를 자기의 그물로 끌어당겨 궁극적으로 파괴해 버립니다. 그래서 성숙된 헌신자의 경우에는 아루나찰라를 단 한 번 생각하기만 해도, 한 걸음 한 걸음 해탈로 나아간다고 말할 수 있습니다.

질문: 아루나찰라와의 관계 말인데요, 그것은 마음 속에 있습니까, 아니면 심장 속에 있습니까?

스와미: 『문자혼인화만』의 첫 구절은 두 가지 뜻이 있습니다.

1) 오 아루나찰라! 당신은 심장(Heart) 안에서 당신을 생각하는 사람들의 에고를 뿌리 뽑습니다.
2) 오 아루나찰라! 당신은 '나는 아루나찰라다'라고 생각하는 사람들의 에고를 뿌리 뽑습니다.

그래서 우리는 마음 속의 관계와 심장 속의 관계 둘 다를 가질 수 있습니다. 물론 심장의 관계(Heart connection)가 더 수승殊勝합니다. 왜냐하면 심장이 진정한 아루나찰라니까요.

질문: 어떤 사람들은 아루나찰라에 대한 신심이 없습니다. 그들은 그저 여기에 살면서 일을 할 뿐입니다. 이 산에서 방사되는 힘이 그들에게도 어떤 이익을 줍니까?

스와미: 우리가 바다에서 물을 길을 때는, 우리가 길을 수 있는 만큼 많이 길어 갈 수 있습니다. 그러나 동이를 가지고 바닷가로 내려가는 수고를 하지 않는 사람은 전혀 아무것도 얻지 못합니다. 아루나찰라는 자신을 담을 수 있는 어떤 그릇을 가지고 있는 사람들에게만 은총을 줍니다. 마음이 아루나찰라를 그리워하며 생각하면, 그것은 자동적으로 그 자체 안에 그 산의 은총의 일부를 받을 수 있는 공간을 만들어냅니다.

많은 사람들이 이 아루나찰라 산의 오른돌이(pradakshina)를 하지만, 그들은 많은 욕망이 있습니다. 그들은 (오른돌이를 해서) 많은 것을 성취하고 싶어 합니다. 때가 되면 그 욕망하는 것을 얻을지도 모릅니다. 그러나 (욕망을 성취하기 위해서가 아니라) 진아지眞我知를 얻기 위한 하나의 수행으로서 그대가 산 오른돌이를 하면, 진아지를 얻게 될 것입니다.

대부분의 사람들은 충족시키고 싶은 많은 욕망을 가지고 있습니다.

그러나 드물지만 몇몇 사람은 신에게 이렇게 말합니다. "저는 아무것도 원치 않습니다. 저에게 욕망이 없게 해 주십시오. 그것이 저의 유일한 욕망입니다." 그런 사람은 은총을 받기에 적합한 그릇이 되겠지요.

『해탈정수』에 이런 구절이 있습니다.

만일 그대가 나무에 다가가면 그 그늘을 얻을 것이요, 불에 다가가면 추위를 면할 것이며, 강으로 다가가서 (물을) 마시면 갈증을 면할 것이요, 신에게 다가가면 그의 은총을 얻을 것이다. 만일 그대가 다가가지 않아서 그의 은총을 얻지 못한다면, 그것이 신의 잘못인가?

가장 많은 은총을 얻는 사람은 완전히 무욕인 사람입니다. 그런 사람은 해탈을 얻으려는 욕망조차도 없겠지요.

질문: 아루나찰라의 오른돌이는 얼마나 효과가 있습니까? 그것은 진아에 대해 명상하는 것만큼 좋습니까?

스와미: 아루나찰라는 진아의 은총을 방사합니다. 그대가 존경심을 가지고, 마음을 고요하게 유지하거나 진아를 생각하면서 그것을 돌면, 그대는 진아와의 삿상을 갖는 것입니다. 아루나찰라로부터 방사되는 대단한 영적인 힘이 있습니다. 겸손함과 존경심, 그리고 고요한 마음으로 그 산에 다가가면 그것을 느낄 수 있습니다. 우리가 올바른 마음가짐으로 아루나찰라의 오른돌이를 하면 우리의 마음과 몸이 다 정화됩니다. 만약 그대가 오른돌이를 하고 싶으면 가서 하십시오. 걸으면서 명상하십시오. 그리고 또 어떤 때는 앉아서 명상을 하고 싶으면 명상을 하십시오. 이 두 가지를 올바르게 그리고 주의 깊게 한다면 그 두 가지는 동일합니다. 언제 어느 때나, 몸이 무엇을 하고 있을 때라도, 우리는 진아에 대한 부단한 자각을 유지해야 합니다. 오른돌이와 명상의 주안점은 육신과의 동일시를 포기하고, '나는 몸이다' 하는 관념을 잃어버리는 것입니다.

질문: 저는 아루나찰라가, 저와 함께 어디든지 가주는 어머니처럼 느껴집니다. 심지어 제가 다른 나라에 가 있을 때도 말입니다.

스와미: 아루나찰라는 어디에도 가지 않습니다. 아루나찰라는 진아입니다. 그리고 진아는 오지도 않고 가지도 않습니다. 아찰라(achala)라는 말은 산스크리트로 '움직이지 않는'(unmoving)이란 뜻입니다.

질문: 『아루나찰라 마하뜨미얌』(Arunāchala Māhātmyam)에, 아루나찰라의 반경 30마일 이내에 사는 사람들은 어떠한 노력이나 전수(傳授) 없이도 해탈을 얻는다고 하는 구절이 있습니다.25) 스와미께서는 이 구절을 어떻게 생각하십니까?

스와미: 해탈을 얻으려면 아루나찰라를 끊임없이 기억해야 합니다. 또한 아루나찰라에 대해 믿음을 가져야 하며, 그것에 순복해야 합니다. 아루나찰라는 순수 의식입니다. 그것은 움직이지 않는 바위 덩어리가 아닙니다. 만약 아루나찰라가 바로 그대를 인도해 줄 스승이라는 믿음을 가지고 있다면, 그것은 (그대를) 적절히 인도해 주는 것으로써 반응할 것입니다. 그러나 그런 인도를 받으려면 그대가 이 산에 순복하고 이 산에 강한 믿음을 가져야 합니다.

아루나찰라는 하나의 불과 같습니다. 가까이 다가갔다가는 몸이 더워지거나 심지어 불에 타 버릴지도 모릅니다. 그러나 만일 그대가 단열복 斷熱服(insulation)26)을 입고 있으면, 비록 신체적으로 가까이 있다 해도 그대는 그 불을 느끼지 못할지도 모릅니다.

---

25) '나, 주主가 정하노니, 이곳[아루나찰라]에서 3요자나(yojanas)[약 30마일] 이내에 사는 사람들은 전수 등을 받지 않았어도, 속박을 제거하는 합일을 성취할 것이다.' 이것은 라마나 마하르쉬가 산스크리트에서 타밀어로 번역한 7연의 하나이다. 『아루나찰라에 바치는 다섯 찬가』(Five Hymns to Sri Arunachala)(원서), p.20.
[역주] 『아루나찰라 마하뜨미얌』은 『스깐다 뿌라나』(Skanda Purana)의 일부이다. 바가반은 그 중에서 7연을 번역하여 『다섯 찬가』의 앞에 붙였다. 『라마나 마하르쉬 저작 전집』 참조.
26) [역주] 아루나찰라로부터 오는 영적인 힘을 차단하는 '에고' 또는 에고의 두터운 습을 가리킨다.

질문: 저는 아루나찰라에 강한 애착을 느낍니다. 저는 또 홀로있음과 고요함에 대한 필요성도 느낍니다. 제가 이곳을 떠나 다시 세간으로 돌아가면 도무지 어떻게 살 수 있을지 모르겠습니다.

스와미: 애착과 욕망은 일반적으로 속박을 가져옵니다. 그러나 여기 아루나찰라에 머무르고 싶은 욕망은 좋은 욕망이라서 권장될 수도 있습니다. 아루나찰라에 애착하는 것은 아주 좋습니다. 왜냐하면 아루나찰라는 진아이기 때문입니다. 그대가 아루나찰라에 대해 생각할 때, 그대는 마음을 진아 쪽으로 돌리고 있는 것입니다.

19

질문: 거의 매일 저는 '나는 누구인가?' 하는 수행을 합니다. 저는 내면에서 '내가 있다'의 현존을 느끼려고 애씁니다. 그러나 가끔은 그냥 어떻게 해서 바가반의 친존親存에 앉아 있다고 느끼기를 좋아합니다. 어떤 때는 그분의 사진을 보면 그것이 빛으로 채워집니다. 바가반을 이렇게 볼 때는 아주 평안하고 즐겁습니다. 저는 이런 경우에 바가반께 아무것도 요구하지 않습니다. 그저 앉아서 당신의 친존에 흠뻑 젖어드는 것을 좋아합니다.

때로는 저도 사랑을 하고 또 사랑을 받을 필요를 느낍니다. 이럴 때 저는 자기탐구에는 뭔가 건조하고 비非정서적인 것이 있다고 느낍니다. 그렇기는 하나 대부분의 시간은 자기탐구의 길을 따르고 있습니다. 제가 이런 헌신의 국면을 느끼는 것은 어쩌다 그런 것일 뿐입니다. 그것이 끝나고 나면 저는 더 기운차게 자기탐구로 돌아가는데, 더 좋은 결과를 얻는 것 같습니다. 그래서 저는 종종 자기탐구를 하다 말고 바가반의 사진을 바라봅니다. 이럴 때는 제가 진짜 바가반의 앞에 앉아 있다고 생각하는 것이 큰 즐거움을 줍니다. 이러한 마음 자세와 이런 수행에 대해 스와미께서는 어떻게 생각하십니까?

스와미: 영적인 길에서 진보하고 싶으면 그대의 주의를 진아에 고정해야 합니다. 그러나 바가반 역시 진아이므로 그분을 생각하는 것으로써도 진보할 수 있습니다. 바가반을 향해 사랑과 헌신을 느끼는 것은 좋습니다. 우리가 그분을 사랑하면 사랑할수록 그 보답으로 그분의 은총은 더 많이 우리에게 흘러올 것입니다.

질문: 제가 알고 싶었던 이유는, 가끔 제가 마치 바가반의 실제적인 육체적 형상을 보고 있다고 느끼기 때문입니다. 이럴 때 저는 아주 평안함을 느낍니다. 그러나 이런 상태에 몰두해야 하는지 확신이 서지 않습니다.

스와미: 제가 바가반의 사진을 볼 때 당신은 저에게 이렇게 말씀하시는 것 같았습니다. '나는 이 육신을 넘어가서 나 자신을 의식으로서 확립했다. 이제 자네도 똑같이 해 보라.'

바가반은 진아입니다. 만일 그대가 그분의 모습에 집중하면 그분은 그대를 당신 쪽으로 부를 것입니다. 그대를 진아 쪽으로 끌어당기려고 할 것입니다.

질문: 가끔 저는 어린아이처럼 느껴집니다. 저는 바가반의 손을 잡고 있다고 느낍니다. 또 그분이 저를 거두어주고 보호해 주신다고 느끼기도 합니다. 그것은 바가반 외의 모든 것과 모든 사람을 두려워하는, 어린애 같은 이상한 느낌입니다.

스와미: 바가반에 대한 사랑을 갖는 것과 자기 자신의 진아에 대한 사랑을 갖는 것은 동일합니다. 우리가 바가반의 형상에 대한 헌신과 사랑을 가지고 그분에게 순복하면, 그분은 우리를 실재 쪽으로 데려다 줄 것입니다.

우리가 진아를, 의식을 볼 수는 없습니다. 그것은 지각할 수 있는 하나의 대상이 아니니까요. 그러나 우리는 바가반의 형상을 친견함으로써 간접적으로 우리의 주의를 진아에 고정할 수 있습니다.

질문: 헌신의 길(bhakti path)은 힘이 들지 않는 길이라고 생각됩니다. '나는 누구인가?'를 탐구할 때는 마음을 가라앉히기 위해 엄청난 노력을 해야 한다는 생각이 듭니다. 헌신의 길은 한결 유쾌하고, 한결 즐겁고, 한결 힘이 덜 듭니다.

스와미: 스승을 숭배하는 것은 언제나 좋은 일입니다. 그러나 스승의 가르침에 안주하는 것이 훨씬 좋습니다. 헌신의 길을 따르고 싶으면 따라도 좋지만, 자기가 진보하고 있는지 여부를 헌신자 자신은 거의 판단할 수 없다는 것을 유념해야 합니다. 단순히 자기탐구를 하는 것이 어렵다고 해서, 자기탐구를 하느라고 진보하지 못하고 있다고 단정해서는 안 됩니다. 그리고 단순히 헌신을 하면 즐거운 마음 상태가 된다고 해서, 자신이 헌신가(bhakta)가 되면 더 진보할 거라고 생각해서도 안 됩니다.

그대의 내면에 있고 바가반 형상의 내면에 있는 똑같은 의식이 다른 모든 형상들의 내면에도 있습니다. 우리는 언제 어느 때라도 그것을 자각함으로써 이 의식과 접촉하는 법을 배워야 합니다.

질문: 저는 바가반이 모든 형상들의 내면에 계시다는 것을 알지만, 가끔은 그분의 어떤 형상에 집중하여 당신의 은총을 느끼는 것이 더 쉽다고 생각합니다. 자기탐구는 그렇게 어려운 일입니다. 저는 그것을 해서는 지복스럽거나 평화로운 느낌을 거의 갖지 못합니다. 이따 저는 바가반의 사진을 한 동안 바라보면서 약간의 지복을 맛보고 싶기도 합니다.

스와미: 바가반의 사진을 바라보는 것은 전혀 잘못이 없습니다. 그것은 아주 좋은 수행이지요. 그러나 그대 자신을 의식으로서 확립한다는 주된 목적에서 옆길로 빠지면 안 됩니다. 지복의 상태에 집착하거나, 그것을 진아에 대한 탐구(quest for the Self)보다 우선시하지 마십시오. 만약 평안하고 지복스러운 상태에 집착하게 되면 그대는 주된 탐구에 흥

미를 잃을지도 모릅니다. 지복스럽거나 평안하다고 느끼는 것은 좋지만, 자기탐구를 젖혀두고 이런 상태에 탐닉하지는 마십시오. 만일 그대가 내적인 진아를 깨달으면, 원자 하나도 진아와 떨어져 있는 것이 없다는 것을 깨달으면, 진아의 진정한 평안과 지복을 체험할 것입니다. 그대는 그것을 체험하는 자가 된다기보다는 그 평안과 지복이 될 것입니다. 그러나 만약 마음 안의 일시적인 평안과 지복의 상태를 즐기게 되면, 그 평안과 지복을 체험하는 자(에고)는 진아 속에 가라앉아 사라지는 것을 원치 않겠지요.

마음의 평안에 집착하지 마십시오. 그것을 넘어서, '진아 됨'으로부터 직접 나오는 진정한 평안으로 나아가십시오.

질문: 제가 사랑에 대한 크나큰 갈망을 가지고 있기 때문에 이렇게 중간 중간 헌신 수행에 몰두한다고 생각됩니다. 어쩌면 저는 더 많은 사랑을 받고 싶어서 사랑을 드리고 있는지도 모릅니다.

스와미: 진아의 상태에서는 진정한 사랑이 항상 존재합니다. 그러나 사랑이 한정되거나 한 사람에게만 쏠리면 그것은 욕망이 됩니다. 이런 사랑은 행복이 아니라 고통을 낳습니다. 그대가 진아를 깨달아 모두를 평등하게 사랑하면, 그것이 바로 지혜입니다.

질문: 그러나 자신의 사랑을 어느 깨달은 분에게 향하게 하는 것도 괜찮습니까?

스와미: 예. 만약 그대가 어느 깨달은 존재를 사랑하면, 결국 자신이 모든 사람에게 평등하게 사랑을 일으킬 수 있다는 것을 발견하게 될 것입니다.

이곳에서 매년 열흘 간 거행되는 축제인 디빰 축제(*Dipam festival*)[27]

---

27) [역주] 매년 11~12월경에 띠루반나말라이에서 10일간 열리는 '빛의 축제'. '까르띠가이 디빰'(*Karthigai Deepam*)이라고도 하며, 시바가 이곳에 빛의 기둥으로 나타난 것을 기념하는 축제이다(전설에 의하면 시바는 이 빛의 기둥을 산의 형태로 바꾸었고, 이것이 바로 아루나찰라라고 한다).

기간에는 아루나찰라-시바의 신상神像 하나를 숭배하려고 남인도 전역에서 헌신자들이 몰려옵니다. 이 신상은 전차戰車(chariot)를 타고 시가를 행진하지요. 이런 식으로 숭배하는 사람들은 아주 제한된 신의 개념을 가지고 있습니다. 사원 안에 있는 신, 전차, 그리고 그 행렬을 지켜보는 모든 사람들 — 그들 모두가 신의 나툼입니다. 그대는 일체를 진아로 보는 내적인 안목을 계발해야 합니다. 신을 어느 특정한 형상에 한정하면 그런 안목을 계발하기가 때로는 힘듭니다.

바가반께서는 언젠가, 당신은 시간이 지나가는 것을 1년에 3일밖에 의식하지 못한다고 하셨습니다. 이 디빰 축제의 마지막 날, 대예공일大禮供日(Mahāpūja day)[바가반의 어머니 입적일], 그리고 당신 자신의 탄신일이 그것입니다. 이 세 날에는 많은 사람들이 당신을 친견하러 왔습니다. 이 때는 아쉬람이 일년 중 가장 바쁠 때였지요. 다른 때에는 많은 군중이 몰려들지는 않았습니다. 진인은 시간이 지나가는 것을 거의 의식하지 못합니다. 왜냐하면 시간이란 개념은 마음에 속하는 것이지 진아에 속하는 것이 아니니까요.

질문: 가끔 여기 앉아 있으면 저는 공휴일을 만난 어린아이 같은 기분을 느낍니다. 아주 기분이 좋습니다. 왜냐하면 이런 곳에서는 진아를 자각하기가 쉬운 것 같으니까요. 여기서는 늘 아주 즐겁습니다. 여기 앉아 있는 동안 저는 어떤 종류의 노력을 해야 합니까, 아니면 그냥 편안히 하고 삿상의 혜택을 즐겨야 합니까?

스와미: 이런 타밀 시가 있습니다.

진리를 깨닫고 싶은 구도자는 경전(sāstras)에서 제시된 길을 따라서 걸어야 하며, 지혜로운 이들을 뒤따라 걸어야 하리. 지혜로운 이들을 뒤따라 걸으면 마야는 발붙일 곳을 포기한다네. 분별을 얻어서 마야를 내버려라. 마야를 내버리면 그대의 탄생과 죽음도 끝이 나리.

삿상을 가짐으로써 우리는 마야를 쉽게 초월할 수 있습니다. 이제 이런 이야기에 귀를 기울이면 우리의 마음은 진아에 맞추어집니다. 그래서 그대가 그렇게 즐거움을 느끼는 것입니다. 마음이 진아에 전적으로 맞추어지면, 비아非我(non-Self)28)에 대해 생각할 가능성이 없지요.

20

질문: [호주에서 온 한 쌍의 젊은 남녀가 질문함] 만약 저희가 진아 깨달음을 추구하고 있다면 독신수행(brahmacharya)이 필요합니까?

스와미: 같은 길을 가는 도반道伴으로서 서로를 도우십시오. 만약 성적인 욕망이 있다면 그대들은 얼마간 영적인 힘을 잃을 것입니다. 우리가 어떤 사람을 보고 그에게 욕망을 좀 느낀다 해도 약간의 영적인 에너지를 잃습니다. 가족을 이룬 경우에는 항상 강한 집착이 있습니다. 남편은 그의 아내에게 많은 사랑을 줄 것이고 그 반대도 마찬가지입니다. 두 사람은 자녀들에게 많은 사랑을 줄 것입니다. 만약 그대들이 진지하게 수행을 생각한다면, 결혼하지 말고 그대로 살면서 그대들의 모든 에너지를 자기탐구에 쏟으십시오. 우리가 여전히 다른 사람들에게 강한 애착을 가지고 있는 동안은 진아를 착파할 수 없습니다.

질문: 얼마 전에 저희들이 함께 있을 때, 저희들은 에고의 죽음을 체험했는데, 그것은 한 동안 지속되었습니다. 그러고 나서 에고가 다시 돌아왔습니다. 그것이 완전히 사라지고 나서 왜 다시 일어납니까?

스와미: 만약 에고가 다시 일어났다면 그대들은 에고의 죽음을 체험하지 않은 것입니다. 그것은 아마도 마음이 진아 안에 일시적으로 가라앉은 것일 뿐이겠지요. 에고는 한 번 죽으면 결코 다시는 일어날 수 없습니다. 강은 한 번 바다에 도달하면 거기에 머무릅니다. 다시 거꾸로

---

28) [역주] 진정한 자기가 아닌 모든 것. 여기서는 마야, 곧 현상계를 두고 한 말이지만, 보통은 우리가 자기 자신과 동일시하는 몸, 마음, 이름, 지위 등을 가리킨다.

흘러서 강바닥으로 돌아가지 않습니다.

질문: 저는 바가반의 침묵을 통한 가르침의 방법에 대해 많이 읽었습니다. 당신께서는 그것을 여러 번 경험하셨을 겁니다. 그것이 어떻게 작용하는지 설명해 주실 수 있습니까?

스와미: 만약 그대가 등불을 들고 어두운 곳에 들어가면 빛은 그대의 주위에 있는 모든 사람을 비춥니다. 그대는 사람들에게 "내가 빛을 가지고 있소"라고 말할 필요가 없습니다. 빛이 있다는 것을 그들도 다 알 테니까 말입니다. 바가반 같은 진인의 친존에서는 헌신자들의 영적인 어둠이 진지(jnāna)의 눈부신 빛에 의해 도망가지 않을 수 없습니다. 바가반의 경우에 이 빛은 당신 가까이에 있던 모든 사람들의 마음을 맑게 하고 고요하게 했습니다. 성숙한 헌신자들이 이 빛을 듬뿍 받으면 때로는 진아의 체험을 하기도 했습니다. 이 영적인 힘의 방사放射가 바로 바가반의 침묵전수(mauna dīksha)였는데, 당신은 이 힘을 아주 자연스럽게 방사했습니다. 그것은 어떤 의지意志 행위에 의한 것이 아니라 당신의 깨달음이 가져다 준 당연한 결과였습니다. 바가반은 진아에 대해 이야기할 필요가 없었습니다. 당신이 바로 진아였고, 당신이 그것의 힘을 내내 방사하고 있었던 것입니다. 이 힘을 받을 수 있었던 사람들은 바가반의 어떠한 언어적 설명도 필요로 하지 않았습니다. 말로 하신 가르침은 당신의 침묵의 방사에 마음을 맞출 수 없었던 사람들만을 위한 것이었지요.

질문: 가끔 저는 진아 깨달음을 바라는 것은 이기적이라는 느낌이 듭니다. 왜냐하면 그것을 성취하기 위해서는 사회로부터, 그리고 다른 인간들로부터 완전히 동떨어져야 하기 때문입니다. 저는 혼자서 수행을 해 나가야 하고, 제 주위에서 보는 고통받는 모든 사람들에게 무관심해야 할 것 같습니다.

만일 고통받는 이런 사람들에게 제가 "당신은 정말 고통받고 있습니까, 아니면 이것은 저의 상상일 뿐입니까?" 하고 묻는다면, 그들은 자신들의 고통이 실제라고 말하겠지요. 어떻게 제 주위에서 보는 이 모든 고통을 의도적으로 무시하면서 아무런 죄책감도 느끼지 않을 수 있겠습니까?

스와미: 사회도 없고, 고통도 없고, 세상도 없습니다. 세계, 사회, 그리고 그대가 지각하는 고통은 모두 그대가 꾸는 꿈의 일부분입니다. 그것들은 그대 자신의 마음 안에 있는 외에는 아무런 실재성이 없습니다.

만약 그대가 꿈속에서 어떤 배고픈 사람을 보면 그에게 꿈속의 음식을 요리하여 꿈속의 음식을 줄 수 있습니다. 그러면 그는 일시적인 구제를 받겠지요. 그 대신 만약 그대가 깨어나면, 그대는 그 문제를 영구히 풀어버립니다. 왜냐하면 그 배고픈 사람이 그대의 상상적인 꿈의 세계 안에서만 존재했다는 것을 발견하기 때문입니다.

세상은 거울에 비친 반영反影과 같습니다. 우리가 보는 세상은 단지 우리의 구나(gunas)들, 우리 자신의 마음 상태의 한 반영에 지나지 않습니다. 우리는 그 반영을 보고 거울은 잊어버린 채, 우리와 별개의 실재하는 세계를 보고 있다고 생각합니다.

그대는 끊임없이 마음의 에너지를 방사하는데, 그것은 그대 주위의 모든 것과 모든 사람에게 영향을 미칩니다. 만약 그대가 활동적이거나 나태한 상태에 있으면 그대는 자동적으로 그대의 불건강한 마음의 상태로 세상을 오염시킵니다. 구나들을 넘어선 실재 안에 자리잡고 있는 진인은 지속적인 평안과 지복만을 체험합니다. 그런 진인만이 이러한 평안과 지복을 방사하여 다른 사람들을 도울 수 있습니다. 그대가 어떤 물리적 활동으로써 이 세상을 도우려 한다 해도, 그대가 행하는 선善은 그대가 세상에 끼치는 부정적인 마음의 기운(negative mental vibrations)에 의해 일소되고도 남음이 있을지 모릅니다. 그러나 그대의 마음을 순수하게 만들면 그대는 자동적으로 세상의 모든 사람들을 돕습니다. 왜냐하면 모든 사람이 그대 자신의 순수성의 (정도에 따른) 정화와 치유의 힘을 받을 테니까요.

개미가 설탕 한 알을 등에 지고 방바닥을 기어가고 있습니다. 갑자기 사람이 밟아서 개미를 죽입니다. 끝나버렸습니다. 즉사지요. 우리는 개미와 같은 상황에 처해 있습니다. 죽음은 어느 순간에도 올 수 있기 때문입니다. 그대는 죽을 때 아무것도, 그대의 마음조차도 못 가져갑니다. 그런데도 왜 지금, 세상에 대해 죽지 않는 것입니까?

그대가 집착하는 세상은 하나의 긴 꿈에 지나지 않습니다. 그대는 꿈속에서 배고픔을 느끼다가도, 깨어나 보면 자신이 간밤에 과식을 했기 때문에 소화불량의 고통으로 괴로워하고 있다는 것을 발견할 수도 있습니다. 그때 그대는 꿈속에서 느꼈던 그 배고픔의 고통에 얼마나 많은 실재성을 부여하겠습니까?

만일 그대가 그대 주위에 온통 널린 고통을 본다면, 그것은 그대 자신의 내적인 고통의 한 반영일 뿐입니다. 고통을 경감하고 싶으면 그대 자신의 내면의 고통이라고 하는 근본 원인으로 나아가십시오. 진아 안에 몰입하십시오. 마야의 꿈(māyā dream)을 종식시키고 진지眞知의 실재하는 세계로 깨어나십시오. 세상에 대한 그대의 모든 관념들은 그릇된 것입니다. 왜냐하면 그대가 세상을 잘못 지각하고 있기 때문입니다. 그대의 마음은 그대로 하여금, 그대의 바깥에 그대와 별개로 하나의 고통받는 세상이 있다고 생각하게끔, 그대가 보는 것을 인식 처리합니다. 만일 그 고통받는 세상을 없애고 싶으면, 그대로 하여금 그것을 잘못 지각하게 만드는 그 마음의 인식 처리 과정을 제거하십시오. 그대가 진지의 상태에 도달하면 잘못 지각하는 일이 없을 것입니다. 그대의 안목이 완전히 맑아지며, 어떤 고통도 어떤 세상도 없다는 것을 알게 될 것입니다. 진아만이 존재한다는 것을 알게 됩니다.

21

질문: 저는 명상을 많이 합니다만, 대부분의 시간은 별 성과를 얻지 못하는 것 같습니다. 제 마음을 고요하게 할 수 없을 때에는 저의 모든 노력이 허사가 됩니까, 아니면 그 노력이 장차 언젠가는 열매를 맺겠습니까?

스와미: 대부분의 마음들은 젖은 나무와 같습니다. 즉, 오랜 기간 그것을 말려야만 불이 붙을 수 있습니다. 그대의 마음이 진아에 가 있는 동안은 그것이 마릅니다. 마음이 세상에 가 있을 때에는 다시 젖습니다. 그대가 마음을 계속 진아 쪽으로 향하게 하는 데 들이는 노력은 결코 허사가 되지 않습니다. 그대가 흥미를 잃고 예전의 마음의 습으로 돌아갈 때만 그것이 허사가 됩니다.

그대의 노력이 곧바로 성과를 가져오지 않는다고 해서 걱정하지 마십시오. 조만간 그대는 보상을 받게 될 것입니다.

라마끄리슈나 빠라마한사가 한 번은 이런 이야기를 들려주었습니다. 친구인 두 사두가 깔리(Kali-여신의 이름)의 친견을 얻기 위해 같이 맹렬한 따빠스를 하기로 했습니다. 그들은 만약 그녀가 그들에게 나타나지 않으면 두 사람 다 자살하기로 미리 합의했습니다.

그들의 따빠스가 워낙 맹렬했기 때문에 어느 날 밤 1시경에 깔리 여신이 그들 앞에 나타났습니다. 사두들 중 한 사람은 여신의 친견을 갖는 데서 오는 지복을 즐겼지만, 한 사람은 의식을 잃고 혼수상태가 되어버렸습니다.

깨어 있던 사람은 의식을 잃은 친구가 몹시 걱정이 되어 깔리에게 물었습니다. "저희들은 둘 다 똑같은 수행을 했는데, 당신께서 저희들에게 친견을 베풀러 오시자 제 친구는 완전히 의식을 잃고 혼수상태에 빠졌습니다. 왜 이렇게 차별을 두십니까? 저희 두 사람은 똑같은 양의 따빠스를 했기 때문에 이것은 공평하지 않은 것 같습니다."

깔리가 대답했습니다. "그대는 이 따빠스를 여러 생 동안 해 왔다. 과거에는 그대도 이 사람처럼 의식을 잃었다. 그러나 그대가 전생에 한 수행 때문에, 그리고 그대의 업이 끝났기 때문에 지금은 의식을 가지고 깨어 있을 수 있는 것이다. 그대의 친구는 아직도 겪어야 할 업을 많이 가지고 있다. 언젠가 그 업이 다 끝나는 날 그도 지금 그대가 갖는 것과 똑같이 의식이 있는 체험을 갖게 될 것이다."

질문: 제가 처음 명상을 시작했을 때는 해탈에 대한 열렬한 바람을 가지고 있었습니다. 그 기간이 3, 4년은 갔습니다. 지난 12개월 동안은 저의 열의가 식고 있는 중입니다. 이제는 저의 세속적인 삶에 점점 더 만족하고 있는 것 같습니다.

스와미: 바깥세상으로부터 오는 만족감은 찰나적입니다. 죽음에 이르면 그것은 다 사라지고 맙니다. 그대가 사람 몸을 받은 유일한 목적은 진아를 깨닫기 위해서입니다. 진아를 깨닫지 못하고 죽는다면 그대의 인생은 허비된 것입니다. 죽음은 언제라도 찾아올 수 있습니다. 제가 그대에게 이 말을 하는 것은 그대가 자신의 죽음을 자각하도록 하기 위해서입니다. 자신이 언제 죽을지 모른다는 가능성을 끊임없이 자각하면 그대의 열의가 강해질 것입니다. 이 자각을 계발하려고 노력하면서 그것이 그대의 수행에 어떤 차이를 가져오는지 한번 보십시오.

질문: 당신께서는 가끔, 우리는 모든 사람들을 평등하게 사랑해야 한다, 우리는 전 세계에 사랑을 주어야 한다고 말씀하십니다. 저에게는 사랑이란, 그냥 일어나는 어떤 것입니다. 저는 그것을 만들어서 남에게 주어버릴 수가 없습니다. 만약 제가 어떤 사람에게 사랑을 느끼면 그 사랑은 그들에게 흘러갑니다. 제가 사랑하지 않으면 그런 일이 일어나지 않고, 또 제가 그것을 일어나게 할 수도 없습니다. 제가 거의 알지도 못하는 사람들을 사랑하는 법을 어떻게 배웁니까? 그리고 제가 그것을 배

우고 났을 때, 제가 전혀 만나본 적도 없고 만날 일도 없을 수백만의 낯선 사람들 모두를 사랑하는 법을 어떻게 배웁니까?

스와미: 그대가 아는 사람들부터 시작하면 됩니다. 바가반께서는 우리가 다른 사람들의 좋은 점만 보아야 한다고 모범을 보이며 가르치셨습니다. 사실상 모든 사람들은 좋고 나쁜 면이 섞여 있습니다. 전적으로 선하거나 전적으로 악한 사람을 발견하기는 아주 어렵습니다. 만일 그대가 많은 사람들과 접촉해야 한다면, 스스로 그들의 좋은 점을 자각하고 그들의 나쁜 점은 생각하지 않도록 노력하십시오. 그대가 사람들에게서 좋은 점을 보게 되면 그대는 조화롭고 자애로운 에너지를 방사하게 되고, 그것이 그대 주위의 사람들을 (영적으로) 고양시킵니다. 이런 습을 계속 유지해 나가면 이 에너지는 곧 부단한 사랑의 흐름으로 변할 것입니다.

언제 어느 때나, 그대가 보고 지각하는 모든 것이 진아임을 자각하도록 노력하십시오. 그대가 다른 사람들에게서 진아를 보면 그대의 사랑은 자동적으로 그들을 향하게 될 것입니다.

어떤 사람을 나쁜 사람이라고 생각해서 그대가 얻을 것은 아무것도 없습니다. 특정인을 보거나 생각할 때마다 부정적인 생각이 일어난다면, 이런 생각들은 그대를 진아로부터 멀어지게 할 것입니다. 그대의 사랑을 소수의 몇 사람에게만 주지 말고 모든 사람에게 평등하게 방사하십시오. 전 세계가 그대의 진아요, 그대의 신이라고 느끼도록 노력하십시오. 모든 사람에게서 진아를 보도록 노력하십시오. 숭배와 순복의 행위로서, 그대의 사랑을 모든 방향으로 확산하십시오. 왜냐하면 세상의 모든 것은 신의 나툼이기 때문입니다.

질문: 원습들은 잠을 자고 있는 동안에는 소멸되지 않는다는 것이 분명합니다. 그것은 무상삼매에 의해 소멸됩니까, 아니면 이 상태는 원습에 아무런 영향이 없습니까?

스와미: 바가반께서는, 우리가 무상삼매無相三昧(nirvikalpa samādhi)가 아니라 본연삼매本然三昧(sahaja samādhi)를 목표로 해야 한다고 가르치셨지요.29) 본연삼매를 즐기기 전에 무상삼매를 체험해야 할 필요는 없다고 말씀하셨습니다.

무상삼매의 한 형태는 의식침전과 같고, 깊은 잠과 같습니다. 무상삼매가 지속되는 동안에는 평안이 있습니다. 그러나 그 체험이 끝나고 나면 마음이 다시 일어나고, 원습들도 그전과 똑같이 활동하게 됩니다.

의식침전(laya)[무아경 같은 상태에서 마음의 모든 기능이 일시적으로 정지된 것]은 사실상 잠과 똑같습니다. 이 상태를 체험하는 것은 그대의 수행에 도움이 안 됩니다. 의식침전은 명상이 아니라 무의식이고, 그것은 아주 강한 형태의 따모구나(tamōguna-나태성)입니다. 명상에 필요한 것은 깨어있는 마음이지 무의식의 마음이 아닙니다. 잠과 의식침전은 마음과의 동일시를 증가시킵니다. 의식침전 동안에 약간의 평안을 느낄지 모르지만, 이 상태에서 깨어나면 마음은 다시 왕성하게 활동하여 그 평안을 모두 잃어버리게 됩니다.

진아의 평안 안에 원습이라고는 없습니다. 그대가 진아 안에 자리잡을 수 있으면 모든 원습이 소멸될 것입니다. 원습들이 일어나면 그것을 지켜보되, 그것과 동일시하거나 그것에 기초하여 행위하지 마십시오. 만약 그대의 원습을 없애고 싶으면 '개입하지 않기'(non-involvement)를 실천하는 법을 배워야 합니다.

어떤 원습이 일어나기 시작할 때 그대가 (자신을) 그것과 동일시한다고 느끼면, 스스로에게 '이 원습은 내가 아니다' 하고 상기시키고 진아 안으

---

29) 무상無相(nirvikalpa)이란 '무차별상'(no differences)을 뜻한다. 무상삼매에서는 마음이 완전히 사라지고, '나'라는 생각의 경험에 의해 매개되지 않는 일시적인 진아 체험이 뒤에 남는다. 이 상태에서는 생각이나 행동을 할 수 없다. 왜냐하면 육체나 세계를 전혀 지각할 수 없기 때문이다. 본연삼매(sahaja samādhi)에서는 — sahaja란 '본래적'(natural)이란 뜻이다 — 마음이 영구적으로 소멸되었고, 영구적인 진아자각과 함께 세상에서 정상적으로 살아갈 수 있는 능력도 있다. 본연삼매의 상태가 진인의 상태이다.

로 물러나십시오. 이런 식으로 그대의 원습을 무시하는 법을 터득하면 그것들은 결국 일어나기를 그치게 될 것입니다.

질문: 저는 여러 해 동안 명상을 해 왔습니다. 그런데 가끔 제가 앉아 있을 때 큰 에너지가 나타나서 번갈아 몸뚱이를 폈다 구부렸다 합니다. 저는 이 힘을 아주 분명히 자각합니다. 그것은 제 주의를 몸에 쏠리게 하여 제가 진아를 자각하는 것을 아주 어렵게 만듭니다.

스와미: 몸과 마음은 둘 다 지각 능력이 없습니다. 그대가 체험하는 에너지나 평안은 진아에서만 옵니다. 몸과의 동일시를 놓아버리십시오. 그런 체험들은 그대로 하여금 지나치게 몸을 의식하게 만듭니다. 그저 진아를 자각하고 몸에 대해서는 가능한 주의를 적게 기울이도록 노력하십시오. 진아는 순수한 에너지이고, 순수한 힘입니다. 그것을 착파하십시오.

질문: 우리가 진아로부터 받는 그 에너지는 항상 일정합니까, 아니면 증감이 있습니까? 몸이나 마음이 그것을 어떤 식으로 저장합니까?

스와미: 깊은 잠 속에서 마음과 몸은 갱신됩니다. 깨어나면 에너지와 지복의 느낌이 있습니다. 그러나 거의 즉시 감각 기관이 활동하고 욕망들이 일어납니다. 그럴 때 그대가 잠을 자면서 저장했던 에너지가 흩어집니다. 만일 마음과 감관을 제어하여 그것들 중 어느 것도 외부의 자극에 굴복하지 않게 할 수 있으면, 그대는 몸 안에 에너지와 힘을 축적할 수 있게 됩니다.

바가반께서는 (자기 부족 내에서) 권력과 지위를 상실했던 절름발이 원숭이 왕30)의 이야기를 즐겨 하셨지요. 그 원숭이는 힘을 회복하기 위해 혼자 며칠간 숲 속에 들어갔습니다. 돌아왔을 때 그는 자기 부족을 되찾을 만큼 충분한 힘과 에너지를 축적하고 있었습니다.

---

30) 논디빠얀(Nondippayan) – 타밀어로 '절름발이 소년'을 뜻한다 – 이라고 불린 이 원숭이는 바가반이 스칸다쉬람에 살고 있을 때 산 위에 살았다.

에너지는 혼자 있을 때 증가합니다. 그대가 혼자 있으면 그것이 감관(indriyas)[오관]과 마음을 통해 빠져나갈 가능성이 적습니다.

띠루반나말라이의 유명한 성자인 아루나기리나타(Arunagirinatha)[31]가 한 번은 이런 노래를 불렀습니다. "감각 기관은 진아의 에너지를 훔쳐가는 도둑들이라네."

질문: 이 에너지를 좀 이용할 수 없습니까? 그 에너지를 가지고 무엇을 할 수 있습니까?

스와미: 샥띠(sakti)가 진아고 진아가 샥띠입니다. 자기가 몸이나 마음이 아니라는 것을 안다면, 어떻게 그대가 무엇을 할 수 있겠습니까? 그 상태에서는 어떤 행위를 유발할 '나'가 전혀 없겠지요. 그 상태에서는 모든 일이 자동적으로 일어납니다.

호수에 있는 물은 많은 생명체를 받쳐주고 있습니다. 물고기와 수초들은 물 안에 있고, 나무와 풀과 동물들은 물가에 있습니다. 만약 그대가 진아의 에너지로 가득 차 있다면 그 에너지는 그대를 넘쳐나서 그대 주위의 모든 이를 양육합니다. 이 힘을 바깥으로 향하게 할 필요가 없습니다. 그대가 만일 충분한 따빠스를 했다면, 이 에너지는 저절로 흘러나갈 것입니다.

샥띠는 진아의 샨띠(sānti - 평안)입니다. 따빠스를 하면서 자신의 에너지를 감각적인 몰두에 소모하지 않으면, 진아의 힘이 자신의 내면에 축적되는 것을 느끼게 될 것입니다. 그리고 그것이 자기 주위의 사람들에게로 방사되는 것을 느낄 수 있습니다. 그 힘을 이렇게 방사할 때는 그것을 잃는 것이 아닙니다. 왜냐하면 진아의 힘은 무한하니까요. 그대의 주의가 진아로부터 벗어나, 쓸데없이 과도하게 정신적이거나 감각적인 일에 관여할 때에만 그 힘을 상실합니다.

---

31) [역주] 주¿ 무루가(Lord Muruga - 수브라마니아)의 은총으로 깨달음을 얻은 성자. 『띠루뿌갈』(Tirupugazh) 등 신과 아루나찰라를 찬양하는 많은 헌가를 지었다.

22

질문: 스와미께서는 저희들이 침묵을 지키는 것을 더 좋아하십니까?

스와미: 여러분이 침묵하면 좋지요. 그러나 만약 어떤 의심이 있다면 그것을 이야기해서 의심을 해소하는 것이 더 좋습니다.

질문: 저는 제가 지금 '내가 있다'가 무엇인지를 이해하기 시작했다고 생각합니다. 이것은 몸 이면의, 마음 이면의, 그리고 몸에 대한 자각 이면의 어떤 것인 듯합니다. 우리가 이 '내가 있다'와 자동적으로 관계를 맺는 것은 아니라고 생각됩니다. 왜냐하면 우리는 그것을 분명한 의식으로 알고 있지는 못하다고 느끼기 때문입니다. 우리는 주의를 내면으로 돌리기보다는 바깥으로 돌리는 데 익숙합니다. 우리는 사람과 사물들에 대해 생각합니다. 그것은 우리가 그들에 집착해 있기 때문이고, 다른 이유가 아닙니다. 저는 이런 습을 포기한다는 것이 얼마나 어려운지 깨닫기 시작했습니다.

스와미: 마음을 자기 가고 싶은 데로 가게 하십시오. 마음이 어디로 헤매든 주의를 기울일 필요가 없습니다. 그냥 자기(진아)로 존재하면서 마음의 활동에는 상관하지 마십시오. 그대가 이런 태도를 받아들이면 마음의 활동과 헤맴은 점점 적어질 것입니다.

마음이 하루 종일 헤매는 것은 단지 그대가 (자기를) 그것과 동일시하고 그것이 하는 온갖 활동에 주의를 기울이기 때문입니다. 만일 그대가 의식으로서만 자리잡을 수 있으면, 생각들은 더 이상 그대의 마음을 빼앗을 힘이 없을 것입니다. 그대가 생각들에 아무 관심이 없으면 그것들은 나타나자마자 사라집니다. 다른 생각들과 결부되어 다시금 무수한 다른 생각과 관념들을 새끼 치는 것이 아니라, 그저 1, 2초 동안 나타났다가 사라지는 것입니다. 우리의 원습이 생각들을 일어나게 합니다. 일단 생각이 일어나면 그것들은 늘 하는 식으로 서로 연결되고 일정한 형태를 취하면서 거듭거듭 반복될 것입니다. 만일 그대가 어떤 욕망이나 집착을 가지고 있으면 그에 대한 생각들이 마음속에 부단히 나타나겠지요. 그것들과는 싸울 수 없습니다. 왜냐하면 생각들은 그대가 그것들에 기울이는 주의로 힘을 얻기 때문입니다. 만약 생각을 억누르려고 하면, 그 생각들에 주의를 기울이면서 할 수밖에 없습니다. 그런데 그것은 마음과의 동일시를 의미합니다. 이런 방법은 전혀 효과가 없습니다. 생각들에 아예 관심을 가져주지 말아야만 생각의 흐름을 멈출 수 있습니다.

만약 그대가 그 근원 안에, 진아 안에 머무르면 생각이 일어날 때마다 그것을 쉽사리 포착할 수 있습니다. 생각이 일어날 때 그것을 포착하지 않으면 그것은 싹이 트고 식물이 되는데, 그것을 방치해 두면 큰 나무로 자라날 것입니다. 보통 부주의한 수행자들은 자기 생각들이 나무가 다 된 단계에서야 겨우 그것을 포착합니다.

생각이 일어날 때마다 그것을 지속적으로 자각할 수 있으면, 그리고 그것에 아주 무관심하여 그것이 싹이 트거나 자라나지 않게 할 수 있으면, 그대는 마음의 복잡한 얽힘에서 벗어나는 길을 잘 밟아가고 있는 것입니다.

질문: 한 동안 그렇게 하는 것은 비교적 쉽습니다. 그러나 그 다음에는 부주의한 상태에 빠지고, 나무들이 다시 번성합니다.

스와미: 지속적인 주의력은 오랜 수행을 통해서만 옵니다. 그대가 참으로 깨어서 주시한다면, 하나하나의 생각은 그것이 일어나는 순간에 해소될 것입니다. 그러나 이런 연관 단절(disassociation)의 수준에 도달하려면 전혀 집착이 없어야 합니다. 만일 어떤 특정한 생각에 조금이라도 관심을 가지면 그것은 그대의 주의력을 회피하여 다른 생각들과 연관을 맺고, 몇 초 동안 그대의 마음을 점거할 것입니다. 만일 그대가 어떤 특정한 생각에 감정적으로 반응하는 데 익숙해지면, 이런 일이 더

쉽게 일어납니다. 어떤 특정한 생각이 걱정, 분노, 사랑, 미움, 혹은 질투와 같은 감정을 그대 안에 일어나게 하면, 이런 반응들은 그 일어나는 생각들에 집착하여 그 생각들을 더 강하게 만들겠지요. 이러한 반응들은 그대로 하여금 1, 2초 동안 주의를 상실하게 하는 경우가 왕왕 있습니다. 그런 간격은 그 생각이 자라나서 번성하고도 남을 충분한 시간을 주고 맙니다.

이런 종류의 생각들이 나타날 때 그대는 완전히 무감동하고 초연해야 합니다. 그대의 욕망과 집착은 단지 의식 안에서 나타나는 생각들에 대한 반응일 뿐입니다. 일어나는 새로운 생각들에 반응하지 않으면 그 둘 다를 정복할 수 있습니다.

마음의 내용들에 어떤 주의도 기울이지 않으면 마음을 완전히 초월할 수 있습니다. 그리고 일단 마음을 넘어서 버리면, 결코 다시는 그것에 의해 방해받을 필요가 없습니다.

깨달음을 얻은 뒤에 자나까 왕(King Janaka)이 말했습니다. "이제 나는 내 행복을 훔쳐가던 도둑을 찾아냈다. 이 놈이 다시는 그런 짓을 하지 못하도록 하겠다." 그의 행복을 훔쳐가던 도둑이란 바로 그의 마음이었습니다.

그대가 항상 눈을 뜨고 지켜본다면 도둑들은 들어올 수 없습니다. 그대가 잠이 들어 코를 골고 있는 동안에만 도둑이 침입할 수 있습니다. 마찬가지로, 그대가 지속적으로 깨어 있으면 마음은 그대를 속일 수 없습니다. 마음은 그대가 일어나는 생각들에 대해 주의를 지속하지 못할 경우에만 점거해 들어옵니다.

질문: 도둑이 집에 침입하지 못하게 하는 것은 아주 쉽습니다. 문을 잠그기만 하면 됩니다. 그러나 이 경우에는 그 도둑이 이미 안에 있습니다. 먼저 우리는 그놈을 붙잡아서 축출해야 합니다. 그럴 때만 우리가 안전하게 문을 잠글 수 있습니다.

스와미: 이 도둑이 실재하는 어떤 것, 싸워서 붙잡아야 할 어떤 것이라고 믿는 것은, 그대의 그림자를 어떤 낯선 침입자라고 보고 싸워서 쫓아내야 한다고 믿는 것과 똑같습니다. 그대가 그림자를 때리려고 손을 치켜들면 그림자도 손을 치켜들어 그대를 때리려고 할 것입니다. 자기 마음과의 싸움에서는 이길 수 없습니다. 왜냐하면 아무리 싸워봤자 혼자 치고받기(shadow-boxing)나 매한가지일 테니까요. 그대의 그림자를 쳐서 때려눕힐 수는 없습니다. 그 타격을 받을 놈이 없기 때문입니다. 그대가 그림자를 치려고 몸을 놀려대는 동안만큼 그림자는 계속 몸을 놀려대겠지요. 이런 싸움에서는 이긴 자가 아무도 없고, 뜻을 이루지 못하고 패배한 자들만 많이 있습니다. 만약 마음이 실재한다고 보고 자신의 생각들을 어떤 식으로 조종해서 마음과 싸워 그것을 조복調伏 받아야 한다는 가정을 가지고 시작하면, 마음은 약해지는 것이 아니라 더 강해집니다. 마음이 실재한다는 가정 하에서 어떤 특정한 수행을 하면, 그 수행을 하는 것이 마음을 제거하기보다는 지속시키게 될 것입니다.

에고는 유령과 꼭 같습니다. 그것은 그 자체 아무런 실제적 형상이 없습니다. 만약 '나는 누구인가?' 하고 탐구하여 에고가 실제로 무엇인지 보게 되면 그것은 그냥 달아나 버릴 것입니다. 마음은 아무 실체도 없고 아무 형상도 없습니다. 그것은 상상 속에서만 존재합니다. 만일 그대가 상상적인 어떤 것을 없애고 싶으면, 상상하기를 그만두기만 하면 됩니다. 안 그러면 대신에, 마음과 그것의 모든 창조물들이 자신의 상상 속에서만 존재한다는 것을 끊임없이 자각하십시오. 그러면 그것들이 그대를 속이지 못하게 될 것이고, 그대는 그것들에 의해 방해받지 않을 것입니다. 예를 들어 요술사가 호랑이를 만들어낸다 해도 겁낼 필요가 없습니다. 그가 그대를 속여서 그것이 실재하는 위험한 호랑이인 것처럼 믿게 하려고 한다는 것을 알기 때문입니다. 그 호랑이가 실재하며 위험하다고 믿지를 않으면 겁이 나지 않습니다.

영화가 이곳에 처음 들어왔을 때, 어떤 마을 사람들은 화막(screen)에서 불같은 것을 보면 겁을 먹었습니다. 그들은 불이 번져서 극장을 태워버릴 줄 알고 막 달아났지요. 일어나는 모든 것은 의식이라는 화막 위에 나타날 뿐이라는 것, 그리고 그대 자신이 그 위에 모든 것이 나타나는 화막이라는 것을 알면, 어떤 것도 그대를 건드리거나 해치거나 겁주지 못합니다.

세계의 실재성을 믿는 사람들은 정말이지, 신기루에서 보이는 물을 가두려고 댐을 건설하는 사람들보다 조금도 나을 것이 없습니다.

질문: 어떤 때는 모든 것이 아주 또렷하고 평온합니다. 마음의 움직임을 바라보면서, 스와미께서 하시는 말씀이 옳다는 것을 알기 쉬운 때가 있습니다. 그러나 어떤 때는 아무리 노력해도 우리의 혼란한 마음에 아무런 인상도 주지 못합니다.

스와미: 우리가 명상적인 상태에 있을 때는 늘 모든 것이 또렷합니다. 그러다가 이전에 마음 안에 감추어져 있던 원습들이 일어나서 이 또렷함을 가립니다. 이 문제에 대해서는 쉬운 해법이 없습니다. 언제 어느 때나 '이것이 누구에게 일어나는가?' 하고 탐구를 계속해 나가야 합니다. 문제가 생기면 '이것은 내 마음의 표면에서 일어날 뿐이다. 나는 이 마음이나 헤매는 생각들이 아니다'라고 스스로에게 상기시키십시오. 그런 다음 '나는 누구인가?' 하는 탐구로 돌아가십시오. 이렇게 하면 그대는 점점 더 깊이 뚫고 들어가서 마음으로부터 초연하게 됩니다. 그러나 맹렬하게 노력한 뒤라야 그렇게 될 수 있습니다.

이미 약간의 또렷함과 평온함을 얻은 경우에는 '나는 누구인가?' 하는 탐구를 하면 마음이 진아 속으로 가라앉아 해소되면서 '나-나'(I-I)라는 주관적인 자각만 남게 됩니다. 바가반께서는 제가 1938년에서 1942년 사이에 당신을 친견하러 다닐 때, 이 모든 사항을 아주 자세히 설명해 주셨습니다.

질문: 당신을 인도해 주시는 그런 큰 스승을 가지셨다는 것은 정말 굉장한 일이었을 것이 틀림없습니다. 오늘날에는 그런 분을 어떻게 찾을 수 있겠습니까?

스와미: 대부분의 사람들은 자격 있는 스승을 찾아내기 어렵습니다. 보통 사람들은 누가 진아를 깨달았는지 알 수 없기 때문입니다. 바가반께서는 언젠가 저에게 이 점을 아주 잘 보여주는 긴 이야기 하나를 해주셨지요.

수백 년 전에 뜨리찌(Trichy)에서 가까운 읍인 스리랑감(Srirangam)에 한 진인이 있었습니다. 이 진인은 매일 카우베리 강(Cauvery River)으로 가서 목욕을 했습니다. 길을 나설 때는 몸을 지탱하기 위해 두 헌신자들의 어깨에 손을 얹곤 했습니다. 그는 그들의 몸에 직접 닿는 것을 좋아하지 않았기 때문에 헌신자들의 어깨에 명주 천을 얹었습니다. 이와 같이 그는 매일 강까지 1마일을 걸어가서 목욕을 했습니다. 돌아올 때도 마찬가지 방법으로 몸을 지탱하곤 했습니다.

하루는 이 진인과 그의 제자들이 평상시처럼 강으로 걸어가다가 저만치 한 슈드라(sudra)[가장 낮은 계급의 사람]가 아름다운 아내와 함께 걸어가고 있는 것을 보았습니다. 두 사람 다 강 건너편에서 벌어지고 있는 축제에 가는 것처럼 보였습니다. 햇볕이 아주 뜨거웠기 때문에 아내는 뜨거운 모래 위를 걸을 수 없었습니다. 남자는 그녀가 걸을 수 있게 자신의 도띠(dhōti) 하나를 모래 위에 깔아주고 있었습니다. 그녀가 도띠의 끝에 이르면 그는 또 다른 도띠를 모래 위에 깔고 먼저 것을 집어드는 것이었습니다. 이런 식으로 해서 그녀는 모래에 발을 대지 않고 걸어갈 수 있었습니다. 진인의 제자들은 이 광경을 바라보다가 그에 대해 스승에게 이렇게 말했습니다.

"저 사람은 자기 아내에 대해 얼마나 큰 집착을 가지고 있습니까! 그는 그녀에게 시원한 길을 만들어주기 위해 자기 도띠를 땅에 하나씩 깔

아주고 있습니다."

강으로 가는 길에 그 부부와 진인이 만났습니다.

스승은 큰 호기심을 가지고 그 남자한테 물었습니다. "나는 자기 아내를 이렇게 섬기는 남편을 본 적이 없네. 왜 그렇게 하시는가?"

남자가 대답했습니다. "그녀는 저의 신입니다. 그녀의 눈을 들여다보기만 해도 저는 아주 행복합니다. 그녀의 볼, 얼굴, 혹은 그녀 몸의 어느 부분을 보든 저는 늘 아주 행복합니다. 그녀는 또한 많은 금 장신구를 차고 있는데, 그것이 그녀를 더욱 아름답게 보이게 합니다. 그녀의 이름까지 뽄니(Ponni)[pon은 타밀어로 '금'을 뜻한다]입니다. 그녀의 아름다움과 이 금들을 보면 저는 굉장히 행복합니다. 그녀는 저에게 여신이나 마찬가지입니다."

스승이 그에게 말했습니다. "자네는 몸뚱이의 겉모습에 속고 있네. 눈에 뭐가 있나? 물과 피부뿐이지. 몸 안에 뭐가 있나? 피와 근육과 뼈뿐이지. 자네는 몸뚱이의 겉모습에 속고 있네. 이렇게 심히 마야에 뒤덮인 사람을 나는 본 적이 없어."

그런 다음 스승은 계속 이렇게 말했습니다. "근육과 뼈를 좋아하는 것은 개들뿐이지. 이런 짐승들과 마찬가지로 자네는 고깃덩어리에 대해 큰 욕망을 가지고 있네. 훗날 그녀가 어떤 중병에 걸리면 그녀의 아름다움은 사라지고 말 것이네. 그녀가 죽으면 몸뚱이도 없고 아름다움도 없네. 그런데 자네는 이 죽어 없어질 몸뚱이에 대해 왜 그렇게 집착하나? 그것은 사람으로 태어난 목적이 아니네. 이 몸뚱이를 숭배하는 데 시간을 낭비하지 말고, 불멸하는 것, 곧 진아를 깨닫도록 노력하게. 그것이 사람으로 존재하는 유일한 목적이라네."

이 사람은 진아에 대한 가르침을 받아들일 준비가 된 마음의 소유자였습니다. 그는 스승의 말씀을 듣자 즉시 그것을 실천하기로 마음먹었습니다.

그는 자기 아내에게 말했습니다. "당신은 당신 갈 길을 가구려. 지금부터 나는 이 스승님을 따라가오." 그는 스승과 같이 갔고, 그 여자는 자기 집으로 돌아가서 혼자 살았습니다.

남편은 스승을 따라 그의 아쉬람으로 갔습니다. 그것은 많은 건물이 있는 큰 아쉬람이었습니다. 스승은 밤새 깨어 있으면서 아쉬람을 지켜줄 사람을 필요로 했기 때문에, 이 새 헌신자는 야순夜巡(밤에 도량을 순시하는 지킴이)이 되었습니다. 그의 이름은 우연히도 빌리(Villi)였습니다.

그는 이내 아주 좋은 헌신자가 되었습니다. 스승이 무슨 말을 하든 그는 겸손과 사랑으로 그것을 즉시 실행했습니다. 이러한 태도 때문에 스승은 곧 그를 많이 총애하게 되었습니다. 모두 브라민인 다른 제자들은 빌리를 질투하기 시작했습니다.

"이 사람은 우리보다 뒤에 왔다. 그는 슈드라지 브라민이 아니야. 그런데도 우리 스승님은 그를 아주 총애하시는 것 같아." 그들은 서로 이렇게 말했습니다.

이 제자들의 질투는 날이 갈수록 심해졌습니다. 급기야 그들은 빌리가 어떤 범죄를 저지른 것처럼 보이게 만들어, 스승이 그를 내보내지 않을 수 없게 하기로 결정했습니다.

스승은 이 제자들의 마음속을 알고 그들에게 한 가지 장난을 하기로 마음먹었습니다. 하루는 브라민 헌신자들이 자기들 빨래를 해서 내다 널었습니다. 빨래가 마르는 동안 그들은 낮잠을 자러 갔습니다. 그 동안에 스승은 빨래를 다 걷어서 감춰버렸습니다.

제자들이 깨어나서 보니 자기들의 빨래가 사라지고 없자, 스승에게 와서 말했습니다. "빌리가 저희들의 옷을 다 훔쳐 갔습니다. 이 사람은 아쉬람에서 쫓아내야 합니다."

스승은 빌리를 불러서 말했습니다. "이 사람들이 모두 자네를 반대한다. 내가 어떻게 할 수 있나? 자네 집으로 돌아가서 거기서 진아에 대해 명상하게. 진아는 무한하지. 그것은 없는 곳이 없어. 자네는 집에서도 이 명상을 할 수 있네. 그것을 하기 위해 여기 있을 필요는 없네."

빌리는 아무 불평 하지 않고 자기 집으로 돌아갔습니다. 그는 스승의 말씀에 복종하여 진아에 대해 명상하면서 시간을 보냈습니다. 그는 세상이나 자기 아내에 대해 더 이상 아무 집착이 없었고, 그저 대부분의 시간 동안 앉아서 매일 명상만 했습니다.

하루는 빌리가 강 쪽으로 가는데 스승이 늘 하는 목욕을 하러 왔습니다. 스승은 제자에 대한 사랑을 감출 수 없었습니다. 그는 빌리에게 다가가 그를 끌어안고 그에게 어떻게 지내고 있느냐고 물었습니다.

이것을 보자 브라민 제자들은 또다시 몹시 질투가 났습니다. "무슨 이런 스승이 있나?" 그들은 말했습니다. "스승님은 아주 불공평하게 행동하신다. 우리 몸에는 손도 안 대시면서—당신은 우리의 어깨와 당신의 손 사이에 명주 천을 까시니까—이 사람에게는 다가가서 끌어안으시는군. 이 사람은 모르긴 해도 고기를 먹을 슈드라 아닌가. 그는 더구나 아내와 함께 살지. 어떻게 우리 스승님은 이런 나쁜 사람을 대우하시지?"

스승이 돌아오자 그들은 그에게 왜 그렇게 행동하셨느냐고 물었습니다. 그들은 그에게 불공평하다고 불평하기까지 했습니다.

그에 대해 스승은 빌리의 순수함을 보여주기 위해, 제자들에게 한 가지 장난을 쳐 보라고 제안했습니다.

스승이 그들에게 말했습니다. "오늘 밤 빌리의 집에 가서 그의 처가 몸에 지니고 있는 금 장신구들을 모두 훔쳐라."

제자들은 처음에는 반대했지요. "안 됩니다! 안 됩니다! 저희들은 그런 짓 못합니다. 훔치는 것은 죄니까요."

스승이 그들에게 말했습니다. "이것은 내가 명령하는 것이니까, 자네들은 그렇게 해야 한다."

제자들은 마지못해 그 명령을 실행하겠다고 했습니다. 한밤중에 그들은 빌리의 집에 침입했습니다. 한 방에서 빌리가 잠을 자고 있었고, 그의 아내가 그의 옆에서 모로 누워 자고 있었습니다. 그들은 바깥쪽 손에서 장신구들을 조심스럽게 빼냈습니다.

그들이 아내의 다른 손에서 장신구를 빼내려고 하는데, 아내가 깨어나서 "도둑이야! 도둑이야!" 하고 소리를 질렀습니다. 제자들은 가까스로 그들이 훔친 금을 다 가지고 도망쳐서, 그것을 스승께 건네 드리고 경과를 말씀드렸습니다.

그러는 동안 빌리는 깨어나 그의 아내가 울면서 "도둑이야! 도둑이야!" 하고 소리 지르고 있는 것을 보았습니다.

그는 그녀를 동정하기는커녕 이렇게 말했습니다. "당신은 나쁜 여자요! 당신은 금에 너무 많이 집착하고 있소. 이제부터 나는 당신 손으로 주는 음식을 안 먹겠소. 금에 이렇게 집착하는 여자가 주는 음식을 먹으면 내 명상에 영향이 있을 거요. 도둑들이 당신의 금을 훔쳐갔다고 해서 무슨 상관이오? 당신은 그것에 너무 집착하지 말았어야 하오. 이제부터 당신 음식은 당신이 한 곳에서 해먹으시오. 나는 딴 데서 내가 해먹겠소. 내일부터 우리는 각자 따로 살기로 하오."

그날부터 두 사람은 같은 집에서 각자 따로 살았습니다. 아내는 당연히 자신이 받는 대우에 몹시 화가 났지요. 그녀는 이웃 사람들과 우물가에 물을 길러 오는 여자들에게 불평을 했습니다. 심지어 스승에게도 찾아가서 불평을 했습니다.

"저는 아무런 해도 끼치지 않았어요." 그녀는 모든 사람에게 이렇게 말했습니다. "저는 아무 잘못도 없어요. 도둑들이 들어와서 제 금을 다 훔쳐갈 때 그냥 '도둑이야! 도둑이야!' 하고 소리 지른 것뿐이에요. 제 남편은 그것 때문에 저를 벌하고 있다니까요. 이제 자기 음식을 자기가 지어서 혼자 먹고, 저에게는 말도 하지 않아요. 이렇게 쓸모없는 남편은 세상 천지에 없을 거예요!"

스승은 제자들에게 빌리의 집에서 어떤 일이 벌어지고 있는지 가서 보고 오라고 했습니다. 그들은 마을에 가서 동네 여자들이 빌리와 그의 아내에 대해 이러쿵저러쿵하는 말에 귀를 기울였습니다. 그러고 나서 그들은 스승께로 돌아와서 여자들이 하던 말을 해 드렸습니다.

스승은 이렇게 말했습니다. "빌리는 세간연(samsāra) 속에서 살고 있는 것처럼 보이지만, 그는 금이나 돈에 아무런 집착이 없다. 그는 자기 아내에게도 집착하지 않는다. 내가 강가에서 그를 보았을 때 그에게 그처럼 사랑을 느낀 것도 그 때문이다. 이제 그가 어떻게 살고 있는지 보았으니 자네들도 이해하겠지. 자네들은 브라민으로서, 범행자梵行者로서 살고 있지만, 아직도 그러한 무집착의 상태에 이르지 못했다. 빌리는 이제 본연의 상태(sahaja state)[진아 깨달음의 상태]에 살고 있다."

빌리가 그러한 진지眞知의 상태를 성취한 뒤에 많은 사람들이 그를 찾아오기 시작했습니다. 그는 한 오두막에서 소박하게 살면서 지知의 길을 가르쳤습니다. 얼마 지나서 그의 주위에는 작은 마을이 생겨나 방문객들과 헌신자들이 숙식할 수 있게 되었습니다. 그 마을은 빌리뿌뚜르(Villiputtur)라고 했습니다. 이 마을은 지금도 존재합니다. 빌리는 결국 빌리뿌뚜르 알바르(Villiputtur Alvar)로 알려졌으며, 그는 지금 가장 위대한 비쉬누파派 성자들 중의 한 사람으로 존경받고 있습니다.

그러니 누가 진인이고 누가 진인이 아닌지 어떻게 알겠습니까? 이 범행자 제자들은 여러 해를 진인과 함께 살면서 명상하고 그에게 봉사했지만, 스승이 가르쳐 주기 전까지는 빌리의 위대함을 알아보지 못했습니다. 스승을 발견하고 그를 알아보려면 순수한 마음과 좋은 업을 가지고 있어야 합니다.

바가반은 언젠가 이 이야기를 회당에서 들려주셨지요. 당신이 말씀을 끝내고 나서 시자 한 사람이 라디오를 틀었습니다. 라디오 아나운서가 즉시 이렇게 말하는 것이었습니다. "우리는 이제 빌리뿌뚜르 알바르의 이야기를 들어보겠습니다." 그리고 라디오에서 그 이야기를 한 사람은 꼭 바가반이 들려주신 대로 이야기하는 것이었습니다.

이야기가 끝나자 아나운서가 이렇게 말했습니다. "모든 분에게 절합니다"(*Namaskaram* to all).

바가반께서 말씀하셨습니다. "그가 '모든 분에게 절한다'고 말했으면, 그 자신도 거기에 포함되는 거지요."

저는 바가반께서 이 이야기를 다른 때에도 하시는 것을 들었습니다. 제가 회당을 떠나려고 하는데 바가반께서 좀 있어보라고 붙잡으시더니 이 이야기를 처음부터 끝까지 하시는 것이었습니다. 이렇게 저를 못 가게 붙잡으셨기 때문에, 저는 당신이 오직 저를 위해 이 이야기를 들려주신 거라고 생각했습니다. 당신은 우리가 모든 집착을 포기할 준비가 되어 있을 때만 영적인 길에서 진보할 수 있다는 점을 저에게 분명히 이해시키고 싶으셨던 것이라고 저는 생각합니다.

23

질문: 몇 번인가 저는 스와미께서 바가반과 보내신 시절에 대한 이야기를 하시는 것을 들었습니다. 그 이야기를 들을 때마다 저는 항상 스와미께서 바가반께 가졌던 그 믿음의 대단함에 감명을 받습니다. 이런 이야기를 듣고 보니 제 생각에, 스와미님은 그런 믿음이 있었기 때문에 그렇게 완전히 순복하신 게 아닌가 싶습니다.

스와미: 스승의 은총과, 스승 가까이에 있다는 것이 저에게 순복할 자신감과 믿음을 주었던 것이지요.

질문: 당신의 믿음이 워낙 강했기 때문에, 저는 어떤 이야기를 들으면서 울기도 했습니다. 저는 그 이야기에 너무 감동을 받았습니다.

스와미: 이제 그대가 순복을 이야기하니까, 제가 바가반께 순복할 수

있는 기회가 되었던, 아쉬람에서 있었던 사건 하나가 문득 생각납니다. 한 번은 이른 아침에 바가반께서 주방에서 바나나 꽃을 자르고 계셨습니다. 이 바나나 꽃을 자르면 고무 같은 검은 물질이 분비되는데, 이것은 손가락에 들러붙습니다. 이 고무를 제거하려고 바가반은 당신의 손안에 타마린드(tamarind) 몇 개를 넣고 비비셨습니다. 그러다가 무슨 이유로 산기슭 근처로 포행을 나가셨지요. 저는 아침 7시쯤 뒷문 바로 밖에서 당신을 만났습니다. 바가반은 제가 까만달루(kamandalu)[물주전자]를 손에 들고 있는 것을 보시자, 당신 손에 묻어 있는 타마린드 찌꺼기를 씻어버리게 손바닥에 물을 좀 부어달라고 하시더군요.

이것은 저 자신을 바가반께 내놓을 수 있는 좋은 기회라고 생각한 저는, 당신의 손에 물을 조금 부으면서 마음속으로 이렇게 말했습니다. '저는 제 몸과 영혼과 마음을 스승님께 맡깁니다.'

바가반은 미소를 지으시더니 물을 좀 더 부으라는 몸짓을 해 보이셨고, 저는 물을 조금 더 부으면서 똑같은 생각을 했습니다. '저는 제 몸과 영혼과 마음을 스승님께 맡깁니다.'

바가반은 저의 내놓음에 아직 만족하지 않으시고, "좀 더!" 하셨지요. 저는 세 번째로 물을 부으면서 같은 말을 마음속으로 반복했습니다.

세 번째로 물을 붓고 세 번째로 순복의 의사표시를 하고 나자, 바가반은 저를 바라보면서 "그만 됐어" 하시더군요. 저는 제 순복의 의사표시가 받아들여졌다고 느꼈습니다.

제가 이런 행동을 한 것은 그전에 읽은 어떤 이야기에서 힌트를 얻었기 때문입니다. 화신化身 바마나(avatāra Vamana)가 한 번은 마하발리 왕(King Mahabali)에게 자기에게 순복하라고 요구했습니다.32) 그는 마하발

---

32) [역주] 바마나(Vamana)는 난쟁이 모습을 한 비슈누의 화신이다. 아수라(asuras) 왕인 마하발리는 천인들과의 전쟁에 지면서 죽었으나, 그의 스승 수카짜리야에 의해 소생된 뒤 다시 천상계에 쳐들어가서 이곳을 정복했다. 바마나는 천인들에게 천상계를 회복시켜 주기 위해 마하발리를 찾아갔다.

리 왕에게 그 순복의 표시로서 물을 세 번 부으라고 했습니다.

마하발리 왕의 스승이던 수카짜리야(Sukhacharya)는 그에게 미리 경고하기를, "만일 그대가 이렇게 순복하면, 비슈누가 그대에게서 모든 것을 앗아갈 것이오. 그는 그대의 모든 재산은 물론 그대의 왕국까지 앗아갈 것이오"라고 했습니다.

순복하기로 결심하고 있던 마하발리는 그 말을 듣지 않았습니다. 그는 자신의 까만달루에서 물을 붓기 시작했습니다.

그의 스승인 수카짜리야는 많은 초능력(siddhis)을 가지고 있었습니다. 그는 한 마리 큰 벌의 형상을 취하여 왕이 든 까만달루의 주둥이 안에 들어가서 자기 몸으로 물길을 막았습니다. 바마나는 그가 뭘 하려는지 알고 막대기로 까만달루의 주둥이를 후볐습니다. 막대기가 수카짜리야의 머리를 찔렀고 그 바람에 그는 한 눈이 멀고 말았습니다.

마하발리 왕은 물을 세 번 붓고 그의 마음, 그의 영혼, 그의 왕국과 그의 전 재산을 바마나에게 내놓았습니다.

바가반께서 저에게 물을 부으라고 하실 때 저는 이 이야기를 상기했던 것입니다. 바가반은 제 생각을 알고 계셨을 것이 분명합니다. 저에게 물을 세 번 붓도록 해서 제가 그 이야기를 재연하도록 도와주셨으니 말입니다.

그 원래의 이야기에서 마하발리 왕은 워낙 완전하게 순복했기 때문에 그 자리에서 바로 진지를 성취했습니다. 자나까 왕(King Janaka)처럼,[33] 그는 단 한 번의 순복 행위에서 그가 가진 일체를 기꺼이 포기할 준비가 되어 있었던 것입니다. 만약 그대가 이런 정도의 영적인 성숙을 이루었다면 단 한 번의 순복 행위로 진지를 얻을 수 있습니다.

---

[33] 『요가 바쉬슈타』에 나오는 이와 비슷한 이야기에서, 자나까 왕은 그가 가진 일체를 진인 아쉬따바끄라(Ashtavakra)에게 내놓고 진아를 깨달았다. 그는 (첫발을 등자鐙子에 얹고) 말에 오르면서 이렇게 내맡긴다고 말했으며, 두 번째 발을 등자에 얹기도 전에 진아를 깨달았다.

질문: 순복은 하나의 마음 자세입니다. 우리가 스승의 앞에 앉아 있을 때는 그것이 비교적 쉽습니다. 왜냐하면 그의 형상에 대한 부단한 자각이 있기 때문입니다. 그러나 만일 우리가 스승에게서 멀리 떨어져 있다면 어떻게 순복할 수 있겠습니까?

스와미: 바가반 자신이 가르치시기를, 만일 우리가 당신의 가르침을 실천하고 당신의 형상을 기억하면 우리는 어디에 있든 당신과 접촉할 수 있다고 하셨습니다. 우리가 스승에게 순복할 기회를 얻었다면 물리적인 거리는 문제가 안 됩니다. 사실 그대의 믿음이 강하고 그대의 수행이 지속적이라면, 때로는 거리가 떨어진 곳에서 더 쉽게, 더 잘 접촉할 수 있습니다.

질문: 그것은 하나의 물리적인 것입니까? 이 느낌, 스승과 자기 자신 사이의 이 연결 말인데요, 우리는 그것을 심장 안에서만 느낍니까, 아니면 마음 안에서도 느낍니까?

스와미: 심장 접촉(Heart contact)이 최고입니다. 그러나 만약 수행을 잘 하면 마음속에서도 그것을 느낄 수 있지요.

질문: 제가 이 질문을 드리는 것은 지금 제가 제 마음으로, 바가반의 진정한 형상이라고 생각되는 이 '내가 있다'를 향한 사랑과 헌신을 좀 느껴보려고 애쓰고 있기 때문입니다. 그러나 이것은 아주 어려운 일입니다. 여기에는 전혀 즐거움이 없습니다. 그것은 끊임없는 싸움입니다. 제가 뭘 잘못하고 있습니까?

스와미: 만약 그대의 마음을 이 '내가 있다'에 집중하면 다른 어떤 것도 할 필요가 없습니다. 그것에 대해 어떤 특정한 태도를 계발하지 않아도 됩니다. 주의를 거기에 기울이고 있으면, 그것은 결국 그것의 모든 비밀을 그대에게 드러낼 것입니다.

마음을 이 '내가 있다'라고 하는 내재적인 의식에 집중하고, 그리하여 한 동안 거기에 자리잡게 되면 그대는 어떤 평안을 체험하기 시작할 것입니다. 사고 과정이 한 순간도 존재하지 않을 때, 우리는 많은 영적인 에너지를 얻게 됩니다. 그 에너지와 그 평안의 느낌이 오면, 우리는 더 큰 자신감과 더 큰 열의를 얻게 됩니다. 진아의 평안과 지복을 약간 체험해 보면 그대는 거기로 더 많이 돌아가려는 의지를 항상 느끼게 됩니다. 일단 이런 열의와 이러한 의지를 가지면, 성공하지도 못할 싸움을 한다는 느낌은 점차 사라집니다.

질문: 그 평안이 결국은 올 것이라는 것을 압니다만, 지금으로서는 그것을 조금 맛이라도 보려면 엄청난 노력을 해야 합니다.

스와미: 라마끄리슈나 빠라마한사가 한 번은 밀림 속에서 많은 따빠스를 한 어느 진인의 이야기를 들려주었습니다. 하루는 그가 밀림 밖으로 나왔다가, 나무 한 단을 지고 가는 가난한 사내를 만났습니다. 이 나무꾼은 진인이 평안과 지복을 방사하고 있는 것을 보았습니다.

"스와미, 당신께서는 너무나 행복해 보이십니다. 당신의 얼굴에는 근심의 흔적이 전혀 없습니다. 당신께서는 분명히 위대한 분이십니다. 부디 저에게 부자가 될 수 있는 방법을 좀 가르쳐 주십시오. 저는 아주 가난합니다. 이 나무를 해다 읍내에 팔아서 근근이 살아가고 있습니다. 저는 먹고살기 위해 많은 몸부림을 쳐야 하기 때문에, 이런 생활 방식에 아주 절망할 때가 많습니다." 그가 말했습니다.

진인이 그에게 물었습니다. "그대는 이 나무를 어디서 하는가?" 그러자 사내가 대답했습니다. "바로 숲가에서 합니다."

진인이 그에게 말했습니다. "그럼 내일은 안으로 더 들어가서 거기 뭐가 있는지 보게."

다음날 나무꾼은 보통 때보다 밀림 속으로 더 깊이 들어가서, 백단향 나무들이 더러 있는 것을 발견했습니다. 그는 이 나무들을 잘라서 시장에 내다 팔아 많은 돈을 벌었습니다. 그러나 그는 이 돈에 만족하지 않았기 때문에, 진인에게 다시 가서 어떻게 하면 더 많은 돈을 벌 수 있겠는지 물었습니다.

진인은 먼저 한 조언을 되풀이했습니다. "밀림 속으로 더 들어가 보게."

다음날 나무꾼은 밀림 속으로 더 깊이 들어가서, 어떤 사람이 거기 내버리고 간 많은 놋쇠 그릇들을 발견했습니다.

그는 혼자 생각했습니다. "이 숲 속으로 더 깊이 들어갈수록 더 값나가는 것이 생길 것 같다. 이 놋쇠를 내버려두고 조금 더 들어가 보자."

숲 한 가운데서 그는 금을 발견했고, 이내 부자가 되었습니다.

제가 이 이야기를 하는 것은, 육신과의 동일시가 우리에게 야기하는 모든 문제들에서 벗어나기를 바랄 때 우리는 진아를 향해서 내면으로 들어갈 수 있다는 것을 보여주기 위해서입니다. 우리는 의식의 바깥 가장자리인 마음 안에서 힘들게 고생하지 말고, 우리 존재의 중심인 진아 쪽으로 옮겨가야 합니다.

내면으로 옮겨가기 시작하면서 우리는 아주 희석된 형태인 진아의 평안과 지복을 체험합니다. 더 깊이 들어가면 갈수록 그 체험은 더 강해집니다. 그러다가 마침내 우리가 이 체험을 전혀 떠나고 싶지 않은 때가 올 것입니다. 떠나기는커녕 진아 속으로 더 깊이, 더 깊이 들어가려는 지속적인 충동이 있게 됩니다. 그대가 모든 욕망과 집착을 잃어버리면 진아라는 순금이 그대에게 스스로 드러날 것입니다. 그 최종적 상태에서 그대는 평안과 지복을 체험하는 것이 아니라, 그대가 바로 그 평안과 지복입니다. 그 상태에서는 그대가 시바와 동등한 자입니다.

그대는 약간의 평안이라도 체험하려면 엄청난 노력을 해야 한다고 말합니다. 거기에 대해서는 걱정하지 마십시오. 그대의 노력은 조만간 보람이 있게 됩니다. 어려움을 견디면서 해 나가면 그 평안과 지복이 제 발로 찾아올 것입니다. 진아에 대한 생각 외의 모든 생각에 대한 집착을 포기하면, 자신이 진아의 평안 속으로 자동적으로 끌려들고 있는 것을 발견할 것입니다. 만약 열심히 그리고 올바르게 수행한다면, 이 평안의 체험을 도저히 떠나고 싶지 않다는 것을 알게 됩니다. 이렇게 될 때 그대는 진아 외의 모든 것에 대한 흥미를 잃어버릴 것입니다.

24

질문: 스승과 제자의 관계는 하나의 실재하는 관계입니까, 아니면 마야의 관계입니까? 만약 그것이 마야의 관계라면 그것이 어떻게 우리가 마야를 초월하는 것을 도와줄 수 있습니까?

스와미: 바가반께서는 사자한테서 공격받는 꿈을 꾼 코끼리의 이야기를 하나의 예로서 들려주시곤 했지요. 꿈속에서 사자를 본 충격은 코끼리를 깨어나게 하는 데 충분했습니다. 바가반에 따르면 스승은 한 마리의 포효하는 사자로서, 우리의 마야의 꿈(māyā dream) 속에 나타나서 우리에게 충격을 주어 우리를 진지(jnāna)로 깨어나게 합니다. 꿈이 계속되고 있는 동안 그 사자는 우리에게 아주 실제적이지만, 우리가 깨어나면 사자도 없고 꿈도 없습니다. 진지의 상태에서 우리는 스승도 없고 제자도 없다는 것을 자각하게 됩니다. 오직 진아만이 있는 것입니다.

그러나 깨달음을 얻기 전에는 그런 태도를 가지면 안 됩니다. 우리가 아직 마야에 사로잡혀 있는 동안은 스승-제자 관계를 실재하는 것으로 받아들여야 합니다. 왜냐하면 이 관계가, 우리가 우리 자신에 대해 가지고 있는 모든 그릇된 관념을 초월하는 유일한 방도를 마련해 주기 때문입니다. 비록 지적으로는 '모두가 하나'라는 것을 안다 하더라도, 우리는 스승의 형상을 존경해야 합니다. 왜냐하면 그의 은총을 통해서만이 우리의 무지가 해소될 수 있으니까요. 우리는 스승과 그의 가르침을 항상 존경해야 합니다. 만일 우리가 스승을 보통 사람—진아의 다른 어떤 나툼과 전혀 다를 바 없는—처럼 취급하기 시작하면, 그런 존경을 할 수 없습니다. 스승에 대한 존경과 그의 가르침에 대한 믿음은 진보를 이루고 싶은 모든 사람들에게 필수적입니다.

외적인 스승은 내적인 스승인 진아의 실재성에 대해 우리에게 이야기해 주려고 나타납니다. 우리의 결함 있는 안목으로는 이것이 진실임을 스스로 보거나 체험하지 못합니다. 내적인 스승은 우리를 진아 쪽으로 끌어당겨 우리를 진아에 자리잡게 합니다. 내적인 스승은 이런 역할을 하려고 항상 기다리고 있지만, 우리가 그를 향해 주의를 돌리기 전에 그가 먼저 시작할 수는 없습니다.

"내면으로 돌아서라. 그대의 주의를 내적인 스승에게 돌려, 그가 그대를 그대의 근원으로 끌어당기도록 하라"고 우리에게 말하는 사람이 외적인 스승입니다.

이런 가르침을 주는 외에도 외적인 스승은 자신의 은총을 우리에게 주고, 우리의 마음을 정화하며, 그 마음들을 내적인 스승인 진아 쪽으로 밀어줍니다.

모든 스승들은 진아입니다. 모든 스승들은 형상이 없습니다. 그리고 모든 스승들은 궁극적으로 똑같은 하나입니다. 스승의 외부적 형상들은 사람마다 다르게 나타날 수 있지만 실제로는 오직 하나의 스승이 있을 뿐이고, 그 스승이 바로 진아입니다. 우리가 영적인 성숙에 도달하면, 우리의 수행이 더 진보하도록 도와주기 위해 진아가 스승의 형상을 하고 우리에게 나타납니다.

외적인 스승과의 관계는 그것이 필요한 한 지속됩니다. 그것은 제자(sishya)가 진아만이 존재한다는 것을 직접적인 체험으로 알 때까지 지속됩니다. 저의 경우에는 제가 더 이상 스승의 형상과 같이 있는 것이 물리적으로 불가능한 때가 찾아왔지요. 바가반은 제가 당신의 진정한 모습을 자각하도록 하고 싶으셨기 때문에, 저와의 신체적인 관계를 단절했습니다. 학교에서 시험에 급제하면 우리는 (한 학년을) 졸업하고 다음 반으로 올라가야 합니다. 같은 반에 다시 들어갈 수는 없습니다. 저는 바가반을 하나의 형상으로 보는 데서 졸업하여 그분을 형상 없는 진아로 보게 되었습니다. 그 후로 저에게는 바가반의 신체적 형상과 관계를 가질 기회가 다시는 주어지지 않았습니다.

다른 제자들은 각기 다른 취급을 받았지요. 스승은 모두를 똑같이 취급하지 않습니다. 그는 각 제자의 성숙도와 좋아하는 성향을 보고 각자에게 적합한 수행법을 줍니다. 예를 들어 바가반은 어떤 헌신자들에게는 헌가를 부르게 했습니다. 그들에게는 그것이 적합한 길이었기 때문입니다. 제 경우에는 당신이 저로 하여금 형상 없는 진아를 자각하도록 권유하셨습니다.

송아지가 아주 어릴 때에는 송아지가 배고플 때마다 어미가 젖을 먹여줍니다. 그러나 송아지가 풀을 먹을 줄 알게 되면, 송아지가 다시 젖을 먹으려고 할 때마다 어미가 발로 차버립니다. 제가 형상 없는 진아와 접촉하는 법을 배우고 나서도 바가반의 신체적 형상으로부터 은총을 들이마시려고 하자, 당신이 저를 차버린 것입니다. 바가반은 제가 당신의 형상에서 젖을 떼기를 바라셨습니다. 당신은 제가 형상 없는 진아로부터 모든 영적인 자양滋養을 얻기를 바라신 거지요.

우리는 스승에게서 모든 것을 다 배웠다고 생각하고 스승을 떠나면 안 됩니다. 그것은 아주 오만한 태도입니다. 오직 스승이 우리에게 떠나라고 할 때에만 떠나야 합니다. 그때까지는 그의 곁에 있으면서 우리가 배워야 할 것을 그에게서 배워야 합니다.

우리는 각자 다른 스승의 형상을 만나겠지요. 우리가 만나는 형상은 우리의 성숙도와 영적으로 익은 정도(spiritual ripeness)에 달려 있습니다. 각 스승마다 서로 다른 가르침을 줄 것이고, 한 스승도 서로 다른 제자들에게 서로 다른 가르침을 줄 경우가 많습니다. 그것은 성숙도와 기질의 문제입니다. 유치원 수준의 제자들은 유치원 수준의 가르침을 받을 것이고, 대학 수준의 제자들은 대학 수준의 가르침을 받겠지요. 그리고 각 수준에도 각 제자마다 상이한 가르침이 있을 것입니다. 어떤 사람들에게는 헌신의 길을 따르라고 할 수 있고, 어떤 사람들에게는 진아에 대한 명상을 하라고 할 수도 있습니다.

스승들이 가르치는 그 많은 갖가지 길들은, 실은 바가반의 길에 대한 준비 과정일 뿐입니다. 궁극적으로 우리는 진아에 대한 명상이나 자기 탐구, 혹은 완전한 순복에 의해서 진아 안에 안주하는 법을 배워야 합니다. 불행하게도 바가반의 최상의 가르침을 따를 만큼 영적으로 충분히 성숙된 사람은 아주 적습니다. 대부분의 사람들은 최종적 길을 따를 준비가 될 때까지는 다른 길을 따라야 합니다.

그대가 애초에 한 질문은 "스승-제자 관계는 실재합니까?"라는 것이었지요. 진아의 관점에서 보자면 그것은 모두 마야라고 해야겠지만, 우리는 그것이 가장 좋은 종류의 마야라는 것을 덧붙일 수 있겠습니다. 우리는 한 가시를 이용하여 다른 가시를 빼낼 수 있습니다. 그와 마찬가지로 우리는 마야와 같은 스승-제자 관계를 이용하여, 온갖 나툼을 보여주는 마야를 뿌리뽑을 수 있습니다. 마야는 우리의 내면에 워낙 확고히 자리잡고 있어서, 우리의 꿈속에 있는 스승-사자만이 우리를 깨울 만큼 큰 충격을 줄 수 있습니다.

참고 문헌

여기서 항목들은 단행본, 정기 간행물 및 원고의 세 부분으로 정리되어 있다. 이 참고 문헌에는 저자의 이름이 본문에서 언급된 책들과, 안나말라이 스와미의 이야기를 뒷받침하거나 아니면 다른 설명을 제공하는 해설 중에서 인용된 책들이 포함되어 있다. 가능한 모든 곳에서 나는 산스크리트 혹은 타밀 원어보다는 영어 번역을 제시하였다.

단행본

Aksharamanamālai : by T. M. P. Mahadevan, *Arunacala-Siva*, pub. Sankara Vihar, Madras, 1978 참조.

All is One : *Ellam Ondrē*, pub. Colombo, Sri Lanka, 1950를 'Who'(락슈마나 샤르마)가 번역한 것.

Arunāchala Puranam (Tamil) : by Arumuga Navalar, pub. Ramaswami Mudaliar and Sons, Madras, 1930.

Arunāchala Māhātmyam : tr. by G.V. Tagare, *The Skanda Purana, Part III*, pub. Motilal Banarsidas, Delhi, 1993.

Be As You Are : ed. David Godman, pub. Routledge and Kegan Paul, London, 1985.

The Collected Works of Ramana Maharshi : ed. Arthur Osborne, pub. Sri Ramanasramam, Tiruvannamalai, 1979. *Upadēsa Sāram*(가르침의 핵심), *Ulladu Nārpadu*(실재사십송), *Ulladu Nārpadu Anubandham*(실재사십송 증보), *Ātma Vidyā Kīrtanam*(진아지), *Vichāra Mani Mālai*(탐구보주화만), *Aksharamanamalai*(문자혼인화만), *Devikālottara*(데비깔롯따라), *Who am I?*(나는 누구인가?) 등이 포함되어 있다.

Day by Day with Bhagavan : by A. Devaraja Mudaliar, pub. Sri Ramanasramam, Tiruvannamalai, 1977.

Ellām Ondrē : by Vijai R. Subramanyam, pub. Pinnalur Ramalingam Pillai, 1935.

Five Hymns to Arunachala : by Sri Ramana Maharshi, pub. Sri Ramanasramam, Tiruvannamalai, 1971.

Guru Ramana : by S.S. Cohen, pub. Sri Ramanasramam, Tiruvannamalai, 1950.

Guru Vachaka Kōvai : by Muruganar, tr. by K. Swaminathan, *Garland of Guru's Sayings*, pub. Sri Ramanasramam, Tiruvannamalai, 1990.

Kaivalya Navanītam : by Tandavaraya Swami, pub. Sri Ramanasramam, Tiruvannamalai, 1981.

My Recollections of Bhagavan Sri Ramana : by A. Devaraja Mudaliar, pub. Sri Ramanasramam, Tiruvannamalai, 1992.

No Mind - I am the Self : by David Godman, pub. Sri Lakshmana Ashram, AP 524412, India, 1986.

Pattinatar Tirupadaltirattu (Tamil) : by Pattinatar, pub. Ratina Nayakar and Sons, Madras, 1979.

Psalms of a Saiva Saint : Tayumanuvar, Luzac, London, 1925.

Ramana Darshanam : by Sadhu Natanananda, pub. Sri Ramanasramam, Tiruvannamalai, 1975.

Ramana Maharshi and the Path of Self-Knowledge : by Arthur Osborne, pub. Rider and Co., London, 1957.

Ramana Maharshiyin Nija Swarūpam (Tamil) : by Perumal Swami. 책을 한 권도 구할 수 없었으므로 출판 관계 세부사항은 알 수 없다. 그러나 출판 연도는 1933년으로 추정된다.

Revelation : by Lakshman Sarma, pub. Sri Ramanasramam, Tiruvannamalai, 1991.

Ribhu Gītā : tr. H. Ramamoorthy, pub. S.A.T., P.O. Box 8080, 1834, Ocean Street, Santa Cruz, CA. 95061, USA.

A Sadhu's Reminiscences : by Sadhu Arunachala (Major Chadwick), pub. Sri Ramanasramam, Tiruvannamalai, 1976.

Sivabhōga Saram (Tamil) : no author, pub. Madras Ribbon Press, 87 Tambuchetty Street, Madras, 1923.

Sivanandalahari : in *Sankara's Hymn to Siva*, tr. by T.M.P. Mahadevan, pub. Ganesh and Co.

Subramania Bharati, Chosen Poems and Prose : by Subramania Bharati, ed. by K. Swaminathan, pub. All India Subramania Centenary Celebrations Committee, New Delhi, 1984.

Sūta Samhitā (Sanskrit) : no author, pub. Ananda Ashram, 1893.

Swarūpa Sāram (Tamil) : by Swarupananda Swami, pub. City Printing Works, Madras 14, 1971.

Tēvāram (Tamil) : *the poems of Jnanasambandhar*, tr. by T.V. Gopal Iyer and Francois Gros, pub. Institut Francais d'Indologie, Pondicherry, 1984.

Tirukurral : by Tiruvalluvar, tr. by G.U. Pope, W.H. Drew, John Lazarus and F.W. Ellis, pub. South India Saiva Siddhanta Works Publishing Society, Madras, 1970.

Tiruvāchagam : by Manikkavachagar, tr. by G.U. Pope, pub. Oxford University Press, 1900.

Upadēsa Sārah (*Upadēsa Saram*) : by Ramana Maharshi, tr. by Viswanatha Swami, pub. Sri Ramana Kshetra, Kanvashrama Trust, Kerala, 1985.

Upadēsa Undiyār : by Ramana Maharshi, tr. by Sri Sadhu Om and Michael James, pub. Sri Ramana Kshetra, Kanvashrama Trust, Kerala, 1985.

Vairāgya Satakam : by Bhartrihari, pub. Advaita Ashram, Almora, 1950.

Who am I? : by Ramana Maharshi, tr. by T.M.P. Mahadevan, pub. Sri Ramanasramam, Tiruvannamalai, 1976.

정기간행물

Arunāchala Ramana : pub. M.R. Nageswara Rao, Gudivada, 521301, AP.

Kalki Dīpāvali Malar : pub. Bharatan Publications, 47, Jawaharlal Nerhu Street, Ekkadutangal, Madras, 600097.

The Mountain Path : pub. Sri Ramanasramam, Tiruvannamalai.

미간행 원고

The Brunton Manuscript : Sri Ramanasramam 문서고 소장. 내가 아는 유일하게 남아 있는 다른 사본은 마이클 제임스(Michael James)가 소장하고 있으며, 주소는 Sri Sadhu Om Compound, Sri Ramanasramam P.O., Tiruvannamalai 606603, India이다.

Echammal : 에짬말이 음식을 바가반께 가져오는 것을 찐나스와미가 금지하는 것을 허락하지 않은 이야기(제3장)와 바가반이 산 위에 지은 앵무새의 삼매지에 관한 이야기(제4장)는 모두 에짬말에 관한, 아직 출간되지 않았고 문헌 목록에도 오르지 않은 '고통받는 자'(The Afflicted)라는 글에 나오는 것이다. 나는 이 글을 스리 라마나스라맘의 문서고에서 발견했다. 글쓴이는 끄리슈나 빅슈(Krishna Bhikkshu)이다.

Reminiscences of G.L.N. : 견공 재키가 어떻게 죽었는가 하는 이야기(제4장)와 사티야 나라야나 라오의 죽음에 관한 이야기(제4장)는 '넬로르의 그릿달루루가*의 G.L.N.의 회상'(Reminiscences of G.L.N. of Griddaluru Family, Nellore)에 나온다. 이것은 1987년에 이 가족이 스리 라마나스라맘의 스리 가네샨(Sri V. Ganesan)에게 보낸 원고이다.

Talks with Sri Ramana Maharshi : 제3부의 원고. Sri Ramanasramam 문서고 소장. 목록 번호 1222.

Transcripts of Ramana Maharshi's answers in the Perumal court case : 스리 라마나스라맘의 법률가이던 라마짠드라 아이어(T.P. Ramachandra Iyer)가 손으로 쓴 원본은 스리 라마나스라맘의 총재(President)가 소장하고 있다.

용어 해설

* 어깨 별표(*)가 붙은 것은 역자가 추가한 것이다.

advaita	문자적으로는 '둘이 아님'(不二). 브라만만이 존재하며, 세계와 개인적 자아는 그 안에서 나타나는 환幻의 겉모습이라고 주장하는 베단따 철학의 한 파.
ajñāna	무지無知. 특히 진아에 대한 무지.
ajñāni	무지인無知人. 범인凡人. 자신의 참된 성품을 모르는 사람. 깨닫지 못한 사람.
Aksharamanamālai	『문자혼인화만文字婚姻華鬘』. 라마나 마하르쉬가 1913년경에 지은, 아루나찰라에 바치는 108연의 시.
Ālvārs	1,000여 년 전에 남인도에 살았던 비슈누파 성자들.
ānanda	지복至福, 환희, 열락悅樂. 진아의 근본적인 측면 혹은 속성들 중의 하나.
Annamalai	아루나찰라에 대한 타밀 이름의 하나. '도달할 수 없는 혹은 접근할 수 없는 산'이란 뜻임.
anushtānas	브라민들이 전통적으로 거행하는 의식 혹은 전례典禮. 영적인 것도 있고, 개인적 위생과 관련되는 것도 있다.
āsana	좌법坐法. 요가의 자세 혹은 자리.
āsrama*	1) 힌두교에서 전통적으로 인정되는 인생의 네 단계 중의 하나. 2) 아쉬람. 성자의 주위에 형성되는 하나의 공동체.
avatāra	화신化身. 신체적 형상을 한 신의 화현. 특히, 비슈누가 지상에 강림한 아홉 형상들 중의 하나.
aviyal	채소, 코코넛, 응유로 만드는 남인도 음식의 하나.
bhajan	헌가獻歌(devotional song).
bhakta	헌신자獻身者. 신심을 가진 사람.
bhakti	헌신獻身(devotion), 신애信愛. 헌신의 상태.
bhāvanā*	보심保心. 신이나 실재에 대해 마음에 지니는 태도. 이러한 태도를 유지하면서 하는 명상. 보심관保心觀.

bhikshā	1) 시주로 받은 음식이나 식품. 2) 그러한 음식이나 식품을 주는 것. 공양供養, 특히 대중공양大衆供養. 3) 수행자가 음식을 얻으러 다님. 탁발.
Brahman	힌두교에서 말하는 비인격적인 절대적 실재.
crore	천만千萬.
darshan	'봄'. 친견親見. 성인이나 사원의 신을 보는 것, 혹은 그들이 바라보아 주는 것.
dhal	렌즈콩(扁豆). 콩과식물의 씨를 요리한 것.
dharma	올바른 행위의 영원한 원리. 도덕적 의무. 신의 법칙. 종교적 전통.
dhōti	도띠. 남자들이 치마같이 몸에 둘러 입는 긴 천 조각.
dhyāna	명상(meditation).
garbhagriha	사원의 내전內殿.
giri pradakshina	산 오른돌이. *giri*는 '산'을 뜻한다. *pradakshina*항 참조.
grihapravēsam	개원식. 보통 가옥의 입주식을 뜻한다.
grihastha	재가자在家者(householder).
guna	구나. 문자적으로는 '성질'. 많은 힌두교파들은 자연이, 결코 휴식하지 않는 세 가지 성질, 즉 사뜨와(*sattva*)[조화성, 밝음], 라자스(*rajas*)[활동성] 및 따마스(*tamas*)[비활동성, 무감각]로 이루어져 있는데, 그 중의 하나가 항상 우세하다고 주장한다. 구나들의 상호 작용이, 물리적이거나 정신적인 나툼에 있어서의 모든 변화들의 성질을 결정한다. 라조구나(*rajoguna*-라자스의 구나)에서는 라자스가 우세하고, 따모구나(*tamoguna*-따마스의 구나)에서는 따마스가 우세하다.
Guru°	영적인 가르침을 주는 스승. 그러나 진정한 의미에서는 절대적 진리를 깨달은 스승을 의미한다. *Sadguru*항 참조.
hatha	특수한 요가 자세에 통달하는 것에 일차적으로 관심이 있는 요가의 일파.
iddlies	이들리. 쌀과 검정콩(black gram)을 쪄서 만든 둥근 떡. 스리 라마나스라맘에서는 조반에 보통 이들리가 나온다.
Iswara	힌두교의 지고의 인격신.

japa	염송念誦. '중얼거림.' 보통은 신의 이름을 반복하여 염하는 것이다.
jayanti	'승리.' 바가반의 탄신을 경축하는 날.
jīva	개아個我(the individual self).
jīvanmukta	생존해탈자. 살아 있는 동안에 해탈한 사람.
jīvanmukti	생존해탈. 육신으로 살아 있는 동안의 해탈.
jñāna	지知, 진지眞知. 실재하며 논의의 여지없이 분명한 것(진아)을 체험적으로 알고 있는 상태. 초월적 지. 참된 앎.
jñāni	진인眞人. 진지를 성취한 이. 깨달은 존재. 실재를 아는 이.
kamandalu	물주전자. 이것은 예로부터 코코넛 껍질로 만든다.
kanji	죽粥. 보통 쌀죽을 가리킨다.
karma	행위, 업業. 자기가 한 행위에 대한 선악의 결과로 금생이나 내생에 그 행위자에게 도로 닥쳐오는 인과응보의 법칙.
kumbhābhishēkam*	관수식灌水式. 사원, 정사, 산굴 등의 봉헌식(개원식).
kumutti	화덕. 숯불 화로.
kundalinī	요가 수행에 의해 발동되면, 척추 속의 통로[수슘나]를 따라 올라가면서 짜끄라(*chakras*)라고 하는 심령적 중심들을 작동시키고 활성화하는 잠재적인 심령적 에너지.
lingam	위를 둥글게 만든 수직 원통형의 놀. '드러나지 않은 시바'의 상징물로, 모든 시바 사원에서 숭배된다.
mahātma	'위대한 영혼'. 또한 '마하트마 간디'에서처럼 하나의 칭호로도 쓰인다.
manōlaya*	의식침전意識沈澱. 마음이 일시적으로 가라앉은 상태(=*laya*).
manōnasa*	의식소멸意識消滅. 마음이 완전히 소멸된 상태(=*nasa*).
mantra	진언眞言. 스승이 제자에게 주는 한 구절 혹은 단어. 진언의 염송(*mantra-japa*)은 영적인 수행의 하나이다.
math	정사精舍. 어느 성자를 기념하거나, 헌가를 부르거나, 가르침을 펴는 등의 특정한 목적을 위해 설립된 힌두교 도량(institution) 혹은 센터.
mauna*	침묵. 묵언默言. 말을 하지 않고 지내는 것.
māyā	문자적으로는 하나의 허깨비 모습. 환幻. 베단따에서 이것은 찰나적인 세계를 실재하는 것으로 착각하는 것.

mekkedu	안나말라이 스와미가 작성했던 일꾼들의 일당 지급 청구서. 안나말라이 스와미 외에는 내가 이야기해 본 사람들 중 이 말을 들어본 사람이 없었다. 그러나 그는 당신이 일을 하던 당시에는 보편적으로 쓰이던 말이라고 했다. 이것은 원래 야자수 잎에 씌어진 명단을 뜻하는 makkedu-makkal(사람들)+edu(잎)-가 전와轉訛된 것인지 모른다.
mōksha	해탈解脫. 깨달음.
mukta	해탈 혹은 깨달음을 성취한 사람.
mukti	해탈 혹은 깨달음의 상태.
namaskāram	오체투지. 존경 또는 숭모崇慕의 행위로서 땅바닥에 쭉 뻗고 엎드리는 것.
Navarātri	문자적으로는 '아홉 밤'. 보통 10월에 있는 열흘간의 축제. 매일 연달아 여신(빠르바띠)의 각기 다른 측면이 숭배된다.
nididhyasana	일여내관一如內觀. 끊임없이 지속되는 진아에 대한 명상.
nirvikalpa	무차별상無差別相(no differences). 일반적으로는 무상삼매無相三昧, 즉 진아의 완전한 체험이 있으나 육체나 세계에 대한 자각이 전혀 없는 상태를 의미한다.
nishthā	안주安住. 문자적으로는 '균형 잡힌' 혹은 '평형의 상태에 있는'. 이 용어는 일반적으로 진아 안에 영구적으로 자리잡고 있는 상태를 뜻한다(진아안주: atmanishthā).
nungu	자줏빛 코코넛처럼 생긴 빨미라 열매(palmyra fruit). 렌즈 모양의 열매가 세 개씩 깍지 안에 들어 있다.
padmāsana	연화좌蓮華坐. 완전 결가부좌. 두 발꿈치를 반대편 허벅지 위에 올려놓고 다리를 꼰 자세.
pandal	일시적인 닫집(canopy-지붕만 있는 가건물). 남인도에서는 보통 대나무와 코코넛 잎을 엮은 것으로 짓는다.
pāpam	죄(sins). 비도덕적인 행위의 업보.
pārāyana	경전적 저작물의 찬송. * 라마나스라맘에서 하는 것은 산스크리트로 하는 것과 타밀어로 하는 것이 있다.
pāthasālāi	브라민 소년들에게 베다서의 지식(과 그 정확한 찬송법)을 가르치는 학당.
pongal	쌀, 렌즈콩 그리고 몇 가지 양념을 넣고 만드는 요리.

pradakshina	오른돌이(右繞). 어떤 대상, 사람 또는 사당을 숭모나 숭배의 행위로서 도는 것. 이 책에서는 아루나찰라를 도는 것을 지칭한다.
prāna	몸과 마음의 활동을 유지하는 생명 기운. 이것은 호흡과 연관된다.
prānāyāma	조식調息. 쁘라나(*prana*)를 조절 혹은 제어하기 위한 호흡 수련. 요가 철학은 마음과 몸이 연결되어 있다고 본다. 따라서 하나를 제어하면 다른 하나도 제어된다.
prārabdha	발현업發現業. 한 사람의 업 중에서 금생에 발현되어야 하는 부분. 업의 법칙은 인간 행위에 있어서 결정론을 뜻하므로, 발현업은 종종 운명으로 번역된다.
prasād	은사물恩賜物. 신이나 스승에게 바친 것은 그 시주자에게 되돌려지거나 대중에게 분배될 때 은사물이 된다. 은사물의 가장 보편적인 형태는 음식물이다.
pratyaksha*	직접 지각. 직접 체험.
pūjā	예공禮供. 힌두 신에 대한 숭배 의식儀式.
punya	공덕功德. 선행을 하여 쌓은 복덕福德.
rajas	*gunas*항 참조.
rajoguna	*gunas*항 참조.
rasam	후추와 타마린드를 주재료로 하는 매콤한 수프.
rishi	'보는 자'(覺者, seer). 경전적 진리의 내적인 의미를 꿰뚫어 보는 사람을 뜻하는 베다적 용어. 바가반의 호칭 중의 하나는 '대각자大覺者'(great seer)를 뜻하는 'Maharshi'이다.
Sadguru	참스승. 제자를 자기 자신의 상태 안에 자리잡게 하는 힘을 가진, 완전히 깨달은 스승.
sādhaka*	수행자. 자기 삶을 수행하는 데 바치는 사람.
sādhanā	영적인 행법, 즉 수행修行.
sādhu	전업적인 구도자(a full-time spiritual seeker). 보통 영적인 목표를 추구하기 위해 가정생활을 포기한 자를 뜻한다.
sahaja	1) '본래적인'(natural), 본연의. 2) 본연삼매本然三昧. 마음이 돌이킬 수 없이 소멸되어 버린, 영구적인 깨달음의 상태.
sakti	에너지. 힘. 현상계를 나투는 진아의 역동적인 측면.

samādhi	1) 삼매. 진아, 즉 실재를 체험하는 상태. 바가반은 육체와 세계가 없는, 진아의 일시적인 체험인 무상삼매(nirvikalpa samadhi)와, 세상에서 정상적으로 활동할 수 있는 영구적인 깨달음의 상태인 본연삼매(sahaja samadhi)를 구별한다. 2) 삼매지三昧地. 성자의 사당이나 무덤.
sambar	매콤한 남인도 소스. 쌀밥과 함께 먹으며, 모든 남인도 음식의 필수적 구성 요소이다.
samsāra	1) 윤회輪廻. 생사를 돌고 도는 것. 2) 세간환世間幻(worldly illusion-환으로 나타나 보이는 이름과 형상들의 세계). 윤회계. 3) 세간적 삶의 쳇바퀴. 세간적 활동. 4)* 세간연世間緣. 번거로운 세속 인연(특히 처자식).
samskāra	상습常習. 마음의 습 또는 경향성. 마음속에 남아 있는 잠재적 인상, 특히 전생의 습에서 비롯되는 것.
sanchita karma	성적업成積業. '업의 저장고'. 모든 전생에 지은 업의 누계. 그 중의 일부가 금생에 발현업으로서 경험된다.
sankalpa*	욕망. 의지, 의지, 생각, 집착.
sannyāsa	출가 수행, 모든 세속적 근심과 가족 인연을 떠나서 탁발승으로서 유랑하는 삶을 사는, 힌두적 삶의 마지막 단계.
sannyāsin	출가의 서원(vow of sannyāsa)을 한 사람. 전업적으로 깨달음이라는 목표를 추구하기 위해 세간을 포기한 승려.
sānti	평안. 진아의 근본적 측면 혹은 속성 중의 하나.
sarvādhikāri	도감都監. '일체를 관장하는 사람'. 바가반의 동생인 찐나스와미가 스리 라마나스람의 운영권을 인수했을 때 스스로 붙인 칭호.
sāstras	경전. 더 엄밀하게 말하면, 힌두교의 전범적典範的인 저작들 (canonical works).
sat	상常. 존재, 실재, 진리.
satsang	삿상. '존재와의 친교'(association with sat). 이것은 깨달은 존재와의 친교라는 형태를 취할 수도 있고, 자기 자신의 진아와의 내적인 친교일 수도 있다.
sattva	gunas항 참조.
sattva guna	gunas항 참조.

siddha purusha*	성취존자成就尊者. 수행을 완성한, 특히 초능력을 갖춘 존재.
siddhi	'성취' 또는 '달성'. 보통 텔레파시나 천리안 같은 초능력을 얻는 것을 가리킨다.
sphurana*	성광性光. '나'의 광휘. * 보통 aham sphurana라고 한다.
sthapati	사원 건축가 혹은 조각가. 편수.
tamas	gunas항 참조.
tamoguna*	gunas항 참조.
tapas	따빠스(고행명상). 이것은 보통 개인적인 극기나 육체적 고행의 실천과 관련되는 명상을 뜻한다. 따빠스에 내재된 고행은 영적인 진보를 촉진하는 것으로 믿어진다. Tapas란 말은 '뜨겁게 하다'를 뜻하는 산스크리트 어근에서 왔다. 따빠스를 하는 것은 강렬한 수행에 의해 자신의 불순물을 태워버리기 위해서이다.
Teertham	성수지聖水池. 보통 사각형의 저수지 형태로, 물에 내려가는 계단이 설치되어 있다.
upadēsa	영적인 가르침. 특히 한 스승이 한 제자에게 주는 것.
vadai	달(dhal) 가루, 양념 및 채소로 튀겨 만든 바삭바삭한 음식.
vairāgya	무욕無慾. 무집착. 초연함.
vāsanās	원습原習. 마음속에 의식하지 못하는 가운데 남아 있는 어떤 것의 인상. 과거에 지각한 것의 현재적 의식. 기억에서 나오는 지식. 과거에 한 행위, 생각 및 말에 의해 형성된 잠재적 경향성.
Vedānta	Vedas항 참조.
Vedas	베다서. 기원전 2,000년부터 기원전 500년 사이에 만들어진 네 경전군群—리그, 야주르, 사마, 아타르바 베다—으로, 대부분의 힌두교도들에게 있어서 (종교적인) 권위의 궁극적인 원천이다. 각 베다(Veda)의 종결부는 우파니샤드를 형성한다. 베단타는 우파니샤드 문헌들에서 도출된 철학이다.
vibhūti	이마에 바르는 성스러운 재(聖灰, sacred ash). 때로는 몸의 다른 부위에 바르기도 한다. 보통 힌두교 의식의 끝에 나누어준다.

낱말 풀이

공양주(供養主) - 사원, 암자 등의 요리를 담당하는 사람. 특히, 이러한 요리자들의 우두머리. (head) cook.

관수식(灌水式) - 건물이나 신상神像의 꼭대기에 성수聖水를 붓는 의식으로, 일반적으로 사원, 정사, 산굴 등의 개원식을 가리킨다. kumbhābhishēkam.

나찰(羅刹) - 사람을 잡아먹는 악한 중생의 부류. rākshasa.

나툼 - 형상 없는 실재가 다양한 이름과 형상들의 세계로 현현顯現함, 또는 그렇게 나타나 보이는 현상계의 모습. manifestation.

　＊**나투다** - 실재, 신, 불보살(佛菩薩) 등이 어떤 형태로 스스로의 모습을 나타내다.

대중공양(大衆供養) - 일반 신도(헌신자)가 사원이나 아쉬람의 성자나 수행자 대중에게 음식을 대접하거나, 식품을 시주하는 것. bhikshā.

뚜리야(turīya) - 깊은 잠, 꿈, 생시의 세 가지 상태를 넘어선 네 번째 상태. 그러나 이 '네 번째 상태'라는 표현도 적절치 않다 하여 '네 번째를 넘어서는' 이라는 뜻의 **뚜리야띠따**(turīyātīta)라는 말도 사용된다.

마음아시 - 마음을 빼앗는 것. 주의를 흩트리는 외부적 요인. distraction.

만재(滿在)**하다** - 가득 차 있다. 도처를 지배하고 있다. prevail.

발현업(發現業) - 전생에 누적된 업(성적업) 중에서 금생에 발현되도록 예정된 것. prarabdha karma.

보심관(保心觀) - 실재나 신에 대해 일정한 마음의 태도나 상[心像]을 유지하면서 하는 명상. bhāvanā.

　＊**보심**(保心) - 마음에 지니는 태도나 자세. 특히 신에 대해 갖는 태도나, 명상의 대상에 대해 갖는 마음의 상(mental image). bhāva(na).

산굴(山窟) - 수행자가 살기 위해 산 위의 동굴이나 바위에 의지하여 지은 작은 가옥이나 오두막. 일반적으로 산 위에 지은 개인용의 작은 암자. cave.

상습(常習) - 타고난 마음의 습성 혹은 경향성. 원습과 대체로 비슷한 뜻이나, 원습보다 더 거친 형태의 것을 가리키기도 한다. samskāras.

삿상 - 실재(sat-常) 또는 깨달은 스승과의 친교 혹은 교류. 스승을 친견하고 가까이함. 또한, 깨달은 스승과 함께 하는 공식 모임. sat-sang(a).

성적업(成積業) - 전생에 누적된 모든 업. sanchita karma.

세간연(世間緣) - 번거로운 세속 인연들. 특히, 처자식. 세속 생활. samsāra.
수승(殊勝) - 뛰어남, 훌륭함.
순복(順服) - 신이나 스승에게 자신을 내맡기고 그의 뜻에 순종함. surrender.
시봉(侍奉) - 곁에서 시중을 들며 모심.
시자(侍者) - 어른의 곁에서 시중드는 것을 소임으로 하는 사람. attendant.
아상(我相) - '나'라는 생각. 에고. 'I'-thought.
여사(女士) - 여자를 다소 높여서 부르는 말. lady. * 여사(女史)와 구별함.
염송(念誦) - 신의 명호名號나 진언을 계속 외는 것. japa. 특히 명호를 외는 것을 명호염송(nama-japa)이라 한다. * 불교의 염불에 해당한다.
엽반(葉盤) - 아쉬람 등에서 식사할 때 음식을 받아놓는 나뭇잎. leaf-plate.
예공(禮供) - 신이나 스승의 상像 앞에서 올리는 예배 의식. pūjā.
원습(原習) - 개인이 전생부터 축적하여 가지고 있는 마음의 습성 혹은 경향성. 습기習氣. vāsanās.
은사물(恩賜物) - 신이나 스승에게 바친 물건으로서, 그 일부를 헌공자獻供者에게 돌려주거나 그 전부를 동석한 헌신자들에게 다시 나누어 준 것. prasād.
전수(傳授) - 스승이 제자에게, 특히 처음 제자를 받아들이거나 더 높은 단계로 이끌면서, 일정한 형식의 은총을 베푸는 것. initiation. dīksha.
조복(調伏)받다 - 함부로 날뛰지 않게 제어하여 다스리다. control.
진지(眞知) - 참된 지知. 궁극적 실재를 직접 체험으로 아는 것. jnāna.
착좌(着坐) - 식사하기 위해 사람들이 식당에 자리잡고 앉는 것. sitting.
착파(着把)하다 - 꽉 붙들다. 탐구, 명상 또는 염송의 대상을 놓치지 않고 마음에 지니다. hold on to.
친존(親存) - 성인이 어디에 몸소 계심. 또는 그 계신 곳, 존전尊前. presence.
포행(布行) - 산책 보행. 특히 식후에 수행자가 도량 주변을 산책하는 일.
헌가(獻歌) - 신이나 스승에게 바치는 노래(devotional song). bhajan.
화만(華鬘) - 신상神像 등을 장식하는 꽃목걸이나 꽃줄. mālā. garland.
화주(化主) - 승려가 다니면서 신도들로부터 시주금을 모금하는 일.

색인

1. 인명·신명神名

가나빠띠 19, 22, 65
가나빠띠 무니 44, 155, 174-8
가나빠띠 샤스뜨리 272-3
간디, 마하트마 140-1, 455
고빨 라오 181-2
구루 나나끄 452
구루 나마시바야 89, 147
그란트 더프 193
까비르 452
깔리 476-7
꾸뜨랄람 스와미 97
꾼주 스와미 123, 139, 247, 265, 403
끄리슈나 129-30, 186, 404
끄리슈나 빅슈 118
끄리슈나스와미 116, 134-5, 138, 141, 164, 235, 266
끼라이빠띠 121

나떼샤 아이어 110-1
나라다 406
나라싱하 186
나라싱하 라오 116
나라야나 아이어 290
남데브 404
냐나삼반다르 22-3, 161-2, 448
니다가 163

단다빠니 스와미 162, 170-5
닷따뜨레야 314-5, 317

데바라자 무달라이아 199
두르가 147
따유마누바르 288, 311, 388, 396, 405, 434-5
땀비람 263
떼남마 빠띠 67, 109
뚜까람 404

라가벤드라 라오 83, 208, 232
라마, 스리 146, 186, 319-20
라마끄리슈나 빠라마한사 22, 57, 130, 154, 189, 462, 476, 497
라마끄리슈나 스와미 70, 108, 138, 189
라마나타 브라마짜리 152-5
라마링가 스와미 21
라마스와미 무달라이아 267
라마스와미 삘라이 54, 58, 95, 118, 130, 185, 233-5, 247, 281
라마스와미 아이어 339
라바나 146, 180
락슈마나 146
랑가 라오 100
랑가스와미 114, 135, 189, 240-1, 298
랑가스와미 가운더 60, 62, 81
락슈마나 146
락슈마나 샤르마 149-50
락슈미(여신) 378-9
로깜말 109
리부 163

마니까바짜가르 159, 390, 399, 401,
　450, 454, 461
마다바 스와미 37-8, 73, 86, 108, 114,
　117, 121-6, 214, 240, 256-7, 333
마르깐데야 253-4
마우니 스리니바사 라오 137, 144, 216
마우니 스와미 97
마하발리 왕 494-5
모리스 프리드먼 221-2, 305, 348-9
무나갈람 벤까따라마이아 70, 142, 160,
　178, 260, 272
무달라이아 빠띠 91, 106-8, 154, 220
무루가나르 45, 141, 170

바마나 494-5
바수데바 샤스뜨리 181-2
바쉬슈타, 진인 143, 244
바유 217
바이꾼타 바스 136, 263-5, 267
베이트먼 역사 354
브라마 160-1, 182, 400
비끄라마디띠야 왕 17
비나야까 65, 154, 273
비디야라니야 스와미 335, 378-9
비란 178-80
비슈누 185-6, 400, 407, 495
빌리(뿌뚜르 알바르) 489-92
빠르바띠 65, 319-20
빠딴잘리 358
빠띠나따르 17
빨라니스와미 115-6, 340, 346
뻬루말스와미 180-202

사나까/사나뜨꾸마라/사나뜨수자따/사
　난다나 186
사두 나따나난다 87-8

사띠야 나라야나 라오 116
사띠야난다, 스와미 299
사마 아이어 104
사이에드 사힙 박사 318
삼뿌르남말 82, 101, 109, 227
샨땀말 109, 218, 229
샹까라 401→아디-샹까라(짜리야)
샹까라짜리야 28-30, 32-4, 289
세샤드리 스와미 34-7, 175, 247, 403
소마순다람 스와미 152
수브라마니아 65, 160-1, 195-6
수브라마니아 바라띠 428
수브라마니암 138, 227, 258, 277
수카[수카짜리야] 197, 495
순다레샤 아이어 70, 104, 141, 191
숩바락슈미 암말 109
스와미 라마띠르타 356
스와미 묵따난다 424
시따 (146), 319-20
시바 38, 61, 65, 85, 120-1, 143, 246,
　161-2, 253, 274, 399, 400-1, 405,
　461, 498

아디-샹까라(짜리야) 144, 194
아루나기리나타 481
아루나찰라 무달라이아 158-60
아루나찰레스와라 276, 288
아루무감 264-6, 269, 285, 292-3
아빠르 22-3, 246
아쉬따바끄라, 진인 143
알라감말[알라구] 189, 196
암발 65, 147
에짬말 106-7, 117-8, 210
오로빈도 455
요기 라마이아 256
이스와라 311, 318-20, 323-4

이스와라 스와미 182
인드라지뜨 146

자야/비자야 185-6
자가디샤 샤스뜨리 289
자나까 왕 306, 484, 495
자다바라따 197
쩬나스와미 38, 57-60, 62-4, 68-78, 80-3, 90, 107, 112, 134-5, 150, 154, 172-8, 181-5, 188, 192, 198, 219, 221-5, 227, 231-5, 227, 231,

245, 248, 250, 256, 270-4, 280-4, 289-93, 461, 498

채드윅 소령 207, 240-2, 244-6, 261-2, 285, 289-91, 293-4, 331

코헨, S.S. 210, 328, 420

폴 브런튼 28, 183, 270-2, 390

하누만 146, 217

2. 사항·저작명

개아個我 85, 159, 320, 323, 332, 412
공空 161; -심心, 342
공덕 17, 77, 91, 285, 335, 354, 378, 463; 무상無相-, 318
구나 21, 315, 445-7, 474
『구루 라마나』 210
그것 360

'나' 41, 159, 163, 187, 320, 326-7, 331, 337, 343-4, 367, 398, 419, 421-2, 431, 436, 444, 454, 481; 가공의[거짓된]-, 395, 422, 434, 459; 개인적인 -, 444; 두 개의 -, 307, 358-9; 진정한 -, 420-1, 444, 459; 참-, 394
'나-나' 419, 486
'나는 내가 있다는 것이다' 435
'나는 누구인가?' 41-2, 307, 336, 349, 383, 413, 467, 469, 485-6
『나는 누구인가?』 41, 382

'나는 몸이다' 하는 생각[관념] 309, 319, 325, 360, 382, 434, 465
'나는 브라만이다' 239, 313, 357, 364, 413→'아함 브라마스미'
'나는 진아다' 239, 278, 350, 364, 382, 385, 396-7, 413, 417, 429, 431
'나'라는 생각[느낌] 40-1, 116, 303, 325, 384, 413, 421-2
'내가 있다' 41, 307-8, 313, 326, 349, 369, 395, 419-21, 435-6, 442, 444-5, 467, 482, 496; -하는 의식, 408
'네띠-네띠' 239

『데비깔롯따라』 342
따마스 21, 409
따모구나 375, 445, 479→구나
따빠스 9, 175, 253, 269, 311, 325, 345, 378, 401, 406-7, 411, 437-8, 476-7, 481, 497; 지知 -, 147
『떼바람』 22-3

뚜리야 395, 432
뚜리야띠따 432
뜨리구나띠따 445-6
『띠루꾸랄』 238
『띠루바짜감』 22

『라마나 마하르쉬와의 대담』 178, 194, 198, 260, 271, 302, 375
『라마나 마하르쉬와 진아지의 길』 187
『라마나 친존 예경』 141
『라마야나』 146, 180, 319
라자스 21, 409
라조구나 375, 445→구나
『리부 기타』 63, 143, 164, 413, 451, 453
링감 61, 117, 148; 스와얌부 -, 148

마야 51, 309, 349, 351, 370-3, 388, 396, 399, 425, 428, 442-3, 445, 461, 471-2, 488, 499, 502; -의 꿈, 475, 499; -의 힘, 370-1;→환
마음 17, 21, 39-42, 79, 84-5, 106, 123, 140, 145, 157, 161, 177, 270, 275, 278, 298, 308, 331-2, 342-4, 349, 358-60, 365-71, 375-8, 383-9, 393-400, 407-11, 413, 415-23, 426-36, 442-3, 448-9, 454-65, 469-76, 479-86, 499; -의 산물, 334, 344; -의 습, 51, 336, 353, 369, 374, 476; -의 투사물, 426; - 제어, 388; 순수한 -, 342, 409, 492; 죽은 -, 163
명상 94-5, 122-3, 135, 140, 155, 157, 238, 257, 269, 278, 329, 336, 342-4, 353, 366, 378, 381, 386, 396, 411-3, 419-20, 424-5, 427, 430, 441, 447, 455, 458, 465, 480-1; -의 흐름, 386, 457; 진아에 대한 -, 48, 390, 419, 430, 441, 502
몸-의식 409
『무심-나는 진아다』 40
무지 303, 322, 337, 352, 356, 367, 387, 396, 420, 427, 499; 자기 제한적인 -, 456; 진아에 대한 -, 396
묵언 146, 278-9, 448; -의 맹세, 328
『문자혼인화만』 141, 434, 463

『바가바드 기타』 79, 83, 129, 306
『바가바땀』 462-3
『바이라기야 샤따깜』 177
『박따 비자얌』 22-3
박띠 401; 구루 -, 401→헌신
발현업 49, 320-1, 341, 389, 392, 417, 440
『범아합일의 베단타 요체』 21
베다 빠라야나 →빠라야나
베다(서) 178, 231, 307, 323, 357
베단타 80, 289, 435; 경전, 357
『분별정보』 160, 401
브라마난다 303, 344
브라만 9, 40, 142, 163, 272, 313, 347, 403, 410, 453; -의 지복, 314, 322→브라마난다; - 형상 기능, 319
비아非我 472
비이원론 23, 29, 143, 237
비이원성 144, 305
『비밀 인도에서의 탐색』 28, 270
『비짜라 사가람』 159
빠라야나 101, 140, 162, 164, 231; 베다 -, 164
빠라메슈와라 샥띠 372
빠짜이암만 꼬일 438
뿌라나 146, 148, 194, 346

색인 519

쁘라나바 421

사두 10, 18, 24, 30-1, 51, 87, 106, 123, 145, 155, 253, 310-1; -와의 친 친교, 50, 52, 310, 388
사뜨 450-2
사뜨와 21; 순수한 -, 445
사뜨와 구나 146, 375, 445
산 오른돌이 43, 94-5, 139, 145, 236-7, 254-5, 339, 464
삼매 117, 141, 162-4, 210, 299, 313, 329, 411, 420, 451; 무상-, 163, 329, 478-9; 본연-, 329-30, 353, 479
삿상 51, 310-2, 365, 407-8, 439-41, 450-2, 471-2; 진아와의 -, 439, 465
생존해탈 51, 163; -자, 311, 321, 372, 406, 444
샥띠 274, 370-2, 481
샨띠 372, 481
성적업 (320), 350
성취존자 126
「수따 상히따」 194, 311
수명존자 318
수행(법) 11, 24, 155-6, 263, 303, 305, 323, 357, 368, 379, 385-7, 395-6, 413, 425, 427, 433, 453, 464, 472, 476-7, 479, 483, 485, 496, 500-1
수행자 296, 412, 423, 447, 483
순복 96, 294, 403, 405, 478, 493-6, 502; -의 길, 402
순수 의식 275, 395, 435, 450, 466
순수성 식품 262, 349, 447
'숨마 이루' 375
『시바난다 라하리』 237, 270
『시바브호가 사람』 178
『스깐다 뿌라나』 194

스승 7, 31, 38, 47, 52, 57, 144, 154, 189, 195, 297, 311-2, 315, 317, 324, 359, 365, 388, 391-2, 401-3, 412, 423-4, 437, 439, 456-7, 469, 487, 496, 499-501; -의 은총, 311-2, 406, 423, 456, 493; -의 형상, 402-3, 406, 501; 내면에 있는 -, 168, 312; 참-, 311
『스와루빠 사람』 142-3
스푸라나 420
신神 16-7, 47, 103-4, 123, 148, 154, 177, 249, 262-3, 270, 296-7, 304, 318-9, 322-3, 344, 346-7, 349, 351-4, 359, 389-90, 400-2, 404-5, 407, 421, 428, 436-7, 446-8, 453-4, 456, 465, 471, 478; -에 대한 생각[자각], 453; -의 나툼, 447-8, 453, 471, 478; -의 명호, 311; -의 왕국, 456; -의 은총, 336; -의 의지[뜻], 130, 405, 454;
실재 144, 149, 177, 303, 307, 312, 329, 402, 404, 409-10, 413, 429-32, 445, 468, 474; -의 상태, 303; 비이원적인 -, 428; 유일한[하나의] -, 9, 40, 394, 404, 410, 436
「실재사십송」 149-50, 341, 347, 352-3
「실재사십송 증보」 50-1, 144, 305
심장 39, 50, 115, 141, 144, 168, 238-9, 297-8, 300, 384, 401, 413, 419-20, 464, 496; - 접촉, 496
심장중심 40-1, 115-6, 238-9

아난다 256, 344-5→지복
아누쉬따나 20, 42
아드와이타 베단타 9, 40→비이원론
아뜨만 41, 148→진아

아루나찰라 31, 43, 64-5, 97, 141, 145-8, 244, 291, 429, 433-4, 460-7
『아루나찰라 마하뜨미얌』 148, 253, 466
『아루나찰라에 바치는 다섯 찬가』 148, 156
『아루나찰라 뿌라남』 147, 288, 462
아사나 349, 386
『아쉬따바끄라 기타』 142-3
아쉬라마 30, 193-4
'아함 브라마스미' 357
안주安住 411, 431; -자者, 161, 460; 무상無相-, 163;→ 진아안주
알바르 368
업業 124, 196, 285, 320-4, 334-5, 350, 376-8, 391-2, 456-7, 477, 492
『엘람 온드레』 142-3, 237
염송 31, 156, 311, 384, 386, 420, 431; 명호-, 155, 356
5행 319
옴(Om) 421
요가 95, 270, 358, 424; -의 길, 420; 마하 -, 396, 433; 하타 -, 386
『요가 바쉬슈타』 52, 142-4, 242, 244, 452
우빠데샤 30, 317, 339, 340
『우빠데샤 만자리』 87
『우빠데샤 사람』 31
『우빠데샤 운디야르』 31, 156
원습 116, 364, 369, 374-7, 397, 419, 478-80, 482; 향유[구속]-, 375-6
윤회 39, 159, 358, 390; -계, 376
은총 112, 122, 124, 157, 254, 274, 283, 293-4, 311-2, 318-9, 322-4, 330, 365, 371, 391-3, 401, 405-6, 423, 456, 461, 463-5, 468, 499, 501; →스승/신/진아의 은총

의식 40, 343, 363, 365-7, 371-5, 383, 394, 397-8, 409-10, 414, 419, 422, 435-6, 442-3, 446, 468-9, 482, 484, 486, 496; 무한한 -, 436; 비이원적 -437; 세상 -, 257;→ 순수 의식; 이원성 -, 426; 일체에 두루한 -, 365, 429, 449; 차별상 -, 351
의식소멸 348-9
의식침전 348-9, 430, 479
이원성 17, 163, 426, 428, 444
일여내관 350, 386

자각 40, 334, 343, 364-6, 371-3, 381, 391, 396, 405, 412-3, 419, 421-2, 431-3, 447, 465, 477; '나-나'라는 -, 486; '나는 의식이다' 하는 -, 366; '내가 있다'는 -, 421; 의식의 -, 371, 384, 431; 진아에 대한 -, 391, 439→ 진아자각; 존재의 -, 371
자기 39, 272, 297, 310, 357, 369, 396-7, 387-8, 410, 453, 482; 진정한[참된] -, 306, 352, 359, 364, 397, 425, 450, 455→ 진아
자기자각 329→ 진아자각
자기탐구 39-40, 42, 50, 155-6, 371, 382, 384-5, 413, 420, 424-5, 437, 449, 467, 469, 472, 502
전수傳授 239, 283, 378, 386, 466; 안수 [접촉]-, 239-40; 침묵-, 473
존재 39, 366, 371, 395, 435, 450; -의 상태, 415; -의 진리, 410
지知 95, 315, 317, 322, 352, 356, 388, 425, 432; -의 길 457, 492; - 따빠스 147; 진정한 -, 433→진지
지복 163, 256, 270, 314-5, 322, 336, 344, 347, 359, 375, 415-7, 469-70,

색인 521

476, 480, 497-9; -의 상태, 381, 404, 469-70
지혜 390, 470; -의 눈, 388
직접 지각 309
진아 7-11, 39-42, 79, 84-5, 122-3, 142, 166, 194-5, 214, 238-9, 270, 275, 297, 303, 307-12, 315-9, 324-7, 332, 334, 341, 344, 350-3, 356, 358-9, 364, 368-75, 378, 381-2, 384-94, 396-423, 426-36, 439-47, 449-51, 454-5, 457-61, 465-73, 475-83, 486-90, 498-502; -무지, 398; -에 대한 명상, 48, 390, 417, 430, 441, 501; -의 관점, 220, 410, 502; -의 빛, 343, 421; -의 단일성, 318; -의 상태, 305, 327, 334, 341, 350, 470; -(의) 성품, 364, 460; -의 은총, 311, 465; -의[에 대한] -, 8, 439, 465; -의 지복, 417; -의 침묵, 430; -의 평안, 415, 479, 497-8; -의 힘[에너지], 41, 372, 441, 481; -체體, 350; 드러나지 않은 -, 409, 440, 447; 불멸의 -, 488; 지고의 -, 316; 하나의 -, 316; 형상 없는 -, 371, 390, 403-4, 439-40, 446, 501;→자기
진아 깨달음 9, 39-41, 115, 183, 378, 406, 415, 434, 457, 472-3
진아안주 387, 391
진아자각 381, 391, 397, 414
진아지 307-8, 357-8, 464
진언 21, 30-1, 156, 238, 314, 385, 429-31; '나'-, 421
진인 47, 52, 159, 161, 180, 186, 306, 311, 318-23, 326-7, 332, 341, 344, 352, 355-6, 365, 372, 375-8, 381, 387-8, 391-2, 410, 414, 422-7, 433,

436-8, 440, 445-7, 450-2, 471, 473, 474, 492; -과의 삿상, 440
진지 90, 144, 156, 316, 320, 327, 353, 356-7, 368, 389, 401, 414, 418, 433, 455, 473, 475, 492, 495, 499→지知

『찬도갸 우파니샤드』304
체험 257-8, 303, 309-10, 312, 318, 359, 366-8, 385, 395, 407, 411, 415-6, 420, 427, 437, 459, 479-80, 498; '내가 있다' 하는 -, 436; 심장의 -, 420; 직접(적인) -, 40, 309, 367-8, 395, 415, 500; 진아(의) -, 7, 9, 363, 369, 374, 420, 440, 473
침묵 146, 161, 164-5, 294, 325-7, 333, 376, 430-2, 443, 473, 482; -의 힘, 231; - 내적인 -, 327, 430-1, 448; -의 설시, 430; 진정한[참된] -, 431

평안 39, 165, 285, 368, 375, 390, 405, 415, 422-3, 427, 443, 470, 474, 479-80, 497-500

해탈 51, 155, 177, 211, 237, 311-2, 324, 331, 346-7, 350, 359, 406-7, 452, 462-6; -의 집, 312; -의 형상, 324; 오염되지 않은 -, 323
해탈자 315, 318-9;→생존해탈자
『해탈정수』22-3, 63, 142, 242, 244, 309, 312, 320, 322, 343, 419, 444-5, 465
헌신 95, 98, 178, 298, 317, 402, 468-70; -의 길, 384, 402, 469, 502
화신 186, 195-7, 318; -존자, 318
환幻 17, 35, 39, 51, 370, 422, 450
환사幻師 461

역자 후기

'나는 누구인가?'—이 물음은 가장 근본적인 것이면서도, 지금까지 인류가 아주 소홀하게 취급해 온 문제이다. 대부분의 사람들은 자기 자신이 누구인지를 알려고 하기 전에, 자기 바깥의 사물이나 현상에 대해 알려고 한다. 그것은 우리가 자신의 참된 성품을 잊어버리고 깊은 무지에 빠져, 이 현상계가 실재하며, 자기는 이 세계 안에 존재하는 별개의 한 육체적 존재라고 믿고 있기 때문이다. 이것이 바로 우리가 삶과 죽음을 면치 못한 채 현상계 내에서 고통받는 원인인 것이다. 이러한 가르침은 일찍이 붓다에 의해서도 설파되었지만, 20세기 전반에 아루나찰라에 살았던 바가반 스리 라마나 마하르쉬는 이러한 무지와 고통에서 벗어나는 가장 효과적인 수단으로 '나는 누구인가?' 하는 물음이 필요함을 역설했다. 만약 우리가 그의 메시지를 충분히 이해하고 실천할 수 있다면, 이러한 '나'에 대한 탐구를 통해 자기 존재에 대한 새로운 확신을 얻는 것은 물론, 깨달음 혹은 구원이라는 궁극의 이상理想을, 일상 속에서 우리가 추구할 수 있는 삶의 본질적 가치로 받아들이게 될 것이다.

스리 라마나 마하르쉬는 현대 인도의 영적인 전통에 있어서 중요한 위치를 점하고 있다. 베다 시대 이후로 오랜 역사를 이어 온 힌두적 전통은, 한편으로는 상키야(Samkhya), 요가, 베단따 등으로 대표되는 심오한 철학적 가르침과, 다른 한편으로 라마, 끄리슈나, 시바 또는 샥띠 등의 신들에 대한 열정적 숭배가 한데 어우러져, 인간의 가장 깊숙한 내적 통찰과 풍부한 종교적 감성을 발전시켜 왔다. 철학적 성찰에 있어서는 비이원적 베단따 철학을 확립한 샹까라(Sankara)의 등장으로 진아와 현상계, 그리고 무지와 깨달음에 관한 확고한 논리가 수립되었다. 신에 대한 숭배의 측면에서는 비슈누파와 시바파로 대별되는 지역별 특성이 나름대로의 독자성을 간직한 채 2,000년 넘게 지속되어 왔는데, 남인도의 시바파 전통에서는 63인 시인-성자들의 헌신담과 함께, 수세기 전에 등장한 샤이바 싯단타(Saiva Siddhanta)파의 열정적인 신앙 형태가 힌두적 종교성의 한 극점을 이루었다. 이러한 배경에서 힌두교 시바파의 본고장인 남인도 타밀 나두(Tamil Nadu) 지역에서 출현한 스리 라마나는, 철저히 자신의 체험에 바탕을 두면서도 샹까라의 베단타 철학과 그 이전의 여러 진인들의 가르침을 이론적 뼈대로 삼고 비슈누파와 시바파의 기본 개념들도 함께 수용하여, 기존의 힌두적 행법을 '나는 누구인가?' 하는 탐구와, 신이나 스승에 대한 헌신(또는 자기순복)이라는 간명한 두 길로 요약했다. 그는 또한 이 두 길이 본질적으로 동일함을 강조했다. 왜냐하면 신 혹은 스승은 곧 우리의 진아이기 때문이다. 그는 모든 힌두적 관념을—나아가 모든 종교적 관념을—진아의 관점에서 통일적으로 설명함으로써, 신에 대한 숭배를 포함한 모든 영적인 추구는 결국 자신의 진아에 대한 탐구로 귀착된다고 결론지었다. 이는 역사적으로 다양한 종교적 실천 형태를 경험해 온 힌두적 전통이 스리 라마나에 이르러 바야흐로 이론과 실천의 양면에서 뛰어난 종교적 궁극성과 함께, '초超종교적' 보편성을 정립했다는 것을 뜻한다. 이것은 힌두교의 완성일 뿐 아니라, 일반적으로 종교의 한 완성이라고 불릴 만한 것이다. 왜냐하면 모든 종교적 추구는 '나는 누구인가?' 하는 이 하나의 물음을 벗어날 수 없고, 이 물음과 해답 안에 모든 종교적 가르침이 포섭될 수 있기 때문이다.

종교적 스승으로서의 스리 바가반의 비중은 그의 가르침 못지않게 그의 성자다운 삶 그 자체에 의해서도 뒷받침되었다. 그는 성산聖山 아루나찰라에서 거주한 50년 이상의 기간 동안 검소한 무소유의 삶을 살았을 뿐 아니라, 거의 하루 종일 모든 방문객들에게 자신을 개방하면서 그의 헌신자나 세계 각지에서 온 구도자들에게 강력한 침묵의 힘과 함께 탁월한 구두 가르침을 베풀어줌으로써, 진정한 스승의 영적인 역량이 어떤 것인가를 실증했다. 그의 헌신자나 제자들에게는 그의 친존親存(presence)에 있는 것 자체가 큰 수행이자 직접적인 진아체험의 계기였다. 그의 육신 존재는 인간의 형상을 넘어선, 진아의 빛 혹은 에너지 그 자체였기 때문이다. 그는 환幻인 자신의 육신을 통해서 진아의 힘과 은총을 유감없이 방사하여 많은 제자들을 깨달음으로 이끌었고, 여러 종교의 구도자들에게 종교의 진정한 본질을 깨우쳐 주었다. 무엇보다도 그는, 스승의 참모습은 육신이 아니라 각자의 내면에 있는 진아라는 진리를, 일상적 삶의 모든 국면에서 훌륭히 보여주었던 것이다.

  이 책의 제1장~제8장은 안나말라이 스와미라는 한 젊은 제자가 바가반을 찾아가서 스승으로 모시고 살던 때까지의 회고담이라 할 수 있는데, 그것은 동시에 이 제자의 시선을 통해서 본 스승 라마나의 삶과 가르침에 관한 이야기이기도 하다. 바가반 스리 라마나에 관한 많은 책들이 이미 오래 전에 출간되었고 그에 관한 많은 일화와 이야기들이 전해지지만, 안나말라이 스와미의 이 이야기는 한층 새롭고 감동적이다. 그것은 무엇보다도 스승의 말씀 한 마디 한 마디를 철저히 따르고 지키려고 노력하는 안나말라이 스와미의 제자다운 성실성과, 자신의 내면을 향해 스승에 대한 진정한 존경과 사랑을 꽃피우는 제자의 숭고한 자세 때문일 것이다.

  이 책의 제9장과 제10장은 안나말라이 스와미가 1938년에 스리 라마나스라맘을 떠나 인근의 빨라꼬뚜로 옮겨간 직후에 기록한 일기 중에 나오는 바가반의 가르침과, 안나말라이 스와미의 만년에 그를 찾아간 구도자들과의 문답으로 이루어진 그 자신의 가르침으로 되어 있다. 제9장은 바가반의 한 어록으로서 충분한 가치가 있는 귀중한 자료이며, 비슷한 내용의 다른 기록들과 비교해서 전혀 손색이 없다. 제10장은 안나말라이 스와미 자신의 가르침이지만, 동시에 제자들의 깨달음을 통해서 의연히 살아 움직이며 확장되어 가는 바가반의 가르침의 현대적 모습이라고도 할 수 있다. 안나말라이 스와미가 말하는 대로, '바가반은 이제 그분의 실제 모습을 알고 체험하는 모든 사람을 통해 말하고 있는' 것이다. 깨달은 제자는 더 이상 그의 스승과 둘이 아님을 이보다 더 적절히 표현할 수는 없을 것이다.

  안나말라이 스와미는 단번에 완전한 깨달음을 얻은 제자는 아니고 점진적인 수행의 과정을 밟았지만, 그런 만큼 그의 가르침은 보통 수준의 수행자들에게 실제적으로 도움이 될만한 내용을 많이 포함하고 있다. 특히 그는 '나는 누구인가?' 하는 자기탐구(self-enquiry)와 함께 '나는 진아다. 일체가 나다' 하는 이른바 진아에 대한 명상을 많이 이야기한다. 그것은 이 명상법이 힌두교에서 전통적으로 해 오던 수행법이기도 하지만, 무엇보다도 이러한 명상이, 우리가 자기탐구를 제대로 해낼 수 있기 전까지는 매우 유용한 방편이라는 것을 그 자신이 경험했기 때문일 것이다. 원래 스리 바가반은 '나는 누구인가?'의 자기탐구를 하는 사람은 '나는 브라만이다' 하는 식의 명상은 굳이 하지 않아도 된다고 가르쳤다. 그러나 수행의 실제에 있어서 많은 사람들이 자기탐구법 자체를 상당히 어렵게 생각했고, 사람에 따라서는 이러한 진아 명상법이 좋은 효과를 발휘할 수도 있으므로 바가반 자신도 더러 이에 대해 언급했던 것이다. 여하튼 이러한 가르침은, 일반적으로 진아의 관점이 아니라 개아(個我)의 관점에서 수행하는 여러 종교의 많은 구도자들에게 시사하는 바가 클 것으로 보인다. 전체적으로 안나말라이 스와미의 가르침은 스리 라마나의 가르침의 연장선상에 있으며, 그것에 대한 멋진 주석이라고 할 만하다. 안나말라이 스와미는 실로 '바가반의 말씀을 따른 삶'을 통해 바가반의 가르침을 완벽히 실현한 것이다.

  안나말라이 스와미 아쉬람의 순다람 스와미(Sri Sundaram Swami)님과 저자 데이비드 가드먼 씨는 이 책의 한국어판 번역과 출간을 위해 여러 모로 도움을 주었다. 순다람 스와미님은 또한 몇 가지 사항의 의문점을 해소해 주었으며, 특히 가드먼 씨는 역주가 어려운 대목마다 역자의 문의에 전자 우편으로 일일이 답장을 보내주었다. 역주 중의 상당수는 이 두 분의 설명과 조언에 힘입은 것임을 밝혀둔다. 아울러 이 책이 출판될 수 있기까지 도와주신 주위의 여러 분들께 진심으로 감사드린다.

2000년 4월   역자 씀